Eduard Thraemer

Pergamos - Untersuchungen über die Frühgeschichte Kleinasiens

und Griechenlands

Eduard Thraemer

Pergamos - Untersuchungen über die Frühgeschichte Kleinasiens und Griechenlands

ISBN/EAN: 9783742889119

Hergestellt in Europa, USA, Kanada, Australien, Japan

Cover: Foto ©ninafisch / pixelio.de

Manufactured and distributed by brebook publishing software (www.brebook.com)

Eduard Thraemer

Pergamos - Untersuchungen über die Frühgeschichte Kleinasiens

und Griechenlands

PERGAMOS.

UNTERSUCHUNGEN

ÜBER DIE

FRÜHGESCHICHTE KLEINASIENS UND GRIECHENLANDS

VON

EDUARD THRAEMER

PRIVATDOCENTEN AN DER UNIVERSITÄT STRASSBURG.

MIT EINER KARTE.

LEIPZIG,

DRUCK UND VERLAG VON B. G. TEUBNER.

1888.

DEM ANDENKEN

ALFRED VON GUTSCHMID'S.

Vorwort.

Nach manchem Jahr mühseliger Arbeit wird dieses Buch der Oeffentlichkeit übergeben. Nur wenige Worte sind vorauszuschicken. Auf eine zusammenfassende Erörterung leitender Grundsätze kann ich verzichten, denn wer durch die Untersuchungen selbst nicht überzeugt wird, den gewinnt keine Vorrede. Den Dingen auf den Grund zu gehen war mein Bestreben, dass ich denselben überall gefunden, dessen vermesse ich mich nicht.

Begonnen wurde die Arbeit 1882 in einer kleinen Stadt Livlands, nachdem ihr ebendaselbst bereits 1877 ein Programm über die attalische Geschichte vorausgegangen war. Der für wissenschaftliche Bestrebungen allzu ungünstige Boden Fellins ward für den Verfasser Veranlassung einen liebgewordenen Beruf aufzugeben. In Jahren eines bewegten Wanderlebens schritt dann das Werk langsam fort, da immer neue Probleme in seinen Rahmen hineingezogen werden mussten. Oft beschlich mich der Zweifel, ob ich es werde hinausführen können; endlich bot sich doch ein zum Abschluss geeigneter Punkt. Allen denjenigen, welche mich während der Arbeit durch Zustimmung oder durch Widerspruch gefördert haben, sei hiermit ein warmer Dank ausgesprochen. Von besonderer Bedeutung ist es für den Verfasser gewesen, dass er von Gutschmid's letzte Vorlesung über die ältere griechische Geschichte (Wintersemester 1885/6) hören und bald auch zu dem Meister historischer Kritik in persönliche Beziehungen hat treten können. Der Leser findet durch das ganze Buch hin häufige Hinweise auf die genannte Vorlesung; kaum braucht es bemerkt zu werden, dass dieselben auf einer ausdrücklichen Bewilligung Gutschmid's fussen. Für die vielfache Belehrung und Anregung, welche ich während eines Jahres von dem tiefen Forscher und liebenswerthen Manne erfahren habe, hoffte ich einstmals durch Widmung dieses Buches meinen Dank abstatten zu können. Nun es vollendet ist, bleibt mir nur übrig dasselbe dem Andenken des Dahingeschiedenen zu weihen.

Die Fertigstellung des Druckes hat sich vom August 1887 bis zum September 1888 hingezogen. Andere Obliegenheiten traten dem Fortschritt des Manuscripts besonders in den beiden letzten Kapiteln in den Weg. Dadurch hat sich in zwei Punkten eine Unzukömmlichkeit ergeben. Für die Beurtheilung von Philostrats Darstellung des teuthrantischen Krieges habe ich erst auf Grund von Robert's Abhandlung über den kleinen pergamenischen Fries den richtigen Standpunkt gefunden, daher die widersprechende Behandlung dieses Gegenstandes auf Seite 320 ff. und 383 ff. Zwischen beide fällt Robert's Publication. Durch eben dieselbe wurde ich auch erst in die Lage versetzt die Stellungnahme der Pergamener zum Völkerproblem des N zu erkennen, konnte ihnen aber statt der richtigen Stelle in Buch II Kap. 2 § 4 nur noch einen Excurs in Kap. 3 § 2 zuweisen. Man wird es mir zu Gute halten, dass ich das Princip der Einheitlichkeit dem Verlangen geopfert habe einen veränderten Standpunkt zur Geltung zu bringen. Unter demselben Gesichtspunkt bitte ich die modificirte Beurtheilung des Keteierproblems auf S. 411 der Nachträge zu betrachten.

Ich schliesse mit dem Wunsche, dass die Untersuchungen, welche dieses Buch unter dem Titel „Pergamos" zusammenfasst, der griechischen Alterthumswissenschaft überhaupt und den Bearbeitern der pergamenischen Alterthümer im besonderen brauchbare Bausteine liefern mögen.

Strassburg, im October 1888.

E. Thraemer.

Inhalt.

Zweites Kapitel.
Die Stellung der Teuthranier unter den Völkern Kleinasiens.

Drittes Kapitel.
Die überlieferte Besiedelung Teuthraniens durch Arkader.
Auge und Telephos.

Nur in spürlichen Trümmern ist die Erinnerung an ein specifisch teuthrantisches Volksthum erhalten. Man ist denselben meist aus dem Wege gegangen. Auch E. Curtius, der in seinen „Beiträgen zur Geschichte und Topographie Kleinasiens" der Geschichte Pergamons einen Abschnitt widmet (Abh. d. Berl. Ak. 1872, S. 45 ff.), streift die Frühgeschichte der Landschaft nur kurz. Den Ausgangspunkt der Localgeschichte bildet ihm die Stadt Pergamos.[1]) Aus der „centralen Stellung und ungewöhnlichen Festigkeit des Platzes" folgert Curtius, dass derselbe seit den frühesten Zeiten bewohnt gewesen sein müsse und erblickt die Spuren dieser ältesten Ansiedlung in den Felswohnungen am Südfuss der Burg und am rechten Ufer des Selinus, aber in der Ueberlieferung vermisst er die Zeugnisse für eine selbständige altteuthrantische Herrschaft. „Denn die ältesten Ueberlieferungen, in denen sich eine Kunde von den geschichtlichen Verhältnissen an der Westküste Kleinasiens erhalten hat, gehen über das Kaikosthal hinweg und zeigen uns die dardanischen Könige als unmittelbare Nachbarn der Tantaliden. Keine Sagen sind

---

[1]) Ebenso ist für Kiepert (Lehrb. d. alten Geogr. S. 110) Pergamos „die alte Hauptstadt" der Landschaft Teuthrania, und auch die einzige über die Frühgeschichte Pergamons erschienene Monographie, eine tübinger Dissertation von E. Hesselmeyer (Die Ursprünge der Stadt Pergamos 1885) geht von dieser Vorstellung aus. In dem zu Anfang dieses Jahres erschienenen Artikel „Pergamon" der Baumeisterschen „Denkmäler" bemerkt Fabricius einleitend S. 1206: „Im unteren Theil der Ebene lag Teuthrania, die mythische Hauptstadt des Landes, nach der die Geographen die ganze Gegend bezeichnen." Damit ist auf den richtigen Weg eingelenkt, nur der Zusatz „mythische" wird der Bedeutung des Ortes nicht genug gerecht. Den Verfasser haben seine teuthrantischen Studien erkennen lassen, dass die Stadt Teuthrania durchaus als der alte Vorort der ganzen Landschaft zu gelten hat und auch noch im 4. Jahrhundert hinter Pergamos keineswegs zurücktritt. Vgl. zweites Buch, Kap. I § 4.

vorhanden, durch welche das Reich des Teuthras und die Ur-
geschichte der mysischen Stämme im Kaikosthal uns in festeren
Umrissen entgegentreten." (S. 46.) Für Curtius ist also die
Residenz des Teuthras der leere Punkt zwischen Ilion und der
„Tantalidenstadt am Sipylos". Wenn wir an Pergamos festhalten, dann allerdings befinden wir uns in dem Bereich einer
verhältnissmässig spät bezeugten[1]) und, wie die seitherigen
Ausgrabungen des deutschen Reiches lehren, durch keine Reste
einer frühen Culturepoche ausgezeichneten Stätte. Dieselbe für
die Trägerin sehr alter Localüberlieferungen zu erklären muss
allerdings bedenklich erscheinen. Aber ist denn die Sage
von Teuthras und Telephos an die Stadt des Ketcios und
Selinus gebunden? Die Erörterungen des 2. Buches werden
zeigen, dass im unteren Kaikosthal die Wurzeln aller teuthrantischen Ueberlieferung haften und wenn es gelungen sein wird,
den verschollenen Platz der alten Landeshauptstadt Teuthrania
sicher festzustellen, so zweifle ich nicht, dass daselbst ver-
anstaltete Ausgrabungen statt jenes von Curtius bezeichneten
leeren Punktes zwischen Ilion und dem Sipylos die Stätte
eines sehr alterthümlichen Gemeinwesens ergeben werden,
dessen Erbschaft die Stadt Pergamos erst spät angetreten
hat. Auf Grund der Sage wenigstens muss ich Teuthrania zu
den ältesten Siedelungen an der Westküste Kleinasiens rechnen. — In den beiden Kapiteln des ersten Buches werden
zwei Vorfragen behandelt, welche uns den Massstab für das
Alter der teuthrantischen Sage liefern sollen: die von Curtius
angenommene Priorität des Tantalidenmythos vor dem Telephosmythos und die von mehreren Seiten angezweifelte Beweiskraft
kurzer homerischer Anspielungen. Von der Stellungnahme zu
beiden Fragen hängt die Beurtheilung des teuthrantischen
Sagenkreises ab.

---

[1]) Zweites Buch, Kap. I § 5.

Erstes Buch.

Vorfragen.

Erstes Kapitel.

Das Dogma von der Tantalidenherrschaft am Sipylos.

Das Geschlecht der Tantaliden hat der griechischen Bühne Gestalten von erschütternder Wirkung geliefert. Vom Sipylosbeherrscher singt Pindar:

„Wahrlich wenn der Menschen Einen geehrt die Himmlischen,
So war es der Held Tantalos."

Eine berühmte Stelle der Odyssee stellt die ewige Strafe des Tantalos, der letzte Gesang der Ilias das im Schmerz versteinerte Bild seiner Tochter vor unser Auge. Unter solchen Eindrücken konnte es geschehen, dass die neuere Forschung ein dem troischen Kreise an Alter ebenbürtiges Sagencentrum am Sipylos aufstellen zu müssen glaubte. So Welcker, Ep. Cykl. II 33, gr. Götterlehre III 124 f., so Preller, gr. M. II³ 380). Curtius schildert den Sipylos neben Ilion als einen „anderen Herrschersitz ältester Ueberlieferung" (gr. G. I⁴, 70 f.) und der Specialforscher der Niobesage B. Stark feiert ihn in hymnusartiger Weise: „Aus uralter Zeit tönt zu uns herüber die Sage von einem Sohn des höchsten Gottes und der Göttin Reichthum, von dem in einer Stadt am hohen Götterberg thronenden Tantalos, von seiner Gemahlin Dione, von ihren Kindern Pelops und Niobe . . . . ." (Nach dem Orient S. 231).[1]) Das klingt sehr zuversichtlich und stützt sich auf ehrwürdige Zeugnisse des Alterthums, hält es aber auch einer kritischen Prüfung Stand?

---

[1]) Auch neuerdings noch hat das Tantalidenreich seinen Anwalt gefunden. G. Weber, le Sipylos et ses monuments Paris 1880 rechnet S. 94 heraus, dass das „empire du Sipyle" um die Mitte des 2. vorchristlichen Jahrtausends seinen Untergang gefunden hat.

Was Pelops betrifft, so haben sich gegen seine Herkunft vom Sipylos doch schon recht lange ablehnende Stimmen geltend gemacht. Ich nenne Krahner mit seinem 1841 in der A. E. veröffentlichten Artikel „Pelops" und G. Grote im 1. Bande der gr. Gesch. (1846), an welche sich H. D. Müller, Duncker und C. Robert anschliessen (u. S. 33). — Fester steht in der Geltung einer alteinheimischen Sagengestalt Lydiens Tantalos, den z. B. auch Duncker als einen „alten Herrscher der Maeoner" betrachtet. Doch hat schon Krahner (a. a. O. S. 294) das Tantalosreich am Sipylos „eine Erfindung der mythendichtenden Phantasie" genannt und H. D. Müller rückt sammt Pelops auch Tantalos auf den Boden des griechischen Mutterlandes hinüber (u. S. 94). Endlich fällt A. v. Gutschmids gewichtige Stimme gegen die vorausgesetzte Geltung des Tantalidenmythos in die Wagschale, wenn er in seinen Vorlesungen über altgriechische Geschichte über diesen Punkt mit der kurzen Bemerkung hinweggeht: „Die Sage vom Sipylos (Tantalos und Pelops) ist jung und fraglich." — Die Geltung Niobes als einer dem Sipylos von Hause aus angehörenden Gestalt ist, soweit ich sehe, nicht in Frage gestellt worden und in der That giebt sich dieselbe am positivsten als ein altes Sagengut des Sipylos. B. Stark scheidet zwar in seinem grossen Werk „Niobe und die Niobiden" (1863) eine lydische und eine argivisch-böotische Niobe, aber bei der ihm eigenthümlichen Art der Mythenbetrachtung verschwimmt seine Niobe in der Dämmerung „bildlicher Urgedanken des griechischen Volkes" (S. 98. 395). Das Verhältniss zwischen der argivischen und böotischen Niobe bleibt unklar und ebensowenig gewinnt man in die vom westlichen zum östlichen Gestade des ügäischen Meeres hinübergehenden Fäden einen bestimmten Einblick. Es bleibt uns nicht erspart, die ganze durch die Namen Tantalos, Pelops, Niobe bezeichnete Sagengruppe noch einmal auf ihre orientalischen oder griechischen Bestandtheile zu prüfen.

§ 1.
Niobe.

Fassen wir die von Curtius angerufene „älteste Ueberlieferung", die beiden homerischen Gedichte, ins Auge, so ist

in denselben die Stätte des Tantalos ebenso leer wie die des
Teuthras. Die Ilias weiss nicht nur von Tantalos nichts,
sondern erwähnt nicht einmal den Sipylos. Denn das Steinbild der Niobe, das „ἐν Cιπύλῳ ..... θεῶν ἐκ κήδεα πέccει
(Ω 614—17) ist, wie schon Aristophanes und Aristarch aus
sachlichen und sprachlichen Gründen entnahmen, nur durch
Interpolation in den letzten Gesang der Ilias hineingekommen.
Das verkennt auch Stark[1]) nicht, aber er hält die Verse für
„ein altes Einschiebsel eines die Localität von Smyrna und
dem Sipylos absichtlich hervorziehenden Rhapsoden“. Die Einwendungen der antiken Kritiker[2]) hat Düntzer bemängelt[3])
ohne jedoch für die Ursprünglichkeit der Verse 614—17 eintreten zu wollen, dagegen nimmt sich Peppmüller mit Eifer
der Stelle an, ja benutzt dieselbe als Hauptstütze seiner Hypothese von der smyrnäischen Herkunft der 24. Rhapsodie.[4])
Den Standpunkt Peppmüllers, für den die Entstehung des Ω
übrigens erst kurz vor Ol. I fällt, kann ich nicht theilen[5])
und muss für die Ausmerzung der Verse 614—17 durchaus
eintreten. Zu den Gründen der Alten, die ja zum Theil nicht
stichhaltig sind, kommen ausser den allgemeinen Gesichtspunkten, welche die folgende Untersuchung liefern soll, als
Beweise für die späte Interpolation von V. 614—17: das un-
epische „φαcί“ (615), wie schon La Roche bemerkt hat, und
besonders die Thatsache, dass die Versteinerung Niobes das
einzige Beispiel einer Metamorphose in der Ilias bietet, damit
also aus dem Rahmen homerischer Mythologie herausfällt.[6])

---

[1]) Niobe, S. 27.
[2]) Schol. A zu Ω 614 ff.
[3]) Hom. Abh. S. 370 f.
[4]) R. Peppmüller, Comment. des 24. Buches der Ilias S. LXXVIII
und 291—94.
[5]) Wenn man Peppmüller die Ursprünglichkeit der Verse 723—76
zugiebt, dann ist das Ω nicht „am Vorabend des Zeitalters der Cykliker“
gedichtet worden, sondern dann müsste es jünger als die Kyprien sein.
Vgl. hierüber Kap. II § 3 unter „teuthrant. Krieg“.
[6]) Von den Metamorphosen, deren Heimstätte das Märchen ist,
nimmt die homerische Poesie gar keine Notiz. Kommen bei Homer
Verwandlungen vor, so sind es (von Kirkes Zauberkünsten κ 235 abgesehen) zunächst solche der Götter, welche alle Gestalten annehmen

Die Athetese von Ω 614—17 muss entschieden aufrecht erhalten werden und demnach ist der Sipylos von der Ilias mit Stillschweigen übergangen worden. Das wäre auffallend genug, wenn in ihm wirklich die Stätte „uralter hochbedeutsamer Sagen" anerkannt werden müsste, doppelt auffallend wegen des engen Zusammenhanges, in welchem diese Sagen gerade zum Geschlecht der Atriden stehen. Nun könnte man freilich sagen: Die Mythen des Sipylos sind von der Ilias nicht völlig übergangen worden, denn dieselbe kennt ja Niobe, die Tantalis und Lyderin. Aber ist sie das nach Homer? Achill spricht dem kummervollen Priamos, nachdem er ihm die Lösung Hektors verkündigt, folgendermassen zu:

> νῦν δὲ μνηcώμεθα δόρπου.
> καὶ γὰρ τ' ἠύκομος Νιόβη ἐμνήcατο cίτου,
> τῇ περ δώδεκα παῖδεc ἐνὶ μεγάροιcιν ὄλοντο,
> ἓξ μὲν θυγατέρεc, ἓξ δ' υἱέεc ἡβώοντεc.
> 605 τοὺc μὲν Ἀπόλλων πέφνεν ἀπ' ἀργυρέοιο βιοῖο
> χωόμενοc Νιόβῃ, τὰc δ' Ἄρτεμιc ἰοχέαιρα,
> οὕνεκ' ἄρα Λητοῖ ἰcάcκετο καλλιπαρήῳ·
> φῆ δοιὼ τεκέειν, ἡ δ' αὐτὴ γείνατο πολλούc·
> τὼ δ' ἄρα καὶ δοιώ περ ἐόντ' ἀπὸ πάνταc ὄλεccαν.
> 610 οἱ μὲν ἄρ' ἐννῆμαρ κέατ' ἐν φόνῳ, οὐδέ τιc ἦεν
> κατθάψαι, λαοὺc δὲ λίθουc ποίηcε Κρονίων.

können. Wirkliche Verwandlungen bietet die Ilias in dem von Zeus versteinerten δράκων B 319, die Odyssee in dem Schiff der Phaeaken v 163. Das ist aber ganz etwas anderes als die von der Metamorphosendichtung beliebte Weise, das Geschick von Heroen mit einer Verwandlung abzuschliessen. Von Sagen letzterer Art findet sich in den beiden homerischen Epen nur je ein Beispiel, durch seine völlige Isolirtheit schon als fremde Zuthat kenntlich: die versteinerte Niobe der Ilias und die Pandareostochter der Odyssee τ 518—24. „Die Vergleichung der von dem Zweifel was sie thun soll gequälten Penelope mit der ihren Sohn beklagenden Aedon ist so gründlich schief und verkehrt, dass ihr Vorhandensein im Text sich nur auf eine spätere Interpolation zurückführen lässt" Kirchhoff, d. Hom. Odyssee² S. 524. v. Wilamowitz, hom. Unt. S. 60 ff. wirft die Verantwortung auf seinen „Bearbeiter". — Die Plejaden Homers (Σ 486, ε 272) sind als Personen gedacht, wie Selene, Helios, Orion; ihre Verwandlung ins Sternbild gaben erst die Kykliker (Schol. AD zu Σ 486). Man vgl. die Πανδιονίc χελιδών bei Hesiod op. 568.

τοὺϲ δ᾽ ἄρα τῇ δεκάτῃ θάψαν θεοὶ Οὐρανίωνεϲ.
ἡ δ᾽ ἄρα cίτου μνήϲατ᾽, ἐπεὶ κάμε δάκρυ χέουcα.
618 ἀλλ᾽ ἄγε δὴ καὶ νῶι μεδώμεθα δῖε γεραιέ
cίτου, ἔπειτά κεν αὖτε φίλον παῖδα κλαίοιcθα
Ἴλιον εἰcαγαγών· πολυδάκρυτοc δέ τοι ἔcται.

Wo findet sich in dieser ältesten Darstellung des Niobemythos
irgend eine Hindeutung auf Tantalos oder auch nur auf
Maeonien? Dass Niobe später im Felsbild des Sipylos gezeigt
wurde, ist für die Ilias ebensowenig massgebend, wie andererseits der Umstand, dass man später als Schauplatz ihres Ver-
lustes Theben ansah, uns ein Recht geben kann die Niobe
der Ilias als Gattin des Amphion zu denken. Nur die eine
Vermuthung ergiebt sich aus dem Bericht der Ilias, dass, wie
die Veranlassung des Unglücks und die Vollstreckung der
Strafe sich in echtgriechischer Sphäre halten, so wohl auch
als Schauplatz des Dramas eine griechische Oertlichkeit gedacht ist.

Durch Combinationen können wir nun glücklicherweise
weiterkommen und mit grosser Wahrscheinlichkeit den Schauplatz der homerischen Niobeerzählung feststellen. Ein scheinbar
nebensächliches Moment weist uns den Weg, es ist die
Zahl der homerischen Niobiden. Bekannt ist das starke
Schwanken der antiken Angaben in dieser Hinsicht, aber nur
drei Zahlen sind es, welche auf einem tieferen Grunde als dem
eines subjectiven dichterischen Beliebens zu ruhen scheinen:
die Zwölfzahl Homers, die Zwanzigzahl Hesiods, die Vierzehn-
zahl der herrschend gewordenen Version[1]). Die Zwölfzahl
Homers steht ganz für sich da. Hierdurch gewinnt Pherekydes, der andererseits allein unter den Mythensammlern zwölf
Kinder der Niobe aufführt (fr. 102^b M.), ein ganz besonderes
Gewicht. C. Müller hatte nach Matthiaes Vorgang das phere-
kydische Niobidenverzeichniss als fr. 102^b unmittelbar an den
thebanischen Sagenkreis von Amphion und Zethos angeschlossen
(fr. 102^a), der nach ausdrücklicher Ueberlieferung von Phere-

---

[1]) Die Schol. Ven. A zu Ω 604 geben an abweichenden Zahlen der
νεώτεροι nur 14 und 20. Mit diesen werden die überlieferte Zehnzahl
(Alkman) und Siebenzahl (Hellanikos) in einem inneren Zusammenhang
stehen.

kydes im zehnten Buch behandelt wurde (Schol. λ 263).
Müller übersah dabei ein auf Niobe bezügliches, aus dem
achten Buche stammendes Fragment (Schol. Ω 617). Dasselbe wird zwar F. H. G. IV, p. 639 als fr. 102ᵇᵇ nachgetragen,
jedoch in der Meinung, dass Niobe von Amphion nicht getrennt werden dürfe, in dem Scholion die Verschreibung der
Buchzahl ιʹ in ηʹ gemuthmasst. Diese Annahme zerfällt, wenn
nachgewiesen werden kann, dass für Pherekydes Niobe gar
nicht Gattin des Amphion gewesen ist. Und das lässt sich
nachweisen. Im fr. 102 erzählt der Logograph die Geschichte
der Aëdon: Als Gattin des Zethos nur mit zwei Kindern, Itylos
und Neïs, beschenkt lässt sie sich vom Neid gegen ihre
Schwägerin zu verbrecherischer That hinreissen: Ἴτυλον ....
ἀποκτείνει διὰ νυκτὸς, δοκοῦσα εἶναι τὸν Ἀμφίονος παῖδα,
ζηλοῦσα τὴν τοῦ προειρημένου γυναῖκα, ὅτι ταύτῃ (so Buttmann)
μὲν ἦσαν ἓξ παῖδες, αὐτῇ δὲ δύο. Nach Pherekydes besass
also „Amphions Gattin" sechs Kinder, Niobe dagegen zwölf,
m. a. W.: Pherekydes folgte einer Ueberlieferung, nach
welcher Niobe gar nicht Gattin des Amphion war.
Auf Grund dieser Thatsache gewinnt nun auch der Widerspruch des thebanischen Localhistorikers Aristodemos gegen
Euripides, der von dem thebischen Grabmal der sieben Töchter
Niobes spricht (Phön. 159) eine erhöhte Bedeutung. Aristodemos
bestritt, dass irgendwo bei Theben ein Niobidengrab existire
und erklärte das von Euripides erwähnte Denkmal für das
der sieben vor Theben gefallenen Helden.[1]) Und Pausanias,
der doch der seit den Tragikern geläufigen Auffassung folgt,
braucht bei der Periegese Thebens nur den Ausdruck μνήματα
(πυρὰ) τῶν Ἀμφίονος παίδων (IX 16, 7 u. 17, 2), offenbar
im Anschluss an eine in Theben geläufige Bezeichnung dieses
Denkmals. Dass die Amphionskinder von Hause aus mit den
Niobiden nichts zu thun haben, dafür steht also die gewichtige
Autorität des Pherekydes ein. Das ist Stark entgangen, wenn
er a. a. O. S. 368 bemerkt, dass die Verbindung von Niobe
und Amphion seit Pherekydes als die herrschende zu betrachten

---

¹) Fr. 3 bei Müller (F. H. G. III, 309), wo die von mir im Text
gegebene Ergänzung aus Schol. Pind. Ol. VI, 23 nachzutragen ist.

sei.[1]) Diese Verbindung ist keine sagenechte, sondern erst
später (Lasos und die Tragiker) gemachte. Die ursprüngliche
Mutter der Amphionskinder, die jedenfalls auch Pherekydes
im Auge hatte, war Hippomedusa, wie aus Eustathios und den
Scholien zu τ 518 hervorgeht (τῇ 'Αμφίονος γυναικὶ Νιόβῃ τῇ
Ταντάλου, τινὲς δὲ Ἱππομεδούςῃ).[2]) Ist nun Niobe bei
Pherekydes von Amphion losgelöst, so füllt auch jeder Grund
fort die Einordnung derselben in das 8. Buch der Historien
(cf. Schol. Ω 617) zu beanstanden. Daraus ergiebt sich zunächst freilich nur so viel, dass Pherekydes das Niobedrama
im Anschluss an die Sagen aus Aiolos Geschlecht erzählt haben
muss, über den Schauplatz desselben bleiben wir im Unklaren.
Aber auch hier führt uns wieder ein an sich geringfügiges
Hülfsmittel weiter, es sind die pherekydeischen Namen
der Niobiden. Dieselben lauten (fr. 102ᵇ): Alalkomeneus,
Phereus, Eudoros, Lysippos, Xanthos, Argeios, — Chione,
Klytia, Melia, Hore, Lamippe, Pelopia. Unter diesen Namen
deutet die Tochter Pelopia den genealogischen Zusammenhang zwischen Niobe und Pelops an. Drei weitere Namen
(Alalkomeneus, Phereus, Argeios) sind von Ortsnamen abgeleitet, die für den Niobemythos nicht bedeutungslos sein
können. Pelops, der Eponym des Peloponnes, war nach der
Ilias Herrscher in Argolis, daher der Niobide Argeios. Sein
Bruder Phereus wird die Ausdehnung der Pelopidenmacht auch
über den südlichen Peloponnes andeuten, wo die Ilias I 151
unter anderen Städten Φηραί als Besitzthum Agamemnons angiebt. Pelopia, Argeios, Phereus drücken also durch ihre
Namen aus, dass Niobe Beziehung zum Peloponnes hat. Nun
nennt aber Pherekydes auch einen Sohn Alalkomeneus und
mit demselben werden wir über den Peloponnes hinaus nach

---

[1]) Dieser allgemein verbreitete Irrthum beruht darauf, dass man die
ἐξ παῖδες des Amphion bei Pherek. fr. 102 falsch als „Söhne" auffasste,
womit sich dann die 12 Niobiden des Pherekydes (fr. 102ᵇ) vereinigen
liessen. Dass aber 6 „Kinder" Amphions verstanden werden müssen,
beweist die Gegenüberstellung der 2 Kinder des Zethos, Itylos und Neïs.

[2]) Hinfällig wird damit die Behauptung Hillers v. Gärtringen,
de Graecor'. fabul. ad Thrac. pertin. 1886 p. 45: Pandareus una cum
Niobe ex Asia in Bocotiam venit et utriusque domus fabulae arctissime
olim inter se conjunctae fuisse videntur.

Nordböotien auf den Boden des alten Minyerreiches gewiesen.
Die Niobe des Pherekydes muss also zu Alalkomenai in irgend
einer Beziehung gestanden haben. In welcher, darüber giebt
uns Eustathios zu Hom. p. 1367, 20¹) den erwünschten Aufschluss, wenn er bemerkt, dass Niobe von den einen Frau des
Zethos, von anderen Frau des Amphion, von noch anderen
aber Gemahlin des Alalkomeneus genannt werde. Dies
war der pherekydeische Gemahl Niobes, sein Name wiederholt
sich in dem einen seiner Söhne. Die Quelle des Pherekydes
dachte sich also Niobe als eine peloponnesische, an den
Eponym von Alalkomenai vermählte Heroine. Die Beziehung
Niobes zu dieser nordböotischen Stadt ist durch die herrschend
gewordene Sage von der thebanischen Niobe ganz verdunkelt
worden, nur aus zersprengten Bruchstücken der Ueberlieferung
lässt sie sich wiederherstellen, ich denke aber, in ganz un-
zweifelhafter Weise. Bei weiterer Umschau nach Spuren der
nordböotischen Niobesage ist mir noch ein Zeugniss, leider in
sehr trümmerhafter Form entgegengetreten: auf einer orchomenischen, lückenhaft und ungenügend überlieferten Stein-
inschrift erscheint der Name Niobes in Verbindung mit Baulich-
keiten des Gebietes von Orchomenos.²) — Dass Pherekydes
Niobe mit Pelops und dem Peloponnes in Zusammenhang
dachte und demnach von einem Punkte des Peloponnes nach
Alalkomenai vermählt werden liess, ergiebt sich mit Sicherheit
aus den besprochenen Namen ihrer Kinder. Möglicherweise
liegt aber hinter dieser Form der Niobesage noch eine ältere,
die sich rein auf nordböotischem Boden gehalten hat. Darauf
scheint wenigstens die eigenthümliche Verehrung des Pelopiden-
scepters in dem Alalkomenai benachbarten Chaironeia hinzuweisen (Paus. IX, 40. 11). Hier muss eine alte Stätte des

---

¹) Danach ist das verderbte Scholion BV zu Ω 602 zu berichtigen.
Stark hat nur letzteres herangezogen (Niobe S. 356) und die Bedeutung
des Alalkomeneus in der Niobesage nicht zu voller Geltung gebracht.
²) (C. I. G. n. 1669⁰) Larfeld, Sylloge nr. 35, Collitz, Sammlung
gr. Dialectinschr. nr. 491 und dazu R. Meister, in Bezzenb. Beitr. V
p. 219:

ὁδὺ ἐν τὸν ἀετὸν ἐπὶ τῶ τάφω τῶ Καλλίπ . . . .
Νιοβει. ὁδὺ ἐν τὸν ὅρον ἐν τῆ ἀγορῆ ΙΔΙ . . . .

Pelopsmythos vorliegen und das ist für die Niobe von Alalkomenai gewiss nicht ohne Bedeutung. Doch vor Behandlung
der Pelopssage können wir diese Beziehungen nicht weiter
verfolgen, genug dass wir in Nordböotien eine ältere Stätte
des Niobemythos zu erkennen vermochten als in Theben.
Dass Pherekydes als Gewährsmann für dieselbe eintritt, ist
von grosser Wichtigkeit, da er allein[1]) in der Anzahl der
Niobiden mit Homer übereinstimmt. Pherekydes ist zwar gelehrter Mythensammler und als solcher bemüht, zwischen verschiedenen Ueberlieferungen einen Ausgleich herzustellen. So
hat er auch in dem Niobe- und Pelopsmythos contaminirt,
indem er die Sage vom Sipylos mit den griechischen Vorstellungen verknüpft hat (cf. unten), aber diese Verknüpfung
lässt sich wieder auflösen und was dann als rein griechischer
Kern übrig bleibt, dürfen wir als dasjenige Sagengut betrachten, aus welchem der Dichter des 24. Gesanges der Ilias
geschöpft hat. Und dabei ist das eine Moment von nicht zu
unterschätzender Bedeutung, dass Pherekydes, obschon er die
Vaterschaft des Tantalos anerkennt, doch in dem Namen-
verzeichniss der Niobekinder keinen einzigen auf Tantalos
oder den Sipylos weisenden Namen giebt, damit bekundend,
dass seine Niobidenliste aus einer Ueberlieferung stammt,
welche ihrerseits die Verbindung von Niobe und Tantalos nicht
kannte. Für die kleinasiatische Niobesage und die von ihr ab-
hängigen griechischen Dichter (unten S. 23) ist die Zwanzigzahl
der Niobiden charakteristisch. So ist also schon die Zahl der
Niobiden bei Homer ein Beweis, dass er nicht die kleinasiatische
Version im Auge hat. Da nun Pherekydes mit Homer in diesem
Punkt stimmt, so bildet er die Ergänzung zum Bericht des Ω.
Ziehen wir das Facit für Homer, so ist seine Niobe keine
Maeonerin, sondern eine Griechin, sie ist mit dem Stamm des
Pelops genealogisch und mit Alalkomeneus ehelich verbunden
und da nach Ilias B 104 Pelops als achäischer Herrscher in
Argolis erscheint, so dürfen wir auch die homerische Niobe
als eine aus Argolis nach Alalkomenai vermählte Achäerin

---

[1]) Jüngere Vertreter der Zwölfzahl der Niobiden (Euphorion, Theo-
doridas etc.) kommen nicht in Betracht.

betrachten. Und das stimmt ja auch bestens zu den sonstigen Anschauungen der homerischen Gedichte, für welche Argolis der Mittelpunkt der achäischen Macht und der Pelopidenherrschaft ist. — Die Art der genealogischen Verknüpfung von Niobe und Pelops, bevor Tantalos an die Spitze des Geschlechts gestellt wurde, lässt sich aus Pherekydes nicht erkennen. Dieser selbst hat beide zweifellos als Geschwister vorgeführt[1]) und von einem anderen Verhältniss wissen die mythologischen Handbücher und Monographien auch nichts zu melden. Und doch kannte das Alterthum noch eine andere Verknüpfung von Pelops und Niobe. Dem Mythographus Vat. II c. 71 und der bereits oben herangezogenen Stelle des Eustathios (zu Ω 602 p. 1367 R.) wird allein diese Kunde verdankt: Ἰϲτέον δὲ ὅτι τὴν Νιόβην οἱ μὲν Ταντάλου, οἱ δὲ Πέλοπος κατάγουϲι.[2]) Es gab also im Alterthum eine Ueberlieferung, nach welcher Pelops nicht Bruder, sondern Vater der Niobe war. Diese Version schliesst die bekannte Verbindung beider mit Tantalos aus, reicht also vor die Zeit dieser Verbindung zurück. Wir können nun den mythologischen Grundsatz aufstellen: Wenn zwei gegebene Sagengestalten von der Ueberlieferung in verschiedener Weise aneinander geknüpft werden, so beweist dies, dass zwischen beiden keine ursprüngliche Gemeinschaft vorliegt, dass eine solche vielmehr erst herzustellen war und dann an verschiedenen Punkten unabhängig von einander hergestellt worden ist. Demnach hat es eine Zeit gegeben, in der Niobe noch nicht an Pelops geknüpft war. Hier ist der Punkt, von welchem aus wir den Blick auf eine zweite Niobe der griechischen Sage werfen müssen, auf jene altargivische Tochter des Phoroneus, welche die systematisirende Mythologie der Alten weit zurück an den Anfang menschlicher Entwickelung rückt als erste sterbliche

---

[1]) Fr. 93 (Schol. Or. 11) und fr. 102[bb].

[2]) Die Schol. BV zu Ω 602, welchen Stark folgt, haben diese Angabe unsinnig mit der über den Namen von Niobes Gemahl zusammengeworfen: τὴν Νιόβην οἱ μὲν Πέλοπος, οἱ δὲ Ταντάλου, οἱ δὲ Ζήθου, οἱ δὲ Ἀλαλκομένεω γυναῖκά φαϲιν! Auch für den weiteren Text des Scholions giebt Eust. mehrfach die Berichtigung.

Geliebte des Zeus, als Mutter des Argos und Pelasgos. Das Thema von Phoroneus und dieser Niobe beschäftigte nach Plato Tim. p. 22 A. das religiöse Interesse in hohem Grade.[1]) Hellanikos (fr. 1 in Verbindung mit Dion. Hal. a. r. I, 17), Akusilaos (fr. 11 u. 12) und auch Pherekydes (fr. 85 combinirt mit Dion. Hal. I, 11) hatten ihren Stammbaum mit einigen Abweichungen aufgestellt.[2]) Diese altargivische Niobe scheint der berühmten Schmerzensmutter der griechischen Sage fremd gegenüberzustehen. Sollte das von allem Anfang an so gewesen sein? Wir sahen, dass die jüngere Niobe in der ältesten für uns erkennbaren Sagenform Gemahlin des Alalkomeneus ist. Letzterer ist ein Autochthon und der Eponymos des uralten Cultortes Alalkomenai, Berather des Zeus und Erzieher Athenas, nach Pindar fr. 83, 3 Bgk. der Urmensch Böotiens (Βοιωτοῖςιν Ἀλαλκομενεὺς λίμνας ὑπερ Καφιςίδος πρῶτος ἀνθρώπων ἀνέςχεν). Damit rückt auch seine Gemahlin Niobe[3]) in eine frühere Sagenwelt zurück und die Kluft zwischen ihr und der argivischen Niobe wird geringer. Wir sahen ferner, dass die überlieferte Tochter oder Schwester des Pelops sich in letzter Linie von diesem Vater, resp. Bruder loslöst. Endlich der Name „Niobe". Derselbe steht so einzig für sich da, so alterthümlich dunkel. Sollten die beiden Trägerinnen dieses Namens sich wirklich von Hause aus fremd gegenüberstehen

---

[1]) περὶ τῶν ἀρχαίων τῶν τῇδε τὰ ἀρχαιότατα (eben Phoroneus und Niobe) geben Solon den Stoff zu seinem Gespräch mit den ägyptischen Priestern.

[2]) Das genealogische Verhältniss zwischen Phoroneus und Niobe als Vater und Tochter ist das in der Tradition herrschende. Allein aus Eusebios (Hieron. zu Abr. 211 und Synk. p. 236) schöpfen wir eine Ueberlieferung, welche gerade umgekehrt Niobe zur Mutter des Phoroneus macht:

Inachos‿Niobe
|
Phoroneus.

[3]) Die „wunderlich alberne Fabel" (O. Müller, Orch.² p. 208) von seiner Frau Athenais, der Mutter des Glaukopos, ein Ausdruck der Beziehung des Alalkom. zum Athenacult, ist jüngeren Ursprungs als die Verbindung von Alalkomeneus und Niobe, dass indess in dem eponym. Heros von Alalkomenai der ursprüngliche Gemahl der alalkomenischen Niobe anzuerkennen ist, soll damit nicht gesagt sein. S. unten S. 28.

und nicht vielmehr in beiden nur das Ergebniss einer später vollzogenen Differenzierung vorliegen? Ich werde unten (S. 30) bei Erörterung der Bedeutung des Niobemythos auf diese Frage zurückkommen und wende mich wieder der „jüngeren" Niobe zu.

Aus Homer und den älteren Sagenbestandtheilen bei Phere-kydes hat sich eine rein griechische Niobe ergeben, deren Ver-hängniss sich in Alalkomenai abgespielt haben muss. In einen ganz anderen Kreis führt uns Hellanikos.[1]) Mit Pherekydes gemeinsam ist ihm nur die Verknüpfung Niobes mit Pelops (auch er nennt eine Tochter Pelopia) und dann gewiss auch die Aufnahme beider in den Stammbaum des Tantalos.[2]) Da-gegen weicht er in allem, was speciell Niobe betrifft, von Pherekydes völlig ab. Einmal ist die Zahl seiner Niobiden — er zählte ihrer sieben — der pherekydeischen widersprechend. Dann sind die Namen seiner Niobiden, von der einzigen Pelopia abgesehen, ganz andere. Dieselben lauten: Archenor, Mene-stratos, Archagoras, . . . ? . . ., Ogygia, Astykrateia, Pelopia (fr. 54). Ausser der letzteren bietet die Reihe nur noch einen Namen, in welchem man die Beziehung Niobes zu einer be-stimmten Oertlichkeit erkennen kann, die Tochter Ogygia. Dass dieser Name mit thebanischen Vorstellungen zusammen-hängt, ist an sich wahrscheinlich (vgl. die Ὠγύγιαι πύλαι). Einen entschiedenen Hinweis nach dieser Seite giebt auch die von Hellanikos vertretene Siebenzahl der Niobiden.[3]) End-lich zählten die Tragiker vierzehn Kinder der Niobe und das ist doch nichts anderes als die Erweiterung der Siebenzahl

---

[1]) Fr. 54 Müll., zu ergänzen durch Schol. ABMT Phoen. 159.

[2]) Letzteres wird nicht ausdrücklich überliefert. Aber es ist an sich wahrscheinlich, dass er der zu seiner Zeit massgebenden Geltung des Pelops und der Niobe als Tantaliden gefolgt ist und bei Dositheos fr. 7 (F. H. G. IV, S. 402) und im Schol. Eur. Or. 5, wo Pelops Sohn des Tantalos und der Euryanassa ist, erkennt man Hellanikos als Quelle. Cf. darüber unten S. 61.

[3]) Auch Herodor von Heraklea (Sokrates' Zeitgenosse) zählte 7 Nio-biden. Bei Apoll. III, 5. 6 ist mit C. Müller zu lesen: Ἡρόδωρος δὲ δ΄ μὲν ἄρρενας, γ΄ δὲ θηλείας. Müller vermuthet, dass Herodor von Niobe im Oidipus handelte (F. H. Gr. II, S. 30), man wird wohl eher an die Pelopeia (fr. 61. 62.) denken dürfen.

des Hellanikos zu sieben Geschwisterpaaren. Also darf auch der Schauplatz der tragischen Niobe (Theben) als ein indirectes Zeugniss für Hellanikos gelten. Alles vereinigt sich zu dem sicheren Schluss, dass in der Erzählung des Hellanikos Theben den Schauplatz bildete und Amphion Gemahl war. Wenn nun auch Hellanikos ebenso wie Pherekydes an die Spitze des Geschlechts Tantalos stellte, so wiederholt sich doch auch bei ihm wieder die Erscheinung, dass der Name keines einzigen Niobiden auf Tantalos hinweist.[1]) In diesem Punkt haben also beide Logographen noch einen Rest der ursprünglichen Vorstellung, welche Maeonien aus dem Spiele liess, bewahrt. Erst mit der seit den Tragikern zur Herrschaft gelangten Form der Niobesage erscheinen unter den vierzehn Kindern der Niobe stehend die beiden Söhne Tantalos und Sipylos[2]), also erst hier ist das Dogma von der lydischen Herkunft Niobes zu völliger Ausbildung gelangt und der letzte Rest altgriechischer Sagenvorstellung unterdrückt. — Die Thatsache, dass mit der griechischen Niobe schon ziemlich früh eine kinderreiche und unglückliche Mutter lydischer Sage verschmolzen worden ist, macht die Niobefrage zu einer besonders verwickelten und schwierigen.

Die griechisch-lydische Niobe ist nach den Zeugnissen stets Tochter des Tantalos und Schwester des Pelops. Sie kommt mit letzterem vom Sipylos nach Griechenland, wird hier vermählt, sieht eine reiche Kinderschaar heranblühen und zu Grunde gehen und kehrt dann in ihre Heimath zurück, wo das thränende Steinbild am Sipylos das unvergängliche Denkmal ihres Schmerzes der Nachwelt überliefert. Diese Version trägt den Stempel des Gemachten an der Stirn. Die Erzählung der Schiksale des Geschlechtes bis zu seinem Eintritt in die griechische Sage ist für Pherekydes nicht überliefert, doch bietet einen genügenden Einblick das aus seinen Fragmenten hergestellte Stemma der Tantaliden:

---

[1]) Es müsste denn der verloren gegangene Name des 3. Sohnes diese Beziehung ausgedrückt haben.

[2]) Eine Liste bei Apollodor III 5, 6. eine andere bei Hygin f. 11, eine dritte beim mythogr. Vat. I, c. 156. Ovid met. VI, 218 ff. nennt nur die sieben Söhne. Vgl. Stark, Niobe S. 96.

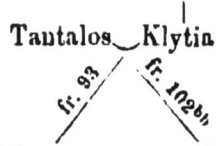

Amphidamas
|
Tautalos_Klytia

fr. 93 / fr. 102ᵇᵇ

Hippodameia_Pelops   Niobe_[Alalkomeneus].

Der Bericht von Niobes Geschick nach ihrer Vermählung ging natürlich mit dem homerischen parallel. Mit dem Untergang der zwölf Niobiden ist der griechische Mythos in sich vollendet. Homer erwähnt noch die Bestattung der Kinder durch die Olympier, deutet kurz auf den Schmerz der Mutter und lässt im Sinne hellenischer cωφροcύνη diesen Schmerz in gefasste Ergebung ausklingen. Wie aber Pherekydes? Hier ist der Tod der Kinder nicht mehr, wie bei Homer, der Höhepunkt des Dramas, sondern nur ein Durchgangspunkt der Entwickelung von Niobes eigenem Geschick: Von der Todesstätte ihrer Kinder treibt es sie in die alte Heimath zurück und erst nachdem sie die Verwüstung derselben und das Leiden ihres Vaters Tantalos geschaut, erst dann erfleht sie von Zeus zum Stein erstarren zu dürfen. Die Bitte wird erfüllt und „als thränender Fels schaut sie gen Norden“ (fr. 102ᵇᵇ in Schol. Ω 617). Wohl geht dieses Niobedrama in eine hochpoetische Vorstellung aus und Sophokles wird ihr in seiner „Niobe“ gewiss einen erschütternden Ausdruck gegeben haben, aber in die „πάθη Νιόβηc“ ist durch diese lydische Erweiterung etwas Fremdes hineingebracht, und das musste sich besonders in einem Bühnenstück fühlbar machen[1]): auf das Pathos der

----

[1]) In der verderbten Stelle poet. c. 18 tadelt Aristoteles jemanden (nach G. Hermann des Sophokles) Tragödie Niobe wegen des verletzten Gesetzes der Einheit von Zeit und Ort, und scheint derselben als Muster die Niobe des Aeschylus gegenüber zu stellen. Allein auch Aeschylus' Niobe scheint an dieser mangelnden Einheit gekrankt zu haben (in fr. 157 D wird dem Palast Amphions mit Einäscherung gedroht und fr. 155 führt Tantalos redend ein), man müsste denn mit G. Hermann opusc. III, 43 f. Lydien als Local und auch einen lydischen Amphion (!) denken, oder mit Stark Niobe S. 39 annehmen, dass das äschyleische Stück nach dem Tode der Kinder in Lydien spielte. Beides ist nicht sehr wahrscheinlich. Nach Ovid erstarrt N. in Theben zum Stein, den-

Mutter ist ein zweites Pathos, das der Lyderin und Tochter aufgepfropft. Das ist nicht Art und Gang des echten Mythos, es ist künstliche Mache, Zusammenschweissung heterogener Vorstellungen.

Will man der lydischen Niobe gerecht werden, so muss man von der durch die attische Tragödie zwar nicht erfundenen aber doch zur Norm erhobenen Form der Sage ganz absehen. Die lydische Ueberlieferung, vertreten durch Xanthos fr. 13, zeigt nun, dass in der lydischen Sage eine Niobe als Tochter des Tantalos gar nicht existirt hat. Die lydische Niobe ist Tochter eines Assaon und Frau eines am Sipylos wohnenden Assyrers (Schol. Eur. Phön. 159) Philottos, sie steht also in jenem räthselhaften Kreis lydischer Figuren, die auf Zusammenhänge mit Assur hinweisen, wie die an die Spitze der Herrscherreihe gestellten Namen Belos und Ninos (Herod. I, 7). — Zur griechischen Niobe bietet die lydische nur die eine Parallele, dass auch sie eine kinderreiche und eine unglückliche Mutter ist, alle weiteren Züge sind fremdartig. Trotzdem sah Welcker (Die äschyl. Trilogie p. 352) in der lydischen Niobe die Grundform des Mythos, welche dann durch die griechische Poesie „gänzlich umgeschaffen" worden sei und hat in seiner Götterlehre III, 124 f. an dieser Genesis festgehalten, zugleich freilich vom speculativen Standpunkt aus den wichtigsten Zug dieses Mythos, den Verlust der Kinder, für eine möglicherweise dem ursprünglichen Natursymbol erst hinzugefügte Erweiterung erklärt. Eine Stellungnahme zu den verschiedenen local gesonderten Versionen der Niobesage wird bei Welcker vollständig vermisst. In letzterer Hinsicht bezeichnet Starks umfassende Monographie „Niobe und die Niobiden" einen entschiedenen Fortschritt, indem hier das massenhafte Material der Ueberlieferung nach den drei Gruppen argivischer, böotischer und lydischer Zugehörigkeit gesondert wird. Allein einmal verschwimmt für Stark die griechische Niobe zu einem an kein bestimmtes Local gebundenen bildlichen Urgedanken des griechischen Volkes (p. 98, 395, 369),

---

selben versetzt ein Sturmwind auf den Sipylos (Met. VI, 310). Bei Nonnos 48, 425 ff. ist der Schauplatz von Niobes Ueberhebung und Strafe „Phrygien".

dann aber sind die Quellen zu wenig auf ihren Werth geprüft
und speciell die Logographen einer geradezu ungründlichen
Behandlung verfallen. So wird denn das wichtige Zeugniss
des Pherekydes übersehen und in Folge dessen die Amphions-
gattin zu sehr in den Vordergrund gestellt. Andererseits findet
die lydische Ueberlieferung (sie wird als Pseudo-Xanthos unter
die Alexandriner verwiesen S. 56) eine nur ganz beiläufige
Berücksichtigung und dafür ist der Sipylos zum Tummelplatz
religionsphilosophischer Speculation erkoren. Niobe, der an
keinen bestimmten Ort gebundene Urgedanke des griechischen
Volkes, lagert sich hier ab; ihr Vater Tantalos wird zu „einer
irdischen Abspiegelung des Himmelsgottes"[1]) (S. 429). Neben
ihn tritt als „höchstbedeutsamer" Name die Gattin Dione[2])
(S. 422). Das sind Phantasieen, durch welche man der Wahrheit nicht näher kommt. Die für den Tantaloskreis „höchst-
bedeutsame" Dione hat am Sipylos nichts zu schaffen und ist
erst durch späte Combinationen zur Frau des Tantalos geworden (Hygin. fab. 9 und 82, Ovid. Met. VI, 176). Vor ihr
war die Mutter der Tantaliden Euryanassa, ein durchsichtiger
Name, der zu einer verhältnissmässig spät gemachten Genealogie gut passt, eine Personification von Tantalos' weitem
Herrschergebiet (cf. Aesch. Niobe fr. 155D cπείρω ἄρουραν
δώδεχ' ἡμερῶν). Ihr Name wird durch Dositheos fr. 7 und
Schol. Eur. Or. 5 überliefert, die ihn wohl aus Hellanikos geschöpft haben (vgl. unten S. 61). Ist das richtig, so gewinnen wir damit ein neues Anzeichen für den vorausgesetzten
Zusammenhang der tragischen Niobe mit der des Hellanikos.
Aber auch Euryanassa ist nicht die älteste Genossin des Tantalos, hinter ihr steht die Klytia des Pherekydes (oben S. 16).
Sie alle[3]) sind mythologisch werthlos, denn sie sind Erfindungen, wie die ganze Tantalidenherrlichkeit am Sipylos eine

---

[1]) Wegen Eurip. Orest v. 5, Iph. Aul. 504. Nach den Schol. zur
ersten Stelle und Paus. II, 22. 3 wurden Zeus und Pluto Eltern des
Tantalos genannt.

[2]) Auch Preller, gr. M. II, 381 will in dem Namen Dione die nahe
Beziehung dieser Sagen zum Zeusdienst vom Sipylos (?) erkennen.

[3]) Die Schol. zu Eur. Or. 11 geben auch noch Eurythemiste, die
Tochter des Xanthos, als vierten Namen der Tantalosgattin.

Erfindung ist. Wäre sie es nicht, sondern eine alte sagenechte Ueberlieferung anzuerkennen, warum machen sich dann
auf dem Sipylos vier Heroinen den Rang streitig? Bedeutsam
sind sie alle, gewiss, aber die Bedeutung ist durchsichtig:
eine jede hat dieselbe Aufgabe, die Grösse und Herrlichkeit
des Tantalos zu verkünden. — Doch kehren wir zu mythischen
Realitäten, zur Niobe des Xanthos zurück. Leider besitzen
wir den xanthischen Bericht nicht mehr in ursprünglicher Rein-
heit sondern in einer durch alexandrinische Kanäle überkommenen Form. Vgl. Xanthos fr. 13 sammt der F. H. G. IV p. 629
gegebenen Ergänzung durch Schol. Eur. Phoen. 159, wozu
übrigens noch das Schol. Vict. zu Il. Ω 602 zu fügen ist und
eine bisher unbeachtet gebliebene, ebenfalls aus Xanthos stammende Stelle bei Eustathios zu Homer p. 1368 (Rom.), die
ich hier mit den Ergänzungen durch das Homerscholion anschliesse: Ὁ δὲ Λυδός φησιν ὅτι Ἀcωνίδης (so statt Ἀccάων
auch Schol. B, während der Victorianus Αὐτονίδης giebt) ἐραcθείς
αὐτῆς (der Niobe) μὴ πειθομένης τὸν οἶκον[1] ἐνέπρηcεν, ἡ δὲ
φεύγουcα ηὔξατο λιθωθῆναι καὶ ἐλιθώθη[2]). Die ausführlichste
Wiedergabe der xanthischen Erzählung giebt Parthenios, erot.
path. c. 33, aber verflochten mit dem Bericht der Hellenisten
Simmias von Rhodos und Neanthes von Kyzikos. Da ist also
ein Abzug zu machen, um den alten Xanthos wiederherzustellen.
Auf Rechnung der alexandrinischen Quellen ist zunächst auf
jeden Fall der Streit zwischen Niobe und Leto zu setzen. Leto
hat in specifisch lydischer Sage nichts zu thun und ist nur
aus der griechischen Niobesage hereingezogen, aber recht
ungeschickt hereingezogen, da bei Parthenios dieser Streit ganz
äusserlich an den fremden Mythos angeschoben ist und in die
Entwickelung desselben nicht weiter eingreift. Dagegen fehlt
bei Parthenios die Bitte um Versteinerung, obschon sie bei
Eustathios a. a. O. ausdrücklich als Schluss der xanthischen
Erzählung angegeben ist. Der Schluss bei Parthenios nimmt
sich etwas modernisirt aus. Ich glaube die Erzählung des
Xanthos folgendermassen wiederherstellen zu sollen, wobei ich

---

[1] Dafür Schol. V. ἐπ' ἄριcτον τοὺc παῖδαc καλέcαc.
[2] Dafür Schol. Vict.: τινὲc δὲ εἰc κρύcταλλον αὐτὴν μεταβεβλῆcθαί
φαcιν.

in Klammern beifüge, was zu Parthenios aus den anderen Quellen
ergänzend resp. modificirend hinzutritt:

„Assaon [Asonides Eust. Schol. B] hat seine Tochter Niobe
dem am Sipylos wohnenden [Assyrer[1])] Philottos vermählt.
[Zwanzig Kinder sind dieser Ehe entsprossen.[2])] Philottos verliert auf der Jagd [durch einen Bären[3])] sein Leben. Nun
wirbt Assaon in unnatürlicher Neigung um die eigene Tochter.[4])
Er wird zurückgewiesen und sinnt auf Rache. Heimtückisch
ladet er seine Grosskinder zum Mahle und überantwortet sie
sammt dem Palast den Flammen. [Als Niobe die Unthat ver-
nommen, flieht sie von der Schreckensstätte. Sie fleht zu den
Göttern zum Steine erstarren zu dürfen und ihre Bitte wird
gewährt.[5])]" Den Schluss habe ich nach Eustathios gegeben,
der ihn ausdrücklich als den xanthischen überliefert.[6]) Dagegen muss Parthenios zurücktreten, bei dem man nicht nur
mit Xanthos sondern auch mit Neanthes und Simmias zu
rechnen hat. Parthenios giebt den Schluss folgendermassen:
„Auf die Kunde vom Untergang ihrer Kinder stürzt sich Niobe
verzweifelt von einem hohen Fels in den Abgrund und Assaon,
von Reue über seine That ergriffen, macht seinem Leben ebenfalls ein gewaltsames Ende." Niobes Sturz vom Fels würde
sich noch gut in den zügellosen Charakter der ganzen Sage
fügen, aber der Reueact Assaons stimmt dazu ganz und gar
nicht, er trägt den Stempel moralisirenden Epigonenthums.
So spricht auch ein innerer Grund gegen den xanthischen
Ursprung des Schlusses bei Parthenios, aber schon der äussere
ist zwingend, dass derselbe durch Eustathios keine Bestätigung
findet. — Der einheimische Name der Assaonstochter ist verschollen.

Die specifisch lydische Niobesage ist von der griechischen
in den meisten Punkten grundverschieden, aber sie theilt mit

---

[1]) Schol. Eur. Phoen. 159.
[2]) Schol. Eur. a. a. O.
[3]) Schol. cod. Flor. zu Eur. a. a. O.
[4]) Der gleiche Sagenzug auch bei dem Pelasger Piasos in Larissa
Phrikonis Str. 621.
[5]) Eust. a. a. O. n. und Schol. V. zu Ω 602.
[6]) Auch d. Schol. Vict. zu Ω 602 schliessen so unter dem Hinweis
auf die „lydische" Tradition (Λυδοὶ δέ φασιν).

ihr den einen Zug, dass auch die lydische Heroine eine mater
dolorosa ist. Das hat genügt, um die mythische Gleichung
der beiden Gestalten zu vollziehen. Die Folge aber war das
Eindringen lydischer Vorstellungen in die griechische Niobesage. Aus Xanthos ergiebt sich, dass die lydische Sage mit
einer Versteinerung der unglücklichen Mutter schloss. Das
von der interpolierten Ilias (Ω 614—17), Pherekydes fr. 102ᵇᵇ etc.
erwähnte und von Pausanias I 21, 3, sowie Q. Smyrnaios I 293ff.
beschriebene Felsbild des Sipylos hat also von Hause aus als
eine Darstellung der Assaonstochter gegolten, wobei es dahingestellt bleiben mag, wo dasselbe sich befunden und was für
eine Bewandtniss es eigentlich mit demselben gehabt hat.[1])

---

[1]) Pausanias erwähnt dasselbe ohne genauere Ortsbestimmung als
auf dem Sipylos befindlich: τὴν Νιόβην καὶ αὐτὸς εἶδον ἀνελθὼν ἐς τὸν
Cίπυλον τὸ ὄρος· ἡ δὲ πλησίον μὲν πέτρα καὶ κρημνός ἐστιν οὐδὲν παρόντι
cχῆμα παρεχόμενος γυναικὸς οὔτε ἄλλως οὔτε πενθούcηc· εἰ δέ γε πορρω-
τέρω γένοιο, δεδακρυμένην δόξεις ὁρᾶν καὶ κατηφῆ γυναῖκα (l 21, 3).
Nach Q. Smyrn. posth. I 293 ff. befand sich das merkwürdige Gebilde
ὑπαὶ Cιπύλῳ νιφόεντι, auf der Seite des Hermos und erschien in der
Nähe betrachtet als αἰπήεσσα πέτρη Cιπύλοιο τ' ἀπορρώξ. Die bekannte
unweit Magnesia befindliche Felsscalptur galt früher als dieses Niobebild. Aber wenn man sich an die naturgetreuen Abbildungen des Fels-
bildes von Magnesia (G. Weber, le Sipylos, photogr. Tafel; Perrot et
Chipier IV p. 754) hält, so kann dasselbe nicht mit der Niobe des
Pausanias und Q. Smyrnaios identisch sein. Auch fehlt die Eigenthüm-
lichkeit des tropfenden Gesteins (Kiepert, Handb. S. 114 spricht zwar
von einer das Colossalbild überrieselnden Quelle, Weber dagegen versichert nach Autopsie: il n'y a ni source ni rivière à cet endroit a. a. O.
S. 40). Da nun Pausanias an einer anderen Stelle (III 22, 4) von einem
Bilde der Göttermutter ἐπὶ Κοββίνου πέτρᾳ bei Magnesia spricht, so wird
man in der besprochenen Felssculptur von Magnesia eben dies Kybelebild zu erblicken haben (Weber a. a. O. E. Meyer, G. d. A. I, § 255).
Das Niobebild ist auf Grund von Pherekydes fr. 102ᵇᵇ und Q. Smyrn.
I 296 jedenfalls auf der Nordseite des Sipylos zu suchen und zwar in
beträchtlicher Höhe (fixa cacumine montis Ov. Met. VI, 311; cf. Q. Smyrn.
I, 293. 297). Chandler, Travels p. 331 mag in Beurtheilung des „Bildes"
den richtigen Weg gewiesen haben. — Dass beide Bilder des Sipylos von
der späteren Sage zu Tantalos in Beziehung gesetzt sind (die Niobe als
Tochter, das Kybelebild als Werk des Tantaliden Broteas, Paus. III 22, 4),
spricht für Tantalos' spätere Bedeutung im Sipylosgebiet, merkwürdig aber
bleibt der Umstand, dass Pausanias, wo er die ihm bekannten Zeugnisse
für das Tantalidenreich aufzählt (V 13, 7), das Niobebild unerwähnt lässt.

Versteinerung und Felsbild sind auf die griechische Niobe übertragen worden. Die Vorstellung des nimmergestillten Schmerzes
ist dem griechischen Mythos ursprünglich fremd (Homer), die
Beschaffenheit des Sipylosbildes muss den neuen Zug veranlasst haben. Pausanias und der Smyrnäer sagen, dass der
Fels von der Ferne betrachtet das Bild einer im Kummer
gebeugten Frau gezeigt habe. Zudem rannen Tropfen vom
Gestein (Pherekydes und Ovid) und zwar, wie aus Pausanias
VIII, 2. 7 hervorgeht, zur Sommerszeit. Der Fels befand sich
hoch im Sipylosgebirge (Ovid) auf der Nordseite (Pherekydes
und Q. Smyrnaios), im Sommer schmelzende Eis- und Schnee-
massen werden über ihn hinabgetropft sein.[1]) Daher die Vorstellung unstillbarer Thränen und nie versiegenden Schmerzes
bei der an den Sipylos versetzten Niobe, während der Dichter
des Ω die Charakteristik seiner Niobe mit den Worten geschlossen hatte:

ἡ δ'ἄρα cίτου μνήcατ', ἐπεὶ κάμε δάκρυ χέουcα.

Zur Assaonstochter passt der ewige Schmerz, aber die griechische Niobe musste ihn übernehmen, sobald sie an die Stelle
jener getreten war.

Und dass eine wirkliche Verschmelzung der beiden Heroinen
stattgefunden hat, beweist endlich auch die Zahl der lydischen Niobiden. Denn auch diese ist in die griechische
Niobesage eingedrungen. Der lydischen Niobe ist die Zwanzigzahl der Kinder eigenthümlich. Alkman zwar, der als ge-
borener Lyder ins Gewicht fällt, zählte nur zehn Niobiden[2]),
verhält sich also zu Xanthos, wie Hellanikos zu den Tragikern.
Demnach darf man Alkman als den Uebermittler der lydischen
Grundzahl betrachten, aus welcher durch Paarung die zwanzig
Kinder des Xanthos geworden sein werden. Doch kommen

---

[1]) Damit muss die Angabe des Schol. V. zu Ω 602 im Zusammenhang stehen: τινὲc δὲ εἰc κρύcταλλον αὐτὴν μεταβεβλῆcθαί φαcιν. —
Die ganz isolirte Angabe des Nonnos 12, 79 Νιόβη Cιπύλοιο παρὰ cφυρά
(Fuss) πέτροc ἐχέφρων kann gegen die in der vorhergehenden Anmerkung
besprochenen Zeugnisse nicht aufkommen, sie beweist aber doch, dass
auch schon im Alterthum das Niobebild am Fuss des Sipylos gesucht
worden ist (jedenfalls in dem Bild der Κοδδίνου πέτρα).

[2]) Ael. var. hist. XII, 36.

wir über dieses schwache Anzeichen einer lydischen Doppel-
überlieferung nicht hinaus. Dass der xanthischen Niobiden-
zahl immerhin ein recht hohes Alter zukommt, ersieht man
aus dem Umstand, dass dieselbe von der unter Hesiod's
Namen gehenden katalogischen Poesie[1]), von Mimnermos[2])
und Pindar[3]) auf die griechische Niobe übertragen worden
ist. Die Uebereinstimmung mit Xanthos in diesem Punkte
ist keine zufällige, denn die Gruppe der griechischen Dichter,
welche die Zwanzigzahl vertreten[4]), weist auch anderweitig
deutlich genug auf lydische Beeinflussung. Die Heimath
des Mimnermos ist Kolophon und von Pindar, der sich
in der Zwanzigzahl offenbar an die hesiodischen Kataloge
angeschlossen hat, erfahren wir, dass er bei dem Hoch-
zeitsfest Niobes zum ersten Mal auf griechischem Boden die
lydische Tonart erklungen sein liess.[5]) Da bei Pindar der
Tantalosmythos völlig ausgebildet und in ihm als Tantalide
„der lydische Pelops“ erscheint (Ol. 1), so ist es fraglos, dass
auch die pindarische Niobe eine Tochter des Tantalos war.
Die gleiche Voraussetzung ergiebt sich dann für Hesiod.
Wie Niobe zu dieser Vaterschaft gekommen, davon wird später
zu handeln sein, hier mag nur so viel betont werden, dass
die Einbeziehung des Tantalos unmöglich auf eine altlydische
Vorstellung zurückgehen kann, da die lydische Niobe die Tochter
eines Assaon ist. — Wohin die genannte Dichtergruppe Niobe
vermählt dachte, ist unbekannt. Dass Pindar sie bereits als
Gattin des thebanischen Amphion vorgeführt haben sollte,
macht des Thebaners Aristodemos Widerspruch gegen Euripides (oben S. 8) unwahrscheinlich. Dass er Alalkomenai und
dessen Eponym im Auge gehabt hat, ist auch nicht wahrscheinlich, da ihm Alalkomenos der Urmensch ist (fr. 83 Bgk.).

---

[1]) Apollod. III, 5. 6. Aelian, var. h. XII, 36 führt Hesiod für 19
Niobiden an, doch fügt er zweifelnd hinzu: εἰ μὴ ἄρα οὐκ εἰσἰν Ἡσιόδου
τὰ ἔπη.
[2]) Aelian a. a. O.
[3]) Fr. 37 Böckh (Aelian a. a. O. und Gellius 20, 7).
[4]) Zu ihr gehört auch Bacchylides Gell. 20, 7.
[5]) Fr. 37 (Plut. de mus. 15). Allgemeiner schrieb Telestes v. Selinus
die phrygische und lydische Weise der Einwanderung der συνοπαδοὶ
Πέλοπος zu. Heraklid. Pont. bei Athen. p. 625 f.

Nun habe ich auf die Spuren einer Localisirung Niobes in Orchomenos aufmerksam gemacht (S. 10). Sollte etwa für Pindar (und Hesiod) der orchomenische Amphion (λ 283) Gemahl der Niobe gewesen sein? Nach der böotischen (Kap. II § 2) Interpolation der Nekyia ist die Tochter dieses Amphion Chloris (λ 281), und Chloris heisst bei Apollodor III, 5, 6 eines der zwei geretteten Kinder der Niobe. Die Bibliothek hat freilich die thebische Niobe im Auge, trotzdem konnte aber bei Hesiod Orchomenos die Stätte Niobes sein. Es ist das freilich eine ins Ungewisse gerichtete Vermuthung,[1]) allein für die sonderbare Versetzung Niobes an die Seite des thebanischen Amphion (Lasos und die Tragiker) fehlt jede ratio, wenn man nicht annimmt, dass die in Orchomenos heimische Niobe zum orchomenischen Amphion in Beziehung stand. War dies der Fall, dann versteht man eher, wie ausserhalb Boeotiens stehende Dichter durch Vertauschung zweier Namensbrüder auf eine

---

[1]) Pherekydes nennt als Frau des orchomenischen Amphion Persephone, die Tochter des Minyas (fr. 56). Für eine Heroine ist der Name ein Unicum. Ihre Tochter Chloris weist auf das frische Frühlingsgrün. Liegt hier nicht ein verdunkelter Naturmythos vor? Und wenn die orchomenische Persephone ursprünglich Frühlingsgöttin (Theop. fr. 293) war, so eignete sich für sie der charakteristische Beiname Νιόβη (unten S. 26 f.) vortrefflich. — Demnach beruht die Angabe, dass Chloris die Tochter des Amphion und der Niobe war (Apollod. III, 5. 6. Hyg. f. 14. Paus. V, 16. 4 [II, 21. 9]) vielleicht nicht auf lediglicher Vermengung des orchomenischen und thebanischen Amphion, sondern auf dem Umstand, dass die orchomenische Persephone einstmals wirklich eine „Νιόβη" war. Der Gemahl der orchomenischen Persephone ist Amphion der Jaside λ 283. Jasion (Jasios), dem sich Demeter νειῷ ἐνὶ τριπόλῳ (ε 125 ff.) vermählt, wird von der Theogonie nach Kreta gesetzt (971) und das Kind der Verbindung ist Plutos. Möglicherweise aber wusste auch die orchomenische Sage vom Bunde zwischen Demeter und Jasios (über letzteren vgl. O. Crusius, Beitr. z. gr. Myth. S. 21, 3. Mit den Tyrsenern ist der Mythos von Jasion [Hermes] aus Boeotien nach Samothrake gewandert — Crusius a. a. O. S. 19). — Wo ein Amphion sich mit einer Persephone vermählt und das Kind Chloris zeugt, da möchte man glauben, dass sein Vater Jasos oder Jasios ebenfalls in dem chthonischen Vorstellungskreis seine Stelle gehabt hat. Wir besitzen nur spärliche Fragmente der minyeischen Religion, in den überkommenen Heroeonnamen Niobe, Chloris, Persephone, Jasios, Amphion ist der Hinweis auf die Sphäre des Erdenlebens auffallend genug.

Localisirung Niobes verfallen konnten, für welche die Sagenüberlieferung Thebeus gar keinen Anhalt bot.

Nachdem ich die Entwickelung der griechischen Niobesage und der aus griechischen und lydischen Elementen ge-
schaffenen Mischsage darzulegen gesucht habe, wende ich mich
zur etymologischen Analyse des Namens Niobe.
Νιόβη, äolisch Νιόβα. Der Name sieht fremdartig aus.
Fasst man -βη, -βα als Suffix, so fällt es schwer, aus griechischem Sprachgebiet Analogieen beizubringen. Die von Lobeck[1])
zusammengestellten Beispiele tragen ein ungriechisches Gepräge und da hier besonders lydische Worte erscheinen, wie
Κυβήβη, Τορρηβός, Καλλαττηβός, so könnte man im Hinblick
auf das Vorhandensein einer lydischen Niobesage dazu neigen,
auch in Νιόβη einen Namen lydischen Ursprungs zu erblicken,
durch welchen der Name der gleichgesetzten griechischen
Heroine verdrängt worden ist. Dem steht aber die altargivische Niobe, die mit Lydien ausser allem Zusammenhang
steht, entgegen. Das Vorhandensein der Phoronis Niobe, verbunden mit der Thatsache, dass ihre jüngere Namensschwester
in wesentlichen Elementen ebenfalls griechisches Gut ist, gebieten es, den Namen von europäischem Boden aus der etymologischen Prüfung zu unterwerfen. Dabei kann höchstens die
Frage entstehen, ob derselbe nothwendig griechischen Ursprungs
ist und nicht etwa einer älteren, von den Griechen bereits
vorgefundenen Völkerschicht entstammt. Doch wird man auf
letzteres Auskunftsmittel nicht zurückzugreifen brauchen, wenn
der Name aus griechischem Wortschatz ungezwungen und
zugleich passend erklärt werden kann. Und das ist durchaus
der Fall, ich trage daher kein Bedenken eine auf dem Grunde
griechischer Etymologie ruhende Deutung der Beurtheilung
vorzulegen.

Dass in der Anlautsgruppe νιο- eine dialectische Nebenform zu νεο- gegeben sei, ist schon lange angenommen worden[2]),
aber in der Schlusssilbe hat man ein Suffix vermuthet. Bleibt
man dabei, dann ist der griechische Ursprung des Namens

---

[1]) path. serm. gr. prol. p. 285 ff.
[2]) Welcker, äsch. Tril. 192, Götterlehre III 124: νι-οβη, νι-όϝη
„die junge“.

Niobe fraglich, da sowohl griechisches Suffix -βα als auch der Uebergang von inlautendem Digamma zu β[1]) durchaus problematisch sind.[2]) Anders stellt sich dagegen die Sache, wenn wir Νιόβα als Compositum fassen. Eine unter dieser Voraussetzung an meinen Freund Professor Geldner gerichtete Frage hat letzteren zu einer sehr glücklichen Deutung des Namens veranlasst. Geldner vermuthet nämlich in Νιόβη, Νιόβα ein Compositum, dessen zweiter Bestandtheil auf dialectisches *βᾶ = γᾶ, γῆ zurückgeht und stützt diese Etymologie durch Heranziehung von boiotischem βάνα, βανῆκας, βέφυρα = γύνη, γυναῖκας, γέφυρα.[3]) Daran lässt sich auch das Gegenüberstehen von ὠβά und ὠγή (Curtius, Etym. S. 586), von πρέςβυς — πρεῖγυς (kret.) — πριςγεύς (boiot.), von βουνός und γουνός anschliessen. Βουνός brauchten die Kyrenaier (Herod. IV, 104) und von Kyrene weist der Weg zu den boeotischen Minyern zurück. — Zieht man δᾶ (ὤ δᾶ, οὐ δᾶν) hinzu, dessen Gleichsetzung mit γᾶ durch 'Εννοcί-δα-c[4]) = 'Εννοcί-γα-ιοc und Δα-μάτηρ[5]) gestützt wird, so bieten für Geldners Vermuthung jene dialectischen Bildungen eine weitere Parallele, in denen das β einem δ entspricht: βέλφις, Βέλφοι, βλῆρ, cάνβαλα.[6]) β statt γ resp. δ ist nun vornehmlich dem boeotischen Dialect eigenthümlich und oben wurden zwei Heimstätten der Niobe in Nordboeotien nachgewiesen (Alalkomenai und Orchomenos). Was den ersten Bestandtheil des Compositums (νιο-) betrifft, so ist die Vertretung eines ε vor folgendem Vocal durch ein ι in verschiedenen Dialecten, namentlich

[1]) G. Curtius, gr. Etym.[5] S. 583 f.
[2]) Gust. Meyer, Gr. Gramm. 1886, § 241 A.
[3]) Meister, Die griech. Dial. I, 259.
[4]) Pind. Pyth. IV, 33 und 173.
[5]) Auch Ahrens hat seinen Widerspruch gegen die Gleichung δᾶ — γᾶ im Philol. XXXV, 21 wegen des kyprischen ζᾶ = γῆ aufgegeben. Vgl. Joh. Schmidt in Kuhns Zeitschr. XXV, 145. — Mannhardt verhält sich in seiner schönen Abhandlung über Demeter (Mythol. Forschungen 1884, S. 289 ff.) gegen die Gleichung δᾶ — γᾶ ablehnend und nimmt für das δα in Δαμάτηρ Zusammenhang mit ζέα an (also „Kornmutter"). Ich glaube an der Gleichung δᾶ — γᾶ festhalten zu sollen. Uebrigens bleibt die Zusammenstellung von -βα in Νιόβα mit γᾶ durch Mannhardts Erklärung des Namens Demeter unberührt.
[6]) Meister I, 118.

auch im boeotischen üblich.[1]) Mit gutem Grunde lässt sich
demnach Nió-βη als ein aus dem boeotischen oder einem verwandten Dialect stammendes Compositum hinstellen. Diese
Erklärung des Namens verdient in sprachlicher Hinsicht jedenfalls den Vorzug vor den künstlichen Starks (vom Stamm nig,
snigh) und Max Müllers (von snu, *nyu)[2]), und ebenso in sachlicher. Denn die „schneegenährte Quelle" und die „Schnee-
göttin" fügen sich in den Niobemythos doch nur gewaltsam.
Die Auffassung Geldners ist in sprachlicher Hinsicht ohne
Bedenken und liefert in sachlicher Hinsicht in der „jungen
Erde" eine Namenserklärung, welche der schon von Welcker[3])
gefühlten Grundbedeutung des Niobemythos sich in denkbar
bester Weise einfügt:

> Die junge Erde muss ihre Kinderschaar (die Frühlings-
> vegetation) unter den Strahlen der Sonne dahinsterben
> sehen.

So wären die Kinder Niobes im letzten Grunde ein Seitenstück
zum Kind der Demeter; nur dass in Kore der regelmässige
Wechsel von Aufspriessen und Vergehen, dagegen in den
Niobiden die Vorstellung des Vergehens allein zum Ausdruck
gekommen ist. Demeter und Kore haben ihre göttliche Würde
durch alle Zeit behauptet[4]) und der natursymbolische Sinn
des Mythos ist hier immer verständlich geblieben. Bei Niobe
und ihren Kindern ist diese Bedeutung verblasst und schliesslich die Herabziehung in die Heroensphäre erfolgt.
So sehr zu solcher Annahme nicht nur die eigenthümliche

---

[1]) Boeot.: θιóc, νíων, Νιο-μείνιος Meister I, 245. Thessal.: Κλιό-
μαχος (M. 294). Aeol.: γλύκιος (M. 48), Aetol.: Οιαγών Athen. p. 114ᶜ.
Lakon.: ειοκόρος, ειόρ (Hesych.).

[2]) Kuhns Zeitschr. XIX, 42.

[3]) Götterlehre III, 124: „die lydische Niobe war dem Wort nach
eine Neaira, die Neue, die verjüngte Natur, die ablebt und von Apoll
getödtet wird, nicht unmittelbar wie Hyakinthos, sondern in den hin-
sterbenden Erzeugnissen und mit ihren Kindern, wenn anders diese dem
Symbol ursprünglich angehörten.

[4]) Eine Vermuthung über eine heroisirte orchomenische Persephone,
oben S. 24, 1. Dieselbe würde in dem alten Mythos von Orchomenos
nicht das geraubte Kind der Demeter, sondern Frühlingsgöttin, Mutter
der Chloris (χλόη, χλωρός), also mit Niobe identisch sein.

Form der Niobesage, sondern ebensosehr die vorausgesetzte
Bedeutung des Namens Niobe auffordert, so wenig will sich
zu derselben die Thatsache fügen, dass der Gemahl Niobes
auch nach der alterthümlichsten Ueberlieferung nur ein Localheros ist. Der Eponym von Alalkomenai scheint der natursymbolischen Auffassung des Niobemythos im Wege zu stehen.
Allein das ist nur Schein. Hinter Alalkomeneus verbirgt
sich der Himmelsgott selbst. Durch das Etymol. magn.[1])
erfahren wir, dass Zeus den Beinamen ᾿Αλαλκομενεύς führte, d. h.:
von Alalkomenai, der uralten bocotischen Cultstätte, hatte Zeus
den Beinamen Alalkomeneus. Zur jugendlichen Erde erwartet
man im natursymbolischen Mythos als Ergänzung entweder
einen chthonischen Zeus[2]) oder den im befruchtenden Regen
wirkenden Himmelsgott. Der Gott ist gefunden, das alte Paar
alalkomenischer Naturreligion waren Zeus und Niobe, und die
oben vertretene Deutung des Niobidenmythos kann auf mehr
als einen bloss hypothetischen Werth Anspruch machen.

Nur ein Anstand bleibt noch zu erledigen. In der überlieferten Form des Niobemythos wird die Katastrophe durch
das Verhältniss Niobes zu Leto begründet: Der Untergang der Niobiden erfolgt, weil Niobe sich an der göttlichen
Würde der Leto versündigt hat. In dieser Form des Mythos
ist Niobe bereits vollständig in die heroische Sphäre hinab-
gesunken. Ursprünglich aber war sie eine Göttin so gut wie
Leto und ihre Beziehung zu letzterer und den Letoiden bezeichnet erst ein späteres Stadium der Niobesage. Ich glaube
die zu dieser Umbildung in Wirkung getretene Potenz zu erkennen. Den Weg weist der Mythos des Asklepios. Letzterer,
von Hause aus Stammgott später verschollener Volksstämme
(Phlegyer, Lapithen, aber auch Minyer) erscheint im mythologischen System der Griechen als heroisirter Sohn Apolls
und zwar ist seine Einordnung in den apollinischen Kreis
keineswegs ohne Gewaltsamkeit, ja geradezu unter Ehren-
kränkung der Asklepiosmutter Koronis vor sich gegangen (vgl.

---

[1]) s. v. ᾿Αλαλκομενηίς· ἐπίθετον τῆς ᾿Αθηνᾶς παρ᾿ ᾿Ομήρῳ· παρὰ δὲ
τοῖς ἄλλοις καὶ τῆς ῎Ηρας καὶ Διός· οἷον ᾿Αλαλκομενεύς Ζεύς.

[2]) Vgl. den Klymenos von Hermione, ὅντινα ἔχει λόγος βασιλέα ὑπὸ
γῆν εἶναι Paus. II, 35, 10 u. Hesiod, op. 465.

des Verfassers Artikel „Asklepios" in Roschers myth. Lexikon
I 617 u. 624). Ebenso kann ein gewaltsamer Ausgleich zwischen
zwei ganz heterogenen Sagenkreisen zur überlieferten Form des
Niobemythos geführt haben. War der Tod der Niobiden ursprünglich ein Natursymbol, so hat sich die Bedeutung desselben doch im Bewusstsein einer späteren Zeit völlig verdunkelt.
Sobald das geschehen, bedurfte der Untergang der Kinderschaar
einer Begründung. Eine Verschuldung Niobes zur Erklärung
beizubringen lag dann nahe. Dass sie beigebracht worden ist,
brauchte an sich noch nicht auf einen Zusammenstoss verschiedener Volksstämme zurückgeführt zu werden, wenn nur
nicht gerade Leto und ihre Kinder in das Geschick der Niobe
eingriffen, ganz analog dem Eingreifen Apolls in den Asklepios-
mythos. Die Thatsache, dass in letzterem die Erzählung von
der Treulosigkeit und Bestrafung der Koronis ganz entschieden
auf den Widerstreit apollinischer und phlegyeischer Religion
zurückgeht, erweckt doch den Verdacht, dass der unter dieselben örtlichen Verhältnisse gestellte Niobekreis eine ähnliche
Einwirkung erfahren haben möchte. Nun war Niobe in Nordboeotien heimisch und hier wie in Phokis sassen die Verächter
und Todfeinde des delphischen Heiligthums. Man wird zugeben,
dass in Delphi ein geeigneter Boden gegeben war, um einem
altminyeischen Mythos, der nur das Eingreifen des Sonnengottes (Helios) kannte, eine tendenziöse Umgestaltung zu geben.
Koronis war unter delphischem Einfluss zur ehrvergessenen
Geliebten Apolls gemacht worden und musste ihre Schuld mit
dem Tode büssen. Von Niobe heisst es, dass sie Apolls Mutter
beleidigt habe[1]) und dafür mit dem Untergang ihres Geschlechts
bestraft worden sei. Ich kann mich der Vermuthung nicht
verschliessen, dass in den Kreis der Niobe Delphi umgestaltend
eingegriffen hat, um einem ursprünglich ganz anders gemeinten
Mythos eine Wendung zu geben, welche die Macht und Un-
erbittlichkeit der Letoiden verkündet.

    Oben S. 12 ff. wurde angenommen, dass die Zweiheit

---

[1]) Die ältere Version (Homer etc.) lässt es bei einer Ueberhebung
wegen grösseren Kinderreichthums bewenden (vgl. auch Sappho fr. 31.
143 B), nach der von Ovid benutzten alexandrinischen Quelle widersetzt
sich Niobe der göttlichen Verehrung der Latona und ihrer Kinder.

der Tantalis und Phoronis Niobe nur das Ergebniss
mythologischer Differenzierung sein möchte. Die verbindenden
Momente sind freilich bis zur Unkenntlichkeit verdeckt worden.
Indessen sehen wir doch so viel, dass die sagenchronologische
Scheidewand im letzten Grunde, d. h. nach Loslösung der
jüngeren Niobe von Pelops wegfällt und beide Namensschwestern
an die Urzeit des Menschengeschlechts, hier an Alalkomeneus,
dort an Phoroneus (oder Inachos) anknüpfen. Aber wenn im
Mythos der boeotischen Niobe die ursprüngliche Naturbeziehung
trotz des Gemahls Alalkomeneus noch erkennbar blieb, so
scheint die argivische Niobe zu jenen farblosen Gestalten zu
gehören, mit welchen die Genealogen die grosse Leere der
griechischen Vorgeschichte ausgefüllt haben. Die Mutter des
Argos und Pelasgos[1]) ist von der Mutter der dahingera^{ff}ten
Niobiden durch eine Kluft getrennt, welche durch mythologische
Erklärung nicht überbrückbar erscheint. Indessen muss in
der Tochter des Phoroneus doch mehr als ein Schemen
genealogisirender Willkühr vorliegen. Das Interesse, welches
ihr zugewendet wurde (Plato Timaios p. 22 A), spricht für
eine tiefere Bedeutung. Der Inhalt des alten Epos Phoronis
ist leider nicht mehr festzustellen, man sieht nur aus fr. 1 (K.),
dass Phoroneus als „Vater der sterblichen Menschen" eingeführt

---

[1]) Dass Pherekydes für diese Genealogie eintrat, lehrt fr. 22, wo
Argos Sohn des Zeus heisst und der Vergleich von fr. 85, wo Pelasgos
und Deianeira als Eltern des Lykaon erscheinen, mit Dion. Hal. arch.
I, 11. Hier stimmt das für Lykaon gegebene Stemma genau mit dem
2. Kapitel weiter aus Pherekydes angeführten, dazu sind aber Cap. 11
noch Zeus und Niobe als Eltern des Pelasgos gefügt; also hat Dionysios
den vollständigen Stammbaum des Lykaon gewiss aus Pherekydes entnommen. Letzterer lässt sich demnach folgendermassen wiederherstellen:

$$
\begin{array}{ccc}
 & \text{Zeus} \diagdown \text{Niobe} & \\
 & \diagup \diagdown & \\
\text{Peitho} \diagdown \text{Argos} & & \text{Pelasgos} \diagdown \text{Deianeira} \\
| & & | \\
\text{Kriasos} & & \text{Lykaon} \\
\text{etc.} & & \text{etc.}
\end{array}
$$

Akusilaos fr. 11 nennt ebenfalls Pelasgos und Argos Söhne von Zeus
und Niobe. Hellanikos fr. 37 macht abweichend Pelasgos zum Sohn
des Phoroneus. (Bei ihm bereitet übrigens Schwierigkeit der Widerspruch zwischen Schol. Ven. zu Γ 75 und Schol. Vict. nebst Eust. zu
derselben Stelle.)

wurde. Ganz unklar ist bei Hesiod fr. 42 (K.) die „Tochter des Phoroneus", Mutter von fünf Töchtern, denen die Berg-nymphen Satyrn und Kureten entstammen. Ob mit dieser Tochter des Phoroneus Niobe gemeint war? Dagegen spricht der sonderbare Name ihres Gemahls Hekateros[1]), in dem Welcker (Götterl. III 144, 1) einen von Apollon abstrahirten Hekataios vermuthet hat. Jedenfalls liegt in dem hesiodischen Fragment eine ganz andere, wenn auch eine mit der Grund-bedeutung des Namens Niobe sehr wohl vereinbare Ueber-lieferung vor, als in der bekannten Phoronis Niobe, welche immer die erste sterbliche Geliebte des Zeus heisst. Diese feststehende Ueberlieferung ist sehr zu beachten. In ihr glaube ich den Rest eines Mythos zu erkennen, welcher die Identität der argivischen und der boeotischen Niobe auf-zustellen gestattet. — Die Verbindung der argivischen Niobe mit Phoroneus, dem Prometheus argivischer Sage, braucht durchaus nicht eine ursprüngliche zu sein. Dass hier erst eine künstliche Verknüpfung hergestellt ist, verräth vielmehr das Vorliegen einer abweichenden Version, nach welcher Phoroneus Sohn der Niobe und des Inachos war (Eusebios). Sofern nun Niobe Tochter des Phoroneus ist, haftet an ihr die Vorstellung, dass sie die erste sterbliche Geliebte des Zeus war. Phoroneus dürfen wir als einen secundären Bestandtheil aus dem Niobe-kreise streichen, dann ist Niobe ohne genealogische Voraus-setzung die erste Geliebte des Zeus. Ihre einzige Function nach der Ueberlieferung ist die, Mutter des Argos und Pelasgos, d. h. der peloponnesischen Urmenschen zu sein.[2]) Die Ur-menschen aber galten als erdgeborene (Pind. fr. 83 Bgk. II. B 548. Paus. IV 1, 5. I 35, 6 etc. cf. Welcker, Götterl. I 324. III 237 ff. Mannhardt, Kind und Korn. Myth. Forsch. S. 351 f.). Bisweilen erscheint dabei als zeugende Potenz, als Gemahl der Erde

---

[1]) Str. p. 471. Die Handschriften schwanken zwischen Ἑκατέρω, Ἑκατέρου, Ἑκατέου, Ἑκαταίου.

[2]) Die Behauptung Starks, Niobe p. 346, dass nach Schol. Or. 1248 der Verbindung von Zeus und Niobe ganz allgemein „Kinder, die sich über die Erde zerstreuen," entstammen, stützt sich nur auf ein Schol. der venez. Ausgabe von 1534. Die Codd. zeigen, dass die Kinder des Phoroneus gemeint sind.

Zeus, so, wenn der Gaiasohn Tityos (η 324) nach Pherekydes
fr. 5 Zeus zum Vater hat. Als Mutter ist beim Logographen
zwar eine Heroine eingeschoben, Elara ἡ Ὀρχομενοῦ, aber die
ältere Vorstellung wirkt in der Angabe nach', dass Zeus die
schwangere Geliebte in die Erde versenkt habe. Ἐκείνης δὲ
τεθνηκυίας ἡ γῆ ἀνέδωκε Τιτυόν. καὶ διὰ τοῦτο γηγενὴς ἐκλήθη.
Demnach müsste schon an sich vermuthet werden, dass die
beiden peloponnesischen Urmenschen dem Glauben nach ursprünglich γηγενεῖς waren und die für den Namen Niobe
gefundene Bedeutung giebt dazu die beste Bestätigung.[1])
Hatte aber das argivische Dogma: „Zeus und Niobe haben
den Argos gezeugt", den Sinn, die Erschaffung des Menschengeschlechts auf das Zusammenwirken der beiden obersten
Zeugungspotenzen zurückzuführen, so ist es selbstverständlich,
dass dieses Dogma auf der ganz allgemeinen Vorstellung
ruhte, dass aus der ehelichen Vereinigung des Zeus mit der
jugendlichen Erdgöttin alles Wachsthum auf Erden hervor-
gegangen sei.[2])

Die Identität der beiden Nioben ist somit erwiesen. Beide
sind im letzten Grunde Ausdrucksformen derselben Vorstellungen,
welche der Mythos von Demeter und Kore in nicht verdunkelter
Deutlichkeit ausspricht.

---

[1]) Uebrigens lösen sich in letzter Linie Argos und Pelasgos als
selbständig von einander ab. Zu Brüdern wurden sie gemacht, um die
nahe Verwandtschaft der Altargiver und der Arkader auszudrücken.
Das Elternpaar Zeus-Niobe ist speciell argivisch und Argos der Sprössling. Pelasgos dagegen ist der arkadische Urmensch, nach Hesiod
fr. 67 K. Autochthon, nach Asios fr. 8 K. „Sohn der schwarzen Erde".
Gleichen Wesens sind beide und daher von den Logographen mit Recht
zu Brüdern gemacht worden.

[2]) Nonnos lässt XXXII, 67 die Vereinigung von Zeus und der Tochter
des Phoroneus in Lerna stattfinden. Diese Angabe ist von Interesse,
denn Lerna ist eine alte Cultstätte der Demeter, Paus. II, 36, 7. Auch
eine zweite Phoroneustochter, Chthonia, steht zum Demetercult in
engster Beziehung, Paus. II, 35, 4 f. Sie ist die zur Heroine herab-
gesunkene Demeter von Hermione.

§ 2.

Polops.

Gegen das Dogma von der lydischen Abkunft des Pelops ist schon von verschiedenen Seiten gewichtige Einsprache erhoben worden. Zuerst von Krahner in seinem trefflichen Aufsatz „Pelops" (Allg. Enc. S. III B. 15, 1841), dessen Werth durch einige gewagte Annahmen, wie die Gleichung Pelops-Pelasgos, nicht geschmälert wird. Pelops ist ihm der Eponym der Pelopes, eines verschollenen peloponnesischen Volksstammes, welchen die nach Kleinasien ausgewanderten Griechen in verwandten Sitten und Religionsvorstellungen der am Sipylos ansässigen Pelasger wiederzufinden glaubten und in Folge dessen einst von Kleinasien nach dem Peloponnes hinübergewandert dachten. In mythischer Form sei das durch die Wanderung des Pelops vom Sipylos nach dem Peloponnes ausgedrückt worden. Lassen wir diese Hypothese ruhen, aber anerkannt muss werden, dass bereits Krahner das Vorhandensein einer gegen die herrschende Auffassung streitenden Ueberlieferung nachgewiesen hat, nach welcher Pelops der eingeborene König von Argolis und dem Peloponnes war (p. 284 u. 291). Bald darauf trat G. Grote (Geschichte Griechenlands I 126 u. 134 Meissner) gegen das Lyderthum des Pelops ein. Auf Homer gestützt stellt er ihn an den Anfang des Herrschergeschlechts, das zu Mykenai seinen Sitz hatte. Von Mykenai sei Pelops dann durch das Hervortreten der olympischen Festfeier nach Pisa hinübergezogen worden, zu einem Lyder hätten ihn die äolischen Ansiedler von Magnesia und Kyme gemacht, nachdem die lydischen und phrygischen Heroennamen Midas und Gyges in der Einbildungskraft der Griechen die Typen des Reichthums sowohl als auch des Wagenfahrens geworden waren. Dann nahm H. D. Müller (Myth. der gr. Stämme I 95 ff.) Pelops als Repräsentanten der peloponnesischen Achäer in Anspruch (der Name von der Wurzel πελ, πόλις) und führte die Sage von seiner lydischen Herkunft auf die kymeischen Colonisten und das mythische Gesetz der Rückwanderung (revindicatio) zurück, wobei er freilich I 103 unrichtiger Weise Pisa für den Ursitz des Stammes, Mykenai und Sparta für

jüngere Erwerbungen desselben erklärte. Auch Duncker hält
(G. d. A.⁵ V 64) die Einwanderung des Pelops aus Phrygien
für spätere Erfindung, rückt dabei aber in Folge eines sonderbaren Irrthums¹) das Aufkommen der Pelopssage zu tief herab,
während „der angebliche Ahn Agamemnons" doch schon durch
die πεῖρα (B 114) bezeugt ist. C. Robert (Bild u. Lied p. 187 f.)
kehrt auf Grund von Schol. C zu Eur. Or. 990 die im Alterthum herrschende Tradition um und nimmt an, dass die Brautfahrt des Pelops ursprünglich von Europa nach dem Osten zu
Oinomaos, König von Lesbos, gerichtet war. Endlich hat sich
auch Niese (Entw. der hom. Poesie p. 121, 3) gegen die traditionelle Auffassung der Pelopssage ausgesprochen.

Deutlicher noch wie bei Niobe spricht bei Pelops die
Auffassung der Ilias für griechische Herkunft, denn nach B 101 ff.
ist Pelops Herrscher im Peloponnes; sein Scepter stammt aus
den Händen des Zeus und des Hermes und erbt in friedlicher
Aufeinanderfolge über Atreus und Thyestes bis auf Agamemnon
fort. Die argivische Herrschaft der Pelopiden ist also nach
der Ilias durch unmittelbare Anknüpfung an den Olympier
Hermes legitimirt, von dem fluchbeladenen Geschicke des Geschlechts, einem Erbtheil des Tantalos, von letzterem selbst
ist da keine Spur zu entdecken und das wäre eine Unmöglichkeit, wenn Tantalos für den Dichter der πεῖρα wirklich schon
der sagenberühmte Ahnherr Agamemnons war. Grote hat
darauf hingewiesen, dass nach unserem ältesten Zeugniss Pelops
ohne Vorfahren ist, „man müsste denn die Verse der Ilias so
auslegen, als meinten sie, dass Pelops der Sohn des Hermes
sei" (I 126 Meissner). Wir werden sehen, dass sich Grote
bestimmter zu Gunsten der letzteren Auffassung hätte entscheiden können. Auch dass Mykenai und Argolis als Sitz
der Pelopiden die Priorität vor Pisa und Elis zukommt, ergiebt
sich aus B 101 ff. u. Δ 375 f. Auch Pherekydes, dessen enge
Beziehung zu Homer wir schon in der Niobesage nachweisen
konnten, hat sich den Sitz des Pelops in Argolis gedacht (vgl.
unten S. 51 f.), folgt also auch hierin der Sagenform, welche für
die Ilias massgebend ist. Hellanikos repräsentiert die Ver-

¹) Er behauptet, dass Pelops von der Ilias „nur im notorisch spät
eingeschobenen Schiffskatalog" erwähnt werde.

bindung der argivischen Pelopssage mit der jüngeren pisatischen
(unten S. 62) und selbst bei Euripides, für den doch Pisa und
Olympia mit Pelops untrennbar verknüpft sind[1]), bricht die alte
Vorstellung, dass Pelops in Argolis geherrscht, unwillkührlich
wieder durch, wenn es im Orest v. 1441 heisst: Πέλοπος | ἐπὶ
προπάτορος παλαιᾶς ἕδραν | ἑcτίαc. Nur ist die παλαιὰ ἑcτία
hier nicht in Mykenai, sondern in der Stadt Argos gedacht.
Die auffallende Verlegung des Pelopidensitzes
von Mykenai nach Argos ist oft besprochen aber bisher
unerklärt; denn die Annahme Strabons (Apollodors)[2]), dass
die Tragiker die beiden Städte „wegen ihrer grossen Nähe"
synonym gebrauchten, ist keine Erklärung und zudem in der
Verallgemeinerung (οἱ τραγικοί) unrichtig. Prüfen wir zunächst
kurz den Thatbestand. Aeschylus hat Mykenai aus der Geschichte der Pelopiden einfach gestrichen und kennt als Sitz
derselben nur Argos. Hier spielen sein Agamemnon und seine
Choephoren, hierher weisen die Hindeutungen in den Eumeniden.[3])
Denselben Standpunkt vertritt Euripides, nur mit geringerer
Klarheit und Consequenz. Für ihn nämlich giebt es zwischen
Mykenai und Argos keinen Unterschied. Die einzige Stelle,
wo Mykenaier und Argeier als etwas verschiedenes neben-
einandergestellt sind (Iph. Aul. v. 242 u. 265 Dind.), gehört zu
einer alten Interpolation, sonst überall sind die beiden Stadtnamen geradezu synonym gebraucht. Das hatten schon die
Alten festgestellt und wird durch neuere Erklärer, welche ein
statt Μυκῆναι gebrauchtes Ἄργος als Landschaftsnamen fassen
wollen[4]), nicht weginterpretirt. Der durch die beiden Synonyma
bezeichnete Ort ist nach Euripides' Ansicht die Stadt Argos,
wie aus seinem Orest sicher erkannt wird. Der Schauplatz
dieses Stückes heisst v. 49 Ἀργείων πόλιc, v. 692, 1296 und
1601 Πελαςγὸν Ἄργοc, 876 und 1250 Δαναϊδῶν πόλιc.[5]) Dem-

---

[1]) Iph. Taur. 1 Πέλοψ ὁ Ταντάλειοc ἐc Πῖcαν μολὼν | Θοαῖcιν ἵπποιc
Οἰνομάου γαμεῖ κόρην.
[2]) p. 377 § 19. Ebenso Schol. Eur. Or. 1248.
[3]) Ag. 24. 503. 810. 1393. 1633. Choeph. 676. 680. Eum. 290. 455. 654.
757 Dind. Damit fällt Steffens Einwand gegen Ag. 309 f. (K. v. Myk. 20).
[4]) z. B. Wecklein zu Iph. Taur. 510.
[5]) Vgl. auch 46, 437, 884, 1464, 1530, 1691 Dind.

nach ist die παλαιὰ ἑςτία des Pelops (1440 f.) in Argos gedacht. Der synonyme Gebrauch von Mykenai spielt hinein
1246: Μυκηνίδες ὦ φίλιαι | τὰ πρῶτ᾽ ἀνὰ Πελαςγὸν ἕδος ᾽Αργείων
und findet sich auch an mehreren anderen Stellen (1470 und
101 neben 98). Der gleiche Sachverhalt ergiebt sich in den
übrigen in Betracht kommenden Tragödien des Euripides.[1])
Sophokles hingegen hat an der alten Localisirung der
Pelopiden in Mykenai festgehalten. Das bestreitet freilich
O. Müller, wenn er Dorier[2] I 176, 3 bemerkt: „Merkwürdig wie
schnell Myken den Athenern in Vergessenheit gerieth. Aeschylos
nennt es nie; die folgenden verwechseln es stets mit Argos.
In Sophokles' Electra herrscht von vornherein das konfuseste
Bild der Localität." E. Curtius dagegen giebt dem Prolog der
Elektra eine Erklärung (Peloponn. II 401 u. 570 Anm. 30),
nach welcher Sophokles zwischen Argos und Mykenai genau
unterschieden hat und Curtius' Erklärung trifft entschieden das
richtige.[2]) Nach derselben ist die Situation folgende: Orest
und der Pädagog sind von Korinth her bei Mykenai angelangt.
Der Pädagog weist auf die argivische Ebene (v. 4 τὸ παλαιὸν
῎Αργος, v. 5 ἄλςος ᾽Ινάχου κόρης) hinab, deutet dann speciell
auf die Stadt Argos zur Rechten (v. 6 τοῦ λυκοκτόνου θεοῦ
ἀγορὰ Λύκειος cf. Schol. zu v. 6 und Paus. II 19, 3) und das
Heraion zur Linken (v. 7), endlich mit v. 9 und 10 auf den
unmittelbaren Schauplatz der Handlung Μυκήνας τὰς πολυχρύσους
πολύφθορόν τε δῶμα Πελοπιδῶν.[3]) Damit ist die Elektra des
Sophokles vom Vorwurf O. Müllers befreit und dazu stimmt

---

[1]) Iph. Taur.: hier erhellt der synonyme Gebrauch besonders aus
dem Vergleich der Verse 505, 508, 510 und 513. Die Verwendung des
Namens Argos überwiegt aber bedeutend (v. 45, 155, 189, 230, 235 etc.).
— Iphig. Aul. v. 112, 328, 515, 538, 731, 739, 1498 ff. etc. Elektra.
Argos: v. 1, 88, 138, 641, 1260 etc.; Mykenai: v. 35, 761, 776, 963; beides
nebeneinander v. 170 u. 172, 709 u. 715. Herakliden: v. 21 πόλιν
῎Αργος Residenz des Eurystheus, v. 136 Μυκηνῶν Εὐρυςθεὺς ἄναξ (cf. v. 60,
85 f., 135, 176, 185 ff.). Her. fur. 462, 1285 (Arg.) 417, 943 (Myk.).

[2]) Wegen der Stellung des Aeschylos und Euripides und unter dem
Eindruck von O. Müllers Urtheil bin ich lange über die Auffassung des
Sophokles im Zweifel gewesen, bis ich durch ein Gespräch über dieses
Thema mit Herrn Professor Michaelis eines besseren belehrt wurde.

[3]) v. 1459 stehen Mykenaier und Argeier als Theil und Ganzes nebeneinander, cf. v. 161 und 423 (Dind.).

auch bestens der Doppeltitel der sophokleischen Tragödie
Ἀτρεύς ἤ Μυκηναῖαι. Das Ergebniss für die drei Tragiker
ist also: Sophokles hat Mykenai als Sitz der Pelopiden festgehalten, Aeschylos hat ihn zu Gunsten der Stadt Argos fallen
lassen, Euripides lässt Mykenai mit Argos zu einer doppel-
namigen Einheit zusammenfliessen und zwar unter Aufgabe
der Sonderexistenz von Mykenai.[1])

Die merkwürdige durch Aeschylos und Euripides vertretene
Neuerung[2]) scheint mir auf historische Ereignisse und politische
Verschiebungen innerhalb der argolischen Landschaft zurückzugehen. Bevor wir aber dieser Vermuthung näher treten,
muss kurz ein zweiter argolischer Sagenkreis berührt werden,
der zwar die Versetzung der Pelopiden von Mykenai nach
Argos nicht erklärt, aber doch in die Pelopidensage einen der
ältesten Vorstellung fremden Conflict hineinträgt, ich meine
die Persidensage und ihren Ausgleich mit der der
Pelopiden. Für die älteren Partieen der Ilias ist die Vorherrschaft nicht nur des Agamemnon, sondern auch seiner
Vorfahren in Argolis Voraussetzung. Perseus ist in der ganzen
Ilias gar nicht erwähnt (Ξ 319 f. gehört zur Interpolation
v. 317—27) und von einer Concurrenz zwischen Pelopiden
und Persiden keine Rede. Aber schon in einer jüngeren Stelle

---

[1]) Die Ansicht des Euripides kehrt genau wieder bei Apollodor (Str.
372), wenn dieser sagt, die Herakliden hätten die früheren Herren von
Mykenai (die Achaeer) vertrieben und Mykenai mit Argos in ein Gemeinwesen zusammengezogen, die Fiction eines Zustandes, der gar nicht,
wenigstens bis zum Jahr 468 nicht, existirt hat. Cf. unten S. 69.

[2]) Wenn Furtwängler (Roschers myth. Lex. I, 91) meint, die Tra
giker folgten nur dem Brauche Homers bald Argos bald Mykenai als
Residenz Agamemnons zu bezeichnen, so kann ich ihm nicht beistimmen.
Nach der Ilias residirt Agam. in Mykenai (Λ 46, Η 180) und zwar auf
ererbtem Sitze (Δ 375 f.), in Argos dagegen als Eidam Adrasts (Ε 412)
Diomedes (Β 559), und nach Argos war schon sein Vater zugewandert
und Gemahl einer Tochter Adrasts geworden (Ξ 119ff.). Nach der Ilias
war also die Stadt Argos im Besitz der Oinciden und vor ihnen der
(pylischen) Amythaoniden. Furtw. stützt sich darauf, dass Α 30 u. Ι 141
Agamemnon seine Heimath Argos nennt. Das ist ja richtig, aber an
beiden Stellen bedeutet Argos in erweitertem Sinne die Landschaft
Argolis, wie auch Β 107, Ζ 152. 224 etc. — Auch Niese, Entw. d. h.
P. 218 und Busolt, gr. G. I 66 muss ich widersprechen.

der Ilias T 116 tritt das concurrirende Geschlecht in dem Persiden Sthenelos und seinem Sohn Eurystheus auf.[1]) Der Sitz derselben ist T 115 als Ἄργος Ἀχαιικὸν bezeichnet. Sollen wir darunter die Stadt oder die Landschaft verstehen? Wenn erstere, so kommt man mit E 412, Ξ 119 (und B 559) in Widerspruch, wonach die Stadt Argos von Diomedes drei Generationen rückwärts weder im Besitz von Persiden noch eines Vorfahren derselben ist.[2]) Also wird anzunehmen sein, dass der Dichter von T 115 unter Ἄργος Ἀχαιικὸν die Landschaft und als Sitz des Eurystheus Mykenai gedacht hat und dazu stimmt ja auch O 638, wo Kopreus, der Herold des Eurystheus ein Mykenaier heisst. Nach der jüngeren Sage residiren Sthenelos und Eurystheus in Mykenai, mit ihr befindet sich O 638 (und T 115) demnach in Uebereinstimmung,

[1]) Letzterer erscheint auch Θ 363 und O 638, an allen drei Stellen in Verbindung mit der Heraklessage.

[2]) Ja von Adrast rückwärts aufsteigend gelangt man durch Talaos Ψ 678 (cf. Paus. II 21, 2) und Bias o, 237 auf Proitos, den Z 158 als πολὺ φέρτερος Ἀργείων kennt. Dass letzteren die Ilias in Tiryns dachte und nicht in Argos, ist mir sehr zweifelhaft. Nach der späteren Sage wird Proitos von seinem Bruder Akrisios aus Argos vertrieben, geht nach Lykien, kehrt aber wieder und setzt sich in Tiryns fest. Dieses tauscht dann Perseus von Proitos Sohn ein und das Ergebniss der vielen mytho-logischen Umständlichkeiten ist, dass die Proitiden gerade das sind, was dem Proitos Akrisios streitig gemacht hat, nämlich Könige von Argos. Das wird in alter Sage Proitos selbst gewesen sein. Durch die Aus-bildung der Persidensage ward er dann zur Verlegung seiner Residenz nach Tiryns genöthigt, sein Sohn aber erhält Argos wieder. In Argos steht Proitos an der Spitze eines langen Stammbaumes [Schol. Pind. Nem. IX, 30 interpolirt bei Paus. II 18, 4, cf. Kalkmann, Pausanias S. 149. Der problematische Argos bei Pausan. ist durch die Emendation Ἀναξαγόρου τοῦ Ἀργείου zu beseitigen; cf. Diodor IV 68. Ein Schol. zu Phoen. 181 nennt Anaxagoras den Sohn des Argeios, gewiss nur aus Missverständniss des in der Quelle als Adjectiv gebrauchten Wortes], Akrisios dagegen an der Spitze eines nur in weiblicher Linie fortlebenden und auswandernden Geschlechts. Demnach dürfte das ganze Königthum des Akrisios (O. Müller, Dor.² I S. 401, Proleg. p. 311 leitet den Namen von Ἀκρία, dem Beinamen der argivischen Burggöttin her, H. D. Müller, Ares S. 46 von κρίνω „der Unsichtbare") später gemacht und in Proitos der echte König der Localsage anzuerkennen sein. Nach den Chrono-graphen ist Proitos 17 Jahre König in Argos und nach ihm Akrisios 31 Jahre.

wie aber verträgt sich das mykenäische Herrscherthum des
Eurystheus mit B 101 ff., welches für Mykenai die Herrscherreihe Pelops, Atreus, Thyest, Agamemnon aufstellt? Zu den
kurzen Andeutungen der beiden genannten Iliasstellen über
die Persiden bringt nun die spätere Ueberlieferung weitere
Einzelheiten bei. Sie localisirt das Geschlecht der Persiden
zunächst in der Stadt Argos und zwar als Abkömmlinge des
Danaos und Aigyptos. Akrisios gebietet in Argos und findet
durch seinen Enkel Perseus den Tod. Die Blutschuld veranlasst Perseus, den grossväterlichen Besitz aufzugeben. Er
tauscht Argos gegen Tiryns ein[1]), gründet Mykenai und
vererbt diesen neuen Herrschersitz auf Sthenelos und Eurystheus.
Die Pelopiden gewinnen zunächst mit einer Tochter des Pelops,
die Sthenelos heirathet, der pelopidische Mannsstamm aber erst
nach Eurystheus' Tod in Mykenai Boden. Diese Sage bedeutet
also: Mykenai ist eine Tochterstadt von Argos, in Mykenai
sind die Persiden alteingesessen, die Pelopiden nur in das
Persidenerbe eingerückt. Das steht in schroffem Widerspruch
zur Auffassung von B 101 ff. und Δ 375, wonach die Pelopiden in Mykenai gebieten und ihr Herrscherrecht unmittelbar
auf das von Hermes empfangene Scepter zurückführen. Aber
die Pelopidensage hat ja eine tiefgreifende Umwälzung erfahren: Pelops, der altpeloponnesische Heros ist von der nachhomerischen Sage zu einem Asiaten gemacht worden. So
musste er sich also gefallen lassen, wenn man ihn, den eigentlich
alteingesessenen, zum Eindringling in fremden Besitz stempelte.
Die jüngste Form der Sage lässt Pelops vom Sipylos nach
Elis gehen und mit der Hand Hippodameias zugleich die
Herrschaft über Pisa gewinnen. Erst seine Söhne fassen in
Argolis Fuss. Aber es hat eine Zwischenstufe der Sage
gegeben, welche Pelops selbst vom Sipylos nach Argolis einwandern liess. Diese Zwischenstufe vertritt Pherekydes[2]), nach
welchem Pelops zur Zeit des Perseus vom Sipylos nach Argolis
einwandert, jedoch nicht mehr nach Mykenai, welches für ihn
bis auf Eurystheus im Besitz der Persiden bleibt, sondern in

---

[1]) Von seinem Oheim Megapenthes, dem Sohn des Proitos.

[2]) Ueber den zwischen Pherekydes und der Vulgärsage vermitteln-
den Standpunkt des Hellanikos unten S. 61 f.

eine andere unsicher bleibende Stadt der Landschaft (cf. unten
S. 51 f.). Dass diese Sagenform wirklich ein Vorrecht des
Persidenkreises vor dem Pelopidenkreise bedeutet, ist im Hin-
blick auf B 101 ff. Δ 375 f. nicht wohl denkbar. Man mag·
die Stadt Argos immerhin als das älteste Culturcentrum von
Argolis (Müller, Dorier² I 80), und in Perseus eine altargivische
Gottheit (O. Müller, Proleg. 307—15. H. D. Müller, Ares. S. 45 f.
Roscher, Gorgonen p. 114 ff.) anerkennen, so bleibt es doch
fraglich, ob der zum Heros gemachte Perseus und seine Nach-
kommen bis auf Eurystheus als ein in vorpelopidische Zeit
zurückreichendes Sagengut (Steffen K. v. Myk. 6) gelten dürfen.
Wir sehen, dass die Persidensage gegen die Pelopidensage
aggressiv vorgeht, sie zuerst aus ihrer ältesten Stätte (Mykenai),
dann überhaupt aus Argolis verdrängt. Das macht doch den
Eindruck, als ob das Geschlecht des Perseus in den älteren
Besitzstand der Pelopiden eingedrungen ist. Und selbst in der
Stadt Argos, dem Ausgangspunkt der Persiden, sehen wir den
Ahnherrn Akrisios in einem eigenthümlichen Conflict mit
Proitos[1]) und gewinnen den Eindruck, als ob Akrisios zu keinem
anderen Zweck in Argos König ist als um die Persiden an
das Geschlecht der Aigyptiden anzuknüpfen und von Argos den
Weg nach Mykenai nehmen zu lassen.

Soviel von der Persidensage. Dieselbe erweist sich gleichsam als ein zwischen die Pelopiden und ihren alten Stammsitz
hineingetriebener Keil, die von Aeschylus und Euripides gewagte Verlegung des Pelopidensitzes von Mykenai nach Argos
lässt sie jedoch unerklärt. Man sollte meinen, dass, sobald
Pelops zu einem einwandernden Kleinasiaten geworden war,
es genügte ihn nach dem von der älteren Sage ihm zugewiesenen
Sitze, nach Mykenai einwandern zu lassen und wir werden
unten (S. 56) auf eine fast verschollene Ueberlieferung kommen,
nach welcher Pelops in der That neben einem König von
Argos als Herrscher von Mykenai erscheint und auch nach der

---

[1]) Cf. oben S. 38, A. 2. Daselbst habe ich spätere Sagenbildungen,
nach welchen Proitos Danae vergewaltigt haben soll (so legte sich Pindar
die Danaesage zurecht nach Schol. Ξ 310; cf. Apollod. II 4, 1) oder
Akrisios aus Argos vertreibt und dafür vom heimkehrenden Perseus ver-
steinert wird (Ov. Met. V 238, Hyg. f. 64), ganz bei Seite gelassen.

Vulgärsage, welche den Ausgangspunkt der Pelopiden nach
Pisa verlegt, wird das Geschlecht von hier keineswegs nach
Argos, sondern nach Mykenai übergeführt und der spätere
Volksglaube erblickte die Gräber der Atriden in Mykenai.
Nur die beiden Tragiker unterbrechen die Stetigkeit der Ueberlieferung. An subjective Willkür ist nicht zu denken, vielmehr werden wir uns nach örtlichen Gründen umsehen müssen,
die für eine gewisse Zeit stark genug waren, der ältern Ueberlieferung zum Trotz Pelops und sein Geschlecht von Mykenai
nach Argos hinüberzuziehen. Nun ward der Herrlichkeit des
achäischen Zeitalters, welches recht eigentlich die Pelopiden
repräsentiren, durch den Einbruch der Dorier in den Peloponnes ein Ziel gesetzt, zwar nicht in jähem Umschwung,
sondern nach langwierigen Kämpfen und unter vielfachem
Paktiren mit der älteren Bevölkerung, aber es war doch ein
Niederringen, das mit der völligen Dorisirung von Argolis
geendet hat. Diese Thatsache war für die Vorstellungen des
historischen Zeitalters eine so mächtig wirkende, dass die
Dichter, wo es die Darstellung achäischer Verhältnisse galt,
sich von dem Dorismus der Argiver gar nicht losmachen
konnten. So lässt Sophokles im Oedipus auf Kolonos v. 1301
Polyneikes zu Adrast in das dorische Argos kommen und
Euripides nennt in der Elektra Argolis zwar eine γῆ 'Αχαιίc
(v. 1285), drückt aber doch Orest ein dorisches Opfer-
messer in die Hand (v. 836).[1]) So mächtig wirkt die Thatsache, dass Argolis in geschichtlicher Zeit ein dorisches
Land war, auf Männer, die doch achäische Zustände zur Darstellung bringen wollen. Um wie viel stärker musste in der
dorischen Bevölkerung von Argolis der Trieb sein, den vorgefundenen Sagenbestand in dorische Beleuchtung zu rücken
und dorisch umzugestalten? Denn es ist ja ein in Griechenland vielfach zu beobachtender Vorgang, dass ein erobernd
eintretendes neues Bevölkerungselement die vorgefundenen Culte
und Sagen nicht nur schont, sondern durch mythische Fictionen
an sich zu ziehen sucht.[2]) Bekannt ist es, dass die Dorier
von Lacedaemon im sechsten Jahrhundert die Gebeine Orests

---

[1]) Vgl. auch die dorischen Triglyphen Or. 1372.
[2]) O. Müller, Orchom² S. 210.

aus Tegea (Herod. I, 69 ff.) und ebenso diejenigen seines Sohnes Tisamenos aus Helike (Paus. VII, 1. 3) nach Sparta einholten, nach O. Müller, Dor.² I, 66 „ohne Zweifel in der kindlichen Idee, dadurch das Unrecht der Vertreibung gut zu machen" —, den wirklichen Grund hat A. v. Gutschmid erkannt¹), indem er die geflissentlichen Versuche der Spartaner, an die achäische Tradition anzuknüpfen²), mit ihrem Streben nach der Hegemonie in Zusammenhang bringt und die Einholung der Gebeine Orests nach Sparta geradezu als die offizielle Besiegelung der Ansprüche Spartas auf die Vorherrschaft im Peloponnes hinstellt. Eine ähnliche Tendenz wird nun, meine ich, schon früher die Versetzung der Pelopiden vom achäischen Mykenai nach dem dorisirten Argos veranlasst haben. Argos war in den früheren Jahrhunderten der dorisch-peloponnesischen Geschichte der mächtige Vorort der Halbinsel. In seinem Interesse allein konnte es liegen, die mythischen Traditionen des benachbarten, den Doriern lange (unten S. 69) trotzenden Mykenai zu sich herüberzuziehen. Aus dieser Quelle ist die Auffassung eines Aeschylus geflossen, ihr folgte in weniger consequenter Weise auch Euripides.³) Allein weder der Versuch das ganze Pelopidengeschlecht nach Argos, noch der jüngere Agamemnon Orest und Tisamenos nach Sparta hinüberzuziehen, hat dauernden Erfolg gehabt. Nach einer Episode sagengeschichtlicher Anomalie hat doch Mykenai sein Recht als Wiege und Stätte

---

¹) Vorles. über gr. Gesch.

²) Schon Grote hatte auf diese Tendenzen hingewiesen, aber den springenden Punkt merkwürdiger Weise verkannt, wenn er schliesslich sagt: „die an Legenden ganz besonders armen Dorier waren, wie es natürlich ist, bemüht, sich mit jenen legendarischen Zierden zu schmücken, welche die Achäer so im Uebermasse beasssen." (Gr. Gesch. I 397 Meissn.) Die Legendenarmut der Dorier ist nicht so gross wie Grote denkt (vgl. unten Kap. II § 2: In den Homer interpolirte Sagen).

³) In Argos befand sich beim Tempel der Demeter Pelasgis ein χαλκεῖον mit alten Bildern des Zeus, der Artemis und Athena. In demselben sollten nach Lykeas (Kalkmann, Paus. S. 145) die gegen Ilion zusammenberufenen Argeier den Eidschwur (jedenfalls an Agamemnon) geleistet haben. Nach anderen sollten in dem Gebäude die Gebeine des Tantalos (Sohn des Thyest, oder des Broteas, oder auch der Ahn der Pelopiden selbst) bestattet sein. Alle diese Versionen ruhen auf der angedeuteten dorisirenden Tendenz.

der Pelopiden behauptet. Freilich nicht mehr in der alten
Form voraussetzungslosen Achüerthums: Pelops ist zu einem
eingewanderten Lyder geworden, hinter ihm hat sich in Mykenai
die Sage von den Persiden eingeschoben, aber Pelops' Nachkommen gebieten doch an der Stätte, welche nach alter
Achäersage ihr Erb- und Stammsitz gewesen ist.[1]) Und nun
sei noch ein kurzer Rückblick auf das Geschlecht des
Perseus gestattet. Dass Perseus selbst unter die altargivischen
Gottheiten gehört, wird anzuerkennen sein. Aber vielleicht
liegt gerade hier einer jener seltenen Fälle vor, wo die Herabziehung eines göttlichen Wesens in die Heroensphäre in ihren
Gründen noch erkennbar ist. Die Dorier von Argolis haben
für ihre Eroberung den Rechtstitel der revindicatio geltend
gemacht. Ihr Stammesheros Herakles musste daher in die
argivische Heroengenealogie irgendwo eingefügt werden. Er
ist zu einem Persiden gemacht worden, das wird soviel bedeuten: der argivische Gott Perseus ist dem (dorischen) Herakles
zu Liebe in die Heroensphäre hinabgezogen und in den Stammbaum der Aegyptiden eingefügt worden. Die ganze Nachkommenschaft des Perseus[2]) hat eigentlich nur zwei Aufgaben:
1) für Herakles einen Anknüpfungspunkt zu bieten, 2) gegen
die Pelopidensage aggressiv vorzugehen. Wenn andererseits
die Dorier sich erobernd in Argolis ausbreiten, so ist es doch
recht nahe liegend, die Sage von den Persiden mit den argivischen Doriern in einen inneren Zusammenhang zu bringen.
Und dazu stimmt es endlich auch gut, dass die Persiden mit
den Pelopiden nur in einem ganz lockeren Zusammenhang
stehen (Verschwägerung durch Töchter des Pelops), mit den
Herakliden dagegen in engster Weise verknüpft sind (Elektryon
und Amphitryon). Die Persiden werfen den Schatten der
Herakliden voraus, dürfen wir da nicht sagen: die Persiden
stammen aus der gleichen Quelle wie die Herakliden?

Nach der kanonischen Sagenversion ist Pelops lydischer Ein-

---

[1]) Richtig und gut hat Robert, Bild und Lied S. 188 ff. die gehäuften Grüelthaten im Geschlecht der Pelopiden für tendenziöse Erfindungen der eingewanderten Dorier erklärt.

[2]) Sthenelos' Name ist aus älterem argiv. Sagenbestande erborgt
(Δ 367, Ε 108 etc.), Eurystheus ist Hypokoristikon zu Eurysthenes.

wanderer nach der Pisatis, die Werbung um Hippodameia
ist ihr treibendes Moment. Es fragt sich indess, ob die Beziehung des Pelops zu Hippodameia nicht älter ist, als seine
Anknüpfung an Kleinasien. Wäre das der Fall, dann müsste
eine Sage vorgelegen haben, welche die Brautfahrt des
Pelops von Argolis nach Pisa gehen liess. Hier treten
nun als wichtige Quelle die Logographen ein, für welche ich
diese Richtung der Brautfahrt nachweisen zu können glaube.
Sowohl Pherekydes wie Hellanikos gehen zwar vom der Vorstellung aus, dass Pelops ein in den Peloponnes zugewanderter
Lyder ist, allein von der traditionellen Richtung der Brautfahrt (Sipylos — Pisa) wissen beide nichts, vielmehr lassen
sie als Ausgangspunkt der Brautfahrt jene Landschaft erkennen,
welche nach der ältesten Sage die Heimath des Pelops gewesen
ist. Demnach hat die Darstellung der beiden Logographen in
diesem Zuge auf grössere Alterthümlichkeit Anspruch als die
lydisch-pisatische Pelopssage.

Zunächst wende ich mich zur Erzählung des Pherekydes. Die Oertlichkeiten derselben sind nicht überliefert, so
dass wir lediglich auf Schlüsse angewiesen sind. Frg. 93 (Schol.
Soph. El. 505) meldet:

Φηcὶ Φερεκύδηc, ὅτι Πέλοψ νικήcαc τὸν ἀγῶνα καὶ λαβὼν
τὴν Ἱπποδάμειαν ὑπέcτρεφεν ἐπὶ τὴν Πελοπόννηcον μετὰ τῶν
ὑποπτέρων ἵππων καὶ τοῦ Μυρτίλου. Καθ᾽ ὁδὸν δὲ καταλαβὼν
αὐτὸν προϊόντα πρὸc τὸ φιλῆcαι αὐτὴν ἔρριψεν εἰc θάλαccαν.
Die „Rückkehr nach dem Peloponnes", die „Flügelrosse (Poseidons)", die „Ertränkung des Myrtilos im Meer" scheinen
hier zu Gunsten der von Robert[1]) befürworteten Sage, in welcher
die Brautfahrt von Europa nach Lesbos ging, zu sprechen
und v. Wilamowitz[2]) zweifelt nicht, dass bei Pherekydes Pelops
die gewonnene Braut von Osten über das Meer in den Peloponnes heimführte. Aber ganz unbedenklich scheint mir diese
Annahme doch nicht zu sein. Pelops ist für Pherekydes ja
der Sohn des Tantalos (fr. 93 Schol. Eur. Or. 11) und Tantalos
König am Sipylos (fr. 102ᵇᵇ Schol. Ω 617). Unter obiger Voraus-

---

[1]) Bild und Lied S. 187.
[2]) Hermes 18, 217.

setzung hätte also Pherekydes den Pelops zuerst vom Sipylos
nach dem Peloponnes auswandern, dann aber als Brautwerber
noch einmal nach Kleinasien zurückgehen lassen. Soll man
das glauben? Die Flügelrosse Poseidons spielen in der Pelopssage eine wichtige Rolle. Robert nimmt an, dass dieselben
aus der lesbischen Ueberlieferung stammen, aber dem am Sipylos
localisirten Pelops wird man die Rosse nicht nehmen können.
Die einfache Form der lydisch-peloponnesischen Pelopssage
giebt Pindar in der ersten olympischen Ode: zum Jüngling
herangewachsen beschliesst Pelops, um die pisatische Königstochter zu freien. Er erbittet und erhält von seinem Gönner
Poseidon die flügelschnellen Rosse, geht von Lydien direct
nach Pisa, besiegt [mit dem Göttergespann¹)] den Oinomaos
und wird der Erbe seines Reiches. Die Flügelrosse Poseidons
bedeuteten nach Robert ursprünglich nur die Fahrt über das
Meer (d. h. die Wettfahrt war der Sage ursprünglich nicht
eigen, vgl. indess u. S. 73), bei Pindar sind sie jedenfalls zu
dem Doppelmittel geworden, Elis sicher zu erreichen und
Oinomaos im Wettkampf zu überwinden. Die Treulosigkeit
des Wagenlenkers Myrtilos war neben den Götterrossen überflüssig und fehlt bei Pindar.

Nun erzählte Pherekydes sowohl von den Flügelrossen
als von Myrtilos, den Pelops auf der Heimfahrt ins Meer geworfen. Hat er beides aus einer lesbischen Ueberlieferung
geschöpft, in welcher durch die Flügelrosse Pelops' Fahrt über
das Meer, durch den Verrath des Myrtilos die Besiegung des
Oinomaos bewerkstelligt wurde?

Eine lesbische Pelopssage hat es in der That gegeben,
aber über die Einzelheiten derselben sind wir nicht unterrichtet. Steph. Byz. s. v. Μυτιλήνη leitet diesen Namen her
ἀπὸ Μυτιλήνης τῆς Μάκαρος ἢ Πέλοπος θυγατρός. Und in
dem münchener Scholion zu Eurip. Orest. 990 ist Oinomaos
König auf Lesbos: ὁ Οἰνόμαος ἐβαcίλευcεν ἐν τῇ Λέcβῳ, εἶχε
δὲ καὶ ἵππουc ταχεῖc, οὓc οὐδεὶc ἐνίκηcεν εἰ μὴ ὁ Πέλοψ. εἶχε
δὲ ὁ Πέλοψ ἡνίοχον τὸν Κύλαν (sic). Alles weitere vom

¹) Pindar bemerkt dies nicht ausdrücklich, setzt es aber offenbar
stillschweigend voraus. Auch am Kypseloskasten dienten die Flügelrosse
der Wettfahrt. Paus. V 17, 7.

Scholiasten gemeldete ist für die Wiederherstellung der lesbischen Sage werthlos, da es der kanonischen Sage vom Pisaten Oinomaos entlehnt ist.[1]) Von der lesbischen Sage ist also nur überliefert, dass Pelops einst auf Lesbos um Hippodameia mit Oinomaos gerungen und zwar unter Beihilfe seines Wagenlenkers Killos. Letzterem musste in der Localsage auf Seiten des Oinomaos der Wagenlenker Myrtilos gegenüberstehen, dessen Tod bei Geraistos nur in diesem Zusammenhang Sinn hat. Von Killos als einem Bestandtheil äolischer Pelopssage wird auch sonst mehrfach[2]) berichtet, wobei indess das Local von Strabo nach Killa im Gebiet der thebischen Ebene verlegt wird. Doch kennt Strabo auch ein Κίλλαιον auf Lesbos (612 § 62) und man wird annehmen dürfen, dass die ältere Stätte Lesbos war, die Uebertragung auf das aeolische Festland erst später stattgefunden hat. Theopomp (fr. 339) hat die lesbische Sage mit der pisatischen nothdürftig in der Weise verbunden, dass er Killos auf der Fahrt von Lydien nach dem Peloponnes bei Lesbos sterben und (auf dieser Insel?) durch Pelops ein μνῆμα erhalten lässt, wofür dann der Verstorbene sich später seinem Herrn in Pisa gegen Oinomaos (wodurch, wird nicht gesagt) hilfreich erweist. Es ist klar, dass dieser Killos, der in die pisatische Version gar nicht hineinpasst[3]), nur in einer Sage mitwirken konnte, welche auf Lesbos (oder der gegenüberliegenden äolischen Küste) localisirt war. Dass Killos hier gestorben, stand in der Ueberlieferung so fest, dass Theopomp ihn nur als Verstorbenen in den pisatischen Wettkampf eingreifen lassen konnte. Nun hat Robert (Bild und

---

[1]) Das Schol. Monac. zu Or. 990 stimmt von den Worten ἡ δὲ Ἱπποδάμεια bis zum Schluss mit Tzetzes zu Lykophr. 156 (und zwar wörtlich mit den Wittembb. 2 und 3). Tzetzes aber theilt die pisatische Version mit. Wenn der Schlusssatz des Euripidesscholions die Herrschaft des Oinomaos „Νήccαν" nennt, so ist dafür nach dem Text des Tzetzes Πίccαν zu lesen.

[2]) Strabo 613 § 63. Eustath. zu A 38. Paus. V 10, 7. Theop. fr. 339.

[3]) Paus. V 10, 7 will zwar von dem Exegeten zu Olympia wissen, dass des Pelops Wagenlenker in der Giebelgruppe des Zeustempels nach olympischer Ueberlieferung Killas genannt wurde; man vgl. indess Kalkmann, Pausanias S. 46.

Lied p. 187 Anm.) die Vermuthung aufgestellt, dass Oinomaos
und Hippodameia ursprünglich nach Lesbos gehörten und in
der ältesten Sagenversion nicht der lydische Ankömmling Pelops
um die einheimische peloponnesische Königstochter Hippodameia freite, sondern der einheimische Herrscher von Argos,
Pelops, sich aus dem fernen Lesbos die Braut raubte.[1]) Durch
diese Vermuthung erklärt sich gut, wie Myrtilos bei dem
euboeischen Geraistos — ein in der kanonischen Form der
Pelopssage ganz unbegreifliches Local — seinen Tod finden
konnte. Indessen kann ich in Pelops' Brautfahrt von Argolis
nach Lesbos doch nicht die „älteste" Version anerkennen, auch
scheint der dorthin gehörende Wagenlenker Killos dafür zu
sprechen, dass es sich in dieser Sage um keinen Brautraub,
sondern bereits um eine Wettfahrt handelte. Uebrigens reicht
die Aufstellung einer Brautfahrt vom Peloponnes nach Lesbos
und wieder zurück für die peloponnesisch-lesbische Pelopssage
nicht aus. Denn es sind ja Spuren einer Ueberlieferung erhalten, welche einen bleibenden Aufenthalt des Pelops auf
Lesbos voraussetzen; so die eponyme Heroine von Mytilene
als Tochter des Pelops (Steph. B. s. v. Μυτιλήνη, wahrscheinlich nach Hekataios), so der Orakelspruch des napäischen
Apoll auf Lesbos an Pelops, in welchem das goldene Lamm
des Atreus in merkwürdiger Weise vorweggenommen wird
(die Nosten des Antikleides bei Schol. Ar. nub. 144). Wir
werden demnach zwei Versionen einer lesbischen (oder
doch an Lesbos anknüpfenden) Pelopssage anzunehmen haben:
1. Pelops geht von Argolis nach Lesbos und kehrt mit der
gewonnenen Braut in die Heimath zurück (in diese Sage gehört der Tod des Myrtilos bei Geraistos). 2. Pelops geht von
Argolis nach Lesbos, gewinnt sammt Hippodameias Hand die
Herrschaft des Oinomaos und bleibt auf Lesbos. Die erste
dieser Versionen braucht nicht auf die Initiative der lesbischen
Griechen zurückzugehen, die zweite ist vollständig im Stil der
Revindicationssagen gehalten und ein geeigneter Ausdruck der

---

[1]) Vgl. auch den Schlusssatz: „Es versteht sich, dass es sich ur-
sprünglich um einen Brautraub handelt, bei dem Myrtilos verrätherischer
Weise hilft, und dass die Umwandlung zu einem Wettrennen erst in
Olympia entstanden ist."

von den aeolischen Colonisten auf die Insel Lesbos erhobenen
Ansprüche. — Prüfen wir nun, ob Pherekydes als Vertreter
an Lesbos anknüpfender Sage gelten kann. Die zweite Version
kommt nicht in Betracht, da nach Pherekydes Pelops „in den
Peloponnes zurückkehrt". Dagegen würde letztere Angabe sich
der ersten, von Robert vertretenen Version gut einfügen und
ebenso die Ertränkung des Myrtilos im Meer, doch sind keine
zwingenden Gründe vorhanden, desshalb Pherekydes wirklich
als Vertreter der lesbischen Brautfahrt aufzustellen. Mehrfache Erwägungen führen mich vielmehr dazu, ihm eine ganz
andere Behandlung der Pelopssage zuzuschreiben. Wir haben
gesehen, dass Pindar die Flügelrosse Poseidons sowohl dem
Zweck der Meerfahrt (vom Sipylos nach Elis) als dem des
Wettkampfes mit Oinomaos dienen lässt, und wir dürfen annehmen, dass die Flügelrosse ein integrirender Bestandtheil
der den Sipylos zum Ausgangspunkt nehmenden Sagenversion
waren. Diesen Bestandtheil wird also Pherekydes, der notorisch
den Pelops als Tantaliden einführte (fr. 93 Schol. Eur. Or. 11),
der lydisch-peloponnesischen Pelopssage entnommen haben.
Nun gab Pherekydes aber neben den Götterrossen auch den
Verrath des Myrtilos (Schol. Apoll. Rh. I, 752). Muss er denselben nothwendig aus der lesbischen Sage haben, von welcher
der Tod des Myrtilos bei Geraistos in der That durch die
Vulgärsage (Eur. Or. 990) entlehnt worden ist? In den
Fragmenten des Pherekydes ist Geraistos nicht genannt, nur
der Sturz ins Meer, und die Möglichkeit ist nicht ausgeschlossen,
dass derselbe nach Pherekydes nicht bei Geraistos, sondern
von einem Punkte der peloponnesischen Küste aus erfolgte.
Für das Vorliegen einer solchen Todesstätte des Myrtilos
spricht der Umstand, dass die Pheneaten in Nordarkadien das
Grab des Myrtilos besassen und zwar mit der Begründung,
dass sie seinen von den Wogen ans Ufer gespülten Leichnam
aufgefischt und bestattet hätten Paus. VIII 14, 11. Das hat
nur dann einen Sinn, wenn Myrtilos in den korinthischen
Meerbusen gestürzt worden war, also etwa bei jener Wettfahrt,
welche von Pisa nach dem Isthmos ging (Diod. IV, 73, Tzetz.
zu Lykophr. 156), Geraistos und das myrtoische Meer sind
hier ausgeschlossen. Letzteres verdankt seinen Namen jeden-

falls der Insel Myrtos[1]) und hat die Myrtilossage nur wegen des Namensanklangs an sich gezogen, die Ueberlieferung der Pheneaten setzt voraus, dass der Wettkampf zwischen Pelops und Oinomaos innerhalb des Peloponnes stattfand. Nun wird man vielleicht sagen: Das ist zuzugeben, aber die pheneatische Sage wie überhaupt die ganze im Peloponnes localisirte Wettfahrt ist eben nichts anderes als eine Uebertragung lesbischen Sagenstoffes. Dagegen habe ich einzuwenden, dass nach alsbald zu besprechenden Spuren Myrtilos bereits in der altpeloponnesischen Pelopssage eine Rolle gespielt hat, dass er demnach in der lesbischen Sage eine vom Mutterlande entlehnte Gestalt ist. Unter solchen Umständen gewinnt aber die Frage nach den Quellen des Pherekydes eine ganz andere Richtung. Ehe wir uns nach derselben wenden, vergegenwärtigen wir uns kurz die Hauptmomente der vulgären Pelopssage. In derselben ist Pelops Sohn des Tantalos und geht mit den Flügelrossen vom Sipylos nach Elis. Das stammt aus der lydisch-griechischen Sage. Darauf findet der Wettkampf zwischen Oinomaos und Pelops statt, nach Pindar ohne, nach Euripides mit Eingreifen des Myrtilos; die Wettfahrt ging von Pisa aus und hatte den Poseidonaltar auf dem Isthmos von Korinth zum Ziel.[2]) Auf der Rückkehr musste irgendwo an der Küste des korinthischen Meerbusens die Tödtung des Myrtilos stattfinden. Nun lässt aber Euripides, obschon für ihn der Ausgangspunkt Pisa ist, den Tod des Myrtilos unbegreiflicher Weise bei Geraistos stattfinden (Orest. 993 D.), d. h. er hat in die pisatische Version einen ganzen fremden Sagenzug aufgenommen. Die Scholien zur Stelle, Tzetzes zu Lyk. 156, die Schol. AD zu B 104 geben nun eine Schilderung des Herganges, in welcher Züge, die nur aufs Festland passen, in unklarer Weise mit den durch Ge-

---

[1]) Plin. IV § 51 Appellatur ab insula parva, quae cernitur a Geraesto petentibus haut procul Euboeae Carysto. Für die Insel setzt eine Eponyme Myrto ein Paus. VIII 14, 12. Wenn letzterer im Hinblick auf die pheneatische Sage den Tod des Myrtilos bei Geraistos mit Recht verwirft, so ist doch die an die Stelle gesetzte Meerfahrt des Pelops von der Alpheiosmündung nach dem elischen Kyllene ganz unverständlich. Wir kommen auf dieselbe unten S. 71 zurück.

[2]) Wie gerade dieser Punkt von der Sage gewählt worden ist, wird sich unten S. 60 erklären.

raistos erforderten Hinweisen auf eine Meerfahrt verquickt
sind.[1]) Man sieht, dass hier neben der einen Quelle, welche
von der Meerfahrt handelte (lesbische Sage), eine andere mit-
benutzt ist, in welcher die Scenerie auf dem Festlande lag.
Welche Stellungnahme werden wir nun bei Pherekydes vorauszusetzen haben? Erinnern wir uns seines Verfahrens bei
der Darstellung des Niobemythos. Dort hatte er die Abstammung von Tantalos zwar aus der lydisch-griechischen Sage
aufgenommen, im übrigen jedoch die Elemente einer hochalterthümlichen, dem griechischen Mutterlande angehörenden
Sage treu bewahrt. Ein gleich conservatives Vorgehen werden
wir bei·den Sagen vom Bruder der Niobe erwarten. Hier gehören die Abstammung von Tantalos und die Flügelrosse,
welche den Heros vom Sipylos nach dem Peloponnes bringen,
der lydisch-griechischen Sage an. Nehmen wir nun an, dass
nach Pherekydes die Brautfahrt des Pelops vom Peloponnes
nach Lesbos ging und auf der Heimkehr Myrtilos bei Geraistos
den Tod fand, so würde er mit der lydischen eine lesbische
Pelopssage, also zwei relativ junge Versionen miteinander verbunden haben. Bei Niobe war er ganz anders verfahren. Und

---

[1]) Schol. AD zu B 104 διαβαινόντων αὐτῶν διὰ τοῦ Αἰγαίου πόντου
καὶ διψηςάςης τῆς Ἱπποδαμείας καταβὰς ἐκ τοῦ ἅρματος ὁ Πέλοψ ἐζήτει
ὕδωρ κατὰ τῆς ἐρήμου etc. (Ausgangspunkt und Ziel der Fahrt sind hier
nicht genannt.) Tzetzes zu Lyk. 156 bemerkt ausdrücklich, dass die
Wettfahrt zwischen Elis und dem Isthmos stattfand und die nach dem
Tode des Oinomaos erzählten Umstände der Rückfahrt halten sich auch
vollständig auf dem Boden des Festlandes: λαβὼν γὰρ Πέλοψ Ἱπποδάμειαν
καὶ διερχόμενος ἐν τόπῳ τινὶ διψώςης αὐτῆς ἀνεχώρηςεν, ἵνα ὕδωρ αὐτῇ
κομίςῃ. ἀνυχωρήςαντος δὲ τοῦ Πέλοπος Μύρτιλος ἐπεχείρει βιάζειν Ἱπποδάμειαν. ἐλθόντος δὲ Πέλοπος καὶ διαβληθεὶς παρ' Ἱπποδαμείας . . . .
ρίπτεται παρὰ Πέλοπος (jetzt folgt die überraschende Ortsangabe:) περὶ
Γεραιςτὸν ἀκρωτήριον. — Im Schol. C zu Or. 990 ist diese Darstellung
mit einigen Kürzungen wiederholt und davor der Anfang der lesbischen
Sage (ὁ Οἰνόμαος . . . . Κύλλαν) angeflickt. Im Schol. Gu. zur Stelle ist
die Meerfahrt klar durchgeführt (cυνελαύνων Πέλοπι ἐρρίφη . . . . πληςίον
Γεραιςτοῦ, cf. Schol. Gu. zu Or. 981), dagegen im Schol. A zu Or. 987
zwar von Gemistos die Rede, die Fahrt aber findet auf dem Festland
längs der Meeresküste statt (τὴν παρὰ θάλασσαν ἐλαύνων). — Sophokles
scheint El. 504 ff. (Geraistos im Auge zu haben, also der lesbischen Sage
(1. Version oben S. 47) zu folgen, im Oinomaos dagegen einen festländischen Punkt anzunehmen; vgl. Welcker, gr. Trag. I 356.

eine altpeloponnesische Pelopssage hat doch existirt, von
jenem durch Hermes bestellten Herrscher über Argos, auf
welchen die πεῖρα der Ilias in zwei Versen hinweist. Dieser
Pelops hatte sich die Gattin ganz gewiss nicht aus dem fernen
Lesbos, sondern von einem Orte des Mutterbodens heimgeholt.
Ich muss a priori annehmen, dass in die pherekydeische Erzählung von den Schicksalen des Pelops so viel alterthümlicher Sagenstoff Aufnahme gefunden hat, als sich mit der aufgestellten lydischen Herkunft des Heros vereinbaren liess. Die
Hereinziehung auch noch von Lesbos verbietet sich aber eigentlich schon durch das damit Pelops auferlegte Hinundhergefahre
zwischen der Ost- und Westküste des ägäischen Meeres. Für
die Annahme, dass der Logograph die Brautfahrt nach Lesbos
gehen liess, giebt einen Schein von Nöthigung nur jener Ausdruck des Fragments: λαβὼν τὴν Ἱπποδάμειαν ὑπέςτρεφεν
ἐπὶ τὴν Πελοπόννηcον. Wenn jedoch Pherekydes als Ziel
der Wettfahrt den Poseidonaltar auf dem Isthmos genannt
hatte, so war auch schon die Rückkehr von dort ein ὑποςτρέ-
φειν ἐπὶ τὴν Πελοπόννηcον. Ebensowenig nöthigt der Umstand,
dass Hippodameia sich in der Begleitung des siegreichen Pelops
befindet, gerade an die von Lesbos heimgeholte Braut zu
denken. Der Ausgangspunkt der Wettfahrt konnte im Peloponnes liegen und doch das siegreich zurückkehrende Gefährt
auch schon die Braut beherbergen, wenn Pherekydes, ebenso
wie der Künstler des Kypseloskastens, Hippodameia an Pelops'
Seite die Wettfahrt mitmachen liess. Das besprochene Fragment schliesst die Voraussetzung einer auf den Peloponnes
beschränkten Brautfahrt also keineswegs aus. Doch vielleicht
gelingt es, von der Negation auf positiven Boden vorzudringen.
Von Wichtigkeit sind hier die beiden Fragen: Wohin liess
Pherekydes den Tantaliden einwandern? Wo herrschte nach
ihm Oinomaos?

    1. **Der Ort, nach welchem der pherekydeische
Pelops einwandert.** Einen Anhalt bietet zunächst die Stelle
der Historien, an welcher die Pelopssage behandelt wurde.
Ebenso unrichtig wie die Fragmente der Niobesage hat C. Müller
die von Pelops handelnden Bruchstücke (93) dem 10. Buch
eingeordnet. Das einzige mit einem genauen Citat versehene

Bruchstück aus dem Pelopskreise gehört dem dritten Buch
an.[1]) Ebendahin wird auch das Uebrige zu stellen sein,
d. h. Pherekydes hat aller Wahrscheinlichkeit nach die Sagen
von Pelops und seinem Geschlecht im Anschluss an den Per-
sidenkreis erzählt. Also liess er ihn wohl auch nach Argolis
einwandern. Zu solcher Annahme stimmt bestens, dass alle
Angaben über Pelops' Kinder sich auf argolischem Boden halten:
Amphibia wird an Sthenelos vermählt, den Pherekydes im
Hinblick auf die Ilias in Mykenai ansetzen musste (fr. 31);
Kleonymos wohnt (von Atreus eingesetzt) in Kleonai (fr. 36ᵃ);
ein anderer Sohn des Pelops heisst Argeios (fr. 93; er geht
nach Amyklai) und auch eine Schwestertochter des Pelops
führt den aufs bestimmteste nach Argolis weisenden Namen
Argeia (fr. 102ᵇ). Nun hat freilich Pherekydes die lydische
Herkunft des Pelops in seine Darstellung aufgenommen und
für die kanonische lydisch-griechische Version ist, wie Pindar,
Euripides, Thukydides zeigen, die Anschauung charakteristisch,
dass Pelops selbst in Pisa zur Herrschaft gelangt, in Argolis
erst seine Söhne Atreus und Thyest Fuss fassen. Aber die
soeben angeführten Wahrnehmungen sprechen doch zu bestimmt dafür, dass Pherekydes nur die lydische Herkunft anerkannt hat, im übrigen dagegen mit der homerischen Vorstellung sich in Einklang hielt und Pelops in sein homerisches
Herrschaftsgebiet, — nach Argolis einwandern liess. Den Ort
sicher zu bestimmen, ist leider unmöglich. Nach Mykenai,
das durch B 104 ff. Δ 376 nahegelegt ist, konnte Pherekydes
den Pelops nicht einwandern lassen, denn er hat ja die Persidensage anerkannt und Perseus verzichtet nach Akrisios' Tod
freiwillig auf den Besitz der Stadt Argos (fr. 26), doch zu
keinem anderen Zwecke als um seinem Sohn und Enkel, welche
Pherekydes durch die Ilias in Mykenai localisirt sah (O 638 ff.,
T 115), die Stätte zu bereiten. Die Einwanderung des Pelops
fand aber nach Pherekydes zur Zeit des Perseus statt, denn
nach fr. 31 vermählte Pelops seine Tochter Amphibia mit
Sthenelos, dem Sohn des Perseus. Da derselbe in Mykenai
gebot, so musste Pelops an einem anderen Punkte von Argolis

---

[1]) Fr. 36ᵃ (F. H. G. IV p. 638ᵇ) über Kleonymos.

eingeführt werden, und das liess sich ja auch mit Homer vereinigen, denn nach diesem gebieten zwar die Pelopiden Atreus
und Thyest (Δ 375f.), Agamemnon (H 180, Λ 46), Aigisth
(τ 305) in Mykenai, die einzige Stelle aber, welche des Pelops
gedenkt (B 104ff.), berichtet nur im allgemeinen, dass er sein
Scepter von Hermes empfangen und auf seine Nachkommen
vererbt habe, „um über viele Inseln und ganz Argos (Argolis)
zu gebieten". Mykenai kam also rechtzeitig genug an die
Pelopiden, wenn Atreus (fr. 36ª) von demselben Besitz ergriff.
So liess also Pherekydes den Pelops vielleicht nach der Stadt
Argos einwandern, welche durch den freiwilligen Verzicht
des Perseus herrscherlos geworden. Dafür ist freilich als
Voraussetzung erforderlich, dass Pherekydes nicht etwa Proitos'
Sohn Megapenthes zum Nachfolger des Perseus in Argos
machte, wie die Vulgärsage es erzählt (Apollodor II 4, 4.
Paus. II 16, 3). Wir haben aber keinen Anhalt, diese Voraussetzung gelten zu lassen.[1]) So knüpfte der Logograph etwa
den einwandernden Pelops an Mideia an. Zu Gunsten dieses
Ortes könnte man anführen, dass hier eine Grabstätte Hippodameias existirte (Paus. VI 20, 7) und dass nach der kanonischen Sage (Apoll. II 4, 6) gerade Mideia der Ort ist, in
welchem die Pelopiden von Pisa aus zuerst Fuss fassen. Oder
Pherekydes wies dem Pelops das Gebiet von Troizen zu, wo
die neun „Inseln des Pelops" (Paus. II 34, 3) und das μνῆμα
des Sphairos (Paus. II 33, 1), des Wagenlenkers des Pelops, für
eine beachtenswerthe pelopidische Localüberlieferung sprechen.

---

[1]) Was Proitos selbst betrifft, so stehen wir hier vor der schon
S. 36 A. 2 besprochenen Schwierigkeit. Nach Pher. fr. 26 ist er βαcι-
λεὺc τῶν Ἀργείων. Das wäre ja mit seiner Herrschaft in Tiryns vereinbar. Aber da nach Pher. Melampus zum Lohn für die Heilung der
Proitiden Antheil an der Herrschaft erhält, sein Geschlecht aber in die
Stadt Argos gehört (Herod. 9, 34), so scheint Pherekydes den Proitos als
König von Tiryns und Argos gedacht zu haben. Wie er das mit dem
von ihm anerkannten Königthum des Akrisios vereinigte, dafür giebt wohl
die Stellungnahme der Chronologen einen Wink. Nach letzteren nämlich
herrscht in Argos Proitos 17 Jahre, nach ihm Akrisios 31 Jahre. Pherekydes mochte also Proitos aus Argos durch Akrisios vertrieben werden
und dann in Tiryns ein eigenes Königthum gründen lassen. Daran wird
er den Tausch zwischen Perseus und Megapenthes geschlossen haben.

Dieselbe konnte für denjenigen, der Pelops von Osten übers
Meer kommen liess, immerhin einen geeigneten Anknüpfungspunkt bieten. Man halte mir die ermüdende Reihe von Mög-
lichkeiten[1]) ohne sicheren Entscheid zu Gute, sie musste vorgeführt werden, um zu zeigen, dass Pherekydes, sobald er die
dorisirende Sage von den Persiden anerkannte (und was sollte
er anderes thun, da schon die Ilias den Mykenaier Eurystheus
bezeugte), sich mit der passenden Unterbringung des Pelops
in ein Dilemma versetzt sah. Dasselbe hat später die Chrono-
graphen noch arg genug gequält. Diese nahmen nach dem
Tode des Akrisios (der ihnen Nachfolger des Proitos war) das
Erlöschen des argivischen Königthums und eine Verlegung
der Herrschaft von Argos nach Mykenai an. Für letzteren
Ort gaben sie entweder die Herrscherreihe Perseus, Sthenelos,
Eurystheus, Pelops, Atreus etc. Synkell. p. 234 und 294 Dind.
(als von ihm nicht getheilte Ansicht), oder sie strichen aus
dieser Reihe Pelops, was Synkellos p. 295 ebenfalls missbilligt.
Letzterer selbst entscheidet sich unter Berufung auf Homer
dafür, dass nach Akrisios' Tode Pelops in der Stadt Argos
König geworden sei und er wie seine Nachkommen sowohl
über Argos als über Mykenai geherrscht hätten (p. 295 u. 303).
Eusebios und Hieronymus (Chron. II 42 u. 43 cf. auch I 179
Schöne) lassen das argivische Königthum während der Regierung des Pelops erlöschen und die neue Herrscherreihe von
Mykenai mit Perseus beginnen, Pelops ist für sie augenscheinlich Oberkönig der ganzen Halbinsel mit dem Herrschersitz
in Pisa.[2]) Das Dilemma ist hier beseitigt, aber zugleich auch
die Localisirung des Pelops in Argolis —, es ist jene Lösung
der Schwierigkeit, welche die kanonische Pelopssage (Pindar

---

[1]) Dieselben erweitern sich auch noch auf Phlius, das zur Pelopssage in eigenthümlicher Beziehung steht — doch kann hierüber erst
im Anschluss an die folgende Untersuchung über die ursprüngliche
Heimath des Oinomaos gehandelt werden.

[2]) Eus. Arm. Abr. 701: Peleponneso imperat Pelops et Olympiorum
curam gessit. Vgl. auch die von v. Gutschmid verbesserten Exc. Eus. in
Schönes Euseb. I p. 180: βαςιλεύει δὲ πρῶτος Πελοποννήςου Πέλοψ.
Ὀλυμπίων τε προέςτη οὗτος ὁ Πέλοψ. ⟨καθ'⟩ ὃν εἰς Μυκήνας μετατε-
θείςης τῆς Ἀργείων ἀρχῆς, μετ' Ἀκρίςιον ἐβαςίλευςεν Εὐρυςθεὺς ....
ἔπειτα οἱ Πελοπίδαι Ἀτρεὺς καὶ Θυέςτης.

etc.) durch die Einwanderung direct nach Pisa gefunden hat.
Aber diese Lösung hat Pherekydes verschmäht, indem er an
Argolis als dem Sitze des Pelops fest hielt; welche Stadt er hier
dem einwandernden Lyder zuwies, liess sich nicht feststellen,
genug dass wir sie in der Landschaft Argolis zu suchen haben. —
2. Die von Pherekydes dem Oinomaos zugewiesene
Heimath. Auch hier gestatten die geringen Bruchstücke des
Logographen keine sichere Entscheidung. Wenn man annehmen
wollte, dass Oinomaos für Pherekydes Herrscher von Pisa war,
so wäre eine schlagende Widerlegung nicht möglich, nur müsste
man dann wenigstens soviel festhalten, dass Pelops mit der gewonnenen Braut nach Argolis zurückkehrte. Indessen liegt die
Möglichkeit vor, dass Pherekydes in Bezug auf Oinomaos einer
älteren Sage folgte, nach welcher derselbe nicht in Pisa, sondern in Argolis localisirt war. Dass eine solche altargivische
Sage in der That existirt hat, glaube ich nachweisen zu können.

Oinomaos ist ein altpeloponnesischer Heros, sein auf Ursprünglichkeit den grössten Anspruch erhebendes Elternpaar
sind Ares und Harpina[1]), letztere gleichen Wesens und
Namens mit den Harpyien. Nun ist Ares zwar ἐπιχώριος καὶ
πατρῷος τῶν Ἠλείων (Schol. Pind. Ol. XIII 148), demnach fügte
sich Oinomaos gut in altpisatischen Sagenbestand. Aber die
Mutter Harpina weist doch aus Pisatis hinaus nach dem nordöstlichen Peloponnes, denn stets heisst sie Tochter des Flusses
Asopos[2]) und die Phliasier betrachteten sie unter Zustimmung

---

[1]) Paus. V 22, 6. Diod. IV 75. St. B. v. Ἅρπινα. Schol. Pind.
Ol. XIII 148. Schol. Ap. Rh. 1 752. Tzetz. Lyk. 149. Der bei letzterem erwähnte Vater Hyperochos (auch zu Lyk. 219) wird als Bei-
namo des Ares zu fassen sein (bei Nic. Dam. fr. 17 ist Myrtilos Sohn
eines Hyperochides und cυγγενὴc Οἰνομάου); ebenso mag der von
Paus. V 1, 6 dem Ares gegenübergestellte Alxion auf einen altpisatischen Beinamen des Gottes zurückgehen (über die abweichenden Angaben der Einleitungen und des Textes der Periegese vgl. Kalkmann,
Pausanias S. 82 und 202). Sterope als Mutter ist Hellanikos (fr. 56)
eigenthümlich; cf. auch Tzetz. zu Lyk. 149. 219. Nach späterer elischer
Sage war Sterope Frau des Oinomaos, Paus. V 60, 6 (Apollod. III
10, 1). Ueber Eurythoe unten S. 58.
[2]) Die Scholl. Pind. Ol. XIII 148 und Ap. Rh. 1 117 nennen fälschlich den boeotischen Asopos, ja von dem Apolloniosscholion wird sogar
Araithyrea in Boeotien angesetzt.

der Eleier als phliasische Heroine (Paus. V 22, 6). Ist der Asopos die Heimath der Harpina, so ist es doch wahrscheinlich, dass auch ihr Sohn Oinomaos einst hier localisirt war.[1]) Und in der That giebt es auch sonst noch einige, wenngleich schwache Spuren einer mit Argolis im engsten Zusammenhang stehenden Oinomaossage. Vorauszuschicken ist eine merkwürdige Einordnung des Pelops in die argivische Heroenmythologie, welche ihn zum Zeitgenossen des Aigyptiden Lynkeus macht. Eusebios merkt zu Abr. 618, d. h. zum 25. Jahr des Lynkeus von Argos an: Pelops Argivis imperavit. (Hier.: Pelops aput Argos regnavit ann. LIII, a quo et Peloponnesus vocata.)[2]) Dieser wegen der Pelops zugewiesenen Zeit wie Herrschaftsstätte gleich auffallende Ansatz fällt aus dem Rahmen des eusebianischen Systems völlig heraus und Synkellos hat von ihm gar keine Notiz genommen. Nach der Meinung des Eusebios ist Pelops Tantalide[3]), und gleichzeitig durchläuft Perseus seine Heldenlaufbahn[4]), damit übereinstimmend herrscht Pelops (von Pisa aus) über den Peloponnes (Abr. 701), während Perseus von Argos nach Mykenai übersiedelt (Abr. 705).[5]) Hin-

---

[1]) Gerade Argolis ist an Cultstätten des Ares auffallend reich: Korinth, Argos, Hermione, Troizen, ein Tempel zwischen Argos und Mantineia. Für Phlius giebt es freilich ausser Harpina kein Zeugniss. Aber sollte nicht in dem Autochthon Aras ('Ἀραντ-) ein Zusammenhang mit dem Namen des Gottes versteckt liegen? Vgl. O. Crusius in Roschers Lexic. s. v. Arantides.

[2]) Schoene hat mit Unrecht Synkell. p. 303, 2 (Μυκηνῶν Ἀργείων ιε΄ ἐβασίλευσε Πέλοψ ἔτη λε΄) hier (Abr. 618) eingefügt. Die Angabe gehört zu Abr. 705, denn Pelops als 15. König schliesst sich an Akrisios, den 14. und Synkellos erklärt Pelops für den unmittelbaren Nachfolger des Akrisios (p. 295).

[3]) Abr. 657: Tantalos herrscht in Maeonien. Abr. 668: Pelops freit um Hippodameia.

[4]) Abr. 670: Perseus . . . Gorgonam decollavit.

[5]) Hieronymus lässt nach Akrisios Tod (Abr. 704) für Perseus und Sthenelos als Mykenäer nur 7 Jahre (704—11) übrig und setzt dann die Regierung des Eurystheus ein; offenbar geht das auf einen Chronologen zurück, der für die Nachfolge des Atreus in Mykenai die Möglichkeit des Anschlusses finden wollte. Aber in der folgenden Jahresreihe der reges Mycenarum hat Hieronymus diesen Zweck vereitelt, indem er Eurystheus (ebenso wie Euseb. 1 179 Sch.) 45 Jahre giebt. Dadurch kommt dann Agamemnon zu kurz. Letzterer soll nach Hieron. 35 (nach

gegen ist bei dem Ansatz des Pelops auf Abr. 618 die Vaterschaft des Tantalos, soviel man sieht, nicht vorausgesetzt (eine vorangehende Einordnung des Tantalos fehlt). Ferner ist hier Pelops argolischer König und, da er neben Lynkeus von Argos steht, offenbar als Mykenaeer gedacht. In der Nähe dieses früheren Ansatzes taucht freilich auch Perseus auf, aber erst vierzehn Jahre nach dem Herrschaftsantritt des Pelops: Abr. 632 Persei res hoc loco. Wir wissen nicht, ob dieser Ansatz von demselben Chronologen herrührt wie der des Pelops auf Abr. 618, aber nimmt man das auch an, so ist, da Perseus erst im vierzehnten Regierungsjahr des Pelops seine Laufbahn beginnt, wenn nicht gar erst geboren wird, die Lebenszeit der beiden durchaus zu Pelops' Gunsten verschoben und jedenfalls ausgeschlossen, dass Perseus' Enkel (Eurystheus) zu Mykenai dem Sohn des Pelops (Atreus) in der Herrschaft vorausgeht. Wir sehen, dass es sich hier nicht um blosse Willkür eines Chronologen, sondern um einen ganz eigenartigen mythologischen Standpunkt handelt, für welchen Pelops und sein Geschlecht,

---

Euseb. 30) Jahre regiert haben, aber schon in sein 15. Jahr fällt die Eroberung Trojas (Cod. F giebt Agamemnon 18 Jahre, was aber dem Uebel nicht abhilft). Ich glaube, dass bei Hieronymus die Vermengung zweier chronologischer Systeme vorliegt. Dasjenige, welches zwischen Akrisios Tod (Abr. 704) und Eurystheus Antritt in Mykenai (Abr. 711) nur 7 Jahre verstreichen liess, gab Eurystheus nicht 45, sondern nur 21 Jahre. Dann fällt Agamemnons Tod richtig alsbald nach der Zerstörung Trojas (Abr. 835): Eurystheus 711—34, Atreus und Thyest 735—800, Agamemnon 801—35. Hierzu stimmt bestens der Ansatz für Pelops (669—728), welcher sich ergiebt, wenn man seine 59 (Hieron. hinter Abr. 704) Regierungsjahre von der Vermählung mit Hippodameia (Abr. 669) an rechnet. Nun giebt es aber noch einen etwas späteren Ansatz des Pelops bei Hieron. Abr. 696; das giebt für seine pisatische Herrschaft die Jahre 696—754. In dieses System passen die 45 Jahre des Eurystheus (711—56), aber in die Jahresfolge der reges Mycenarum durfte Hieronymus dieselben nicht aufnehmen. — Ein ähnlicher Wirrwarr beim Eusebios Arm.: Abr. 705 Tod des Akrisios. Nach diesem herrschen (Eus. I S. 179) in Mykenai Eurystheus 45, Atreus und Thyest 65, Agamemnon 30 Jahre. Demnach trifft Ilions Fall mitten in Agamemnons Regierung. Trotzdem heisst es I 179 unbekümmert: Agam. annis XXX. Cujus tempore anno XVIII. Ilion captum est!! Bei Hieronym. brechen wenigstens Agamemnons Jahre mit Abr. 835 ab und 8 Jahre später tödtet Orest den Aigisth.

unbehindert durch die Persidensage, in Mykenai gebieten. Das
konnte nur gewagt werden, wenn sich in der Sagenüberlieferung
dazu ein Anhalt bot. Nun bin ich schon früher (S. 40 u. 43)
aus anderen Erwägungen zur Vermuthung geführt worden, dass
das ganze Persidenstemma nur durch dorische Tendenz vor
den Pelopiden in Mykenai eingeschoben worden ist. Wenn an
der besprochenen Stelle des Eusebios Pelops während des
Königthums des Lynkeus, der Eidam des Danaos ist, angesetzt
wird, so ist dieser Pelops ein anderer Heros als jener zur
Zeit des Perseus einwandernde Lyder. Dieser Pelops, der
durch die Persiden unbehelligt „über Argiver gebietet", gehört
einem ganz bestimmten Vorstellungskreis an, wir kennen denselben bereits, es ist der Vorstellungskreis der πεῖρα. Neu
ist dabei nur der Synchronismus des Pelops mit dem Eidam
des Danaos. Aber dieses Zeugniss ist kein vereinzeltes, denn
— merkwürdiger Weise — auch Oinomaos und Myrtilos sind
nach fast erstorbener Ueberlieferung dem Kreise des Danaos
eingefügt. Davon geben nur einige Stemmata lakonische
Kunde, aber mit jenem eusebianischen Ansatz des Pelops in
Zusammenhang gedacht, eröffnen sie den Ausblick auf eine
verschollene Sage vom Achäer Pelops, der um die Danaos-
enkelin Hippodameia freite.

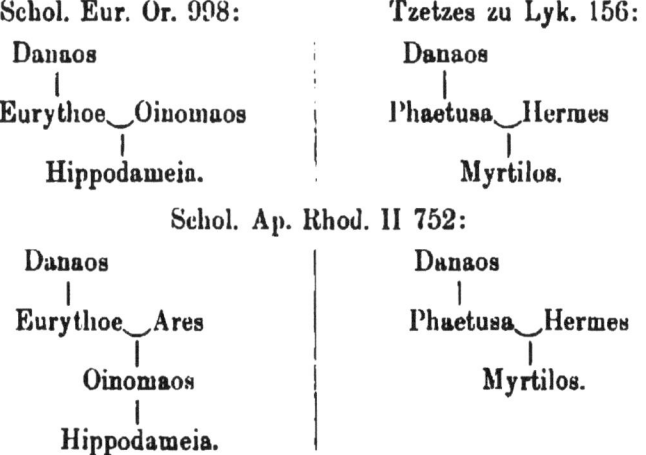

Schol. Eur. Or. 998:

Danaos
|
Eurythoe⁀Oinomaos
|
Hippodameia.

Tzetzes zu Lyk. 156:

Danaos
|
Phaetusa⁀Hermes
|
Myrtilos.

Schol. Ap. Rhod. II 752:

Danaos
|
Eurythoe⁀Ares
|
Oinomaos
|
Hippodameia.

Danaos
|
Phaetusa⁀Hermes
|
Myrtilos.

Im Scholion zu Apollonios geht Eurythoe als Mutter des
Oinomaos jedenfalls auf einen Irrthum zurück, das richtige

bietet das Euripidesscholion[1]), demnach ergiebt sich folgendes
Stemma:

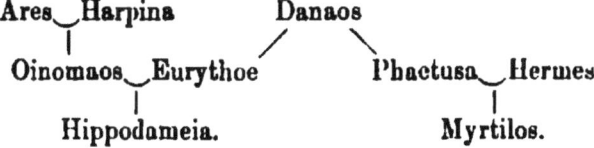

Ares — Harpina   Danaos
Oinomaos — Eurythoe   Phaetusa — Hermes
Hippodameia.   Myrtilos.

Hier sind also Hippodameia und Myrtilos Enkel des Danaos
und bei Eusebios gebietet Pelops in Argolis (Mykenai) zur
Zeit des Lynkeus, der Eidam und Brudersohn des Danaos ist,
— das sind Bruchstücke einer und derselben hochalterthümlichen Sage. Pelops war in derselben noch nicht Lyder, sondern
achäischer Gebieter in Mykenai. Er warb um die Königstochter vom Asopos, die Enkelin einerseits der Harpina, andererseits des Danaos. Von einer Wettfahrt mit Oinomaos war hier
ursprünglich kaum die Rede, also fiel Myrtilos ursprünglich
auch nicht die Rolle des treulosen Wagenlenkers zu. Wusste
die älteste Sage überhaupt von einer Treulosigkeit des Myrtilos?
Ich glaube, sie erzählte vom Achäer, der die Braut mit Gewalt
heimzuführen unternahm und vom Danaer, der ihm als Rival
gegenübertrat. In den späteren unter einander vielfach abweichenden Versionen[2]) kehrt der eine Zug stets wieder, dass
Myrtilos Liebhaber Hippodameias ist und seine Liebe mit dem
Tode büsst. Das wird der bewahrte Rest der ältesten Sage
sein, nur dass in derselben Myrtilos dem Pelops als Neben-
buhler gegenüberstand und im Kampf für berechtigte Ansprüche
sein Leben liess. Freilich handelt es sich hier um die ur-
sprünglichste, nur in hypothetischer Weise erschliessbare Form

---

[1]) Aus welcher Quelle stammen diese Angaben? Man könnte auf
die Argolika des Deinias rathen, die sowohl Schol. Ap. Rh. I 789 als
Schol. Orest. 861 citirt werden. Allein Pausanias, der Deinias benutzt
hat (Kalkmann, Pausanias S. 187 ff.), weiss von unserem Stammbaum
nichts.

[2]) Pherekyd. fr. 93. Paus. VIII 14, 11. Tzetz. zu Lyk. 156.
Schol. Eur. Or. 990 und 981. Serv. zu Georg. III 7. — Bei Nicol. Dam.
fr. 17 (M.) ist Myrtilos „Freier" Hippodameias und Oinomaos kämpft mit
Pelops. Die Schol. AD zu B 104 machen Hippodameia zur Liebenden,
Myrtilos zum keuschen Joseph; diese Verfälschung hat auch bei Tzetzes
das dort ganz unmotivirte διαβληθείc παρ' Ἱπποδαμείαc verschuldet.

der Hippodameiasage, welche schon im Alterthum völlig verschollen war. An ihre Stelle ist die so viel gefeierte Sage
von der Wettfahrt zwischen Pelops und Oinomaos getreten.
Dass dieser Umwandlungsprocess sich bereits auf argolischem
Boden vollzogen haben muss, zeigt jener Sphairos von Troizen,
nach localer Ueberlieferung der Wagenlenker des Pelops
(oben S. 53). Nun findet sich aber auch in Phlius, also gerade
an dem Orte, wo ich die ursprüngliche Heimath des Oinomaos
ansetzen muss, ein merkwürdiger Hinweis auf die Wettfahrt,
nämlich der an der Decke des Anaktoron als Weihgeschenk
aufgehängte Wagen des Pelops (Paus. II 14, 4). Diese Re-
liquie beweist, dass Phlius (Araithyrea) eine Wettfahrtsage besessen hat und ich zweifle nicht, dass hier die älteste Stätte
derselben vorliegt.[1]) Aus dieser Sage stammt das auf dem
Isthmos von Korinth fixirte Ziel der Wettfahrt, aus dieser
Sage der von den Pheneaten (oben S. 48) an der Nordküste
des Peloponnes aus dem Meere gezogene Leichnam des Myrtilos.
War in dieser Sage, wie nicht zu bezweifeln ist, Pelops Gebieter in Mykenai, so fiel ihm mit der Hand Hippodameias
gewiss auch die Herrschaft über Araithyrea zu. Im Schiffskatalog (B 571) leistet diese Stadt denn auch dem Enkel des
Pelops Gefolgschaft.[2]) Als die Pelopssage später von Olympia
attrahirt worden war, haben sich die Phliasier dem neuen
Dogma anbequemt, aber sie liessen es sich nicht nehmen, durch
das Weihgeschenk der Harpina an die Wiege der Oinomaossage zu erinnern (Paus. V 22, 6).

Hat der vorstehende Versuch, die älteste Form und
Oertlichkeit der Sage von Pelops und Hippodameia wiederherzustellen, das Richtige getroffen, so ergiebt sich die Möglichkeit, dass Pherekydes, mit derselben sei es durch Localüberlieferungen, sei es durch eine für uns verschollene alte Pelopeis
bekannt geworden, ihr so weit Rechnung trug, als sein Standpunkt gestattete. Seine Neigung von der herrschenden Sagenform auf ältere Ueberlieferung zurückzugreifen, macht diese

---

[1]) Die gegen ein hohes Alter der Wettfahrtsage erhobenen Bedenken
werden unten S. 73 ff. zur Sprache kommen.

[2]) Ueber die in das Contingent des Agamemnon interpolirten Verse
unten Kap. II § 2 unter „Schiffskatalog".

Annahme zu einer nicht unwahrscheinlichen. Der herrschenden
Sage entnahm er zwei Züge: die Herkunft des Pelops aus
Lydien und die Flügelrosse Poseidons. Die Sage des Mutterlandes lieferte ihm die auf den Peloponnes beschränkte Scenerie,
die Figuren Oinomaos, Hippodameia, Myrtilos, sowie die Wettfahrt. Wenn er Oinomaos noch in Araithyrea ansetzte, so bot
sich ihm damit als neue Heimath des einwandernden Pelops
das Asoposthal. Doch ist mit der Möglichkeit zu rechnen,
dass Oinomaos für Pherekydes bereits Pisate war. Dann war
nach ihm Pelops in eine nicht mehr feststellbare Stadt von
Argolis eingewandert (o. S. 53 f.) und holte dorthin die Pisatin
Hippodameia heim. Für ein pisatisches Königthum des Pelops
geben die Bruchstücke des Pherekydes keinen Anhalt.

Mit grösserer Sicherheit lässt sich die Darstellung des
Hellanikos wiederherstellen. Ich schicke eine Bemerkung
über Dositheos voraus, bei dem ich Eigenthum des Hellanikos
zu erkennen glaube. Wenn man nämlich die von Dositheos
in seinen „Pelopiden" (F. H. G. IV, 402 fr. 7) erzählte Geschichte
des Chrysippos mit der des Hellanikos vergleicht, so ergiebt
sich, dass ersterer oder seine Quelle die Darstellung des
Hellanikos gekannt und mit einer ganz anderen Geschichte
von der Liebschaft zwischen Chrysipp und Lajos in lockerer
Weise verknüpft hat. Streicht man bei Dositheos die auf Lajos
bezüglichen Sätze, so bleibt eben der Bericht des Hellanikos
übrig, nur mit der unwesentlichen Modification, dass nach
Hellanikos Hippodameias Söhne die Ermordung Chrysipps voll-
bringen, bei Dositheos aber Hippodameia selbst, da die Söhne
die That nicht wagen, den Chrysipp tödtet. Demnach ist es
doch sehr wahrscheinlich, dass alles bei Dositheos, was unabhängig von der Hereinziehung des Lajos Geltung hat, vor
Allem die Genealogie des Pelops und Chrysippos auf Hellanikos
zurückgeht. Bestätigt wird diese Annahme durch den Umstand,
dass das ganz offenbar von Hellanikos abhängige Schol. zu
Eur. Or. 5 in seinen genealogischen Angaben mit Dositheos
bis auf einen gleich zu besprechenden Punkt übereinstimmt.
Nach Hellanikos nun (fr. 42) besass Pelops, als er zu Pisa
um Hippodameia warb, bereits von einer früheren Frau
den Sohn Chrysippos. Der Name dieser Frau wird in dem

Fragment nicht genannt. Im Schol. Eur. Or. 5 heisst es: ἐκ
τινος Ἀξιόχης νόθος Χρύσιππος (cf. Schol. Pind. Ol. I 144 ἐξ
Ἀξιόχης νύμφης), bei Dositheos dagegen: ἐκ δὲ Δαναΐδος
νύμφης Χρύσιππον. Da nun Δαναΐς kein Personenname ist, so
werden sich beide Angaben dahin vereinigen lassen, dass bei
Hellanikos vor einer Δαναΐς[1]) Ἀξιόχη die Rede war. Hatte
aber Pelops vor seiner Brautfahrt nach Pisa nach der Erzählung des Hellanikos bereits einen Sohn von einer argolischen
Nymphe, dann war er für ihn auch in Argolis früher localisirt
als in Elis. In den Besitz letzterer Landschaft liess Hellanikos
den Pelops durch Gewinnung Hippodameias gelangen, m. a. W.
Hellanikos vertritt den Ausgleich der Sagen vom
Argiver und vom Pisaten Pelops. Nun war aber für
Hellanikos Pelops zugleich der Sohn des Tantalos und (wie
aus dem Schol. Eur. Or. 5 und Dositheos zu ergänzen) der
Euryanassa.[2]) Hellanikos muss also, bevor er von der Braut-
fahrt nach Pisa berichtete, die Einwanderung des Pelops vom
Sipylos nach Argolis erzählt haben. Diese Voraussetzung be-
stätigt fr. 44. Dasselbe stammt aus dem ersten Buch der
„Herapriesterinnen" und lautet: Cίπυλος, πόλις Φρυγίας (St. B.).
Wenn Hellanikos jenem Verzeichniss eine Bemerkung über die
Stadt Sipylos, die Residenz des Tantalos anfügte, so konnte
es nur in Bezug auf den Tantaliden Pelops geschehen, d. h.
Hellanikos liess unter der und der Herapriesterin Pelops aus
Lydien nach Argolis einwandern (den Ort muss ich ebenso
unbestimmt lassen, wie bei Pherekydes). Von hier siedelte
Pelops dann nach Pisa über. Zum Ansatz des Pelops auf
Abrah. 701 heisst es bei Eusebios: Peleponneso imperat Pelops
et Olympiorum curam gessit. Da hier auf Olympia Bezug ge-
nommen wird, so kann die Chronologie des Hellanikos zu
Grunde liegen. Bemerkenswerth ist übrigens, dass Hella-
nikos, der den Ausgleich zwischen dem argivischen und dem

---

[1]) = „Argiverin", wie in der Mehrzahl Δαναΐδαι gebraucht wird.
Eur. Or. 876 etc.

[2]) Nachträglich finde ich, dass Schol. Or. 11 Euryanassa Tochter
des Paktolos ist und diese Angabe von Dindorf bereits auf Hellanikos
zurückgeführt wird. Tochter des Paktolos heisst sie auch bei Tzetzes
z. Lykoph. 52.

pisatischen Pelops repräsentirt, für Oinomaos ein ab-
weichendes Stemma bietet. Nach der (wie ich annehmen
musste) älteren Sage war Oinomaos Sohn des Ares und der
Asopostochter Harpina, der Oinomaos des Hellanikos hat zwar
auch Ares zum Vater, zur Mutter aber Sterope, die Tochter
des Atlas (fr. 56). Der Sohn der Harpina gehört an den Asopos,
der Sohn der Sterope mag ein specifisch pisatischer Heros[1]) sein,
mit welchem der Oinomaos vom Asopos identificirt worden ist.
Nach der periegetischen Literatur über Olympia (Paus. V 10, 6)
und späteren mythologischen Handbüchern (Apollod. III 10, 1)
war freilich Sterope die Gemahlin des pisatischen Oinomaos
und als Mutter desselben galt Ἠλείων καὶ Φλιασίων λόγῳ die
Asopostochter Harpina, nach der auch eine pisatische Stadt
benannt war (Paus. V 22, 6. VI 21, 8), aber das kann das Resultat eines späteren Ausgleichs zwischen abweichenden Ueberlieferungen des Asopos- und Alpheiosthales sein und bei Hellanikos die ursprünglich in Pisatis geltende Genealogie vorliegen.

Hellanikos nimmt eine vermittelnde Stellung ein zwischen
Pherekydes, der an Argolis als der Stätte des Pelops festhält,
und der vulgären Ueberlieferung, welche ihn von Lydien
nach Pisa einwandern lässt (Pindar Ol. I. Eurip. Iph. Taur. 1.
Thukyd. I, 9 etc.). In letzterer ist Pelops von Argolis ganz
losgelöst und erst seinen Söhnen der Eintritt in diese Landschaft beschieden. Dieser zwischen den Pelopiden und Persiden
schliesslich gefundene Ausgleich ist in Apollodors Bibliothek II
4, 4 ff. am ausführlichsten vorgeführt: In Argos und Tiryns
gebieten die Brüder Akrisios und Proitos. Nach Akrisios'
Tod verzichtet sein Enkel Perseus auf den Besitz von Argos,
indem er für dasselbe von Megapenthes dem Sohne des
Proitos (vgl. Paus. II 16, 3) Tiryns eintauscht. Als Herrscher
von Tiryns erbaut Perseus Mykenai und Mideia. Seine fünf
Söhne sind Alkaios, Sthenelos, Heleios, Mestor, Elektryon. In
dieser Generation setzt die Pelopidensage ein. Alkaios, Mestor
und Sthenelos heirathen Töchter des Pelops. Sthenelos, der
Gemahl Nikippes, bemächtigt sich nach Elektryons Tod der

---

[1]) Elis steht in ethnischem Zusammenhang mit Aetolien und auch in
der ätolischen Heroengenealogie erscheint ein Oinomaos, Vater der
Alkippe, der Frau des Euenos. (Dositheos fr. 5. F. H. G. IV 401.)

Herrschaft über Mykenai und Tiryns und beruft nach Mideia
die Pelopiden Atreus und Thyestes (II 4, 6). Woher sie
kommen, ist hier verschwiegen und der Abschnitt über die
Pelopiden ist verloren gegangen. Doch die gelegentliche Angabe II 5, 1. 5, dass Kopreus der Herold des zu Mykenai gebietenden Eurystheus ein Sohn Πέλοπος τοῦ Ἠλείου war, zeigt,
dass die Bibliothek Pelops' Herrschaft nach Pisa verlegte. Nur
ist unter diesem „Eleier Pelops" nicht, wie Gerhard meinte
(gr. Mythol. II p. 243), der Sohn des Tantalos zu verstehen,
sondern ein gleichnamiger Nachkomme desselben. Dazu nöthigt
schon das Verhältniss der Generationen. Ein Scholion zu
Pindar Ol. I, 144 weist jenem „Eleier Pelops" die richtige Stelle
als Sohn des Tantaliden Pelops an. Demnach ergiebt sich bei
Apollodor folgendes Stemma:

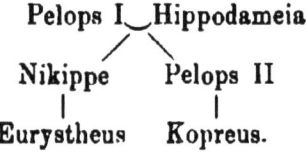

Pelops I Hippodameia

Nikippe   Pelops II

Eurystheus   Kopreus.

Das Reich des Tantaliden Pelops war nach Apollodor also
Elis (Pisa).[1]) Da Kopreus zu seinem Enkel gemacht ist, von
der Ilias aber als Mykenaeer bezeichnet wurde (O 638), musste
die ausgleichende Ueberlieferung ihn von Pisa nach Mykenai
übersiedeln lassen und sie that es, indem sie als Beweggrund
zur Uebersiedelung eine Blutschuld des Kopreus erdichtete.

So war nach mancherlei Wandelung der Sage Pelops
schliesslich in Pisa zur Ruhe gekommen. Die älteste Ueberlieferung hatte ihn als achäischen König von Argolis mit dem
Herrschersitz in Mykenai gedacht (Ilias B 104 und die oben
S. 56 ff. besprochenen Zeugnisse). Nach der Umsetzung in
einen Lyder ward er zunächst wenigstens noch als Einwanderer
in Argolis festgehalten (Pherekydes, bei welchem vielleicht

---

[1]) Das Verbrechen, welches Pelops an Stymphalos verübt (Apollod.
III 12, 6. 9) muss aus der argolischen Pelopssage stammen. Die
Bibliothek hat es auf den Pisaten übertragen. Die Niedertracht des
Pelops werden die argivischen Dorier hineingebracht haben. Dahinter
wird sich aber eine ältere Sage bergen, welche die Fehden von Achäern
und Arkadern im Spiegelbilde der Heroensage zum Ausdruck brachte.

auch noch Hippodameia Argiverin blieb). Bei Hellanikos war
dann Argolis für Pelops nur noch Durchgangsstation zwischen
dem Sipylos und Pisatis. Die kanonische Sage endlich
(Pindar etc.) hat die unbequeme Anwesenheit des Pelops in
Argolis, dem Bereich der Persiden, ganz gestrichen und vertritt die directe Einwanderung vom Sipylos nach Pisa. Abseits stehen zwei Sagenversionen, die Pelops mit Lesbos in
Verbindung bringen. Man darf annehmen, dass es hier Argolis
war, wohin sich der Heros die Braut entweder aus Lesbos
heimholte, oder von wo er nach Lesbos übersiedelte. Der
ersten dieser beiden Versionen gehört der Tod des Myrtilos
bei Geraistos an. Ganz ungehöriger Weise ist letzterer Zug
in die kanonische Sage, so viel wir sehen, zuerst von Euripides,
hineingebracht worden.

Die kleinasiatische Pelopssage haftet, so weit unsere
Kunde reicht, ausschliesslich an äolischem Boden, hauptsächlich
am Sipylos und auf Lesbos.[1]) Wie ist der argivische, mit dem
Achäerstamm unlösbar verbundene Pelops nach Aeolis gekommen? Wir haben bisher stillschweigend angenommen, dass
diese östliche Sagenwanderung in einer Betheiligung pelo-
ponnesischer Achäer an der äolischen Colonisation ihren Grund
hat. Es ist Zeit diesen Standpunkt gegen moderne Theorieen,
nach welchen alles Achäerthum ausserhalb der beiden geschichtlichen Landschaften des Stammes (Phthiotis und Achaia) für
eitel Hirngespinnst erklärt wird, zu vertheidigen, und es
freut mich in dieser Frage mich mit einem Manne gleichen
Sinnes zu wissen, dem Niemand Vertrauensseligkeit vorwerfen
wird. Der unvergessliche, so jäh der Wissenschaft entrissene
A. v. Gutschmid glaubte an Achäer auch ausserhalb der engen
Grenzen der beiden Landschaften Achaia. — Die Achäer-
frage ist von so einschneidender Bedeutung, dass die Punkte
genauer hervorzuheben sind, welche mir gegen die Berechtigung
der heute geübten Skepsis zu sprechen scheinen. Duncker hat
im 5. Bande seiner Geschichte des Alterthums die äolischen
Colonieen schlechtweg als Colonieen der Achäer bezeichnet
(S. 161 ff.). Das war nicht glücklich und Niese erhebt dagegen

---

[1]) Ueber Killa in der thebischen Ebene oben S. 46.

in seiner Recension des Duncker'schen Werkes (Gött. gel. Anz. 1884 S. 49 ff.) Einspruch. Von achäischen Colonieen zu sprechen, wo das Alterthum einhellig die Bezeichnung Aeolis und äolische Colonieen wählt, ist allerdings nicht berechtigt, ebenso wenig ist es aber berechtigt, darum die Achäer aus den Bestandtheilen der äolischen Colonialbevölkerung zu streichen. Der Name „Aiolis" schliesst Achäer nicht aus, ebensowenig wie der Name „Ionien" die Betheiligung von Abanten, Minyern, Phokern etc. an der ionischen Colonisation (Herod. I 146) ausschliesst. Dass sich aber Achäer an der Besiedelung von Aeolis betheiligt haben müssen, allem Anschein nach nicht in grosser Zahl, sondern mehr in vornehmen Geschlechtern, welchen in den Colonien eine leitende Rolle zufiel, dafür zeugen: Der Stammbaum des Aristagoras von Tenedos (Pind. Nem. XI 43), Agamemnon der König von Kyme (Pollux IX 83), der Glaube der Lesbier unter Orests Führung eingewandert zu sein (Hellanik. fr. 114), endlich die Localisirung des Pelops auf Lesbos und am Sipylos.[1]) Dass sich an den äolischen Auswanderungsbewegungen die peloponnesischen Achäer in grösserem Massstab betheiligt hätten, ist an sich nicht wahrscheinlich, da die dorische Einwanderung nach dem Peloponnes successive in mehreren Einzelzügen stattgefunden hat[2]), da die Achäer sich unter den dorischen Eindringlingen an mehreren Punkten wie Amyklai, Pharos, Geronthrai (Grote I 650 Meissner) und besonders Mykenai (vgl. unten) sehr hartnäckig behaupteten, an anderen mit den Doriern zu einem neuen Gemeinwesen verschmolzen[3]), da endlich die

---

[1]) Der „Achäerhafen" zwischen Myrina und Gryneion kann seinen Namen von hier gelandeten Achäern haben, doch ist es auch möglich, dass er erst auf Grund der Sage vom teuthrantischen Krieg (unten Kap. II § 4) so benannt worden ist.

[2]) Grote, Gesch. Gr. I 635. 650 (Meiss.) unterscheidet zwei dorische Einwanderungsschichten, v. Gutschmid in den Vorles. über gr. Gesch. drei: a) nach Argolis, b) nach dem südl. Peloponnes, c) nach Korinth.

[3]) Die Hyrnethier in Argos und Epidauros, die Aegialeer in Sikyon vertreten die nichtdorischen Theile der resp. Gemeinden, Grote I 678 (M.). Eine unter denselben Gesichtspunkt fallende 4. Phyle in Phlius erschliesst v. Gutschmid aus der Heroine Chthonophyle Paus. II 6, 6. Dass hier überall Achäer zu denken sind, will ich nicht behaupten, denn neben Achäern kann in Argolis eine noch ältere Bevölkerung. Aber aus-

Hauptmasse der vor den Doriern weichenden Achäer in Achaia neue Wohnsitze gefunden hat (Herod. I 145 Str. 385 u. 372). Daher kann die Betheiligung von Achäern an der äolischen Colonisation keine sehr starke gewesen sein, aber ganz darf sie nicht in Abrede gestellt werden, auch nicht auf Grund von Herodot VIII 73, welche Stelle die Masse des achäischen Stammes im Auge hat und diese ist thatsächlich im Peloponnes verblieben. Die von den Historikern zurecht gemachte Darstellung der äolischen Wanderung drückt die Betheiligung von Achäern nur durch die Führerschaft der Pelopiden aus. Einzelüberlieferungen über achäische Oikisten fehlen fast ganz, doch ist dabei in Anschlag zu bringen, dass wir überhaupt von der Frühgeschichte der äolischen Colonieen so gut wie nichts erfahren. Man muss bei der Annahme stehen bleiben, dass an einem und dem anderen der Einzelzüge, in welche die traditionelle äolische Auswanderung aufzulösen ist (unten S. 124), achäische Auswanderer Theil genommen haben. Doch hat sich die achäische Auswanderung aus dem Peloponnes nicht auf Aeolis beschränkt, auch nach dem südlicheren Küstengebiet, welches später unter dem Namen Ionien zusammengefasst wurde, weisen deutliche Spuren. Der Weg dieser Auswanderung ist über Kreta gegangen. — Achäer auf Kreta bezeugt [in einer zwar interpolirten, aber früh interpolirten Stelle, unten S. 121] die Odyssee τ 175. Dazu bemerkt Eustathios: Μυκηναίουϲ δέ τινεϲ ἐνταῦθά φαϲι τοὺϲ Ἀχαιοὺϲ εἰπόντεϲ, ὡϲ μετὰ τὰ Ἰλιακὰ Ταλθύβιοϲ ἐκ Μυκηνῶν ἤγαγεν ἐκεῖ ἀποικίαν. (Aehnlich Schol. V zur Stelle.) Und Vellejus 1 1, 2 nennt eine angeblich von Agamemnon gegründete Stadt Mykenai auf Kreta.[1]) Die Achäer Kretas sind keine Fiction und der Name Mykenai zeigt, woher sie gekommen sind.[2]) Von Kreta nun führen die Spuren

---

schliessen kann man von jenen nichtdorischen Phylen das achäische Element gewiss nicht.

[1]) Cf. auch Schol. Ap. Rh. IV 175: Ἀχαία ἐϲτὶ τῆϲ Κρήτηϲ πόλιϲ.

[2]) An der Realität dieser Stadt ist nicht zu zweifeln. Vellejus nennt zugleich Pergamon und Tegea. Die letzteren sind auch sonst bezeugt, nur gewiss keine achäischen Gründungen. Der Ortsname Mykenai führte auf die Annahme einer Gründung durch Agamemnon, auch Pergamon liess sich ihm, dem Ueberwinder Ilions, zuweisen, Tegea aber nur

nach Ionien hinüber. In das Gebiet von Kolophon soll die
ersten hellenischen Siedler Rhakios von Kreta geführt haben
(Paus. VII 3, 1). Dieser Rhakios war nach den kyklischen
Epigonoi (fr. 4 K.) Sohn des Lebes und Μυκηναῖος τὸ γένος.
Wir sehen, dass es sich hier um das kretische Mykenai handelt.
Dazu kommen noch einige gelegentliche Angaben bei Pausanias:
Die Klazomenier sollen zum grossen Theil nicht Ionier,
sondern Auswanderer von Kleonai und Phlius (Achäer) gewesen
sein, ὅcοι Δωριέων ἐc Πελοπόννηcον κατελθόντων ἐξέλιπον τὰc
πόλειc (VII 3, 9). Aus derselben Veranlassung sollen andere
Phliasier sich nach Samos gewandt haben (II 13, 1). Wenn
auch bei letzterer Angabe das Bestreben der Phliasier, den
Pythagoras (unter Beiseitesetzung aller chronologischen ratio)
als den Ihren in Anspruch zu nehmen offenbar ist, so muss
doch in der Erinnerung derselben eine Auswanderung nach Samos
gehaftet haben, welche ihnen den Anhaltspunkt lieferte, ihren
Anspruch auf den berühmten Philosophen zu erheben. Und
wo sich argolische Achäer nach Aeolis, Kreta, Kolophon gewandt haben — ja selbst auf Rhodos[1]) und Kypros[2]) giebt
es Anzeichen achäischer Bevölkerung —, da gehören achäische
Phliasier, die in Klazomenai und auf Samos eine neue Heimath
gefunden, doch nicht in das Gebiet der Unmöglichkeiten. —
Aber die Skepsis geht ja noch weiter und leugnet, dass in
Argolis und Lakonien überhaupt jemals Achäer gesessen haben
(Niese, Entw. der hom. Poesie S. 254 f., ihm schliesst sich be-
dingungslos an Busolt, gr. Gesch. I 37 f.). Gegen gute Zeug-
durch eine unmotivirte Ausdehnung der achäischen Herrschaft auf Arkadien. Für alten Culturzusammenhang zwischen Mykenai und Kreta
sprechen die bei Knossos gefundenen mykenischen Vasen des 2. und 3.
Stils, cf. Furtwängler-Löschcke, M. V. S. 22.

[1]) ἐν τῇ Ἰαλυcίᾳ . . . πόλιν Ἀχαῖαν. Zeno Rhod. fr. 2 (F. H. G.
III 176), cf. Ergias Rhod. (F. H. G. IV 405). — Die Gräber von Jalysos
haben Thongefässe des mykenischen Stils ans Licht gebracht; cf. Myke-
nische Vasen herausgeg. von Furtwängler u. Löschcke (1886) S. 1 ff.

[2]) Ein Amykläischer Apoll in der Inschrift von Idalion Collitz,
Dialektinschr. nr. 59. — Strabo p. 682 § 3: Ἀχαιῶν ἀκτή (dass der Name
mit dem Nostos des Teukros in Verbindung gebracht ist, beweist noch
nicht, dass Achäer auf Kypros blos das Produkt poetischer Fiction sind).
— Vasen mykenischen Stils (mit Darstellung von Wagenfahrten) Furtwängler-Löschcke a. a. O. S. 27 ff.

nisse (Herodot, Polybios und Strabo) werden Achäer nur in Achaia anerkannt, dagegen die argivischen und lakonischen Achäer der Ueberlieferung für Schöpfungen unberechtigter Schlussfolgerungen aus den homerischen Gedichten erklärt. Aber wer waren nur jene Mykenaier, die in geschichtlichen Zeiten διὰ τὸ παλαιόν ἀξίωμα τῆς ἰδίας πατρίδος stets zu Argos im Gegensatz standen, ihm das Recht auf das Heraion und die Verwaltung der nemeischen Spiele streitig machten und von den Doriern von Argos erst 468 v. Chr.[1]) mit grosser Mühe bezwungen wurden? Nach Gutschmid waren es Achäer.[2]) Busolt selbst betont das Fehlen aller Angaben über dorische Oikisten von Mykenai, aber dem neuen Dogma zu Liebe stellt er eine Hypothese auf, nach welcher „die argolischen Dorier, wie die lakonischen, ursprünglich unter zwei oder drei herrschenden Familien standen, von denen jede ihren besonderen Königssitz hatte" [Argos, Mykenai, Tiryns].[3]) Wenn die Sage von den Thaten des Temenos und seines Geschlechts mit Stillschweigen über Mykenai hinweggeht, wenn in der λῆξις Τημένου Mykenai fehlt (das erdrückt Apollodors vage Behauptung[4])), wenn schliesslich Mykenai in einem Vernichtungskampf aus der Zahl der bewohnten Stätten gestrichen wird und ein grosser Theil seiner Einwohner nach Achaia auswandert (Paus. VII 25, 5), so sind das Alles Anzeichen dafür, dass der mythische Stammsitz der Pelopiden bis 468 in achäischen Händen geblieben ist. — Ebensowenig sind die Achäer Lakoniens eine Fiction. Als die ersten Besiedler Metaponts durch die einheimische Bevölkerung[5]) vernichtet worden, da beriefen die

---

[1]) Diodor (Ephor) XI 65. Paus. VII 25, 5. Strabo (Apollod.) p. 372.

[2]) „Sehr merkwürdig ist es, dass Mykenai sich bis 468 als achäisch behauptete" (Vorlesung über gr. Gesch.).

[3]) Busolt, gr. G. I 67 f.

[4]) Bei Str. 372: κατασχόντες γὰρ οὗτοι (die Herakliden) τὴν Πελοπόννησον ἐξέβαλον τοὺς πρότερον κρατοῦντας ὥσθ᾽ οἱ τὸ Ἄργος ἔχοντες εἶχον καὶ τὰς Μυκήνας συντελούσας εἰς ἕν. Ich kann darin nur den schon von Euripides vertretenen Standpunkt (oben S. 37, 1) wiederfinden.

[5]) Das überlieferte Cαυνιτῶν ist unsinnig, cf. Grote II 302, 87; einen alten Schreibfehler oder einen Irrthum Strabons nimmt Gutschmid an und liest Δαυνίων (Vorlesung).

achäischen Syburiten, um den dorischen Tarentinern mit der Besetzung des Platzes zuvorzukommen, Achäer zur Neugründung Metaponts, κατὰ μῖσος τὸ πρὸς Ταραντίνουσ τῶν Ἀχαιῶν τῶν ἐκπεσόντων ἐκ τῆς Λακωνικῆς. Das sagt Antiochos von Syracus (fr. 15. Str. 264) und sein Zeugniss wiegt schwer. Achäer haben in Lakonien gesessen, wie Homer sie dort gebieten lässt; als sie dann vor den Doriern weichen mussten, nahmen sie den Hass gegen ihre Ueberwinder in die neue Heimath mit sich. — Wenn wir auf diesem Gebiet von Fictionen reden sollen, dann liefert nach meiner Ueberzeugung nicht die achäische, sondern die dorische Ueberlieferung den Stoff: Dorische Fiction war es, dass die Stadt Argos Residenz der Atriden gewesen sein sollte. Aeschylus hat sich ihr angeschlossen, Sophokles lehnte sie ab. Dorische Fiction war es, dass die Spartaner Agamemnon und Orest nach Amyklai und Sparta versetzten. Mit dem durch Homer gelieferten Menelaos liessen sich ihre Ansprüche auf die Führerschaft im Peloponnes nicht aus achäischer Zeit herleiten, so musste sich schon Agamemnon von Mykenai nach Amyklai hinüberbemühen. Ueberhaupt ist die ganze Darstellung der griechischen Vorgeschichte nach dorischer Version Eine grosse Fiction, aber sie hat den Erfolg gehabt, der des Glücklichen und Mächtigen Genosse ist. Dorische Anmassung hat sich sogar in unsere Ilias einzuschwärzen gewusst, dess sind Zeugen die Herakliden von Rhodos, Kos etc. (Vgl. Kapitel II S. 119.) So sind Sage, Dichtung und Geschichte durch die Dorier verfälscht worden und man kann sich nicht wundern, wenn die Bewohner von Melos bei Thukydides V 112 als ἄποικοι Λακεδαιμονίων bereits 700 Jahre auf der Insel gesessen haben wollten. Uralt ist die griechische Colonie auf Melos gewiss[1]), aber die Dorier Lakedaimons haben sie nicht begründet, sondern nur früh genug ihre Hand auf dieselbe gelegt, um die Insulaner (Minyer) im Zeitalter des peloponnesischen Krieges dorisch empfinden zu lassen. Das Elsass liegt mit seiner ganzen Ostseite am deutschen Rhein und doch haben 190 Jahre franzö-

---

[1]) Dieselbe hat unter ähnlichen Verhältnissen stattgefunden wie die kadmeisch-minyeische Besiedelung von Thera. Ueber letztere vgl. v. Gutschmids Artikel „Phoenicia" in der Encycl. Brit. XVIII (1885).

sischer Herrschaft genügt, um sein Deutschthum lahm zu legen. — Um auf die Pelopssage zurückzukommen, so betrachte ich es als einen auch heute noch zu Recht bestehenden Satz, dass der achäische Heros auswandernde Achäer des Peloponnes auf ihrem Auswanderungszuge nach Aeolis einst begleitet hat.

Unter achäischen Auspicien scheint nun noch früher innerhalb des Peloponnes eine Wanderung der Pelopssage stattgefunden zu haben und zwar nach Olenos in Achaia. Ein unbekannter Schriftsteller Autesion (F. H. G. IV 345) berichtet, dass der „Achäer" Pelops von Olenos aus zur Werbung um Hippodameia nach Pisa gezogen sei. Wenn man auf diese Angaben Gewicht legen darf (und ich sehe keinen Grund dagegen, da es doch selbstverständlich ist, dass die vor den Doriern sich nach Achaia zurückziehenden Achäer ihre Stammsagen mitnahmen), so ist in ihr die Spur einer sonst verschollenen Localisirung des Pelops im westlichen Achaia[1]) zu erblicken. Ein am verkehrten Ort eingeflickter Fetzen dieser Ueberlieferung scheint mir bei Pausanias VIII 14, 12 vorzuliegen. Derselbe berichtet, dass Pelops nach Ueberwindung des Oinomaos den Myrtilos aus dem „Schiff" geworfen und die Pheneaten seinen Leichnam aufgefischt hätten. Aus letzterem Umstande folge, dass Myrtilos nicht bei Geraistos den Tod gefunden haben könne, sondern — man erwartet: auf der Rückfahrt vom Isthmos nach Pisa — allein bei Pausanias heisst es: Ἔcτι δὲ ὁ Πέλοψ δῆλος οὐ πολλήν τινα παραπλεύcαc θάλαccαν, ἀλλὰ ὅcον ἀπὸ τοῦ Ἀλφειοῦ τῶν ἐκβολῶν εἰc τὸ ἐπίνειον τὸ Ἠλείων. Diese Angabe hat in diesem Zusammenhang keinen Sinn, aber wir verstehen sie, wenn wir den Pelops des Autesion heranziehen. Wenn Pelops von Olenos zum Wettkampf nach Pisa zog und hier Oinomaos besiegte, dann führte ihn die Heimfahrt zu Schiffe allerdings von der Mündung des Alpheios nach dem ἐπίνειον Ἠλείων (d. i. nach Kyllene Paus. VI 26, 4). — Die achäische Bevölkerung der Aigialeia soll nach der Tradition dorthin aus Lakonien verdrängt worden sein. Das wird zum

---

[1]) Autesion hat das ächäische Olenos (Herod. I 145) gemeint, da er Pelops ausdrücklich Ἀχαιὸν nennt, der ihn citirende Scholiast (zu Pind. Ol. I 37 und IX 15) verstand darunter das ätolische.

Theil richtig sein, aber früher schon werden argivische Achäer, vor den in Argolis eindringenden Doriern weichend, sich an der Nordküste des Peloponnes niedergelassen haben. Die Sagen von Pelops haben ihre Wiege in Argolis, also steht das Auftreten der Pelopssage in Olenos wohl mit einer Wanderung argivischer Achäer in Zusammenhang. Ein solcher Zusammenhang mit achäischem Volksthum lässt sich aber für den in Pisa localisirten Pelops nicht beibringen. Denn die Behauptung Ephors (fr. 15), dass die Fürsorge für das olympische Heiligthum vor der ätolischen Einwanderung in den Händen der Achäer gelegen habe, wird — wenn dadurch wirklich achäische Bevölkerung in Pisatis aufgestellt werden soll — eben nur als eine aus dem pisatischen Pelopskult gezogene Schlussfolgerung Ephors gelten können. Epeier und Achäer sind nicht dasselbe und die Legende bei Pausanias (V 4, 3), dass Oxylos auf delphischen Spruch sich von Helike den Pelopiden Agorios als Synoikisten geholt habe, zeigt den Mangel achäischer Siedelungen in Elis. — Die Brautwerbung des Pelops in Pisa zu localisiren, genügte die Ersetzung des Oinomaos vom Asoposthal durch einen gleichnamigen Heros der Pisatis (oben S. 63). Damit war aber noch nicht Pelops selbst nach Pisa versetzt, sondern er holte sich dann die Braut aus Pisa heim, sei es nach Argolis, sei es nach Olenos. Das pisatische Königthum des Pelops wird lediglich auf die Anziehungskraft des centralen Festplatzes Olympia zurückzuführen sein. Auch ohne ins Bereich specifisch achäischer Macht zu gehören, lag für Pisa die Heranziehung des berühmten achäischen Heros nahe, so bald sich Olympia über bloss locale Bedeutung zu weiterreichendem Ansehen aufgeschwungen hatte. Seit dieser Zeit konnte die Inanspruchnahme des Pelops mit Aussicht auf Anerkennung erhoben werden. Damit werden wir in recht frühe Zeiten zurückgewiesen, kein Grund liegt vor weiter hinabzugehen, als bis zu dem Jahre, in welchem die schriftliche Aufzeichnung der Olympioniken begann[1]), die Möglichkeit noch früherer Einbürgerung bleibt offen. Die Bezeichnung der ganzen Halbinsel

---

[1]) Schon Ol. 3 und 4 siegen 2 Messenier, Ol. 6 ein Achäer (Dyme).

als Πέλοπος νῆcoc, welche den homerischen Gedichten unbekannt
und zuerst durch die Kyprien bezeugt ist[1]), lässt sich von
keinem anderen Punkte des Peloponnes mit so viel innerer
Wahrscheinlichkeit ausgegangen denken, als von dem centralen
Festplatz Olympia.

Hier muss ich noch einmal auf die Sage von der Wettfahrt
des Pelops zurückkommen, da die neuere Forschung derselben meines Erachtens einen viel zu spüten Ursprung giebt.
Pelops führt in der Ilias den Beinamen πλήξιππος (B 104),
vermuthlich als ein bereits überkommenes Epitheton des Heros.[2])
Dasselbe braucht ursprünglich durchaus keinen Zusammenhang
mit der Wettfahrtsage gehabt zu haben, wird vielmehr auf denjenigen Besitz hinweisen, welcher vor anderem einen Herrscher
im Ἄργος ἱππόβοτον zierte. So konnte Pelops lange in Sage
und Gesang ein πλήξιππος sein, bevor er das mythische Vorbild der flüchtig zum Ziele eilenden Kämpen der Rennbahn
ward. Wurde er aber dazu gemacht, so scheint mir die natür-
lichste Annahme, dass er in Argolis dazu gemacht worden
ist, und ich habe oben S. 60 als das älteste Local der Wettfahrtsage des Pelops Araithyrea angenommen. Nun ist aber
von verschiedenen Seiten behauptet worden, dass die Wettfahrtsage nur ganz jungen Ursprungs sein könne. Mit grosser
Zuversicht wird dieselbe Olympia zugewiesen und als terminus
post quem Ol. 25, d. h. die Einführung des olympischen
Tethrippons angegeben. So zweifelt Robert nicht, dass eine
ältere Sage vom Raub Hippodameias erst in Olympia durch
die Wettfahrt mit Oinomaos ersetzt worden sei. Ja Busolt
meint, dass überhaupt erst um Ol. 25 (680 v. Chr.) die
Pelopssage ausgebildet wurde (Gr. Gesch. I 94, 4). Für diese
Annahme verweist er auf Duncker[3]), dessen Irrthum schon

---

[1]) Fr. 9 (K.): νῆcoν ἅπαcαν | Ταντάλ(h)ου Πέλοπος. Cf. Tyrtaios
fr. 2, 4 εὐρεῖαν Πέλοπος νῆcoν. Im Hom. Hymn. auf Apoll Πελοπόννηcoν
πίειραν (250. 419. Cf. auch 430). Arion v. 12 (Bgk.) Πέλοπος γᾶν.

[2]) Dasselbe ist sonst in der Ilias nicht eben häufig. Zwei Griechen
führen es, Menestheus Δ 327 und ein ganz farbloser Orestes E 705,
ausserdem noch ein troischer Wagenlenker Oileus Λ 93.

[3]) G. d. A. V 64: „680 wurden den olymp. Spielen die Wagenrennen
hinzugefügt, mit ihnen entstand die Sage vom mythischen Herrscher von
Pisa Pelops."

oben S. 34 zurecht gestellt worden ist. Dem Bestreben die Wettfahrt so spät anzusetzen, liegt die Vorstellung zu Grunde, dass die Wettrennen bei den Griechen erst spät in Aufnahme gekommen sind. So liest man bei Niese, Entw. der hom. Poesie S. 121: „Die Pferdezucht ist ein Luxus, der erst spät zu den Hellenen kam und nur von den reichsten geübt wurde. Erst Ol. 25 erhielt das Gespann Aufnahme unter die Wettkämpfe in Olympia . . . . Es versteht sich von selbst, dass die Erzählung vom Wagensiege des Pelops nicht älter sein kann als Ol. 25." Ich bin ausser Stande, diesen Sätzen beizupflichten. Wenn Argos in der Ilias das stehende Beiwort ἱππόβοτον hat (B 287. Γ 258. Z 152. I 246. O 30. [T 329]), so ist dieses charakteristische Merkmal der Landschaft doch nicht von den kleinasiatischen Griechen blos erdichtet worden, sondern offenbar altüberliefert. Die Rossezucht ist in Griechenland alt und besonders in Argolis gepflegt worden. Das beweist auch der hochalterthümliche, an iranische Sitte erinnernde Brauch der Argiver in eine bei Troizen befindliche Süsswasserquelle des Meeres aufgezäumte Rosse zu stürzen.[1]) Das ist doch ein Beweis dafür, dass den Altargivern der „Luxus" der Pferdezucht bekannt gewesen ist. Nur im Vorübergehen verweise ich auf die Rolle, welche das Ross in der griechischen Mythologie spielt (Poseidon Hippios, Areion, die Demeter von Phigaleia, die Dioskuren u. s. w.) und wende mich wieder zu Pelops. Erst in Olympia und um 680 v. Chr. soll seine Wettfahrt ersonnen sein! Was lehren denn die Schliemannschen Ausgrabungen in Mykenai? Dort, an der ältesten Stätte unseres Heros sind in den Schachtgräbern hinter dem Löwenthor drei alte Grabstelen zu Tage gekommen, welche Mykenaier des zweiten vorchristlichen Jahrtausends mit Rossgespann auf der Jagd (Schliemann, Myk. Nr. 58, S. 58) oder im Kampf (ebendas. Nr. 140. 141, S. 91 u. 97) darstellen.[2]) Die künstlerischen Vor-

---

[1]) Paus. VIII 7, 2; cf. Hohn, Kulturpfl. und Hausth.³ S. 46.

[2]) Vgl. auch die fragmentirten Stelen nr. 143. 144. 149; ferner die Darstellungen der Kleinkunst: nr. 539 Gemme mit 2 Pferden (beim Heraion gefunden), nr. 334 Goldring: Jagdscene mit Zweigespann (importirt?), nr. 224—29 Gegenstände von Elfenbein, „wahrscheinlich Schmuck an Pferdegeschirr". — Vasen: Myken. Vasen herausg. von Furtwängler

bilder dieser sehr primitiven Darstellungen liefert der Orient (vgl. Helbig, das hom. Epos S. 88 ff.), aber die Gräber verstorbener Mykenaier konnten mit solchen Darstellungen doch nur geschmückt werden, wenn sich in den Lebensgewohnheiten derselben dafür ein Anhalt bot, denn jene Grabstelen sind nicht importirt, sondern einheimische Arbeit. Milchhöfer sucht den Ursprung der ältesten mykenischen Kunstindustrie in Kreta (Anfänge der Kunst S. 134), richtiger scheinen mir Furtwängler und Löschcke (Myken. Vasen Einl. S. XIII ff.) unter Anerkennung ägypt.-orientalischer Anregung (die Kunst Metall zu legiren und einzulegen) eine selbständige argivische Kunstindustrie aufzustellen, deren Export bis nach Kypros und weiter gegangen ist. — Die Grabstelen von Mykenai sind Illustrationen zum Πέλοψ πλήξιππος und zum Ἄργος ἱππόβοτον der Ilias. Unter solchen örtlichen Bedingungen konnte sich jene Sage von der Wettfahrt des Pelops sehr leicht ausbilden. Höchstens darüber könnte man streiten, ob speciell der Sport des Wettfahrens in Griechenland früh bekannt war und nicht erst durch die Colonisten an Kleinasiens Westküste, welche einer Hauptstätte dieses Sports nahe wohnten (vgl. das Sprichwort παρά Λύδιον ἅρμα) dem Mutterland vermittelt worden ist. Wäre dies der Fall, so müsste man die Priorität der Wettfahrtsage den äolischen Griechen zuschreiben, unter denen, wie wir gesehen haben, in der That eine solche Sage existirt hat. Die Vertrautheit der Ostgriechen mit dem in Frage stehenden Sport bezeugen, von den Leichenspielen des Patroklos im Ψ abgesehen, zwei Stellen der Ilias, die zwar nicht dem ältesten, aber auch nicht dem jüngsten Bestande des Gedichts angehören: I 124 verspricht Agamemnon dem Achill zwölf ἵππους ἀθλοφόρους, X 22 wird Achill selbst mit einem solchen verglichen.

Da indessen den vordorischen Bewohnern von Argolis der Gebrauch des Rosses im Geschirr des Wagens nicht abgesprochen werden kann und vom Kriegs- und Jagdwagen der Sprung in

und Löschcke (1886), nr. 403 (taf. 39) fressendes Pferd, 3. Stil (cf. Schliemann, Tiryns taf. 14); nr. 389—399 u. nr. 429ᵃˑᵇˑ: Pferde, Wagen mit Gespann, 4. Stil (cf. Schliemann, Tiryns taf. 19ᵃ); nr. 395 (taf. 38) Mann ein Pferd führend, 4. Stil.

den Rennwagen kein weiter ist, so glaube ich festhalten zu
können, dass die Sage von der Wettfahrt ebenda entstanden
ist, wo die älteste Stätte der Heroen Pelops und Oinomaos
vorliegt, m. a. W. dass die nach Kleinasien auswandernden
Griechen die Wettfahrtsage bereits aus Argolis mitgenommen
und nur auf Oertlichkeiten der neuen Heimath übertragen
haben.[1]) — Auf jeden Fall aber sollte die der Ilias geläufige
Sitte des Wettfahrens davon abhalten, das Prototyp der Pelopssage in dem 680 zu Olympia eingeführten Tethrippon zu erblicken. Dazu kommt aber noch ein directes Zeugniss, dass
der Wettfahrt des Pelops die Priorität sichert. Bekannt ist,
dass die ältere Sitte sich mit Zweigespannen begnügte [vgl.
Helbig, d. hom. Epos S. 90 f.].[2]) Und die von den Kypseliden
nach Olympia geweihte Kypseloslade (etwa Sec. VII Ende)
stellte Pelops und Oinomaos nur mit je zwei Rossen dar.
Wenn diese Zahl trotz des Ol. 25 eingeführten Viergespanns
vom Künstler gewählt wurde, so beweist dies, dass in der
Pelopssage das Zweigespann feststand und vom Künstler unbekümmert um das olympische Tethrippon festgehalten wurde.
Endlich spricht auch noch eine Erwägung ganz allgemeiner
Art gegen Olympia. Wenn die Wettlaufsage erst hier und
zwar nach Ol. 25 aufgekommen wäre, so bliebe es unverständlich,
wie noch später in Araithyrea und auf Lesbos eine concurrirende Wettfahrt localisirt werden konnte. Sehr verständlich
aber ist es, dass eine solche längst an älteren Stätten des
Pelopskultes geläufige Sage von dem grossen Festplatz angezogen
werden konnte, wogegen dann die älteren Stätten zurücktraten.
Von welcher Seite auch die Sache betrachtet wird, der Versuch,

---

[1]) Kyprische Vasen, welche der mykenischen Fabrikation 3. Stiles
angehören, zeigen Darstellungen friedlicher Wagenfahrt, eine derselben
(Furtwängler-Löschcke Textfig. 16 S. 28) auf dem Zweigespann vermuthlich Mann und Frau. Wie nahe sind wir da der bildl. Darstellung
von Pelops und Hippodameia auf dem Rennwagen!

[2]) Das einzige Beispiel eines Viergespanns in der Ilias (Λ 699)
gehört in eine späte Interpolation. Dieselbe spielt offenbar auf die
olympischen Rennen an; ebenso verräth sich der späte Ursprung dieser
Interpolation in den anachronistisch auftretenden „Eleiern" v. 671. 673.
698. — Auch die τετράοροι άρσενες ἵπποι in der Od. v 81 können nicht
ursprünglich sein (Grasshoff, das Schiff bei Homer S. 13).

die Wettfahrtsage unter Ol. 25 herunterzurücken, erweist sich
als unhaltbar. Schon in Argolis ist von dem Wagensiege des
Pelops über Oinomaos gesungen und gesagt worden, diese Sage
ist dann mit den beiden Heroen von Argolis nach Olympia
gewandert und wenn ein Zusammenhang mit der Einführung
des olympischen Viergespanns besteht, so liegt er vielmehr
darin, dass die Sage zur Einführung des Festbrauches die
Anregung gegeben hat. Das Viergespann freilich entsprach
nicht der Sage und dem schlichteren Brauch des heroischen
Zeitalters, sondern dem Luxus einer fortgeschritteneren Zeit.
Und auf die Dauer konnte der Heros nicht zurückbleiben, die
Kunst und Poesie des fünften Jahrhunderts hat auch an seinen
Wagen vier Rosse geschirrt.

Mit Ausnahme der Ilias und jener auf S. 55 ff. besprochenen
Bruchstücke einer muthmasslich sehr alten Ueberlieferung von
Pelops und dem Danaoskreise gehen alle bisher behandelten
Zeugnisse von der Vorstellung aus, dass Pelops ein in Griechenland eingewanderter Lyder oder Phryger sei. Dem gegenüber
sind die oppositionellen Stimmen, welche für die Autochthonie
des Pelops eintreten, von besonderem Gewicht. Es wurde
schon oben S. 34 der Muthmassung Grotes gedacht, dass in
der Ilias als Vater des Pelops Hermes verstanden sei. Nun
findet sich in Schol. L zu B 104 die verlorene Bemerkung:
Ἑρμοῦ γάρ φησιν αὐτὸν καὶ Καλύκης. Die Skepsis wird sagen:
Natürlich nur eine auf B 104 zugeschnittene späte Erfindung!
Aber dass vor der dorischen eine achäische Hegemonie im
Peloponnes gewaltet hat, kann die Skepsis nicht aus der Welt
schaffen. Die Ilias ist bemüht, das Bild jenes achäischen
Zeitalters festzuhalten[1]) und jenes Zeitalter hat die höchste

---

[1]) Ich verweise auf Rohdes Ausführungen im Rh. Mus. 1881, S. 57,
der mit Recht selbst dem Schiffskatalog noch diese Tendenz wahrt, wenn
er bemerkt: „Es ist ja gar nicht zu verkennen, dass der Schiffskatalog
mit der bewussten Absicht angelegt ist, diejenigen ethnographischen und
politischen Verhältnisse festzuhalten, welche die dem Katalogisten vorliegende reiche epische Dichtung älterer Zeit als für die troische Zeit
bestehend überliefert hatte." — Wenn etliche Anachronismen untergelaufen sind, so wird das nicht Wunder nehmen, aber die Zahl der
Anachronismen wird sinken, wenn es erst gelungen ist, die homerischen
Gedichte von den dorisirenden Interpolationen zu säubern.

Blüthe der griechischen Sage geschaut. Wer will es beweisen, dass es keine alten Sagen und Lieder vom Helden Pelops gegeben hat, wer kann es für ein Unding erklären, dass in der achäischen Bevölkerung des Peloponnes solche Ueberlieferungen lange genug nachklangen, um in die Sammelstellen der Logographen und von dort in die mythologischen Handbücher und gelehrten Commentare überzugehen? Es sind uns in dem Pelopskreise eine Reihe von Trümmern aufgestossen, welche sich in den kanonischen Bau der Sage durchaus nicht einfügen. Sollen wir sie als völlig werthlos bei Seite werfen, oder uns bemühen, aus den zerstreuten Werkstücken die Ueberreste einer den homerischen Gedichten gleichartigen Ueberlieferung herauszufinden? Ich betrachte die Notiz des Leipziger Scholions als ein weiteres Bruchstück älterer Pelopssage. Nach dieser war Pelops, der argolische Herrscher, ein Sohn des Hermes und der Kalyke. Hinter jener Sage, welche Pelops zum Liebling des Poseidon machte und mit dessen Hülfe aus Asien nach Europa führte, erkenne ich eine andere durch die Ilias gestützte Ueberlieferung, nach welcher der achäische Heros ein Sprössling des im Peloponnes viel verehrten Sohnes der Maja gewesen ist. Dadurch rückt die Angabe des Pausanias V 1. 7, dass Pelops als erster im Peloponnes dem Hermes einen Tempel und Opfer gestiftet habe, in eine ganz andere Beleuchtung. Nicht um den durch die Tödtung seines Sohnes Myrtilos erzürnten Gott zu besänftigen hat Pelops sich dem Dienst des Hermes ergeben. Wenn er diesem als erster Opfer darbrachte, so galten sie seinem göttlichen Vater. Der Pelops der Ilias ist eine alteinheimische Sagengestalt des Peloponnes, der gottentsprossene Ahn des achäischen Herrschergeschlechts der Pelopiden. —

Für den Satz, dass der Eponym des Peloponnes nach älterer Sage Autochthon und Archeget der achäischen Bevölkerung der Halbinsel gewesen ist, bot uns die älteste erhaltene Quelle einen positiven Anhalt, der uns in der anderweitigen Ueberlieferung nach ergänzenden Bruchstücken achäischer Pelopssage suchen liess. Damit sind wir aber auch an die Grenze gelangt, bis zu welcher von einer Ueberlieferung die Rede sein kann. Dürfen wir noch einen Schritt weiter

gehen? Ich glaube wir dürfen es. Trotz mangelnder Nachrichten hat das Alterthum die Frage nach der Herkunft der
peloponnesischen Achäer aufgeworfen und dieselbe durch einen
Rückschluss aus den Zuständen des historischen Griechenlands
zu beantworten gesucht. Dieser Schluss ist so natürlich, dass
auch wir ihn ziehen müssen. Da es in geschichtlicher Zeit
Achäer nicht nur im Peloponnes gab, sondern auch im südlichen Thessalien ('Αχαιοὶ οἱ Φθιῆται), so müssen die peloponnesischen Achäer einstmals von Norden her in die Pelops-
halbinsel eingewandert sein. Im Peloponnes ist nach der Sage
der Stammsitz der Pelopiden Mykenai und diese Feste ist
nach Steffen's sachkundiger Ausführung[1]) die Offensivstellung
einer vom Isthmos her in die Halbinsel vordringenden
Macht.[2]) Von hier aus haben sich die Achäer im Verlauf
eines für uns nicht mehr messbaren Entwickelungsprocesses
soweit unter der älteren Bevölkerung der Halbinsel ausgebreitet, um als leitender Stamm jene vorwiegende Stellung
zu gewinnen, welche ihnen von den homerischen Gedichten
zugewiesen wird. —

Die Angaben der Alten über eine Einwanderung von
Achäern in den Peloponnes sind von doppelter Art. Die eine
Gruppe spricht in mehr historisirender Weise von einer Ein-
wanderung des Heros eponymos oder seiner Söhne. So giebt
Herodot, der IX 73 den Achäern eine etwas unklare Mittel-
stellung zwischen den zwei „autochthonen" und den vier „zu-
gewanderten" Stämmen des Peloponnes zuweist, an einer anderen
Stelle (II 98) durch den Stammbaum Achaios-Phthios-Archandros
[Schwiegersohn des Danaos[3])] doch offenbar der Ueberzeugung
Ausdruck, dass die Achäer einst aus dem phthiotischen Achaia
in die Landschaft des Danaos eingewandert seien. Pausanias
bietet (mit unwesentlicher Abweichung im Stemma) dazu die

---

[1]) Karten von Mykenai S. 7 u. 13 ff.

[2]) Man vergleiche dazu die Gefolgschaft Agamemnons noch im Schiffskatalog (abzüglich der ungehörig aufgenommenen Städte der Aigialeia):
die nördliche Basis bilden Korinth und Sikyon, von ihnen schiebt sich
einerseits über Araithyrea und Orneai, andererseits über Kleonai ein Keil
nach Argolis hinein, dessen Spitze Mykenai bildet.

[3]) Vgl. oben die Verbindung des Pelops mit dem Danaoskreise.

Ergänzung VII 1, 6: Ἄρχανδρος Ἀχαιοῦ καὶ Ἀρχιτέλης¹) ἐς Ἄργος ἀφίκοντο ἐκ τῆς Φθιώτιδος, ἐλθόντες δὲ ἐγένοντο Δαναοῦ γαμβροί, καὶ Αὐτομάτην μὲν Ἀρχιτέλης Σκαιὰν δὲ ἔλαβεν Ἄρχανδρος. Eine entsprechende Einwanderung des Achaios nach Lakonien wird von Strabo p. 383, 5 zur Erklärung der lakonischen Achäer aufgestellt: τῶν δὲ τούτου (des Xuthos) παίδων Ἀχαιὸς μὲν φόνον ἀκούσιον πράξας ἔφυγεν εἰς Λακεδαίμονα καὶ Ἀχαιοὺς τοὺς ἐκεῖ κληθῆναι παρεσκεύασεν. — Während solche Angaben an die relativ jungen Abstractionen der griechischen Stämme anknüpfen, machen andere Zeugnisse den Archegeten Pelops selbst zum Führer der achäischen Einwanderung. Bei Strabo p. 360, 4 heisst es, dass Pelops, nachdem er seine Schwester Niobe in Theben mit Amphion vermählt, ἐκ τῆς Βοιωτίας ἀγαγόμενός τινας nach dem südlichen Peloponnes gezogen sei und (in Messenien) Leuktra, Charadra und Thalamai (τοὺς νῦν Βοιωτοὺς καλουμένους) gegründet habe. Hier liegt zwar die Vorstellung vom Lyder Pelops zu Grunde (wie bei Nicol. Dam. fr. 17, der Pelops ebenfalls über Theben in den Peloponnes gehen lässt), aber möglicher Weise steckt dahinter die ältere Vorstellung einer achäischen Wanderung von Böotien nach dem Peloponnes, welche aufzustellen den Alten mehr Anlass sich bieten mochte, als wir heute zu erkennen vermögen (cf. unten S. 82). Dass beide Angaben die sehr junge Verbindung Niobes mit Amphion bieten und unter den Gesichtspunkt der lydischen Sage gestellt sind, könnte ja Umbildung einer ursprünglich ganz anders gemeinten Wanderrichtung (Phthiotis, Nordböotien, Messenien) sein. Doch lassen wir diese Frage auf sich beruhen. An einer andern Stelle (365, 5) spricht Strabo von einer unter Pelops' Führung aus Phthiotis nach Lakonien stattgefundenen achäischen Einwanderung. Da hier Lakonien als Ziel der Wanderung genannt und ihm ein hervorragendes Anrecht auf den Namen Ἄργος Ἀχαϊκὸν zugesprochen wird, so haben wir es freilich mit einer tendenziösen Quelle zu thun, welche im Gegensatz zu den argivischen Doriern den Schwerpunkt der Pelopiden nach dem Eurotasthal zu verlegen sucht, also

----

¹) Beide Namen wiederholen sich in den Söhnen des Akastos Schol. Eur. Troad. 1133 und Schol. Ω 488 (Welcker, Gr. Trag. I 206, 2).

mit einem Ausfluss jener specifisch spartanischen Strömung, die sich seit dem 6. Jahrhundert bemerklich macht (vgl. Gutschmid oben S. 42).[1]) Aber das Tendenziöse abgestrichen, bleibt doch die Thatsache, dass man auch für Lakonien eine Einwanderung phthiotischer Achäer annahm. Da nun in Lakedaimon das Vorhandensein von Achäern keine Fiction ist (S. 69 f.), so muss es auch seine Pelopiden gehabt haben. Ob Pelops selbst hier localisirt war, ist nicht bekannt, jedenfalls nicht aus der eben besprochenen Stelle Strabos zu schliessen. Nach Pherekydes (fr. 93) soll des Pelops Sohn Argeios nach Lakonien gegangen und Schwiegersohn des Amyklas geworden sein. Vielleicht ein aus achäischer Sage stammender· Zug. Homer knüpft die beiden Atriden an den Lakonen Tyndareos, aber Agamemnon ist ihm Herrscher von Argolis[2]), Menelaos der Vertreter des lakonischen Achäerthums. Darum kann die Versetzung Agamemnons nach Amyklai nur als dorische Fiction gelten, die geeignete Handhabe dazu wird der lakonische, jedenfalls auf die Achäer zurückgehende Cult des Zeus Agamemnon (Staphylos bei Clem. Alex. protr. 2 etc.) geliefert haben.

---

[1]) Agamemnon Herrscher von Amyklai: Stesichoros etc. (Beispiele zusammengestellt von Furtwängler in Roschers Lexik. I 91). Orest Lakone: Pind. pyth. XI 25. Nem. XI 43. Etwas abweichend aber ebenfalls unter dorischem Gesichtspunkt heisst es bei Paus. II 18, 5 Orest habe seine Herrschaft von Mykenai aus auf Argos, viele Arkader und Lakedaimon ausgedehnt und sein Sohn Tisamenos sowohl in Argolis wie in Lakonien geherrscht. Dagegen ist wieder ganz im spartanischen Sinne der Schluss des Schol. Eur. Or. 5, wo die Herakliden zwar den Peloponnes besetzen, aber nach delphischem Spruch speciell Lakedaimon den Pelopiden überlassen. Das kann doch nur bedeuten, dass diese Landschaft den Pelopiden reservirt bleibt, bis die Eurystheniden und Prokliden in ihr Erbe einrücken (das Scholion fusst auf Hellanikos oben S. 61).

[2]) Die sieben Städte des südl. Peloponnes, welche Agamemnon I 150 ff. »ein eigen nennt, πᾶcαι δ' ἐγγὺς ἁλὸc, νέαται Πύλου ἠμαθόεντος, sind dunkel. Von ihnen liegt Kardamyle an der lakon.-messen. Grenze, Pherai, Є 543 Φηρή, in Messenien. Derselbe Name bekanntlich in Lakonien (Φᾶρις), Achaia (Φαραί), Böotien (Φαραί) und in Südthessalien (Φεραί). Pedasos wäre, wie die Namensschwester in Troas, für lelegisch zu halten. — Ein 'Αχαιῶν λιμήν beim messenischen Korone Paus. IV 34, 6, nach Curtius, Pelop. II 166 „wahrscheinlich zu Ehren des achäischen Bundes benannt" (?). Vgl. die 'Αχαιοὶ Παρακυπαρίccιοι Paus. III 22, 9.

Ist Pelops Stammesheros der Achäer, so wird er dazu
nicht erst im Peloponnes geworden sein, sondern den Stamm
auf seiner Wanderung von Thessalien nach dem Süden begleitet haben. Für solche Annahme würde es sprechen, wenn
man aus dem nördlichen Griechenland Zeugnisse für Pelops-
cult beibringen könnte. Und ein solches scheint allerdings im
nordböotischen Chaironeia vorzuliegen. Hier wurde nach
Pausanias IX 40, 11 „unter allen Göttern am höchsten jenes
Scepter geehrt, welches nach Homer von Zeus über Hermes
auf Pelops u. s. w. übergegangen war". Die Chaironeier wollten
dasselbe auf der Grenze gegen Phokis gefunden haben, Pausanias führt es auf die einst nach Phokis vermählte Elektra
zurück. Die hohe Verehrung, welche dieses Abzeichen der
Pelopidenmacht in Chaironeia fand (alle Tage wurden ihm
Opfer dargebracht), muss doch wohl der Ueberrest eines achäischen Cultes sein. Darauf weist auch die Thatsache hin, dass
gerade in Nordböotien (Alalkomenai, Orchomenos) die mit
Pelops verbundene Niobe zu Hause ist. Freilich musste ich
die Ursprünglichkeit der Verbindung von Niobe mit Pelops
ablehnen, dieselbe ist aber schon sehr früh vollzogen worden.
Wenn Chaironeia eine Station auf der Wanderstrasse der
Achäer von Thessalien nach dem Peloponnes gewesen ist,
dann begreift sich die Thatsache, dass die Niobe von Alalkomenai und Pelops so eng mit einander verknüpft worden
sind. Sie bleibt ein Räthsel, wenn in Nordböotien niemals
Achäer gesessen haben. Aber hier finden sich auch sonst
noch einige Hinweisungen sowohl nach Phthiotis als nach
Argolis, so ein nordböotisches Koroneia neben einem phthiotischen, andererseits ein nordböotisches · Mideia neben dem
argivischen, an welches gerade die Pelopidensage Ansprüche
erhebt. Demnach scheint in der That Nordböotien einen
Rastpunkt achäischer Wanderscharen abgegeben zu haben.
— Endlich die Wiege des achäischen Stammes, Phthiotis.
Hier fehlt zwar jede Spur eines Heros Pelops, doch finden
wir im phthiotischen Itonos eine Pelopia, die Mutter des
Kyknos (Apollod. II 7, 7). Also gerade an der Ausgangs-
stätte des achäischen Stammes erscheint eine selbständige
Heroine Pelopia; das spricht doch dafür, dem Namen, wel-

cher sich sonst kaum noch findet[1]), achäische Herkunft zuzuschreiben.

Der Name Πέλοψ gehört der lautlichen Bildung nach
in die Reihe alterthümlicher meist das Substrat eines Ethnikons
bildender Namen wie Ellops, Dryops, Dolops, Kekrops, Jops,
Merops, Almops, Thiops (Inscr. gr. antiquiss. od. Röhl n. 37).
— In Pelop-s kann der Stamm πελ vorliegen.[2]) Das hat
schon H. D. Müller (M. d. gr. St. I 99) angenommen, aber mit
der unhaltbaren Weiterung, dass der Name des Heros von
einem älteren Localnamen Πελοπία, Πελόπη abgeleitet sei, der
entweder die ganze Halbinsel oder zunächst nur den „Ursitz
des Pelops in Pisatis" bezeichnete. Ist in dem Namen πελ als
Stamm zu betrachten, so ist die übrig bleibende Lautgruppe
οπ entweder compositiv (G. Curtius stellt dazu lat. op-us scr.
ap-as) oder blosses Suffix. In beiden Fällen ergiebt sich für
den Namen Pelops eine culturelle Vorstellung, er ist entweder
der Burgbauer oder der Burgbewohner. Letztere Vorstellung
würde sich in der That gut mit den achäischen Herren-
geschlechtern verbinden, deren Stärke auf ihren festen Burgen
beruhte. Doch hat es etwas Missliches, den Heros des Stammes zu einem Ausdruck für ein bloss äusserliches und nicht
ausschliessliches Merkmal des achäischen Zeitalters zu ver-
flüchtigen. Auch muss die Möglichkeit offen bleiben, dass die
Lautgruppe πελ in „Pelops" mit dem Stamme von πελλα,
πόλις ausser Zusammenhang steht. — Die Heranziehung von
Dolops — Dolopes, Dryops — Dryopes ist ansprechend und hat
Krahner zur Aufstellung eines Volksstammes der Pelopes veranlasst. Nur spricht dagegen, dass von diesem Stamm so gar
keine Spur erkennbar ist und Pelops in der achäischen Sage
ein viel individuelleres Gepräge hat, als Eponyme sonst zu
besitzen pflegen. Ich wage keine Entscheidung und bleibe bei
der Annahme stehen, dass Pelops der Archeget des aus Thessa-

---

[1]) Pelopeia Tochter des Pelias Ap. Rh. I 326. Apoll. I 9, 10. —
Der Opuntier Pelops, nach Schol. Pind. Ol. I 144 ein von Oinomaos ge-
tödteter Freier, sieht wie eine Replik des berühmten Heros aus.
[2]) Vgl. πέλλα = λίθος, Hesych., Schol. Demosth. 19, 155; πόλις; ob
derselbe auch in Πελασγοί steckt (Cuno und Baunack. cf. O. Crusius,
Beitr. zur gr. M. S. 28 A.), bleibe dahingestellt.

lien südwärts wandernden Theiles der Achäer gewesen ist und dieselben über Böotien nach dem Peloponnes begleitet hat. In ersterer Landschaft hatten die Achäer Minyer zu Nachbarn, die Folge ist die Verknüpfung des Pelops mit der minyeischen Niobe. Im Peloponnes setzten sich die Achäer zuerst in Argolis fest. Wenn ich die Reste einer Pelops mit dem Danaoskreise verknüpfenden Ueberlieferung richtig gedeutet habe (S. 58f.), so würde dieselbe eine gewaltsame Auseinandersetzung der Achäer mit der vorgefundenen älteren Bevölkerung ausdrücken. Führte diese Bevölkerung den Namen Danaer oder ist derselbe nur aus der Bodenbeschaffenheit der Landschaft abgeleitet[1]), — war es der Stamm der Argeier oder hat sich dieses Wort nur aus einem alten Appellativum[2]) zur vorwiegenden Bezeichnung der Bewohner der Inachosebene niedergeschlagen? Mit diesen Fragen sind wir an der Grenze angelangt, an welcher die Forschung Halt machen darf. Nur das Eine sei noch bemerkt: die Phoronis Niobe gehört der vorachäischen Bevölkerung von Argolis an; wurde ihr Name richtig erklärt, so ist die von den Achäern vorgefundene Bevölkerung ein griechisch redender Stamm gewesen.

§ 3.
Tantalos.

Niobe und Pelops haben sich uns als auf europäischem Boden und im Bereich griechischen Volksthums erwachsene Gestalten ergeben. Wir haben ferner gesehen, dass beide von Hause aus von einander unabhängig waren, jene auf eine Vorstellung alter Naturreligion zurückging, dieser mit der Heroensage des achäischen Stammes zusammenhängt, ohne dass in seine ursprüngliche Bedeutung ein klarer Einblick erschlossen werden konnte. Ebenso unsicher blieben die Grundlagen, auf welchen die mythische Verknüpfung zwischen Niobe und Pelops vollzogen worden ist, doch liess sich wenigstens soviel feststellen, dass dieselbe in Nordböotien stattgefunden haben muss.

---

[1]) O. Müller, Proleg. 184 ff. H. D. Müller, M. d. gr. St. I 51.
[2]) St. Byz.: Ἄργος δὲ ϲχεδὸν πᾶν πεδίον κατὰ θάλαϲϲαν. Str. 372 § 0: ἄργος δὲ καὶ τὸ πεδίον λέγεται παρὰ τοῖϲ νεωτέροιϲ, παρ' Ὁμήρῳ δ' οὐδ' ἅπαξ.

Tantalos kam für alle einschlägigen Fragen gar nicht in Betracht. Derselbe steht nun in der herrschend gewordenen Sage trotzdem als Ahn an der Spitze des Geschlechts. Das Zeitalter, in welchem dieses Dogma zur Herrschaft gekommen ist, lässt sich nur annähernd durch die Wahrnehmung bestimmen, dass einerseits in den Kyprien (fr. 9 K.) und bei Tyrtaios (fr. 12, 7 Bg.) Pelops ein Tantalide ist, andererseits aber weder die Ilias noch die Odyssee von der Vaterschaft des Tantalos oder auch nur von diesem selbst etwas wissen. Freilich, in der Odyssee, wie sie heute vorliegt, erscheint an einer berühmten Stelle (Nekyia 582—92) der seine Frevel in der Unterwelt büssende Tantalos. Doch ist die ganze Partie von den Büssern eine junge Einlage, die schon Aristarch als solche erkannte, v. Wilamowitz als eine alt-orphische Interpolation überzeugend nachgewiesen hat.[1]) Die Art der Strafe (verschmachtend steht Tantalos unter Früchten in einer λίμνη) so wie der Ort der Büssung (die Unterwelt) führen eine jüngere Form des Mythos vor. Die ältere Form desselben kannte als Strafe nur den über Tantalos' Haupte hängenden Fels, jenen sprichwörtlichen Stein des Tantalos[2]), und als Ort der Strafe den Sipylos.[3]) Polygnots Gemälde in der delphischen Lesche verband diese ältere Vorstellung mit jener der interpolirten Nekyia Paus. X 31, 12.[4]) — Aus dem Umstand, dass in dem älteren Bestande der Odyssee Tantalos nicht berührt worden ist, will ich nicht folgern, dass dem Dichter der Nekyia die Gestalt desselben unbekannt gewesen sei. Gegen solche Annahme spricht vielmehr die Thatsache, dass der „Tantalosstein" schon bei Archilochos zu einer sprichwörtlichen Wendung abgeschliffen ist (fr. 53):

[1]) Hom. Untersuchungen p. 140—42, 199—226.
[2]) Ἀτρειδ. κάθοδ. Ep. gr. fr. Kinkel p. 56 und dazu Wilamowitz H. U. 156. Archil. fr. 53. Alkman fr. 87. Alkaios fr. 93. Pind. Ol. I 87 ff. Pherekyd. fr. 102ᵇᵇ.
[3]) Pind. Ol. I 87.
[4]) Dieselbe Vermischung Schol. Eur. Or. 6 ἡνίκα δὲ ἐπιχειρήσει πιεῖν, ἀθρόον τό τε ὕδωρ ἀφίσταται καὶ ὁ ἐν τῇ κεφαλῇ πέτρος κάτεισιν, ὡς δῆθεν πατάξων αὐτόν und ähnlich Suid. v. Τάνταλος. Daher Xenoph. Oecon. 21, 12 ὁ Τάνταλος ἐν Ἅιδου τὸν ἀεὶ χρόνον διατρίβειν φοβούμενος μὴ δὶς ἀποθάνῃ.

μηδ' ὁ Ταντάλου λίθος | τῆςδ' ὑπὲρ νήςου κρεμάςθω.
Es ist nur zu betonen, dass der Tantalosmythos von der homerischen Poesie nicht einmal gestreift wird. Das muss doch
seine Gründe haben und es drängt sich die Vermuthung auf,
dass in Tantalos eine erst nach der griechischen Besiedelung
der kleinasiatischen Küste geschaffene Figur vorliege, deren
Genesis im Zeitalter der homerischen Poesie noch in zu frischem
Bewusstsein stand, um unter den Gestalten der Heldenpoesie
eine Stelle finden zu können. Suchen wir nun dem Wesen
des Tantalos auf den Grund zu kommen.

Zunächst der Name. Derselbe ist zweifellos griechischen
Ursprungs. Vom Stamme ταλ bildet das Griechische ταλαντεύω
und das reduplicirte τανταλόω (aus ταλταλόω). Die Grund-
bedeutung dieser Verba ist „schwingen", „schleudern", daneben
steht die übertragene Bedeutung „wägen" (cf. librare in beiden
Bedeutungen). Die Anwendung des Stammes in übertragenem
Sinn ist die häufigere, — doch giebt es genügende Beispiele
dafür, dass die eigentliche Bedeutung den Griechen lebendig
geblieben war: z. B. Soph. Ant. 143 ἀντιτυπᾷ δ᾽ ἐπὶ γᾷ πέςε
τανταλωθείς cf. Hesych. τανταλίζεται· ςαλεύεται. In dem Sprichwort Ταντάλου τάλαντα τανταλίζεται — „er wiegt den Reichthum eines Tantalos auf" — ist der Name einem Wortspiel
zu Liebe in die übertragene Reihe eingefügt, ursprünglich gehört er nicht dahin. Der Begriff des „Schleuderns" oder des
„Schwingens" muss irgendwie dem Namen zu Grunde liegen,
doch wage ich keine Vermuthung über den Wortsinn im
speciellen. Derselbe kann ein Nomen abstractum sein, das
sich zu τανταλόω verhält wie ςάλος zu ςαλεύω, oder auch Eigen-
schaftswort, das „schwebend", „wankend", „geschleudert" bedeutete. Eine Entscheidung könnte nur getroffen werden, wenn
die dem Geschick des Tantalos zu Grunde liegende Vorstellung
klar erkennbar wäre. Das ist aber nicht der Fall. Von der
jüngsten in der Interpolation der Odyssee etc. niedergelegten
Vorstellung des unterweltlichen Büssers ist abzusehen. In der
älteren Sagenform ist das Charakteristische der über Tantalos
hangende, mit Sturz drohende Stein.[1]) Doch fragt es sich, ob

---

[1]) Etwas abweichend Asklepiades (Schol. λ 582): τὸν Δία.. αὐτόν..
ἐξαρτῆςαι ἐπ᾽ ὄρους ὑψηλοῦ ἐκδεδεμένον τῶν χειρῶν. Cf. Euripid. II.

nicht die ursprüngliche Form vielmehr durch die Scholien zu
Pind. Ol. I 87 und Odyss. τ 518 überliefert ist, nach welchen
Tantalos unter den Trümmern des zusammengestürzten
Sipylos begraben gedacht wurde. Eigenthümlich ist die
Auffassung bei Euripides Or. 5 (cf. 982), wo Tantalos κορυφῆς
ὑπερτέλλοντα δειμαίνων πέτρον | ἀέρι ποτᾶται, also selbst in
der Schwebe gedacht ist. Hier liegt aber jedenfalls keine ursprüngliche, vielmehr eine recht complicirte Vorstellung zu
Grunde.[1]) Als echt mythische Ausdrucksformen sind nur die
beiden anzuerkennen, nach welchen Tantalos entweder unter
den Trümmern des Sipylos begraben ist, oder an einen Abhang desselben gebannt sich in der Furcht vor einem drohen-
den Felssturz verzehrt. Sicher als jünger sind diejenigen
Erklärungen zu betrachten, welche im Namen des Tantalos
den ethischen Begriff des „Verwegenen" (τόλμα) oder des
„Dulders" (τάλας, τλῆναι) voraussetzen (Preller gr. M. II³, 379.
Curt. gr. Et. ⁵ p. 220). Nun ist freilich noch eine Auffassung
des Tantalos aus dem Alterthum überliefert, welche ihn histo-
risirend zu einer Figur der lydischen Vorzeit macht. Xanthos
nämlich (fr. 23 M.) wusste von zwei lydischen Brüdern Tantalos und Askalos, den Söhnen des Tymenaios[2]), von denen
Askalos als Strateg eines lydischen Königs Akiamos nach
Syrien zieht und dort Askalon gründet (man vergl. auch Nic.
Dam. fr. 26 Müller IV p. 572). Tantalos als Bruder eines lydischen Strategen nimmt sich gegenüber der mythischen Figur
der griechischen Ueberlieferung recht sonderbar aus. Auch
erfuhren wir von diesem xanthischen Tantalos ausser seinem

---

[1]) Schol. Or. 981: ἡ μὲν ἱστορία λέγει τὸν Τάνταλον ἀνατεταμέναις
χερσὶ φέρειν τὸν οὐρανόν (Vermengung mit Atlas!)· νῦν δὲ ὁ Εὐριπίδης
ἰδίως τὸν ἥλιον ἐπηρτῆσθαι λέγει αὐτῷ, διάπυρον ὄντα μύδρον, ὑφ' οὗ καὶ
δειματοῦσθαι αὐτὸν ἀεί, Ἀναξαγόρᾳ πειθόμενος μύδρον αὐτὸν εἶναι λέγοντι.

[2]) So liest A. v. Gutschmid unter Hinweis auf das phryg. Τυμέ-
ναιον ὄρος (St. B) und beseitigt durch diese glänzende Verbesserung
den ganz unhaltbaren Hymennios. Der Stamm kehrt wieder in Τύμωλος
(= Τμῶλος). Dadurch gewinnen wir einen Zusammenhang zwischen der
Angabe des Xanthos und jener Ueberlieferung, welche Tantalos einen
Sohn des Tmolos nennt. Schol. Eur. Or. 5 (nach Hellanikos). Nic.
Dam. fr. 17. Man vgl. auch den karischen Eigennamen Τύμνης und die
Stadt Τύμνος.

verwandtschaftlichen Beziehungen weiter gar nichts, sind also
hier nicht, wie bei Niobe, in der günstigen Lage, die griechische und die lydische Sage gegen einander abwägen zu
können. Man darf wohl vermuthen, dass der lydische Tantalos des Xanthos eine ganz heterogene Figur ist, die aus nicht
mehr erkennbaren Gründen mit dem bekannten, schon durch
seinen Namen als griechisch gekennzeichneten Heros vom
Sipylos gleichgesetzt worden ist. Liegt in letzterem wirklich
die Verkörperung einer von den Griechen vorgefundenen, früh
zu Grunde gegangenen Reichsherrlichkeit? Vorsichtig sagt
Ed. Meyer G. d. A. I § 400: „Vielleicht bestand ursprünglich
am Fuss des Sipylos ein eigenes Reich, von dem sich in der
[nachhomerischen] Sage von der Herrschaft der Tantaliden
eine Spur erhalten haben mag. Ihm dürften mehrere alte Grab-
bauten, vor allem das „Tantalosgrab" angehören. Zu grösserer
Bedeutung gelangte das Reich von Sardes." Die Hügelgräber
auf dem Westabhang des Sipylos gehören derselben Con-
structionsform an wie die Kegelgräber bei Sardes und diejenigen bei Pergamos. Hinter beiden bleiben sie aber an Gross-
artigkeit der Dimensionen bedeutend zurück[1]), unterstützen
also keineswegs die Annahme, dass gerade der Sipylos der
Mittelpunkt eines alten und mächtigen Reiches gewesen sei.
Dazu kommt, dass die angebliche Residenz des Tantalos
auf dem Sipylosgebirge eine ganz schemenhafte Existenz fristet.
Aus der älteren nachhomerischen Ueberlieferung (Atridennostos,
Archilochos, Alkman, Alkaios) ergiebt sich nur der über Tantalos hangende Stein ohne Angabe der Oertlichkeit, so dass
es unentschieden bleibt, ob sie im allgemeinen den Sipylos
oder auf demselben speciell eine Tantalosstadt dachte. Pindar
nennt eine auf dem Sipylos befindliche gleichnamige Stadt, in
welcher einst Tantalos als lydischer Herrscher geboten habe.
Die Sage von ihm und seinem Sohne Pelops ist bei Pindar

---

[1]) Der grösste Tumulus am Sipylos hat nur 33,60 Met. Durchmesser
(Hirschfeld bei Curtius, Beitr. p. 78), dagegen der grösste bei Sardes
257 Met. Von den pergamenischen Tumuli hat der Doppeltumulus
200 Met., das sog. Grab der Auge 160 Met. Durchmesser (Adler bei
Curt. Beitr. p. 66). Letzterer freilich, der einzige bisher untersuchte,
hat sich als hellenistisch entpuppt (Adler a. a. O.).

vermuthlich Hesiodischer Quelle entlehnt (oben S. 23), doch
ist damit noch nicht gesagt, dass bei Hesiod ausdrücklich von
einer Stadt Sipylos die Rede war. Nächst Pindar erwähnt
letztere Euripides (Iph. Aul. 952 Dind.). Sie kehrt bei Hellanikos (fr. 44) wieder und ist jedenfalls auch unter der πόλις
ἀνεςτραμμένη bei Pherekydes (fr. 102ᵇᵇ) zu denken, aber eine
genaue Angabe ihrer Lage wird überall vermisst. Bei Strabo
(Demetr. v. Skepsis und Damokles) kann nur ganz im allgemeinen von der Localisirung des Tantalosmythos auf dem
Sipylosgebirge die Rede sein. Auf p. 58 § 17 und p. 571 § 2
hat man eine Erwähnung der Stadt Sipylos erblicken wollen,
an ersterer Stelle durchaus im Widerspruch mit dem ganzen
Zusammenhang, welcher unter „Σίπυλος κατεςτράφη" die Zerstörung des Berges (cf. p. 579 § 18 τὰ περὶ Σίπυλον καὶ ἀνα-
τροπὴν αὐτοῦ, wo ebenfalls Demetrios Quelle ist) zu verstehen nöthigt. p. 571 geben die Handschriften zwar τὴν περὶ
τὴν Σίπυλον Φρυγίαν, aber das sogleich folgende περὶ Σίπυλον
καὶ Μαγνηςίαν τὴν ὑπ' αὐτῷ zeigt, dass Strabons Quelle den
Berg im Auge hat und demnach jedenfalls auch im vorhergehenden Satze die Landschaft Phrygien nicht um die problematische Stadt, sondern um den bekannten Berg gelagert zu
denken ist; ich kann daher nur Kramer beipflichten, der an
der fraglichen Stelle das zweite τὴν streicht und τὴν περὶ
Σίπυλον Φρυγίαν liest[1]), damit fällt aber auch die einzige
Stelle bei Strabo, in welcher eine Erwähnung der Stadt Sipylos
scheinbar gegeben war und wir dürfen es als sicher hinstellen,
dass für Apollodor, Demetrios und Damokles nur das Sipylosgebirge in Rede gestanden hat. Die Stadt des Tantalos ist
also zunächst nur durch zwei Dichter (Pindar und Euripides)
und zwei Mythographen[2]) (Pherekydes und Hellanikos) bezeugt.
Wie steht nun die Sache bei Pausanias, dessen Angaben als
die eines Ortskundigen besondere Beachtung verdienen? Der
Perieget tritt mit Eifer für die Priorität des lydischen Tan-

---

[1]) „τὴν nullo modo ferendum est, cum montem haud dubie intellectum
voluerit hoc loco Strabo, non urbem parum nobilem neque usquam ab
eo commemoratam etc."

[2]) An letztere reiht sich noch Asklepiades, der in seinen Trago-
dumena von der Zerstörung der Stadt Sipylos erzählt. Fr. 20 (Müll.).

talos gegenüber dem von späterer Sage im Peloponnes localisirten ein. Als Πέλοπος καὶ Ταντάλου τῆς παρ᾽ ἡμῖν (in Lydien)
ἐνοικήςεως ςημεῖα führt Pausanias an: Die λίμνη und das Grab
des Tantalos, den Thron des Pelops auf dem Gipfel des Sipylos
(V 13, 7). Auch VIII 17, 3 spricht er von der „sogenannten"
λίμνη des Tantalos und weist II 22, 3 die Annahme, dass der
in Argos begrabene Tantalos für den berühmten Sohn des
Zeus und der Pluto gelten könnte, mit dem Hinweis auf das
sehenswürdige, von ihm selbst besuchte Tantalosgrab des Sipylos
zurück. Die „Stadt Sipylos" fehlt unter den ςημεῖα τῆς παρ᾽
ἡμῖν ἐνοικήςεως. Dagegen taucht dieselbe mit einem Mal in
der Argumentation für das Lyderthum des Tantalos auf, wenn
Pausanias II 22, 3 bemerkt, dass Tantalos gar keinen Grund
gehabt habe „seine Stadt" zu verlassen und nach Griechenland auszuwandern. Aber das ist doch nicht mehr, als die
selbstverständliche, schon bei Pindar erscheinende Voraussetzung, dass ein mythischer, im Sipylosgebiet localisirter Herrscher auch seinen Herrschersitz gehabt haben müsse. Pindar,
Euripides, Hellanikos, Asklepiades und Pausanias nennen denselben ἡ Σίπυλος, andere geben ihm den Namen „Tantalis"
(vgl. unten), doch seine Stätte bleibt unbestimmt. An realen
ςημεῖα kannte Pausanias neben dem „Thron des Pelops" eben
nur den τάφος und die λίμνη des Tantalos. Der Thron des
Pelops befand sich auf dem Sipylos über dem Heiligthum der
Mater Plakiane und scheint bei Magnesia gesucht werden zu
müssen. Es wird eine ins Auge springende Bergkuppe gewesen sein, welche vom Volksmunde als Sitz des berühmten
Heros bezeichnet wurde. Die mythische Residenz des Tantalos
ist von der Ansetzung des Tantalossees und Tantalosgrabes abhängig. Aber die Lage beider ist unsicher. Von den einen wurde
Altsmyrna als Sitz des Tantalos angesehen, Tac. ann. IV 56,
St. Byz.: Σμύρνα ... ἣν πρῶτον ἔκτισε καὶ ᾤκησε Τάνταλος. Auch
Aristides dachte hier den Sitz der Tantaliden, da nach ihm Altsmyrna dem Peloponnes seinen Eponym gegeben hat (I p. 372
Dind., cf. die Smyrn. Münze des Antonin Z. f. N. XIV, 8). Daher
ist denn auch das Grab und der See des Tantalos von neueren
Reisenden bei Smyrna gesucht worden. Doch stimmt die Oert-
lichkeit nicht zu den Angaben der Alten. In diesen spielt ein

über die Tantalosstadt hereingebrochenes Naturereigniss immer die Hauptrolle. Nun scheint zwar das Gräberfeld bei Altsmyrna, wo man den τάφος Ταντάλου gefunden zu haben glaubte (Texier), durch ein Erdbeben erschüttert worden zu sein (Hirschfeld bei Curtius, Beiträge p. 78), aber die λίμνη, in welche die Stadt versunken sein soll, war hier nur für die Phantasie Texiers erkennbar (Hirschfeld p. 79, G. Weber, le Sipylos p. 68). Was wir aus den späteren Schriftstellern an genaueren Ortsangaben besitzen, weist an den nordöstlichen Abhang des Sipylos bei Magnesia, wo ja auch der Thron des Pelops und das Steinbild der Niobe gezeigt wurden. So berichtet Plinius V § 117 (Artemidor?), dass im Hinterlande der ionischen Küste unter anderen Orten auch die alte Hauptstadt Maeoniens Sipylum, früher Tantalis geheissen, zu Grunde gegangen sei und zwar an jener Stelle, *ubi nunc est stagnum Sale* (cod. Ricc. „*Saloe*"). An derselben Stelle seien später noch drei weitere Neugründungen, die Orte Archaeopolis, Calpe, Libadie untergegangen.[1]) Den See Saloe kennt auch Pausanias: auf dem Sipylos sei eine Stadt in einen Schlund (χάσμα) verschwunden, der Berg sei geborsten, Wasser hervorgebrochen und der Schlund durch die sogen. λίμνη Σαλόη ausgefüllt worden; in derselben seien die Trümmer der Stadt noch sichtbar gewesen πρὶν ἢ τὸ ὕδωρ ἀπέκρυψεν αὐτὰ τοῦ χειμάρρου (VII 24, 13). Diese λίμνη Σαλόη wird man geneigt sein mit der von ebendemselben Pausanias (V 13, 7 und VIII 17, 3) erwähnten λίμνη Ταντάλου zu identificiren. Hirschfeld jedoch (a. a. O. p. 83 Anm. 17) ist dagegen, und wohl mit Recht. Da nun aber die in der λίμνη Saloe des Pausanias versunkene Stadt bei Plinius ausdrücklich als die Tantalosstadt bezeichnet wird und andererseits Pausanias in den Fluthen seiner λίμνη Ταντάλου doch gewiss die Residenz des Tantalos versunken denkt, so ergiebt sich, dass das spätere Alterthum

---

[1]) Cf. Plin. II § 205 devoravit (terra) Sipylum in Magnesia et prius in eodem loco clarissimam urbem, quae Tantalis vocabatur. Der See Saloe ist nach Plin. 12 mil. von Smyrna entfernt. Er ist noch nicht gefunden (Weber, Le Sipyl. p. 35 und 69), sollte es geschehen, so wäre damit nicht mehr festgestellt, als die eine Stelle, wo die Quelle des Plinius Tantalis suchte. Aber andere haben sie anderswo gesucht. Cf. den Text.

ihre Stätte an drei verschiedenen Punkten des Sipylosgebirges gesucht hat, bei Altsmyrna (Tac., St. Byz. etc.), beim See Saloe (Plin.) und an einer dritten nicht genauer bezeichneten Stelle (Paus.). Kein menschliches Auge hat sie geschaut, es ist das versunkene Vineta des Alterthums, eine mythische Stadt, deren Stätte aufzusuchen vergebliche Mühe bleiben wird. Nur das Eine wird man behaupten können, dass auf die Entstehung des Tantalosmythos die Bewohner Magnesias den hauptsächlichsten Einfluss ausgeübt haben, denn die fixirbaren Stätten der Tantalidensage (Pelopsthron, Niobefels, Kybelebild des Broteas) befanden sich in der Nachbarschaft dieser Stadt. Der Hintergrund aller local gefärbten Nachrichten vom Herrscher Tantalos bleibt die Katastrophe eines Erdbebens, welches im Gebiet des Sipylos grosse Verheerungen angerichtet hat. Dieser Hintergrund erweitert sich indess zu einer ganzen Reihe von Naturrevolutionen, welche nach dem Glauben der kleinasiatischen Griechen in grauer Vorzeit stattgefunden hatten, denn Damokles (bei Str. p. 58) spricht von mehreren auf einander folgenden Erdbeben und denselben Gedanken drückt bei Plinius die Reihe der fünf auf derselben Stelle nach einander zerstörten Städte aus. Was lag da für die phantasiereichen Griechen näher, als solche Zerstörungen in dem Bilde eines menschlichen Verhängnisses darzustellen und ihren Tantalos zu schaffen, den unter dem Zusammensturz des Sipylos begrabenen oder durch sein Wanken geängstigten Anwohner dieses Gebirges. Dass die Bevölkerung jener Gegend vor Erderschütterungen nie sicher sein konnte, lehrt die Geschichte: Unter M. Aurel ward Smyrna von einem schweren Erdbeben heimgesucht (Aristid. or. 41), unter Tiberius fiel Magnesia mit vielen anderen Städten (Strabo 579 und 621); häufige Erdbeben in der Katakekaumene, z. B. zur Zeit Mithridats und Alexanders des Grossen erwähnt Strabo p. 579. Was den Sipylos betrifft, so werden derartige Katastrophen von Damokles und Plinius bis in die vorgeschichtliche Zeit zurückdatirt und auch in dem Fragment des Pherekydes ist das Naturereigniss ganz deutlich ausgedrückt, wenn die zum Sipylos heimkehrende Tantalis τὴν πόλιν ἀνεϲτραμμένην καὶ Ταντάλῳ λίθον ἐπικρεμάμενον findet. Speciell im Hinblick auf den Sipylos sagt Aristoteles: ὅπου δ᾽ ἂν γένηται τοιοῦτος ϲειϲμόϲ, ἐπιπολάζει πλῆθοϲ λίθων ὥϲπερ τῶν ἐν τοῖϲ λίκνοιϲ ἀναβραττομένων· τοῦτον γὰρ τὸν τρόπον γενομένου ϲειϲμοῦ τὰ περὶ Σίπυλον ἀνετράπη. Die auf diesem Bergstock überall zerstreut liegenden Felstrümmer erinnerten den Naturforscher also an das Durcheinanderschütteln von Steinen in einer Wanne, wobei die grossen Stücke oben zu liegen kommen. Nun tritt uns in der mythischen Ueberlieferung der mit Absturz drohende Stein des sipylenischen Tantalos entgegen und daneben eine halbverschollene Sage, nach welcher dieser Tantalos unter den Trümmern des Sipylos begraben sein sollte. Kann man da noch zweifeln, dass diese Gestalt unter dem Eindruck wiederholter Erderschütterungen geschaffen worden ist? Tantalos, nicht der ethisch umgebildete Herrscher und Götterfreund, sondern der alte Tantalos, dessen untrennbares Attribut der drohende Stein ist, den selbst Polygnot trotz der Anlehnung an die Interpolation der Nekyia nicht missen konnte, dieser Tantalos lässt sich von der Vorstellung einer Naturkatastrophe gar nicht trennen, er ist das mythische Bild des Σίπυλοϲ ἀνατραπείϲ. Dieses Bild war gewiss ein sehr wirkungsvolles, aber die älteste Ueberlieferung macht von ihm keinen Gebrauch. Ich weiss dafür nur die Eine Erklärung, dass von den früheren Generationen der äolisch-ionischen Colonieen ihr Tantalos noch zu sehr in seiner eigentlichen Bedeutung, als Sinnbild der Schrecken einer bestimmten Oertlichkeit empfunden wurde, um in der älteren epischen Poesie eine Stelle zu finden. War aber Tantalos einmal zum Träger der Schrecken des Sipylos gemacht worden, so lag es nahe, dass spätere Generationen ihn zum Localheros dieses Gebirges steigerten und alles, was an Spuren zerstörter Cultur an seinen Hängen erblickt wurde, zu Trümmern seiner einstigen Macht stempelte. Man erzählte nun von der in den Wogen eines Gebirgsees begrabenen Residenz des Tantalos, von grosser mit ihr zu Grunde gegangener Macht und Herrlichkeit. Man erhob den mächtigen Herrscher zum Sohne des Zeus und der Pluto, man gesellte ihm eine Gattin, in deren Namen der Hoheit und Macht des Tantalos Ausdruck gegeben wurde, man machte ein aus der europäischen Heimath mitgebrachtes Heroenpaar zu seinen

Kindern. Dann ward der Sagenkreis ethisch vertieft, der jähe
Sturz des Tantalos auf grosse Verschuldung zurückgeführt
und dabei auf europäische Sagenstoffe zurückgegriffen, denn
die Geschichte von der Zerstückelung des Pelops und dem
ruchlosen Göttermahl ist ja nichts als eine Entlehnung aus
dem Mythos vom arkadischen Lykaon und dem lykäischen
Zeus.[1]) Bergk (Opusc. II 690) hat den Namen Sipylos als
griechisch fassen wollen (Σι-πυλος = „Götterthor") und den
Verkehr des Tantalos mit den Göttern aus dieser Vorstellung
abgeleitet. Das spätere Alterthum mag den Namen so gedeutet
haben, doch ist derselbe wohl ein ungriechischer[2]) und die
Herrlichkeit und Göttergemeinschaft des Tantalos eine relativ
junge Erweiterung der Sage. Alle ethischen Momente im
Mythos des Tantalos sind spät gefundene. E. Curtius I[4] p. 71
und Preller II 381 sind ganz auf dem richtigen Wege, wenn
sie im Sturz des Tantalos und dem Stein über seinem Haupte
vulkanische Vorstellungen erblicken, nur hätten sie dieselben
voll und ganz als die primären anerkennen sollen, anstatt
diesem Sagenstoffe doch wieder historischen oder ethischen
Inhalt unterzuschieben. H. D. Müllers Polemik gegen Preller[3])
wendet sich gerade gegen Prellers richtigen Gedanken, und
die Entdeckung, dass in Tantalos eine europäisch-griechische
Nebenform zu Tartaros vorliege, ist eine mythologische Schlimm-
besserung. Sie hat ihren Grund in der überschätzenden Bedeutung, welche Müller der Darstellung der Odyssee, für ihn
der ältesten Form der Tantalosqualen, zuweist. Nicht unter
den Schatten der Unterwelt, sondern auf den Höhen des Sipylos
ist Tantalos erwachsen, und wo er sonst erscheint, sei es auf
Lesbos[4]), sei es in Argolis[5]) oder Korinth[6]), ist er an Stätten
der Pelopssage attrahirt worden und ohne allen sagengeschichtlichen Werth. Tantalos steht und fällt mit dem Sipylos. —

[1]) H. D. Müller, Mythol. II 151.
[2]) Pauli vergleicht lyk. Sepozi? (Vorgr. Inschrift v. Lemnos S. 72.)
[3]) Myth. der gr. Stämme II 148. A.
[4]) St. B. s. vv. Τάνταλος und Πόλιον.
[5]) Hygin. f. 124 zählt unter den reges Achivorum Tantalus den
Sohn des Jupiter auf. Cf. Paus. II 22, 3.
[6]) Serv. zu Virg. Aen. VI 603.

Endlich noch ein Wort über die genealogische Verbindung des Tantalos mit Niobe und Pelops. Wir haben gesehen, dass Pelops schon auf griechischem Mutterboden mit Niobe in Zusammenhang gebracht worden ist. Die Verknüpfung im Verhältniss von Vater und Tochter ist versucht worden, aber bis auf eine beiläufige Notiz der Grammatiker wieder verschollen. Dagegen ist das geschwisterliche Band, das von anderer Seite zwischen beiden hergestellt wurde, in dem allgemeinen Glauben zur Herrschaft gelangt und als Pelops und Niobe mit den äolischen Colonisten über das Meer nach Osten wanderten, waren sie bereits ein Geschwisterpaar. Es genügte also einen von ihnen an Tantalos zu knüpfen, um beide zu seinen Kindern werden zu lassen. Ich glaube, dass der Anknüpfungspunkt nicht auf Pelops' Seiten, sondern bei Niobe zu suchen ist. Die kleinasiatische Niobe ist an einem bestimmten Punkte, an dem Nordabhang des Sipylos, localisirt und den Anlass dazu gab, wie ausgeführt wurde, ein von den Griechen vorgefundenes, sei es durch Menschenhand, sei es durch ein Naturspiel geschaffenes Steinbild, an welchem die einheimische Sage von der unglücklichen Tochter des Assaon haftete. Hatte aber Niobe einmal am Sipylos ihre Heimstätte gefunden, so lag es nahe, zwischen ihr und einem inzwischen erwachsenen Tantalosmythos eine Verbindung herzustellen. Es wurde oben S. 12, 2 die Angabe der Schol. BV zu Ω 602, als wäre Niobe jemals für die Gattin des Tantalos gehalten worden, als irrthümlich nachgewiesen. Das Alterthum hat zwischen beiden das Verhältniss von Vater und Tochter aufgestellt und hieran einhellig festgehalten. Damit war aber auch Pelops in den Tantaloskreis als Sohn aufgenommen. —

Recapitulation.

I. Vorachäisches Zeitalter.

A. Natursymbolischer Mythos.

Argivisch: Zeus⌣Niobe
                      |
                [Vegetation]
Nordböotisch: Zeus⌣Niobe
                      |
            ⌈Frühlingsvegetation durch⌉
            ⌊Helios vernichtet.   ⌋

B. Niobe wird in die menschliche Sphäre gerückt.

Argivisch: Zeus ⌣ Niobe (Tochter des Phoronens)

Argos Pelasgos

Nordböotisch: a) Alalkomeneus ⌣ Niobe

Niobiden

b) Amphion ⌣ Persephone (Niobe?)
'Ιασίδης
Chloris

Achäische Wandersage:
[Pelops in Phthiotis]

Pelops in Chaironeia

II. Achäisches Zeitalter.

Asopos

Ares ⌣ Harpina Danaos

Hermes ⌣ Kalyke   Oinomaos ⌣ Eurythoe

Alalkomeneus ⌣ Niobe   Pelops (Mykenai) ⌣ Hippodameia

12 Niobiden (durch die   (Araithyrea)
Letoiden getödtet).   Atreus Thyestes

Verschollener Anknüpfungsversuch: Hermes

Pelops

Niobe.

III. Zeitalter der äol. Colonisation.

Assaon   Niobe am Sipylos (tritt   Lesbische Pelopssage:
               an Stelle der Tochter   Oinomaos
Tochter ⌣ Philottos   des Assaon)

20 Kinder   Hippodameia ⌣ Pelops

Mytilene.

IV. Griechisch-lydische Mischsage:

Pherekydes: Amphidamas   [Harpina]

Tantalos ⌣ Klytia   Oinomaos

Alalkomeneus ⌣ Niobe   Pelops ⌣ Hippodameia

12 Niobiden   (in Argolis)
                             Pelopiden

Hellanikos: [Tmolos]   [Paktolos]   Sterope ⌣ Ares

Tantalos ⌣ Euryanassa   Oinomaos

Amphion ⌣ Niobe   Danais ⌣ Pelops ⌣ Hippodameia (Pisa)
(Theben)   Axioche
7 Niobiden   Chrysippos Atreus Thyest etc.

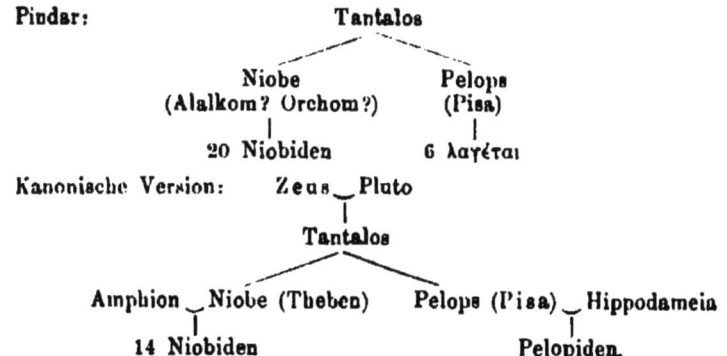

Pindar:
Tantalos

Niobe (Alalkom? Orchom?) — Pelops (Pisa)
20 Niobiden — 6 λαγέται

Kanonische Version: Zeus — Pluto
Tantalos

Amphion — Niobe (Theben) — Pelops (Pisa) — Hippodameia
14 Niobiden — Pelopiden.

Mühselig und oft unsicher war der Weg, den wir durch-
messen haben. Der Versuch, von der kanonischen Form der
Tantalidensage durch Analyse bis zu den Grundelementen zu-
rückzugelangen, wird — wie er oft über Hypothesen nicht
hinauskommen konnte — auf mehrfache Berichtigung gefasst
sein müssen. So viel aber glaube ich durch die vorstehenden
Untersuchungen festgestellt zu haben, dass die Namen Niobe,
Pelops, Tantalos drei ganz heterogene Mythenstoffe bezeichnen,
die erst im Laufe einer langwierigen Entwickelung zusammen-
gewachsen sind. Diese Entwickelung eröffnet uns werthvolle Ein-
blicke in die Vorgeschichte des griechischen Volkes. Niobe er-
wies sich als eine den ältesten natursymbolischen Vorstellungen
angehörende Gestalt (griech. Urbevölkerung von Nordböotien
und Argolis), Pelops als der mythische Vertreter jenes Stammes, dessen Vorgeschichte zwar dunkel bleibt, für dessen
einstige Hegemonie aber die homerischen Gedichte ein geschichtliches Denkmal bieten. Auf einer nur durch Rück-
schlüsse erkennbaren Wanderung von Thessalien nach Süden
muss derselbe in Böotien mit dem Niobidenkreise in Berührung
getreten sein, im Peloponnes erscheint als sein Ausgangs- und
Mittelpunkt Argolis. Dem achäischen Zeitalter machte die
dorische Einwanderung ein Ende. Allein die Achäer verschwanden nicht völlig aus Argolis. Dies der Grund für die
geretteten Spuren einer uralten auf Argolis beschränkten Pelopssage. Die Mehrzahl der Achäer ging nach Achaia, mit ihnen
Pelops (Olenos). Andrerseits sind mit äolisch-achäischen Aus-
wanderern die Sagen von Niobe und Pelops nach Kleinasien

gewandert, hier jedoch unter dem Gesichtspunkt der revindicatio einer tiefgreifenden Umgestaltung unterworfen worden.
Dieselbe wirkte dann auf das Mutterland zurück, wo die lydische Herkunft des Heroenpaares allgemeine Anerkennung fand.
Zugleich verlor dasselbe seine alten Heimstätten, Niobe ward
von Alalkomenai nach Theben versetzt, Pelops durch dorisirende Tendenzen zunächst von Mykenai losgelöst und schliesslich nach Pisa versetzt. Auch der altachäische Ahn der Pelopiden (Hermes) ward beseitigt, an seine Stelle trat Tantalos,
eine der jüngsten Schöpfungen der griechischen Mythologie.
Ein durch letzteren repräsentirtes uraltes Cultur- und Reichs-
centrum am Sipylos hat im Bewusstsein der ersten Generationen
der griechischen Colonisten nicht existirt, die ganze Tantalidenherrlichkeit ist ein junges Dogma.

Diesem Satz steht andererseits die Wahrnehmung gegenüber, dass die Ilias mit Hinweisungen auf die Landschaft
Lydien (Mäonien) durchaus nicht zurückhält. Sie nennt den
schneeigen Tmolos und an dessen Fuss den fruchtbaren Demos
Hyde (Υ 385), den gygäischen See (Υ 391, Β 864), den fisch-
reichen Hyllos, den wirbelnden Hermos (Υ 392), Tarne, die
Heimath des Phaistos (Ε 43). Der Sipylos wird nicht genannt
und alle Angaben beschränken sich auf das Hinterland am
Tmolos, d. h. in unwillkürlichen Hinweisen verräth der Dichter
sein Interesse für das lydische Reich seiner Zeit, dessen
Mittelpunkt Sardes war. Mäonische Sagenstoffe berührt die
Ilias nicht, die mäonischen Führer (der Otryntide Iphition
Υ 382, Phaistos, Sohn des Boros Ε 43, Mesthles und Antiphos
Β 864) sind mythologisch ebenso indifferent, wie die meisten
übrigen ἐπίκουροι. So lässt sich also im Hinblick auf die
Ilias nur behaupten, dass in ihr die stillschweigende Voraus-
setzung des sardischen Königreiches durchblickt, obschon der
Name Mäonien dieselbe verdeckt. —

Wenden wir uns nun zur Landschaft Teuthranien, so
lässt sich allerdings in der Ilias keine Hindeutung auf dieselbe entdecken. Dieses Stillschweigen beweist aber nichts
weiter, als dass im Zeitalter der Ilias die kleine Landschaft
ein geringeres Interesse einflösste als das mächtige Lyderreich,
keineswegs folgt daraus, dass für den epischen Sänger Mäonien

ein sagenreiches, Teuthtanien dagegen ein sagenleeres Gebiet
oder, um mit Curtius zu reden, Pergamos der leere Punkt
zwischen Ilion und der Tantalidenresidenz gewesen ist. Ja,
halten wir uns an die Odyssee, so sinkt hier, wenn auch nur
durch eine streifende Anspielung, die Wagschaale gegen den
Sipylos zu Gunsten Teuthraniens. Hierüber handelt das folgende Kapitel.

Zweites Kapitel.

Homerische Anspielungen, Volkssage und Skepsis.

Während die Ilias weder mäonische noch teuthrantische
Sagenstoffe berührt, bleibt in der Odyssee diese Thatsache auch
für Mäonien bestehen[1]), dagegen kennt die Nekyia den Telephiden Eurypylos sammt seinen Keteiern (λ 517—22):

πάντας δ᾽ οὐκ ἂν ἐγὼ μυθήcομαι οὐδ᾽ ὀνομήνω,
ὅccον λαὸν ἔπεφνεν (Neoptolemos) ἀμύνων Ἀργείοιciν,
ἀλλ᾽ οἷον τὸν Τηλεφίδην κατενήρατο χαλκῷ
ἥρω Εὐρύπυλον· πολλοὶ δ᾽ ἀμφ᾽ αὐτὸν ἑταῖροι
Κήτειοι κτείνοντο γυναίων εἵνεκα δώρων.
κεῖνον δὴ κάλλιστον ἴδον μετὰ Μέμνονα δῖον.

Dieser Eurypylos ist durch sein Patronymikon mehr als ein
mythisch indifferenter ἐπίκουρος der Troer; er stellt dem negativen Befunde, dass Ilias und Odyssee über ein altes Reichs-
centrum der Tantaliden gar keine Auskunft geben, die positive
Thatsache gegenüber, dass die Nekyia auf das mythische Reich
des Telephos Bezug nimmt.[2]) Und die bloss streifende Form
der Erwähnung beweist, dass der Dichter auf einen allgemein
bekannten Sagenstoff anspielt.

Hier muss ich freilich gleich Halt machen, um die Berechtigung des letzten Satzes gegen eine von moderner Skepsis

---

[1]) Der Büsser Tantalos in der Nekyia gehört in eine spätere Interpolation, oben S. 85.
[2]) Ueber die Κήτειοι Zweites Buch, Kap. I § 1.

zu Tage geförderte Theorie sicherzustellen. Niese hat den
Nachweis zu führen gesucht[1]), dass eine vor und neben Homer
lebendige und die homerischen Gedichte tragende Volkssage
gar nicht existirt hat, dass vielmehr die homerischen Gedichte
die Wiege und der Ausgangspunkt der griechischen Sage gewesen sind. Hätte Niese Recht, dann wäre mein Appell an
den Telephiden Eurypylos ohne alles Gewicht, denn dann
wären die homerischen Anspielungen nur embryonische Keime,
mehr oder weniger klare Einfälle, aus welchen erst die Phantasie späterer Dichter (der Kykliker) die griechische Sagenwelt
herausgesponnen hätte.

Die Kritik hat sich gegen Nieses Hypothese meist ablehnend verhalten. Es erscheint indess gegenüber diesem Versuche, der Mythenforschung ihren positiven Boden unter den
Füssen wegzuziehen, am Platze in raschem Umblick festzustellen, wie weit die Sagenkenntniss Homers reicht.

§ 1.
Die homerische Sagenwelt.

Schon a priori wird man es für unglaublich halten, dass
dieselben Dichtungen, welche in der vorgeführten Stufe des
Culturlebens, im Versbau, in den typischen Wendungen und
Formen der Sprache auf eine lange Vorentwickelung des
griechischen Volksgeistes zurückweisen, gerade in Bezug auf
den Sagenschatz den Ausgangspunkt bezeichnen sollen. Und
wenn man den Sagenbestand Homers, der auch nach Abzug
nachweisbarer oder muthmasslicher Interpolationen übrig bleibt,
durchmustert, so wird man in den so häufigen Anspielungen
auf aussertroische Sage nichts anderes erblicken können, als
gelegentliche Griffe in einen offen dastehenden Schatz.

Ein sehr starkes Argument gegen Niese liefert die von
ihm kaum gestreifte Stellung Homers zur Göttersage.
Dass dieselbe im Heldenepos keine Rolle spielen kann, ist
klar, dass aber die Göttersage den Sängern der Ilias und
Odyssee als Gegenstand einer bereits völlig ausgebildeten Dicht-

---

[1]) Die Entwickelung der homerischen Poesie 1882 S. 26—47, 197—232
und Excurs I „über Spuren einer Volkspoesie in der homerischen".

gattung vorgelegen hat, ergiebt sich aus allen, auch aus den ältesten Theilen der beiden Epen. Beginnen wir mit Eos, die den frühaufstehenden Hellenen zum neuen Tagewerke ruft. Ψ 227 erscheint sie trotz des Beiworts κροκόπεπλος doch rein physisch (vgl. H 433, v 93 f.) gefasst, als die ihren Schimmer über das Meer[1]) ergiessende Morgenröthe:

ἦμος δ' ἑωσφόρος εἶσι φόως ἐρέων ἐπὶ γαῖαν
ὅν τε μέτα κροκόπεπλος ὑπεὶρ ἅλα κίδναται ἠώς.

T 1 ist dagegen das concrete Meer durch den mythischen die ganze Erde umspannenden Okeanosstrom (Ξ 301 f.) ersetzt und Eos durchaus persönlich zu fassen:

'Ηὼς μὲν κροκόπεπλος ἀπ' 'Ωκεανοῖο ῥοάων
ὤρνυθ', ἵν' ἀθανάτοισι φόως φέροι ἠδὲ βροτοῖσιν.

Vgl. χ 197. ψ 243 f. 347 und die dem Okeanos benachbarte Insel Aiaie, auf welcher sich Wohnung und Tanzplätze der Eos befinden (μ 1 ff.). Λ 1 (ε 1) endlich erhebt sich Eos ἐκ λεχέων παρ' ἀγαυοῦ Τιθωνοῖο, hier also ist das physische Bild vollständig durch eine mythische Handlung ersetzt. So spielen die Dichter frei mit der Verwendung verschiedener ihnen überkommener Ausdrucksformeln, unter denen die mythische (Eos und Tithonos[2])) der physikalischen ganz gleich gilt. — Eine

---

[1]) Diese Angabe gewährt dem Verse Ψ 227 ein hohes Interesse. Dass die Morgenröthe ihren Schimmer über das Meer (ἅλς) ergiesse, konnte wohl an der Ostküste des europ. Griechenlands gesagt werden, nicht aber in Aeolis und Ionien. Die Scene ist aber Ψ 226 ff. das Gestade von Troja und dazu passt, dass Achill Ψ 208 Boreas und Zephyros aus Thrakien (v. 229 f.) herbeiruft (auch I 5 wehen beide von Thrakien her). So sehen wir also in Ψ 227 und 229 zwei sich ausschliessende Vorstellungen friedlich nebeneinander stehen. Der Vers 227 muss dem Dichter bereits als formelhaft überkommen sein. Er bewahrt eine aus dem Mutterland hinübergewanderte Vorstellung. Wie derartiges trotz veränderter Ortsverhältnisse haften bleibt, zeigt der Βερεκυντίας der Sinopenser (Ostwind). Der Name hat nur Sinn, wo Phrygien östlich liegt, ist also aus der Heimath Milet nach Sinope mitgewandert. Das hat schon Grotefend (Pauly s. v. Berecyntes) richtig bemerkt.

[2]) Tithonos, ursprünglich jedenfalls Gott, ist nach der heroisirenden Tendenz Homers zum Sohn Laomedons gemacht, Υ 236. Der Sohn beider Memnon gehört als troischer ἐπίκουρος zu den jüngeren Erweiterungen des troischen Kreises (δ 188, λ 522).

andere Sage von Eos, den Raub Orions, streift die Odyssee
ε 121, ein lehrreiches Beispiel dafür, wie „in der Zeit der
homerischen Poesie die alte Naturfabel nicht mehr in ihrem
eigentlichen und ursprünglichen Zusammenhange dargestellt
und verstanden wurde, sondern nur einzelne Bruchstücke davon,
aufgefasst im Geiste der heroischen Mythologie, in der un-
ermesslichen Fluth von Sagen mit fortgetrieben wurden"
(O. Müller, kl. deut. Schriften II 119). — Achill erinnert Thetis
an die Fesselung des Zeus durch Hera, Poseidon und Athena
und seine Befreiung durch Briareos A 399—406[1]). Was hier
in kurzen Versen berichtet wird, ist Gegenstand einer besonderen
Sage und — dürfen wir sagen — eines besonderen Liedes gewesen, das älter war als der erste Gesang der Ilias. — Die
Dreitheilung der Welt unter die Kroniden (O 187—93)
ist nach Niese keine dem Dichter überkommene Vorstellung,
sondern aus der Situation des Gedichts erwachsen. Aber die
Voraussetzung für die Dreitheilung der Welt bildet die Titano-
machie und diese ist dem Dichter des O bekannt (v. 225).
Man vgl. auch Ξ 274. 279, Θ 13 ff. 479—81. — Zeus' Liebes-
bund mit Demeter und mit Leto (Ξ 326 f.) gehört zwar
in eine späte Interpolation, aber beide Sagen sind uralt. Gleich
im Anfang der Ilias erscheint Apollo, Λητοῦς καὶ Διὸς υἱός,
und Υ 71 ist Artemis κασιγνήτη ἑκάτοιο, Φ 499 Leto ἄλοχος
Διός. Die Verbindung von Artemis und Apoll ist keine ursprüngliche, aber im homerischen Zeitalter Dogma (E 466 ff.
Ω 607), die Dorier heranzuziehen (O. Müller Dorier[2] I 372 ff.)
ist unstatthaft. Vgl. Schreiber in Roschers myth. Lexikon I
576. — Demeter tritt in den beiden Epen sehr zurück, doch
ist nicht zu zweifeln, dass der Mythos von Kore-Persephone
Homer bekannt war, wenn sie auch nur λ 217 Διὸς θυγάτηρ
heisst.[2]) — Ueber Athenas Geburt giebt die Ilias keine
deutliche Auskunft. Sie ist αἰγιόχοιο Διὸς τέκος (Α 202 cf.
E 733), nach E 880 gewährt ihr Zeus vor allen Göttern eine
exceptionelle Stellung, ἐπεὶ αὐτὸς ἐγείνατο παῖδ' ἀΐδηλον.

---

[1]) Zenod. verwarf 396—406 als unschicklich. Lehrs. Ar. 339.

[2]) ε 125 wird Jasion, der Buhle der Demeter, von Zeus aus Eifersucht getödtet. Der Dichter des ε ahnt nicht, dass Jasion mit Zeus
wesensgleich ist.

Spielt das auf die Geburt aus Zeus' Haupte an? Mit der Sage ihrer Geburt hängt ihr Beiname Τριτογένεια (Δ 515 Θ 39. Bergk in J. JB. 81, 289) zusammen, doch derselbe ist dunkel. Er ist ein dem Homer aus älterer Poesie überkommener Name der Göttin, ein mythologisches Petrefact. — Ε 383 ff. tröstet Dione[1]) die von Diomedes verwundete Aphrodite durch den Hinweis auf ähnliche Erfahrungen anderer Götter, auf die Fesselung des Ares durch die Aloiden, die Verwundung der Hera und des Hades durch Herakles. Doch das gehört bereits in die homerische Heroensage. — Für den Sturz Hephüsts bietet die Ilias sogar zwei Versionen (Α 590—94 und Σ 395—405). Seine Rückkehr auf den Olymp erwähnt Homer nicht, d. h. er übergeht sie wegen mangelnden Anlasses, aber sein Hephüst befindet sich auf dem Olymp Α 571—600. Σ 368—619, etwas selbstverständliches für Hörer, denen eine Sage von der Rückkehr des Gottes bekannt war.[2]) — Doch ich trage Eulen nach Athen! Die Andeutungen Homers eröffnen ja den Ausblick in eine ganze Welt von Göttersagen, die dem homerischen Zeitalter geläufig waren. Die Ueberlieferung derselben ist in keiner anderen Form denkbar, als in der alter die Schicksale der Götter behandelnder Lieder.

Ein einziges Stück giebt Homer in voller epischer Ausführung, die Liebschaft von Ares und Aphrodite (θ 265 —369) und gerade diese Erzählung erweist sich in ihrer völlig

---

[1]) Von Zeus Mutter der Aphrodite Ε 371. 428. Ξ 193.

[2]) Dass dieselbe indess eben in jener später so beliebten Zurückführung durch Dionysos (vgl. des Verf. „Dionysos" in Roschers myth. Lex. I 1144) bestanden habe, ist nicht anzunehmen. Denn Dionysos ist in der homerischen Götterwelt ein Fremdling. Seine Erwähnung Ξ 325 und λ 325 fällt in zwei späte Interpolationen, ω 74 in die ebenfalls spät zugedichtete 2. Nekyia (Kirchhoff, Hom. Od.² S. 533. v. Wilamowitz, H. U. S. 80). Uebrig bleibt allein Ζ 130—41 (der Mythos von Dionysos und Lykurgos). Durch solche Isolirtheit erscheint derselbe sehr verdächtig. Nun lassen sich die Verse 130—41 einfach auslösen, und dass eine nachträgliche Einfügung derselben stattgefunden, verräth v. 141, eine Duplik zu v. 129, welche den unterbrochenen Gang der Rede wieder aufnimmt. Durch Athetese der Verse gewinnt die Ansprache des Diomedes entschieden und im Bunde mit anderweitigen für Zudichtung sprechenden Gesichtspunkten darf auch der ästhetische in die Wagschale fallen.

vermenschlichten ja frivolen Auffassung der Götter als einen
Ausläufer jener Dichtgattung, welche das griechische Volk vor
dem homerischen Zeitalter in hohem Grade beschäftigt haben
muss. Niese selbst bemerkt S. 180 sehr richtig: „Schon lange
müssen die Götter in das menschliche Treiben hineingezogen
worden sein, ehe man so weit gehen konnte, menschliche
Sünden unter göttlicher Maske vorzustellen." Dass „der Schwank
von Ares und Aphrodite" erst nachträglich in die Odyssee eingefügt worden, ist eine Thatsache, aber die Auffassung entfernt sich von jener humoristisch-ironischen Behandlung der
Götterwelt, die wir mehrfach in der Ilias wahrnehmen, doch
nicht so weit, dass man die Entstehung des Liedes durch einen
grösseren Zwischenraum von den homerischen Gedichten getrennt denken müsste. Ueber das den Hintergrund des Schwankes
bildende religiöse Paar des thebischen Localcultes und seiner
Tochterstätten, Aphrodite-Erinys und Ares, sei auf Tümpel, Ares
und Aphrodite (Fleckeisens Jahrb. Suppl. XI (1880) S. 661 ff.)
verwiesen.

Als Bestandtheil der eigenen Handlung der Ilias ist in
den 14. Gesang das berühmte Beilager von Zeus und Hera
auf dem Ida hineingewoben (Ξ 154—351). Der Dichter hat
demselben den Charakter eines reinen Intriguenstückes verliehen. Zu Grunde aber liegt die uralte Vorstellung vom
ἱερὸς γάμος der beiden Gottheiten (Welcker, Götterl. I 364—69)
und in den Versen 347—51, wo Lotos, Krokos und Schwert-
lilien emporspriessen, eine Wolke das Paar einhüllt und glänzende
Thautropfen zur Erde niederfallen, bricht dieselbe in ungetrübter
Klarheit durch. Die schönen Verse mögen immerhin Eigenthum des Dichters sein, aber die Vorstellung stammt aus dem
älteren, natursymbolischen Mythos, der ohne Zweifel schon
lange vor Homer seinen poetischen Ausdruck gefunden hatte.

Zeugnisse für das Vorhandensein einer alten Götterdichtung
bietet also die Heldenpoesie Homers in ausreichendem Masse
und zugleich die Wahrnehmung, dass in der Auffassung der
Götter eine vermenschlichende, ja ironisirende Tendenz Platz
greift, welche der Götterdichtung selbst natürlich ganz fremd
gewesen ist. Die Stoffe derselben sind durch die Heldenpoesie
nicht verdrängt worden. „Hesiod" schöpft aus dieser Quelle und

auch in den Proömien blieb ihnen eine Stätte gewahrt, wie die erhaltene Sammlung homerischer Hymnen zeigt. Unter letzteren ist der auf Hermes verhältnissmässig jung[1]) und doch ein Nachhall allerältester Poesie. Das zeigt der Rinderraub (v. 68 ff.), zu dem die Veden ein merkwürdiges Seitenstück in ihrem Pani liefern, der die Kühe des Lichts raubt und Nachts in seine Höhle einschliesst, bis Indra ihre Spur findet und die geraubten wiedergewinnt.[2])

Ist die Göttersage eines Volkes längst ausgebildet, so kann die Heldensage nicht erst am Anfang stehen. Natürlich ist der troische Kreis der Angelpunkt des homer. Gesanges, aber wo sich ein Anlass bietet, greift der Sänger auf andere Sagenkreise hinüber. Aus den vielen Anspielungen ergiebt sich, dass die meisten Stoffe der Heldensage dem homerischen Zeitalter bereits geläufig waren, nicht aber, wie Niese will, erst im Fortgang der beiden homerischen Epen aus denselben als Seitenschösslinge herausgewachsen sind.

Ein ausdrückliches Zeugniss für das Vorhandensein volksthümlicher Heldenlieder bietet Homer in seinem Achill, der der sich daran ergötzt zur Phorminx die ruhmvollen Thaten der Helden zu singen (I 189). Diese κλέα ἀνδρῶν sind freilich für Niese (p. 234) „zu unbestimmten Charakters", um in der Frage nach dem Ursprung des Heldengesangs in Betracht zu kommen. Das Zeugniss der Odyssee (θ 73) wird verdächtigt und eine Erklärung der κλέα im Sinne der späteren Skolien befürwortet, anstatt anzuerkennen, dass dem Gesang Achills wie dem des Demodokos die Heldensage den Stoff liefert und demnach auch die Form des Gesanges in beiden Fällen die gleiche ist.

Einen lebendigen Träger derjenigen κλέα ἀνδρῶν, welche man in sagenchronologischer Hinsicht vorhomerische nennen kann, besitzt die Ilias in ihrem Nestor, dem unermüdlichen Herold eines eigenen pylischen Sagenkreises.[3]) Die „Red-

---

[1]) Jedenfalls jünger als Terpander; vgl. O. Müller, Prolegomena S. 192 (v. 51 wird die siebensaitige Leyer erwähnt).

[2]) A. Kuhn, Ueber Entwicklungsstufen der Mythenbildung Abh. der Berl. Akad. 1873 S. 132.

[3]) Kampf der Pylier und Arkader um Pheia (H 133—66, cf. Δ 318—25), die Leichenspiele des Amarynkeus Ψ 630—42. Krieg der Pylier und Epeier

seligkeit" Nestors ist durch sein Alter bestens motivirt, aber
ihren tieferen, von dem Dichter unabhängigen Grund hat sie
in dem Selbstgefühl des ionischen (äolischen) Fürstengeschlechts
der Neliden, dessen Stammsagen eine besondere Berücksichtigung dnrch den höfischen Sänger fordern durften. Die
Argonautensage ist Homer bekannt. Dem Hauptzeugniss,
der Ἀργὼ πᾶϲι μέλουϲα (μ 70—73), hat Niese sein Gewicht
nicht zu nehmen vermocht (S. 244 f.), während auch andere
Stellen, wie Φ 41 und besonders H 468 f.[1]) die Bekanntschaft
mit dieser alten Minyersage verbürgen. Orchomenier, welche
sich an der ionischen Colonisation betheiligten[2]), haben dieselbe nach Asien hinübergebracht. — Der Untergang der
Niobiden Ω 602—13 wurde oben als ein Stück alter, nord-
böotisch-minyeischer Sage nachgewiesen. Die Sage der
Achäer hat auf den troischen Kriegsschauplatz drei glänzende
Vertreter gesandt, den Phthioten Achill und das Atridenpaar
des Peloponnes. Sie stammen aus vorhomerischem Sagenschatz.
Die Hochzeit von Peleus und Thetis hat gewiss nicht
„erst im Laufe der Dichtung Bestimmtheit gewonnen" (Niese
S. 41), sondern ist für die Ilias Voraussetzung: ζ 84. 85.
432 ff. Ω 62. 63. Π 867. P 195. Ψ 278. Eine vorhomerische
Peleis, welche zum Theil uralten Märchenstoff in Heroensage
umgesetzt hat, liegt diesen Hinweisen zu Grunde, wie Mannhardt, antike Feld- und Waldkulte II 49 ff. schlagend nachgewiesen hat. — Beiläufig sei hier auch auf den Kampf der
Lapithen und Kentauren (A 263—73. φ 295—304) verwiesen. — Für die von Homer nur kurz gestreifte Pelopssage (B 104. 105) suchte ich oben aus der späteren Ueberlieferung einige sehr alterthümliche Züge zusammenzustellen,

---

A 670—763 [letzteres Stück ist zwar eine Interpolation (Ameis-Hentze,
Anhang zu v. 664 ff.), die sich durch mehrfache Anachronismen in
v. 671—701 als jung kennzeichnet, doch werden alte Sagenstoffe benutzt].

[1]) Hier heisst der Sohn Jasons und der Hypsipyle Euneos, durch
seinen Namen den Vater als berühmten Schiffsmann charakterisirend,
wie Astyanax das Walten Hektors (Z 403), Alkyone ein Ereigniss aus
dem Leben der Mutter Marpessa (I 562 ff.) im Namen verkündet.

[2]) Herod. I 146. Strabo 633 § 3 und Paus. VII 3, 6 (Teos).
A. v. Gutschmid folgert (Vorles. über gr. Gesch.) aus Nic. Dam. fr. 53,
dass Phokaia von Orchomeniern gegründet worden.

zu deren Gestaltung die Ilias nicht die Anregung geliefert
haben kann, die sich aber mit der Iliasstelle zu einer besonderen Gruppe vereinigen, deren Stoff in einer verschollenen
Pelopeis behandelt worden sein mag. — Die lakonische Sage
von Kastor und Polydeukes ist Γ 236—38. 243/4 kurz berührt und zwar werden beide als verstorben angeführt, eine
nur hier überlieferte Sagenversion (vgl. unten S. 132). Nach
Niese, S. 213, haben die Dioskuren das dorische Doppelkönig-
thum zur Voraussetzung! Mythische Doppelgänger der Dioskuren sind die Apharetiden, die Aktorionen, Zethos und Amphion
— wir erhalten damit beängstigend viele Repräsentanten des
dorischen Doppelkönigthums. Vom Aioliden Bellerophon[1])
wird Z 155—205 ausführlich gehandelt, daneben aber Π 328
über den Erzieher der Chimaira eine kurze Notiz gegeben,
welche eine uns unbekannte Sage voraussetzen lässt. Den
ätolischen Sagenkreis wird man darum noch nicht für
einen jungen erklären dürfen, weil nur in jüngeren Partieen der
Ilias auf ihn Bezug genommen wird. I 529—99 (in der Phoinixepisode) wird der kalydonischen Jagd eine ausführliche Behandlung zu Theil (darin eine kurze Anspielung auf den Kampf
von Apoll und Idas um Marpersa v. 557—60). Der Aetoler
Tydeus findet in Argos bei Adrast Aufnahme (Ξ 119).
Δ 376—381 suchen Tydeus und Polyneikes (von Argos kommend
gedacht) die Mykenaier vergeblich zur Theilnahme am Krieg
gegen Theben zu bewegen. Auf diesen Krieg spielen auch
Є 801—7. Z 223. K 285—90. Ψ 678—80. 346 („Arion, das
schnelle Ross Adrasts") und o 244 ff. (Amphiaraos) an. Δ 391 ff.
wird von einer Heldenthat des Tydeus bei seinem Gesandten-
gang nach Theben berichtet. Er tödtet 50 junge Männer,
welche die Kadmeionen in einen Hinterhalt gelegt, nur einen
einzigen verschont er, Μαίον' ἄρα προέηκε θεῶν τεράεσσι πιθήσας
(398). Nach Niese hat der Dichter der Epipolesis diese Heldenthat nur einer ähnlichen des Bellerophon (Z 187 ff.) nachgebildet und zwar speciell Δ 398 aus Z 183[2]) entlehnt, indem
er einem an seiner Stelle durchaus angemessenen Ausdruck

---

[1]) Vgl. O. Treuber, Beitr. z. Gesch. d. Lykier. Tüb. 1886, S. 15 ff.
[2]) καὶ τὴν μὲν (Chimaira) κατέπεφνε θεῶν τεράεσσι πιθήσας.

eine ganz unpassende Verwendung gab, „denn es gehört doch kein Gottvertrauen dazu, jemanden laufen zu lassen" (S. 129). Gottvertrauen zwar nicht, wohl aber Gehorsam und warum sollte θεῶν τεράεσσι πιθῆςαι nicht beides ausdrücken können, sowohl „Vertrauen auf göttliche Zeichen" (Δ 408 und Z 183) als auch „Gehorsam gegen göttliche Zeichen" (Δ 398).[1]) Beides ruht auf derselben Grundvorstellung, dem Glauben, dass die Gottheit als Leukerin des Menschengeschicks sowohl ermuthigend als abschreckend in die Handlung eingreift (Nägelsbach, hom. Theologie[2] S. 168 ff.). — Δ 406 ff. deutet auf den Krieg der Epigonen. Dazu bemerkt Niese S. 130: „Sthenelos vertheidigt sich und Diomedes gegen Agamemnons Vorwürfe . . . . .; es sind die Worte des Diomedes an Glaukos (Z 222 f.) benutzt [?]. Der Inhalt der Antwort ist damit gegeben, dass überhaupt geantwortet wird; wir verdanken ihr nun die erste Erwähnung des Krieges der Epigonen gegen Theben." Das ist mir nicht glaublich. Wenn Sthenelos den Vorwurf Agamemnons mit der Behauptung zurückweist, dass die Söhne besser als die Väter seien, und sich dafür auf die Eroberung Thebens beruft, da ist es doch eine starke Zumuthung an den Dichter, dass er diese dem Sthenelos in den Mund gelegte Heldenthat frischweg erfunden habe. Dazu nahmen es Aöde wie Zuhörer mit den Helden ihres Volkes zu ernst. Wenn ersterer seinen Sthenelos auf den Epigonenkrieg hinweisen lässt, so war derselbe den Hörern eben ein bekanntes Ereigniss. — Des Oidipus Tod in Theben streift Ψ 679 (vgl. unten S. 136). Teiresias erscheint in der Odyssee (κ 492 und λ). Der thebanische Sagenkreis ist mit Kadmeionen, die sich an der ionischen Colonisation betheiligten (Herod. I 146. Paus. VII 3, 1; Diog. L. I 22 cf. Herod. I 170), nach Kleinasien hinübergewandert (Kolophon, Milet).

---

[1]) πιθῆςαc in letzterem Sinne I 119 ἀαςάμην φρεcί λευγαλέῃcι πιθῆςαc (meinem verderblichen Verlangen nachgebend). Vgl. Ψ 369 τάχ᾽ οὐκ εὖ πᾶcι πιθήceιc. [Ω 300 οὔ τοι ἀπιθήcω Aesch. Choeph. 614 D. δώροιcι πιθήcαcα.]

§ 2.

Interpolirte Sagen.

Es ist unnöthig, die Vertrautheit der homerischen Dichter mit aussertroischen Sagenstoffen durch weitere Beispiele zu belegen. Wenn auch unter den beigebrachten ein gut Theil erst durch jüngere Partieen Homers bezeugt wird, so braucht darum noch nicht der bezügliche Sagenstoff selbst jüngeren Ursprungs zu sein. Dass z. B. der Krieg der Epigonen nur in der jungen Epipolesis[1]) berührt wird, ist noch kein Grund, diese Sage für eine späte zu halten. Aus Böotien und Argolis könnte sie die Auswandererschaaren doch schon begleitet haben. Indessen trägt der Epigonenkrieg an sich einen jüngeren Charakter, sowohl als Ergänzung zur Sage vom Krieg der Sieben, wie auch wegen der dem delphischen Orakel zuertheilten Rolle.[2]) So spricht also die Epigonensage an sich für jüngeren Ursprung, dagegen thut es der Alterthümlichkeit der Sage von Meleager und der kalydonischen Jagd keinen Abbruch, dass sie erst in der Phoinixepisode bezeugt ist. Im letzten Grunde müssen über das Alter eines im jetzigen Bestande der Ilias berührten Mythos innere Kriterien erscheinen. Die Sagen derjenigen Stämme, welche erst in geschichtlicher Zeit zu Bedeutung gelangt sind, haben im Homer kein Heimathrecht. Wenn trotzdem die beiden Epen in ihrem überkommenen Zustande auf solche Sagen anspielen, so sind die betreffenden Stellen als tendenziöse Zudichtungen oder Interpolationen verdächtig, ob sie nun in einer älteren oder einer jüngeren Partie erscheinen. Dahin gehört der attische Theseus, dessen mythische Existenz nicht bis zum homerischen Zeitalter hinaufreicht. So findet sich denn auch in der Ilias nur ein einziger Versuch ihn einzuschmuggeln A 265.[3]) Vielleicht

---

[1]) d. h. Δ 251—421, einer Ausführung der älteren summarischen Heeresmusterung Δ 220—250. Das hat Niese richtig gefühlt S. 72 A. 3.

[2]) Wenn letzteres nicht bloss auf Rechnung der kyklischen „Epigonoi" (fr. 1 K.) kommt.

[3]) Wenn hier nicht vielmehr bloss ein Marginal aus Hesiods scutum (v. 182) durch einen späteren Abschreiber irrthümlich dem Text einverleibt worden ist. Vgl. Ameis-Hentze, Anh. zur Ilias I² S. 60.

bietet noch einen zweiten, verschämteren Γ 144 Αἴθρη Πιτθῆος Θυγάτηρ, die nach Troja mitgeführte Dienerin der Helena. Dieselbe kann ja ohne Beziehung auf die Theseussage gedacht sein, aber jedenfalls ist diese Beziehung in der l'ersis (fr. 3 K.) hergestellt. Man kann nicht läugnen, dass eine Base des Menelaos als Dienerin der Helena, was schon bei den Alten Anstoss erregte, sehr auffallend ist. Demnach wird der Vers doch wohl nur interpolirt sein, um ein homerisches Zeugniss für den Theseuskreis zu gewinnen. Die Odyssee berührt Theseus nur in dem spät eingelegten, hesiodisirenden Heroinenkatalog (λ 321—25) und in dem Verse λ 631, den schon die Alten verwarfen und neuerdings Wilamowitz als Bestandtheil einer umfänglichen attischen Interpolation (λ 566—631) nachgewiesen hat.[1] Theseus kommt also für Homer in Wegfall, er gehört zu den pseudohomerischen Anspielungen in majorem Atheniensium gloriam.[2] Dieselben können erst aus dem Zeitalter stammen, in welchem sich Athen aus kantonaler Unbedeutendheit zu einer hervorragenderen Stellung emporschwang.

---

[1] Hom. Untersuch. S. 199 ff.

[2] Ganz anderer Art ist Menestheus, der Führer der Athener vor Ilion. Wäre er erst durch attisirende Tendenz in die Ilias hineingebracht, so würde er nicht eine so herzlich unbedeutende Rolle spielen (vgl. besonders M 331 ff., Δ 327 ff.). Die kleinasiatischen Ionier haben ihn geschaffen. Der einzige selbständige Kanton des Mutterlandes, welchen Ionier bildeten, ein Kanton, der zudem einen entschiedenen Antheil an der Besiedelung Ioniens genommen hatte, konnte von ionischen Aöden nicht übergangen werden. Mit specifisch attischer Sage hat aber Menestheus nichts zu thun, nur mit Noth hat man ihn später in die Theseussage verflochten. Plut. Thes. 32. 35 (Philochoros). Attische Interpolationen sind dagegen B 547—51 (Erechtheus, der Zögling Athenas und seine Jahresfeste), B 553—55 (Lob der taktischen Kunst des Menestheus, cf. Herod. VII 161), ebenso der vielbesprochene Vers B 558, welcher den Aias zum Gefolgsmann Athens macht. Man vgl. hierüber v. Wilamowitz, Hom. Unters. 247 ff. Auch η 81. 82, wo Athena von Scheria nach Marathon und Athen in Ἐρεχθέος πυκινὸν δόμον geht, wurde mit Recht schon im Alterthum beanstandet (Wilam. 247, 12), während die ganz tendenzlose Erwähnung Athens γ 278 natürlich keinen Verdacht erweckt. Wohl ist dies aber der Fall γ 307, wo Orest, um des Vaters Tod zu rächen, von Athen nach Mykenai kommt. (Ein Seitenstück zur Reinigung Orests in Athen [Aeschylus]). v. Wilamowitz scheidet auch M 372 aus (S. 245, 7) und sehr mit Recht.

Lange aber vor den Athenern haben die Dorer des Peloponnes eine leitende Rolle unter den Hellenen gespielt. Es ist also anzunehmen, dass auf die Gestaltung der homerischen Epen, welche an sich dem achäischen Zeitalter gelten, auch von dorischer Seite eingewirkt worden ist. Wie früh die homerischen Gedichte bei den peloponnesischen Doriern Aufnahme fanden, zeigt die Sage, dass Lykurg die Gesänge Homers aus Samos nach Sparta gebracht haben soll. Zweifellos hat Homer an den anderen Stätten dorischer Macht, in Argos, Sikyon, Korinth dasselbe Ansehen genossen. Für Sikyon bezeugt es überdies ausdrücklich die feindselige Haltung des Kleisthenes gegen den rhapsodischen Vortrag der homerischen Epen.[1]) Haben wir nun attische Interpolationen im Homer, so haben wir auch die Pflicht, nach dorisirenden Zudichtungen im Homer Umschau zu halten und dieselben, wo wir deren finden, als Fälschungen über Bord zu werfen. Was den Athenern billig ist, das ist den Doriern recht. Knüpft ihre Geschichte auch unmittelbar an das achäische Zeitalter an, so sind doch die homerischen Epen ein Spiegelbild des vordorischen Griechenlands.

Ob der Sage von Trojas Zerstörung durch die Achäer ein Factum der griechischen Frühgeschichte zu Grunde liegt, diese Frage können wir auf sich beruhen lassen. So viel aber wird man anerkennen, dass im trojanischen Kriege die Besitznahme von Aeolis durch die Griechen sich mythisch wiederspiegelt. (Vgl. den ff. §.) Auch dass die Ilias in ihrer ältesten Gestalt eine äolische Schöpfung gewesen, dann aber von den Ioniern zu ihrem geistigen Eigenthum gemacht worden ist, wird ziemlich allgemein angenommen. Aber zwischen äolischem und ionischem Eigenthum zu scheiden ist nicht möglich. Ein im wesentlichen äolisch-achäischer Inhalt und

---

[1]) Her. V 67 Κλεισθένης γὰρ 'Αργείοιcιν πολεμήcαc . . . ῥαψῳδοὺς ἔπαυce ἐν Cικυῶνι ἀγωνίζεcθαι τῶν 'Ομηρείων ἐπέων εἵνεκεν, ὅτι 'Αργεῖοί τε καὶ "Αργος τὰ πολλὰ πάντα ὑμνέαται. Das folgende zeigt, dass besonders Adrast Gegenstand seiner Verfolgung war, also kommen als homer. Epen zunächst Thebais und Epigonen in Betracht, doch dann auch die Ilias, in welcher der Eidam Adrasts Diomedes eine so grosse Rolle spielt.

eine im wesentlichen ionische Form sind die Merkmale, mit
denen uns auch die ültesten Theile des Homer entgegentreten. Und die Gesänge Homers sind gewachsen und weiter
ausgestaltet worden, als im Peloponnes ein alter Achäersitz
nach dem anderen den Doriern in die Hünde fiel, als dorische
Colonisten neben äolischen und ionischen sich an der Südküste
Kariens festsetzten. Und wie verhült sich das Epos zu der
eigenen Zeit seiner Dichter? Geflissentlich wird jede Anspielung auf die Thatsache, dass Aeolier und Ionier an der
kleinasiatischen Küste ihre Heimath gefunden haben, vermieden; geflissentlich werden für das Mutterland die Zustände
des vordorischen Zeitalters festgehalten, nach welchen in Argolis, Lakonien, Messenien[1]), Pylos Helden achäischer und
äolischer Herkunft gebieten. Und dieselben Gedichte sollten
doch in ihrem echten Kern Hinweisungen auf Dorisches ent-
halten! Ein hier und da entschlüpfter Anachronismus könnte
noch hingehen, wie o 80 ἀν' Ἑλλάδα καὶ μέcον Ἄργος oder,
wenn der Schiffskatalog hier mitsprechen darf, B 530 Παν-
έλληνας καὶ Ἀχαιούς.[2]) Aber Anspielungen und förmliche
Ausführungen, die nur vom dorischen Standpunkt verständlich
sind, darf man nicht als homerisch hinnehmen und daraus
Folgerungen ziehen, wie Niese und andere nach ihm gethan
haben.

Sehen wir nun zu, wie weit im Homer tendenziöse
Zudichtungen in dorischem Sinne vorliegen. Ich habe
oben S. 37 ff. rein vom Standpunkt der Mythenbetrachtung aus
an dem argivischen Heros Perseus Antoss nehmen müssen.
In der Odyssee erscheint er gar nicht, in der Ilias nur in
einem kurzen Hinweis Ξ 320, 321, aber als Bestandtheil einer
offenkundigen Interpolation (Ξ 317—27 die Liebschaften des
Zeus). Perseus ist jedenfalls eine alte Localgottheit der Stadt
Argos und seine Beiseitelassung in der Heldenpoesie Homers
verständlich. Nun drängen sich aber die Persiden Sthenelos
und Eurystheus an einigen Stellen auf Kosten der Pelopiden

---

[1]) Die 7 Städte Agamemnons I 150; vgl. oben S. 81, 2.
[2]) Vgl. übrigens Lehrs, Arist.² S. 227 f. Ein Anachronismus anderer Art ist das Auftreten der Böoter in der Ilias (die Odyssee weiss
von ihnen nichts). Darüber unten S. 122 ff.

hervor (Θ 363, O 638 f., T 116). Es wurde daher vermuthet, dass die Dorier nach Besetzung der Stadt Argos den vorgefundenen Localgott Perseus zum Heros umgesetzt haben, um für ihre Herakliden einen geeigneten genealogischen Anknüpfungspunkt zu gewinnen. Ist das richtig, so muss die Erwähnung der Persiden Sthenelos und Eurystheus in der Ilias, die wegen der Concurrenz um den Pelopidensitz Mykenai jedenfalls aus dem Rahmen achäischer Vorstellungen herausfallen, den Verdacht dorischer Herkunft erregen.

Diese Frage hängt eng mit der zweiten zusammen, ob Herakles im Homer als altes Sagengut oder als Gegenstand dorisirender Zudichtung zu betrachten ist. Was Herakles in seinem Kern ist, Heros oder Gott, braucht dabei nicht erörtert zu werden. O. Müller hat wohl geirrt, wenn er ihn als die „höchste Potenz des heroischen Wesens" aufstellt (Dorier ² I 458), auch darin wird man ihm kaum beistimmen können, dass er in dem Heros zweierlei Elemente aus einander halten will, einen dorischen Herakles und „einen in der argivischen Fabel unter den Persiden vorgefundenen, vielleicht selbst gleichnamigen Helden, der sich eignete, mit dem Vater des dorischen Hyllos in eine Person zusammenzuwachsen" (S. 444, cf. auch S. 50f.). Höchstens würde ich die Vermuthung wagen, dass der mit den Doriern in den Peloponnes eingewanderte Heros Herakles Züge aus dem Mythenkreise einer altpeloponnesischen Lichtgottheit in sich aufgenommen hat.[1] Im Homer aber ist, wo immer des Herakles gedacht wird, der Sohn Alkmenens gemeint. Und die Mythen vom peloponnesischen Herakles sind, wie schon O. Müller — bis auf die kleine Einschränkung zu Gunsten seines altpeloponnesischen Heros — vollkommen richtig aufgestellt hat, „erst nach der Einwanderung der Dorier[2]) in die Halbinsel durch das Bestreben derselben gebildet, das Anrecht ihrer Fürsten auf den

---

[1]) Die Heraufholung des Kerberos und die Verwundung des Hades (Ξ 367, E 395) geben vielleicht wie der Kampf mit dem nemeischen Löwen auf altorientalischen Einfluss (Streit eines Himmelsgottes mit den Todesmächten) zurück. Vgl. Usener, de Iliad'. carm. quodam Phocaico p. 33 ff.

[2]) Müller sagt: zum grossen Theil erst nach der Einw. d. Dor.

Besitz dieser Landschaft in der Sage darzuthun und in Herakles' Thaten ihre eigenen Eroberungen vorzubilden
und zu rechtfertigen". Die Ilias, wie sie uns vorliegt, streift
diese Mythen nicht selten, eine ausführlichere Berücksichtigung
findet sich aber nur an einer einzigen, gleich zu besprechenden Stelle. Da nun in der Heraklessage so viele Züge offenbar für die dorischen Eroberungen prototypisch sind, da die
dorischen Fürstengeschlechter in Herakles ihren Ahn verehrten, so müssen — das ist Nieses Folgerung — „die Dorier
doch damals (d. h. zur Entstehungszeit der homerischen Gedichte) schon etwas bedeutet haben. Insbesondere kennen die
Dichter dorische Colonieen, von denen die meisten von Argos
ausgingen. Nicht umsonst ist wohl die Landung des Herakles
auf Kos erzählt, wo Herakliden herrschten, und vielleicht
ist schon in der Ilias der einmal erwähnte Heraklide Tlepolemos als Ahnherr der dorischen Rhodier gedacht." (S. 214.)
Wenn ich das lese, so ist es mir unbegreiflich, wie der so
scharfsichtige und verdienstvolle Geschichtsforscher alle diese
Wahrnehmungen registriren konnte, ohne daraus die Folgerung zu ziehen, die nach meiner Meinung allein daraus gezogen werden kann, die Folgerung nämlich, dass diese auffallend im Homer sich hervordrängenden dorischen Elemente
das Ergebniss tendenziöser Zudichtung oder, sagen wir es
gerade heraus, Fälschungen Homers unter dorischer Protektion
sein müssen. Doch ich greife voraus und will mich zunächst
mit der Anerkenntniss begnügen, dass die dorisirenden Partieen im Homer wenigstens stutzig machen müssen. So erwächst uns die Pflicht zu prüfen, ob nicht irgendwo in diesen
Partieen Spuren einer stattgefundenen Interpolation zu Tage
treten.

Schon unter den attischen Interpolationen fanden sich
einige, die sich nicht mehr auslösen lassen (bes. η 80), und
B 558 handelt es sich gar um die Verdrängung mehrerer
echter Verse durch einen attischen Lückenbüsser. Man würde
sich daher nicht wundern können, wenn etwaige dorische Zudichtungen mit dem Ganzen der homerischen Lieder noch
fester verschmolzen wären als jene attischen Einschiebsel,
denen bereits eine bestimmtere Ueberlieferung der homerischen

Gedichte gegenüber stand. Dennoch glaube ich wenigstens
an einer Stelle noch das Vorliegen einer zu Ehren des Herakles
vorgenommenen Fälschung älteren Homertextes nachweisen
zu können und in schwebender Frage fällt ein nachgewiesener
Fall schwer in die Wagschaale. Es ist gerade jene Stelle der
Ilias, in welcher allein die Heraklessage ausführlicher behandelt wird: T 95—133, in der μήνιδος ἀπόρρησις. Den ersten
Schritt zur Aussöhnung thut Achill, seine Rede lautet in kurzer
Zusammenfassung des Gedankenganges [1]): „Atride! Wir hätten
uns um Briseis' willen nicht entzweien sollen. Wäre sie nur
an jenem Tage gestorben, als ich Lyrnessos eroberte. Nicht
hätten dann die Achäer so viel Todte zu beklagen, nicht die
Troer so viel Erfolg gehabt. Lange, denke ich, werden die
Achäer an unsern Zwist zurückdenken. Doch lassen wir das
Vergangene ruhen. Ich entsage meinem Zorn. Nun rufe die
Mannen zum Kampf. Ich will doch sehen, ob es die Troer
(wieder) gelüstet, bei unseren Schiffen zu übernachten!" —
An Achills Rede ist kein Wort zu viel, alles sitzt knapp und
gut. — Da Agamemnon als der schuldige Theil sich in schwie-
rigerer Lage befand, so wird man seiner Antwort einen grösseren
Spielraum zugestehen. Agamemnon wird die Worte nicht
sparen, um nicht allzusehr als der verlierende Theil zu erscheinen. Der Dichter hat seiner Rechtfertigungsrede nach
einigen einleitenden Versen, welche die Beschwichtigung der
Beifallsrufe der Achäer bezwecken, folgenden Gedankengang
gegeben [2]): „Ich muss mich Achill gegenüber erklären. Oft
haben die Achäer mich wegen meines Verhaltens gescholten.
Aber nicht ich trage die Schuld. Zeus Moira und Erinys
haben mich damals bethört, als ich mir Achills Ehrengeschenk
zueignete. Was konnte ich da thun? Die Gottheit lenkt
unser Handeln. Ate, des Zeus ehrwürdige Tochter, bethört
alle, die verderbliche. Mit leisem Schritt wandelt sie über
die Häupter der Menschen .... So hat sie auch mich lange
beherrscht und derweil fielen unter des gewaltigen Hektor
Hand die Achäer bei den Schiffen. Jetzt aber sollst du Ge-
nugthuung erhalten; ich gebe dir Briseis zurück und reiche

[1]) v. 56—73.
[2]) v. 78—144.

8*

Iteugabon dazu. Uud nun auf zum Kampf!" Auch diese Antwort Agamemnons ist psychologisch trefflich durchgeführt. Agamemnon hat ein schlechtes Gewissen, aber er redet sich auf
die ἄτη heraus und ergötzlich ist's, wie oft er dieses Wort
und das entsprechende Verbum in den Mund nimmt. Gegen
Achills Rede weist die seine, soweit im Obigen herangezogen,
eine grössere Ausdehnung, gegen 18 Verse deren 27 auf, aber
der Gedankengang ist präcise und jedes Wort der gegebenen
Sachlage angemessen. Nun wird aber diese so gut angelegte
Rede in v. 94ff. durch den Hinweis erweitert, dass selbst Zeus
sich vor der Ate nicht habe wahren können, in jener Nacht
nämlich, als Alkmene den Herakles gebären sollte — und
daran schliesst sich in auffallender Breite die Erzählung von
der Ueberlistung des Zeus durch Hera, in Folge deren Eurystheus früher zur Welt kam und damit die Herrschaft über
Herakles erlangte, — die Abschweifung umfasst ganze vierzig
Verse (94—133)! Das ist doch höchst auffallend gerade an
jener Stelle der Ilias, wo endlich nach langem verderblichem
Hader die heiss ersehnte ἀπόρρησις μήνιδος erfolgen soll. Die
Abschweifung in v. 94—133 bietet aber auch einige weitere
Anstösse. Gleich der die Ueberleitung bildende Vers 94 ist
fragwürdig: (Ἄτη κατ' ἀνδρῶν κράατα βαίνει)

βλάπτους' ἀνθρώπους· κατὰ δ' οὖν ἕτερον γ' ἐπέδησε.

Aristarch verwarf den Vers ὡς περρισσὸς καὶ κακοσύνθετος. τί
γὰρ ἄλλο δύναται ποιεῖν ἡ Ἄτη ἢ βλάπτειν; οὐχ ὑγιῶς δὲ οὐδὲ τὸ
„ἕτερον" τέτακται· ἔδει γὰρ „ἄλλον". Die für ἕτερον gegebene
Erklärung „τὸν ἕνα τῶν ἐριζόντων" verwarf Aristarch: βιάζονται
δέ τινες τὸν Ἀγαμέμνονα λέγειν ἐφ' ἑαυτοῦ καὶ τοῦ Ἀχιλλέως
.... κοινότερον γοῦν εἰπὼν ἐπὶ τὸν ἡγεμονικώτατον Δία ἀνῆλθεν.
Was ebenso schlimm ist, berühren die Scholien nicht, das zu
βλάπτουσα construirte ἀνθρώπους, während doch im vorhergehenden Verse das regierende Verbum bereits mit dem adver-
bialen κατ' ἀνδρῶν κράατα versehen ist. Die schlotterige, ausein-
anderfallende Construction: κατ' ἀνδρῶν κράαται βαίνει ǀ βλάπτους'
ἀνθρώπους verräth, dass mit den Worten βλάπτουσα ἀνθρώπους
ein späterer Zusatz zum ursprünglichen Text beginnt, der herzlich
ungeschickt aus der lebendigen Situation der Ilias in die Sphäre

dorischer Vorstellungen hinüberleitet. Das anstössige Hemisti-
chion ist aus I 507 entlehnt, wo es von ἄτη heisst: φθάνει δέ
τε πᾶcαν ἐπ' αἶαν | βλάπτουc' ἀνθρώπουc. Sonderbar ist
ferner im folgenden Verse (95), welcher den höchsten Gott
mit Agamemnon in Parallele rückt, die Wendung: καὶ γὰρ ...
Ζεὺc ἄcατο, τόν περ ἄριcτον | ἀνδρῶν ἠδὲ θεῶν φαc' ἔμμεναι.
Die alten Erklärer, denen diese Wendung auch auffiel, haben
darin einen Ausdruck homerischer cεμνότηc herausgefunden
(Eustath. zu T 96 und Schol.). Wir haben schon in der Interpolation der Niobestelle Ω 614—17 diese unpassende Verwendung des φαcί gefunden. Dieselbe kehrt wieder Z 42 (Kirchhof athetirt 42—47 aus anderen Gründen), ferner im Anhang
zum Schiffskatalog B 783. In der Beurtheilung dieser Stellen
muss ich mich gegen Nügelsbach (hom. Theol. ² S. 18) La
Roche anschliessen, der zu B 783 bemerkt: „φαcί unpassend
im Munde des epischen Dichters, der nicht Gerüchte erzählt,
sondern durch dessen Mund die Muse spricht". Etwas anders
liegt die Sache, wenn Personen des Epos reden, aber es kommt
doch darauf an, wovon sie reden. γ 84 ist φαcίν angemessener
Ausdruck für die in aller Munde lebende Ueberlieferung der
trojanischen Heldenthaten. Dagegen ist die verclausulirte Angabe Telemachs über seine Abstammung (α 215f.) nicht „naiv",
sondern fragwürdig wie so vieles im α. [δ 387 scheint
mir sicher Interpolation, weil im Munde der Göttin Eidothea
nicht nur unpassend, sondern auch überflüssig, da dieselbe
unmittelbar vorher (δ 365) bereits als Πρωτέοc ἰφθίμου θυγάτηρ
eingeführt war]. Besonders anstössig aber ist es, dass T 95
Agamemnon mit φαc' ἔμμεναι ἄριcτον der exceptionellen Stellung des Zeus Ausdruck giebt. Das ist doch nichts anderes
als missglückte Verwendung einer epischen Phrase. — Gegen
die Ursprünglichkeit von T 94—133 spricht auch die Wahrnehmung, dass der Halbvers 129 ("Ατην ἣ πάνταc ἀᾶται) einfach aus v. 91 wiederholt ist. Ueberhaupt finden sich in dem
fraglichen Stück häufig halbe und ganze Verse der Ilias wiederholt: v. 94 (I 507), 107 (Υ 369), 118 (Π 188), 121 (Π 83);
102. 103 = Θ 5. 6, 106 = Ξ 300, 114 = Ξ 225. Dagegen
ist in unserer Partie singulär ἀγγελέουcα (v. 120) ohne Stütze
eines Verbi der Bewegung (cf. Ameis, Anhang) und χωόμενοc

verbunden mit φρεσὶν ἧσι v. 127 (cf. Ameis, Anhang). v. 131
hat ἔργ' ἀνθρώπων keineswegs die concrete Bedeutung wie
sonst in der Ilias (E 92, M 283, Π 392, cf. Ζ 259, κ 98), sondern schliesst sich an ε 84 und α 338 an. Endlich ist v. 130
ὡς εἰπών im Anschluss an oratio indirecta durch keine andere
Homerstelle zu belegen. — So ist also die Abschweifung Agamemnons nicht nur an sich ungehörig, sondern auch durch
mehrere Einzelheiten als ein ungeschicktes Machwerk gekennzeichnet. Dagegen sind alle Anstände beseitigt, wenn man
Vers 93 unmittelbar auf Vers 134 übergreifen lässt:

πρέσβα Διὸς θυγάτηρ Ἄτη, ἣ πάντας ἀᾶται,
οὐλομένη· τῇ μὲν θ' ἁπαλοὶ πόδες· οὐ γὰρ ἐπ' οὔδει
93. πίλναται, ἀλλ' ἄρα ἥ γε κατ' ἀνδρῶν κράατα βαίνει.
134. ὡς καὶ ἐγών, ὅτε δὴ αὖτε μέγας κορυθαίολος Ἕκτωρ
Ἀργείους ὀλέκεσκεν ἐπὶ πρύμνῃσι νέεσσιν,
οὐ δυνάμην λελαθέσθ' ἄτης, ᾗ πρῶτον ἀάσθην κ. τ. λ.

Aus der blossen Erwägung, dass die Antwort Agamemnons
in geschmackloser und situationswidriger Weise ausgesponnen
ist, würde ich nicht den Muth schöpfen für die Athetese von
v. 95—133 einzutreten. Der Geschmack ist ein subjectives
Ding und das gelehrte Alterthum hat z. B. in diesem langen
Excurs Agamemnons gerade eine grosse Feinheit zu finden
geglaubt.[1]) Aber es konnten auch noch im Einzelnen mehrere
Anstände nachgewiesen werden. Und dazu kommt endlich der
schon oben (S. 37 ff. 54) behandelte Umstand, dass die Pelopiden
von Mykenai mit dem Mykenaier Eurystheus nicht vereinbar
sind. Dies alles vereinigt sich, um die Verse T 95—133 zu
einer Interpolation und zwar zu einer dorisirenden Interpolation
zu stempeln. Vom Standpunkt der achäischen Sage (cf. B 100 ff.)
ist die dem Mykenaier Agamemnon in den Mund gelegte Ge-
burtslegende vom Mykenaier Eurystheus und seinem wider-
rechtlich zurückgesetzten Concurrenten Herakles ein Unding,
vom Standpunkt des ionischen Aöden eine situationswidrige

---

[1]) Schol. B zu T 95: καὶ ἐν οἷς ἐλεεινολογεῖται, ὑψοῖ ἑαυτόν, εἰκάζων
τῷ μεγίστῳ θεῷ. μακρολογεῖ δέ, θεραπεύων Ἀχιλλέα, ὡς οὐκ αὐτὸς αὐτῷ
τῆς ἀπωλείας αἴτιος Πατρόκλου. καλῶς δὲ καὶ ἐκ Πελοποννήσου τὸ παρά-
δειγμα ἔλαβεν.

Abschweifung, vom Standpunkt der philologischen Kritik ein
an manchen Anstössen leidendes Stück, — dagegen als dorisirende Einlage wohl verständlich; denn was konnte dorischen Ohren erfreulicher sein, als durch den Mund Agamemnons sich bestätigen zu lassen, dass nur durch den Bund
der verderblichen Ate und der hinterlistigen Hera ihrem Stamm-
heros die von Zeus zugedachte Herrschaft vorenthalten worden sei.

Aus den gemachten Beobachtungen entnehme ich das
Recht, auch alle übrigen im Homer sich findenden Hinweise
auf die Heraklessage für dringend dorischer Mache verdächtig
zu erklären. In dieser Auffassung bestärkt mich endlich noch
der Umstand, dass der Zweikampf des Herakliden Tlepolemos von Rhodos mit dem Lykier Sarpedon (E 627—98) nur
eine dorische Zudichtung sein kann. Der Sohn des Herakles
schneit hier als Bundesgenosse Agamemnons plötzlich vom
Himmel.[1]) Wann und wie er nach Troas gekommen, wird
nicht gesagt, so nöthig es wäre, da die Ilias sonst an keiner
Stelle rhodischer Mannen gedenkt. In E 627—98 ist eben
offenbar die Erwähnung der Rhodier im Schiffskatalog (B 653 ff.)
vorausgesetzt. Beide Stellen stehen im Zusammenhang, beide
sind Zudichtungen desselben Ursprungs. Der Verfasser war
entweder selbst ein Dorier oder er dichtete wenigstens Doriern
zu Gefallen. Die indirekten Hinweise auf den Stamm (durch
Einfügung von Anspielungen auf den Stammesheros) genügten
nicht, Dorier sollten auch schon im trojanischen Kriege mit-
gethan haben. Und in welcher Rolle! Während die echte
Ilias als Gefolgschaft Agamemnons nur europäische Griechen

---

[1]) Schon früh hatte O. Müller an den Doriern von Rhodos etc. im
Schiffskatalog Anstoss genommen (Aeginetica p. 41 ff.) und dieselben für
einen auf historischer Unkenntniss beruhenden Zusatz erklärt. Er ist
auf halbem Wege stehen geblieben, denn Dorier² I 109 heisst es: „Im
E ist man gar nicht genöthigt anzunehmen, dass Tlepolemos von Rhodos
komme. Der später gedichtete Katalog der Rhodier giebt keinen Grund
dazu." Vgl. Prolegom. S. 403. — Der Tlepolemos des 5. Gesanges ist
von B 653 ff. gar nicht zu trennen. Uebrigens würde ein dem Agamemnon
von Tiryns oder Mideia aus Heeresfolge leistender Heraklide die Sache
nur wenig besser machen. Der grosse Mythenforscher fasste die dorischen Elemente der Ilias von einer zu harmlosen Seite.

kennt (Kreta gehört zu Europa) und geflissentlich die Anspielung
auf kleinasiatische Aeolier und Ionier vermeidet, prunken in
der dorisch interpolirten Ilias der Heraklide Tlepolemos und
seine rhodischen Mannen (B 653—670), ferner die Mannen
von Syme (B 671—75), die Herakliden von Ñisyros, Karpathos,
Kasos und Kos (B 676—80), d. h. die Vertreter von Doris als
die einzigen Griechen, die bereits vor dem Kampf gegen Troja
an der kleinasiatischen Küste festen Fuss gefasst haben.
Solchen dorischen Anmassungen setzt die Krone auf der in
die Ilias eingeschwärzte Hinweis auf eine bereits vor dem
Heereszuge Agamemnons und der Achäer von Herakles allein
vollbrachte Zerstörung Trojas. Tlepolemos pocht darauf (E 638
—42), aber auch an älteren Stellen ist die Sage erwähnt, so
Ξ 249—62, wo auch die damit zusammenhängende Verschlagung
des Herakles nach Kos angefügt ist.[1]) Diese Verschlagung
kennt auch O 25—30, wo die ungeheuerliche Bestrafung Heras
durch den erzürnten Zeus zeigt, dass die Zuneigung des Götter-
königs für seinen dorischen Sprössling keine Grenzen kennt.[2])
Endlich Υ 145—48 „die Mauer des Herakles" bei Troja und
das von Poseidon gesandte Ungeheuer. Den Anknüpfungspunkt für Herakles' troische Heldenthaten bot die Sage vom
Dienste Poseidons und Apolls bei Laomedon, über welche die
Ilias zwei verschiedene Angaben macht (H 499 u. Φ 442).[3]) —
Die Odyssee ist der Thätigkeit dorisirender Aöden sehr viel
weniger ausgesetzt gewesen als die Ilias: θ 224 u. 25 werden
Herakles und Eurytos (Oichalia) als Bogenschützen gerühmt,
β 120 wird unter den „Achäerinnen" der Vorzeit neben Tyro
und Mykene auch Alkmene genannt; φ 25 ff. wird von einer

---

[1]) Diese Verse liessen sich leicht ausscheiden, wenn nicht v. 266
zeigte, dass die Interpolation weiter gegriffen hat. Doch könnte immerhin 266 einfach gestrichen und im vorhergehenden Verse ὡς absolut,
== adeo, gefasst werden. Cf. N 133.

[2]) v. 17—31 lassen sich leicht anlösen: οὐ μὰν οἶδ᾽, εἰ αὖτε κακορρα-
φίης ἀλεγεινῆς | πρώτη ἐπαύρηαι καί ϲε πληγῆϲιν ἱμάϲϲω, ‖ ὄφρ᾽ ἴδῃ, ἥν
τοι χραίϲμῃ φιλότηϲ τε καὶ εὐνή. Das αὖτε deutet auf frühere Conflicte,
für welche die Ilias reichliches Material liefert (Α 399 ff. 578 f. 587 ff.
Θ 12. 403 etc.).

[3]) Sonstige Anspielungen auf Herakles: E 392. 396. Λ 690—93.
O 638 ff. Θ 362—69. Σ 117—19 (Ξ 323. 324).

Ruchlosigkeit des Herakles, begangen an seinem Gast, dem
Eurytiden Iphitos berichtet, eine merkwürdige Stelle, die den
Eindruck einer tendenziösen antidorischen Interpolation
macht.[1]) Herakles in der Unterwelt (λ 601—27) gehört zur
besprochenen attischen Interpolation (Wilamowitz), die Erwähnung von Alkmene, Herakles und Megara (λ 266—70) in den
nachträglich eingelegten Heroinenkatalog (vgl. unten 136, 1).
Uebrig bleibt noch eine Stelle, die einzige im Homer, welche
geradezu die Dorier nennt und zwar als Bewohner Kretas:

τ 77 Δωριέες τε τριχάϊκες δῖοί τε Πελασγοί

die Interpolation umfasst aber wohl auch v. 175 und 176
(τῆσι δ' ἐνὶ in v. 178, das jetzt in der Luft schwebt, findet
dann seinen unmittelbaren Anschluss an πόληες v. 174). Die
Einlage ist in ethnographischer Hinsicht sehr interessant, da
sie als kretische Bevölkerung Eteokreter, Kydonen, Pelasger,
Achäer und Dorier aufzählt. Für Achäer auf Kreta brachte
ich schon oben S. 67 weitere Zeugnisse bei.

Wenn man die dorischen Erweiterungen Homers über-
blickt, so ergeben sich im Ganzen c. 214 Verse (168 in der
Ilias, 46 in der Odyssee), von denen jedoch noch 32 (Ξ 323 f.
λ 266—70. 601—27) als Bestandtheile von Einlagen ohne
dorisirende Tendenz in Abzug kommen. Es handelt sich also
um quantitativ geringfügige Zudichtungen, aber inhaltlich leisten
sie vollkommen, was sie leisten sollen: dem dorischen Stamme
geben sie den Vortritt vor Achäern und Ioniern, dem dorischen
Stammesheros sichern sie den auserwählten Platz als Lieblings-
sohn des höchsten Gottes. — Ich will Grote nicht widersprechen, wenn derselbe[2]) im Kampfe des Tlepolemos mit
Sarpedon „eine heroische Copie von wirklichen Kämpfen
zwischen Rhodiern und Lykiern" erblickt. Ein solcher Gesichtspunkt mag die Veranlassung gegeben haben, den Herakliden gerade dem Sarpedon gegenüberzustellen. Niese aber

[1]) Sehr auffallend ist, dass hier Messene synonym mit Lakedaimon erscheint, jedenfalls ein Zeichen des jungen Ursprungs der ganzen
Partie. Auch scheint der Stoff nur Umgestaltung eines älteren thessalischen zu sein (Müller, Dorier² I 418). Sollte die Eindichtung etwa
schon mit v. 15 beginnen? Kirchhof streicht v. 15—41 Hom. Od. S. 528.

2) Gesch. Griechenlands II 159 (M.).

bestreite ich das Recht, aus den dorisirenden Bestandtheilen
der homerischen Gedichte die Folgerung zu ziehen, dass Homer
d. h. der alte echte Homer irgendwo die Zustände der dorischen
Epoche im Auge hat. Er kennt sie nicht, oder wenigstens —
er ignorirt sie vollständig.

Merzen wir die dorischen Zuthaten aus, so werden wir
uns dem · echten Homer um ein bedeutendes näher gerückt
fühlen. Ganz besitzen wir ihn noch nicht, denn mancherlei
Fremdartiges bleibt übrig.[1]
Da sind zunächst die Böoter im Heeresgefolge Aga-
memnons. Sie gelten allgemein für einen Anachronismus.[2]
Freilich wenn Grote I 399 ff. die Angaben über eine nach-
troische Einwanderung der Böoter in ihre Landschaft mit
Recht für fabulos erklärt hätte, dann wären die Böoter der
Ilias nicht zu beanstanden. Allein ich muss mich in dieser
Frage gegen Grote A. v. Gutschmid anschliessen, der die von
Thukydides[3] bezeugte Einwanderung der Böoter aus dem
thessalischen Arne als ein geschichtliches, den Vorläufer der
dorischen Wanderung bildendes Ereigniss festhält und die Angabe Ephors[4], dass diese Einwanderung nur eine Rückwanderung
einst aus Böotien vertriebener und in Thessalien mit Arnäern
verschmolzener Kadmeier gewesen sei, sehr überzeugend in
die Kategorie der Revindicationssagen verweist.[5] Sind aber

---

[1] Wir haben nur die tendenziösen Zudichtungen zum Homer im
Auge. Die Menge von Interpolationen und Erweiterungen, welche rein
dichterischen Beweggründen entsprungen sind, lassen wir bei Seite, sofern
sie die zuständlichen Voraussetzungen der Gedichte nicht antasten. Nicht
die ästhetische, sondern die historisch-politische Seite der homerischen
Frage ist unser Thema.
[2] Vgl. bes. O. Müller, Orch.[2] S. 387 ff.
[3] Βοιωτοί τε γάρ οἱ νῦν ἑξηκοστῷ ἔτει μετὰ Ἰλίου ἅλωσιν ἐξ Ἄρνης
ἀναστάντες ὑπὸ Θεccαλῶν τὴν νῦν μὲν Βοιωτίαν πρότερον δὲ Καδμηίδα
γῆν καλουμένην ᾤκηcαν I 12.
[4] Fr. 30 (M.), wozu auch das in § 3 (p. 401) von Strabo Mitgetheilte
gehört.
[5] Vorlesung. Cf. auch Curtius, gr. G. I[4] S. 117. — Wenn Thuk. I 12
an die Einwanderung der Böoter die Bemerkung anschliesst: ἦν δὲ αὐτῶν
καὶ ἀποδαcμὸc πρότερον ἐν τῇ γῇ ταύτῃ, ἀφ᾽ ὧν καὶ ἐc Ἴλιον ἐcτράτευcαν,
so ist das vielleicht nur ein subjectives Nothmittel, die überlieferte Einwanderung mit der Ilias in Einklang zu bringen (O. Müller, Orch. 387.

die Böoter in einer Zeit, welche nach griechischer Ansicht
jünger war als der trojanische Krieg, in ihre Landschaft eingewandert, so ist ihr Auftreten in der Ilias allerdings ein
Anachronismus. Aber derselbe ist doch lange kein so starker
wie die dorischerseits eingeschwärzten Erwähnungen des Herakles
und der dorischen Bevölkerung von Rhodos etc. Strabo (d. h.
Ephor) bemerkt p. 401 § 3, dass bei der Ankunft der Böoter[1])
der Auszug der in Aulis versammelten Aeolier bereits in voller
Vorbereitung gewesen sei; dann heisst es (p. 402 § 5), dass
sich an der äolischen Auswanderung Böoter in so grossem
Massstab betheiligt hätten ὥϲτε καὶ Βοιωτικὴν προϲαγορευθῆναι
(τὴν Αἰολικὴν ἀποικίαν). Diese Behauptung Strabons (die vielleicht nicht mehr ephorisches Gut ist) ist wohl nur ein Rückschluss aus der Thatsache, dass in Aeolis und Böotien eine
nahverwandte Bevölkerung vorlag (bei Thukydides III 2 und
VIII 100 sind Lesbier und Böoter cυγγενεῖc) und die Annahme liegt nahe, dass jene von Aulis auswandernden „Aeolier"
eben ein vor den Arniern weichender Theil der früheren Bevölkerung Böotiens gewesen sind. Allein damit ist die Mög-

---

Grote I 400. v. Gutschmid), vielleicht aber Anlehnung an ein von den
Böotern früh aufgebrachtes Dogma (vgl. die folg. Anmerkung).

[1]) Diesen Namen führen nach ihm die nach Thessalien ausgewanderten Kadmeier und von diesen geht er dann auf die durch langes
Zusammenwohnen mit ihnen verschmolzenen Arnäer über —, d. h. Ephor
betrachtete den Landschaftsnamen Boiotia (Südböotien im Gegensatze zu
„Orchomenia") als das ursprünglich gegebene, das davon abgeleitete
Ethnikon als ein schon lange vor der Einwanderung der Arnäer gebräuchliches. Nach Thukydides dagegen hiess die Landschaft früher
Kadmeis und erhielt den Namen Boiotia erst durch die Einwanderung
der Arnäer. Nach Diodor 19, 53 hiess bereits unter den Nachkommen
des Kadmeionen Polydoros das ganze Land Böotien und wurde (die
Kadmeier ausgenommen) von Boiotos, dem Sohn der Melanippe (Widerspruch zu Diod. 4, 67), beherrscht. Während des trojan. Krieges wurden
dann die Kadmeier „sammt den anderen Böotern" durch Pelasger aus
ihrem Lande vertrieben (cf. Ephor) und kehrten erst nach 4 Generationen
in die Heimath zurück. Konon narr. 37 kennt nur Böoter und zugewanderte Phönicier (Kadmos). Alle diese Angaben gehen auf die
Tendenz der Böoter zurück, sich als autochthone, nur mehrmals ver-
triebene Bevölkerung auszugeben. (Nach Steph. B. v. Ἄρνη war das
thessal. Arne eine Pflanzstadt des böotischen). Unter solchem Gesichtspunkt waren dann freilich die Böoter der Ilias kein Anachronismus.

lichkeit, dass auch die Arnäer im Laufe der Zeit überschüssige
Stammeselemente nach Aeolis und Ionien abgegeben haben,
nicht ausgeschlossen. Die Besiedelung von Aeolis und Ionien
hat sich nicht (wie die officielle Tradition es will) in zwei
einmaligen und einheitlichen Auszügen vollzogen, ist vielmehr
das Ergebniss einer über lange Zeiträume sich erstreckenden
Kette einzelner Wanderbewegungen (A. v. Gutschmid). Dass
sich nun in diese Kette, wenn auch nur als spätere Glieder,
auch richtige Böoter (Arnäer) eingefügt haben, hat an sich
gar nichts unwahrscheinliches. Zudem lässt sich noch an zwei
Punkten Ioniens das Vorhandensein böotischer Siedler erkennen.
Teos soll von einem Athamas besiedelt worden sein; Anakreon
nannte seine Vaterstadt daher Athamantis (Str. 633 § 3). Der
Name schon zeigt, dass eine minyeische Gründung vorliegt,
minyeisch heisst sie auch ausdrücklich bei Pausauias VII 3, 6
(seine weiteren confusen Angaben an dieser Stelle sind nach
Strabo zu berichtigen). Zu den Minyern von Teos kam dann
ionischer Zuzug unter einem νόθος des Kodros. Noch später
folgten Athener sowie Γέρης ἐκ Βοιωτῶν. Unter diesem Geres
kann wegen der ausdrücklichen Sonderung der Minyer (Athamas)
nur der Repräsentant einer nichtminyeischen Auswanderer-
schaar Böotiens verstanden werden. Speciell an Kadmeionen
zu denken fehlt ein genügender Anhaltspunkt. Die Ueberlieferung lässt Geres zusammen mit den Athenern Apoikos
und Damasos als dritten Zuzug nach Teos kommen. G. Busolt
(Gr. Gesch. I 217) erblickt in den Nachrichten über solche
aufeinanderfolgende Siedlungen nur den Versuch, die Ansprüche
verschiedener Familien auf die Ehre der Gründung auszugleichen.
Aber es ist doch an sich wahrscheinlich, dass die Bevölkerung
der griechischen Pflanzstädte sich durch successiven Zuzug aus
dem Mutterlande gebildet hat. In Teos sollen die letzten
Nachzügler Athener und Böoter gewesen sein, ich finde keinen
Grund, diese Angabe zu bezweifeln und erblicke in den Böotern
des Geres böotische Arnäer. Dass hier solche anzuerkennen
sind, darin werde ich durch die Geschichte von Priene bestärkt.
In Priene eröffnen die Reihe der Siedler Ionier unter dem
Kodriden Neileus. Zu ihnen brachte weiteren Zuzug Φιλωτᾶς
ἐκ Θηβῶν λαὸν ἀγαγών (Str. 633, 3), daher wurde Priene von

einigen auch Kadme genannt, ἐπειδὴ Φιλωτᾶς ὁ ἐπικτίσας αὐτὴν
Βοιώτιος ὑπῆρχεν (Str. 636, 12 cf. Hellanik. fr. 95 M.). Man
sehe in diesem Böoter nicht einen Kadmeionen[1]), denn wo
kadmeische Ansiedler vorliegen, da ist der Oikist immer ein
Sprosse kadmeischer Heroengenealogie. So leiteten sich in
Milet die Theliden von Kadmos ab[2]), nach Kolophon waren
Kadmeionen unter Führung Mantos, der Tochter des Teiresias,
zugewandert[3]), auf Thera war der Eponym Theras ein Nach-
komme des Polyneikes.[4]) Der Prienenser Philotas wurde da-
gegen als Sohn des Peneleos betrachtet[5]), also an den aus der
Ilias bekannten Führer des böotischen Contingents angeknüpft.
Dieser aber repräsentirt den arnäischen Stamm, wie die Ilias
deutlich zeigt[6]), und bei Diodor das Stemma Arne — Boiotos —
Itonos — Hippalkimos — Peneleos genealogisch ausführt (IV 67).
Auch der Umstand, dass Bias von Priene den bekannten Drei-
fuss dem thebanischen Herakles weihte, ἐπεὶ ἀπόγονος ἦν
Θηβαίων ἀποικίαν εἰς Πριήνην στειλάντων[7]) spricht dafür, dass
diese Thebaner dem jüngeren Volkselement Thebens angehörten,
denn der thebanische Herakles ist nicht als Kadmeione an-
zusehen, da er nichts mit den alten Göttern und Sagen der
Kadmeer zu thun hat.[8]) Böoter sind also unter der Bevölkerung Ioniens, d. h. gerade in jener Sphäre nachweisbar,
in welcher die homerischen Gedichte ausgestaltet worden sind.
Demnach wird man das Auftreten der böotischen Mannen in
den jüngeren Gesängen der Ilias für einen entschuldbaren
Anachronismus halten dürfen. Ihre Führer Peneleos, Leïtos,
Prothoenor, Arkesilaos, Klonios, Menesthios sind ebensowenig
wie ihre athenischen Seitenstücke (oben S. 110, 2) in die Mythen

---

[1]) Wie z. B. H. Stein zu Herod. I 146 thut.
[2]) Herod. I 170. Diog. Laert. I 22.
[3]) Paus. VII 3, 1 f. Das Grab des „Teiresias" in Kolophon, argum.
der Nosten, beruht auf einem Versehen des Proklos, statt „Grab des
Kalchas". Cf. Kinkel z. St.
[4]) Herod. IV 147.
[5]) Paus. VIII 2, 3 und 10.
[6]) H 9 erscheint ein Menesthios aus dem specifisch dem Böoterstamm
gehörenden Arne.
[7]) Phanodikos fr. 5 (Diog. L. I 82) bei C. Müll. IV 473.
[8]) O. Müller, Orchom.² S. 342.

des Mutterlandes verflochten, es sind harmlose Erweiterungen
des älteren Bestandes der Ilias, welche einem in Ionien thatsächlich vertretenen Bevölkerungselement Rechnung tragen.
Sind aber jene Partieen der Ilias, in welchen Böoter unter
den Kämpfern vor Troja auftreten[1]), aus dem Boden Ioniens
erwachsen, dann sind sie keine Interpolationen im strengen
Wortsinne, sondern Eigenthum der ionischen Ilias.

Nun fragt es sich aber, ob in den homerischen Gedichten
nicht auch Interpolationen böotischen Ursprungs, d. h.
im Mutterlande Böotien entstandene Zudichtungen vorliegen.
Man muss sagen, dass es wunderbar wäre, wenn nur von
attischer und dorischer, nicht aber auch von böotischer Seite
sich eine tendenziöse Einwirkung auf den Bestand jener Gedichte
geltend gemacht hätte. Haben doch auch die Böoter in das
geistige Leben des griechischen Volkes eine Zeitlang führend
eingegriffen. Böotien ist die Wiege jener eigenartigen didak-
tischen und katalogisirenden Dichtgattung gewesen, als deren
Schöpfer das Alterthum Hesiod verehrte. Der heiteren und
phantasievollen Poesie der kleinasiatischen Ionier tritt die ernste
und nüchterne Dichtung der sorgsamen Haushalter ererbter
Ueberlieferung gegenüber. Aber der Genius Homers hat diese
neue Geistesrichtung mächtig beeinflusst, das beweist ihre
völlige Abhängigkeit von ihm in formaler Hinsicht. So war
also Homer in Böotien kein Fremdling, so war er aber auch
der Gefahr ausgesetzt in seinem eigenen Bestande von der
neuen Dichtweise erfasst zu werden. Dass es in der That geschehen ist, beweist zunächst die grosse Zudichtung zum
zweiten Buche der Ilias, der Schiffskatalog.[2])

Die alten Gelehrten haben diesem Katalog den Namen
Βοιωτία gegeben, ohne zu ahnen, wie völlig sie damit ins
Schwarze trafen.[3]) Dass die Boiotia eine Interpolation ist, da-

---

[1]) Zu N 685—700 vgl. man O. Müller, Orchom.² S. 387, 8 und
Ameis-Hentze, Anh. zur Ilias V S. 14 ff.

[2]) Ob der zweite Theil dieser Composition, der Τρωικὸc διάκοcμοc
nur ein späterer Zusatz zum griechischen Verzeichniss ist, wollen wir
hier nicht untersuchen.

[3]) Man vgl. in den Scholl. und bei Eustath. zu B 494 die verschiedenen Erklärungen für die Voranstellung des böotischen Contingents.

für bedarf es heute keiner weiteren Beweisführung. Dass sie aber ursprünglich ein selbständiges Lied war, davon habe ich mich ebenso wenig zu überzeugen vermocht, wie davon, dass sie in Kleinasien verfasst worden ist.[1]) Mit vollem Recht hat man dem Schiffskatalog böotischen Ursprung zugeschrieben.[2]) Nur unter dieser Voraussetzung giebt es eine genügende Erklärung für den Vorantritt des böotischen Contingents, für die genaue Ausführung gerade dieses Abschnittes, der fünf Führer und dreissig Städte aufzählt u. s. w. Ueber die böotische Herkunft des Katalogs sparen wir weitere Worte, wollen nur noch bemerken, dass das böotische Original[3]) zunächst eine grössere dorisirende Zudichtung erlitten hat (v. 653—680 vgl. oben S. 120)[4]), dann im Contingent von Athen und Salamis tendenziös umgestaltet worden ist (v. 545—58). Gerade die Boiotia musste zu Erweiterungen und Veränderungen je nach localen Interessen besonders einladen, darum ist aber auch die chronologische Bestimmung dieser Dichtung auf Grund ihrer jetzigen Fassung nicht möglich. Auch die originale Boiotia war eine spätere Zudichtung zur Ilias und wenngleich sie ein Bild Griechenlands im achäischen Zeitalter liefern wollte, so konnten dabei leicht Anachronismen einfliessen.[5]) So ist es mir

---

[1]) Lit. bei Ameis-Hentze, Anhang I 99. Πέρην Εὐβοίης v. 535 heisst „Euböa gegenüber", wie Herod. VI 97 πέρην ἐν τῇ Ρηναίῃ „gegenüber auf Rheneia" (Datis befindet sich von Süden gekommen vor Delos). v. 626 kann πέρην ἁλὸς unmöglich heissen „jenseits des (ägäischen) Meeres, d. h. im ionischen Meere," sondern nur „auf der gegenüberliegenden Seite des Meeres" vom Standpunkt der vorhergenannten Landschaft Elis.

[2]) A. Mommsen, Philol. V 522 ff. Cf. Köchly, opusc. phil. p. 23.

[3]) Niese, d. hom. Schiffskatalog 1873 nimmt als Quelle desselben ein selbständiges geogr. Verzeichniss an. Vgl. übrigens desselben Entw. der hom. Poes. S. 228 A. 1.

[4]) Es bleibt nun Kreta allein übrig. Dasselbe konnte vom Katalog nicht übergangen werden, aber seine Einreihung war sehr schwierig. Sollte es wirklich ursprünglich zwischen Aetolern und Phthioten aufgezählt worden sein? Auf Lokris folgt das gegenüberliegende Euböa, auf Attika Salamis, auf Elis die gegenüberliegende Inselgruppe. War Kreta etwa an Lakonien angeschlossen? Als die sechs dorischen Inseln interpolirt wurden, knüpften sie naturgemäss an Kreta an. Vielleicht wurde jetzt, wo eine neue Gruppe entstanden, dieselbe dort eingeschoben, wo eine Fuge klaffte.

[5]) Rohde, zur Chronol. der gr. L. G. Rh. Mus. 36, 571.

z. B. nicht sicher, ob v. 573—75 erst nachträglich von den
Achäern der Aigialeia hinzugefügt sind und nicht schon dem
Verfasser der Boiotia zur Last fallen.[1]) Ein Anachronismus
ist „Elis" als Name des Epeierlandes (v. 615), das Seitenstück
dazu in der Ilias (Λ 670 ff.) fällt in eine späte Interpolation.
Ein Anachronismus ist die Zuweisung von ganz Böotien ausser
Orchomenos und Aspledon an den böotischen Stamm, derselbe ist aber vom Standpunkt eines böotischen Verfassers
sehr verständlich und hat zudem schon in der ionischen Ilias
seine Vorlage (oben S. 123 f.). Die Führer des böotischen Contingents entlehnt der Katalog aus der Ilias, lässt dabei jedoch
Menesthios (H 9) und Promachos (Ξ 476) bei Seite. Dass
gerade Peneleos, dessen Vaternamen die Ilias verschweigt, im
Katalog an der Spitze steht, hat seinen Grund offenbar darin,
dass die Ilias unter den unbedeutenden böotischen Helden
den Peneleos noch am meisten hervorhebt (Ξ 487 ff. Π 335 ff.).
Es ist nun zu untersuchen, ob nicht ausser dem Schiffskatalog noch andere böotische Interpolationen in die homerischen
Gedichte eingedrungen sind. In katalogisirendem Stil hält sich
Ξ 317—27, eine Aufzählung der Liebesverhältnisse des Zeus
mit Dia, Danae, Europa, Semele, Alkmene, Demeter und Leto.
Im Munde des Zeus, der sich liebeverlangend an Hera wendet,
sind diese Verse so zweckwidersprechend, dass ihre nachträgliche Einschaltung ausser Zweifel steht. Indess lässt die Auswahl der Frauen das Hervortreten specifisch böotischer Gesichtspunkte zu sehr vermissen; demnach wird die Einlage

---

[1]) Sikyon, die Stadt Adrasts v. 572, hat O. Müller, L. G. I³ 89 für
eine gegen Kleisthenes gerichtete Interpolation der dorischen Argiver
erklärt, dann wäre aber die Einschaltung in das Contingent des Diomedes
näher gelegen. Sikyon für Mekone und Korinth für Ephyra haben ihre
Parallelen in Ψ 299 und N 664. Die Doppelbenennung könnte doch
schon aus vordorischer Zeit stammen. Dafür will ich indess nicht
Korinthos als Sohn des Pelops (Etym. m. 529, 48) geltend machen.
[Beim Schol. zu Eur. Or. 5 (Hellanikos) heisst der Pelopide Κορίνθιος,
wofür wohl Κόρινθος zu lesen ist.] Wenn man v. 573—76 (Aigialeia)
streicht, so bilden die fünf dem Agamemnon verbleibenden Städte genau
jene Gruppe, welche man als den ältesten Besitz der zu Lande vom
Isthmos eingewanderten Achäer zu denken hat. Vgl. oben S. 79 A. 2
und über Phlius S. 60.

nicht einem alten böotischen Katalogisten, sondern einem
relativ späten Dichterling zuzuschreiben sein, der die Rede
des Göttervaters mit einigen mythologischen Flicken aus-
staffiren wollte. — Dagegen scheint mir die Odyssee in ihrem
Frauenkatalog (λ 226—329 resp. —386) ein sehr merkwürdiges Stück böotischer Interpolation als Seitenstück neben
den Schiffskatalog der Ilias zu stellen.[1]) v. Wilamowitz betrachtet (Hom. Unters. S. 149) als Vorbild dieses Frauenkatalogs
die Kyprien, da in denselben ἐν παρεκβάσει von Epopeus und
Antiope, von Oedipus, Herakles und Megara, Theseus und
Ariadne erzählt wurde und im Frauenkatalog der Odyssee
übereinstimmend Antiope, Epikaste, Alkmene und Megara,

---

[1]) Erst nach Abschluss des Manuscripts werde ich von befreundeter
Seite (O. Crusius) aufmerksam gemacht, dass bereits Lauer quaest. Homer. I
(De XI. Od.' libri forma germana et patria) 1843 die böotische Herkunft
des Frauenkatalogs ausgesprochen hat. Sein Standpunkt deckt sich
übrigens nicht mit dem meinigen, insofern er nicht den Frauenkat. für
eine böotische Interpolation, sondern die ganze Nekyia für ein böotisches,
erst nachträglich in die Odyssee eingeschobenes Gedicht erklärt. Speciell
im Katalog ist ihm Leda interpolirt, Eriphyle nur wegen ihrer Rolle im
theban. Sagenkreis herangezogen. Das im Katalog niedergelegte Aiolosstemma ist ihm entgangen; im übrigen schöpfe ich aus unserer über-
einstimmenden Beurtheilung der Heroinenreihe die Ueberzeugung, dass
meine von Wilamowitz abweichende Auffassung des Frauenverzeich-
nisses sich auf mehr als ein subjectives Belieben gründet. Der Hypothese Lauers, dass die ganze Nekyia ursprünglich ein selbständiges
böotisches Gedicht war, kann ich mich nicht anschliessen. Im Gegensatz zu Lauer hat Bergk vermuthet (gr. L. G. I 687 f.), dass die Nekyia
sammt dem Katalog kolophonischen Ursprung habe. Das von ihm
angezogene Grab des Teiresias in Kolophon fällt mit der irrthümlichen
Angabe des Proklos (oben S. 125 A. 3), doch ist in Kolophon Theben
durch Manto vertreten und pylische Zuwanderung durch Mimnermos
(fr. 9. 10) bezeugt. Trotzdem kann der von böotischer Systematik er-
füllte Katalog nicht das Werk eines kleinasiat. Dichters sein. Richtig,
nur etwas zu unbestimmt erklärt Sittl denselben für die Eindichtung
eines „mittelgriechischen“ Sängers, schreibt dagegen das folgende „Intermezzo“ einem zweiten zudichtenden Rhapsoden zu (G. d. gr. L. I 111).
Schwerlich lässt sich beides von einander trennen, die Ungleichwerthig-
keit beider Stücke erklärt sich hinreichend aus dem Umstande, dass der
Interpolator von v. 226—386 im katalogischen Theil sich in seinem
Element befindet, im Intermezzo den Ton des homerischen Epos an-
zuschlagen sucht, ohne dieser Aufgabe gewachsen zn sein.

Ariadne auftreten. Trotz Wilamowitz' Warnung kann ich
diese Uebereinstimmung nur für zufällig halten. Die gleichzeitig vorhandenen Abweichungen zwischen Kyprien und Frauenkatalog sind so auffällig, dass mir eine Entlehnung, sei es nun
von Seiten der Nekyia oder der Kyprien, ausgeschlossen erscheint. In den Kyprien war Antiope Tochter des Lykurgos.
Welcker hält an dem handschriftlich überlieferten Namen fest
(Ep. C. II 508), Heyne änderte in Lykos. Ob wir ändern oder
nicht, die Antiope der Kyprien ist mit der Antiope der Odyssee,
der Tochter des Asopos (λ 260), nicht vereinbar. Ferner
bietet die Nekyia ein bedeutendes Plus von Heroinen: Tyro,
Chloris, Leda, Iphimedeia, Maira, Klymene, Eriphyle, Phaidra,
Prokris. Die beiden letzteren nebst Ariadne merzt Wilamowitz
als attische Interpolation (λ 321—25) aus. Darin bin ich mit
ihm durchaus einverstanden. Von den übrigbleibenden sollen
Tyro und Chloris in der Nekyia darum erwähnt sein, weil in
den Kyprien ihr Nachkomme Nestor erzählte. Hier würde
also die Episode der Kyprien nicht mehr das Vorbild, sondern
nur die Anregung geliefert haben. Für Iphimedeia, Maira,
Klymene, Eriphyle versagen sich die Kyprien vollständig.
Wilamowitz nimmt daher an, dass der Verfasser des Frauenkatalogs diese vier Heroinen „aus anderen Epen aufgegriffen"
habe. Das ist ein Nothbehelf. Als Hauptargument dient
Wilamowitz der Satz, dass die in der Nekyia behandelte
Heteremerie der Dioskuren, sowie die Uebergehung der
Schwester Helena (λ 298—305) nur aus der Anlehnung an
die Kyprien erklärt werden könne. Die Kyprien haben in der
That als Kinder Ledas nur die Dioskuren, Helena dagegen als
Tochter der Nemesis vorgeführt und die Kyprien handelten in
der That von der Heteremerie der Dioskuren. Trotzdem
glaube ich zu erkennen, dass der Frauenkatalog der Nekyia
auch in diesem Abschnitt von den Kyprien unabhängig ist.
Da nach letzteren Kastor sterblich, Polydeukes unsterblich
war (fr. 5 K.), so werden sie doch unzweifelhaft von der Vorstellung ausgegangen sein, dass Leda den Kastor von Tyndareos,
den Polydeukes aber von Zeus empfangen habe.[1]) Helena war

---

[1]) Cf. Pind. Nem. X 103. 150.

Tochter des Zeus und der Nemesis (fr. 6), also nur Pflegekind der Leda (cf. Paus. I 33, 7).[1]) Klytämnestra endlich (fr. 12) werden die Kyprien in Uebereinstimmung mit der ganzen sonstigen Ueberlieferung als Tochter des Tyndareos vorgeführt haben. Demnach ergiebt sich nach den Kyprien folgendes Stemma:

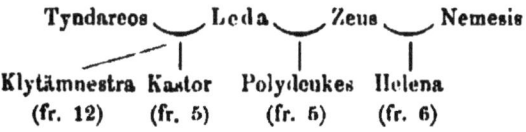

Tyndareos — Leda — Zeus — Nemesis

Klytämnestra   Kastor   Polydeukes   Helena
(fr. 12)   (fr. 5)   (fr. 5)   (fr. 6)

Der Frauenkatalog der Nekyia giebt dagegen an, dass Leda die beiden Dioskuren vom Tyndareos geboren habe. Dass bei dieser Gelegenheit Helena übergangen wird, ist Wilamowitz auffällig. Es ist doch nicht auffallender als die Uebergehung Klytämnestras. Ich vermuthe, dass der Dichter beide bei Seite gelassen hat, weil ihn nicht die Absicht, ein vollständiges Stemma der Tyndariden aufzustellen, sondern eine polemische Tendenz hinsichtlich des Dioskurenmythos geleitet hat. Nach der Ilias sind Kastor, Polydeukes und Helena Kinder des Zeus von einer Mutter (Γ 238. 426), ohne Zweifel von Leda. Klytämnestra wird A 113 ohne Angabe der Abstammung erwähnt, offenbar weil letztere als bekannt vorausgesetzt ist. Nun ist Klytämnestra überall Tochter des Tyndareos. Demnach ergiebt sich vom Standpunkt der Ilias folgendes Stemma:

Tyndareos — Leda — Zeus

Klytämnestra   Kastor   Polydeukes   Helena

9*

Die Dioskuren siud nach der Ilias in Lakonien begrabeu (Γ 243).
Die Odyssee weicht gleich im Stammbaum ab, indem sie die
Dioskuren ganz ausdrücklich als Söhne des Tyndareos bezeichnet (λ 299), dann leugnet sie, dass die beiden gestorben
seien (λ 301). Der Vers ist eine förmliche Berichtigung zum
entsprechenden Verse der Ilias:

Ilias: τοὺϲ δ' ἤδη κάτεχεν φυϲίζοοϲ αἶα | ἐν Λακεδαίμονι
Odyssee: τοὺϲ ἄμφω ζωοὺϲ κατέχει φυϲίζοοϲ αἶα.

Also eine bewusste Polemik gegen die Auffassung der Ilias.
Eine sehr beachtenswerthe Parallele bietet Alkman fr. 5 (Bgk.):
ὑπὸ τὴν γῆν τῆϲ Θεράπνηϲ εἶναι λέγονται ζῶντεϲ ὡϲ 'Αλκμάν
φηϲι. Der Kult von Therapnai dachte die Dioskuren als im
Erdenschooss lebendig waltende Gottheiten, Söhne des Tyndareos, eines lakonischen Zeus, wie ich mit Furtwängler[1]) an-
nehme. Der Verfasser des Frauenkatalogs hat sie zwar in
seine Heroenliste eingeordnet und auch Tyndareos als lakonischen Heros betrachtet, aber er giebt ihnen als auszeichnende
Eigenschaft die Unsterblichkeit. Nun folgen freilich in dem
jetzigen Bestande der Nekyia drei Verse, welche vom Tag-
umtagleben und -sterben der Dioskuren handeln, allein das
steht im Widerspruch zu λ 301, wo beide lebend in der Erde
weilen. Ich sehe keinen Ausweg als mit Furtwängler in den
Versen 302—4.den Zusatz eines Interpolators anzunehmen,
der die inzwischen zur Geltung gelangte Version von dem ab-
wechselnden Leben und Sterben der Brüder hereinbringen
wollte. So vertreten der Katalog, die Ilias und die Kyprien
drei verschiedene Stadien des Dioskurenmythos: Der Katalog
denkt (in Anlehnung an religiöse Localvorstellungen) die Brüder
als unter der Erde fortlebend, die Ilias als verstorbene Heroen,
die Kyprien geben in der Heteremerie den Ausgleich beider
Anschauungen. — Schon die angeführten Abweichungen von
den Kyprien hindern mich die Hypothese von Wilamowitz
über die Quelle des Frauenkatalogs mir anzueignen. Dazu
kommt die durch die ganze Liste der Heroinen gehende Tendenz, die entschieden nach einer anderen Richtung weist.
    Der Frauenkatalog der Nekyia ist eine Dichtung in hesio-

---

[1]) Roschers myth. Lex. I 1154.

dischem Geiste. Es treten auf ἀριστήων ἄλοχοι ἠδὲ θύγατρες,
zu keinem anderen Zwecke, als um ihre Herkunft und namentlich ihre Nachkommenschaft[1]) anzugeben. Darin stimmen
sie also mit den unter Hesiods Namen gehenden Katalogen
völlig überein, doch ist der Gedanke, dass die Nekyiainterpolation
aus jenen Katalogen geschöpft hätte, schon[2]) durch den Umstand ausgeschlossen, dass die Nekyia beide Dioskuren zu
Söhnen des Tyndareos macht, in den Fragmenten der Kataloge
(fr. 110—112 K.) dagegen ein (bis auf Helenas Abstammung)
mit der Ilias übereinstimmendes Stemma erscheint:

[Tyndareos] — Leda — Zeus

Timandra Klytämnestra Kastor Polydeukes.

Eine Einlage aus hesiodischen Katalogen ist das Frauen-
verzeichniss der Nekyia also nicht, sondern eine der hesiodischen Katalogpoesie geistesverwandte selbständige Zudichtung
zur Odyssee. Die Wahl der behandelten Stoffe ist keineswegs
eine scheinbar zufällige erst durch Heranziehung der Kyprien
erklärliche, sie ist vielmehr von Anfang bis zu Ende ein
Denkmal des äolisch-böotischen Stammes- und Localpatriotismus. Bevor wir uns den Einzelheiten zuwenden, vergegenwärtigen wir uns die Stellung der Böoter (Arnäer) unter den
übrigen Stämmen Griechenlands. Sie sind verhältnissmässig
spät aus dem Dunkel kantonaler Abgeschiedenheit hervorgetreten.[3]) Ihre Geschichte beginnt erst mit der Einwanderung
nach Böotien. Hier herrschten Minyer und Kadmeionen. Letz-

---

[1]) λ 233 f. ἐκάστη ὅν γόνον ἐξαγόρευεν. Dass hier γόνος die Bedeutung „Herkunft" hat (Ameis zu St., Ebeling s. v.), ist unmöglich,
denn von den drei summarisch in v. 326 angeschlossenen abgesehen,
nennen zwar alle Heroinen ihre Nachkommenschaft, aber nur vier ihre
Herkunft; γόνος ist hier in derselben Bedeutung wie μ 130 gebraucht.
Demnach liegt λ 227 der Nachdruck auf ἄλοχοι, nicht auf θύγατρες.

[2]) Auch in Bezug auf Antiopes Abstammung scheint keine Uebereinstimmung vorzuliegen; vgl. unten S. 135 A. 2.

[3]) Man vergleiche den durchsichtigen Stammbaum Deukalion-Amphi-
ktyon-Itonos-Boiotos (St. Byz. v. Βοιωτία). In dem wüsten Stemma
bei Diodor IV 67, welches die Abstammung des Boiotos von Amphiktyon
fallen lässt, ist die Reihenfolge verändert, Boiotos Vater des Itonos.

tere sind unsicherer Herkunft, aber die Arnüer sind die Erben
ihrer Macht geworden und haben dafür den Rechtstitel der
Revindication geltend gemacht (oben S. 122). Andererseits ist
es den Arnäern allmälig auch gelungen, die böotischen Minyer
(der Schiffskatalog nennt als selbständige Städte derselben nur
noch Orchomenos und Aspledon) sich zu assimiliren. Eine
Stammesverwandtschaft zwischen Minyern und Arnäern ist einmal in der gemeinsamen Abstammung von Aiolos aufgestellt
worden,[1]) doch hat man auch eine anderweitige Verbindung
hergestellt, indem Arne zur Frau des Aison und Mutter des
Jason, oder Minyas mütterlicherseits zu einem Enkel des Boiotos
gemacht wurde.[2]) Den Arnäern fehlten alte Stammestraditionen,
sie ersetzten dieselben durch engen Anschluss an den Minyer-
stamm, wozu eine thatsächlich nahe Verwandtschaft ihnen das
Recht geben mochte. Das specifisch arnäische ist in der böotischen Ueberlieferung kaum zu erkennen, an seiner Stelle erscheint der umfassende Begriff des äolischen Volksthums,
dessen realen Kern wir hier nicht untersuchen wollen, der aber
entschieden unter dem Einfluss der Böoter sich ausgebildet
hat. Er soll, im Gegensatz zu Ioniern, Achäern und Doriern,
weithin verstreute Bevölkerungselemente zu einer eigenartigen
Gruppe vereinigen, deren Bestandtheile in dem Stemma der
Aioliden (Hesiod. Katal. fr. 25 K.) zum Ausdruck gebracht
sind. Von einem unter böotischen Gesichtspunkten verfassten
Heroinenkatalog ist also zu erwarten, dass er das Aiolosstemma
berücksichtigen und daneben den Sagen der Landschaft, welche
ihm als Erbe zugefallen, genügende Beachtung schenken wird.
Und in diesem Sinne betrachtet stellt sich das Frauenverzeich-
niss der Nekyia in der That als eine geschlossene Einheit dar.
    Den Reigen eröffnet Tyro (λ 235 ff.), die Tochter des
Salmoneus und Frau des Aioliden Kretheus.[3]) Ihre Heimath
ist das Flussthal des Enipeus, also jene Gegend Thessaliens,

---

[1]) Aiolos : Athamas [:Phrixos] Hes. fr. 25 K. Aiolos : Arne : Boiotos.
Paus. IX 40, 5 (bei Diodor IV 67 ist an die Stelle des Deukalionen
Aiolos der Hippotade als Vater Arnes getreten).
    [2]) Tzetzes zu Lyk. 872. Schol. Ap. Rh. I 230.
    [3]) Cf. Hesiod fr. 25, wo Salmoneus und Kretheus Brüder sind; im
λ ist es nicht angegeben, aber gewiss vorausgesetzt.

— 135 —

welche als Wiege der Aeolier betrachtet wurde.[1]) Ihre fünf
Söhne Pelias, Neleus, Aison, Pheres, Amythaon vertreten die
minyeisch-äolische Bevölkerung von Iolkos, Pherai und Pylos.
— Antiope, die Tochter des Asopos und ihre Söhne, oἱ
πρῶτοι Θήβης ἕδος ἔκτισαν ἑπταπύλοιο (λ 263)[2]), führen uns
nach Südböotien. Amphion und Zethos sind, wie schon O. Müller
Orchom.[2] S. 222 ff. betont hat, dem kadmeischen Theben von
Hause aus fremd, Polemarchen, „die an allen Ecken und Enden
Böotiens erobernd, herrschend, städtegründend erscheinen"
(Hyria, Hysiai, Eleutherai, Thespiai, Eutresis). Müller wollte
sie den Minyern und Phlegyern zuweisen, ich glaube mit Un-
recht. Noch weniger befriedigt Gisekes Annahme (Stämme der
Balkanhalbinsel S. 63), dass sie einen Kampf innerhalb des
kadmeischen Stammes zum Ausdruck bringen. Amphion und
Zethos, in ihrer Rolle als böotische Heroen, scheinen mir
Repräsentanten der erobernd eingedrungenen Arnäer zu sein[3])
und durch ihre Anknüpfung an den Flussgott Asopos in mythischer Form denselben Anspruch auf autochthonen Adel zu erheben, welchen in historisirender Weise die Gleichsetzung von
Böotern und Kadmeionen bei Ephor etc. (oben S. 122) ausdrückt.
Im Homer findet sich ausserhalb des Frauenkatalogs von Antiope

---

[1]) Herod. VII 176. Konon 27. Diod. IV 67. Apollod. I 9, 7. —
Die jüngere Sage (Eurip. fr. 14 D. Strabo 356) verlegte Salmoneus'
Sitz nach Elis. Ueber die Rolle des Poriercs und Amythaon im Aioliden-
stemma denke ich anders als Müller, Orch. 133.

[2]) Cf. Hesiod. fr. 57, dessen Vorstellung weniger alterthümlich erscheint: κιθάρᾳ τὸ τεῖχος τῶν Θηβῶν ἐτείχισαν. Nach den Eoeen war
Antiope in Hyria geboren (fr. 147 K.) und vermuthlich nicht Tochter
des Asopos, sondern des Nykteus. Eustath. zu λ 259 stellt die Angabe
Homers (Asopos) schlechtweg derjenigen der νεώτεροι (Nykteus) gegenüber. Ebenso das Schol. H zu λ 260. Im Schol. M heisst es: ὁ μέν
ποιητής Ἀσωποῦ οἱ δὲ τραγικοὶ Νυκτέως.

[3]) Diodor XIX 53. — Hieron. Abrah. 643 (Euseb. Chron. II 39 Sch.):
Thebis expulso Cadmo Amfion et Zethus regnaverunt. Cf. Synkell. p. 296
(D.). — O. Crusius, Beitr. zur gr. Mythol. S. 12 und 22 ist geneigt die
böotischen Zwillinge den tyrsenischen Pelasgern zuzuweisen. Eine engere
Wesensgemeinschaft mit den Dioskuren als mit den Aphariden und
Molionen kann ich nicht erkennen. Zu Kadmos und dessen Geschlecht
stehen Amphion und Zethos jedenfalls in Gegensatz, das hindert mich,
sie sammt Kadmos einem Cultverein zuzuweisen.

und Amphion keine Spur, Zethos erscheint noch τ 518—22 in
Verbindung mit Aedon und Itylos. Zu den für die Interpolation
dieser Stelle sprechenden Gründen (oben S. 6 A.) gesellt sich jetzt
als dritter die Zugehörigkeit zum Antiopekreise. — Alkmene
und Herakles sind hier Glieder des böotischen Sagenkreises
und ebendahin gehört auch Herakles' Verbindung mit Megara,
der Tochter des Sparten Kreion.[1] — Epikaste und ihr Sohn
Oidipus sind specifisch kadmeionisches Gut. λ 274 erschliesst
eine alterthümliche Form des Oedipusmythos (vgl. Ψ 679 und
Hesiod fr. 59 K.). — Chloris vertritt die Verbindung des
minyeischen Orchomenos mit Pylos. Als ihre Kinder werden
aufgezählt Nestor, Chromios, Periklymenos und die im Stammbaum der Aioliden wichtige Pero. — Es folgt Leda mit den
Dioskuren, scheinbar nur wegen eines besonderen Interesses an
dem Geschick der letzteren (o. S. 132) hereingezogen, genauer
besehen aber zur Einfügung der lakonischen Aioliden, denn
durch ihren Vater Tyndareos gehören die Dioskuren in den
Stammbaum des Aiolos.[2] — Iphimedeia (λ 305—20) betrachtet Wilamowitz (S. 150) wegen Miterwähnung Orions als
Vertreterin naxischer Sage. Wir bemühen uns aus Böotien
nicht hinaus. Orion ist im Katalog gewiss der altböotische
Heros, Enkel des Minyas,[3] geboren in Hyria,[4] im Besitz eines
Mnema zu Tanagra und von der Tanagräerin Corinna als Localheros gefeiert.[5] Nach Chios ist Orion erst übertragen worden,
seine Heimath ist Böotien (vgl. O. Müller, Kl. deut. Schriften
II 124 ff.). Der Aloidenmythos ist mit seinen Trägern nach
verschiedenen Punkten gewandert. Als Urheimath ist Thessa-

---

[1] Ich habe oben die Einbürgerung des Herakles in den Homer auf
dorische Tendenz zurückgeführt. Aber Amphitryo, Alkmene und Herakles sind ja auch in Theben localisirt. Es sind das noch nicht genügend
aufgeklärte Beziehungen zwischen den Doriern und Böotern.

[2] Hesiod. fr. 25: Perieres Sohn des Aiolos. Apollod. I 7, 3 und
9, 5: Aiolos : Perieres : Tyndareos, Leukipp, Aphareus. Die dorisirende
Sage (Stesich. fr. 61 Bgk.) eliminirt Aiolos und macht Perieres zum
Enkel des Amyklas.

[3] O. Müller, Orch.² S. 93 A. 6. Hesiod fr. 15. Schol. B 496:
Orion Sohn des Boiotos.

[4] Pind. bei Str. p. 404 § 12.

[5] Paus. IX 20, 3. Corinna fr. 2. 3 (Bgk.).

lien zu betrachten.[1]) Dort ist die Sage vom Kampf der Aloiden
gegen die Götter des Olymp, welche auch der Frauenkatalog
kennt (λ 313 ff.), entstanden. Nächst Thessalien ward dann
Böotien ihre Heimath: Hier hatten sie Askra gegründet und
den Musenkult am Helikon gestiftet (Hegesinus bei Paus.
IX 29, 1), hier befand sich ihr Grab zu Anthedon (Paus. IX 22, 5).
Auch in Lokris scheinen sie localisirt gewesen zu sein (Str. 432
§ 8). Ihre Uebertragung nach Naxos bezeugt Pindar Pyth. IV 88
(vgl. Diod. V 51). Dem Verfasser des Frauenkatalogs haben
die Söhne Iphimedeias wohl als ein gemeinschaftlicher Besitz
Böotiens und Thessaliens vorgeschwebt. Nach Apollod. I 7, 4
waren die Aloiden Enkel des Aiolos. — Das folgende Klee-
blatt, Phaidra, Prokris, Ariadne (λ 320—24), kommt als attische
Interpolation in Wegfall (vgl. Wilamowitz S. 149 f.). — Den
Schluss bilden drei in einem Verse (λ 326) summarisch an-
gefügte Heroinen: Maira ist Thebanerin, Tochter des Proitos,
Urenkelin des Sisyphos (Paus. X 30, 5). Nach den Nosten
starb sie als Jungfrau (Paus.). Diese Version ist hier, wo die
Heroinen ihrer Nachkommenschaft wegen erscheinen (o. S. 133
A. 1), ausgeschlossen. Der Katalog denkt Maira als Mutter
des Lokros, ὃс Θήβας μετ' Ἀμφίονος καὶ Ζήθου οἰκίζει.[2]) —
Klymene gehört als Tochter des Minyas nach Orchomenos.
Nach den Nosten war sie von Kephalos Mutter des Iphiklos.
Abweichend ist sie nach den Scholiasten zu λ 326 und Ap. Rh.
I 45 und 230 (Pherekydes) von Phylakos Mutter des Iphiklos
und der Alkimede, der Mutter Jasons. Dasselbe bietet Hesiod
fr. 138 K. Dagegen scheint Apollodor eine andere „hesio-
deische" Ueberlieferung zu vertreten, nach welcher Klymene
von Schoineus (dem Sohn des Athamas) Mutter der Atalante

---

[1]) Nach Hesiod fr. 27 (K.) war Alos in Achaia Phthiotis ihre Geburtsstätte, denn im Schol. Laur. zu Ap. Rh. I 482 muss für das corrupte
Αἰτωλίας gelesen werden Ἀχαΐας. Das Schol. Paris. giebt sachlich
richtig: πόλιν ἐν Θεσσαλίᾳ Ἄλον. Vgl. Str. 433 ἡ Ἄλος δὲ Φθιῶτις καλεῖται καὶ Ἀχαϊκή. — St. Byz. v. Ἀλώιον lässt Aloion (bei Tempe) von
den Aloiden gegründet sein.

[2]) Pherekyd. fr. 79 (M.). Eustath. zu λ 325 nennt Maira irrthümlich Tochter des argivischen Proitos. Die Verwechslung lag nahe, da
auch der Thebaner Proitos, Sohn des Thersandros, eine Anteia, T. des
Amphianax, zur Frau hatte (Pherek.).

war.[1]) Welche dieser beiden Versionen der Verfasser des Katalogs im Auge hatte, bleibe dahingestellt,[2]) uns genügt die Thatsache, dass Klymene Tochter des Minyas ist und nach beiden Versionen einem Nachkommen des Aiolos vermählt wird. — Endlich Eriphyle. Sie ist nicht etwa nur wegen der Rolle, welche ihr in den Kriegen der Sieben und der Epigonen gegen Theben zufällt, aufgenommen, vielmehr dazu bestimmt, dem äolischen Sagenkreise ein wichtiges Glied einzufügen, auf welches schon der Anfang des Katalogs durch Tyros Sohn Amythaon (λ 259) hindeutet. Eriphyle vertritt jenen Zweig der Aiolosfamilie, der von Thessalien über Pylos nach Argolis gewandert ist, und im Mannsstamm von Amythaon, in weiblicher Linie von Pero, der Tochter der Chloris, den Ursprung herleitet. Ihr Sohn Alkmaion (o 248) scheint zudem bei Theben ein Heiligthum besessen zu haben (Pind. Pyth. VIII 80), sein Bruder Amphilochos (o 248) wurde neben dem Vater Amphiaraos im böotischen Oropos verehrt (Paus. I 34, 3).

Ueberblicken wir die Reihe der aufgenommenen Heroinen, so ist ihr äolisch-böotisches Gepräge geradezu schlagend. Zudem weist auch die Form genealogischer Dichtung nach Böotien, endlich ist die Uebereinstimmung mit dem von den hesiodischen Katalogen vertretenen Aiolidenstammbaum augenfällig. In fr. 25 (K.) werden fünf Söhne des Aiolos aufgestellt: Kretheus, Athamas, Perieres, Sisyphos, Salmoneus. Im Katalog der Nekyia entsprechen Kretheus — Pero und Eriphyle, Perieres — Leda, Sisyphos — Maira, Salmoneus — Tyro. Nur Athamas geht

---

[1]) Ap. III 9, 2. Klymene vom Arkader Jasos Mutter der Atalante. Wenn dann bemerkt wird, dass Hesiod statt Jasos den Schoineus als Vater überliefere, so kann man annehmen, dass in Bezug auf die Mutter Hesiod mit der Angabe der Bibliothek übereinstimmte. In böotischer Atalantesage (Schoineus) ist die Minyerin Klymene zudem besser motivirt als in arkadischer.

[2]) Die grössere Wahrscheinlichkeit spricht dafür, dass Klymene im Frauenkatalog den Kreis des Iphiklos vertritt. Derselbe ist im Katalog selbst berührt λ 290—97, kehrt o 231—38 wieder (o 225—56 ist ganz im Geist katalogischer Poesie gehalten) und auch im böot. Schiffskatalog (B 698—710) tritt die Reihe Phylakos-Iphiklos-Protesilaos und Podarkes auf, Atalante dagegen bleibt überall bei Seite.

leer aus, wenn man nicht annimmt, dass Klymene für den
Verfasser des Katalogs Frau des Schoineus war. Dafür liegt
aber zu wenig Anhalt vor. Uebrigens galt Athamas auch als
Sohn des Minyas (Schol. Ap. R. I 230) und das ist jedenfalls
die ältere Version. Für Perieres als Aioliden gesellt sich zum
directen Zeugniss Hesiods (fr. 25) das indirecte der Nekyia.
Dem gegenüber kommt nicht in Betracht, dass Euripides
fr. 14 Dind. die vier Aioliden Sisyphos, Athamas, Kretheus
und Salmoneus nennt, also Perieres durch Athamas ersetzt.
Vertritt aber Klymene den Kreis des Iphiklos (S. 138, 2), so
ist damit möglicherweise auf einen anderen Aioliden gewiesen,
auf Deioneus (Deion), der nach Pherekydes[1]) Bruder des
Kretheus und Grossvater des Iphiklos war.[2]) Die übrigen fünf
Heroinen (Epikaste, Alkmene, Megara, Antiope, Chloris) gehören sämmtlich der böotischen Heroensage an. Alle diese
Wahrnehmungen drängen die Folgerung auf, dass der Frauenkatalog eine specifisch böotische Zudichtung zur Odyssee sein
muss. Eine einfache Auslösung derselben ist nicht möglich,
denn das folgende Intermezzo (λ 330—384) hängt mit ihr
eng zusammen. Dieses Intermezzo ist in der langen Reihe
der Apologe eine ganz singuläre Erscheinung. Es wird kaum
etwas anderes übrig bleiben, als die Annahme, dass die böotische Einlage das Intermezzo mit umfasst, also von Vers 226—386
reicht. Ursprünglich wird also auf das Gespräch des Odysseus
mit seiner Mutter unmittelbar das Gespräch mit den troischen
Waffengefährten gefolgt sein.[3]) Doch ist der überleitende Vers

---

[1]) Zu fr. 75 (Müll.) ist als pherekydeisches Gut auch zu ziehen,
was die Scholl. H. Q. V zu λ 290 geben.

[2]) Ebenso legt sich bei Iphimedeia die Vermuthung nahe, dass ihr
Gemahl Aloeus vom Katalog als Aiolide gedacht war. Dass beide bei
Hesiod fr. 25 fehlen, verbietet solche Annahme noch nicht.

[3]) Teiresias und Antikleia (sowie die eingeschobenen Heroinen) trinken
Blut (λ 96. 153), die troischen Genossen nicht (v. 390 nach der echten
Lesart ἐπεὶ ἴδεν ὀφθαλμοῖσιν; v. 471; besonders das Verhalten des Aias,
v. 544, schliesst diese Vorstellung aus). Nieses Erklärungsversuch
(Entw. S. 168: „das Ceremoniell wird vom Dichter allmälig fallen gelassen“) reicht nicht aus. Es muss anerkannt werden, dass beim Dichter
der Nekyia ganz verschiedene Vorstellungen vom Schattenreich unaus-
geglichen nebeneinander stehen. Nach Kammers Ausführungen (Ein-

(225) für die Anknüpfung des Frauenkatalogs umgemodelt worden: νῶϊ μὲν ὥc ἐπέεccιν ἀμείβομεθ', αἱ δὲ γυναῖκεc etc. Nach Analogie von λ 465 (vgl. λ 81) kann man den Fortgang der Erzählung von v. 225 auf 386 zwar mit einer leichten Aenderung herstellen:

225 Νῶϊ μὲν ὥc ἐπέεccιν ἀμειβόμεθ⟨α cτυγεροῖcιν⟩
386 ἦλθε δ' ἐπὶ ψυχὴ 'Αγαμέμνονοc 'Ατρείδαο

ich masse mir aber nicht an, damit die ursprüngliche Fassung gefunden zu haben. Eine relative Zeitbestimmung für das Alter der böotischen Interpolation scheint die Recapitulation ψ 310—341 zu bieten, die selbst jüngere Zudichtung ist (A. Jacob, Entstch. d. Il. u. Od. 520 f. Kirchhoff, hom. Od.² S. 592 f. Wilamowitz, H. U. 68 f.). Kirchhoff bemerkt S. 593: „Es ist gewiss, dass dem Verfasser dieses Schlusses das Epos bereits genau in der jetzigen Ausdehnung vorgelegen hat." Dagegen ist zu bemerken, dass die Nekyia dem Verfasser von ψ 310 ff. noch nicht in dem von Kirchhoff statuirten Umfang bekannt gewesen zu sein scheint. Denn er erwähnt wohl die Unterredungen mit Teiresias, Antikleia und den troischen Genossen (ψ 322—25), nicht aber die Heroinenschaar. Das ist, wo es sich doch um eine Recapitulation der Apologe handelt, zu beachten.

Der Nachweis, dass nicht nur in der Ilias, sondern auch in der Odyssee eine grössere Eindichtung specifisch böotischer Tendenz vorliegt, scheint mir erbracht. Während im Schiffs-katalog das Selbstgefühl der Böoter sich auf die Voranstellung des eigenen Contingents beschränkt hat, im übrigen aber der Freude am Katalogisiren sich ohne Nebenabsicht hingiebt, ist der Frauenkatalog ein Denkmal rein tendenziöser Natur: Böoti-sche Localfiguren bilden hier den Hauptbestand, was darüber hinausgeht (Tyro, Pero, Eriphyle, Leda) dient dem Zwecke, das Dogma äolischer Stammeseinheit zum Ausdruck zu bringen. Ich glaube, wir stehen hier vor dem ältesten erhaltenen Ver-suche dieser Art. Die alte Heroensage kennt die Stammes-

---

heit der Odyssee S. 494 ff.) liegt die alterthümlichere Vorstellung in jener Partie, welcher das Bluttrinken fehlt, er sucht daher die älteste Nekyia mit Ausschluss des Teiresias etc. wieder herzustellen.

eponymen nicht. Aber ein Heros Aiolos war wenigstens der Ilias als Ahn der ephyräischen Reihe Sisyphos-Glaukos-Bellerophon bekannt (Z 153 ff.). Diesen Aiolos hat man in Böotien als Stammvater eines von Achäern, Ioniern und Doriern unterschiedenen Volkselements auf den Schild erhoben. Im Frauenkatalog erkennt man die durch Kretheus, Salmoneus, Sisyphos, Perieres (vielleicht auch Deioneus) vertretenen Unterabtheilungen. Athamas scheint noch nicht aufgenommen, die Minyer von Orchomenos greifen jedoch durch Verschwägerung (Chloris, Klymene) ein. Die hesiodischen Kataloge haben auch Athamas zum Aioliden gemacht und zudem das System auf die übrigen griechischen Stämme ausgedehnt, indem sie dem Aiolos die Brüder Xuthos und Doros an die Seite und über alle drei Hellen als Stammesahn stellten. Dem gegenüber beschränkt sich der Katalog der Nekyia auf den ausschliesslich äolischen Gesichtspunkt und verbindet damit eine Reihe speciell böotischer Localfiguren.

Halten wir nun neben die besprochenen böotischen Zudichtungen die oben nachgewiesenen dorischen ebenfalls durchaus tendenziösen Erweiterungen der beiden Epen, endlich die schon vom Alterthum erkannten Interpolationen und Umdichtungen attisirender Tendenz, so stehen wir vor der überraschenden Thatsache, dass die homerischen Gedichte einem successiven Zudichtungsprocess vom Stammesgesichtspunkt aus unterworfen worden sind. Man kann dies Fälschungen nennen, insofern dadurch der ursprüngliche (ionische) Homer mit fremden Zügen belastet worden ist, aber die Fälschungen waren nicht doloser Art, vielmehr ungehemmte und nicht hemmbare Lebensäusserungen neu erstandener Volkskräfte. Nicht nur wegen seiner unvergleichlichen Schönheit und Lebenswahrheit hat Homer bei allen Hellenen den Ehrenplatz errungen, sondern auch darum, weil das Selbstgefühl jedes neu in die Geschichte eintretenden Stammes auf ihn eingewirkt hat. Was den Gedichten von Hause aus fremd sein musste, dessen Uebergehung man aber nicht ertrug, ward hinzugedichtet und durch solche Zudichtungen die nationale Zugkraft Homers nur erhöht. Unter wesentlicher Mitwirkung dieses Factors ist Homer das Eigenthum des ganzen griechischen Volkes geworden.

§ 3.

Homer und die kyklischon Epen.

Nieses skeptische Stellung zur griechischen Volkssage hat
uns in einen längeren Excurs über das Verhältniss Homers
zu den Stoffen der Heldensage geführt, dessen Ergebniss das
folgende ist: In ihrem weitaus grössten Bestande ist die Heldensage für Homer bereits Voraussetzung. Fremd sind ihm und
erst durch tendenziöse Zudichtungen in beide Gedichte eingedrungen: der Heros Perseus und sein Geschlecht, Herakles
sammt seinem ganzen Kreise. Der interpolirte Frauenkatalog
der Odyssee hat zum Theil sehr alten Sagenstoff verarbeitet,
dessen Berührung auch vom homerischen Standpunkt statt-
haben konnte, dazu kommen hier aber fremde Elemente, wie
der thebanische Herakles, Antiope mit ihren Söhnen, wohl
auch Maira und vor allem die ganz unhomerische Systemati-
sirung verschiedener Sagenkreise unter einen genealogischen
Oberbegriff (Aiolos). Im Anschluss an Zethos kommen in
Wegfall Aedon und Itylos (τ 518 ff.), endlich als attische Zudichtungen Erichthonios, der Kreis des Theseus und Prokris.
Was nach Abzug dieser späteren Zuthaten übrig bleibt, wird
— soweit nicht specielle Untersuchungen weitere Ausschei-
dungen ergeben — als dem Vorstellungskreis des ionischen
Homer angehörig gelten können.[1]

Welche Stellung werden wir nun der Ilias und Odyssee
ihrem eigensten Stoffe, dem troischen Sagenkreis gegenüber zuzuweisen haben? Doch gewiss nicht diejenige des
Webers, der das Gewebe erst anzettelt. Die handelnden Helden

---

[1] Sagengestalten, die als unhomerisch zu betrachten sind, können
natürlich trotzdem sehr alt sein. Locales Abgesondertsein hinderte ihren
Eintritt in die homerische Heroenwelt. Oder sie konnten auch im Zeitalter der ionischen (resp. achäischen) Heldenpoesie noch den Rang von
Localgottheiten behaupten, deren Heroisirung erst einer späteren Zeit
gehört (so wohl Perseus). Jüngeren Ursprungs als die homerische Sagenwelt ist unter den ausgemerzten Gestalten entschieden Theseus. Aedon,
deren Mythos im wesentlichen auf der Metamorphose beruht, gehört in
das Bereich der Thiermärchen (Preller, gr. M.³ II 140). Die Empor-
ziehung solcher Stoffe in die Heroensphäre war späterer Zeit vorbehalten
(Hesiod op. 568 Πανδίονις χελιδών [Prokne]).

sind grossentheils nicht Schöpfungen der Gedichte. Die glänzendste Gestalt, Achilles, ist schon vor der Ilias Gegenstand
einer hochalterthümlichen epischen Erzählung gewesen. Die
Werbung des Vaters um Thetis, die Vermählung, Achills
Läuterung im Feuer, die Rückkehr der Mutter in ihr Element,
die Auferziehung durch Cheiron waren der Gegenstand einer
von Mannhardt (Ant. Feld- und Waldkulte II 49—78) erschlossenen alten Peleis. Von derselben klingt noch genug in
der Ilias nach, um ihre ehemalige Existenz zu verbürgen.
Für andere Haupthelden der troischen Sage fehlen zwar gleich-
deutliche Spuren der Präexistenz,[1]) aber dass für die Ilias z. B.
die Vorgeschichte der Atriden kein wesenloser Nebel gewesen
sein kann, zeigt schon die Weise wie A 113 ohne jede orien-
tirende Angabe die Gemahlin Agamemnons genannt wird. Dass
sie die Tochter des Tyndareos war, konnte der Sänger offenbar als allbekannt voraussetzen. Ebenso B 103 ff. die ganz
summarische Erwähnung derjenigen, welche vor Agamemnon
die Träger des gottentstammten Scepters gewesen. Pelops,
Atreus, Thyestes, Agamemnon folgen auf einander, ohne dass
der Hörer etwas von dem Verhältniss dieser Heroen zu einander erfährt, offenbar doch, weil der Sänger die Thatsache,
dass Thyestes und Atreus Brüder sowie Söhne des Pelops und
dieser Spross des Hermes (S. 77) sei, als bekannt voraussetzen
und sich damit begnügen konnte, durch einfache Erwähnung
der erlauchten Herrscherreihe den Gebieter der achäischen
Heerschaaren zu feiern. — Die vor den Streit zwischen Agamemnon und Achilles fallenden Ereignisse des Krieges und
seine weitere Vorgeschichte lassen sich in vielen Elementen
aus der Ilias selbst zusammenstellen: Die Hochzeit von Peleus
und Thetis, Achills Erziehung,[2]) Paris' Fahrt[3]) von Troja nach
Sparta E 62 ff., Helenas Entführung Γ 48. 174. 433. N 626,
die Ausfahrt von Aulis „noch frisch in aller Helden Erinnerung"

---

[1]) Odysseus ist in der Ilias ein Held wie andere, in der Odyssee
aber Träger uralter Schiffermärchen. Vgl. Rohde, gr. Roman S. 171.
v. Wilamowitz, hom. Unters. S. 113.

[2]) Oben S. 106.

[3]) Das Parisurtheil ist interpolirt. Arist. in Schol. Ω, Christ, S. B.
der bair. Ak. 1884 S. 4. Vgl. Peppmüller, Comm. zum Ω S. 20.

B 303, der Tod des Protesilaos O 705 f.,[1]) Achills Thaten vor der μῆνιϲ A 125 etc., Troilos' Tod Ω 257 u. s. w. (vgl. Welcker, E. C. II 112 ff.). Alle diese Ereignisse haben später die Kyprien behandelt, sie entnahmen den Stoff ebendaher, woher die Anspielungen der Ilias stammen, aus der lebendigen Volkssage. Und wo die Kyprien etwas Neues brachten, wie die Opferung Iphigeniens, die Homer unbekannt ist (I 144 ff.), auch da sehe ich keinen hinreichenden Grund, eine subjective Erfindung der Kyprien zu statuiren und nicht eine Anlehnung an die inzwischen weiter ausgebildete Sage vom trojanischen Krieg.

Zu den neuen Stoffen der Kyprien gehört der für uns wichtige teuthrantische Krieg. In der Bemerkung Helenas Ω 765 hat Welcker einen indirecten Hinweis auf diesen Krieg erblickt, darum aber v. 765. 766 für interpolirt erklärt.[2]) Ebenso Christ, der sich jedoch nicht mit der Athetese der beiden Verse begnügt, sondern die ganzen Naenien Hektors (Ω 723—776) als eine nach den Kyprien in das Ω gemachte Eindichtung ausmerzt.[3]) Peppmüller vertheidigt die Verse 765. 766. Er erkennt in denselben zwar (wie auch in v. 735, zu dem man kl. Ilias fr. 18, 4 K. vergleiche) die „Spuren einer jüngeren Zeit" an, findet aber keine Berechtigung, „zumal in diesem Buche," die zu v. 767 in concessivem Verhältniss stehenden Verse 765/6 zu entfernen.[4]) Wenn dieselben, wie ich Peppmüller zugebe, nicht gut aus der Klage Helenas ausgelöst werden können, dann müssen eben die ganzen Naenien fallen, denn v. 765 verräth eine so junge Vorstellung, dass der Standpunkt der Kyprien dagegen gehalten ein alterthümlicher genannt werden muss, so tief aber darf man die Entstehung des 24. Gesanges nicht hinabrücken. — Die über Ω 765 bisher geäusserten Meinungen haben nur die Oberfläche gestreift. Zunächst ist festzustellen, dass die der Helena in den Mund gelegte Aeusserung:

ἤδη γὰρ νῦν μοι τόδ' ἐεικοϲτὸν ἔτοϲ ἐϲτίν,
ἐξ οὗ κεῖθεν ἔβην καὶ ἐμῆϲ ἀπελήλυθα πάτρηϲ

---

[1]) Christ a. a. O. S. 6: „aus den Kyprien."
[2]) Ep. C. II 123 und 265.
[3]) Zur Chronol. des altgr. Epos, Sitzungsber. d. münch. Akad. 1884 S. 27.
[4]) Comment. zum 24. Buch der Ilias S. 336 nnd 346.

nicht das teuthrantische Abenteuer, sondern das Eingreifen des Neoptolemos in den trojanischen Krieg im Auge hat. Nur darum mussten zwischen Helenas Entführung und dem Beginn des trojanischen Krieges zehn Jahre eingeschoben werden, damit Neoptolemos Zeit gewann zum Jüngling heranzuwachsen. Der teuthrantische Krieg kommt bei dieser Zurückdatirung nur dann in Mitleidenschaft, wenn er als ein vor Achills Aufenthalt auf Skyros fallendes Ereigniss betrachtet wird. Und in der That haben die Kyprien und die kleine Ilias den Kampf der Achäer mit dem teuthrantischen Telephos dem skyrischen Aufenthalt Achills vorausgehen lassen. Damit war in die altüberlieferte Chronologie des troischen Sagenkreises eine nicht geringe Verwirrung hineingebracht, wenn man nicht beide Ereignisse um mindestens zehn Jahre vor die Landung der Achäer in Troas zurückdatirte. Prüfen wir die epische Ueberlieferung, ob sie irgendwo (ausser im interpolirten Verse Ω 765) Spuren solcher chronologischer Vorsorglichkeit erkennen lässt. Die Ilias kommt nicht in Betracht, da sie weder den teuthrantischen Krieg erwähnt, noch Neoptolemos kennt.[1]) Die Odyssee dagegen verräth Bekanntschaft mit den teuthrantischen Ereignissen, da sie einen „Telephiden" kennt (λ 519), und des Neoptolemos gedenkt sie mehrfach als troischen Mitstreiters (γ 189, δ 5 ff., λ 513 ff.), weiss auch von seiner Abholung von Skyros nach Troas (λ 509). Da nun die Odyssee für den trojanischen Krieg nur zehn Jahre und andere zehn Jahre für die Irrfahrten des Odysseus ansetzt (β 175, π 206, τ 222 etc.), so konnte Neoptolemos, wenn ihn Achill auf der Rückfahrt von Teuthranien erzeugt hatte, beim Fall von Ilion erst zehn Jahre alt sein. Entweder also hat sich die Odyssee des Neoptolemos Geburt lange vor dem teuthrantischen Abenteuer stattgefunden gedacht (zu solcher Annahme liegt aber gar kein Anhalt vor), oder die Erwähnung des Neoptolemos im γ δ λ

---

[1]) Τ 326—33 und Ω 467 ist zwar von Neoptolemos die Rede, allein man muss sich in diesem Fall Düntzers (hom. Abh. 357) Ausführungen anschliessen und beide Stellen als interpolirt fallen lassen. Für die Athetese von Ω 467 tritt selbst der conservative Peppmüller ein. Man vgl. auch Ι 391 ff., wonach Achill unvermählt, und Ι 440, wonach er als ein νήπιος Agamemnon Heeresfolge leistete.

ist vom chronologischen Gesichtspunkt aus eine Ungereimtheit. Nun wird man wohl sagen: Da nach homerischer Chronologie die dem Neoptolemos in der Odyssee zugewiesene Rolle eine unmögliche ist, so ist seine Erwähnung erst durch Zudichtungen aus den kyklischen Epen in die Odyssee hineingekommen. Diese Folgerung wäre berechtigt, wenn Neoptolemos nur in der Odyssee Schwierigkeiten machte, dagegen in den Kyprien und der kleinen Ilias seinen Platz richtig einnähme. Letzteres ist wohl behauptet worden, aber mit Unrecht. Wenn wir den Neoptolemos der Odyssee für eine Zudichtung nach den Kyprien und der kleinen Ilias erklären, so ist die Schwierigkeit eben nur von dem einen Epos auf ein anderes abgewälzt. — Wenn der Dichter der Kyprien von Neoptolemos' Erzeugung auf Skyros und seiner Auferziehung durch Phönix erzählte, so that er es jedenfalls nur darum, weil ihm, der die Vorgeschichte zu den im 10. Kriegsjahre sich abspielenden Ereignissen liefern wollte, die Sage von den späteren Heldenthaten des Neoptolemos wohlbekannt war. Die Kyprien fassten nun die Landung des Achilles auf Skyros als ein auf das teuthrantische Abenteuer unmittelbar folgendes Ereigniss (argum. Cypr.) und dasselbe that die kleine Ilias (fr. 4 K.). Welche Chronologie aber ist den Kyprien zu Grunde gelegt? Der Auszug des Proklos bietet diese Reihenfolge der Ereignisse: 1) erste Versammlung der Achäer in Aulis; 2) Abfahrt und teuthrantische Kämpfe; 3) Achill, nach Skyros verschlagen, vermählt sich mit Deidamia; 4) Heilung des Telephos in Argos; 5) zweite Versammlung in Aulis, widrige Winde, Opferung der Iphigeneia; 6) endliche Abfahrt nach Troas und die Kriegsereignisse bis zum Eintritt der Ilias. Man sollte glauben, dass mit den retardirenden Vorgängen der zweiten Versammlung zu Aulis für das spätere Eingreifen des Neoptolemos Zeit geschaffen wurde. Aber mit nichten. Die Kyprien sind nur darauf bedacht gewesen, die lange Zeit von 9 Jahren, welche nach B 301 seit dem Aufbruch der Achäer von Aulis verflossen sind, auszufüllen. An der altüberlieferten Chronologie wird nicht gerüttelt, denn die Vorherverkündigung der zehn Kriegsjahre durch Kalchas (B 329) ist von den Kyprien ihrer ersten aulidensischen Versammlung zugewiesen (argum. u. fr. 17 K.) und daran als erster Act des

Krieges das teuthrantische Abenteuer angeschlossen. Also das
spätere Eingreifen des Neoptolemos ist nach der Darstellung
der Kyprien, wenn man rechnen will, eine Unmöglichkeit. Und
da sich die kleine Ilias offenbar eng an die Kyprien anschliesst,
denn auch nach ihr wird Achill bei der Rückkehr von Teuthranien nach Skyros verschlagen (fr. 4), so ist in der kleinen
Ilias, wenn man rechnen will, das Heldenthum des Neoptolemos
im 10. Kriegsjahre chronologisch unmöglich. Aber darf man
denn rechnen! Die Sage kümmert sich nicht ängstlich um
chronologische Gesichtspunkte, ebensowenig ein Dichter, der
mit der Volkssage noch in lebendigem Contact steht. Darum
glaube ich aber auch, dass wir gar kein Recht haben, an den
betreffenden Partieen der Odyssee, wo Neoptolemos erscheint
(im γ δ λ), Anstoss zu nehmen. Die Odyssee hat eben einen
seit dem Zeitalter der Ilias beliebt gewordenen Sagenstoff gestreift und nicht darüber gegrübelt, ob das auch mit der
Chronologie der troischen Sage im Einklang stehe. Die Erwähnung des Neoptolemos in der Odyssee ist gerade ein Zeichen
dichterischer Unbefangenheit, dagegen die Rechnerei in Ω 765.
766 ein Beweis für den späten Ursprung dieser Verse. Dieselben können, da auch die Kyprien und die kleine Ilias in
diesem Punkte naiv verfahren, erst nach dem Zeitalter der
beiden kyklischen Epen zum Ω zugedichtet worden sein. Erst
einer jüngeren Zeit war es vorbehalten, die mit der Gestalt
des Neoptolemos in die troische Sage hineingetragene Schwierigkeit aus der Welt zu schaffen. Die Lösungsversuche sind sehr
verschiedener Art, in dem einen Punkt aber alle einig, die
von den Kyprien und der kleinen Ilias überlieferte Reihenfolge,
nach welcher die Anwesenheit Achills auf Skyros sich an das
teuthrantische Abenteuer anschliesst, über den Haufen zu werfen.
Man hätte ja (was Christ fälschlich von den Kyprien voraussetzt) zwischen dem Kriegszug nach Teuthranien und dem Beginn des troischen Krieges einen Zeitraum von zehn Jahren
einschieben können und dem Knaben Neoptolemos war ge-
holfen. Allein dieser Ausweg ist verschmäht worden. Dagegen
wurde Achills Anwesenheit auf Skyros und die Geburt des
Neoptolemos zehn Jahre vor den teuthrantischen Krieg zurück-
gesetzt. Um diesen langen Zeitraum nothdürftig auszufüllen,

wurde eine zehnjährige Stratologie der Achäer in Aulis
als erster Act des an die Entführung Helenas sich schliessen-
den Dramas erfunden, für welches die Widerwilligkeit vieler
Achäer gegen den Rachekrieg den Grund liefern musste: δέκα
ἔτη ἐςτρατολόγουν χειμάζοντες ἐν ταῖς ἰδίαις καὶ θέρους εἰς
Αὐλίδα ἀφικνούμενοι. καὶ γὰρ ἤκουον τὴν ἰςχὺν τῶν Τρώων
πολλὴν οὖςαν. καί τινες δὲ παρῃτοῦντο τὸν πόλεμον καὶ διὰ
τοῦτο ἐκεῖ καθήμενοι ἐςτρατολόγουν (Schol. B zu Ω 765). Den
Zweck dieser Verzögerung giebt das Schol. L zu I 668 ausdrücklich an: δέκα δὲ ἔτη ἐςτὶ πάςης τῆς παραςκευῆς τοῦ πολέ-
μου, ὥςτε δύναται ὁ Νεοπτόλεμος ὀκτωκαιδεκαέτης ςτρατεύειν.
Im Beginn dieser Stratologie nun wurde Achill nach Skyros
versetzt und zwar unter wechselnder Begründung: a) er sollte
von Peleus heimlich dorthin gebracht und unter den Töchtern
des Lykomedes aufgewachsen sein, bis ihn Odysseus' List her-
ausfand (Schol. T 326). Diese Version vertrat Sophokles in
seinen Skyrierinnen. b) Achill sollte, nachdem er dem Rufe
Agamemnons bereits Folge geleistet, (von Aulis aus) die gegen
Peleus unbotmässigen Skyrier bekriegt und dabei sich mit
Deidamia verbunden haben (Schol. L zu I 668, V zu Ω 765),
oder man liess c) die Eroberung von Skyros durch Achill bereits vor dem Raube der Helena stattgefunden haben (Eust.
zu I 662) u. s. w. — Das alles sind subjective Combinationen,
durch welche man in die überlieferten Einzelheiten des troischen Sagenkreises chronologischen Halt zu bringen suchte.
Das Sagenechte, woran nicht gerüttelt werden konnte, war die
Herkunft des Neoptolemos von Skyros. Die dolopische Bevölkerung dieser Insel muss sich eines Sprösslings des Achill
gerühmt haben.[1]) Von Aöden ist derselbe in die troische Sage
eingeführt und dann von den grossen Epen übernommen worden,
von der Odyssee zunächst in episodischen Hinweisen, von den
Kyprien, der Persis und der kleinen Ilias in voller Ausführung.
Die Einordnung der skyrischen Episode, welche das Epos vertritt, ist keine glückliche, aber wohl durch die Attractionskraft
des verwandten Stoffes zu erklären. Der Kampf zwischen Achill
und Telephos hatte seine Parallele in dem entsprechenden spä-

---

[1]) Alte Beziehungen zwischen Dolopern und Myrmidonen Ilias I 484.

teren zwischen Neoptolemos und dem Telephiden Eurypylos,
und so wurden die initia Neoptolemi in aller Einfalt an die
Erzählung von den teuthrantischen Kämpfen angeschlossen.
Nichts desto weniger ist der teuthrantische Krieg ein selbständiges Glied des troischen Sagenkreises und der Umstand,
dass er stets seine Stelle im ersten der zehn Kriegsjahre behauptet hat, während die Vorgeschichte des Neoptolemos von
Stelle zu Stelle geschoben worden ist, spricht dafür, dass er
zum älteren Bestande des troischen Sagenkreises gehört. Neoptolemos dagegen bedeutet eine Concession an locale (skyrische,
im letzten Grunde thessalische) Ueberlieferung. Seine Einordnung in die Troica war, genau genommen, nicht möglich, nur
die Naivetät brachte es zu Stande, ein rechnendes Zeitalter
hat, um ihn zu halten, die ganze altüberlieferte Chronologie
des troischen Krieges fallen lassen. Welcker sieht in der
Hereinziehung der teuthrantischen Episode in den troischen
Kreis eine Neuerung der Kyprien, ohne jedoch eine durch die
äolische Colonialgeschichte gegebene Grundlage derselben aus-
zuschliessen. Sind die Kyprien auch unsere erste Quelle für
diese Episode, so können wir immerhin den Telephiden Eurypylos der Nekyia als ein älteres (vgl. unten), wenn auch nur
indirectes Zeugniss für dieselbe betrachten. Denn dass Eurypylos früher in die Troica verflochten sein sollte als sein Vater
Telephos (Welcker), ist mir durchaus nicht wahrscheinlich.
Gehört der teuthrantische Krieg auch einer späteren Stufe der
troischen Sage an, als die Ilias erkennen lässt, so dürfte der
Beweis, dass er erst von den Kyprien erfunden worden, doch
schwer fallen. Wir werden unten zu zeigen suchen, dass derselbe aus einer Thatsache der äolischen Colonialgeschichte
herausgesponnen worden ist.

    Wenden wir uns jetzt von den vor die Ilias fallenden
Ereignissen zu den auf dieselbe folgenden. Auch hier die Erscheinung, dass die Ilias über sich selbst hinausweist, so auf
den Tod Achills (A 417. C 59. 95. 440. T 411 ff. I 410. X 359 f.),
auf seinen τύμβος ἐπὶ πλατεῖ Ἑλλησπόντῳ (H 86), ebenso auf
den endlichen Fall Ilions (B 329. Z 447). Die jüngere Odyssee
hinwiederum ist voll von Nachrichten über die letzten Acte
des troischen Dramas und die Schicksale der heimkehrenden

Achäer, während sie sich doch den Nostos des Odysseus zum
Thema gewählt hat. Es macht den Eindruck, als wenn die
Odyssee mitten im Strome dieser Sagen dahingleitet und von
den allerorts gesungenen Stoffen nach Herzenslust in sich aufnimmt. Die kyklischen Epen haben diese von der Odyssee in
kurzer, oft nur anspielender Weise behandelten Stoffe zum
Gegenstand ausführlichor Darstellung gemacht, man wird aber
annehmen dürfen, dass die Hinweise der Odyssee und die Ausführungen der Kykliker aus gemeinsamer Quelle schöpften,
nämlich aus der Volkssage, die seit dem Zeitalter der Ilias
das allgemein beliebte troische Thema durch Einführung neuer
Kämpfer auf beiden Seiten und durch Schaffung neuer Situationen
immer reicher ausgestaltet hatte. Zu diesen jüngeren Erweiterungen der Troica gehört wie auf achäischer Seite der
für Achill eingetretene Ersatz durch Neoptolemos so der ihm
auf troischer Seite gegenübergestellte Telephide Eurypylos
mit seinen Keteiern. An der Spitze dieses Kapitels stehen
die sechs diesen Sagenstoff behandelnden Verse der Nekyia
(λ 517—22). Die kleine Ilias hat das Thema ins Einzelne
ausgeführt (Proklos u. fr. 6 K.). Das ältere Zeugniss bietet die
Nekyia, das jüngere die kleine Ilias, den gemeinsamen Hintergrund die Sage vom trojanischen Kriege. Ich muss darauf
gefasst sein mit diesem Satz wenig Anklang zu finden. Seit
Kirchhoffs Untersuchungen ist der Glaube an die einheitliche
Composition der Odyssee erschüttert. Doch in Bezug auf die
Quellen der Odyssee stand und steht Kirchhoff auf einem
Standpunkt, welcher das zu diesem Epos sei es vom Dichter
des alten Nostos, sei es von seinem „Fortsetzer" oder von dem
„Bearbeiter" benutzte Material aus der Volkssage oder älteren
Dichtungen geschöpft sein lässt.[1]) Anders jedoch wird über

---

[1]) Kirchhoff d. hom. Odyssee¹ S. IX: „(der Fortsetzer der Odyssee)
beherrscht den Stoff nicht mit völliger Freiheit und Selbständigkeit,
sondern ist in vielen Beziehungen, selbst in der Form abhängig von der
ihm bekannten und von ihm benutzten Ueberlieferung der Sage im epischen Volksliede." Und über den „Bearbeiter" obendas.: „Veranlasst
wurde die Bearbeitung durch das Streben, den Inhalt einiger älterer
Dichtungen desselben Sagenkreises [S. 167. 263 ff.], welche dem Bearbeiter bekannt waren, der Odyssee einzuverleiben." Ueber das Verhältniss der Nosten zur Odyssee vgl. S. 330 ff

die Odyssee und ihre Quellen in neuster Zeit geurtheilt. Ich
fürchte, dass wir Gefahr laufen, durch diese Untersuchungen
über die Quellen Homers auf den Boden einer einseitig literar-
historischen Beurtheilungsweise zu gerathen. In sagengeschichtlicher Hinsicht bietet unter allen Gesängen der Odyssee
die Nekyia das hervorragendste Interesse. Das Zusammentreffen
der kyklischen Epen mit der Nekyia hat Kirchhoff nicht ge-
hindert, der Nekyia vor den kyklischen Gedichten die Priorität
zuzuerkennen. Spätere Homerforscher haben das Verhältniss
gerade umgekehrt und lassen die Nekyia aus verschiedenen
kyklischen Epen schöpfen, wie dieser Grundsatz jetzt überhaupt zur Geltung kommt, wo sich eine kurze Anspielung
Homers und eine ausführliche Behandlung in den anderen
Epen gegenüberstehen. In solchen Fällen wird entweder einer
Interpolation aus den Kyklikern in den Homer oder einer
Herabdrückung ganzer Partieen der homerischen Gesänge unter
die Zeit der Kykliker das Wort geredet. Dass die Nekyia zu
den jüngeren Gesängen der Odyssee gehören muss, dafür spricht
dass sie ersichtlich unter dem Einfluss der sogen. Telemachie
steht. Nach dem Zeitpunkt der Hadesfahrt ist Telemach noch
ein Knabe, wenn trotzdem Antikleia (λ 185 f.) und Agamemnon
(λ 449)[1]) ihn als erwachsen fassen, so hat sich der Dichter
auf den Standpunkt der Telemachie gestellt (Niese, S. 168).
Ebenso zeigt der Bericht von Agamemnons Tod in der Nekyia
Merkmale einer etwas jüngeren Auffassung als die betreffenden
Partieen der Telemachie. So wird also der Nekyia ein jüngerer
Ursprung als der Telemachie zuzuweisen sein. Muss sie aber
auch zeitlich unter die kyklischen Epen hinabgerückt werden?
Das verlangen Christ und noch entschiedener v. Wilamowitz.
Christ[2]) kommt nach dem Vergleich der Uebereinstimmungen
zwischen der Odyssee und den andern Epen zu dem Resultat,

---

[1]) Ueber die Verse 435—453 vgl. die frühere Literatur bei Ameis-
Hentzen, Anhang II[2] S. 108. Christ, Chronol. des altgr. Ep. S. 8
hält v. 444—53 für eine Interpolation aus den Kyprien, dagegen merzt
v. Wilamowitz, hom. Unters. S. 155, 16 im Anschluss an Aristophanes
v. 435—43 und 454—56 aus.
[2]) Zur Chronol. des altgr. Epos S. B. der K. Baier. Ak. phil. Cl.
1884 S. 1—60.

dass die jüngsten Partieen der Odyssee (Telemachie, Nekyia
und 24. Buch) nach der Aethiopis und Persis, wahrscheinlich
auch nach der kleinen Ilias, aber noch vor Nosten, Kyprien
und Telegonie gedichtet worden sind. Vielleicht habe der
Dichter der jüngsten Odysseepartieen auch noch die Thebais,
Oedipodie und Melampodie benutzt (S. 37—39). Wo Uebereinstimmungen mit den Kyprien etc. vorliegen oder ältere
Partieen der Odyssee in Frage kommen, hilft sich Christ mit
der Aufstellung kyklischer Interpolationen (z. B. d. Theokly-
menosepisode o 221 ff. Philoktet θ 219 ff. vgl. a. a. O. S. 8). —
Radicaler geht v. Wilamowitz zu Werke,[1]) indem er die
Scheidewand zwischen Kyklikern und Odyssee niederreisst, ja
die Odyssee, wie sie heute vorliegt; für das jüngste Product
der Heldenpoesie erklärt. Die Odyssee ist nach Wilamowitz
Compilation eines „Bearbeiters", der schwerlich vor der 2. Hälfte
des 7. Jahrhunderts und zwar im Mutterlande lebte. Dieser
Bearbeiter hat für seine Compilation drei Epen benutzt, eine
Freierbestrafung (φ—ω), nicht viel älter als der Bearbeiter und
auch im Mutterlande entstanden (auch dies Gedicht nur eine
Compilation), ferner die sogen. Telemachie und die ältere
Odyssee, beide in Ionien entstanden und zwar nicht früher
als im 8. Jahrhundert. Das ältere unter diesen beiden Epen
ist die Odyssee des „Redactors" (ε—ξ und die aus der
Telemachie losgelösten Bestandtheile von π—τ). Aber auch der
„Redactor" ist kein Originaldichter, sondern ein Contaminator
und zwar hat er vier kleinere Epen verschiedenen Alters zu
seinem Lied von den Irrfahrten und der Heimkehr des Odysseus
zusammengearbeitet, unter ihnen ein Gedicht, welches von den
Lothophagen, Kyklopen und der Unterwelt handelte (ι 82 ff.
und λ). Aus diesem alten Gedichte stammt in der Nekyia nur
das Gespräch des Odysseus mit Teiresias und Antikleia, das
übrige hat der Redactor aus jüngeren Quellen hinzugedichtet,
und zwar den Frauenkatalog nach den Kyprien [u. Nosten],
das Gespräch mit Agamemnon vermuthlich nach der κάθοδος
Ἀτρειδῶν,[2]) das Gespräch mit Achill nach der kleinen Ilias.

---

[1]) Homerische Untersuchungen 1884.
[2]) Dieses Gedicht hat v. Wilamowitz S. 166 f. der Literaturgeschichte wiedergewonnen.

Die Elpenorepisode (λ 51—83 cf. κ 551—60, μ 11—15) hat der
Redactor aus besonderer Ueberlieferung eingelegt. Die von
Minos, den Büssern und Herakles handelnde Partie (λ 566—631)
ist eine späte (orphisch-attische) Interpolation (S. 140 ff. 227 ff.
199 ff.). — Damit ist nicht nur die jetzige Odyssee, sondern
auch die älteste ihrer drei Vorlagen, die Odyssee des Redactors
unter die Zeit der meisten kyklischen Epen[1]) herabgesetzt.
Sie gehört zwar noch dem 8. vorchristlichen Jahrhundert an,
ist jedoch nur eine Quelle zweiten Ranges. v. Wilamowitz
hat seine Untersuchungen mit grosser Stoffbeherrschung und
mit Geist durchgeführt. Zu denselben, soweit sie die Composition der Odyssee betreffen, Stellung zu nehmen ist Sache der
Homerforschung. Aber auch den Mythologen muss die von
Wilamowitz aufgestellte Hypothese lebhaft interessiren, da sie
jener Quelle, welche bisher — wenigstens in ihren Haupt-
bestandtheilen — als die zweitälteste nach der Ilias galt, diesen
Werth aberkennt. Ist die Odyssee wirklich das Ergebniss
jenes Contaminationsverfahrens, welches neben sehr alterthümlichen Quellen auch die kyklischen Epen in ausgiebiger Weise
zusammengearbeitet hat, so ist mir zunächst befremdlich, wie
das Alterthum selbst, das zu besserer Vergleichung als heute
möglich, doch noch die vollständigen kyklischen Epen besass,
diese Abhängigkeit der Odyssee so ganz übersehen und letztere
als Werk Homers über jene stellen konnte. Auch die kyklischen
Gedichte galten freilich bis ins vierte Jahrhundert für Werke
Homers[2]), dann aber wurden sie ihm abgesprochen und verschiedenen Verfassern gegeben (Wilam. S. 328—80). Aber nie

[1]) Dass die chronol. Ansetzungen der Kykliker bei Eusebios nur
combinatorische Daten sind, führt v. Wilamowitz S. 348 ff. aus.

[2]) Wilamow. führt als einzige Ausnahme Hellanikos an (H. U. 363),
wenn jedoch seine sonstigen Ausführungen das Richtige treffen, dann hat
gewiss nicht der Logograph, sondern der Grammatiker Hellanikos (Welcker,
E. C. I 241) die kleine Ilias dem Kinaithon zugeschrieben. Dadurch wäre
die Anomalie für das 5. Jahrb. beseitigt, dagegen im 2. Jahrh. ein Seitenstück zu Aristobul (Wil. 347) gewonnen. — Noch finde ich die Möglichkeit hier auf Hillers neusten Aufsatz im Rh. M. 42, 321 fl. zu verweisen.
Damit ist „der Collectivname Homer" für die Verf. der kykl. Epen meines
Erachtens als unhaltbar erwiesen, dann hindert aber auch nichts oben
unter Hellanikos den Logogr. (cfr. Hiller 363, 2) zu denken. Ich bitte
hiernach den Text. zu modificiren, ebenso auf S. 111 die Anm.

ist die Odyssee einem Arktinos oder Lesches etc. zugesprochen
worden, auch nicht von den Chorizonten, die dem Homer doch die
Odyssee absprachen und, wie der Grammatiker Hellanikos beweist[1]), der anonymen Aufführung kyklischer Epen nicht hul-
digten. Die Odyssee konnte nach Hellanikos' Meinung nicht
von demselben Verfasser herrühren wie die Ilias[2]), aus nichts
uber lässt sich entnehmen, dass der Chorizont die Homer ab-
gesprochene Odyssee mit den kyklischen Epen auf eine Stufe
gestellt hätte. Nach Wilamowitz ist die Nekyia des Redactors
mit Entlehnungen aus den kyklischen Epen ja beladen. Das
Alterthum müsste hierfür blind gewesen sein. — Die Gründe
für die Abhängigkeit der Nekyia von den Kyklikern entnimmt
Wilamowitz der Uebereinstimmung in den behandelten Gegen-
ständen; hier sei die Anlehnung der Nekyia an Kyprien, kleine
Ilias etc. offenkundig. Prüfen wir die einzelnen Punkte.

Der Frauenkatalog ist nach Wilamowitz sicher aus den
Kyprien (unter Mitbenutzung der Nosten und anderer Epen)
entlehnt (S. 149 ff.). Ich glaube nachgewiesen zu haben, dass
der Frauenkatalog mit den kyklischen Epen nichts zu thun
hat, vielmehr die Zudichtung eines böotischen Patrioten ist
(oben S. 129 ff.). So bleibt das Gespräch mit den troischen
Waffengenossen übrig, das in der That viele Berührungspunkte
mit den Kyklikern aufweist. Hier soll die Unterredung mit
Agamemnon der κάθοδος Ἀτρειδῶν oder den Nosten nach-
gedichtet sein. Die Rolle, welche Klytämnestra bei der
Tödtung Agamemnons zugewiesen werde, streife bis ganz
nahe an das stesichorische Ethos heran. Auch die Hereinziehung Kassandras scheine eine junge Sagenstufe zu bezeichnen,
auf alle Fälle sei diese Scene der Nekyia nur auf Grund einer
detaillirten Sagenkenntniss verständlich (S. 155 ff.). Dass die
Telemachie über Agamemnons Tod eine ältere Auffassung verräth als die Nekyia, ist zuzugeben. Ich möchte dafür aber
mehr die Hereinziehung Kassandras als die Charakteristik
Klytämnestras geltend machen. Dass Klytämnestra in der

---

[1]) Man wolle den Nachtrag auf S. 153 Anm. 2 beachten!
[2]) Wegen der sprachlichen und sachlichen Differenzen zwischen
beiden Gedichten. Die wenigen überlieferten Argumente der Chorizonten
stellt zusammen Grauert im Rh. Mus. für Jurispr. etc. I 3, S. 200 ff.

Nekyia an der Greuelscene thätig theilnimmt, in der Telemachie nicht hervortritt, ist ja richtig, aber Wilamowitz geht zu weit, wenn er behauptet, dass ihre Rolle in der Telemachie sich auf die Mitwisserschaft beschränke. Wenn Klytämnestra γ 303—11 ursprünglich auch nicht erwähnt gewesen sein sollte[1]), weist ihr doch im gleichen Gespräch (γ 235) Athena (Mentor) eine mehr als passive Rolle zu: ὤλεθ' ὑπ' Αἰγίσθοιο δόλῳ καὶ ἧς ἀλόχοιο, und noch nachdrücklicher sagt Menelaos δ 91 f.: τείως μοι ἀδελφεὸν ἄλλος ἔπεφνεν | λάθρῃ, ἀνωιστί, δόλῳ οὐλομένης ἀλόχοιο. Das ist mehr als Mitwisserschaft: Klytämnestra lockt das Opfer ins Netz, Aegisth erwürgt es. Sobald nun Kassandra mit auf den Schauplatz trat, an die Seite des Gatten die Nebenbuhlerin, so war die Steigerung in der Action Klytämnestras von selbst gegeben. Ich glaube nicht, dass nur eine wesentlich jüngere Zeit diese Steigerung vornehmen konnte. Was endlich das verschiedene Colorit der beiden Darstellungen betrifft, so ist dafür die völlig verschiedene Situation in der Telemachie und in der Nekyia in Anschlag zu bringen: dort berichten dritte Personen (Nestor, Proteus) von dem Morde, hier spricht der Ermordete selbst. So scheint mir mehr der äusserliche Umstand, dass der Mythos in der Nekyia durch Kassandra bereichert ist, für die Anlehnung der Telemachie an eine ältere Sagenversion zu sprechen. Was aber die Quellen beider Versionen betrifft, so sehe ich keinen zwingenden Grund für die Telemachie etwa die Nosten, für die Nekyia die κάθοδος Ἀτρειδῶν (oder gar für Telemachie und Nosten zwei verschiedene Recensionen der κάθοδος Wilam. S. 157) als Vorbild anzunehmen. Eine Heranziehung der kyklischen Epen wäre nur dann nothwendig, wenn die Ermordung Agamemnons eine Erfindung der Kykliker war. Niemand kann es beweisen. Auch in diesem Fall ist es mir wahrscheinlicher, dass Sage und Einzellieder der Aöden hinter den beiden Versionen der Odyssee stehen. Denn die Odyssee in grossen Partieen zeitlich unter die kyklischen Epen zu rücken, ist sehr bedenklich. Wenn wir

---

[1]) Der ihren Tod erwähnende v. 310 wird von Wilamowitz athetirt, H. U. 154, 15: „310 muss fort, τάφον ist durch das vorhergehende τὸν κτείνας genügend erklärt und Klytämnestras Erwähnung widerspricht der Telemachie."

das 24. Buch und die Interpolationen streichen, so ist der gesammte Vorstellungskreis der Odyssee ein merklich alterthümlicherer, als derjenige der kyklischen Epen, in welchen uns „Taurier", die „Insel des Pelops", die Vaterschaft des Tantalos, Dionysosmythen, Demophon und Aithra, eine Gründungssage von Kolophon, die Insel Leuke als Aufenthalt des verstorbenen Achill, endlich eine Sklavin Getis entgegentritt, deren Name nicht zu verdächtigen ist.[1]) — Wilamowitz hat ein feines Gefühl für Wesen und Bedeutung der Volkssage (vgl. bes. S. 169 u. 409—14), aber im Bestreben, die Odyssee auf bestimmte literarische Quellen zurückzuführen, trägt er der gemeinsamen Quelle aller Heldenepen, der Volkssage und dem vielzüngigen Gesang der Aöden doch zu wenig Rechnung. Er geht von dem Grundsatz aus, „dass, wer eine Geschichte vollständig giebt, für den die Vorlage abgegeben hat, der sie unvollständig giebt, aber vollständig voraussetzt" (S. 151). Als Beweismittel dienen die Keteioi des Telephiden Eurypylos, die sammt ihrem Führer γυναίων εἵνεκα δώρων vor Ilion umgekommen sind. Das ist eine räthselhafte Anspielung der Nekyia, den Schlüssel giebt die kleine Ilias (fr. 6 K.). „Damit ist die Quelle für eine Geschichte der Nekyia erwiesen" (S. 153). Dieser Schluss ist nicht zwingend. — Welcker zweifelte daran, dass die γύναια δῶρα der Odyssee auf die Bestechung von Eurypylos' Mutter durch den goldenen Weinstock, von welchem die kleine Ilias erzählte, anspielten.[2]) Gewiss mit Unrecht. Die Bestechung Astyoches durch den Weinstock ist dem Dichter der Nekyia bekannt gewesen. Dass er aber diese Kenntniss der kleinen Ilias verdankt, ist mir darum unwahrscheinlich, weil die homerischen Mannen des Eurypylos, die Keteioi, sich in den Ruhmen der kleinen Ilias nicht einfügen lassen. Dieser Name ist nur noch einmal bezeugt (Alcaeus fr. 136 Bgk.). Nun sagt Wilamowitz S. 152, A. 12: „Da Alkaios vom λ unmöglich abhängig gedacht werden kann,[3]) so ist Κήτειος kein Archaismus, sondern ein Anachronis-

---

[1]) Der Venet. und Harlej. geben γέτις, der Flor. γὲ τις.

[2]) Ep. Cycl. II 253.

[3]) Was v. Wilamowitz nöthigt, die Unmöglichkeit zu statuiren, verstehe ich nicht, auch wenn ich mich in der Odysseefrage auf seinen

mus im Homer." Wer sich mit dem Keteierproblem genauer beschäftigt hat, wird den Namen nicht für jung, sondern für ein Denkmal ältester Localüberlieferung erklären (vgl. Buch II K. I § 1). Die kleine Ilias hat ihn offenbar nicht gewählt. Dafür spricht die Thatsache, dass die Grammatiker, welche für die homerischen Keteier in der älteren Literatur nach Anhalts- punkten suchten, wohl einen Alcaeus nicht aber die kleine Ilias, bei der doch in erster Linie Rath gesucht werden musste, beigebracht haben. Ueber die Weibergeschenke gaben letztere Auskunft, über die Keteier aber nicht, vermuthlich darum, weil die kleine Ilias wie die Kyprien den Telephos und seinen Sohn über Teuthranier gebieten liessen. Wenn die Nekyia statt dessen die Bezeichnung Κήτειοι wählte, so musste die- selbe den Zuhörern verständlich sein, Alcaeus aber wird sich an die Nekyia angelehnt haben. Für eine ziemlich früh ein- getretene Verdunkelung der Wortbedeutung spricht das Tasten der Späteren. Der Name ist ein poetischer,[1]) der Dichter der Nekyia hat ihn entweder aus älteren Einzelliedern herüber- genommen oder selbst gebildet (vgl. Buch II K. I § 1). — Eine weitere Bestätigung seiner Ansicht findet Wilamowitz in dem von Aristarch athetirten Verse λ 547, welcher beim Streit des Aias und Odysseus um die Waffen Achills eine durch Troerinnen zu Odysseus' Gunsten herbeigeführte Entscheidung erwähnt:

παῖδες δὲ Τρώων δίκασαν καὶ Παλλὰς Ἀθήνη.

Dieser Zug ist aus der Odyssee an sich nicht zu verstehen, den Schlüssel liefert die kleine Ilias (fr. 2 K.), also ist auch

---

Standpunkt stelle. Denn da das betreffende Stück der Nekyia (das Ge- spräch mit Achill) znm Werk des „Redactors" gehört, dieses aber dem Archilochos bekannt war (Hom. Unters. S. 229), warum ist dann Alcaeus vom λ nnmöglich abhängig?

[1]) Die von Wilamowitz vorgeschlagene Erklärung der Keteier im Anschluss an den arkadischen Keteus, den Vater der Kallisto, muss ich nicht nur wegen der im folgenden Kapitel vertretenen Auffassung ab- lehnen, sondern schon darum, weil das arkadische Element im Kaikos- thal ja bereits in Telephos seinen mythischen Vertreter besitzt. Wäre neben diesem jemals nach Keteus in der teuthranischen Sage von Be- deutung gewesen (und eine grosse müsste er gehabt haben, wenn man die Bewohner der ganzen Landschaft nach ihm nannte), so hätten ihn die pergamenischen Gelehrten herausgefunden.

die Aiasepisode der Nekyia von der kleinen Ilias abhängig
(H. U. S. 153). — Ich sehe zunächst von der Möglichkeit ab,
dass der Vers λ 547 nur durch Interpolation in die Nekyia
gekommen sein kann, und nehme an, dass die kurze Anspielung auf den Schiedsspruch der Troerinnen von dem Verfasser herrührt. Das zwingt mich aber noch nicht, die kleine
Ilias als Quelle dieser Anspielung anzuerkennen. Ist die Odyssee,
wie sie uns vorliegt, das Ergebniss jenes von Wilamowitz
vertretenen Contaminationsprocesses, so liegt kein Grund vor,
nicht auch die kyklischen Epen in ähnlicher Weise entstanden
zu denken, und das erkennt v. Wilamowitz auch an (S. 176. 232).
So könnte denn das Schiedsgericht der Troerinnen von dem
Verfasser der kleinen Ilias aus einer älteren Quelle entlehnt
worden sein. Damit fiele aber jeder Anlass fort, die Nekyia
in diesem speciellen Zuge gerade von der kleinen Ilias abhängig zu denken. Dürfen wir uns über dasjenige, was hinter
der Odyssee und der kleinen Ilias stehen mag, eine Muthmassung erlauben, so möchte ich kurz bezeichnen, wo ich die
Urheberschaft des Spruches der Troerinnen suchen würde.
Eine sehr originelle Idee ist es, den über die grössere Würdig-
keit des Aias oder des Odysseus uneinigen achäischen Schieds-
richtern durch das belauschte Urtheil troischer Mädchen zu
Hülfe zu kommen. Die Idee ist geradezu pikant. Sie sieht
ganz wie die subjective Erfindung eines nach neuen überraschenden Motiven trachtenden Dichters aus. Also an die
letzte Instanz, die Volkssage, dürfen wir hier nicht appelliren.
Aber sehr zweifle ich, dass die grossen Heldenepen als die
Geburtsstätten solcher Einzelmotive zu betrachten sind. Diese
Epen sind doch nicht die ersten Lebensäusserungen der epischen Gesangeskraft, sondern bereits nach weiterem Plane angelegte, viele Situationen in ein grosses Gesammtbild zusammenfassende Kunstschöpfungen. Was vor ihnen gelegen hat, sagt
uns die Odyssee aufs unzweideutigste. Odysseus weilt in der
gastlichen Halle des Phäakenkönigs. Der Aöde Demodokos
hat vom Hader zwischen Odysseus und Achill gesungen, οἵμης
τῆς τότ᾽ ἄρα κλέος οὐρανὸν εὐρὺν ἵκανεν (θ 74); er wird
dann von Odysseus aufgefordert vom hölzernen Pferde zu
singen, wenn er es κατὰ μοῖραν gethan, so wolle er (Od.) des

Sängers Ruhm allen Menschen verkünden (θ 492 ff.). Wie aus
der Odyssee ersichtlich ist, singen die Aöden dasjenige, was
gerade ein beliebtes Thema bildet; es ist ihnen darum zu thun,
durch eine ἀοιδὴ νεωτάτη (α 352) den Beifall der Hörer zu
gewinnen. Aus solchen Einzelliedern ist doch die ganze Heldenpoesie der Griechen hervorgewachsen, und gerade bei dem
Einzellied musste es darauf ankommen, durch eine neue Darstellung des allbekannten Stoffes zu wirken. Ich denke daher,
für den Schiedsspruch der Troermädchen ist die erste Quelle
ein findiger Aöde gewesen, durch wie viele Kanäle dieser Einfall dann gesickert ist, bis er in die Odyssee und in die kleine
Ilias Aufnahme fand, darüber bleibe ich die Auskunft schuldig.
— Ein sehr beliebtes Thema war zur Zeit der Odyssee offenbar der Gesang vom hölzernen Pferd, von ihm handeln
θ 499—520, λ 523—32, δ 271—84 (89). Christ ist überzeugt,
dass alle diese Stellen Entlehnungen aus der Iliupersis sind;
nur an der ersten Stelle seien auf das Eigenthum des Arktinos
noch fünf Verse (δ 285—89) aus der kleinen Ilias gepfropft.
Dass in δ 286 Antiklos aus dem Kyklos stammt, bezeugen die
Scholien. Nun gut, so streichen wir mit Aristarch die fünf
Verse als eine kyklische Interpolation. Aber man lasse doch
der Odyssee ihr hölzernes Pferd. Der Dichter sagt uns ja
selbst, dass dieses Thema zu seiner Zeit bei festlichen Gelegen-
heiten gerne gehört wurde, glauben wir es ihm, anstatt Arktinos
zur Geltendmachung seines Autorrechts vor die Schranken zu
laden. — Doch ich kehre zum Spruch der Troermädchen zurück.
Aristarch erklärte den Vers für eine Interpolation aus den
Kyklikern. Vielleicht traf er damit das Richtige, vielleicht
auch nicht. Von seinem Standpunkt aus konnte er nichts
anderes thun, als den Vers athetiren. Wenn wir ihm nicht
folgen, so bleibt die kleine Ilias nicht das einzige Refugium.
Das ist wenigstens meine subjective Ueberzeugung. v. Wilamowitz kann es nicht beweisen, dass λ 547 unmöglich interpolirt
ist, kann es auch nicht beweisen, dass der Vers, wenn zum ursprünglichen Bestande des λ gehörig, im Anschluss an die kleine
Ilias gedichtet worden ist. Der von Wilamowitz vertretenen
Hypothese habe ich eine andere Erklärung der homerischen
Anspielungen gegenübergestellt, die Leser mögen entscheiden.

Das Eine ist sicher, und darin finde ich mich erfreulicher
Weise ja auch mit v. Wilamowitz in Uebereinstimmung, dass
die letzte Instanz für die epischen Stoffe die Volkssage bildet.
Zwischen ihr und den grossen Reservoiren der Heldenpoesie
liegt der reiche und mannigfaltige Sang der Aöden. Wir
wissen nicht, durch wie viel Kanäle eine Sagenversion geflossen, bis sie in die Heldenepen Aufnahme fand, dass jedoch
die Odyssee der Quelle näher steht als die kyklischen Gedichte,
glaube ich festhalten zu müssen. Die Quelle selbst kann,
wenn überhaupt, nur nach inneren Kriterien bestimmt werden.

§ 4.

Die Hereinziehung Teuthraniens in den troischen Sagenkreis.

In sagenchronologischer Hinsicht eröffnet die Einbeziehung
des Kaikosthales in den grossen Streit zwischen Achäern und
Troern der teuthrautische Krieg. Die erste selbständige
Behandlung des Gegenstandes bieten, so weit unsere Kunde
reicht, die Kyprien. Aber innere Gründe machen es wahrscheinlich, dass diese Sage schon beträchtlich früher ausgebildet
und von Aöden besungen worden ist. Auch ein äusseres,
wenngleich nur indirectes Zeugniss für das vor die Kyprien
zurückreichende Alter derselben kann man aus der Nekyia
entnehmen, denn wenn hier (λ 519) der Telephide Eurypylos
auftritt, so ist damit zugleich Telephos gegeben und Telephos
bedeutet im troischen Sagenkreise den teuthrantischen Krieg.
Dieser Krieg ist durchaus sagenecht und Aristarchs Meinung
keine glückliche, dass derselbe nur aus dem missverstandenen
παλιμπλαγχθέντας der Ilias (A 59) von den νεώτεροι herausgesponnen worden sei.[1] E. Curtius hat die Sage vom troischen Kriege für ein Spiegelbild der äolischen Colonisation
erklärt[2] und ich weiss in der That nicht, wie man sich eine
natürlichere Veranlassung für den Ursprung dieser Sage zurecht-
legen soll.[3] Wie die Abfahrt der Aeolier von Aulis unter

---

[1] Lehrs, Aristarch² S. 91. 189.
[2] Griech. Gesch.⁴ I 117 f.
[3] Müllenhof construirte eine alte Zerstörung Trojas durch die
Phönicier, durch deren Spuren die Griechen zur Ausbildung ihrer Sage

Penthilos' Führung (Str. 401 f.) ihr mythisches Vorbild in dem gleichen Ausgangspunkt der Flotte Agamemnons besitzt, so darf man auch vermuthen, dass das teuthrantische Vorspiel des troischen Krieges mit wirklichen Ereignissen der äolischen Colonisation in Verbindung steht. Strabo bemerkt p. 10, dass die ionischen und äolischen Auswanderer in Folge mangelnder Kenntniss der Oertlichkeiten viele Verluste erlitten hätten, gerade wie Agamemnon durch die Fehlfahrt nach Mysien. v. Gutschmid, der hinsichtlich der historischen Grundlage des troischen Krieges sich der Ansicht von Curtius anschliesst, betont diese auffallenden Parallelen in seiner Vorlesung über griechische Geschichte und wir haben gesehen, dass auch schon Welcker geneigt war für den teuthrantischen Krieg die äolische Geschichte in Rechnung zu bringen. — Eines freilich bleibt zu erklären, warum die Fehlfahrt Agamemnons von der Sage gerade nach Teuthranien gelenkt wurde. Um diese Sage als prototypische zu fassen, müsste man nachweisen, dass die äolischen Colonisten gerade an der Küste Teuthraniens einem heftigen Widerstande begegnet sind. Und das lässt sich nachweisen; bei der spärlichen Kunde, die über die Geschichte von Aeolis erhalten ist, allerdings nicht durch ein directes Zeugniss, aber doch auf indirectem Wege.

Während die äolischen Siedelungen sich an der Südseite des elaitischen Golfes ziemlich tief in das Binnenland hineinziehen (Aigai, Larissa, Neonteichos, Temnos), ist im Kaikosthal nur eine einzige altäolische Stadt nachweisbar, das hart am Meer liegende unbedeutende Pitane. Dagegen ist Kidainis (das spätere Elaia, vgl. u. S. 191) eine sehr wichtige Stadt des Kaikosthales, da es den Zugang zur teuthrantischen Landschaft von Süden her vertheidigt, und erst in einer späteren Periode ist es den Aeoliern gelungen, diese Stadt den Bewohnern Teuthraniens zu entreissen (vgl. unten S. 190 f.). Alle Wahrscheinlichkeit spricht dafür, dass die äolischen Angriffe auf Teuthranien von der kymeischen Halbinsel, der Basis der

angeregt worden sein sollen. Deut. A. K. I 19 ff. Wie luftig diese Hypothese ist, hat Gutschmid gezeigt (Centralbl. 1871. Nr. 21. S. 622). — M. stützte sich besonders auf die überlieferte Zerstörung Trojas durch Herakles. Was von dieser zu halten ist, sahen wir oben S. 120.

festländischen Aeolier, her unternommen worden sind. Da nun,
wie die Geschichte Teuthraniens zeigt, die Bewohner des Kaikosthales den äolisch-achäischen Zuwanderern mit Erfolg Wider-
stand geleistet haben (denn über die Besetzung Pitanes und
Elaias sind letztere nie hinausgekommen), so war hier in der
That der Boden gegeben, aus welchem sich eine Sage entwickeln
konnte, wie sie „der teuthrantische Krieg" vorführt. Wenn
man mit Aristarch denselben lediglich auf einen missverstandenen Ausdruck der Ilias zurückführt, so bleibt die Localisirung der verfehlten Landung gerade an Teuthraniens Küste
ganz unerklärt, dagegen finden wir dafür eine ratio, wenn wir
die zurückgewiesene Unternehmung Agamemnons als das mythische Spiegelbild der längere Zeit erfolglosen äolischen Unternehmungen gegen Teuthranien auffassen. Erst mussten doch
die kleinasiatischen Griechen überzeugt sein, dass sich an der
teuthrantischen Küste ein der troischen Unternehmung verwandtes Ereigniss abgespielt habe, und dann erst hatte die
epische Behandlung dieses Stoffes als ein Glied des troischen
Sagenkreises Sinn und Berechtigung. Eine willkürliche Erfindung der νεώτεροι liegt hier also entschieden nicht vor,
sondern ein mythischer Reflex wirklicher Ereignisse. Von
Interesse ist dabei eine offenbar auf Localüberlieferung zurückgehende Bemerkung bei Ps. Skylax § 98 zu dem zwischen
Myrina und Gryneion liegenden Ἀχαιῶν λιμήν[1]): ἐν τούτῳ
λέγονται Ἀχαιοὶ βουλεύσασθαι, ἐπὶ τὸν Τήλεφον πότερον στρα-
τεύοιεν ἢ ἀπίοιεν. Das klingt ganz anders als die Vulgärsage,
nach welcher die Achäer direct auf die teuthrantische Küste
lossteuern und dieselbe in der Meinung Troas vor sich zu
haben verwüsten, bis das Eingreifen des Telephos sie zur Abfahrt nöthigt. In der weitangelegten Oekonomie der Kyprien
erscheint der specielle Zug unterdrückt. Man wird annehmen
dürfen, dass die Landung im „Achäerhafen" und ein von dort
gegen das Kaikosthal gerichteter Angriff die Originalform der
Sage bewahren. Bei dem teuthrantischen Abenteuer büsste
nach den Kyprien Thersandros das Leben ein. Es ist dies
der einzige Kadmeier, der in der troischen Sage handelnd auf-

---

[1]) Cf. Str. 622 § 6. Ἀχαιῶν λιμήν, ὅπου οἱ βωμοὶ τῶν δώδεκα θεῶν.

tritt und, so weit ich sehe, der einzige kadmeische Heros, der auf äolischem Gebiet einen Cult besass (sein μνῆμα in Elaia Paus. IX 5, 14). Man wird ihn auf kadmeische Colonisten, welche sich an den üolischen Unternehmungen gegen Teuthranien betheiligten, zurückführen dürfen. In der Localsage war er wohl Protagonist und tritt erst bei der Einfügung in den trojanischen Sagenkreis gegen Achill zurück.

Nach den Troica sind die Haupthelden des teuthrantischen Krieges Achill und Telephos. Nun bezeugt die Odyssee noch eine zweite Einbeziehung Teuthraniens in den troischen Kreis: die Söhne dieser beiden Helden, Neoptolemos und Eurypylos, messen sich unter den Mauern Ilions (λ 519—22). Dieser Sagenstoff ist jünger als der teuthrantische Krieg. Neoptolemos ist ein Achill in 2. Auflage und die Schwierigkeit seiner Einfügung in die troische Sage (cf. oben) spricht für seinen relativ späten Eintritt in dieselbe. Eurypylos aber lässt sich von Neoptolemos nicht trennen. Während jedoch der letztere aus localer Ueberlieferung (Skyros) in die Troica eingeführt ist, scheint die Gestalt des Eurypylos eine rein poetische Fiction zu sein. Dafür spricht wenigstens, dass seine ganze Bedeutung eben im troischen Kriege aufgeht. Man wird ihn daher als eine nicht aus teuthrantischer Localüberlieferung stammende Figur streichen können. Mit ihm fällt auch seine Mutter Astyoche, die Schwester des Priamos, deren Namen Akusilaos (fr. 27) aus der kleinen Ilias haben wird. Wenn die Ilias teuthrantische ἐπίκουροι nicht kennt, solche aber nach späterer Sage doch eingriffen, so war die neue Hilfe irgend wie zu motiviren. Eine hinreichende Begründung war es, wenn man Telephos zum Schwager des Priamos machte. Ein erster Aöde mochte sich hiermit begnügen. Ein zweiter fügte verstärkend die Bestechung durch den goldenen Weinstock hinzu, aber schwerlich aus eigener Erfindung, sondern unter Verwendung eines allgemein-epischen Motivs (man vgl. die Bestechung der Eriphyle ο 247, der Skylla Aesch. Choeph. 613, der Prokris Pherek. fr. 77). Streichen wir alle zur Verknüpfung Teuthraniens mit der troischen Sage stattgefundenen poetischen Fictionen, so bleiben zwei Gegenstände der epischen Ueberlieferung übrig, die auf selbständigen Werth Anspruch machen:

11*

der Name Κήτειοι (2. Buch, K. I § 1) und die Gestalt des
Telephos, in welcher die teuthrantische Localüberlieferung
den mythischen Vertreter einer Bevölkerung arkadischer Herkunft erkennen lässt (2. Buch, Kap. III). Hinter Telephos steht,
von dem Epos nicht beachtet aber in der Localsage überliefert, Teuthras, der Eponym der alt eingesessenen Bevölkerung des Kaikosthales (2. Buch, K. I u. II). Teuthras
und Telephos sind in der Sage eng mit einander verbunden,
ein Bild friedlicher Vereinigung der Zugewanderten mit den
Altsassen. — Nach Curtius freilich hat der teuthrantische
Telephosmythos nicht den Werth einer alten Localüberlieferung,
verdankt vielmehr seine Entstehung nur „der Absicht eine
ursprüngliche Verwandtschaft zwischen der Bevölkerung des
Kaikosthales und den Hellenen jenseits des Archipels auszudrücken und speciell die äolischen Colonieen mit dem
Hinterlande in friedliche Verbindung zu bringen". Die Sage
selbst und die örtliche Ueberlieferung drückt das Gegentheil
aus, da Telephos den Achäern feindlich entgegentritt, und der
von ihm erschlagene Thersandros in dem äolischen Elaia durch
einen Todtenkult geehrt wurde. — Noch weiter ging Welcker
und erklärte den Telephos der Kyprien für ein Product der
nach symmetrischer Behandlung strebenden epischen Poesie.
In der Odyssee erscheine Eurypylos, der Telephide mit Neoptolemos gepaart; zum Eurypylos hätten dann die Kyprien ihren
Telephos „hinzugedichtet", um auch dem Vater des Neoptolemos
einen entsprechenden Kämpfer entgegenzustellen. So erhalte
Eurypylos einen Vater in der Poesie (Ep. C. II 137). Es ist
merkwürdig zu sehen, wie Welcker, der sonst für die Bedeutung
der Volkssage so nachdrücklich eintritt, in diesem Falle dem
Standpunkt Nieses vorarbeitet. Er muthet uns zu in der Odyssee
ein inhaltloses Patronymikon (Τηλεφίδης) zu statuiren, welchem
erst die Kyprien Persönlichkeit (Τήλεφος) verliehen hätten.

Die gegen die Realität einer altteuthrantischen Sage erhobenen Zweifel kann ich in keinem Punkte als stichhaltig
anerkennen und will es versuchen, in dem folgenden Buch
der Ueberlieferung ein positiveres Ergebniss abzugewinnen.

Zweites Buch.
Teuthrantea.

Erstes Kapitel.
Teuthranien und seine Bewohner.[1]

§ 1.
Κήτειοι.

Ein Beitrag zur Geschichte antiker Homorerklärung.

Die Landschaft Teuthrania muss, wenngleich von der Ilias nicht erwähnt, doch schon früh unter den Nachbargebieten in eigenartigem Gepräge hervorgetreten sein. Denn zwei teuthrantische Helden setzt die Odyssee in kurzem Hinweis als bekannt voraus, den Telephos und seinen Sohn Eurypylos. Letzteren preist sie als einen der ausgezeichnetsten Bundesgenossen des Priamos, seine Mannen nennt sie aber nicht Teuthranier, sondern Keteier (λ 519—22 und dazu oben S. 150, 156f., 163).

---

[1] Dieses bereits im Herbst 1886 abgeschlossene Kapitel musste wegen der zeitraubenden Untersuchungen für das einleitende Buch ein Jahr liegen bleiben und unterdessen ist der Mann, welchem das Ganze dargebracht werden sollte, zu Grabe getragen worden. Jene Partieen, welche v. Gutschmids als eines lebenden gedenken, abzuändern schien mir jedoch nicht nöthig und das Kapitel geht (von einigen Erweiterungen in § 5 abgesehen) in der ursprünglichen Form zum Druck. Inzwischen über das Thema Erschienenem ist in Anmerkungen Rechnung getragen. — Die beigegebene Kartenskizze wurde unter Zugrundelegung von Kieperts „nouv. carte générale" (1884) und Mitberücksichtigung der S. 167 A. 2 genannten Publicationen entworfen. Sie will nicht mehr sein als ein für die topogr. Erörterungen dem Leser zu grösserer Bequemlichkeit an die Hand gegebenes Orientirungsmittel. Die Stadt Teuthrania habe ich auf den „Ruinenhügel" der kiepertschen „Karte von Kleinasien" (1844) angesetzt, Tiare nach der Beschreibung der „pergamen. Landstadt" in den Mittheilungen XI, Perperene nach Plin. und Hierokl. annähernd bestimmt. Ueber die Strasse Pergamos-Apollonia-Sardes vgl. S. 200, 1, über den Euenos S. 174, 1.

Diese Keteier, im Alterthum Gegenstand einer vielumstrittenen
Streitfrage, sind auch heute noch ein dunkler Punkt der
Homererklärung. Bezeugt ist der Name, ausser durch Homer,
noch einmal und zwar durch Alcaeus, dem Telephos ein „Κήτειος" war (fr. 136 Bgk.). Vielleicht hat Alcaeus diese Bezeichnung nur aus der Nekyia entlehnt (vgl. oben S. 157).
Jedenfalls macht es der sonst feststehende Stammesname „Teuthranier" sehr wahrscheinlich, dass in den Κήτειοι der beiden
Dichter kein wirkliches Ethnikon, vielmehr eine irgend welchem
örtlichen Anlass entnommene, nur poetische Benennung vorliegt. Dass dieselbe dem späteren Alterthum dunkel geworden
war, beweisen die zahlreichen Deutungsversuche.[1]) Aristarch
fasste κήτειοι adjectivisch als „die grossen" (von κῆτος), andere
machten sie διὰ τὸ ἀκόρεςτον ἐκ μεταφορᾶς κήτους zu „Söldnern",
einige veränderten in κήδειοι oder χήτειοι, eine Gruppe endlich
zog die örtlichen Verhältnisse des Kaikosthales zu Rathe und
brachte den Namen mit einem teuthrantischen Flüsschen Κήτειος in Zusammenhang. Ich beschränke mich zunächst darauf,
als Vertreter dieser Gruppe Demetrios von Skepsis zu bezeichnen,
aus dessen Τρωϊκὸς διάκοςμος Strabo p. 616 durch Vermittelung
Apollodors, wenn nicht direct, geschöpft hat.[2]) Welcker hat
sich Aristarchs Erklärung angeschlossen (Ep. Cycl. II 137),
die Erklörung des Demetrios ist natürlicher und findet eine
Analogie in den thrakischen Cκαοί, einfach der Pluralform zum
Flusse Cκαιός (Hekat. fr. 133 und Str. p. 590). Indessen liegt
die Sache doch nicht so einfach wie Hesselmeyer (Ursprünge
der Stadt Pergamos S. 16) glaubt. Wenn Aristarch die Ableitung von einem gleichnamigen Flusse Teuthraniens, der ihm
ebenso gut wie Demetrios bekannt gewesen sein wird, ablehnte
und zu der künstlichen von κῆτος griff, wenn andere gar die
Κήτειοι durch Textbesserung aus dem Homer fortschafften, so

---

[1]) Schol. zu λ 521; Eustath. zu λ 520; Hesych. s. v. Κήτειοι; Strabo
XIII p. 616.
[2]) Vgl. die grundlegenden Untersuchungen von Niese „Apollodors
Commentar zum Schiffskatalog als Quelle Strabons" Rh. Mus. XXXII
(1877) und dazu die Strabo eine directe Benutzung des Demetrios zu-
sprechende Dissertation von R. Gaede, Dem. Scepsii quae supersunt.
Gryph. 1880.

müssen doch Gründe vorgelegen haben, um an der Zurückführung auf einen teuthrantischen Κήτειος Anstoss zu nehmen.
Dass ein Bach dieses Namens im Kaikosthal vorhanden war,
ist freilich gesichert. Plinius sagt V § 126: *Pergamum, quod
intermeat Selinus, praefluit Cetius profusus Pinduso monte.* Die
Namen der beiden Bäche, zwischen denen die Akropolis von
Pergamos aufragt, sind zudem auch urkundlich gesichert, und
zwar durch eine pergamenische Münze M. Aurels, auf deren
Rückseite zwei bärtige Flussgötter dargestellt sind, der eine
mit Zweig und Füllhorn, der andere mit Zweig und Schilf
in den Händen, und dazu die Umschrift .... CΕΛΕΙΝΟΥC
ΚΗΤΕΙΟC.[1]) Man sollte meinen, dass Demetrios diesen pergamenischen Keteios zur Erklärung der homerischen Keteier
herangezogen hat. Aber statt des zu erwartenden bündigen
Hinweises auf denselben finden wir bei Strabo p. 616 eine
ganz sonderbare Beschreibung des fraglichen Baches: τῷ δὲ
λόγῳ τούτῳ (d. h. mit der Voraussetzung, dass der Eurypylos
Homers im Kaikosthal geherrscht habe) cυνηγορεῖ τὸ ἐν τῇ
Ἐλαΐτιδι (!) χειμαρρῶδες ποτάμιον δείκνυcθαι Κήτειον· ἐμπίπτει
δ' οὗτος εἰc ἄλλον ὅμοιον, εἶτ' ἄλλον (!), καταcτρέφουcι δὲ εἰc
τὸν Κάϊκον. Niemand kann aus diesen Worten den Keteios
von Pergamos herauslesen. Nimmt man sie unbeanstandet
hin, so bezeugen sie vielmehr einen Zufluss des Kaikos in
der Elaitis. Indess giebt es nach den mir zu Gebote stehenden kartographischen Veröffentlichungen[2]) im Gebiet von Elaia
gar keinen Nebenfluss des Kaikos und selbst wenn man den
kleinen auf halbem Wege zwischen Pergamos und Elaia linker-
seits in den Kaikos mündenden Bach als noch zur Elaitis gehörig betrachten wollte, so würde er für den Text Strabons
nicht angezogen werden können, da in letzterem nicht von
einem Nebenfluss, sondern von mehreren in einander fallenden Bächen die Rede ist. Demnach drängt sich die Ver-

---

[1]) Mionn. S. V 442, 1012, abgeb. bei Choiseul Gouffier, voy. pitt. II
pl. 6, 19. — Cf. Mion. S. V 438, 987 (Κήτ.) D. II 699, 566 (Σελ.).

[2]) Humanns K. v. Vorder-Kleinasien in K. v. Scherzers „Smyrna"
(1873); Bull. de c. hell. VII (1882) pl. 9 (nach der engl. Admiralitäts-
karte); Kieperts Kartenwerke, vor allem seine nouv. carte génér. des
prov. As. de l'Emp. Ottom. 1883 (auf Grund von Aufnahmen Humanns).

muthung auf, dass Strabo u. a. O. irrthümlicher Weise die
Elaitis genannt hat, wo er in Anlehnung an den Bach von
Pergamos die Pergamene hätte nennen sollen. Aber solcher
Annahme scheinen zwei andere Zeugnisse im Wege zu stehen,
welche ebenfalls von der Elaitis reden. In den Scholien BHQ
zu λ 521 nämlich wird (nach Erwähnung der aristarchischen
Ableitung) bemerkt: ἄλλοι δὲ ἔθνος Μυσίας τοὺς νῦν Ἐλεάτας
[l. Ἐλαιάτας oder Ἐλαῖτας] καλουμένους. Uebereinstimmend,
aber auf Grund eines ausführlicheren Scholions, meldet Eustathios zu λ 520: ἕτεροι δὲ ἔθνος Μυσίας φασὶ τοὺς ὕστερον
Ἐλεάτας (cf. Schol. BHQ) ἀπὸ Κητείου ποταμοῦ χειμαρρώδους
ἐν τῇ Ἐλαῖτιδι (cf. Strabo), ὃν καὶ κητώεντα φασίν (nur durch
Eust. überliefert). Die Uebereinstimmung der drei Zeugnisse
springt so ins Auge, dass man bei Strabo, bei Eustathios und
in den Scholien nur eine und dieselbe Lösung des Keteierproblems, den Nachweis eines elaitischen Giessbachs Keteios
wird anerkennen wollen, und damit fiele dann die von mir
oben vorausgesetzte Beziehung der strabonischen Angabe auf
den Keteios von Pergamos in sich zusammen. Indessen steht
der Einbeziehung Strabons in das Bereich der elaitischen λύσις
doch eine Reihe sehr gewichtiger Bedenken entgegen: 1) Eustathios führt nach dem Hinweis auf einen elaitischen Keteios
folgendermassen fort: ἄλλοι δὲ Κητείους τοὺς Περγαμηνοὺς
ἐνόησαν. Wer das that, konnte es nur auf Grund eines dem
elaitischen Bach das Gegengewicht haltenden Rechtstitels der
Pergamene thun. Plinius und die angeführte pergamenische
Münze lehren, dass diesen Titel der an Pergamos vorbei-
fliessende Bach Keteios lieferte. Eustathios, combinirt mit
Plinius und der Münze, beweist also, dass zur Erklärung der
homerischen Keteier an zwei verschiedenen Stellen des Kaikosthales ein Keteiosbach beigebracht worden ist; 2) der bei
Eustathios erwähnte Κήτειος-κητώεις der Elaitis wird nicht als
Nebenfluss des Kaikos bezeichnet; 3) der von Strabo „in der
Elaitis" angeführte Κήτειος ist ein Zufluss des Kaikos; 4) in
der Elaitis, d. h. auf dem linken Ufer des unteren Kaikos,
giebt es keinen Nebenfluss des Kaikos (cf. oben S. 167), dagegen fällt ein wenig südlich vom alten Elaia ein kleiner Bach
unmittelbar in das Meer. Auf Kieperts nouv. c. génér. ist er

namenlos, auf der „Karte von Kleinasien" führt er den Namen Ak Tepe. Dieser Bach wird der elaitische Ketcios des Eustathios sein, für den Keteios des Strabo (Demetrios) ist in der Elaitis kein Platz.

Ohne das Zeugniss des Eustathios würde sich die That- sache, dass ein elaitischer Bach zur Erklärung der homerischen Keteier herangezogen worden ist, nicht feststellen lassen. Dass dieser Bach aber auch wirklich im Munde der Elaiten den Namen Keteios führte, ist schon nach Aristarchs Stellung zum Keteierproblem nicht recht glaublich und auch aus Eustathios nicht nothwendig zu folgern. Der von letzterem glücklicher Weise gegebene Zusatz „ὃν καὶ κητώεντα φασίν" lässt vielmehr erkennen, dass wir es hier mit der Thätigkeit eines gelehrten Homererklärers zu thun haben. Mochte der „ποταμὸc χειμαρρώδης" von Elaia immerhin einen ganz anderen Namen führen, ein Gelehrter, der die homerischen Κήτειοι als „die Mannen vom Keteiosfluss" fasste, konnte in jenem elaitischen Bache trotzdem den Ausgangspunkt der homerischen Benennung entdecken. Die Art der Beweisführung lässt sich errathen: Der elaitische Bach verdiente das homerische Beiwort κητώεις (vgl. Eustathios). Nun wurde κητώεςςα, das Beiwort Lakedaimons ϑ 1 und B 581, von den einen durch μεγάλη erklärt (offenbar Aristarchs Standpunkt), von anderen durch καιετάεςςα „klüftereich" (Zenodot las ϑ 1 geradezu Λακεδαίμονα καιετά-εςςαν).[1]) Wer das homerische Epitheton auf das elaitische Flüsschen anwandte, dem konnte natürlich nicht die Auffassung Aristarchs, sondern nur die an zweiter Stelle erwähnte vorschweben und für einen durch Klüfte fallenden Giessbach war das Epitheton in der That passend. Auch in dem Namen Κήτειοс hörte ein griechisches Ohr den Stamm κῆτος (eigentlich „Höhlung") heraus. War also der elaitische Bach seiner Eigenschaft nach ein κητώεις, so passte auf ihn auch der Name Κήτειος, ein Fluss Κήτειος aber wurde als Grundlage der homerischen Keteier vorausgesetzt und damit war die Taufe des elaitischen Baches vollzogen. Bekannt ist die Schwäche der Alten auf homerische Orts- und Völkernamen bestrittener Zugehörig-

---

[1]) Strabo p. 897. Eust. zu ϑ 1.

kcit je für die eigene Heimath Ansprüche zu erheben,[1]) demnach wird wohl auch beim elaitischen Giessbach „Keteios" die Hand eines elaitischen Localpatrioten im Spiele sein und vielleicht ist die Vermuthung nicht zu gewagt, dass dieser Patriot der Elaite Menekrates[2]) gewesen ist. Wir wissen, dass derselbe sich mit homerischer Ethnographie beschäftigte und sehen, dass er dabei auch vor Gewaltsamkeiten nicht zurückschreckte (fr. 3 bei Str. p. 550). Einem solchen Manne wäre es schon zuzutrauen, dass er, um die Keteier für seine Vaterstadt zu erobern, auch mit geringfügigen Handhaben zum Ziele kam. Mag nun Menekrates oder ein anderer hinter der besprochenen Lösung stehen, das Vorliegen einer elaitischen Lösung des Keteierproblems muss anerkannt werden. Ihre Uebermittler sind Eustathios und die Scholien BHQ zu λ 521.

In dieselbe Reihe auch Strabo (Demetrios) zu stellen ist, wie wir sahen, nicht statthaft, da sein Keteios zu den örtlichen Verhältnissen der Elaitis nicht stimmt. Allein auch auf den pergamenischen Keteios stimmt die Beschreibung, wie sie jetzt auf p. 616 gelesen wird, nicht. Dort heisst es: ἐμπίπτει δ᾽ οὗτος (der Keteios) εἰς ἄλλον ὅμοιον, εἶτ᾽ ἄλλον, καταστρέφουϲι δὲ εἰς τὸν Κάϊκον. Damit giebt sich der Keteios Strabons (sonderbar genug) als der Zufluss eines Zuflusses eines Nebenflusses des Kaikos! Aber der Text ist sicherlich verderbt: εἶτ᾽ ἄλλον ist sowohl sprachlich anstössig (statt εἶτ᾽ εἰς ἄλλον) als auch sachlich. Denn ein Fluss A fällt nach vernunftmüssiger Ausdrucksweise in einen Fluss B, worauf A + B einem Flusse C zufliessen, nicht aber kann man von dem Flusse A sagen, dass er sich zuerst in den Fluss B und darauf in den Fluss C ergiesst. Und dergleichen ist denn auch Strabo nicht in den Sinn gekommen. Die beiden jetzt im Text stehenden Worte kann ich nur für die Folge einer Dittographie nehmen, indem ein Abschreiber nach εἰς ἄλλον ὅμοιον noch einmal mit εἰς ἄλλον ansetzte; er bemerkte sein Versehen und stattete beide Worte mit Tilgungspunkten aus; diese übersah dann ein zweiter Abschreiber und so kam in den Text zunächst ein sinnloses εἰς ἄλλον und dafür dann

---

[1]) Man vgl. besonders die Alizonenfrage bei Strabo.
[2]) Um 800 v. Chr.

durch Conjectur εἰτ' ἄλλον. Strabons Text ist hergestellt,
wenn wir lesen: ἐμπίπτει δ' οὖτος εἰς ἄλλον ὅμοιον, καταστρέ-
φουσι δὲ εἰς τὸν Κάικον. Diese Beschreibung deckt sich freilich immer noch nicht mit dem heutigen Laufe der beiden
pergamenischen Bäche, da dieselben nicht (wie der kleine
Massstab auf Kieperts nouv. carte génér. den Anschein erweckt) unterhalb der Stadt sich vereinigen, sondern dicht
neben einander dem Kaikos zufliessen. Vgl. Kieperts Karte
von Kleinasien 1843 und Humanns Karte von Vorderkleinasien
in Scherzers „Smyrna" 1872.[1]) Allein der jetzige Thatbestand
ist für denjenigen vor zweitausend Jahren nicht massgebend.
Die hergestellte Lesart des Strabo (Demetrios) schliesst jedenfalls den elaitischen Bach aus. Plinius und die pergamenische
Münze bezeugen aber unzweifelhaft einen Keteios bei Pergamos.
Wenn wir also Demetrios nicht etwa als Zeugen für einen
dritten teuthrantischen Bach dieses Namens ansehen wollen,
wofür doch gar kein Anhalt vorliegt, so ist eben anzuerkennen,
dass er den pergamenischen Bach im Auge hatte. Und dann
wird man dem ortskundigen Gelehrten keine sachlich unrichtige
Beschreibung zutrauen dürfen, sondern annehmen müssen, dass
zu Demetrios' Zeit Keteios und Selinus so liefen, wie Strabo
beschreibt. Vom Pindasos herabgeführte Schlammmassen werden
die Verbindung beider Bäche verstopft und den einen derselben
gezwungen haben, sich ein neues Bett zum Kaikos zu graben.
Der einzige solcher Annahme noch im Wege stehende Umstand
ist die Angabe Strabons, dass sein Κήτειος in der Elaitis
fliesse. Aber wir sahen bereits, dass diese Ansetzung mit der
Geographie der Elaitis nicht in Einklang gebracht werden
kann. Man könnte nun sagen, Strabo (d. h. seine Quelle)
habe hier Elaitis nicht im buchstäblichen, sondern in einem
erweiterten Sinne gleich Καΐκου πεδίον gebraucht. Allein einmal giebt es sonst durchaus keine Spur einer solchen übertragenen Anwendung des Namens Elaitis; dann aber ist es
auch ganz unwahrscheinlich, dass gerade jene Lösung, welche
von dem elaitischen Bach des Menekrates absah, auf einen

---

[1]) Auch Fabricius bemerkt in Baumeisters Denkm. S. 1208 nach
Autopsie, dass beide Flüsschen „in vielfach verzweigtem Laufe, aber
ohne sich zu vereinigen, dem Kaikos zufliessen".

Ausdruck verfallen sein sollte, der die Elaitis in ungewöhnlicher Begriffserweiterung in den Vordergrund stellte. Ist also eine übertragene Bedeutung des strabonischen ἐν τῇ Ἐλαΐτιδι ausgeschlossen, so bleibt nur die Annahme eines Irrthums übrig. Freilich ist es schwer verständlich, wie Strabo in diesen Irrthum verfallen konnte, aber der Versuch, demselben auf den Grund zu kommen, muss wenigstens gemacht werden. Der elaitische Keteios hat sich uns als ein blosses Ergebniss gelehrter Combinationen erwiesen. Vieles spricht dafür, dass der pergamenische Keteios auf keiner festeren Grundlage ruht. Er ist zwar besser beglaubigt als der elaitische Bach — führen doch seinen Namen und sein Bild pergamenische Münzen. Trotzdem erheben sich hier wie dort dieselben Bedenken. Wäre der Keteios von Pergamos wirklich unter diesem Namen altüberliefert gewesen, so hätte Aristarch von ihm nicht so vollkommen absehen und in λ 521 ein adjectivisches κήτειοι = μεγάλοι vertreten können. Wie in Elaia so wird auch in Pergamos dem Bache Keteios Localpatriotismus und gelehrte Combination Gevatter gestanden haben. Nur fehlt uns hier der Einblick in die stattgefundene Mache, welche für Elaia aus dem homerischen Beiwort κητώεις (Eustath.) erkannt werden konnte. Vermuthlich gab auch für Pergamon eine Eigenschaft seines Baches den Schein der Berechtigung, den gesuchten Κήτειος hier wiederzufinden, entweder ebenfalls sein zerklüftetes Bett, oder ein anderes Merkmal, das den mit κητώεις, Κήτειος verbundenen Vorstellungen entsprach. Der zweite pergamenische Bach hiess Cελινοῦς, „der Eppichfluss" — κητώεις wurde von den Alten neben der oben genannten Erklärung auch als καλαμινθώδης gedeutet (Str. p. 367, Hesych. und Apoll. Soph. s. v. κητώεσσαν); sollte das den Pergamenern den Anknüpfungspunkt geliefert haben? Zum „Eppichbach" würde sich ein „Melissenbach" allerdings nicht übel gesellen.[1]) Doch lassen wir auf so unsicherem Boden die Vermuthungen und halten wir uns an die Thatsache, dass auch die Pergamener

---

[1]) Man vgl. den Bach Asterion beim Mykei. Heraion, wohl benannt nach der an seinem Ufer wachsenden Asterionpflanze. Paus. II 17, 2.

ihren Keteios aufzuweisen hatten.¹) So traten also zwei Städte
des Kaikosthales als Bewerber um die homerischen Keteier
auf; sie vermochten sich auf keinen klar überlieferten Rechtstitel zu stützen, doch ersetzten sie denselben durch das Verfahren des Wahrscheinlichkeitsbeweises. Der Schwäche desselben kam der Glaube an die eigene Sache zu Hülfe und der
Glaube versetzt Berge. Das Ergebniss war, dass Pergamos
mit dem Bilde des Flussgottes Keteios seine Münzen schmückte.
Nun hatte Demetrios, der offenbar von einer Verflüchtigung
der homerischen Keteier zu adjectivischer Wesenlosigkeit nichts
wissen wollte, die Wahl zwischen der claitischen und der pergamenischen Lösung. Er entschied sich für die pergamenische.
Aber er scheint es mit einer gewissen Zurückhaltung gethan
und dabei einer unklaren Ausdrucksweise sich bedient zu haben.
Nicht einmal das Vorhandensein zweier teutbrantischer Wett-
bewerber um den Namen Keteios lässt sich bei Strabo erkennen, dagegen aus seinen Worten deutlich genug herauslesen, dass die Ausführungen des Skepsiers²) in eine dunkle
Frage wenig Licht gebracht haben. Denn der Geograph wird,
trotzdem dass Demetrios einen Keteiosbach im Kaikosthal beigebracht hatte und jedenfalls auch für die γύναια δῶρα durch
seine grosse Belesenheit eine Erklärung zu finden wusste, doch
zur Klage bewogen, dass Homer mit den Keteiern und den
Weibergeschenken „mehr ein Räthsel aufgegeben als etwas
sicheres gesagt habe". οὔτε γὰρ τοὺς Κητείους ἴςμεν οὔςτινας
δέξαςθαι δεῖ οὔτε τὸ „γυναίων εἵνεκα δώρων". ἀλλὰ γὰρ οἱ
γραμματικοὶ (hier Demetrios) μυθάρια παραβάλλοντες εὑρεςι-
λογοῦςι μᾶλλον ἢ λύουςι τὰ ζητήματα. Etwas besser als die
von Demetrios versuchte Deutung der γύναια δῶρα kommt die
Erklärung der Keteier weg, denn Strabo bezeichnet sie als
μᾶλλον ἐν φανερῷ, aber eben auch nur μᾶλλον! Dann folgt

¹) Kiepert hat im Atl. ant.⁸ t. V einen auf halbem Wege von
Pergamos nach Germe von der rechten Seite in den Kaikos mündenden
Nebenfluss als Keteios bezeichnet. Die Gründe dafür vermag ich nicht
zu erkennen.

²) Strabo scheint hier den τρωϊκὸς διάκοςμος des Demetrios unmittelbar benutzt zu haben, denn Apollodor rechnete die Κήτειοι zu
den unbekannten Völkern Homers (Str. p. 680), wird sich also auf
die Wiedergabe des demetrischen Nachweises gar nicht eingelassen haben.

der oben schon gegebene Satz über die beiden Zuflüsse des Kaikos ἐν τῇ Ἐλαῖτιδι. Aus der ganzen Stelle Strabons spricht ein gewisser Verdruss über ein nicht, oder nicht befriedigend gelöstes Problem. Die sehr kurze Besprechung, die er demselben widmet, zeigt, dass der Amasener dem Stoff geringes Interesse schenkt, und wenn er auch hier geneigt ist die Keteierfrage als μᾶλλον ἐν φανερῷ zu betrachten, so billigt er doch später (p. 680 § 28) die Ansicht Apollodors, der die Κήτειοι zu den ἔθνη ἀγνῶτα Homers rechnete. Also die Ausführungen des Demetrios, welche in der Alizonenfrage Strabons localpatriotischen Unwillen erregen, bereiten ihm in der Keteierfrage vielmehr Ueberdruss — mit ein paar kurzen Worten legt er letztere ad acta. Wenn ihm dabei eine falsche Ansetzung des fraglichen Flüsschens untergelaufen ist, so mag man einen Theil der Schuld auf seine Quelle abwälzen, für den Irrthum selbst aber hat Strabo einzustehen und erst dann wird es hinreichend glaublich sein, dass ihm ein solcher Irrthum widerfahren konnte, wenn sich nachweisen lässt, dass er überhaupt von der Kaikosebene und ihrer Umgebung die unklarsten Vorstellungen hat. Und das lässt sich nachweisen, wie aus folgenden Belegen erhellt:

1) nach p. 614 § 67 soll sich der Euenos bei Pitane ins Meer ergiessen und zugleich doch auch die Wasserleitung der Adramyttener speisen! Seit Humanns topographischen Aufnahmen ist dieser Phantasiefluss aus den Kartenwerken verschwunden.[1]

---

[1] Die Unterbringung des Euenos ist noch nicht gesichert. Kiepert hat ihn im Atlas von Hellas taf. 2 mit dem Hauptbach der thebischen Ebene identificirt, im Atlas antiq.⁸ taf. 6 dann in dem vom Kosak herabkommenden Ayasmattschai angesetzt. Mit diesem Ayasmattschai ist wohl identisch der von Kiepert im Vorbericht S. 5 erwähnte „Madarastschai", welchen Humann für den Euenos der Adramyttener erklärt. Wie indess dieser durch den Madarasdagh gegen Norden verbaute Fluss Adramyttion mit Wasser sollte versorgt haben, ist mir undenkbar. Kiepert hat im Vorbericht S. 5 vermuthet, dass es zwei Flüsse Namens Euenos gegeben haben möchte. In dieser Richtung wird die Lösung zu suchen sein: unter Strabos compilirender Hand werden zwei verschiedene Bäche, von denen der eine vielleicht der westliche von Atarneus her zum Kaikos strömende Bach ist, zu dem ungeheuerlichen einen Fluss zusammengeflossen sein. Sicher ist so viel, dass in der thebischen Ebene ein

2) Strabo ist sich völlig unklar über die Ausdehnung des adramyttenischen Golfes und sein Verhältniss zum elaitischen. p. 622 § 5 giebt er nach Artemidor als Begrenzung des elaitischen Meerbusens die Vorgebirge Hydra (südlich) und Harmatus[1]) (nördlich). An anderen Stellen sind die beiden Meerbusen in einen zusammengefasst und da herrscht überall arge Verwirrung. So wird p. 606 § 51 der adramyttenische Meerbusen durch die Vorgebirge Lekton und Kane begrenzt und trotzdem der elaitische Golf in ihn mit einbegriffen. Ebenso p. 615 § 68: εἶτα (nach Pitane, der Kaikosmündung und Elaia) ἐν ἑκατὸν cταδίοιc ἡ Κάνη, τὸ ἀντᾶϊρον ἀκρωτήριον τῷ Λέκτῳ καὶ ποιοῦν τὸν Ἀδραμυττηνὸν κόλπον, οὗ μέρος καὶ ὁ Ἐλαϊτικός ἐcτι. Auch p. 607 § 51 ist Kane als der südliche Abschluss des adramyttenisch-elaitischen Meerbusens angegeben: εἶτ' Ἀταρνεὺc καὶ Πιτάνη καὶ αἱ τοῦ Καῖκου ἐκβολαί· ταῦτα δ' ἤδη τοῦ Ἐλαϊτῶν κόλπου· καὶ ἔcτιν ἐν τῇ περαίᾳ (auf der linken Seite des Kaikos) ἡ Ἐλαία καὶ ὁ λοιπὸc μέχρι Κανῶν κόλποc. —

Euenosfluss existirte. Dafür spricht neben Strabons Angabe (ἐξ οὗ τὸ ὑδραγωγεῖον πεποίηται τοῖc Ἀδραμυττηνοῖc) die Notiz bei Plinius V 122: flumen Euenum, cujus in ripis intercidere Lyrnessos et Miletos. Ja der Schiffskatalog schon zeugt für ihn, wenn er den König von Lyrnessos, den Vater der Briseis Euenos (d. h. „den Mann vom Euenos") nennt (B 692. Cf. Αἴcηπος Z 21). — In der Ansetzung des Euenos auf der Kartenskizze habe ich demnach den Standpunkt gewählt, welchen Kiepert im Atlas von Hellas taf. 2 einnahm. Was für eine Bewandtniss es mit jenem Euenos hat, den Strabo bei Pitane münden lässt, bleibe dahingestellt. Man vgl. übrigens Tietze, Beitr. zur Geologie von Lykien im Jahrb. des k. k. geol. Instit. XXXV (1885) S. 379: „In der Gegend von Bergama hat die Vereinigung des Bakir Tschai (Caïcus) und des Madara Tschai (Evenus) [damit kann Tietze jedenfalls nicht den Ayasmattschai, sondern nur den westlichen Nebenfluss des unteren Kaikos meinen] seit histor. Zeit stattgefunden, da Strabo positiv versichert, dass zu seiner Zeit der Evenus in den elait. Meerbusen mündete, während heute diese Mündung verstopft ist und der Evenus statt direkt ins Meer zu gehen, sich in den Caïcus ergiesst." — Lolling (Mittheil. IV 5, 6) war nicht im Stande Strabons Angaben mit der Wirklichkeit auszugleichen. Die von mir im Text angeführten Thatsachen zeigen, dass der „in Kleinasien besonders genaue Geograph" (Lolling) unter Umständen nur ein dem Irrthum sehr unterworfener Compilator ist.

[1]) Letzteres nicht zu verwechseln mit dem von Thukydides VIII 101 genannten Harmatus καταντικρὺ Μηθύμνηc.

Der richtige Sachverhalt ist hergestellt, wenn man an allen
Stellen für Kane das Vorgebirge Hydra einsetzt, Strabo aber
geht so weit p. 615 § 68 Kane als den südlichen Abschluss
des elaitisch-adramyttenischen Golfes zu bezeichnen und zugleich doch das an seinem Westfusse gelegene Städtchen
Kanai in der Nachbarschaft der Arginusen und gegenüber
dem südöstlichen Vorgebirge von Lesbos anzusetzen. Diese
Ansetzung stimmt mit der wirklichen Lage der Kane (vgl.
Herod. VII 42), sie fusst also auf einer Quelle, die von
der Geographie dieser Gegenden eine ganz richtige Vorstellung besass, Strabo dagegen wirft ahnungslos durcheinander.

3) Den Höhepunkt bildet die Ansetzung der Elaitis anlässlich einer genauen Ortsbestimmung Kanes p. 615 § 68:
*„Im Süden und Westen grenzt an das Kanegebirge das Meer,
im Osten die Kaikosebene, im Norden aber die Elaitis!"*
Die drei ersten Bestimmungen hat Strabo richtig nach seiner
Quelle gegeben, die vierte in starrer Consequenz seines Irrthums über die gegenseitige Lage von Kane und Elaia von
sich aus hinzugefügt.[1]

Wer dergleichen niederschreiben konnte, war sich über
die örtlichen Verhältnisse der uns beschäftigenden Gegend
völlig im Unklaren, dessen Angaben verlieren aber auch,
wenn sie zu anderweitig gewonnenen Anschauungen in Widerspruch stehen, ihr Gewicht. Demnach wird man mir jetzt
keine Willkür mehr vorwerfen können, wenn ich an der Ansicht festhalte, dass Strabo auf p. 616 § 70 mit der Ansetzung
des demetrischen Keteios ἐν τῇ Ἐλαΐτιδι einen Irrthum begangen
hat. Damit ist aber auch das letzte Hinderniss beseitigt,
welches unserer durch mehrere Gründe gestützten Ansicht über
den Standpunkt des Skepsiers im Wege stand. Trotz Strabo
darf Demetrios als Vertreter der pergamenischen Lösung
des Keteierproblems hingestellt werden. Neben ihn treten

---

[1] Noch an einer 3. Stelle spricht Str. von der Elaitis p. 571 § 2,
vermuthlich nach Apollodor. Hier wird ganz richtig Elaitis als Stadtgebiet von Elaia der Pergamene gegenübergestellt und mit sicherster
Ortskenntniss auch noch ein drittes zwischen beiden befindliches Gebiet
(Teuthrania) angegeben. Das ist nicht Strabons Verdienst.

als Zeugen für dieselbe Eustathios, Plinius, die pergamenischen
Münzen des M. Aurelius und Ael. Caesar und Hesychios.[1])
Nun steht den Bemühungen der Elaiten und Pergamener
um einen einheimischen Bach Keteios eine principiell abweichende Erklärung der homerischen Κήτειοι gegenüber,
welche den Namen zu einem Adjectivum verflüchtigt. Es ist
die alexandrinische Lösung des Problems, als deren Vertreter die Ueberlieferung Aristarch bezeichnet. Möglich war
eine solche Stellungnahme nur, wenn für die Auffassung der
Keteier als eines an örtliche Umstände des Kaikosthales anknüpfenden Stammesnamens kein schlagendes Beweismaterial
vorlag und die vorstehende Untersuchung hat gezeigt, dass ein
solches in der That nicht vorhanden gewesen ist. Wenn meine
Vermuthung, dass hinter der elaitischen Lösung Menekrates
steht, richtig ist (für sie spricht wenigstens die Wahrscheinlichkeit), so musste Aristarch von ihr Kenntniss haben, als
er seine Gleichung κήτειοι = μεγάλοι aufstellte. Ich glaube
aber, dass Aristarch auch die pergamenische Lösung schon
kannte und dass gerade gegen sie sein Erklärungsversuch die
Spitze kehrt. So sicher es ist, dass eine Erklärung der Κήτειοι,
welche einen Strahl der Sonne Homers auf die Zinnen von
Pergamos fallen liess, das Wohlgefallen der Attaliden erregt
hat, ebenso sicher musste dieselbe dem rivalisirenden Alexan-
drien ein Dorn im Auge sein. Lehrs[2]) hat es bezweifelt,
dass die von Eustathios und den Scholien als aristarchisch
überlieferten κήτειοι = μεγάλοι wirklich auf Aristarch zurückgehn, „non quin putem etymologiae rationem Aristarchi esse non
posse sed quod parum elegans ἑταῖροι μεγάλοι ἀμφ' αὐτόν".
Ich bestreite, dass wir ein Recht haben, die „Eleganz" aristar-
chischer Homererklärung durch Anzweiflung der Ueberlieferung
zu retten und sehe in jenen nicht elegant, ja geradezu gezwungen in die Odyssee hineininterpretirten „grossen Gefährten"
gerade eine sehr schätzbare Urkunde des Kampfes zwischen den
Schulen von Alexandria und Pergamos.[3]) Sie stimmt zur

---

[1]) s. v. Κήτειοι· γένος Μυσῶν ἀπὸ τοῦ παραρρέοντος (cf. Plin.
V 126 „quod praefluit") ποταμοῦ Κήτεος (sic!).

[2]) Aristarch[3] S. 153.

[3]) Der Parteistandpunkt ist in den Scholien noch deutlich. Im

Stellung eines Aristarch, der an die Keteierfrage nicht als
unbefangener Homerforscher, sondern als Parteiführer heran-
trat, so vortrefflich, dass kein Grund vorliegt, die Angabe der
Scholien und des Eustathios zu verdächtigen. Dem alexandrinischen Gelehrten musste ein pergamenischer Versuch, die
homerischen Keteier an jenen winzigen Bach von Pergamos
zu knüpfen, ungereimt und anmassend erscheinen. So setzte
er die Κήτειοι auf den Rang eines Eigenschaftswortes herab
und den „Mannen vom Keteiosbach" seine „gewaltigen Mannen"
entgegen. Was die Scholien an weiterer Erklärungskunst zu
λ 521 bieten, ist ebenfalls antipergamenisch gehalten, aber
nichts als Verwässerung (μιcθωτοί) oder Ueberbielung (κήδειοι,
χήτειοι) Aristarchs. Dass letzterer über die Läugnung eines
Keteiervolkes und Keteiosflusses noch hinausgegangen und auch
noch den „Telephiden Eurypylos" dem Kaikosthal abgesprochen
habe, ist aus Eustathios und den Scholien zu A 59 nicht zu
schliessen.[1]) Denn dieselben zeigen nur, dass Aristarch den
„teutbrantischen Krieg" für eine aus dem missverstandenen
homerischen παλιμπλαγχθέντας (A 59) durch die jüngeren
Epiker herausgesponnene Erfindung erklärt hat. Den „Telephiden" aber bot ihm Homer selbst und woher sollte er sich
denselben gekommen denken wenn nicht aus Teuthranien?
Aristarch wird sich damit begnügt haben, durch die Aufstellung seiner κήτειοι dem pergamenischen Localpatriotismus
den festen Boden zu entziehen. — Apollodor wich von seinem
Lehrer in diesem Punkte ab ohne den Pergamenern zuzustimmen,
denn nach seiner Ansicht[2]) waren die Κήτειοι zwar ein Volks-

Schol. V zu λ 621 heisst es: Κήτειοι· τινὲc ἀπέδοcαν μεγάλοι παρὰ τὸ
κῆτοc. κρεῖccον δὲ ἀποδιδόναι Μυcῶν ἔθνοc etc. (also die pergamenische
Schule; sie hat das Zeugnies des Alcaens hervorgesucht). Dagegen
Schol. BHQ zu λ 621: .... τοὺc μεγάλουc ἀκουcτέον παρὰ τὸ κῆτοc, ὡc
Ἀρίcταρχοc. Es folgt dann eine Aufzählung der anderen Erklärungs-
versuche, wobei wohl die Lysis des Menekrates berücksichtigt, die
pergamenische aber völlig übergangen wird. Den Schluss bildet eine
entschiedene Stellungnahme für Aristarch: ἄμεινον δὲ τῷ Ἀριcτάρχῳ
πείθεcθαι.
[1]) Aristonik. zu παλιμπλαγχθέντας· ἡ διπλῆ πρὸc τὴν τῶν νεωτέρων
ἱcτορίαν, ὅτι ἐντεῦθεν τὴν κατὰ Μυcίαν ἱcτορίαν ἔπλαcαν.
[2]) Str. p. 680 § 28.

stamm, aber ein verschollener wie die homerischen Kankonen, die Kilikier der thebischen Ebene u. A.

Auf welchen Standpunkt hat sich nun eine von der Parteien Gunst und Hass unbeeinflusste Beurtheilung zu stellen? Aristarchs Erklärung ist weithergeholt und sehr gezwungen. Wer die betreffenden Verse der Nekyia ohne Voreingenommenheit liest, wird unter den Κήτειοι sicherlich eine Volksbenennung verstehen. Insofern beschritten die elaitische und die pergamenische Lösung den richtigeren Weg als die Alexandriner. Aber ganz unglaublich ist es, dass die Bewohner der Kaikosebene jemals nach einem kleinen Seitenbach des Hauptflusses oder nach dem elaitischen Rinnsal sollten benannt worden sein. Eines jedoch ist an beiden Erklärungsversuchen sehr beachtenswerth, der Umstand nämlich, dass von beiden Seiten gerade ein Fluss Keteios ins Treffen geführt worden ist. Die Einhelligkeit in diesem Punkte kann kein Zufall sein. Nur dann konnten Elaia sowohl wie Pergamos zum Ausgangspunkte ihres Wahrscheinlichkeitsbeweises gerade den heimischen Bach machen, wenn sich in der Ueberlieferung des Kaikosthales die dunkle Kunde von einem Flusse Keteios erhalten hatte. Dieser Fluss muss einstmals in der Landschaft Wesenhaftigkeit besessen haben. Ich wage die Vermuthung, dass der Kaikos selbst einst Keteios hiess, dass dieser alte Name früh zurücktrat,[1]) dass die Gelehrsamkeit der Spätgeborenen ihn wieder hervorzog, aber seine eigentliche Bedeutung verkennend, in patriotischem Eifer hier als elaitischen, dort als pergamenischen Keteios dem Leben wiedergab. Im Keteios einen alten Parallelnamen des Kaikos zu vermuthen, ist kein gewaltsames Verfahren. Sind doch gerade im westlichen Kleinasien, wo so viele Völker in der Herrschaft auf einander gefolgt sind, Doppelnamen von Flüssen eine häufige Erscheinung. Man denke an den Skamandrios-Xanthos[2]), den Karesos-Pidys, den

---

[1]) Ob er zu Alcaeus' Zeit nur noch durch die Nekyia fortlebte, bleibe dahingestellt.

[2]) Hercher (Die Ebene von Troja Abh. d. B. Ak. 1875 S. 109) will diesen zweiten Namen einem Nachdichter zuschreiben, der den Namen des lykischen Xanthos auf den troischen Fluss übertrug. Das ist mir sehr unwahrscheinlich und ich möchte in dem Xanthos sowohl der Troas

12*

Rhyndakos-Lykos, den Sirbis-Xanthos. Ich zögere nicht, dieser
Reihe doppeltbenannter Flüsse Kleinasiens auch den Keteios-
Kaikos anzufügen. Der Name Kaikos kann griechischen Ursprungs sein (vgl. Curtius, Grundzüge[5] S. 145), ebenso gut
ist aber auch eine in vorgriechische Zeit zurückgehende Doppelbenennung denkbar (vgl. II. Kap. § 7). Im Hinblick darauf,
dass die Bevölkerung des Kaikosthales von der Nekyia als
Κήτειοι, von Alcaeus ihr mythischer Beherrscher Κήτειος genannt wird, glaube ich eine Lösung der Ketcierfrage zu bieten,
die auf Wahrscheinlichkeit Anspruch machen kann. Hiess die
Lebensader der ganzen Landschaft einst Keteios, so sind
Homers „Keteioi" kein Räthsel mehr.

Ist die Bedeutung der homerischen Keteioi im Vorstehenden richtig erschlossen, so scheidet das Wort aus dem Kreise
wirklicher Volksnamen aus und bietet für die Untersuchung
der Stammeszugehörigkeit der eingesessenen Bevölkerung keine
sicherere Handhabe als die übrigen nichtgriechischen Ortsnamen
dieses Gebiets. Der Ansicht Ed. Meyers (Gesch. d. A. I § 256),
dass in λ 521 sich offenbar eine Spur des Namens der Cheta
erhalten hat, kann ich mich nicht anschliessen. Denn lassen
wir auch die Hypothese weitreichender Chetazüge (Meyer a. a. O.
§ 255) gelten, so wäre es doch nicht wahrscheinlich, dass sich
die Erinnerung an solche doch nicht dauernde Anwesenheit
gerade in einem Flussnamen niedergeschlagen haben sollte.
Aber liegt nicht dennoch irgend ein Zusammenhang zwischen
dem Stammnamen des Volkes vom Orontes und unserem teuthrantischen Flussnamen vor? Es ist das Verdienst A. v. Gutschmids in seinen Vorlesungen über alte Geschichte schon
seit Jahren auf merkwürdige von dem SO nach dem NW
Kleinasiens hinübergehende Füden hingewiesen zu haben. Mit
Einwilligung des allverehrten Forschers bin ich in der er-
freulichen Lage, die bezüglichen Beobachtungen weiteren Kreisen
zugänglich zu machen. v. Gutschmid sieht in den Κιτιεῖς
(Chetim) nicht etwa bloss die Einwohnerschaft der kyprischen
Stadt Κίτιον, sondern erkennt in ihnen die Urbevölkerung von
Kypros. Ferner macht er auf die Uebereinstimmung ihres

wie Lykiens den griechischen Parallelnamen zu den einheimischen Skamandrios resp. Sirbis erblicken.

Namens mit dem der syrischen Chetiter (Cheta, Chatti), dem
kilikischen Landschaftsnamen Κητίc und den teuthrantischen
Κήτειοι [für welche ich nach der vorhergehenden Untersuchung
den Fluss Κήτειοc einsetze[1])] aufmerksam, zieht als weitere
Seitenstücke das teukrische Herrschergeschlecht von Salamis
(Kypros) heran, den teukrischen Priesterstaat zu Olba in Κητίc
(Str. 672) und die troischen Teukrer, die Kilikier im südlichen
Kleinasien und am Südfuss des Ida, die Gerginer auf Kypros
und die Gergithes in Milet, bei Kyme, am Ida und folgert
aus diesen gehäuften Parallelen einen unzweifelhaften, uralten
Volkszusammenhang, der von Kypros und den ihm gegenüberliegenden Küsten des Festlandes bis zum Hellespont gereicht
hat. — Nun hat Kiepert, Handbuch § 74, 3, auf die ganz
Kleinasien umfassende (z. Th. auch nach Südosteuropa hinüber-
reichende) Verbreitung zahlreicher Namen mit eigenartigen,
namentlich durch die Suffixe -ss und -nd gebildeten Endungen
hingewiesen und in denselben Spuren einer den arischen und

---

[1]) In Folge der mündlichen Bemerkung v. Gutschmids, ihm scheine
beides auf dasselbe herauszukommen, denn der Flussname Keteios sei
doch auf anwohnende Keteier zurückzuführen, muss ich die Gründe
kurz betonen, warum ich die Κήτειοι der Odyssee für keinen wirklichen
Stammnamen halten kann. So weit griechische Erinnerung zurückging,
sassen im Kaikosthal jedenfalls keine Keteier, denn die ersten griechischen Colonisten (Arkader vgl. Kap. III) fanden den Stamm der Teuthranier vor. Diese gehören aber nicht zu dem durch v. Gutschmid
erschlossenen Urvolk Kleinasiens (vgl. Kap. II § 7), haben also den
Flussnamen Keteios vorgefunden und nur lange genug festgehalten, um
ihn auf die Griechen zu überliefern. Im Zeitalter des griechischen Epos
sang man vom „teuthrantischen" Krieg, weil man im Kaikosthal eben
nur Teuthranier kannte, doch in freiem poetischem Ausdruck konnten
dieselben auch einmal als „Mannen vom Keteiosfluss" bezeichnet werden.
Personenbezeichnungen nach Flüssen sind der epischen Poesie ja geläufig
genug; so Cκαμάνδριοc („der Knabe vom Scamander"), Cιμοείcιοc, ja auch
direct der Flussname für den Mann vom Flusse (Αἴcηποc Z 21, Εὐηνόc
B 692, genau wie bei Alcaeus Κήτειοc). Zu solchen Bezeichnungen fügen
sich die Keteier der Odyssee in dem von mir vertretenen Sinne ohne
Zwang. Das Suchen der Späteren gerade nach einem Fluss Keteios
beweist, dass eben nur von einem solchen eine dunkle Ueberlieferung
sich gerettet hatte. In der von Gutschmid aufgestellten Reihe hat der
Fluss Keteios dasselbe Gewicht, wie die in Frage stehenden Keteier, denn
seine Quelle ist keine andere wie die des Landschaftsnamens Κητίc etc.

semitischen Einwanderungen vorangegangenen Bevölkerungs-
schicht vermuthet. Das fremdartige Gepräge der -ssformen
(oft mit noch fremdartigerem Stamm verbunden, wie in Kβoυ-
δίαccoc, Tvυccóc) ist unbestreitbar. Ob die -ndsuffixe dem
Indogermanismus durchaus widerstreiten, ist mir weniger sicher
im Hinblick auf lat. Verbalnomina wie calendae, rotundus,
jucundus und die Masse der gerundia. Auch im Griechischen
ist dies Suffix wenigstens durch μυ-νδός zu belegen (in Πίνδος[1])
ist νδ wohl thematisch [πῖδάω], wenn anders griechischer Ursprung zu statuiren ist). Das Iranische bietet einmal (weitere
Beispiele habe ich nicht ausfindig gemacht) ganz offenbares
Suffix -nd und zwar in 'Acπά-νδας, dem medischen Namen des
Astyages[2]) (von aspa „Pferd", dem viele Eigennamen entstammen, wie 'Acπαδάτης, Aspacaka [Behist. III 70 Spieg.] etc.).
Im Sanscrit weist mir Geldner als wahrscheinlich mit -ndsuffix
gebildete Worte nach: ararinda (ein Instrument), srbinda (Name
eines Dämons), Pulinda (Name eines allerdings nicht brahman.
Volksstammes am Indus, kabandha[3]) und kavandha (Tonne).
Volks- und Ortsnamen haben ein problematisches Gewicht, da
sie versprengten Resten fremder Nationalität angehören können,
darum will ich auf Morūnda (St. in Atropatene und in India
intra Gangem. Ptol.), Μαροῦνδαι (Volksstamm im südw. Medien
und auf dem linken Ufer des unteren Ganges. Ptol.) kein Gewicht legen. Lassen wir Orts- und Stammnamen ungewisser
Provenienz auf sich beruhen, aber ganz lässt sich doch das
-ndsuffix nicht aus dem Indogermanischen wegschaffen und
demnach kann unter den kleinasiatischen Ortsnamen auf -nd
doch mancherlei Indogermanisches vorliegen,[4]) aber die That-

---

[1]) Ausser dem Gebirgsnamen noch in einem lokrischen Flüsschen
und einer der dorischen Vierstädte überliefert.

[2]) Ktesias bei Diodor II 34. 'Απάνδαν giebt F, 'Acπάνδαν M. F ist,
wie v. Gutschmid mich freundlichst belehrt, für die erste Pentade
Diodors die beste Handschrift und M steht ihr nahe.

[3]) Die übliche Ableitung (ka-bandha) verwirft Geldner als nicht
zur Bedeutung „Tonne" führend.

[4]) Bekannt sind die Versuche, die Masse der kleinasiatischen Volks-
stämme für den Indogermanismus in Anspruch zu nehmen. Vor Allem
Lagarde, ges. Abh., neuerdings Ed. Meyer, Gesch. d. Alt. und im
Artikel „Karien" der A. E., endlich Georg Meyer in Bezzenb. Beitr.

sache, dass in Kleinasien Orts- und Eigennamen dieser Endung
in auffallend grosser Menge erscheinen und dabei an entschieden fremdartige Stämme autreten, wie in Ταρκόνδαρα,
Ταρκονδίμοτος (in dem unmöglich idg. Namen Κβονδίαссος erscheint nd auch stammschliessend), beweist immerhin, dass die
grosse Masse der hier überlieferten Namen auf nd nicht ari-
scher Herkunft sein kann und mit den nebenhergehenden
·ssformen (Verbindung beider Suffixe scheint vorzuliegen in
Bildungen wie Δολιcανδός, Καρβαcύανδα, Τιβάccαδα) den Wortschatz einer fremden Racc darstellt. — Die ss-suffixe reichen
auch nach Syrien hinein [Βαρβαλιccός cf. Μυρίανδ(ρ)ος] und
das Innere Cyperns bietet Ταμαccός. Demnach würden sich
die Namen auf -ss (und -nd) mit dem durch v. Gutschmid
erschlossenen Volksthum gut in Verbindung bringen lassen.
Nur die eine Einschränkung möchte ich offen halten, dass
wie unter den Namen auf -nd vermuthlich einiges Indogermanische untergelaufen ist,[1]) so auch die von Gutschmid nachgewiesenen Uebereinstimmungen nicht insgesammt auf die
Quelle eines Volksthums zurückgehen müssen und dass möglicher Weise im Auftreten der Teukrer Stationen einer anderen
(indogermanischen) Völkerwanderung vorliegen. Auffallend ist
nämlich das häufige Zusammentreffen des Ortnamens Πέρταμος
(Πέρταμον), dessen indogermanische Herkunft zu bezweifeln kein
Grund vorliegt (cf. unten Kap. II § 7), mit Spuren teukrischer
Ansiedelung. So gab es in Pierien ein Pergamos (Herod.) und
die alten Anwohner des Axios, die Paeoner (B 848), betrachteten sich als ἄποικοι der Teukrer (Her. V 13)[2]); die Teukrer

---

X 187 ff. Der von letzterem versuchte Nachweis zeigt deutlich genug,
dass im Karischen Sprachelemente vorliegen, donen man vom Idg. aus
nicht beikommt. Hineingesprengte idg. Namen (Indos) beweisen für die
Herkunft der Karer nichts, Formen wie Καρδαμυλήccός (wenn der erste
Theil mit scr. kardama und mit καρδαμύλη zusammenfällt) nur eine
starke Vermischung verschiedenartiger Sprachen.

[1]) Aspendos z. B. gehört schwerlich zu den fremdartigen Bildungen,
da die Stadt einheimisch ΕСΤΓΕΔΙΙΥС (Münzen) lautete, es ist vielmehr
entweder der iranische Parallelname (cf. med. Ἀспάνδας) oder geradezu
griechisch (Ἀспενδία ein Stadttheil von Alexandria).

[2]) Auch in Thrakien ist vielleicht eine Stadt dieses Namens anzuerkennen, wenn das von Ptol. III 11, 7 unter den πόλεις μεσόγειοι τῆς

von Troas, deren Verhältniss zu den Troern freilich unklar
ist, sollten nach Kallinos (fr. 7 Bgk.) aus Kreta gekommen sein
und dem Ida seinen Namen gegeben haben. Nun lag auch
im Nordwesten Kretas eine Stadt Pergamos (Ps. Skyl. 47,
District Περγαμία Vellej. Pat. I 1, 2). Ebenso endlich auf
Kypros, wo Salamis seine Teukriden aufweist und als nördliche Nachbarstadt ein Pergamos erscheint (Cesnola, Kypr.
p. 209 [ohne Nachweisung]). Dieses wiederholte Zusammentreffen kann ja ein zufälliges sein,[1] jedenfalls bleibt aber die
Reihe der Ortsnamen Pergamon von Pierien bis Kypros als
beachtenswerthe Thatsache stehen, die für die allmälige Ausbreitung eines indogermanischen Volksstammes spricht. Und
durch ganz Kleinasien läuft ja die Durcheinanderschichtung
jener fremdartigen Volksspuren mit indogermanischen Elementen. Das ist auch auf dem wenig umfangreichen Gebiete,
welches der Kaikos mit seinen Zuflüssen durchströmt, der Fall
und war der Doppelnamen Keteios-Kaikos von mir richtig erschlossen, so blickt uns schon aus ihm ein merkwürdiges
Doppelantlitz entgegen. Vor weiteren Erörterungen über die
origenes der Bewohner der Kaikosebene bedarf es indess einer
Prüfung der über die Landschaft vorliegenden Ueberlieferung.

§ 2.
Τευθράνιοι und Τεύθρας.

Während sich Homer damit begnügt, die Genossen des
Eurypylos in dichterischer Weise als „Mannen vom Keteios"
zu bezeichnen, lautet der Stammesname der Kaikosanwohner
Teuthranier oder Teuthrantier (St. Byz. v. Τευθρανία).
Erstere Form deckt sich mit dem Namen der Landschaft,
letztere mit dem ihres Eponymos. Die Kyprien behandelten
den Angriff der Achäer auf das Kaikosthal ausführlich.[2] In

Θράκ. aufgezählte P. von dem pierischen zu unterscheiden ist, worüber
man C. Müller zu Ptol. I 487 vergleiche. — Pergamis in Epirus
(Varro, de r. r. II 2) kann mit der Wandersage des Aeneas zusammenhängen,
wahrscheinlicher aber ist es ein altepirot. Ortsname cf. u. § 5 Abschn. 5.

[1] In Teuthranien sind neben Pergamos keine Teukrer, in Ketis ist
neben den Τεύκροι ἢ Αἴαντες kein Ort Pergamon nachweisbar.

[2] Vgl. oben S. 144—49, 160 ff.

den Fragmenten wird die Benennung von Land und Leuten
nicht angetroffen, im Auszug des Proklos aber heisst es: ἔπειτα
ἀναχθέντες Τευθρανίᾳ προςίςχουςι καὶ ταύτην ὡς ˮΙλιον ἐπόρ-
θουν. Gleich darauf folgt freilich ἀποπλέουςι δὲ αὐτοῖς ἐκ
Μυςίας, doch fügt sich dem heroischen Versmass nur Τευθρανίᾳ, und dass schon in den Kyprien die Gleichsetzung von
Teuthraniern und Mysern stattgefunden haben sollte, ist nach
den Erörterungen des folgenden Kapitels über das angebliche
Myserthum der Teuthranier durchaus unwahrscheinlich.[1]) Für
die „Teuthrantier“ tritt auch Hekataios mit seinem Eponym
Teuthras ein, die Landschaft bezeichnet er rein geographisch
als Ebene des Kaikos: καὶ ἡ μὲν (Auge) ἀφίκετο ἐς Τεύθραντα
δυνάςτην ἄνδρα ἐν Καΐκου πεδίῳ (fr. 345). Die Dichter des
Mutterlandes zeigen seit Pindar ein besonderes Interesse für
den arkadisch-teuthrantischen Sagenkreis, doch gewinnt man
aus ihnen für die alteingesessene Bevölkerung des Kaikosthales und deren eponymen Vertreter wenig Auskunft. Pindar
behandelt nur den Kampf des Telephos gegen die gelandeten
Achäer,[2]) also das Thema der Kyprien. Telephos beherrscht
ihm Τεύθραντος πεδίον, dafür setzt er aber Isth. VII 49 als
gleichwerthig Μύςιον πεδίον ein. Aeschylus beweist schon
durch den Titel seiner Tragödie (Μυςοί), dass auch ihm der
Sonderbegriff Teuthrania in dem allgemeinen Mysia aufgeht und
dasselbe erhellt aus seiner Bezeichnung des Kaikos als Μύςιαι
ἐπιρροαί (fr. 141 D.). Der Ort der Handlung ergiebt sich zwar
nicht aus den Fragmenten, wohl aber aus Suppl. v. 547 als
Τεύθραντος ἄςτυ (über dasselbe unten § 4); Teuthras selbst
ist wohl in fr. 142 unter jenem Priester des Kaikos zu verstehen,
welchen der Begleiter des Telephos mit den Worten anredet:

ποταμοῦ Καΐκου χαῖρε πρῶτος ὀργεών.

Die Stadt des Teuthras war auch in den „Mysern“ des Sophokles als Ort der Handlung erwähnt fr. 360 D.:

---

[1]) Paus. I 4, 6 IX 5, 14, Eustath. zu Hom. S. 46 R., die Scholien
zu A 59, die mant. proverb. cent. II 28 sprechen bei den Angaben über
den „teuthrantischen Krieg“ überall von Mysien, Mysern und dem Myser
Telephos —, das alles kommt aber nur auf Rechnung der späteren Vorstellungen.

[2]) Ol. IX 70; Isth. IV 41; VII 49.

Ἀcία μὲν ἡ cύμπαca κλήζεται, ξένε,
πόλις δὲ Μυcῶν Μυcίᾳ προcήγοροc.[1])

Euripides betrachtete gleichfalls den Teuthras als einen Myser
(Telephos fr. 700. 703 und Arist. Acharn. 439) und im Likymnios
(fr. 479 D.) hiess es ausdrücklich:

Τευθράντιον δὲ cχῆμα Μυcίαc χθονόc.

Also bei den Tragikern dieselbe Vorstellung wie bei Pindar,
dass Teuthranien nur ein Bezirk der Gesammtlandschaft Mysien
sei. Diese Vorstellung theilt Herodot (VI 28, VII 42) und
mit einer Ausnahme (cf. unten Kap. II § 2) die ganze Folge-
zeit bis auf den heutigen Tag. Wir werden über dieses
Dogma im folgenden Kapitel ausführlich zu handeln haben
und beschränken uns hier auf die Anführung desjenigen, was
das Alterthum an speciell teuthrantischer Sage überliefert hat.
Hekataios und die Tragiker führen Teuthras als Herrscher im
Kaïkosthal vor, bei welchem arkadische Heroen (Auge und
Telephos) gastliche Aufnahme und eine neue Heimath finden.
Beachtenswerthe Einzelheiten bieten unter den Späteren noch
Apollodor (bei St. Byz. v. Τευθρανία und bei Str. p. 571 § 2)
mit der Nachricht, dass die Residenz des Teuthras die Stadt
Teuthrania gewesen und daselbst die Vermählung mit Auge
und die Adoption des Telephos stattgefunden habe, anderer-
seits Diodor IV 33 mit der Bemerkung, dass Teuthras seine
Tochter Argiope dem Telephos zur Frau gegeben habe.
Letzterer Zug muss auf eine örtliche Ueberlieferung des Kaïkos-
thales zurückgehen, welche die von der epischen Poesie dem
Telephos gesellte troische Königstochter (vgl. oben S. 163
und unten Kap. III) nicht kannte.

Nicht mehr meldet die Ueberlieferung von Teuthras. Er
ist ein dunkler Hintergrund, auf welchem sich Gestalten griechischer Sage lebensvoll abheben. Aber dieser Hintergrund
bedeutet etwas Reales — in mythischer Ausdrucksform die
vorgriechische Bevölkerung des Kaïkosthales.

---

[1]) Ueber diesen Vers unten S. 209.

§ 3.
Die Landschaft Teuthrania.

Das Kaikosthal erstreckt sich von den westlichen Ausläufern des Temnosgebirges in einer durch Höhenzüge von
Norden und Süden begrenzten, höchstens zwei Stunden breiten
aber äusserst fruchtbaren Ebene bis zum elaitischen Golfe
hinab. Das Gebiet von Atarneus gehört nicht zum Fluss-
system des Kaikos, eine mässige Passhöhe muss überschritten
werden, um von dem Kaikosthal in westlicher Richtung bei
Dikeli (eine Stunde südwestlich vom alten Atarneus) das Meer
zu erreichen. Daher ist die Atarneitis bei Herodot VI 28 der
Kaikosebene selbständig gegenübergestellt (cf. VII 42) und
auch in politischer Hinsicht ist sie durch lange Zeit ihre
eigenen Wege gegangen.[1]) Den westlichen Abschluss der
Kaikosebene bildet der Bergstock Kane. Von seinem Südfuss
bis Elaia erstreckt sich die sehr kurze Küstenlinie der Ebene,
auf welcher der Kaikos etwa in der Mitte zwischen Pitane
und Elaia ins Meer mündet. Bei letzterer Stadt trat die von
Kyme kommende Heerstrasse in die Kaikosebene ein. Dadurch
und durch seinen geräumigen Hafen war Elaia ein strategisch
wichtiger Punkt der Landschaft. Unbedeutend war der Hafen
Pitanes. Den südlichen Abschluss des Kaikosthales bildet ein
dem Flusse parallel gehender Höhenzug (ὀρεινὴ ῥάχις Str. 625),
der von Elaia bis zur teuthrantisch-lydischen Grenzstadt Nakrasa
(heute Bakir) reicht. Zwischen dem östlichen Ende dieses Höhen-
zuges und den westlichen Ausläufern des Temnos liegt bei
Nakrasa die Wasserscheide zwischen den Ebenen des Kaikos
und Hermos. Eine bequeme Strasse führte über diese Passhöhe, den wichtigen Schlüssel der Verbindung zwischen Sardes
und Pergamos. Im Osten und Nordosten ist die Kaikosebene

---

1) Vgl. Lollings Angaben über die Lage von Atarneus nebst in-
structivem Ueberblick über die Geschichte der Stadt — Mittheil. des Inst.
IV 1—10. Herodot nennt VI 29 „Malene in der Atarneitis", darunter
versteht man allgemein eine Stadt des Gebietes und Lolling sucht sie
an der Stelle des heutigen Dikeli. Herodot sagt: ὡς ἐμάχοντο οἱ Ἕλληνες
τοῖσι Πέρσῃσι ἐν τῇ Μαλήνῃ τῆς Ἀταρνείτιδος χώρης. Das setzt nicht
zwingend eine Stadt Malene voraus und vielleicht hiess nur der Küsten-
distrikt gegenüber Cap Malea so (zusammengezogen aus Μαλεήνη).

durch die hochansteigenden Gebirgsmassen des westlichen Temnosgebirges (Kodscha Dagh, Uzundja Yaila) vom inneren Hochlande (Mysia Abrettene) scharf gesondert. Westlich schliesst sich an die Höhenzüge der Abrettene eine gegen das Meer laufende Hochebene (heute Kosak genannt); ihren Abschluss gegen das Kaikosthal bildet das Pergamon im Norden überragende Pindasosgebirge (Plin. V 126), welches sich bis zum Gebiet von Atarneus hinzieht und hier durch die breite Einsattelung zwischen Kane und Pindasos, den schon erwähnten Pass von Atarneus, der grossen Heerstrasse von Pergamos nach Adramyttion einen bequemen Uebergang in die Strandebene ermöglicht. Auch direct über die nördliche Hochebene (Kosak) führte eine Strasse von Pergamos nach Adramyttion (vgl. unten S. 203 f.). Eine ähnliche directere Verbindung zwischen Pergamon und Sardes führte unter Beiseitelassung des oberen Kaikosthales und des Passes von Nakrasa von Pergamon in südöstlicher Richtung über die ὀρεινὴ ῥάχις auf die grosse Heerstrasse zwischen Nakrasa und Sardes zu (Strabo p. 625 und unten S. 200, 1). Endlich gab es auch eine oberhalb Pergamons in einem rechten Seitenthal des Kaikos gegen Nordosten aufsteigende Strasse, welche bei Kyzikos die Propontis erreichte (cf. Kieperts Atl. ant. tab. V). — So war die Ebene des Kaikos nach allen Seiten durch natürliche Abgrenzung geschlossen und zugleich durch die dasselbe durchschneidenden Strassen ein wichtiges Bindeglied zwischen dem Süden und Norden. Die beiden Heerstrassen, welche von Sardes über Nakrasa nach Pergamon, Atarneus u. s. w., von dem unteren Hermosthal an der Küste über Kyme und Elaia nach Atarneus liefen, sind unzweifelhaft uralte Wege des Völkerverkehrs gewesen, die erwähnten abkürzenden Gebirgsstrassen natürlich jüngeren Ursprungs. Der Kaikos selbst, heute an der Mündung versandet und im Sommer an geringer Wassermenge leidend, wird je weiter zurück durch grösseren Waldreichthum der Umgegend eine um so höhere Bedeutung als die natürliche Lebensader der Landschaft besessen haben. Sein Lauf ist nicht lang, 20 Stunden vom Meere entspringt er an den Südabhängen des Temnosgebirges, bei dem Dorf Basch-Guélembé. Auf seiner rechten Seite fliessen ihm aus zum Theil tief in die nördlich

begrenzenden Gebirge eindringenden Seitenthälern mehrere
Nebenbäche zu, von welchen der oberste vom Uzundja Yaila
herabkommende unweit Germe mündende wohl als der antike
Mysios zu betrachten ist, thalabwärts folgt ein kurz vor
Pergamos einmündender Bach langgestreckten Laufes, den
Kiepert Atl. ant.⁸ Taf. V „Keteios" genannt hat, darauf folgen
die beiden Bäche Pergamons, Keteios und Selinus (oben S.
167), endlich ein kleiner Nebenbach des unteren Kaikos, der durch
Zuflüsse vom Pindasos und Kane gespeist wird (vgl. o. S. 174, 1).
Von der linken Seite fliessen dem Kaikos nur einige un-
bedeutende Rinnsale zu.

Nach diesem Ueberblick über die geographische Beschaffenheit der Kaikosebene wende ich mich der Ueberlieferung der
Alten über die Landschaft Teuthrania zu.

Die Herrschaft des Teuthras begreift nach den Andeutungen
der Sage das Mündungsgebiet des Kaikos in sich. Ebenso
ist Teuthras' Nachfolger ein Küstenbeherrscher, wenn die
Kyprien die im elaitischen Golf gelandeten Achäer alsbald mit
Telephos feindlich zusammenstossen lassen. In historischer
Zeit finden wir an der Küste äolische Ansiedlungen. Da erhebt sich die Frage, ob Teuthranien durch dieselben vom
Meere völlig abgeschnitten worden ist. Herodot versteht II 10
unter „τὰ περὶ Τευθρανίην" das Mündungsgebiet des Kaikos,
doch handelt es sich hier um rein geographische Gesichtspunkte, da Teuthranien mit den Ebenen von Memphis, Troja,
Ephesos und dem unteren Mäanderthal geologisch in eine
Reihe gestellt wird. Leider erfahren wir aus Herodot aber
nicht, welche Einschränkungen Teuthrania in politischer
Hinsicht durch die äolischen Ansiedlungen erlitten hat. Die
beiden äolischen Städte Pitane und Elaia lagen an der teuthrantischen Küste, zu beiden Seiten der Kaikosmündung,
ersteres von derselben nach Strabo p. 615 § 67 dreissig, letzteres nur zwölf Stadien entfernt. In der Luftlinie ist Elaia von
der Mündung weiter entfernt als Pitane, sind also Strabons
Zahlen richtig überliefert, so ist die bedeutend höhere Stadienzahl für Pitane durch Einrechnung des Umweges, zu welchem
die Lagunen (Bull. de c. hell. VII pl. 9) nöthigten, zu erklären,
auch mag der Kaikos heute ganz anders münden.

Pitane gehört zu den älteren äolischen Ansiedlungen, da es von Herodot I 149 unter den altäolischen Zwölfstädten aufgezählt wird. Sein Gebiet kann aber nur wenig ausgedehnt gewesen sein, da die Stadt in den delisch-attischen Tributlisten als ein ganz unbedeutendes Gemeinwesen erscheint. Während der Jahre 457—438 zahlte Pitane nur $\frac{1}{6}$ Talent Jahrestribut, von 437—426 $\frac{1}{3}$ Talent, Myrina dagegen dreimal und Kyme 27 mal mehr.[1]) In wie frühe Zeit sich die Geschichte der Stadt zurückverliert, beweist das Sprüchwort „Πιτάνη εἰμί", welches auf eine Besetzung dieser Stadt durch tyrsenische Pelasger zurückgeführt wurde.[2])

Elaia, nach Kiepert, Handbuch § 107 eine „alte äolische Stadt", fehlt unter Herodots Zwölfstädten.[3]) Damit ist es jedenfalls aus der ältesten Gruppe ausgeschlossen, aber fraglich ist mir, ob Elaia auch nur zu den älteren äolischen Städten gehört. Als „äolisch" ist es erst bei Strabo p. 615 und Steph. Byz. (Apollodor) aufgeführt, doch kann man den elaitischen Todtenkult des Thersandros (Paus IX 5, 14) als ein älteres Zeugniss für seine Zugehörigkeit zu den äolischen Pflanzstädten betrachten. Nur ist es auffallend, dass derselbe Strabo, der Elaia ein πόλις Αἰολική nennt, an einer anderen Stelle (p. 622 § 5) seine Gründung dem Athener Menestheus zuschreibt. Beide Angaben werden sich wohl dahin vereinigen lassen, dass in Elaia zu einem älteren äolischen Bevölkerungstheil ein Zuzug attischer Elemente stattgefunden hat. Ob aber jenem äolischen Bestandtheil die Gründung Elaias zuzuschreiben ist, bezweifle ich. Skylax zählt die Stadt unter den πόλεις Ἑλληνίδες der mysisch-lydischen Küste auf, unter ihnen befinden sich aber auch Adramyttion und Atarneus, jenes eine lydische Gründung, dieses eine seit Kyros chiische, ursprünglich gewiss

---

[1]) U. Köhler, Urkunden etc. Abh. d. berl. Ak. 1869 I, S. 24 ff.

[2]) Vgl. Kap. II § 1. — Beglichne Streitigkeiten der Pitanäer u. Pergamener nach Inschrift Erg. I 79. Kult d. Ἑρμῆς Κλεηδόνιος Le Bas 1724ª; Erzmünzen Mion. II 626 S. V 488 ff. Imhoof, m. gr. p. 268.

[3]) Dieselbe unter Herodots Αἰγηρόεσσα zu verstehen (was seit Mannert oft geschieht), ist willkürlich nnd auch unwahrscheinlich („Olivenstadt" — „Pappelstadt"). Forbiger, Handb. II 162, 80, denkt gar an Aigiros auf Lesbos trotz dem ausdrücklichen Zeugniss: ἦσαν γὰρ αὗται δυώδεκα αἱ ἐν τῇ ἠπείρῳ. Auf die örtliche Bestimmung von Aigiroessa muss man mit Kiepert verzichten.

ungriechische Stadt. Und dass Elaia keine äolische Neugründung sein kann, beweist sein älterer Name Kidainis bei Steph. Byz. v. Ἐλαία, den mit Meineke anzuzweifeln kein Grund vorliegt.[1]) Das frühesto Zeugniss für Elaia bieten die Tributlisten für die Jahre 452 ff. Es zahlte jährlich 1000 Drachmen, war also damals ebenso unbedeutend wie Pitane. Kidainis-Elaia war von Hause aus gewiss eine teuthrantische Stadt und wird von den Aeoliern erst verhältnissmässig spät besetzt worden sein. Auch der griechische Name der Stadt braucht nicht erst von den Aeoliern herzustammen, da — wie im 3. Kapitel nachgewiesen werden soll — schon vor denselben im Gebiet des Kaikos Arkader Fuss gefasst hatten. Den äolischen Stempel erhielt die Stadt durch den Kult des Thersandros, welcher seine Spitze gegen denjenigen, der Thersandros erschlug, gegen den teuthrantisch-arkadischen Telephos wendet. Der Umstand, dass Elaia im 5. Jahrhundert zur delisch-attischen Eidgenossenschaft gehört, spricht zwar noch nicht für seine damalige Unabhängigkeit vom Hinterlande, denn auch Gryneion und Myrina steuern nach Delos und sind doch gleichzeitig im Besitz der durch Xerxes' Gunst im inneren Kaikosthal (Pergamos und Gambreion) gebietenden Gongyliden.[2]) Aber gerade die Thatsache, dass Elaia nnter den von Xenophon aufgezählten teuthrantischen Dynastensitzen fehlt, spricht dafür, dass es im 5. Jahrhundert ein unabhängiges, äolisches Gemeinwesen war. Als solches haben wir es auch in den folgenden Zeiten bis zum Aufkommen der Attaliden in Pergamos zu denken. Bemerkenswerth hat sich Elaia während dieser Periode nur durch die Prägung eigenen Silbergeldes (Brandis, Münzwesen p. 320 u. 448) gemacht. Wie Pitane sich der Wiege des Akademikers Arkesilaos rühmte, so Elaia der des Historikers Menekrates. Der Versuch des letzteren (oben S. 170), die homerischen Keteier speciell an Elaia zu knüpfen, zeigt, dass die Stadt mit Ansprüchen auf ein vor die äolische Colonisation zurückreichendes Alter auftrat. — Demnach nehme ich an, dass Teuthranien seinen alten von dem Kanegebirge bis Elaia reichenden Küstenbesitz zu-

---

[1]) Derselbe Stamm erscheint in der phryg. Stadt Κιδυσσός Hierokl. 668 (Κυδισσεῖς bei Ptol. V 2).
[2]) Xenoph. Hell. III 1, 6; Anab. VII 8, 8.

nächst nur durch eine unbedeutende Einbusse zu Gunsten Pitanes geschmälert sah, im Gebiet von Kidainis-Elaia aber geraume Zeit aufrecht erhielt, bis diese Stadt dann der Aeolisirung verfiel. Ob dieser Verlust für die Bewohner Teuthraniens mit der völligen Abschliessung vom Meer gleichbedeutend war und nicht etwa an der Kaikosmündnng doch ein Stück Küste dem Hinterland erhalten blieb, lässt sich nicht erkennen. So viel ist sicher, dass der Küstenbesitz dieser auf das Meer von der Natur hingewiesenen Landschaft sehr bald nach dem Erstehen der Attalidenherrschaft wiederhergestellt worden ist. Vermuthlich ist schon dem Begründer der Dynastie, Philetairos (280 bis 263) die Erwerbung der Elaitis gelungen. Die Gewinnung eines brauchbaren Hafens musste die erste und dringendste Aufgabe einer im inneren Kaikosthal erstehenden Macht sein. Freilich wollte man auf Strabo p. 623 (XIII 4, 1) bestehen, so hätte Philetairos in den 20 (18) Jahren seiner pergamenischen Laufbahn sich mit dem Schatze des Lysimachos und der Burg Pergamos begnügt. Allein nach dem Pergamener Karystios (Athen. p. 577) gebot Philetairos nicht nur über Pergamos, sondern auch über einen weiteren Besitz. Derselbe wird von Karystios zwar sehr unbestimmt bezeichnet (Φιλέταιρον τὸν Περγάμου καὶ τῆς Καινῆς ταύτης λεγομένης βασιλεύσαντα), kann aber doch nur ein Pergamos nahe gelegenes Gebiet bedeuten. Ich denke, dass darunter nicht bloss die für Verkehr und Strategie unwichtigen Ortschaften des inneren Kaikosthales, sondern vor allem der natürliche in 4 Stunden erreichbare Hafenplatz Pergamons, die Stadt und das Gebiet der Elaiten zu verstehen ist. Dafür spricht auch noch der Umstand, dass Philetairos' Nachfolger Eumenes I. (263—41) alsbald nach seinem Regierungsantritt es wagen konnte mit dem Könige von Syrien sich ausserhalb des Kaikosthales im Schlachtenglück zu messen (bei Sardes 263 oder 262 v. Chr.). Voraussetzung einer solchen Unternehmung gegen Antiochos I. ist doch, dass Eumenes gegen die Gefahr eines syrischen Einfalls von Elaia her gedeckt sein musste, wenn er es wagte dem Grosskönig bei Sardes entgegenzutreten. Und diese Voraussetzung ist ja auch bei Strabo p. 624 § 2 zwischen den Zeilen herauszulesen: (Εὐμένης) διεδέξατο τὸ Πέργαμον καὶ ἦν ἤδη δυνάστης τῶν κύκλῳ χωρίων ὥϲτε καὶ περὶ Ϲάρδειϲ ἐνίκηϲε μάχῃ ϲυμβαλὼν Ἀντίοχον τὸν Ϲελεύκου. Die kurze Spanne Zeit zwischen Eumenes' Regierungsantritt und der Schlacht bei Sardes macht es sehr wahrscheinlich, dass der Besitz des wichtigen Elaia bereits als Erbstück seines Vorgüngers auf ihn übergegangen war. Andererseits wird man annehmen können, dass jener Vorstoss des Eumenes gegen Sardes, welcher auf der grossen Heerstrasse über Nakrasa und Thyateira stattgefunden haben muss, dem jungen Reiche den dauernden Besitz des Passes von Nakrasa eingetragen hat. In das Dunkel, welches die weitere zwanzigjährige Regierung dieses Dynasten bedeckt, einzudringen ist hier nicht der Ort, doch will ich auf einen in dieser Richtung von mir vor neun Jahren unternommenen Versuch am Schluss dieses Kapitels in Excurs I kurz zurückkommen. Man wird die weitere Thätigkeit Eumenes' I. wohl auf die erfolgreiche Behauptung des im Jahre 262 von Nakrasa bis Elaia reichenden Besitzstandes beschränkt denken dürfen. — Sein Nachfolger Attalos I. (241—197) war gleich zu Anfang seiner Regierung gezwungen, die Kaikosebene gegen einen Einbruch der Kelten (nach der Inschrift des hierauf bezüglichen Siegesdenkmals waren es die Tolistoagier, Jahrb. d. preuss. Kunstsamml. V S. III) zu vertheidigen. „An den Quellen des Kaikos" errang Attalos über den furchtbaren Gegner jenen Sieg, welcher die glänzendste und erhebendste That seiner langen Regierung geblieben ist.[1]) Alle auf diesen in der Defensive errungenen Sieg folgenden Unternehmungen des Attalos bewegen sich auf dem Boden „auswärtiger Politik". Im Ringen mit Antiochos Hierax gewinnt er einen grossen Theil des vorderen Kleinasiens, freilich ein ganz vorübergehender Erfolg, da alle Eroberungen bald (seit 223) an Achaios wieder verloren gehen. Nach des letzteren Tode (214) sehen wir Attalos in die Weltkämpfe der Zeit energisch eingreifen und dabei in Aegina einen überseeischen Besitz gewinnen. In Kleinasien dagegen scheint das „pergamenische Reich" bis zum Tode Attalos' I.

---

[1]) Die inschriftlich bezeugte „Schlacht an den Kaikosquellen" halte ich für identisch mit der nach Trogus „bei Pergamos" geschlagenen. Ebenso Köhler und Urlichs, deren Auffassung dieses Sieges ich jedoch nicht theilen kann. Vgl. Excurs II.

(197) die natürlichen Grenzen des Kaikosthales nur ganz unbedeutend überschritten zu haben. Strabo bemerkt p. 624, dass das Reich vor der Schlacht bei Magnesia (190) bloss wenige Orte im Umkreis von Pergamos bis zum elaitischen und adramyttenischen Meerbusen umfasst habe und Strabo wird gegen den Widerspruch Meiers (Pergam. Reich in der A. E. S. 371) Recht behalten. Wenn Attalos im Jahre 218 die Aegosagen am Hellespont ansiedeln konnte, so muss er damals freilich über jenes Gebiet ein Verfügungsrecht gehabt haben, indessen kann das sehr wohl nur ein vorübergehender Erfolg im Kriege gegen Achaios gewesen sein. Von einer dauernden Festsetzung des Attalos in Troas erfahren wir nichts.[1]) Aus Strabons Bemerkung ergiebt sich, dass um das Ende der Regierung Attalos' I. die pergamenische Herrschaft nördlich nur bis Adramyttion gereicht hat und jenes Zeugniss ist um so weniger in Frage zu stellen, als die Angabe dieses Schriftstellers in Bezug auf die Ausdehnung der Herrschaft gegen Süden durch andere Zeugnisse bestätigt wird. Im ersten Jahre des Attalos war zwar Nakrasa pergamenisch (C. I. G. 3521), Thyateira dagegen noch 190 v. Chr. syrisch (Liv. 37, 8). Und bei Elaia war die Grenze unter Attalos nur bis zum Vorgebirge Hydra zwischen Myrina und Kyme vorgeschoben, wie der Grenzstein von Arab Tschiflik (Bull. d. c. h. 1881 p. 283) beweist. Elaias Aufschwung wird schon aus der Zeit Attalos des Ersten datiren, denn zur „Flottenstation der Attaliden" (Str. 615. 622) werden es eben seine überseeischen Unternehmungen erhoben haben. Rasch entwickelte sich dann die Stadt aus früherer Unbedeutendheit zu einer Blüthe, für welche die Inschrift von Klissekoei (Curtius, Beiträge S. 67) ein sprechendes Zeugniss ablegt.

Die Erwerbung Elaias durch die Attaliden gab der Land-

---

[1]) Droysen hat vermuthet (Gesch. d. Hellenism.³ III 2, S. 275), dass Attalos I. gegen Ende seiner Regierung an der Propontis den pergamenischen Hafenplatz Hella (Dr. identificirt es mit dem bithynischen Hellenopolis) angelegt habe. Diese Hypothese verliert ihren Boden durch die einleuchtende, mir freundlich zur Verfügung gestellte Vermuthung v. Gutschmids, dass bei Steph. Byz. s. v. Ἕλλα, χωρίον Ἀσίας Ἀττάλου βασιλέως ἐμπόριον in Ἕλλα nur ein Lesefehler für Ἐλαία vorliege.

schaft Teuthrania ihren alten Küstenbesitz wieder, aber damit
ist eine Wiederherstellung des ursprünglichen Umfanges dieses
Landschaftsbegriffs nicht Hand in Hand gegangen. Nach Nieses
sehr wahrscheinlicher Vermuthung (Rh. Mus. XXXII 307) hat
Apollodor seinen Commentar zum hom. Schiffskatalog noch
vor dem Tode Attalos' III. (133) verfasst. Nun ist in einem
gewiss aus Apollodor stammenden Stück bei Strabo (XII 8, 1 ff.
p. 571) eine politische Eintheilung der Kaikosebene in
die drei Bezirke Pergamene, Teuthrania, Elaitis gegeben. Wir werden dieselbe um so eher für die officielle der
attalischen Periode nehmen dürfen, da diese Dreitheilung[1]) für
die römische Zeit (vgl. unten Plinius) durchaus nicht zutrifft.
Von Interesse ist es, hier die Geltung des Begriffs Teuthrania
festzustellen. Bei Strabo ist darunter ein zwischen der Pergamene und der Elaitis gelegener Bezirk verstanden und zwar
offenbar ein mit dem Meere in keiner Berührung stehender.
In § 1 ist zwar von der Μυσία περὶ τὸν Κάικον καὶ τὴν Περγαμηνὴν μέχρι Τευθρανίας καὶ τῶν ἐκβολῶν τοῦ παταμοῦ die
Rede, was für sich betrachtet dafür sprechen könnte, dass
Teuthrania wenigstens an der Kaikosmündung ein Stück Küste
besass. Allein gleich darauf heisst es in § 2: ἡ γὰρ Περγα-
μηνὴ καὶ ἡ Ἐλαῖτις, καθ' ἣν ὁ Κάικος ἐκπίπτει, καὶ ἡ μεταξὺ
τούτων Τευθρανία. Da hier das Mündungsgebiet des Kaikos

---

[1]) Der Bezirk Pergamene ist unverhältnissmässig gross, da man das
obere Kaikosthal und vermuthlich auch noch das Bergland nördlich von
Pergamos (Kosak) dazu rechnen muss. Darum möchte ich annehmen,
dass Strabo hier die Liste der attalischen Bezirke nicht vollständig,
sondern nur für das mittlere und untere Flussthal giebt, und dass in
Wirklichkeit das obere Kaikosthal (von Germe stromaufwärts) einen besonderen vierten Bezirk bildete, welcher den officiellen Namen αἱ πηγαὶ
τοῦ Καΐκου führte. Ein solcher lässt sich erschliessen aus Strabo
(Demetrios und Menekrates) p. 572 § 3, wo die Wohnsitze der Myser
(gemeint ist Abrettene etc.) ὑπὲρ τὰς πηγὰς τοῦ Καΐκου angegeben werden
(vgl. p. 616 § 70), aus der attalischen Weihinschrift über den Galatersieg „περὶ πηγὰς Καΐκου ποταμοῦ" und aus Livius XXXVII 18 *Antiochus...
ad caput Caici amnis stativa habuit cum magno exercitu.* Die „Quellen"
darf man hier nicht buchstäblich verstehen und in der That findet die
Aufstellung eines obersten Bezirks unter dem Namen αἱ πηγαὶ τοῦ Καΐκου
eine gute Unterstützung in dem Namen des untersten Bezirks als αἱ
ἐκβολαὶ τοῦ Καΐκου (für Elaitis Str. 571 § 1 und 607 § 51).

ausdrücklich zur Elaitis gerechnet wird, so ist in § 1 unter
ἐκβολαὶ τοῦ ποταμοῦ eben die Elaitis zu verstehen und damit
Teuthrania für die attalische Periode als ein nur kleiner binnen-
ländischer Bezirk der Kaikosebene erwiesen, während ein Ge-
sammtname der drei resp. vier den Grundstock des pergamenischen Reiches bildenden Bezirke (Quellgebiet, Pergamene,
Teuthrania, Elaitis) nicht überliefert wird, man müsste einen
solchen denn in Strabons „Μυσία περὶ τὸν Κάικον" (entgegengesetzt der Μυσία Ὀλυμπηνή p. 571 § 1) erblicken.[1]) Als das
pergameniche Reich an Rom fiel und unter dem Namen Asia
(ἡ ἀμφὶ τὸ Πέργαμον Ἀσία) als Provinz eingerichtet wurde,
rechnete man die Elaitis sammt dem übrigen teuthrantischen
Küstenstreif zu Aeolis (conventus Smyrnaeus)[2]), und die übrige
Landschaft des Thales war wieder, wie vor den Attaliden ein
binnenländisches Gebiet, das als jurisdictio Pergamena ausser
dem inneren Kaikosthal auch mehrere benachbarte Gebiete mit
umfasste. Sehr beachtenswerth ist es nun, dass bei Plinius
in dem bezüglichen Abschnitt mit einem Mal wieder der Landschaftsname Teuthrania auftritt, nicht etwa in der oben besprochenen verengerten Bedeutung, sondern zur Bezeichnung
des ganzen Kaikosthales von der äolischen Küste aufwärts bis
zu den Quellen des Kaikos: V § 125 *Supra Aeolida in medi-
terraneo est quae vocatur Teuthrania, quam Mysi antiquitus
tenuere. ibi Caicus oritur.* Diese Verwendung des Begriffs
Teuthrania ist natürlich zu Plinius' Zeit nicht mehr lebendig
gewesen, sondern eine vom Compilator seinem Texte ein-
gefügte gelehrte Verbrämung. Für dieselbe ist man ihm aber
sehr zu Dank verpflichtet, da diese Stelle das einzige ausdrückliche Zeugniss für die ursprüngliche Ausdehnung des
Landschaftsbegriffs Teuthrania bietet. Die gelegentlichen Andeutungen der Dichter und Herodots liessen unter diesem Gebiete das untere Kaikosthal erkennen und auch bei Ps. Skylax
§ 98 ist der Umfang Teuthraniens unbestimmt. Die Angabe
des Plinius, die in letzter Instanz vielleicht auf Hekataios
zurückgeht (vgl. den index auctorum) beweist, dass die beiden

---

[1]) Auf dem Grenzstein von Arab-Tschiflik (oben S. 194) hat Περγα-
μηνῶν ὅροι die erweiterte Bedeutung „attalische Landesgrenze".
[2]) Plin. V 120. 121; Paus. V 24, 6.

Benennungen Τευθρανία und Καΐκου πεδίον sich ursprünglich
vollständig gedeckt haben.

Mancherlei Schwierigkeiten bereitet die von Plinius in
dieser Landschaft aufgezählte lange Reihe von Ortschaften
(§ 126): *Pioniae, Andera, Idale, Stabulum, Conisium, Teium,
Balce, Tiare, Teuthranie, Sarnaca, Haliserne, Lycide, Parthenium,
Cambre, Oxyopum, Lygdamum, Apollonia, Pergamum*. Die ersten
sieben Ortschaften (Pioniae bis Balce) sind mehr als verdächtig.
Idale, Stabulum und Teium werden zwar sonst nirgends erwähnt, lassen sich also nicht gegen Plinius verwerthen. Sicher
ist dagegen, dass Pioniae und Andera am nördlichen Fuss des
Ida lagen, denn nach Strabo p. 610 § 56 sind sie Skepsis benachbart, Conisium findet sich auch bei Hierokles p. 663
(Κονιοcίνη) und zwar unmittelbar auf Πιονία folgend. Beide
Orte gehören hier zur Eparchie des Hellespont, während die
Städte Teuthraniens unter der Eparchie Asia stehen. Plinius
zählt nun in obiger Reihe nicht etwa die Theilhaber am conventus Pergamenus auf, die allerdings weit über das Kaikosthal hinaus reichten, sondern ausdrücklich die Städte der Landschaft Teuthrania und zu keiner Zeit kann dieselbe nordwärts
bis über den Ida hinausgereicht haben. Die letzte Stadt der
ersten Gruppe, Balce, lag nach Steph. Byz. v. Βάλκεια gar an
der Propontis. Pioniae, Andera, Conisium, Balce sind also
sicher keine teuthrantischen Orte. Die beiden ersteren gehören
nach Aeolis, wozu Plinius die benachbarte regio Skepsis § 122
gerechnet hatte und § 123 sind denn auch die Pionitae unter
dem Jurisdictionsbezirk von Adramyttion aufgeführt; Balce
hätte unter Troas (§ 124) oder besser unter Hellespontus (§ 141)
aufgezählt werden sollen, ebenso Conisium. Demnach sind
diese vier Orte offenbar nur durch ein Versehen des Compi-
lators an den falschen Ort gerathen und das gleiche darf man
auch von den übrigen drei Orten der Gruppe vermuthen, von
denen Idale nach dem Ida weist und Teium wohl eine an dem
Hellespont oder der Propontis zu suchende Pflanzstadt der
Teïer sein wird. Die Gruppe Pioniae bis Balce wäre also
unter den Städten Teuthraniens glücklich beseitigt. Die übrig-
bleibende Reihe Tiare bis Pergamum enthält vier sonst unbekannte Ortsnamen Lycide, Oxyopum, Lygdamum und Sarnaca.

Von den ersten beiden lässt sich nichts ausmachen, Lygdamum nimmt sich etwas verdächtig aus (nicht vielmehr karisch?), Sarnaca aber wird gut teuthrantisch sein, da derselbe Wortstamm in dem sicher teuthrantischen Hali-sarna (Xenoph. Hell. III 1, 6) vorzuliegen scheint. An Halisarna schliesst sich, wie aus Xenophon ersichtlich, eng Teuthranie, das unten gesondert behandelt werden soll (§ 4). Flussaufwärts folgt Pergamum (unten § 5). Dann Cambre [Γαμβρεῖον][1]), neben welches aus Xenophon a. a. O. Παλαιγαμβρεῖον zu stellen ist. Pergamos, Gambreion und Palaigambreion bildeten im 5. und im Anfang des 4. Jahrhundert eine zusammengehörige Gruppe unter den Nachkommen des Gongylos. Gambreion lag von Pergamos stromaufwärts auf dem Viertel des Weges[2]) nach Germe. Letztere von Plinius übergangene Stadt (Tab. Peut. „Gerame", Itin. Ant. „Germe") lag im oberen Kaikosthal unweit des Zusammenflusses von Kaikos und Mysios.[3]) Dazu kommt noch weiter stromaufwärts an einem südlichen Zuflüsschen des Kaikos die von Plinius weder in Teuthranien noch in Lydien erwähnte Stadt Nakrasa, ein strategisch wichtiger Punkt, daher ihn gewiss die lydischen Könige schon früh besetzt haben werden. Die Wichtigkeit des Platzes offenbart sich in der Thatsache, dass hier eine makedonische Ansiedlung erfolgte (C. I. G. 3522 Μακεδόνων Νακρασειτῶν).[4]) Zu Beginn der Regierung Attalos' I. war die Stadt perga-

[1]) Ein Thesmophorion und einen Tempel der Artemis-Lochia erwähnt C. I. G. 3562. Silbermünze von Gambreion (mit Apollokopf) Num. chronicle 1886 S. 257. Ueber das Kupfergeld der Stadt Brandis S. 327 und 300.

[2]) Franz, fünf Städte und fünf Inschr. p. 14. Kiepert setzt im Atl. antiq. Gambreion auf das südliche Kaikosufer an die Gebirgsstrasse.

[3]) Ich habe es auf der Kartenskizze nach Kiepert, Atl. ant.⁸ t. 5 angesetzt. Auf der „Karte von Kleinasien" (1844) war es etwas weiter östlich (bei Somah) angegeben. Leake, Jt. As. min. p. 25 suchte es im heutigen Yerma Tepé zwischen Somah und Kirkagatsch. Telephoskult bezeugt für die Stadt eine Münze aus der Zeit des Sept. Severus. Vgl. Streber, nnmism. gr. ex mus. reg. Bav. Abh. d. bayr. Akad. phil. Cl. I 191. tab. III, 2.

[4]) Vgl. das „Temenos des Tyrimnos", des maked. Heros oder Gottes, welches unweit Nakrasa gefundene Inschriften bezeugen (Curtius, Beitr. zur Gesch. u. Topogr. S. 65).

menisch (oben S. 194), geographisch gehört sie zu Teuthranien. „Nahe den Quellen des Kaikos" (etwa beim heutigen Basch-Guélembé?) lag die κώμη Γέργιθα (Str. p. 616 § 70), die Gründung eines Attalos, vermuthlich des Ersten, der die Gergither vom Ida nach Zerstörung ihrer Stadt hier ansiedelte[1]). — Uebrig sind von dem Verzeichniss des Plinius noch Parthenium, Apollonia und Tiare. Parthenion wurde von Kiepert früher (Atl. ant. 5. Aufl.) auf den Bergen östlich von Elaia in den Trümmern von Namrût Kalessi angesetzt, jetzt (Atl. ant. 8. Aufl.) ist es ganz weggelassen. Ramsay, hist. of South. Aeolis (Hell. stud. 1882, p. 274 und 293 f.) setzt bei Namrût Kalessi Aigai an und bemerkt zu Parthenion, dass dieser Ort nach Xenophon näher am Kaikosthal gelegen haben müsse. Ich präcisiere letztere ganz richtige Bemerkung dahin, dass Parthenion in der nächsten Nachbarschaft des oberen Kaikosthales anzusetzen ist. Es ergiebt sich dies aus einer Combination von Strabo und Xenophon. Auszugehen hat man dabei von dem plinianischen Apollonia[2]), dessen Lage durch Strabo

---

[1]) Brandis, Münzwesen etc. in Kleinasien S. 313, weist die Kupfermünzen von Gergitha dem attalischen Orte zu. Eine interessante, leider unvollständige Inschrift von Basch-Guélembé C. I. G. 3568 wird aus der Zeit Eumenes' II. stammen. Vgl. u. Excurs II gegen Ende.

[2]) Von Kiepert im „neuen Atlas" von Hellas" taf. 9 zwischen Thyateira und Gambreion angesetzt, später durch Apollonis ersetzt. Der Artikel „Apollonia" bei Pauly und in Papes Wörterb. der gr. Eigenn. ist fehlerhaft. Die bei ersterem unter nr. 16 und 17 aufgezählten Städte sind identisch, ebenso bei Pape nr. 11 und 12. Aber auch des letzteron nr. 13 (= Steph. B. nr. 10) wird wohl nichts anderes als die teuthrantische Stadt sein. Pape-Benseler geben zwar: „Stadt in Lydien nach Thyateira und Ephesos zu". Stephanos aber kennt wohl ein lydisches Apollonia (nr. 16), zu seiner nr. 10 jedoch ist lydische Zugehörigkeit keineswegs angegeben, sondern nur bemerkt: ι' κατὰ Θυάτειρα καὶ Ἔφεσον. Die letztere unsinnige Angabe hat Meincke in den Text aufgenommen; der Vossianus giebt Ἄφεσον, worin der richtige Name, jedenfalls irgend eine Ortsbenennung aus der Gegend von Thyateira, sich versteckt. Ich habe unten in Excurs II auf den Widerspruch hingewiesen, der darin liegt, wenn man C. I. G. 3536 (... Ἀφροδίσιον πρὸς Τολιστοαγίους ... Γαλάτας καὶ Ἀντίοχον μάχης) mit dem von Justin XXVII 3 erwähnten Siege über Antiochos und die Gallier in Verbindung bringt und doch meint, dass dieser Sieg von Attalos I. bei dem pergamenischen Aphrodision erfochten worden

p. 625 § 4 recht genau bestimmt werden kann. Letzterer giebt folgende offenbar aus sehr ortskundiger Quelle stammende Angabe: „Geht man von Pergamos in die östlichen Theile der Kaikosebene, so gelangt man zu der hochgelegenen (μετεώροις ἐπεκειμένη τόποις) Stadt Apollonia. ἐπὶ δὲ τὸν νότον ὀρεινὴ ῥάχις ἐςτίν (gemeint ist das südliche, von Elaia bis Nakrasa sich erstreckende Grenzgebirge des Kaikosthales), ἥν ὑπερβᾶςι [nämlich von Apollonia aus[1])] καὶ βαδίζουςι ἐπὶ Σάρδεων

sei. Denn wie soll nur der angreifende Attalos (vacantem Asiae possessionem invasurus Antiochum Gallosque adgreditur) seine Gegner (Justin nennt sie saucios adhuc ex superiore congressione, was sich auf die Niederlage der Tolistoagier an den Kaikosquellen beziehen wird) plötzlich in dem Herzen seiner Machtstellung sich gegenüber sehen? Wenn Attalos durch seinen Galatersieg und durch die Schwäche des Antiochos ermuthigt zum Angriff auf den Syrer überging, so wird er doch in das Gebiet desselben (Lydien) eingedrungen sein. Und das wird ferner gewiss durch das natürliche Einfallthor von Teuthranien nach Lydien, vom oberen Kaikos aus geschehen sein, von woher Eumenes II. 191 und 190, gewiss auch Eumenes I. 263/2 nach Lydien einfielen. Hier bot die Umgegend von Thyateira wie dem Angreifenden Aussicht reicher Beute (Liv. 37, 8), so dem Angegriffenen eine brauchbare Defensivstellung (Liv. 37, 38). Hier ist mit Wahrscheinlichkeit der Schauplatz der ersten Schlacht zwischen Attalos und Hierax zu denken und hier in erster Linie nach dem Aphrodision der pergamenischen Inschrift Umschau zu halten. Nun giebt Steph. B. in der Nachbarschaft von Thyateira einen verderbten Ortsnamen Ἄφεςον. Sollte in ihm etwa das gesuchte Aphrodision stecken?

[1]) Auf dieser Annahme beruht die im Text gegebene Führung der Bergstrasse. Sie hat, wie ich nicht verkenne, eine Schwäche. Denn Strabons Quelle nahm zum Ausgangspunkt Pergamos. Von dort wird zuerst mit ἐπὶ μὲν τὰ πρὸς ἕω μέρη auf Apollonia zugeschritten, dann mit ἐπὶ δὲ τὸν νότον ὀρεινὴ ῥάχις ἐςτίν wieder von Pergamos aus eine neue Strasse eingeschlagen, die von Pergamos südlich die ῥάχις überschreitet. Aber der § 4 Strabos hat doch offenbar den Zweck, von der Besprechung Pergamons zu der von Sardes in Form eines Itinerars hinüberzuleiten. Da versteht man nicht, was zuvor der Abstecher von Pergamos nach dem östlich gelegenen Apollonia soll. Ferner: Nimmt man an, dass Strabons Gewährsmann (dass Strabo persönlich in dieser Gegend nicht orientirt ist, hat uns oben S. 174 ff. gezeigt), um nach Sardes zu kommen, von Pergamos direct zu der südlich gelegenen ῥάχις emporsteigt, so ist es unbegreiflich, wie er dann nach Ueberschreitung des Kammes Thyateira zur linken und Apollonis zur rechten haben konnte. Beide Städte mussten dann links liegen und bei

πόλις ἐςτὶν ἐν ἀριςτερᾷ Θυάτειρα, κατοικία Μακεδόνων . . . . ἐν
δεξιᾷ δ' Ἀπολλωνὶς διέχουςα Περγάμου τριακοςίους ςταδίους τοὺς
δὲ ἴςους καὶ Σάρδεων . . . . εἶτ' ἐκδέχεται τὸ Ἕρμου πεδίον καὶ
Σάρδεις — d. h. unser Apollonia lag an der oben (S.
188) erwähnten den Umweg über Nakrasa abkürzenden Gebirgsstrasse, welche die nächste Verbindung zwischen Pergamos und
Sardes herstellte und dabei, wie ich aus Strabons Worten
schliessen zu müssen glaube, auf der lydischen Seite jedenfalls
nicht Thyateira, vielleicht aber auch Apollonis nicht berührte,
sondern zwischen beiden hindurch[1]) auf die grosse Heerstrasse
zwischen Thyateira und Sardes zulief. Und zwar muss Apollonia an dieser Gebirgsstrasse noch auf der Seite des Kaikosthales, nicht weit abwärts vom Kamm der ὀρεινὴ ῥάχις gesucht
werden. — Sehen wir uns nun den Bericht Xenophons anab.
VII 8, 9 ff. an: Ein reicher Perser Asidates besass in der
Kaikosebene eine τύρςις, gegen welche Xenophon auf Anstiften

der Fortsetzung des Weges wäre Strabo nicht nach Sardes, sondern an
den unteren Hermos zwischen Magnesia und Neonteichos gekommen.
Nimmt man dagegen an, dass Strabo in § 4 nur eine einzige Route
giebt, so führte die Strasse zunächst von Pergamos stromaufwärts in
östlicher oder genauer südöstlicher Richtung, bis sie bei Apollonia
eine zur Ueberschreitung der ῥάχις geeignete Einsattelung fand. Wurde
hier die ῥάχις überschritten, dann ist es ganz verständlich, wie sich
beim Abstieg in das Hermosthal Thyateira zur linken und Apollonis zur
rechten befand. Dass es ausser der Heerstrasse von Pergamos über
Nakrasa und Thyateira noch eine abkürzende Gebirgsstrasse gegeben
hat, ist schon von Kiepert angenommen worden. Aber seine Führung
dieser Strasse via Pergamos-Apollonis-Thyateira lässt sich mit Strabons
Angaben (welche erst Thyateira, dann Apollonis nennen) nicht vereinigen und bietet nur wenig Abkürzung. Thyateira muss von dieser
Strasse links liegen gelassen worden sein, ob Apollonis rechts blieb, wie
ich im Text angebe, ist mir nicht so sicher. Der Umstand, dass Strabo
gerade bei Apollonis die Entfernung von Pergamos und von Sardes aus
angiebt, lässt die Annahme eigentlich kaum umgehen, dass Apollonis
eine Station auf diesem Wege gewesen ist. Daher wird es wohl richtiger
sein, die fragliche Strasse nach Ueberschreitung der ῥάχις nach rechts
direct auf Apollonis zugehen zu lassen. Apollonis ist bei der neuen
Ansetzung Kieperts (Atl. ant.[6]) stark nach Norden gerathen, auf der
„Karte von Kleinasien" war es am Hyllos eingetragen, wo Kiepert heute
das lydische Apollonia ansetzt.

[1]) Vgl. jedoch die vorhergehende Anmk.

der in Pergamos residirenden Wittwe des Gongylos, Hellas, einen Handstreich plant. Um den Ort zu erreichen, muss er den Kaikos überschreiten (§ 18); dass derselbe nahe bei Pergamos lag, beweist der Umstand, dass Xenophon von Pergamos nach dem δεῖπνον aufbricht und schon um Mitternacht mit seiner Schaar bei der Burg des Asidates angelangt ist (§ 12). . Der Ort muss aber auch von Pergamos flussaufwärts gelegen haben, da auf gegebene Feuerzeichen u. A. die Bewohner von Apollonia dem Perser zu Hülfe eilen (§ 15). Als Xenophon am folgenden Tage mit gesammter Truppenmacht zur Wiederholung des Handstreichs schreitet, bricht er in der Nacht auf um möglichst weit nach Lydien hineinzukommen εἰc τὸ μὴ διὰ τὸ ἐγγὺc εἶναι φοβεῖcθαι ἀλλ' ἀφυλακτεῖν (§ 20). Also zur Sichermachung des Asidates will Xenophon einen Scheinmarsch nach Lydien unternehmen und zwar, wie der Zusammenhang zeigt, nicht auf der Heerstrasse über Nakrasa, sondern auf der abkürzenden über Apollonia. Die Burg und Apollonia bestimmen nun mit hinreichender Sicherheit auch die Lage von Parthenion. Weit entfernt von Apollonia kann es sich nicht befunden haben, da die erwähnten Feuerzeichen des Asidates von beiden Städten aus bemerkt wurden und von beiden aus Hülfe zur Stelle war (§ 15), und zwar musste es ebenfalls bereits auf den Vorbergen der ὀρεινὴ ῥάχιc liegen, da Asidates bei der Kunde vom zweiten Herannahen des Xenophon εἰc κώμαc ὑπὸ Παρθένιον πόλιcμα flüchtet (§ 21); dass es tiefer thalwärts lag als Apollonia, darf man ebenso daraus schliessen, dass Asidates sich in den Schutz von Parthenion flüchtet, wie daraus, dass in § 15 die von Parthenion herbeigeeilte Hülfe an erster, die von Apollonia an zweiter Stelle genannt ist. Beide Städte schauten also zu Xenophons Zeit als persische Wachtposten auf das von griechischen Dynasten beherrschte Kaikosthal hinab[1]), ihre geographische Lage ordnet sie aber der Landschaft Teuthranien ein und ebenso das Verzeichniss des Plinius.

----

[1]) Mit dem bei Xen. anab. VII 8, 15 erwähnten Κομανία weiss ich wenig anzufangen. Es lag wohl auf der lydischen Seite der ῥάχιc. Die von ihm entsandten „hyrkanischen" Reiter weisen nach der hyrkanischen Ebene; die „assyrischen" Hopliten sind nach Nöldeke, Hermes V. S. 443 ff. zu erklären.

Wir sind bei dem Restbestand dieses Verzeichnisses angelangt, bei der Stadt Tiare. Dass sie wirklich nach Teuthranien gehört, dafür spricht, dass auch Hierokles unmittelbar nach der Gruppe Pergamos, Pitane, Elaia einen Ort Τιάραι aufzählt, dann Theodosiupolis (nach Wesseling aus Perperene umbenannt), Adramyttion, Antandros, Gadara (= Gargaros), endlich als letzten Ort der Eparchie Asia Assos. Abgesehen davon, ob Wesselings Gleichsetzung von Theodosiupolis mit Perperene das Richtige trifft oder nicht, erhellt doch aus Hierokles, dass mit der Reihe Tiarai, Theodosiupolis, Adramyttion von Orten Teuthraniens zu solchen der thebischen Ebene fortgeschritten wird. Demnach werden wir — Plinius' Ansetzung Tiares in Teuthranien als richtig vorausgesetzt, da nichts dagegen und Hierokles dafür spricht — Tiare in der Richtung von Pergamos auf Adramyttion zu suchen haben. Die grosse in der Kaikosebene von Pergamos über Teuthrania nach dem Pass von Atarneus führende Strasse bietet keine Wahrscheinlichkeit hier Tiare zu finden, da im unteren Kaikosthal schon Teuthrania, Halisarna und wohl auch Sarnaka der Unterbringung harren und da andererseits der eigenthümliche Name doch wohl auf eine augenfällig an die tiara erinnernde Formation, an einen auf tiaraförmiger Höhe liegenden Ort denken lässt. Also suchen wir lieber in den Bergen als in der Ebene. Nun existirte zwischen Pergamos und Adramyttion ja auch noch eine abkürzende Gebirgsstrasse, welche von Pergamos nordwärts über die oben S. 188 erwähnte Hochebene führte. Die neuesten Reiseergebnisse (Mittheilungen XI 1 ff.) lehren, dass diese Strasse, nach Ueberschreitung des Pindasosgebirges in jene Hochebene gelangt, bei dem heutigen Yokari sich gabelt. Eine Strasse führt von hier zwischen dem Madarasdagh und dem Yailadschik geradeswegs auf Adramyttion zu, die andere schwenkt nordwestlich ab und erreicht, nach Ueberschreitung eines am Westabhang des Yailadschik befindlichen Passes zum Meere sich senkend, die grosse Strasse Atarneus-Adramyttion. An der nördlich verlaufenden dieser Gabelstrassen muss das äolische Perperene[1]) irgendwo gelegen haben, da

--- --- ---

[1]) Steph. v. Παρπάρων.

Strabo dasselbe in den Bergen östlich von Kisthene, südlich von Adramyttion nennt [p. 607 § 51[1])]. Perperene ist bei einer Untersuchung der Ausdehnung Teuthraniens insofern von Wichtigkeit, als in ihm der einzige Punkt gegeben ist, wo (wenigstens für späte Zeit) eine nördliche Grenzbestimmung des Bezirks der Pergamene gegeben wird. Galen nämlich (περὶ εὐχυμίας p. 358) bemerkt anlässlich der lobenden Erwähnung des perperenischen Weines, dass die Gebiete von Perperene und Pergamos an einander grenzten. Also südlich von Perperene lief zu Galens Zeit die Grenze der pergamenischen Mark entlang. Da es jedenfalls keine bedeutende Stadt war (Steph. nennt es χωρίον), so wird ihm von dem zwischen Pergamos und Adramyttion gelagerten Gebirgsland kein grosses Gebiet gehört haben, vermutlich lag es auf dem Nordhang des Madarasdagh und dieser bildete die südliche Grenze seiner Mark und die nördliche des pergamenischen Gebietes, d. h. zu letzterem gehörte die ganze Hochebene zwischen Pindasos und Madarasdagh (das heutige Kosak). In dieser Hochebene aufgefundene Befestigungen einer antiken Stadt zeigen *„die grösste Aehnlichkeit mit der älteren Stadtmauer von Pergamon"* (Bohn in den Mittheil. XI S. 6); sollte *„deren Entstehungszeit"* auch erst *„in den Beginn der Machtentfaltung der attalischen Herrschaft zu setzen sein"* (Bohn)[2], so könnte sich doch der Besitzstand Pergamons schon vor den Attaliden in jenes fruchtgesegnete Bergland ausgedehnt haben. — Vielleicht ist es kein Zufall, dass bei Plinius V § 126 in der Aufzählung des conventus Pergamenus die Perperener und Tiarener nebeneinander stehen. Das giebt wenigstens eine weitere Anregung nach dem teuthrantischen Tiare gerade in dem Bergland nördlich von Pergamos Ausschau zu halten. Nun ist, wie oben erwähnt wurde, in dem Kosak, an der von Yokari sich westlich gegen das Meer abzweigenden Strasse das Trümmerfeld einer „per-

---

[1] Ist etwa in dem Namen des Nachbarortes Τράριον eine Spur der Treren (Τρῆρες, Τράρες) erhalten? Die mit denselben gleichzeitig in Kleinasien hausenden Kimmerier hatten bekanntlich in Antandros festen Fuss gefasst. Vielleicht war Trarion einst ein trerisches Felsennest. (Ein zweites Trarion am sinus Astacenus.)

[2] Vgl. übrigens unten S. 235 ff.

gamenischen Landstadt" aufgefunden worden, um deren Benennung Fabricius (Mittheil. XI S. 12) sich abmüht. Ich halte
es für sehr wahrscheinlich, dass das plinianische Tiare in jener
Landstadt wiedergefunden ist. Jedenfalls lassen sich zu Gunsten
keiner anderen Identificirung so gute Gründe anführen wie aus
Plinius und Hierokles für Tiare. Der Umstand, dass Tiare
noch bei Hierokles erscheint, spricht für eine stetige Bewoh-
nung des Ortes, ebenso zeigt auch die „pergamenische Landstadt" zahlreiche aus römischer und christlicher Zeit stammende
Ruinen (Mittheil. S. 9). Was den Namen Tiare betrifft, so
braucht aus demselben nicht gerade auf persische Gründung
geschlossen zu werden, denn nach Juvenal VI 516 und Servius
zu Virg. Aen. VII 247 war die Tiara auch phrygische Kopf-
bedeckung. Auch ein Berg auf Lesbos hiess (und schwerlich
erst seit persischer Zeit) Τιάραι (Athen. p. 62ᵇ). Hier wie bei
dem teuthrantischen Tiare werden augenfällige örtliche Eigenthümlichkeiten die Namengebung veranlasst haben.

Nachdem wir somit unsere Umschau in Teuthranien zu
Ende geführt haben, wird ein kurzer Rückblick auf die
Geschichte dieses Landschaftsnamens am Platze sein.
Das früheste Zeugniss für denselben lieferten die Kyprien;
poetisch umschrieben war er in dem πεδίον Τεύθραντος des
Pindar; für Hekataios ergab sich aus Strabo nur die geographische Benennung Καΐκου πεδίον (oben S. 185), aber durch
Plinius ist die umfassende alte Bedeutung des Namens Teuthrania (= Καΐκου πεδίον) aufbewahrt worden, die jedenfalls
auf eine alte Quelle, muthmasslich eben auf Hekataios zurückgeht (S. 196). In Abzug war bei Plinius nur der schmale zu
Aeolis geschlagene Küstenstrich von Elaia bis Pitane gebracht.
Auch den Tragikern ist Teuthrania als Gesammtlandschaftsname
noch geläufig, daneben tritt bei ihnen aber die Vorstellung auf,
dass Teuthranien nur ein Theil von Mysien sei, so dass die
Ausdrücke Μυσία, Μύσιος ohne weiteres auf teuthrantische Dinge
angewendet werden. Herodot braucht „τὰ περὶ Τευθρανίην"
für das untere Kaikosthal, d. h. für die Umgegend der Stadt
Teuthrania; das Kaikosthal rechnet er zu Mysien, ebenso auch
Xenophon. Der alte Landschaftsname ist also im Verlauf des
5. Jahrhunderts zurückgetreten, noch einmal taucht er im

4. Jahrhundert bei Ps. Skylax auf (§ 98). Im Zeitalter der Attaliden erscheint Teuthrania in der schon bei Herodot gefundenen engeren Bedeutung und zwar wird von Apollodor damit ein zwischen der Pergamene und der Elaitis gelegenes Gebiet ganz ausdrücklich festgestellt. Trotz dieser in der Praxis jetzt offenbar allein üblichen Anwendung des Namens muss doch unter den Attaliden auch die alte, umfassende Bedeutung wieder in Aufnahme gekommen sein, wenn auch nur im Munde der Gelehrten und Dichter. Dass der pergamenischen Dynastie die Auffrischung der ältesten Localüberlieferungen sehr genehm war, erkennt man an vielem: die Telephossage ward von den Attaliden herangezogen und künstlerisch bearbeitet (der kleine Fries des pergamenischen Zeusaltars, das Säulenrelief am Tempel der Apollonis in Kyzikos). Eine durch die attalischen Gelehrten gefundene Lysis des homerischen Keteierproblems, welche Pergamos zur Residenz des Eurypylos machte, wurde oben besprochen. Auch Pausanias (I 4, 6) spiegelt ganz den attalischen Standpunkt wieder, wenn er als die drei Ruhmesthaten der „Pergamener" aufführt: 1) die Erlangung der Herrschaft über das untere Kleinasien (d. h. die Schlacht bei Magnesia), 2) die Zurückdrängung der Kelten aus dem unteren Asien (d. h. die Schlacht an den Kaikosquellen nebst ihren indirecten Folgen), 3) die Abwehr der Achäer durch Telephos. Daher konnte denn auch Nicander seinem Gönner Attalos III. unter Nichtberücksichtigung der damaligen Grösse des pergamenischen Reiches ein gerngehörtes Epitheton beilegen, wenn er ihn als Τευθρανίδης anredet (γένος Νικ. vor den Scholien. ed. Dübn. p. 173). Dieser archaisirende Zug lässt sich in der hellenistischen Poesie auch noch weiter verfolgen. So heisst das Kaikosthal γᾶ Τευθραντιάς kyzik. Epigr. Anth. Pal. III 2, Telephos Τευθρανίας πρόμος Anth. Planud. 110, wo neben dem Alterthümlichen zugleich die jüngere Vorstellung in Μυσὸν Κάϋκον zum Ausdruck kommt. Ebenso heisst es bei Ovid nach hellenistischem Vorbild Metam. II 243 Teuthranteus Caicus und daneben XV 277 Mysus Caicus[1]). So ward das längst Verschollene durch Gelehrsamkeit und Poesie aus seinem Grabe hervorgeholt, aber in den Brauch

[1]) Cf. regna Teuthrantia Ov. trist. II 10.

des Lebens ging es nicht über und als die kurze Herrlichkeit
des Attalidenreiches zu Ende gegangen war, sank es von neuem
in das Grab. Und jetzt wurde das Alt-teuthrautische von den
darüberstürzenden Trümmern des Attalisch-pergamenischen
derart überdeckt, dass seine Spur verloren ging. Schon im
2. Jahrhundert nach Chr. wusste kein Mensch mehr, was der
Name Teuthranien bedeute. Wo er noch erscheint, ist seine
Anwendung stets eine unrichtige. Dazu hat freilich auch die
Mehrdeutigkeit dieses Namens und seine verschiedene Anwendung bei den alten Schriftstellern das ihrige beigetragen. Gab
es doch nicht nur die Landschaft sondern auch eine Stadt
dieses Namens. Ueber letztere muss noch besonders gehandelt
werden, da ihr um einer glänzenden Nebenbuhlerin willen von
der Geschichte Unrecht gethan worden ist.

§ 4.
Die Stadt Teuthrania.

Ich habe in den vorstehenden Paragraphen mehrmals
von der Stadt Teuthrania als einer gegebenen Grösse gesprochen, doch bedarf die Annahme ihrer Realität gegenüber
herrschenden Zweifeln der Begründung. Forbiger hat in seinem
Handbuch der alten Geographie II 158, 3 die Existenz dieser
Stadt bestritten: „Wohl nur durch ein Missverständniss, sagt
er, ist Frg. Cypr., Xen. Hell. III 1, 6, Plin. V 30, Steph. B.
v. Τευθρ. auch von einer Stadt Teuthrania die Rede." Der
Standpunkt Kieperts lässt sich nicht erkennen. Jedenfalls ist
in seinen Kartenwerken nirgends der Versuch die Stadt anzusetzen gemacht und im Handbuch § 107 nur von der Landschaft Teuthrania die Rede, während als „alte Hauptstadt"
dieser Landschaft Pergamos[1]) bezeichnet wird. In Folge dieser
theils negativen, theils unbestimmten Haltung der Geographen
haben jüngere Autoren zu einer unhaltbaren Hypothese ihre
Zuflucht genommen: So bemerkt Hesselmeyer, Ursprünge der
Stadt Pergamos S. 15 A. 6: „Wenn es je eine Stadt Teuthrania

---

[1]) Kiepert sagt a. a. O.: „Pergamos wird schon unter persischer
Herrschaft sowohl eine äolische als lydisch-mysische Stadt genannt."
Es ist mir nicht gelungen festzustellen, welcher Schriftsteller Pergamos
äolisch nennt.

gegeben, so möchte ich fast vermuthen, sie sei an Stelle des
späteren Pergamos gestanden, während das alte Pergamos die
Burg von Teuthrania war." Und zuversichtlich behauptet Koepp,
Rh. Mus. 40 S. 123: „Teuthrania ist der alte Name für Pergamon selbst.

Die Skepsis gegen Realität oder Sonderexistenz Teuthranias
ist, obschon sie in Pausanias und Aristides eine Stütze findet
(vgl. unten S. 216f.), durchaus unbegründet. Denn mit welchem
Rechte soll man die Angaben Xenophons, der doch das Kaikosthal mit eigenen Augen geschaut hat, auf ein „Missverständniss"
zurückführen! Und von Teuthrania als einer Stadt spricht er
nicht nur Hell. III 1, 6 (καὶ πόλεις Πέργαμον μὲν . . . καὶ
Τευθρανίαν καὶ 'Αλίσαρναν) sondern auch Anab. VII 8, 17.
Nichts anderes als diese Stadt ist endlich Hellen. II 1, 3 gemeint, wo Prokles, der Nachkomme Demarats, Τευθρανίας ἄρχων
heisst. Zudem besitzen wir noch andere ebenso gewichtige
Zeugnisse. So bezeichnet Herodot II 10 mit τὰ περὶ Ἴλιον
καὶ Τευθρανίην καὶ Ἔφεσον wie die Umgegend der Städte Ilion
und Ephesos so doch sicherlich auch einer Stadt Teuthrania.
Und zweifellos nur eine Stadt kann Strabo (d. h. Demetrios
von Skepsis) im Sinne haben, wenn er p. 615 § 69 sagt:
Μεταξὺ δὲ 'Ελαίας τε καὶ Πιτάνης καὶ 'Αταρνέως καὶ Περγάμου
Τευθρανία ἐστί, διέχουσα οὐδεμιᾶς αὐτῶν ὑπὲρ ἑβδομήκοντα στα-
δίους ἐντὸς τοῦ Καΐκου. So kann nur ein geographischer Punkt,
nicht eine Landschaft bestimmt werden und überdies giebt es
noch ein von Strabo abhängiges Scholion der Pariser Codices
A und D zu Ptolemaios V 2 (Wilbg), wo der geographische
Punkt Teuthranias für den Kartenzeichner auf 57° L. — 39°, 5' Br.
angegeben ist.[1]) Unter solchen Umständen bietet eine unlängst
von Imhoof-Blumer publicirte und der Stadt Teuthrania zugewiesene Erzmünze[2]) zwar nicht das bisher fehlende Beweismaterial, aber doch die erwünschte urkundliche Beglaubigung
der Existenz dieses städtischen Gemeinwesens.

Schon der äusserliche Umstand, dass diese Stadt den
gleichen Namen wie die ganze Landschaft führt, lässt in ihr

---

[1]) Μεταξὺ δὲ 'Ελαίας καὶ Πιτάνης κτλ. Τευθρανία ṽζ-λθ ιβ'.
[2]) Monn. gr. (1884) p. 268 nr. 149: A: tête laurée d'Apollon
R: ΤΕΥ derrière une tête imberbe, couverte de la tiare (pl. E nr. 20).

den ursprünglichen Vorort des Kaikosthales erkennen. Als Vorort ist sie auch durch die Sage gekennzeichnet, welche Teuthrania zur Residenz des Eponymen Teuthras macht (Apollodor bei Strabo p. 571 § 2 und bei St. B. v. Τευθρ.). Sie (und nicht etwa Pergamos) ist bei Aeschylus Suppl. 549 unter Τεύθραντος ἄςτυ Μυςῶν gemeint, sie ebenfalls bei Sophokles fr. 360 (D.), wo der dunkle Vers

πόλις δὲ Μυςῶν Μυςίᾳ προςήγορος

sofort Licht erhält, wenn man für „Myser" Teuthranier und für „Mysien" Teuthrania einsetzt.[1]) Pergamos bleibt der Stadt Teuthrania gegenüber, wenn es sich um den Anknüpfungspunkt der arkadischen Sage handelt, ausser Betracht. Damit soll nicht in Abrede gestellt werden, dass auch Pergamos eine alte Niederlassung ist, ich will damit nur betonen, dass in alter Zeit, ja bis in den Anfang des 4. Jahrhunderts hinein Pergamos gegen Teuthrania in keiner Weise als leitender Vorort hervortritt. — Dass in Teuthrania der Telephoskult zuerst festen Fuss gefasst hat, zeigt die Sagenüberlieferung. Auge und Telephos sind bereits in § 2 kurz berührt worden. Die Wichtigkeit dieses Stoffes für die Geschichte der teuthrantischen Landschaft — überliefert er doch Zuwanderung von Arkadern! — veranlasst mich zu einer gesonderten Behandlung desselben im 3. Kapitel. Der „teuthrantische Krieg", in welchem die Stadt Teuthrania jedenfalls eine hervorragende Rolle gespielt haben muss, wurde bereits in Buch I Kap. II § 3 und 4 besprochen. — Der jugendliche Kopf mit orientalischer Kappe auf der Imhoofschen Münze Teuthranias wird wohl nur Telephos darstellen können, Teuthras wäre schwerlich anders als bärtig gebildet worden. Die Münze ist auch durch ihr Zeugniss für teuthrantischen Apollokult beachtenswerth. Ein Kult des Flussgottes Kaikos lässt sich für die Stadt aus Aeschyl. fr. 142 (ποταμοῦ Καΐκου ὀργεών) entnehmen.

E. Curtius (Beitr. zur Gesch. u. Topogr. p. 47) erkannte

---

[1]) Der Zusammenhang bei Strabo p. 356 § 31 zeigt, dass das sophokleische Citat zum Belege des Dichterbrauchs, πόλις für χώρα zu setzen, beigebracht wurde. Die Grammatiker haben also den Vers nicht mehr verstanden, in dem πόλις durchaus in buchstäblichem Sinne zu nehmen ist.

bei der Besprechung der landschaftlichen Zustände der Kaikosebene unter der Perserherrschaft ganz richtig das Vorliegen
einer Stadt Teuthrania an, irrte aber mit der Annahme, dass
bei Xenophon An. VII 8, 8 Pergamon „die ganze Gegend zu
bezeichnen scheine, deren natürlicher Vorort Pergamon war."
Denn wo immer von Pergamos die Rede ist, wird damit nur
die Stadt am Keteios und Selinus gemeint, als landschaftliche
Bezeichnung diente ἡ Περγαμηνή und auch dieser Ausdruck
bedeutet in genauem Sprachgebrauch[1]) nur das Gebiet der
Stadt Pergamos. (Eine weitere Bedeutung hatte in attalischer
Zeit der Ausdruck οἱ Περγαμηνοί cf. S. 196 A. 1). Bei Xenophon
tritt Pergamos vor den übrigen teuthrantischen Städten dadurch hervor, dass Xenophon hier sein Standquartier hat.
Teuthrania steht Pergamos durchaus selbständig als Residenz
der spartanischen Emigranten gegenüber und der Widerspruch
zwischen Hell. III 1, 6 und Anab. VII 8, 8 liegt nur in der
Interpretation, welche Curtius der ersten Stelle giebt. — Hell. III
1, 6 heisst es: καὶ πόλεις Πέργαμον μὲν ἑκοῦσαν προσέλαβε καὶ
Τευθρανίαν καὶ Ἁλίσαρναν, ὧν Εὐρυσθένης τε καὶ Προκλῆς ἦρχον.
Wenn man hier den Relativsatz nur auf die beiden letztge-
nannten Städte bezieht, so ist die Uebereinstimmung mit Anab.
VII 8, 8 hergestellt, wo die Wittwe des Gongylos in Pergamos residirt.

Oben S. 195 wurden zwei Stellen Strabons besprochen, in
denen Τευθρανία zu Περγαμηνή coordinirt steht, also Stadt-
bezirk bedeutet; daneben ist der Name auch noch im Sinne
der Gesammtlandschaft in der älteren Zeit im Gebrauch gewesen. Man hat also unter dem Namen dreierlei Begriffe auseinander zu halten:

1. Teuthrania = Καΐκου πεδίον
2.   = Bezirk im unteren Kaikosthal
3.   = die in diesem Bezirk liegende Stadt.

Die Lage der Stadt Teuthrania ist durch Strabo so
genau angegeben, dass es bei Untersuchungen an Ort und
Stelle nicht schwer fallen wird, ihre Stätte wieder aufzufinden.

---

[1]) Strabo p. 576 § 12 kann man ἡ Περγαμηνή gleichbedeutend mit
dem coordinirt stehenden Καΐκου πεδίον fassen, aber richtiger ist es wohl
hier eine Nebeneinanderstellung von Theil und Ganzem anzunehmen.

Zunächst ergiebt sich aus Strabo, dass die Stadt auf dem rechten Ufer des Kaikos gelegen haben muss, denn p. 607 und 615 wird, entsprechend der die Küste von Norden nach Süden entlang gehenden Richtung der strabonischen Periegese Elaia als ἐν τῇ περαίᾳ, resp. ἐν τῷ πέραν τοῦ Καΐκου (auf dem l. Ufer) angegeben, demnach kann die ebenfalls p. 615 gegebene Ortsbestimmung Teuthranias ἐντὸς τοῦ Καΐκου nur unter denselben Gesichtspunkt fallen, bedeutet also auf dem diesseitigen, dem rechten Ufer des Kaikos. Da Strabo ferner bemerkt, dass dieser Punkt ungefähr in der Mitte zwischen Pergamos, Atarneus, Pitane und Elaia liege, so wird er in jenem isolirten Hügel nordwestlich vom unteren Kaikos zu suchen sein, welchen Kiepert auf der Karte von Kleinasien (1844) durch ein beigesetztes R als eine antike Ruinenstätte bezeichnet hat[1]). Hier wohl wird sich die Stätte des verschollenen Teuthrania wiederfinden, nur ist die Angabe Strabons, dass der gesuchte Punkt von keiner der vier im Umkreis liegenden Städte weiter als 70 Stadien entfernt liege, auf jeden Fall eine unrichtige. Giebt es doch zwischen den vier Städten überhaupt keinen dieser Bestimmung sich fügenden Punkt, da schon die Luftlinie von Pergamos bis Pitane nach Kieperts Carte générale (1884) 30 Kilometer = 160 Stadien beträgt. Die in Strabons Text vorliegende Maximalentfernung von 70 Stadien kann also nicht richtig sein. Ich vermuthe daher, dass entweder Strabo selbst bei der Benutzung seiner Quelle oder ein alter Abschreiber sich in der Zahl verlesen und ἑβδομήκοντα statt ἐνενήκοντα (in Zahlzeichen ο′ statt ϙ′) gesetzt hat. Mit der Verbesserung der Zahl 70 in 90 gewinnt man als approximatives Maximum eine Stadienzahl, die vom Standpunkt der mathematischen Geographie möglich ist. Die endgültige Feststellung der Stätte Teuthranias muss ich denjenigen überlassen, welche sich in der glücklichen Lage befinden, die ·örtlichen Verhältnisse der Kaikosebene mit eigenen Augen untersuchen zu können.[2])

---

[1]) Damit identisch ist die Lage Malenes auf dem Atlas von Hellas, während das jetzt (Atl. ant.[5]) an die Stelle gesetzte Halisarna etwas mehr gegen Pergamos zu gerückt ist.

[2]) Ich kann hier auf Grund der Sitzungsber. der berl. Akad. vom 6. Mai 1887 nachtragen, dass die Stelle Teuthranias anf-

Es wurde schon bemerkt (S. 184, 189), dass nach der Sagenüberlieferung die Residenz des Teuthras und Telephos sowohl
an dem Kaikos (Aeschylus) als auch unweit des Meeres (Kyprien,
Hekataios) zu denken ist. Die Angaben des Strabo und Plinius
rücken Teuthrania aber ins Binnenland, und wenn der genannte
Ruinenhügel in der That ihre Stelle bezeichnet, so ist auch
der Fluss in seinem gegenwärtigen Lauf von der Stadt beträchtlich entfernt. Hier liegt nun sicher eine jener geologi-
schen Wandlungen vor, die wir in dem Mündungsgebiet vieler
kleinasiatischer Flüsse beobachten können: am Skamandros
(Virchow, Beitr. zur Landesk. v. Troas. Abh. d. berl. Ak. 1879,
p. 169 ff.), am Kaystros und Hermos (E. Curtius, Beitr. zur
Gesch. etc. von Kleinas. ebd. 1872, p. 4 und 80; Scherzer,
Smyrna S. 4; Kiepert, Handbuch p. 116), am lykischen Xanthos
(Spratt, travels in Lycia I 12, II 188), am Pyramos (Strabo
p. 536; Kiepert, Handb. p. 131 A.), am Saros, Kydnos u. s. w.[1])
In grossem Massstabe sind solche alluviale Umgestaltungen
und Neubildungen am Golf von Milet vor sich gegangen.
Hier war Priene, ursprünglich eine Hafenstadt, durch die
Thätigkeit des Mäander zu Strabons Zeit bereits eine geogr.
Meile landeinwärts gerückt und seit Strabo beträgt daselbst
der Zuwachs neuen Landes wenigstens 3—4 ☐ Meilen (Kiepert,
Handb. p. 117). Dadurch ist der chemalige latmische Meerbusen zu einem Binnensee geworden und Milets, der Meer-
beherrscherin Stätte liegt heute am linken Ufer des Mäander,
beträchtlich oberhalb seiner jetzigen Mündung, während der

---

gefunden ist. Die kurze Form der Mittheilung lässt nichts Genaueres
erkennen, doch wegen ihres Interesses für teuthrant. Studien setze ich
sie her: I. „Kiepert und Conze legten 3 Karten (ausgeführt von
W. v. Diest) vor. 1) Plan von Pergamon, 2) Plan der Königsstadt
Pergamon, 3) Kartenskizze der pergamenischen Landschaft. Die drei
Blätter sind der bei dem Unternehmen betheiligten Generalverw. der
k. Mus. zur Publication in den 'Alterth. v. Pergamon' übergeben worden.
II. Conze knüpfte hieran eine Mittheilung über die Lage der alten
Teuthrania."
[1]) Vgl. im Allgemeinen Tchihatcheff, Asie mineure III Géologie
(mir nicht zugänglich), Tietze im Jahrb. d. k. k. geolog. Reichsanstalt
B. 35 (1885) S. 378—82, C. Cold, Küstenveränderungen im Archipel.
Marb. 1886 S. 35—54.

Fluss ursprünglich etwa 1½ Meile nördlich von Milet das
Meer erreichte und durch die ganze Breite des latmischen
Golfes von der Stadt getrennt war. — Dass ein ähnlicher,
wenn auch natürlich wegen der geringeren thalwärts geführten
Wassermassen nicht so grossartiger Umbildungsprocess auch
an der Mündung des Kaikos vor sich gegangen ist, beweist
nicht nur ein Blick auf die vor ihr lagernden Lagunen (Bull.
de c. h. 1882 taf. IX), sondern wir besitzen dafür auch mehrere
ausdrückliche Zeugnisse des Alterthums. So zunächst das
Herodots, der für seine Ansicht von der Bildung der memphi-
tischen Ebene unter anderen Analogieen auch die Anschläm-
mungen des Kaikos anführt (II 10). Auf sie weist auch Nearch
hin (Str. p. 691) und zwar schildert er den Anschlämmungs-
process in den Ebenen des Hermos, Kaystros, Mäander, Kaikos
als einen zu seiner Zeit stetig vorrückenden. Dass diese Neu-
landbildungen den unteren Lauf des Kaikos nicht nur verlängert,
sondern auch verändert haben, ersieht man aus Ovid, Met.
XV 277:

> *Et Mysum capitisque sui ripaeque prioris*
> *paenituisse ferunt alia nunc ire Caicum.*

Diese Stelle ist von Mannert[1]) und Forbiger[2]) durchaus missverstanden worden, wenn sie aus derselben einen Doppelnamen
Mysios-Kaikos construiren. Ovid hat hier weder den Nebenfluss Mysios (oben S. 189), noch einen zweiten Namen für
den oberen Lauf des Kaikos im Sinne gehabt. In dem angeführten Vers der Metamorphosen ist Mysus natürlich Adjectivum (cf. ex ponto II 2, 26 und Anthol. Plan. N. 110)
und Mysus Caicus nichts anderes als Metam. II 243 Teuthranteus Caicus, und wenn Ovid von diesem Flusse sagt, dass
er capitisque sui ripaeque prioris überdrüssig auf anderem

---

[1]) VI 3, p. 397: „(der Kaikos) nimmt nicht weit von seiner Quelle
einen Nebenfluss, den Mysios, auf, welchen nach Strabo schon Aeschylus
kennt (cf. übrigens unten K. II § 7 Ende), den auch die lateinischen
Dichter öfters anführen und der eigentlich der wahre Name mit
veränderter Benennung in den ersten Theilen seines Laufes
zu sein scheint."

[2]) II 121, A. 85: „Nach Ovid waren Mysios und Kaikos nur zwei
verschiedene Namen desselben Flusses."

Wege hinfliesse, so ist unter caput nicht das Quellgebiet, sondern die Mündung, unter ripa prior nicht der obere Lauf des Kaikos, sondern das frühere Flussbett des unteren Kaikos zu verstehen und das Zeugniss des römischen Dichters als eine dankenswerthe Vervollständigung der von Herodot und Nearch gegebenen Andeutungen zu betrachten.

Auf Grund solcher Zeugnisse lässt sich von der einstmaligen Gestaltung des unteren Kaikosthales folgendes Bild entwerfen: Wo heute zwischen Elaia und Pitane das Mündungsgebiet des Flusses ein stark nach Süden vorspringendes Sumpfland bildet, da haben wir uns eine in je früherer Zeit um so stärker nach Norden eindringende Meeresbucht[1]) zu denken. Unweit der alten Mündung des Kaikos lag hier einst die Stadt Teuthrania. Die Nähe des Flusses ist in Aeschylus' Mysern, deren Local Teuthrania ist, durch den „Priester des Kaikos" angedeutet, die Nähe des Meeres von Euripides (der auf Hekataios fusst) dadurch ausgedrückt, dass die mit der λάρ- · ναΕ in das ϲτόμα τοῦ Καΐκου getriebene Auge alsbald durch Teuthras gerettet wird. — Hier ist der Ort, um noch einmal auf Halisarna zurückzukommen. Wenn ich dasselbe S. 198 richtig als einen einheimischen Ortsnamen mit vorgesetztem griechischen Compositionsbestandtheil gefasst habe — Ἁλί-ϲαρνα „das am Meer gelegene Sarna" (vgl. die teuthr. Stadt Sarna-ka), so haben wir hier in dem Namen einer später binnenländischen Stadt den Hinweis auf ursprüngliche Küstenlage. Jedenfalls muss Halisarna wie Teuthrania im unteren Kaikosthal gelegen haben. In beiden Städten geboten zur Zeit von Xenophons Anwesenheit die Brüder Prokles und Eurysthenes, Nachkommen des verbannten Spartanerkönigs Demarat. Den letzteren hatte Darius für die im Feldzug gegen Griechenland geleisteten Dienste mit dem Gebiet dieser Städte belehnt, aber nicht zugleich mit Pergamos, da letztere Stadt unter Xerxes im Besitz des Gongylos von Eretria gewesen ist (vgl. oben S. 210). Die Schenkung erwähnt auch Herodot VI 70, ohne die Städte namhaft zu machen:

---

[1]) Plinius sagt II 201: tota Teuthranie (mare erat). An dieser auf Herodot II 10 fussenden Stelle bedeutet „Teuthranie" das Gebiet der Stadt, d. h. das untere Kaikosthal.

Δημάρητος διαβαίνει ἐς τὴν 'Acίαν παρὰ βαcιλέα Δαρεῖον. ὁ δὲ ὑπεδέξατό τε αὐτὸν μεγαλωcτὶ καὶ γῆν τε καὶ πόλιc ἔδωκε. Das früheste geschichtliche Zeugniss für die Stadt Teuthrania stammt also aus der Zeit bald nach der Schlacht bei Marathon. Zu Xenophons Zeit waren die Nachkommen (Enkel) Demarats, Prokles und Eurysthenes, Gebieter über Teuthrania und Halisarna (Hell. III 1, 6). Prokles machte den Feldzug des jüngeren Kyros mit und diente nach des letzteren Tode dem Ariaios als Unterhändler mit den Zehntausend. Da bei dieser Gelegenheit Prokles von Xenophon (Anab. II 1, 3) Τευθρανίαc ἄρχων genannt wird und Hell. III 1, 6 zu Teuthrania und Halisarna bemerkt ist: ὧν Εὐρυcθένηc τε καὶ Προκλῆc ἦρχον, so möchte man annehmen, dass der eine der Brüder in Teuthrania, der andere in Halisarna gebot. Allein Anab. VII 8, 19 bringt Prokles dem Xenophon ἐξ 'Αλιcάρνηc καὶ Τευθρανίαc Hülfe, die beiden Brüder scheinen also in friedlicher Gemeinsamkeit des Besitzes gelebt zu haben. — Die spätere Geschichte Teuthranias hüllt sich in Dunkel. Nur noch Einen Lichtblick schenkt uns die Ueberlieferung. Sextus Empiricus meldet adv. math. I 258, dass Prokles, ein Nachkomme Demarats, Pythias, die Tochter des Aristoteles, gehelicht und mit derselben die Söhne Prokles und Demaratos gezeugt habe, τοὺς παρὰ Θεοφράcτῳ φιλοcοφήcαντας. Es unterliegt keinem Zweifel, dass die Beziehungen der Dynasten Teuthranias zu Aristoteles sich in jenen Jahren geknüpft haben, welche der grosse Forscher als Gast des Tyrannen Hermeias zu Atarneus verbrachte (348—45). Nach des letzteren Tode (345) heirathete Aristoteles eine Verwandte desselben, Pythias und aus dieser Ehe war die gleichnamige Frau des teuthrantischen Prokles entsprossen. Da indessen die Tochter beim Tode des Aristoteles (322) noch nicht erwachsen (Diog. L. V § 12) und in erster Ehe mit dem Stagiriten Nikanor verbunden war, so kann die Ehe mit Prokles erst geraume Zeit nach 322 geschlossen worden sein. Die aus derselben entsprossenen Söhne hatten, wie aus Sextus erhellt, vom mütterlichen Grossvater jenen Sinn für wissenschaftliche Studien geerbt, der sonst Männer aus spartanischem Königsblut nicht auszeichnet. Der Schwiegersohn des Aristoteles wird wohl eher Enkel als Sohn

eines der beiden von Xenophon erwähnten Brüder sein. Pausanias meldet III 7, 7: τοῦ (Δημαράτου) ἐπὶ πολὺν ἐν τῇ Ἀσίᾳ
χρόνον διαμεῖναι τοὺς ἀπογόνους φασί. Wohl schon Philetairos, jedenfalls Eumenes I. wird seine
Herrschaft auch über das Gebiet der Nachkommen Demarats
ausgedehnt haben. Die Stadt ist bei Strabo p. 624 nicht
ausdrücklich genannt, sondern unter τὰ κύκλῳ χωρία mit-
einbegriffen (vgl. oben S. 192). Wenn sie in der auf die
Attalidenzeit zurückgehenden Ueberlieferung wenig hervortritt,
so wird der Grund dafür zum Theil auf das Bestreben der
neuen Dynasten zurückgehen, den alten Sagenruhm Teuthranias
nach ihrer Hauptstadt herüberzuziehen. Doch darf man die
Einbürgerung des Telephoskultes in Pergamos nicht erst den
Attalen zuschreiben, denn es ist fraglos, dass die arkadischen
Kolonisten sich schon früh von der Küste in das innere Kaikosthal ausgebreitet haben. Demnach wird der Telephoskult von
Pergamos und Germe sehr alten Datums sein. Zu betonen
ist nur, dass die Attalen diesen Sagenstoff eifrig aufgriffen
und, wie das Keteierproblem uns bereits gelehrt hat, wie der
Telephosfries des Zeusaltars bezeugt, die poetische Ueber-
lieferung ganz an ihre neue Residenz zu fesseln suchten.

Zum Schluss noch ein kurzer Blick auf die verklingende
Kunde von der Stadt Teuthrania. Die Zeugnisse aus der
früheren Zeit sind oben (S. 208 f.) zusammengestellt worden,
die späteste Erwähnung bot Plinius V § 126 (oben S. 197),
aber wohl nur auf Grund seines gelehrten Materials. So viel
ist sicher, dass der Ort, dem Plinius noch sein Stadtrecht
wahrte, zu Pausanias' Zeit bereits verschollen gewesen ist.
Denn letzterer hält I 4, 5 Teuthrania für den alten Namen
von Pergamos: οἱ Πέργαμον ἔχοντες, πάλαι δὲ Τευθρανίην
καλουμένην. Van Cappelle, comment. de regibus ... perga-
menis 1842 (p. 91 A.) sucht vergeblich die Stelle zu vertheidigen, indem er hier Teuthrania im Sinne der „Landschaft"
fassen will. Die Gleichsetzung mit der Stadt Pergamos macht
es unmöglich. Es lässt sich eben nicht fortinterpretiren, dass
der Perieget an der genannten Stelle „Teuthrania" für den
alten Namen Pergamons genommen hat. Nun spricht Pausanias I 11, 2 anlässlich der vorgeblichen Uebersiedelung des

Pyrrhiden Pergamos nach dem Kaikosthal allerdings von Teuthrania in einer Weise, dass man hier die Landschaft verstehen könnte: Πέργαμος .... Ἄρειον δυναστεύοντα ἐν τῇ Τευθρανίᾳ, wenn er aber sogleich fortführt: καὶ τῇ πόλει τὸ ὄνομα ἔδωκε τὸ νῦν ἀπ᾽ αὐτοῦ, so meint er doch offenbar auch hier, dass der „jetzige" Name (Pergamos) an Stelle des früheren (Teuthrania) getreten sei. Also auch an dieser zweiten Stelle hat Pausanias nur eine Stadt Teuthrania im Auge und identificirt sie irrthümlicher Weise mit Pergamos. Wenn er von der Landschaft spricht (I 4, 6), braucht er nicht den Namen Teuthrania, sondern umschreibt mit „ἣν νέμονται Περγαμηνοί", damit beweisend, dass ihm der alte Landschaftsname nicht mehr geläufig ist. Die Quelle, welcher Pausanias folgte, wird natürlich einerseits den Unterschied von Pergamos und Teuthrania, andererseits die doppelte Bedeutung von Tenthrania als Stadt und als Landschaft gekannt und demnach die richtigen Ausdrücke gewählt haben, Pausanias aber hat dafür kein Verständniss mehr. — Ebenso denkt wohl Aristides Teuthrania nicht als Landschaft sondern als vermeintlich archaischen Namen Pergamons, wenn er I 74 (D.) bemerkt, dass die Asklepiaden nach Trojas Fall Τευθρανίην ἡμεροῦσιν εἰς ὑποδοχὴν τοῦ πατρός. Aristides meint den pergamenischen Asklepioskult. Eine gleiche Begriffsverwechselung erscheint endlich auch in dem (ich denke delphischen) Orakel C. I. G. 3558 v. 11 Τηλεφίδαις οἱ Τευθραντίδα γαίαν ναίουσι. In diesem aus der Zeit M. Aurels stammenden Wahrspruch sind unter den Telephiden die Bewohner speciell der Stadt Pergamos verstanden und das „teuthrantische Land" kann hier nicht mehr bedeuten als „pergamenische Stadtmark". Das stimmt vollständig zu der irrthümlichen Auffassung der gleichzeitigen Schriftsteller Pausanias und Aristides.[1]) Und das wird man einer so späten Zeit nicht zu sonderlichem Vorwurf machen können. Dafür hatte die schon besprochene Mehrdeutigkeit

---

[1]) Wenn Spätere wie St. Byz. s. v. Τευθρανία noch das richtige geben, so kommt das natürlich nur auf Rechnung der von ihnen benutzten alten Quelle. Selbst bei Suidas ist, wenn auch in abgeblasster Form, die alte Ueberlieferung erkennbar, wenn er zu Τευθρανία bemerkt: ὄνομα τόπου.

des Namens Teuthrania den Grund gelegt. Dazu kam dann
noch der Rückgang der Stadt durch den oben S. 212 ff. besprochenen Verlust der Fluss- und Küstenlage. Dazu kam
ferner als noch wirksameres Moment das Aufblühen des nahen
Pergamos hinzu. Vollends als unter den Attaliden letzterer
Ort zur Hauptstadt eines Reiches erstarkte, das zur Zeitigung
einer schönen Nachblüthe der hellenischen Cultur berufen war,
da musste der Stern der altehrwürdigen Stadt Teuthrania er-
bleichen. Unter der Herrschaft Roms ist derselbe dann völlig
erloschen.

§ 5.

Pergamos.[1]

Seit die vom preussischen Staat auf dem Burgberge von
Bergama veranstalteten Ausgrabungen eine Fülle von Material
für die Alterthümer Pergamons nach Berlin gebracht haben,
lässt sich nur an letzterem Ort mit vollem Erfolg über pergamenische Stadtgeschichte arbeiten und schreiben. Wenn ich
diesem Gegenstand hier doch einen besonderen Paragraphen
widme, so beschränke ich mich naturgemäss auf die Hervor-
hebung einiger Punkte, welche auf Grund der literarischen
Ueberlieferung und der bisherigen officiellen Publicationen
über die Ausgrabungen[2] auch einem ausserhalb stehenden

---

[1] Aeltere Namensform Pergamos (Xen. hell. III 1, 6), jüngere
Pergamon (Polyb. passim); bei den Späteren kommen beide Formen
vor. Für Untersuchungen, deren Schwerpunkt ins vorattalische Zeitalter
fällt, ergiebt sich als das Angemessnere der Anschluss an Xenophon,
doch habe ich darum noch nicht geglaubt, auf den Genitiv der Neutralform verzichten zu müssen, welcher in der Synthese so viel bequemer
ist. Die Einbürgerung der Neutralform wird auf das Bestreben den
Stadtnamen und den Heros Ktistes formell auseinanderzuhalten zurückgehen, demnach bestimmt sich ihr Auftreten nach dem unten (S. 241 ff.)
über den Heros Pergamos festgestellten Thatbestand.

[2] Die Ergebnisse der Ausgrabungen zu Pergamon, vor-
läufiger Bericht von Conze, Humann, Bohn etc. Berlin I 1880, II 1882.
Bohn, Der Tempel der Athena Polias (Abh. d. Akad. d. Wissensch. zu
Berlin 1881). Conze, Ueber die Zeit der Erbauung des gr. Altars zu
Perg. Monatsber. d. Akad. 1881, S. 869—76. Ders., Zur Topogr. von
Perg. Sitzungsber. d. Akad. 1884, I S. 7—16 (Der Marktplatz und das
Theater der Königszeit). Ders., Die pergam. Bibliothek. Sitzungsber.

eine Meinungsäusserung erlauben. — Zunächst einige Bemerkungen über

1. Das Alter der Ansiedlung auf der pergamenischen Burghöhe.

Die Anfänge verlieren sich in völliges Dunkel. E. Curtius hat (Beitr. zur Gesch. und Topogr. Kleinasiens S. 47, vgl. ebendas. Adler S. 54) aus den Felswohnungen am Südwestfusse der Burg und am rechten Ufer des Selinus nördlich vom Stadion (auf der beigegebenen Skizze von Pergamon sind sie mit *p* bezeichnet) Zeugnisse sehr alter Besiedelung des Ortes erblickt. Da in der neueren Literatur dieser Wohnungen nur einmal nebenher und mit Zweifel an ihrer Alterthümlichkeit[1]) gedacht wird, so muss ich von ihnen absehen. Ebenso wenig lassen sich die drei Kegelgräber im Süden der Stadt als alte Culturzeugen verwerthen, da der eine von Humann geöffnete hellenistischer (attalischer) Zeit angehört,[2]) was möglicher Weise auch für die beiden anderen gilt. „Ein wirklich geschichtliches Zeugniss für das hohe Alter der Stadt Pergamos" hat Hesselmeyer, Urspr. der Stadt Perg. S. 39 ff. aus Jos. ant. Iud. XIV 10 in Verbindung mit Joel IV 6 und Klearch. fr. 69 Müll. herleiten wollen. Aus diesen Zeugnissen ergiebt sich aber nur so viel, dass zu Joels Zeit[3]) Juden (durch die Phönicier) nach Ionien als Sklaven verkauft wurden, dass zu Aristoteles' Zeit ein hellenisirter Jude ἐκ τῶν ἄνω τόπων

1884, II S. 1259—70. Bohn, Der Tempel des Dionysos zu Perg. Abh. d. Akad. 1884. Von dem alle Resultate der Ausgrabungen zusammenfassenden Werke „Alterthümer von Pergamon" ist bisher erschienen Bd. II, „Das Heiligthum der Athena Polias Nikephoros" von R. Bohn. Berlin 1885.

[1]) Bohn in Ergebn. I S. 117: „Sehen wir von den zahlreichen, rings um den Burgberg verstreuten Felsbearbeitungen ab, welche hie und da sacrale Bedeutung gehabt haben mögen, meistens aber nur zu Wohnungs- und Verkehrszwecken dienten und durchaus nicht ohne weiteres für besonders hochalt gelten können, so begegnen wir zunächst als ältesten Bauten aus attal. Zeit jenen grossen Grabhügeln, die südlich von der Stadt im Kaikosthal gelegen sind."

[2]) Vgl. oben S. 88 A.

[3]) Ueber dieselbe vgl. Steiner in der 4. Aufl. von Hitzigs kleinen Propheten 1881, Vorbem. § 4.

wiederholt nach Aturneus gekommen ist, endlich, dass sich im
1. Jahrhundert v. Chr. die Juden auf eine uralte Freundschaft
zwischen Pergamenern und Ebräern berufen haben, eine Berufung, deren phrasenhaften Charakter Hesselmeyer selbst betont, und die nichts mehr ist als eine geschickte Ausnutzung
der Thatsache, dass an der Küste des westlichen Kleinasiens
verhältnissmässig früh ein jüdisches Bevölkerungselement Boden
gefasst hat. Mit jenen Zeugnissen lässt sich also für Pergamos
wenig anfangen. Ebenso wenig mit Hesselmeyers weiterer
Behauptung, dass Pergamos etwa um 1000 v. Chr. von Arkadern und Molossern besiedelt worden sei. Die arkadische
Colonisationssage meint gar nicht Pergamos, sondern die Stadt
Teuthrania, und die molossische Besiedelung ist höchst problematisch (vgl. den Schluss dieses § S. 242 ff.). Wenn ich demnach Hesselmeyers Beweis für missglückt erklären muss, so
bin ich doch weit entfernt, Pergamos für eine junge Gründung
zu halten. Es ist nur zu betonen, dass sich die Zeugnisse
für dasselbe mit denen für das stromabwärts gelegene Teuthrania an Alterthümlichkeit durchaus nicht messen können,
dass demnach Pergamos, wenn es früh bewohnt war, doch
lange Zeit neben Teuthrania als die unbedeutendere Siedelung
völlig zurücktrat.

Das älteste Zeugniss für die Existenz Pergamons fällt in
die Regierung des Xerxes. Derselbe schenkte dem Gongylos
von Eretria, welcher seine Vaterstadt an Darius verrathen
hatte (490) und als Verbannter zu den Persern geflohen war,
die teuthrantischen Städte Pergamos, Gambreion, Palaigambreion und dazu auch noch Myrina und Gryneion.[1] Unrichtig
ist Hesselmeyers Behauptung (a. a. O. S. 43), dass „abwechs-
lungsweise bald ein Gongylide, bald ein Nachkomme des

---

[1] Xen. hell. III 1, 6; anab. VII 8, 8 und dazu oben S. 210. Der
Zeitpunkt ist unsicher. Gongylos wird jedenfalls bald nach 490 aus der
Heimath verbannt worden sein und kein Grund liegt vor anzunehmen,
dass der Perserkönig mit der Erweisung seiner Dankbarkeit zögerte.
476 spielt Gongylos den Mittelmann zwischen dem Verräther Pausanias
und Xerxes (Thukyd. I 127 f.). Vielleicht waren ihm Pergamos, Gambreion
und Palaigambreion schon früher für den Verrath Eretrias geschenkt
worden (von Darius oder Xerxes) und die neue Dienstleistung von 476
fügte zu diesem Besitz dann noch Myrina und Gryneion hinzu.

Demaratos Oberhaupt der beiden Familien war und als solches
in Pergamos residirte". Dieser Satz beruht auf einer falschen,
auch von anderen gezogenen Folgerung aus Xenophon, über
welche o. S. 210, 214 bereits gehandelt worden ist. Die griechischen Dynasten im Kaikosthal hatten ihre durchaus ab-
gegränzte Besitzsphäre: Die Nachkommen Demarats geboten in
Teuthrania und Halisarna, die Gongyliden dagegen in Pergamos,
Gambreion und Palaigambreion. Zu Xenophons Zeit residirte in
Pergamos Hellas, Wittwe eines muthmasslichen Gongylos II.[1]),
von ihren beiden Söhnen gebot Gorgion in Gambreion und
Palaigambreion, Gongylos III. in Myrina und Gryneion.[2]) Offenbar ist Pergamos als Wittwensitz der Hellas gegenüber dem
benachbarten Gambreion die bedeutendere Stadt, dagegen lassen
sich Pergamos und Teuthrania auf Grund von Xenophon nicht
nach der beiderseitigen Bedeutung abschätzen. Wir haben
gesehen, dass Herodot Teuthrania einmal direct, ein anderes
Mal indirect anführt, über Pergamos schweigt er vollständig.
Daraus ergiebt sich aber noch kein Anzeichen für die Be-
deutungslosigkeit letzterer Stadt zur Zeit Herodots. Xenophon
nennt beide Städte. Wenn bei ihm aber Pergamos mehr hervortritt als Teuthrania, so lässt sich das wiederum nicht zu
Gunsten ersterer Stadt verwerthen. Denn da Xenophon in
Pergamos Quartier genommen hat, so steht natürlich dieser
Ort in seiner Erzählung auch mehr im Vordergrund. Jeder
Grund fehlt Prokles, den „Gebieter von Teuthrania", neben der
Wittwe des Gongylos in den Hintergrund treten zu lassen.
Das Bild, welches Xenophon von den gleichzeitigen Zuständen
im Kaikosthal entwirft, ist hochinteressant. Fünf Städte be-
finden sich unter persischer Lehenshoheit in den Händen zweier
griechischer Emigrantenfamilien,[3]) zwischen sie ist aber an

---

[1]) Dass sie die Frau des Eretriers gewesen, stützt sich nur auf
eine Interpolation anab. VII 8, 8. Cf. Breitenbach, praef. p. XXXIX.

[2]) Gongylos eilt dem bedrängten Xenophon zu Hülfe βίᾳ τῆς μητρός;
er war also ursprünglich beim Handstreich nicht betheiligt, offenbar
nach dem Willen der Mutter. Auch dieser kleine Nebenumstand zeigt
uns in Hellas den spiritus rector der Familie.

[3]) Bei Fabricius in Baumeisters Denkm. I 1208 finde ich die Bemerkung: „Die Griechen unter Xenophon nahmen Pergamon mit Gewalt
(καταλαμβάνουσι); die Stadt hatte also vielleicht eine kleine persische

einzelnen festen Punkten der Landschaft unmittelbarer persischer Besitzstand hineingesprengt, wie die τύρϲιϲ des Asidates, der Perser Itabelios und die Stellungnahme der Städte Parthenion und Apollonia beweisen (oben S. 201 f.). Die Nachkommen der vom griechischen Mutterlande einst Ausgestossenen haben den Hass der Vorfahren gegen die alte Heimath vergessen und betheiligen sich an der grossen und kleinen gegen den Perserkönig gerichteten Politik. Prokles, der Enkel jenes Demaratos, welcher Xerxes gegen Griechenland begleitet hatte, schliesst sich dem kühnen Unternehmen des jüngeren Kyros gegen den Grosskönig an; Hellas, die Wittwe eines Sohnes des dem Xerxes allzeit ergebenen Gongylos, ergreift mit Freuden die Gelegenheit mit ihren persischen Nachbarn Abrechnung zu halten, nur thut sie es als kluge Frau, die That und Verantwortung dem griechischen Söldnerführer zuschiebt und ihren Sohn von der Betheiligung zurückhält, bis die Noth der Landsleute ihn zu thätiger Hülfe fortreisst. Ebenso lässt es der Dynast von Teuthrania im Augenblick der Gefahr nicht an sich fehlen. Und als bald darauf der Spartaner Thimbron auf dem Schauplatz erscheint, um den Kampf gegen den Grosskönig aufzunehmen, treten die Gongyliden und die Erben Demarats rückhaltlos auf seine Seite.[1]) So machen die Enkel gut, was die Ahnen gegen das Vaterland und die hellenische Sache gesündigt. Die Dankbarkeit gegen den Grosskönig geht dabei freilich leer aus, allein der Begriff Dankbarkeit ist der antiken Politik ebenso unbekannt wie der modernen. Man glaubt seiner entrathen zu können gegenüber Wohlthaten, welche nicht im Drange des Herzens, sondern aus Berechnung erwiesen werden.

Besatzung." Entschieden ein Irrthum. Wir haben es mit selbständigen Dynasten unter persischer Oberhoheit zu thun, wie schon aus Xenophon anab. II 1, 3 (Προκλ. Τευθρανίας ἄρχων) hervorgeht. — Die Berufung anf καταλαμβάνειν hält nicht Stich, denn das act. dieses Verbi braucht Xenophon meist im Sinne von „einholen", „antreffen", „auf etwas stossen", „finden". In der Bedeutung „besetzen" ist es nur einmal gebraucht (de vect. V 9). Anab. VII 8, 8 kann καταλαμβ. nur „erreichen" bedeuten (vgl. Herod. VI 120 Ἀθήνας καταλαβεῖν).

[1]) Xen. hell. III 1, 6 καὶ πόλεις Πέργαμον μὲν ἑκοῦϲαν προϲέλαβε (Θίμβρων) καὶ Τευθρανίαν καὶ Ἁλίϲαρναν κτλ.

2. Die im Bezirk des dorischen Tempels verehrten Gottheiten.

Der Bericht des Xenophon bietet auch für die Cultus-alterthümer von Pergamos ein nicht unwichtiges Zeugniss. § 23 heisst es nach dem gelungenen Handstreich gegen Asidates: Ἔπειτα πάλιν ἀφικνοῦνται εἰς Πέργαμον. ἐνταῦθα τὸν θεὸν ἡςπάςατο¹) ὁ Ξενοφῶν. Der „Gott" schlechthin ist natürlich Zeus. Wo lag sein Heiligthum? Die preussischen Ausgrabungen haben auf dem Plateau oberhalb der Agora einen dorischen Tempel von eigenthümlicher Anlage (eine Quermauer sondert die Cella in zwei gleichgrosse Räume) ans Licht gebracht und Weihinschriften wie sonstige Fundumstände beweisen, dass in dem von Säulenhallen der Königszeit umschlossenen Temenos neben Athena auch Zeus ganz hervorragende Verehrung genossen haben muss. Ich habe daher seinerzeit die Vermuthung geäussert, dass der dorische Tempel der Akropolis ein Doppeltempel des Zeus und der Athena gewesen sein dürfte (Verhandl. der 37. Philologenversammlung in Dessau 1884 S. 202—7: Ueber „das Heiligthum der Athena Polias zu Pergamos"). In den „Alterthümern von Pergamon" Bd. II (1885) wird an dem Heiligthum der Polias festgehalten, doch bietet der Titel die erweiterte Benennung „Heiligthum der Athena Polias Nikephoros". Eine Stellungnahme zu meiner Vermuthung finde ich in indirecter Form auf S. 54. Anlässlich der auf einem Architravblock erhaltenen Buchstaben ΔΙ (welche Bohn in den Abh. d. berl. Akad. 1881 S. 12 zu 〈Ἀθηνᾷ Πολιά〉δι ergänzen wollte, während ich in den Dessauer Verhandl. S. 206 für die Ergänzung Δι〈ὶ καὶ Ἀθηνᾷ〉 eintrat) bemerkt dort nämlich Bohn: „(Nach Fundort, Spannweite und Fugenschrift des Blockes) wird es unmöglich die erhaltenen Buchstaben, wie ich früher annahm, für den Schluss der Weihinschrift zu halten, ohne dass darum die damals vorgeschlagene Ergänzung Ἀθηνᾷ Πολιά]δι unzulässig würde. Bei sonstigen Erklärungsversuchen könnte man auch auf Δι[ὶ καὶ Ἀθηνᾷ

---

¹) Für die Lesart ἡςπάςατο stehen die codd. C, B, A ein, die richtige Erklärung gab Rehdantz: „brachte dem Gott Abschied nehmend seinen Gruss dar". Vgl. Breitenbach zur Stelle.

kommen und dabei an die aus Attributen des Zeus und der
Athena zusammengestellte Verzierung des Frieses am Propylon
erinnern; aber es wird rathsamer sein, auf solche Versuche
ganz zu verzichten." In meinem Dessauer Vortrage hatte ich
neben jenem Friesrelief zugleich die viel schwerer wiegenden
inschriftlichen Zeugnisse herangezogen (Verh. S. 206), aus welchen sich eine durchaus coordinirte Verehrung von Athena und
Zeus in dem hallenumschlossenen Temenos ergiebt: Die Inschrift der Siegerstatue Attalos' I. (.... ἔςτηςαν Διὶ Ἀθηνᾷ),
die Inschrift Attalos' II. (Βαςιλεὺς Ἄτταλος βαςιλέως Ἀττάλου
χαριςτήριον τῶν κατὰ πόλεμον ἀγώνων Διὶ καὶ Ἀθηνᾷ Νικηφόρῳ u. s. w.[1]) Und ist es denn wirklich so unwahrscheinlich, dass der in Rede stehende Tempel ein Doppeltempel des
Zeus und der Athena war? Conze bemerkte im Anschluss an
meinen Vortrag (Verh. S. 207): „Wenn die Doppeltheilung
des Tempels und die Bestimmung der beiden Theile für
zweierlei Gottesdienst feststände, so würde die Zuweisung an
Zeus und Athena ja freilich naheliegend sein. Doch sei beides,
wie auch Bohn im 2. Bande der 'Alterth. v. Perg.' betonen
würde, allzu unsicher. Sodann scheine auch in Pergamon die
Erbauung des grossen Zeusaltars auf die Annahme eines alter-
thümlichen, tempellosen Cultus des Zeus unter freiem Himmel
hinzuführen, wie z. B. in Athen Zeus Polieus neben der im
Tempel verehrten Athena Polias seinen Dienst unter freiem
Himmel gehabt habe." Nun ist der 2. Band der 'Alterthümer
von Pergamon' erschienen. Auf S. 8 liest man daselbst:
„Anschliessend an die westliche Seite (des Fundaments der
Cellawand) läuft rechtwinklig zu ihr ein aus unregelmässigen
Blöcken geschichtetes Fundament, welches, gerade an dieser
Stelle allein vorhanden, auf eine trennende Querwand hin-
weist." Und S. 19: „Am allerwenigsten bietet aber der jetzige

---

[1] Wenn ich a. a. O. S. 206 glaubte, dass der Block mit den Buchstaben ΑΙΘ mit jenem im Text erwähnten, welcher die Buchstaben
ΔΙ trägt, zu einer Inschrift (des Architravs der Nordhalle) zusammen-
gehöre, so ist das jetzt nach den Alterth. v. Perg. II S. 48 f. zu berichtigen; das frgm. mit ΑΙΘ (abgeb. auf S. 44) stammt wahrscheinlich
aus einer mit der oben gegebenen Inschr. Attalos' II. ganz gleich-
lautenden.

Zustand einen Anhalt für die innere Eintheilung der Cella.
Wie bemerkt, fanden sich nur an einer Stelle, im recht-
winkligen Anschluss an das Fundament der westlichen Cellawand einige Blöcke, die an dieser Stelle, in der Mitte des
Tempels, eine Quertheilung voraussetzen lassen. Nach
zahlreichen anderen Beispielen wäre es immerhin zulässig, eine
Theilung der Cella der Tiefe nach in zwei Räume anzunehmen,
in dem einen Raum etwa das Cultbild der Athena Polias aufgestellt zu denken, während der andere als Schatzhaus gedient
hätte. Doch sind die Spuren allzu unsichere." Ich muss ge-
stehen, dass mir im Hinblick auf die genaue Skizze der in
situ erhaltenen Fundamentreste (Band der Abbildungen taf. V)
die „allzu unsicheren Spuren" den Eindruck allzu grosser Skepsis
machen. Da sieht man vier Blöcke in rechtem Winkel zum
Fundament der Cellawand geschichtet. Sind diese Blöcke eine
Thatsache, dann sind es eben die glücklich erhaltenen Reste
der die Cella halbirenden Querwand, und Bohn hält es daraufhin für „immerhin zulässig eine Theilung der Cella der Tiefe
nach in zwei Räume anzunehmen". Dann aber steht der Anerkennung des von mir befürworteten Doppeltempels jedenfalls
ebenso wenig im Wege wie der von Bohn befürworteten Zweitheilung in eine Cultcella und ein Schatzhaus, ja eigentlich
weniger, denn ich muss hier die schon in Dessau gemachte
Bemerkung wiederholen, dass ein Opisthodom meines Wissens
sich sonst überall durch kleinere Dimensionen als das der
Cella an Bedeutung untergeordnete Gemach zu erkennen giebt.
Der pergamenische Tempel zerfällt aber in zwei Räume von
gleicher Grösse.[1]) Die Zuweisung des Tempelgebäudes an
zweierlei Gottesdienst wird allerdings durch kein ausdrückliches Zeugniss festgestellt, aber die indirecten, jene zahlreichen im Tempelbezirk aufgestellten Weihungen an Zeus und
Athena sind doch vorhanden. Conzes Annahme, dass Zeus zu
Pergamos in altem tempellosem Kult Verehrung gefunden habe,
wäre an sich möglich, nur würde ich dann aus den Inschriften
des hallenumschlossenen Tempelplatzes wenigstens die Folgerung ziehen müssen, dass eben hier die Stätte solchen tempel-

---

[1]) Die Tiefe der beiden Abtheilungen differirt nur um vier Decimeter.

losen Zeuskultes vorliegt. Aber gerade in diesem Temenos
hat sich ein Tempel gefunden, dessen Fundament in merk-
würdigen Resten einer Querwand das ehemalige Vorhandensein
zweier gleichgrosser Räume höchst wahrscheinlich macht, also
gerade jene Anlage aufweist, welche als die regelrechte eines
Doppeltempels zu betrachten ist. Unter solchen Umständen
scheint die von mir aufgeworfene Frage doch eine sehr wohl
erörterbare zu sein. Zu den für Zeuskult im Temenos des
dorischen Tempels in meinem Dessauer Vortrag angeführten
Zeugnissen habe ich noch die auf der Akropolis copirte Inschrift bei Le Bas nr. 1720ᵃ nachzutragen:

... ΤΤΑΛΟΣΒΑΣΙΛ....
.. Ι Ι ΚΑ Ι ΑΘΗΑ Ι Ν Ι Κ..
.... ΥΝΟΥΣΚ..
.... ΕΔΡΟΝ

Es liegt nahe, dieses Fragment etwa folgendermassen zu ergänzen: ⟨Βαcιλεὐc ᾿Α⟩τταλοc βαcιλ⟨έωc ᾿Αττάλου [oder Εὐμένουc]
Δ⟩ιὶ καὶ ᾿Αθηνᾷ Νικ⟨ηφόρῳ διαφυγὼν κινδ⟩ύνουc κ⟨αὶ cυμφορὰc
τὸν [oder τὴν] δεῖνα ἔcτηcε πάρ⟩εδρον. Eine den beiden In-
habern des Temenos als πάρεδροc zugesellte Gottheit würde
freilich die Annahme eines ναὸc κοινόc des Zeus und der Athena
nahelegen; allein die in meinem Vortrag S. 206 angeführten
Gründe und die vorliegende Zweitheilung der Tempelcella
scheinen mir doch die Anerkennung eines solchen abzulehnen.
— Dass Zeus in dem Bezirk des dorischen Tempels eine ganz
hervorragende Rolle gespielt hat, ist sicher;[1]) dass sein Antheil an den Ehren des Platzes auf das Vorliegen eines Doppel-
kultes des Zeus und der Athena zurückgehe, nicht ohne
empfehlende Zeugnisse. Für eine innigere Verbindung gerade
dieser beiden Kulte lassen sich ausser den inschriftlichen Zeugnissen auch noch zwei merkwürdige pergamenische Münzen
autonomer Prägung anführen, welche auf der Vorderseite den
Kopf der Athena, auf der Rückseite eine Eule auf geflügeltem
Donnerkeil zeigen (Mion. D. II 588, 490; 590, 504). Der
„tempellose Kult des pergamenischen Zeus" will mir nicht in

---

[1]) Weihungen an Zeus und Athene bietet noch eine ganze Reihe
unpublicirter Inschriften der preuss. Ausgrabungen.

den Sinn. Wie vereinigt sich mit ihm die im Altarbezirk gefundene Inschrift: Ἑρμῆν θυραῖον Ροῦφος ἱερεὺς τοῦ Διὸς | εἵδρυσε φύλακα τοῦ νεὼ καὶ ῥύτορα (Ergebn. I 78)?

Mag man in der Frage des Doppeltempels unentschieden bleiben, eine Betonung der Thatsache, dass in dem Heiligthum oberhalb der Agora Zeus hervorragende Verehrung gefunden, hätte man von dem 2. Bande der „Alterthümer von Pergamon" erwarten dürfen. Statt dessen führt derselbe dem Leser „das Heiligthum der Athena Polias Nikephoros" vor. Es sei mir gestattet diesem Umstand den Anlass zu einigen weiteren Bemerkungen zu entnehmen.

3) Athena Polias und Athena Nikephoros.

Dass in dem zur Erörterung stehenden Tempelbezirk Athena unter den Beinamen Polias und Nikephoros Verehrung gefunden hat, steht über allem Zweifel. Indessen erweckt der dem 2. Bande der „Alterthümer" gegebene Titel die Vorstellung, dass jene beiden Beinamen für den Kult des Platzes gleichwerthig seien und verstärkt wird dieser Eindruck durch die Bemerkung auf S. 25: „Dass der Tempel, welchen wir nach allem Gesagten mit Zuversicht der siegreichen Burggöttin Athena zuschreiben dürfen, in der Königszeit in seiner schlichten baulichen Gestalt bestehen blieb, aber von einem geräumigen Hofe mit umgebenden Marmorhallen eingefasst wurde, stimmt ebensowohl zu dieser Zuschreibung, wie die dekorative Ausstattung der Hallen mit Waffenreliefs sie bestätigt." Damit ist doch ausgesprochen, dass die Burggöttin Athena schon in vorattalischer Zeit von den Pergamenern als Nikephoros verehrt wurde. Eine solche Annahme dürfte indess mit der Geschichte der Stadt nicht in Einklang zu bringen sein. In Pergamos ist der Kult der Polias sicher sehr alt, dagegen der Kult der Nikephoros, wenn mich nicht alles täuscht, sehr jung. Das Pergamos der Gongyliden wird wohl der stadtschirmenden Göttin, aber noch nicht der Siegesspenderin Verehrung gezollt haben. Im Zeitalter Alexanders des Grossen wäre die Erweiterung eines alten Poliaskultes zu dem einer Πολιάς καὶ Νικηφόρος an sich ja denkbar, aber bei dem Mangel einer jeden nach dieser Seite weisenden Spur

halte ich es für bedenklich die Einbürgerung der siegreichen
oder richtiger siegspendenden Göttin Athena auf die Initiative
des Makedonierkönigs zurückzuführen. Dagegen sprechen gewichtige innere Gründe für die Annahme, dass dieser Kult
eine Schöpfung des attalischen Pergamons gewesen ist. Schon
in meinem Dessauer Vortrag habe ich darauf hingewiesen,
„dass auf der Akropolis von Pergamos aller Wahrscheinlichkeit nach ursprünglich nur ein Kult der Stadtgöttin existirte
und dieser erst später zu dem Kult einer Ἀθηνᾷ Πολιὰς καὶ
Νικηφόρος erweitert wurde, etwa durch Aufstellung einer Statue
der Nikephoros als πάρεδρος in der Cella der alten Polias.
Die Hauptstätte des Nikephoroskultes befand sich ja bekanntlich fern von der Burg in dem vorstädtischen Nikephorion,[1]) dessen Gründung vielleicht erst Attalos I. verdankt
wird" (Verh. S. 205). Ich glaube jetzt eine bestimmtere Vermuthung über den Ursprung des pergamenischen Nikephoroskultes wagen zu können. Des Festes der Nikephorien geschieht zum ersten Mal bei Polybios[2]) Erwähnung (etwa für
das Jahr 221 v. Chr.), die Inschrift von der Ehrenstatue der
Nikephorospriesterin Metris (Ergebn. I 76) bezeugt ihre neunte
Feier und diese Inschrift wird von Conze nach den Schrift-
zügen in die Zeit um 200 v. Chr. gesetzt. Jährlich kann das
Fest nicht gefeiert worden sein, da seine Erwähnung fürs
Jahr 221 ein bereits eingebürgertes Fest erkennen lässt, seine
neunte Wiederkehr aber in die letzten Jahre des Attalos fällt.
Zwischen der ersten und der neunten Feier liegen also jedenfalls mehr als acht Jahre. Also war es ein in längeren
Zwischenräumen periodisch wiederkehrendes Fest. — Wenn
wir nun den hochgradigen Ehrgeiz der Attaliden in Betracht
ziehen, so werden wir a priori zur Annahme neigen, dass der
Stifter der Nikephorien hinter den grossen hellenischen Festen,
deren auszeichnendes Merkmal die pentaeterische Feier ist,[3])

---

[1]) Bull. de corr. hell. 1881, p. 372 l. 17: τὸ τέμενος τᾶς Ἀθανᾶς τᾶς
Νικαφόρου τὸ ποτὶ Περγάμῳ.

[2]) IV 49, 4 ἠρέθιζε δ' αὐτὸν (Prusias) τὸ δοκεῖν Βυζαντίους πρὸς
μὲν Ἄτταλον εἰς τοὺς τῆς Ἀθηνᾶς ἀγῶνας τοὺς συνθύσοντας ἐξαπεσταλ-
κέναι κτλ.

[3]) Olympien, Pythien, Delien, grosse Panathenäen, die dem Zeus

nicht zurückgeblieben sein wird. Eine Bestätigung findet diese Annahme durch die Thatsache, dass Eumenes II., als er das Nikephorion zu einem Asyl und die Agone zu στεφανίτας machte, τὸμ μὲν μουϲικὸν ἰϲοπύθιον, τὸν δὲ γυμνικὸν καὶ ἱππικὸν ἰϲολύμπιον (delph. Inschr. Bull. d. c. h. 1881 p. 372), die gleiche Geltung des pergamenischen Festes mit den beiden grössten Nationalfesten der Griechen ausdrücklich betonte. Da in dieser die Neuerungen des Eumenes ausführlich behandelnden Inschrift von der Einführung pentaeterischer Feier kein Wort gesagt ist, so muss in diesem Punkte die Gleichstellung mit Pythien und Olympien eben ein bereits zu Recht bestehender Brauch gewesen sein, d. h. bereits von dem Stifter des Festes herrühren. Demnach haben wir von der neunten Feier der Nikephorien (Metrisinschrift) bis zu der ersten 32 Jahre zurückzurechnen. Nun fällt die Metrisinschrift, wie schon bemerkt, um die Wende des dritten und zweiten Jahrhunderts v. Chr. Das erste Nikephorienfest hat also während der Regierung Attalos I. (241—197) stattgefunden, es ist ein Siegesfest des ersten pergamenischen Königs. Welchem Siege mag es gelten? Die zahlreichen Schlachten gegen Antiochos Hierax, durch welche Attalos zum Herrn fast des ganzen diesseitigen Kleinasiens ward, hätten dazu immerhin die Anregung geben können. Dann aber müsste die Einrichtung des Festes doch als die Besiegelung jener Unternehmungen, als ihr glänzender Schlussstein gedacht werden.[1] Die definitive Niederwerfung des Antiochos Hierax brachte eine Schlacht „in Caria" 228 v. Chr., auf welche alsbald sein Tod folgte.[2]

Befreier zu Platäa gefeierten Spiele. Auch in Nemen wurde neben einander ein Winter- und ein Sommerfest pentaeterisch begangen.

[1] Man vgl. die von Generalen und Soldaten auf der Burg zur Erinnerung an die Siege über Galater und Antiochos errichtete Statue Attalos' I. (Ergebn. I 83).

[2] Euseb. Arm. I 253: (Antiochus) Ol. 138, 1 in Thrakiam fugere ab Attalo coactus post praelium in Karia factum, moritur. Droysen, Hellen.[2] III 2, 19 A. 1: „Caria ist entweder eine Ungenauigkeit oder bezeichnet die Umgegend von Καρῶν λιμήν in der Landschaft von Varna, die selbst Καπία genannt wird Arr. peripl. 24, 3." — Antiochos nördlich vom Balkan eine Schlacht schlagend, das ist sehr befremdlich! Sollte nicht bei Eusebios die Reihenfolge der Ereignisse anders gemeint sein,

Rechnen wir nun von 228 abwärts, so kommt die Metrisinschrift in das Jahr 196 zu stehen. Allein in letzterem Jahr
ist eine Feier der Nikephorien sehr unwahrscheinlich, denn
den Festplatz liefert ja das vorstädtische Nikephorion, dieses
aber hatte Philipp von Makedonien 201 v. Chr. vollständig
verwüstet und noch 198/7 liess Attalos von ihm die Wiederherstellung des Heiligthums vergeblich fordern (Polyb. XVII 2,
Liv. XXXII 33). Auch weilte Attalos seit 200 unter steten
Kriegsunruhen in Europa und kehrte erst 197 als sterbender
Mann nach Pergamos zurück. Bei seinem Tode lag also das
Nikephorion jedenfalls noch in Trümmern. Und dass Eumenes II.
gleich im ersten Jahre seiner Regierung (197/6) die Wiederherstellung des verwüsteten Festplatzes zum Abschluss gebracht haben sollte, ist nicht gerade wahrscheinlich. Demnach ist es auch unwahrscheinlich, dass die neunte Feier der
Nikephorien im Jahre 196 stattgefunden hat und damit ergiebt sich das von uns oben für die erste Feier des Festes
angenommene Jahr als nicht glücklich gegriffen. — Noch
unter 228 herabzugehen, hat wenig für sich, denn zur Noth
geeignete Anhaltspunkte für die Stiftung von Nikephorien
würden sich dann erst von 214 (Tod des Achäus) ab bieten,
damit aber küme die Metrisinschrift tiefer zu stehen als der
Charakter ihrer Schriftzüge gestattet. Also werden wir das
Ereigniss, welches den Anlass zur Stiftung der Nikephorien
gegeben hat, in der Zeit vor dem Jahre 228 suchen. Die
pergamenischen Inschriften der „Schlachtenmonumente" bieten
eine ganze Reihe von Siegen des Attalos, unter ihnen erhebt
sich in hervorragender Bedeutung aber nur einer, jener an
den Kaikosquellen über die Tolistoagischen Galater errungene
Sieg, der mit dem durch die schriftstellerische Ueberlieferung
so wohl bekannten Keltensieg des Attalos identisch ist (vgl.

---

nach der Schlacht bei Koloa (gygäischer See) eine weitere in Karien
und erst nach deren Verlust die Flucht des Antiochos nach Thrakien
stattgefunden haben? So lässt sich schon jetzt der arm. Euseb. verstehen, eine leichte Umstellung würde die Folge der Ereignisse klarer
hervortreten lassen: (Antiochus) e regione Koloae cum Attalo praelium
committebat et anno I° Ol. CXXXVIII in Thrakiam fugere post praelium
in Karia factum ab Attalo coactus moritur.

unten Excurs II). Dieser Keltensieg fällt in den Regierungsanfang des Attalos, auf 240 spätestens 239 v. Chr.[1]) und denselben muss ich trotz allem, was seit 1882 über dieses Thema
geschrieben worden ist, als ein von den zahlreichen Kämpfen
mit Antiochos Hierax unabhängiges Ereigniss aufrecht erhalten (die Begründung unten in Excurs II). Die Lorbeeren
dieser Keltenschlacht zieren als unverwelklicher Schmuck die
Stirn des ersten Attalos. Sie gab ihm den Titel βαcιλεύc,
ihr galten die zu Nakrasa, d. i. in der dem Schlachtfelde benachbarten Stadt gefeierten βαcίλεια (C. I. G. 3521). Andrerseits
muss dem pergamenischen Nikephorienfeste, das Eumenes II.
mit erhöhtem Glanze ausstattete, das mit Pietät durch lange
Zeiten gefeiert worden ist, den Nikephorien muss eine Thatsache der attalischen Geschichte zu Grunde liegen, welche
Herrscher und Volk mit berechtigtem Stolze erfüllen konnte.
Ein solches bieten nicht die Erfolge Attalos' I. über Antiochos
Hierax, Erfolge, die zwar glänzende waren aber zerstoben sind
wie glänzende Seifenblasen. Seit 223 gab es für Attalos keinen
Grund mehr die Erinnerung an die Ueberwindung des Hierax
in Siegesfesten zu begehen. Die Keltenschlacht an den Kaikosquellen dagegen war ein von den trostlosen Bruderfehden des
hellenistischen Zeitalters unabhängiges Ereigniss, ein unerwar-
teter, darum aber um so tiefer wirkender Sieg hellenischer
Cultur über galatische Barbarei. In diesem Sinne hat Attalos I.
den Sieg aufgefasst, in diesem Sinne die Kunst ihn verewigt,
die Mit- und Nachwelt ihn anerkannt. Auf die Frage, welches
Ereigniss die Nikephorien des ersten Attalos meinen, finde ich
nur die Antwort: Es ist der grosse Keltensieg an den Kaikosquellen. — Und dieser Satz findet seine gute Bestätigung durch
Imhoof-Blumers Untersuchungen über die Attalidenmünzen.[2])
Unter den Tetradrachmen derselben, welche auf der einen
Seite den Kopf des Philetairos, auf der anderen das Bild der
thronenden Athena tragen, erscheint eine in sich geschlossene

---

[1]) Vgl. mein Programm „Die Siege der Pergamener über die
Galater etc" Fellin, 1877 Anmerk. 11, 100 u. 102. Neuerdings auch
Koepp, „über die Galaterkriege der Attaliden" Rh. Mus. 1885 S. 119.

[2]) Die Münzen der Dynastie von Pergamos Abhandl. der berl. Akad.
1884, nebst 4 Tafeln.

Gruppe (bei Imhoof A IV und V taf. 1, nr. 8—11), welche
von den älteren Gruppen durch eine Neuerung im Athenatypus,
von den jüngeren durch die Abwesenheit von Monogrammen
unterschieden ist. Die Neuerung des Athenatypus nun besteht
darin, dass die Göttin ihre rechte Hand nicht mehr wie bei
den Gruppen A I—III auf den vorgestellten Schild stützt,
sondern in der erhobenen Rechten einen Siegeskranz hält.
Das Gepräge der Gruppen A II und III weist Imhoof Eumenes I.,
das von A IV und V Attalos I. zu und bemerkt hinsichtlich
der hier erscheinenden Spenderin des Siegeskranzes: „Zu der
Aenderung des Typus mag Attalos I. sein grosser Sieg über
die Gallier veranlasst haben." Ich kann diesen Satz, der die
Verquickung jenes Sieges mit den Kämpfen zwischen Attalos
und Antiochos Hierax vermeidet, nur mit Freuden begrüssen.
Münzen Attalos' I., welche Athena ohne Kranz darstellen,
kennt Imhoof nicht, also hat die Prägung der Kranzspenderin
alsbald nach Attalos' Regierungsantritt begonnen. Das spricht
dafür, dass in diesem Typus eine Verherrlichung der in die
erste Zeit des Attalos fallenden Schlacht am Kaikos vorliegt.
— Ist nun das Nikephorienfest nur eines von den vielen Denkmalen, welche Attalos jenem Keltensieg gesetzt hat, so ist
ohne Zweifel auch das vorstädtische Nikephorion erst von
diesem Herrscher gegründet worden. — Die Uebertragung des
neuen Cultus in das alte Heiligthum der Burggöttin hat aber,
wenn ich recht sehe, erst mehrere Decennien später stattgefunden. Die älteren von Attalos I. in dem Temenos des
dorischen Tempels dargebrachten Weihegaben galten nämlich
Athena schlechthin, sei es ihr allein (Βασιλεὺς Ἄτταλος τῶν
κατὰ πόλεμον ἀγώνων χαριστήρια Ἀθηνᾷ Ergebn. II 46), sei es
Zeus und Athena (Βασιλέα Ἄτταλον ... οἱ ἡγεμόνες καὶ οἱ στρα-
τιῶται οἱ συναγωνισάμενοι τὰς πρὸς τοὺς Γαλάτας καὶ Ἀντίοχον
μάχας χαριστήριον ἔστησαν Διῒ Ἀθηνᾷ C. I. G. 3535 + Inv. I 151[a]).[1]

---

[1] Diese Inschrift wird aus dem Jahre 227 stammen. Was ihre
Schriftform betrifft, so zeigt dieselbe nach Conze, Monatsber. 1881
S. 873 den Uebergang von dem älteren, sonst unter Attalos I. üblichen
Charakter zu dem Schriftcharakter unter Eumenes II. Sollte dieser Um-
stand die Datirung der Inschrift auf das Jahr nach der Niederwerfung
des Antiochos verbieten, so müsste angenommen werden, dass die Stra-

Die Metrisinschrift dagegen, welche nach unserer Rechnung ins Jahr 208 oder 207 fällt, erwähnt nach Conzes Angabe auf der Burg ein Heiligthum der Athena Nikephoros, also gegen das Ende der Regierung Attalos' I. muss der Burgkult der Athena Polias zu dem einer Ἀθηνᾶ Πολιὰς καὶ Νικηφόρος erweitert worden sein. Mit diesem Doppeltitel wird sie fortab oft genannt, wobei dann der ältere Beiname bisweilen auch weggelassen ist.[1])

Haben die voranstehenden Erörterungen das Richtige getroffen, so kann (ganz abgesehen von der Frage nach der Stellung des Zeus im Kulte des Platzes) erst seit dem Ende des 3. Jahrhunderts von einer Athena Nikephoros auf der Burg die Rede sein.

4. Die allmälige Ausdehnung der Stadt bis auf Eumenes II.

Während sich E. Curtius in den Beitr. zur Gesch. und Topogr. Kleinasiens die Entstehung einer Grossstadt Pergamos durch einen unter Eumenes II. stattgefundenen Synoikismos verschiedener Nachbarorte und eine Verschmelzung der Ober- und Unterstadt Pergamos entstanden dachte, haben die preuss. Ausgrabungen ein anderes Bild von der Entwickelung der

---

tegen das Bild des Königs erst geraume Zeit nach Beendigung des Krieges aufgestellt haben. Nur scheint mir die seit 223 völlig veränderte politische Sachlage solcher Annahme im Wege zu stehen.

[1]) „Athena Polias Nikephoros": Inschrift auf der Basis einer Statue der Priesterin Asklepias (Jnv. I 20, Ergebn. I 76). Das in dieser Inschrift erwähnte 18. Nikephorienfest würde nach meinem Ansatz auf das Jahr 172/1 fallen. „Athena Nikephoros Polias" C. I. G. 3553, Jnv. I 29 Ergebn. I 76). — Die auf die Kriege gegen Nabis bezüglichen Inschriften Eumenes' II. nennen nur „Athena Nikephoros", mit gutem Grund, denn es sind Siegesinschriften. Ebenso die Siegesinschriften Attalos' II. (Alterth. v. Perg. II S. 43 f., le Bas 1720*), alle dreimal mit Einschluss des Zeus (Διὶ καὶ Ἀθηνᾷ Νικηφόρῳ). Dagegen ist in einem Decret zu Gunsten des Asklepiospriesters Asklepiades (Ergebn. II 51, Jnv. 27 u. 174) schlechthin vom „Hieron der Athena auf der Burg" die Rede. Die autonomen Erzmünzen aus römischer Zeit tragen oft die Legende Ἀθηνᾶς Νικηφόρου (einmal auch Ἀθ. Ἀρείας Mion. S. V 425, 900), Ἀθηνᾶ Πολιὰς weiss ich durch Münzen nicht zu belegen. Dagegen nennen späte Inschriften Priesterinnen der Polias und Nikephoros.

Stadtgeschichte ans Licht gebracht. Vgl. Conze, zur Topogr. von Perg. Sitz.-Ber. 1884 S. 11 f. Ich setze die bezügliche Darstellung aus Conzes Vortrag auf der Dessauer Philologenversammlung[1]) hierher:

„Wir sehen die Stadt (a) als hochgelegene verhältnissmässig kleine Festung, als jenes ἔρυμα auf der ἄκρα, der ὀξεῖα κορυφή des Berges, dessen Gesammtform Strabo als cτροβιλοειδήc bezeichnet. Dort oben hütete jener Philetairos den Schatz des Lysimachos und machte sich dort mit ihm unabhängig. Wir sehen dann ein Sichausbreiten der Stadt, ganz begreiflicher Weise entsprechend der Ausbreitung ihrer Macht; den zwei grossen Abschnitten der Machtentwickelung, zuerst (b) unter Eumenes I. und Attalos I. und dann besonders (c) unter Eumenes II. nach der Schlacht von Magnesia entspricht ein Vorrücken des Mauerrings weiter den Berg abwürts, dessen ganzen Fuss bis an die Ufer des Keteios und Selinus herab die gewaltige Stadtmauer umfasste, welche in grossen Resten noch vorhanden vermuthlich Eumenes II., überhaupt dem grossen Bauherrn in Pergamon, ihre Entstehung verdankt. Nur an der Nordostseite, wo die ἄκρα schroff abfällt, hat die befestigte Stadtgrenze nie gewechselt . . . In der Königszeit, wo trotz aller Machtentfaltung die Kriegsgefahr wiederholt bis in ihr Weichbild eindrang, blieb die Stadt stets starker Mauerwehr bedürftig; die beiden Flüsse flossen ausserhalb. Erst als das pergamenische Reich dem römischen einverleibt war und an den Segnungen der Kaiserzeit Antheil gewann, . . . konnte die Stadt entfestet über die Linie des Eumenischen Mauerrings hinaus sich frei in die Ebene hinein breiten. Es geschah in der Richtung auf das berühmte Asklepieion, welches bis dahin weit vor den Thoren gelegen war. Dieses römische Pergamon war also eine offene Stadt, die ganze Königsstadt gleichsam ihre Akropole.“

Dieses Bild der allmäligen Entwickelung Pergamons ist, so weit es die Abgrenzung der königlichen gegen die römische Stadt betrifft, zweifellos richtig entworfen, doch kann ich in

---

[1]) Ueber den Stand der pergamenischen Arbeiten Verh. der 37. Versammlung d. Phil. 1884 S. 49.

Bezug auf die Phasen b) und a) mit dem verdienstvollen Leiter
der pergamenischen Ausgrabungen nicht übereinstimmen. Sehen
wir uns zunächst die drei auf einander folgenden Ummauerungen
des vorrömischen Pergamos genauer an:

c) Die Linie des „Eumenischen Mauerrings" [in den
Alterth. v. Perg. II, Skizze vor S. 1 als „antike Stadtmauer"
bezeichnet[1])] streicht schon nahe an die Ufer des Keteios und
Selinus heran, nach Süden reicht sie bis an den heutigen
armenischen Friedhof.

b) Die Ausdehnung der Stadt „unter Eumenes I. und
Attalos I." bezeichnet die Mauer, welche von der Südwestecke
der Agora nach Süden bis zum Gymnasion verläuft und dann
wieder nach Norden sich zurückwendend bis zu gleicher Flucht
mit dem Thor der alten Akropolis emporsteigt, wo sie an
jäher Tiefe in rechtem Winkel ostwärts umspringt und alsbald den Anschluss an die Befestigung der Akropolis findet.

a) Die „Akra des Philetairos" umfasst nur die oberste
Bergkuppe mit Einschluss der Terrasse des „Athenaheiligthums".
Man vgl. jetzt auch Alterth. v. Perg. II S. 24: „Die Kuppe
des Berges, auf welcher sich unverkennbar der älteste Kern
der Stadt einst bildete, und welche bei der Stadterweiterung
der Königszeit als Akropolis von einem besonderen Mauerring
umschlossen blieb." — Diese älteste Akropolis hat nur 160 m
Maximalbreite und 260 m (wenn man die Plateform des Julia-
tempels hinzurechnet 370 m) Länge.

Die unter b) bezeichnete Ausdehnung der Stadt als eine
Schöpfung erst aus dem Beginn der Königszeit, m. a. W. die
Beschränkung des philetärischen und vorphiletärischen Pergamos auf den spärlichen unter a) angegebenen Raum der Akropolis ist mir seit Anfang als unvereinbar mit der Geschichte
der vorattalischen Stadt erschienen. Doch konnte ich nicht
wagen, gegen die auf sorgfältigen bes. technischen Studien
an Ort und Stelle beruhende Darstellung Einwendungen zu
machen, bis ich in dem Text, mit welchem Bohn die vor-
läufige Veröffentlichung des Dionysostempels begleitet hat,

---

[1]) Wiederholt in den leichter zugänglichen „Denkmälern des klass.
Alterthums" von Baumeister I S. 1212.

(Abh. d. berl. Akad. 1885 S. 3) die Angabe fand, dass die Anlage des Marktplatzes [der ausserhalb der Akropolismauer liegt] aus der Zeit stammt, „ehe die Königsherrschaft sich zu voller Macht entfaltete. Die wenigen Reste, welche sich aus jener älteren Epoche erhalten haben, zeigen in Material und Technik eine unverkennbare Verwandtschaft mit dem Tempel der Athena Polias." Diese Anerkennung übereinstimmender Baureste auf der Agora und im „Athenatempel" rückt die Frage nach der Ausdehnung des vorattischen Pergamos in eine ganz andere Beleuchtung. Die Inschriften auf den beiden von Bohn mit grösster Wahrscheinlichkeit dem Pronaos des Athenatempels (resp. der Athenacella des Doppeltempels) zugewiesenen Säulen ist U. Köhler geneigt dem 4. Jahrhundert v. Chr. zuzuweisen und Bohn glaubt sich dieser Datirung in Bezug auf die Architekturformen anschliessen zu können (Alt. v. Perg. II S. 24). Demnach werden also auch die älteren von Bohn angedeuteten Anlagen auf dem Marktplatz in das 4. Jahrhundert zurückgehen, dann ist aber auch anzunehmen, dass die Doppelterrasse, welche den Markt bildet, schon im 4. Jahrhundert in das Stadtgebiet einbezogen war. Und in der That ist jene älteste Feste, welche sich nur bis zu dem Thor westlich vom „Athenaheiligthum" erstreckt, viel zu beschränkt, um die Annahme zu gestatten, dass das vorphiletärische Pergamos sich mit einem so winzigen Raum begnügt haben sollte. Man beruft sich auf Strabo, nach welchem sich Philetairos in dem ἔρυμα auf der ἄκρα, auf der ὀξεῖα κορυφή des Stadtberges festgesetzt habe (Conze, Dess. Vortr. S. 49). Zum Unterbringen der 9000 Talente und ihrer militärischen Bedeckung konnte das Kastell ausreichen, schwerlich aber wird es durch 40 Jahre als Residenz der aufstrebenden Dynasten Philetairos und Eumenes, schwerlich auch für die ältere Dynastie der Gongyliden, welche hier wenigstens ein Jahrhundert gebot, ausgereicht haben. Wenn Strabo bemerkt, dass das von Lysimachos zum Gazophylakion erkorene Pergamon nur die ἄκρα des Berges eingenommen habe (αὐτὴν τὴν ἄκραν τοῦ ὄρους συνοικουμένην ἔχον), so ist, da man die Terrasse des dorischen Tempels hinzurechnen muss, unter der ἄκρα schon mehr als die ὀξεῖα κορυφή zu verstehen, und ich glaube

in der That, dass bei Strabo die ἄκρα und die κορυφή sich
nicht decken. Die Stadt hätte zur Zeit des Lysimachos ausser
der κορυφή und der Terrasse des „Athenaheiligthums" auch
schon die Agora und noch einiges dazu umfassen können,
und der Ausdruck, dass diese Stadt auf der ἄκρα des Berges
liege, wäre immer noch zutreffend gewesen. Wenn ferner
Strabo das Pergamon des Philetairos ein χωρίον, ἔρυμα, φρου-
ρίον nennt, so können diese Ausdrücke durch den in Gedanken daneben gehaltenen bedeutenderen Umfang der Stadt
Eumenes' II. hervorgerufen sein. Mehr gilt mir die Thatsache, dass über hundert Jahre vor Philetairos dem Xenophon
Pergamos schlecht und recht eine „πόλις" war, und dass, wie
es scheint, von seinen Truppen eine nicht unbeträchtliche Zahl
in der Stadt selbst Quartier gefunden hat, denn als Xenophon
zum Handstreich gegen Asidates mit auserwählten Lochagen
ausrücken will, da sind gleich 600 Mann bei der Hand, die
wider seinen Willen mit „ausmarschiren" (cuvεέέρχονται δὲ
αὐτῷ καὶ ἄλλοι βιαcάμενοι εἰc ἑξακοcίουc). Und liegt denn wirklich ein zwingender Grund vor Pergamos im Anfang des
4. Jahrhunderts auf das höchstens 160 m breite und 260 m
lange Castell der Spitze beschränkt zu denken? Nach Pausanias VIII 42, 7 befand sich zu Pergamos der Apollokoloss
des Onatas, ein Zeugniss, das E. Curtius (Beitr. S. 46) wohl
allzu skeptisch in Frage stellt. Wenn diese von Hause aus
jedenfalls für Kultzwecke bestimmte Statue das Tempelbild
des zu Pergamos verehrten Apollo Kalliteknos war (wie
schon O. Müller angenommen hat[1])), und dieses Heiligthum
nur ein Tempel unter drei nahe bei einanderliegenden
war,[2]) so würde das schon zur Annahme drängen, dass die
Stadt nicht bis in die Zeit des Philetairos auf das enge Castell
der ältesten Akropolis beschränkt geblieben ist. Aber dem

---

[1]) Archäol. § 369 A. 6. Das von Welcker in der 3. Aufl. als falsch
angemerkte Citat aus Aristides meint Mai, class. auct. e Vatic. cod. ed.
IV p. 521 — Aristid. ed. Dind. II 708 ὁ δ' αὐτὸς οὗτος ὑμῖν θεὸς (Apoll)
Καλλιτέκνου προcηγορίαν εἶχε τοῦ πατρὸc ἕνεκα.

[2]) Aristid. I 469 (Dind.) Traumerscheinung eines Gottes: ἦν ἅμα μὲν
Ἀcκληπιὸc ἅμα δὲ Ἀπόλλων, ὅ τε δὴ Κλάριος καὶ ὁ Καλλίτεκνος καλού-
μενος ἐν Περγάμῳ, οὗ ὁ πρῶτος τῶν ναῶν τῶν τριῶν ἐcτιν.
Jebbs Erklärung des Beinamens Kalliteknos ist durchaus falsch.

Apoll des Onatas wird man vielleicht nicht genügendes Vertrauen schenken. Nun, so sei ein anderes Zeugniss beigebracht. Ueber das vorattalische Pergamos redet man in Besprechungen der pergamenischen Stadtgeschichte überall nur von dem Bericht des Xenophon und dann von jener Angabe Strabons über das Gazophylakion des Lysimachos. Man übersieht dabei ein sehr wichtiges Zeugniss, das in die Zeit Alexanders des Grossen fällt. Nach Justin XIII 2 und Diodor XX 9[1]) ward der Sohn Alexanders und der Barsine, Herakles (geb. c. 331), in Pergamos auferzogen und verblieb daselbst mit seiner Mutter bis zum Tode Alexanders IV. († 311). Ueber das kurze Königthum des Herakles und seinen tragischen Untergang vgl. Droysen, G. d. Hell.[2] II 2, 82 f. Dass gerade Pergamos zum Aufenthaltsort gewählt wurde, beweist, dass die Stadt neben ihrer Sicherheit auch für die Ansprüche eines königlichen Prinzen und seines Hofstaates ausreichenden Raum zu bieten vermochte. War Herakles auch nur illegitimer Sohn, so war er doch bis 322 der einzige Sprössling des grossen Königs, zudem seine Mutter von edelstem Blut (Plut. Alex. 21) und von Alexander noch kurz vor seinem Tode dadurch ausgezeichnet, dass er ihre Tochter aus der Ehe mit Memnon dem Nearch vermählte (Arr. anab. VII 4). Es unterliegt keinem Zweifel, dass Barsine und Herakles zu Pergamos von dem Glanze umgeben waren, auf welchen ihr Verhältniss zum Beherrscher der Welt ihnen Anspruch gab. — Demnach scheint mir die Annahme gar nicht zu umgehen, dass Pergamos schon lange vor dem Zeitpunkt, als Lysimachos seine

---

[1]) Justin: Occiso Alexandro . . . Perdicca censet Roxanes expectari partum . . . Meleager negat differenda in partus dubios consilia neque expectandum dum reges sibi nascerentur, cum iam genitis uti liceret; seu puer illis placeat, esse Pergami filium Alexandri natum ex Barsine, nomine Herculem, seu mallent juvenem, esse in castris fratrem Alexandri Arridaeum (cf. XI 10, XV 2). — Diodor: Πολυσπέρχων . . . ἐκ Περγάμου μετεπέμψατο τὸν ἐκ Βαρσίνης Ἡρακλέα, ὃς ἦν Ἀλεξάνδρου μὲν υἱός, τρεφόμενος δ' ἐν Περγάμῳ, τὴν δ' ἡλικίαν περὶ ἑπτακαίδεκα ἔτη γεγονὼς κτλ. (cf. XX 28). In den 17 Jahren Diodors wird eine Verschreibung vorliegen: IZ' statt K'. Aehnlich dürften bei Justin XV 3, 2 die XIV Jahre aus XIX verderbt sein. Man vgl. auch Droysen, Hellen.[2] II 1, 7 Anm.

feste Hochburg zum Gazophylakion wühlte, über jenen winzigen
Kern zu grösserem Umfang hinausgewachsen war. Dass dieser
Zuwachs eine offene Stadt gewesen, ist bei der Unsicherheit
der Verhältnisse gerade in dem leicht zugänglichen Kaikosthal nicht wahrscheinlich. Also werden wir nach einer Um-
wallung des vorphiletürischen Pergamos Ausschau zu halten
haben und es erhebt sich die Frage, ob jene heute als Befestigung Attalos' I. geltende Stadtmauer (oben S. 235 unter b)
ihren technischen Merkmalen nach nicht etwa doch dem 4. Jahrhundert, wenn nicht einer noch früheren Zeit zugeschrieben
werden darf.

Von Wichtigkeit ist es hierbei, alles zusammenzustellen,
was für eine höhere Bedeutung der vorattalischen Stadt Pergamos spricht.[1]) Da giebt uns nun neben den schon erwähnten Zeugnissen die richtige Lesart bei Solin XXVII 53
(p. 142 Momms.) die Nachricht, dass Apelles[2]) einen pergamenischen Tempel durch seine Wandmalereien berühmt gemacht
habe. Dieses Kunstwerk mag erst während Alexanders d. Gr.
Regierung entstanden sein, auf jeden Fall beweist es, dass schon
vor den Attaliden in Pergamos die Kunst geblüht hat. —
Hier muss ich auf den Apollokoloss des Onatas zurückkommen, der von Curtius dem älteren Pergamos abgesprochen
wird. Von den Grazien des Bupalos (aufgestellt im Thalamos
des Attalos),[3]) vom Symplegma des jüngeren Kephisodot,[4])
von dem betenden Priester und dem Aias des Malers Apollodor[5]) mag man mit Wahrscheinlichkeit annehmen, dass sie

---

[1]) Nach einer gelegentlichen Bemerkung von E. Curtius (Beitr. S. 66)
wäre Pergamos unter Alex. d. Gr. sogar Residenz des Satrapen Menan-
dros gewesen. Das ist aber unrichtig, denn der in einer Inschrift von
Gambreion genannte Satrap (C. I. G. 3561) residirte nicht in Pergamos
sondern, wie stets die lyd. Satrapen, in Sardes (cf. Arr. anab. III 6, 8,
VII 123, 1. epit. de reb. success. 26), Teuthranien aber gehörte zur
zweiten Satrapie (Lydien etc.).

[2]) Der Name ist verbürgt durch P² (apellis) und L² (appellis) cf.
Mommsen, praef. p. LVI u. LXXXII. Danach ist Brunn, G. d. gr.
Künstler II 204 richtig zu stellen.

[3]) Paus. IX 35, 7.

[4]) Plin. XXXVI § 24.

[5]) Plin. XXXV § 60.

erst durch die kunstliebenden Attalen nach Pergamos gekommen sind. Der Erzkoloss des Apollo dagegen war seiner
Bestimmung nach gewiss ein Kultbild und Kultbilder von
ihrem ursprünglichen Bestimmungsort wegzuschaffen war ein
dem religiösen Gefühl der Griechen in hohem Grade wider-
strebendes Unternehmen. Geschah es einmal auf gewaltsame
Weise (ein Verzeichniss solcher Fälle bei Pausanias VIII 46),
so war es ein Sacrileg, das man nach Verlauf von Jahrhunderten bei gebotener Gelegenheit wieder gutzumachen nicht
versäumte (das von Xerxes entführte, durch Seleukos dem
Branchidenheiligthum wiedererstattete Apollobild), geschah es
einmal auf dem Wege friedlicher Vereinbarung (das Kybelebild von Pessinus durch Attalos' I. Vermittelung nach Rom,
das Sarapisbild von Sinope nach Aegypten), so war dies ein
ganz aussergewöhnliches, mit allgemeinem Interesse verfolgtes
Ereigniss. Der erstere Fall ist eigentlich schon wegen des
zur ἀσέβεια durchaus nicht geneigten Sinnes der Attaliden
ausgeschlossen, aber auch der zweite eher denkbare Fall hätte
schwerlich stattfinden können ohne in der Ueberlieferung eine
Spur zu hinterlassen. Das argumentum ex silentio wird noch
verstärkt durch den Umstand, dass Pausanias nur schlechthin
zu melden weiss, der Apollokoloss befinde sich zu Pergamos.
Denn die von ihm für kunstgeschichtliche Notizen benutzten
Quellen[1]) sind einmal überhaupt über die Schicksale berühmter
Kunstwerke gut unterrichtet, und dann ist Onatas denselben
ein Gegenstand besonderen Interesses. Wenn daher Pausanias
für den Apoll des Onatas einfach pergamenischen Standort
anmerkt, so darf man daraus schliessen, dass dieses Bild an
seiner ursprünglichen Stätte stand, also von Onatas für die
Pergamener gearbeitet worden war. Unter solcher Voraussetzung bietet der Erzkoloss des Onatas ein sehr beachtens-
werthes Zeugniss für die Blüthe des pergamenischen Gemeinwesens um die Zeit Gongylos' I.

Die Zuweisung des Werkes des Onatas an das ältere
Pergamon entbehrt also nicht eines hohen Grades der Wahrscheinlichkeit. Indess genügen auch schon die aus dem Zeit-

---

[1]) Vgl. Kalkmann, Pausanias der Perieget S. 188 ff.

alter Alexanders des Grossen beigebrachten Zeugnisse sowie
das aus Xenophons Bericht auf Pergamos fallende Licht, um
daran zu hindern von der Bedeutung und dem Umfang des
vorphiletärischen Pergamos (die Alterthümer von Pergamon
II S. 54 reden von der „bescheidenen Landstadt") sich eine
gar zu geringe Vorstellung zu machen. Sollte die oben S. 235
unter b beschriebene Stadtmauer den Umfang des vorphiletärischen Pergamos bezeichnen, so würde damit die drangvolle
Enge beseitigt sein, welche nach bisheriger Anschauung bis
ins 3. Jahrhundert hinein ihr Loos gewesen sein müsste. Doch
in dieser Frage lasse ich denjenigen das letzte Wort, welche
an Ort und Stelle untersuchen können. Erweist sich die zweite
Stadtmauer nach ihren technischen Merkmalen unbedingt als
eine Schöpfung Attalos' I., dann bleibt nur übrig, das vor-
attalidische Pergamos als eine unter dem Schutz der alten
Akropolis gegen Süden ausgebreitete, offene Stadt zu denken.[1])

5. Der Heros Pergamos.

Die Stadt Pergamos berief sich, so weit wir sehen, erst
seit dem Zeitalter Alexanders des Grossen auf die Ehre von
einem Sohne des Aiakiden Neoptolemos benannt zu sein. Bei

---

[1]) Anlagen aus dem Zeitalter vor der philetärischen Dynastie sind
von Bohn festgestellt a) innerhalb der alten Akropolis (abgesehen vom
Athenatempel). Alterth. v. P. II S. 23: „Reste einer von der Südostecke
des Tempels ausgehenden, mit der Ostfront gleichgerichteten Stütz-
mauer" (aus der Zeit vor dem Umbau des Tempels datirt). S. 55:
Pflaster im Propylon der Oststoa (Skizze auf S. 56) nebst in situ befindlichen Stufen. „Dieser Ueberrest einer Anlage, welche älter sein
muss als der Hallenbau, (ist) durch die Fundamente der Stoa durch-
brochen und bei diesen Bauarbeiten wird der ganze Rest, weil unter
dem neuen Niveau gelegen, zugeschüttet sein. Wir können daher auch
keine eigentliche Erklärung desselben geben, erkennen aber so viel aus
ihm, dass bereits vor Erbauung des Propylon ein Bau von gleicher
Axenrichtung wie dieser hier vorhanden war, vielleicht geradezu eine
ähnliche, wenn auch bedeutend kleinere Thoranlage dem Neubau weichen
musste." S. 65 f.: Nebenräume der Bibliothek, „Bruchsteinbau mit
Putzüberzug, nur bei den Aussenmauern . . . Quaderbau in vorzüglicher
Technik." S. 82: „ein offenbar sehr alter Quellschacht" (östlich von
der Nordstoa), skizzirt auf S. 83. — b) Auf dem Marktplatz unterhalb
der Akropolis. Vgl. den oben S. 236 aus Bohns Abb. über den Dionysos-
tempel angeführten Satz.

Euphorion fr. 46 Mein. Anal. Alexand. p. 78 (Serv. zu Virg.
Ecl. VI 72) heisst es: *Eurypylus … Telephi filius … fuit, qui
Grynum procreavit. Is cum patris occupasset imperium et bello a
finitimis tentaretur, Pergamum Neoptolemi et Andromaches filium
ad auxilium de Epiro provocavit, a quo defensus duas urbes con-
didit, unam Pergamum de nomine Pergami, alteram Grynium
ex responso Apollinis etc.* Wenn nach der Version des Euphorion
(der Heros) Pergamos in schöner Eintracht mit einem Telephiden steht und letzterer aus Courtoisie sogar eine wichtige
Stadt der Landschaft nach ihm benennt, so läuft die Sache
bei Pausanias I 11, 2 weniger gemüthlich ab: (Πύρρῳ) παῖc
ἐκ μὲν Ἑρμιόνηc ἐγένετο οὐδείc, ἐξ Ἀνδρομάχηc δὲ Μολοccὸc
καὶ Πίελοc καὶ νεώτατοc ὁ Πέργαμοc. Molossos erhält die
Herrschaft über Epirus, Πέργαμοc δὲ διαβὰc ἐc τὴν Ἀcίαν
Ἄρειον δυναcτεύοντα ἐν τῇ Τευθρανίᾳ κτείνει μονομαχήcαντά οἱ
περὶ τῆc ἀρχῆc καὶ τῇ πόλει (vgl. oben S. 217) τὸ ὄνομα
ἔδωκε τὸ νῦν ἀπ' αὐτοῦ· καὶ Ἀνδρομάχηc, ἠκολούθει γάρ οἱ,
καὶ νῦν ἐcτὶν ἡρῷον ἐν τῇ πόλει. — Hesselmeyer (der übrigens
Pausanias für die einzige Quelle dieses Mythos hält, Urspr. der
St. Perg. S. 36) verräth ein ganz richtiges Gefühl für die in
der Pergamossage zu Tage tretende gelehrte Mache, trotzdem
glaubt er auf Grund der beiden in dieselbe eingreifenden Gestalten Pyrrhos (Neoptolemos) und Molossos als thatsächlichen
Kern eine im Bewusstsein des Volkes haften gebliebene uralte
Verbindung zwischen Epirus und Teuthranien anerkennen zu
können. Ich glaube, dass Hesselmeyer die Molosser un-
nöthiger Weise behelligt. Zunächst ist zu bemerken, dass der
Pyrrhide in der Stadt Pergamos keinen festen sagengeschichtlichen Boden unter den Füssen hat. Zwar erwähnt Pausanias
daselbst ein Heroon seiner Mutter Andromache, zwar werden
vom (delphischen) Orakel des zweiten nachchristlichen Jahrhunderts die Pergamener nicht nur Τηλεφίδαι, sondern auch
Αἰακίδης λαός genannt (C. I. G. 3538), ja der „Gründer Pergamos" ist sogar officiell bezeugt durch autonome Erzmünzen
Pergamons,[1] allein solche Zeugnisse beweisen doch eben nur,

---

[1] Mionn. D. 11 588, nr. 492 A: ΠΕΡΓΑΜΟC ΚΤΙCΤΗC tête diadémée
de Pergamos. R. ΕΠΙ CΤΡΑΤΗΓΟΥ CΩΚΡΑΤΟΥC Pallas debout. Cf. nr.
491, wo auf dem Rev. der Schlangenstab des Asklepios und der Stratege

dass der Aiakide Pergamos irgend einmal unter die pergamenischen Stadtheroen aufgenommen worden ist, alles aber spricht
dafür, dass sein Kult aus einer Zeit stammt, in welcher die
mythenbildende Ader des griechischen Volkes längst verdorrt
war. Die auftretenden Personen sind (von der entlehnten
Andromache abgesehen) nichts als Eponyme (Grynos, Pergamos)
oder durchsichtige Personificationen (Areios), keine heroische
Nachkommenschaft des Pergamos ist vorhanden, seine einzige
Obliegenheit ist die, nach dem Kaikosthal zu kommen und die
Stadt Pergamos nach sich zu benennen. Sehr merkwürdig ist
freilich, dass dieser Schemenheros aus Epirus kommt und an
molossische Stammesgenealogie anknüpft. Zu Epirus steht die
teuthrantische Stadt in keiner Beziehung, mit einer einzigen
Ausnahme und das ist — Herakles, der Sohn Alexanders des
Grossen. Das makedonische Königshaus ist schon durch seine
Stammsage eng mit Epirus verknüpft, denn der vor Perdikkas I.
gestellte König Tyrimmas stammt aus epirotischer Sage.[1)]
Durch die Ehe Philipps II. mit der molossischen Königstochter
Olympias ist dann das Blut der Herakliden und Aiakiden in
Alexander dem Grossen zusammengeflossen, in seinem Sohne
Herakles hat es den Weg in die Mauern Pergamons gefunden.
Da legt sich doch der Schluss gar nahe: **Der epirotische
Heros Pergamos in seiner Wanderung nach der Stadt
des Kaikosthales ist ein mythischer Reflex der ge-
schichtlichen Thatsache, dass das Blut der Aiakiden
mit dem Sohne des Makedonierkönigs in Pergamos
seinen Einzug gehalten hat.** Ich kann in jener Wande-
rung des Heros Pergamos nur eine aus Schmeichelei gegen
den Sohn und den Enkel der molossischen Olympias erfundene
Pseudosage erkennen. Und nach dieser Seite weist ja auch
Euphorion, die älteste Quelle der Pergamossage.[2)]

Cl. Kephalion erscheinen. (Einen Cl. Kephalion nennt auch eine perg.
Münze Hadrians Mionn. S. V 436, 977.) Man vgl. auch die bei verschiedenen Typen vorkommende Umschrift ΕΠΙ ΠΕΡΓΑΜΟΥ Mionn. D. II
nr. 496. 497. 517. — Ueber den muthmasslichen Kopf des P. auf ge-
schnittenen Steinen Brunn, G. d. gr. Künstler II 573.

[1)] A. v. Gutschmid, die makedonische Anagraphe Symb. phil.
Bonnens. S. 128.

[2)] Wenn in dem teuthrantischen Nakrasa ein Τύριμνος Verehrung

16*

Nur das Eine ist zunächst noch unklar, ob der Aiakide
Pergamos einfach aus dem Namen der teuthrantischen Stadt
abstrahirt ist. So nahe diese Annahme liegt, glaublich erscheint sie mir nicht. Derartige mythisch-genealogische Erfindungen erheben sich doch nur dann über das Niveau plumper
Schmeichelei, wenn sie an etwas von der Sage Gegebenes mit
einer gewissen Wahrscheinlichkeit anknüpfen. Nun finden wir
in der Stammsage des molossischen Königshauses einen Heros
Pergamos. Proxenos[1]), der Zeitgenosse des Königs Pyrrhos
von Epirus, gab den Stammbaum:

Neoptolemos ⌣ Leonassa

Argos Pergamos Dorieus etc.

Ein Enkel dieses Pergamos, Prax mit Namen, sollte das
Hieron des Achill bei Sparta gegründet haben (Paus. III 20, 8)
und auf eine Uebertragung epirotischen Sagenstoffes nach
Lakonien lässt auch der Umstand schliessen, dass ein sonst
unbekannter Akanthios (so Cobet für Ἀκάνθινος) von Nikomedia,
der im Stammbaum des Pergamos mit Proxenos übereinstimmte,
dieses Thema ἐν τοῖς Λακεδαιμονικοῖς berührte.[2]) Diese
Wahrnehmungen sprechen doch dagegen den Heros Pergamos
als eine erst aus dem Namen der teuthrantischen Stadt abgeleitete Gestalt zu betrachten. Auch das Vorhandensein einer
epirotischen Stadt Pergamis[3]) lässt sich dafür anführen, dass
der Name Pergamos sehr wohl original-epirotischer Herkunft
sein kann. Gab es aber bereits vor dem Uebergang Alexanders des Grossen nach Asien einen molossischen Heros Pergamos im Aiakidenstemma, dann allerdings lag die Versuchung
ungemein nahe, zu Ehren der Nachkommenschaft der Olympias
die Legende von der Einwanderung desselben nach der teuthran-

fand (Curtius, Beitr. S. 62; ebenso in Thyateira), so haben wir auch
hier einen Einfluss makedonischer Stammsage, denn jener „Gott Tyrimnos" (C. I. G. 3497) ist doch gewiss der apotheosirte Ahn Alexanders
des Gr. Eine makedonische Colonie in Nakrasa verbürgt C. I. G. 3522.
[1]) Bei Lysimach. Alexandr., nost. fr. 13 (F. H. G. III p. 338, Schol.
Eur. Androm. 24).
[2]) Lysim. Alex. a. a. O.
[3]) Wenn nicht vielmehr Gegend: Varro de re rust. II 2, 1.

tischen Stadt in Umlauf zu setzen. Unter solchem Gesichtspunkt ist dann Pergamos doch mehr als ein schemenhafter
Heros Eponymos, nur muss man festhalten, dass seine muth-
massliche Sagenbedeutung ganz wo anders als in der Stadt
Pergamos liegt. Als Ktistes oder Eponymos letzterer Stadt
repräsentirt er eine Pseudosage, deren später, ausgeklügelter
Charakter offenbar ist:

	Telephos	kämpft gegen	Achill
	Eurypylos	kämpft gegen	Neoptolemos
Euphorion:	Grynos	verbündet sich mit	Pergamos.

	Telephos	kämpft gegen	Achill
	Eurypylos	kämpft gegen	Neoptolemos
Pausanias:	Areios	kämpft gegen	Pergamos.

Welcher dieser beiden Versionen die Palme gebührt, darüber
kann kein Zweifel walten. Bei Pausanias werden uns durch
drei Generationen fortgesetzte Raufereien zwischen Achäern
und Teuthrantiern vorgeführt, die Version des Euphorion ist
eine feine Schmeichelei gegen den König des makedonischen
Weltreiches. Der oft verkündete Lebenszweck desselben, den
alten Gegensatz zwischen Ost und West auszugleichen und
aus Asiaten und Europäern Ein Reich des Friedens aufzubauen,
diese Idee liegt der Pergamoslegende Euphorions in leichter
Sagenverhüllung zu Grunde: Einst standen sich in erbitterten
Kämpfen Telephos und Achill, Eurypylos und Neoptolemos
gegenüber, den Enkeln Grynos und Pergamos ward es beschieden in Waffenbrüderschaft und Frieden bei einander zu
leben. — A. v. Gutschmid sagt in seiner glänzenden Abhandlung über „Die makedonische Anagraphe" von dem Stammbaum der Argeaden[1]): „Das Werk macht seinem Meister Ehre."
Ich denke, wir dürfen ein gleiches Urtheil über den Erfinder
der Sage von Grynos und Pergamos fällen.[2])

---

[1]) Symb. phil. Bonn. S. 131.
[2]) Die Attalen, welche den arkadischen Sagenkreis Teuthraniens mit
ausgesprochener Vorliebe heranzogen (vgl. oben S. 206. 216), scheinen
sich für den epirotischen Ktisten nicht erwärmt zu haben. Wenigstens
ist mir kein nach dieser Seite weisendes Zeugniss bekannt.

Excurs I.

Ist der Galatersieger bei Plinius XXXIV 84 Eumenes II. oder Eumenes I.?

In meiner Abhandlung „Die Siege der Pergamener über die Galater und ihre Verherrlichung durch die pergamenische Kunstschule" (Progr. des livl. Landesgym. Fellin 1877) habe ich aus Justin XXVII 3 gefolgert, dass schon Eumenes I. über die Galater und Antiochos Hierax Erfolge errungen und Attalos I. das von seinem Vetter begonnene Werk dann zur Vollendung gebracht habe. Diese Annahme ist durch die seither unternommenen pergamenischen Ausgrabungen nicht widerlegt, aber auch nicht bestätigt worden. Die Inschriften der „Schlachtenmonumente" wissen nur von Siegen des Attalos über Galater und Antiochos, über Eumenes herrscht Schweigen. Aber auch für die von Urlichs (Neue Jahrbb. 69 S. 372 ff. Progr. des Wagnerschen Kunstinst. 1883 S. 17 ff.) vorausgesetzten Denkmale der Galatersiege Eumenes II. haben die Inschriften dieses Herrschers nicht das geringste Zeugniss beigebracht. So steht also die Frage heute im Wesentlichen wie vor dem Beginn der pergamenischen Ausgrabungen, nach wie vor sind wir in diesem Punkte auf die literarische Ueberlieferung des Alterthums angewiesen. — Dass Eumenes I. während seiner 20jährigen Regierung mit den gleichzeitig in Kleinasien ihr Unwesen treibenden Kelten in feindliche Berührung gekommen und dabei Erfolg gehabt, ist an sich nicht unwahrscheinlich, geschweige denn unmöglich. Ebenso wird man demselben Dynasten, der Antiochos I. im Jahr 263/2 bei Sardes siegreich aufs Haupt schlug, die Möglichkeit nicht absprechen können, dass er auch über Antiochos Hierax Erfolge errungen haben kann. Nach beiden Seiten tritt nun Justin mit einem ausdrücklichen Zeugniss ein,[1] doch lässt sich nicht läugnen, dass dieses Zeugniss

---

[1] XXVII 3. Interea [rex Bithyniae] Eumenes sparsis consumptisque fratribus (Seleukos und Antiochos) bello intestinae discordiae quasi vacantem Asiae possessionem invasurus victorem Antiochum Gallosque adgreditur. Nec difficile saucios adhuc ex superiore congressione integer ipse viribus superat . . . victo Antiocho cum Eumenes majorem partem Asiae occupasset, ne tunc quidem fratres . . . concordare potuerunt etc.

nicht auf starken Füssen steht. Denn Justin weist Eumenes I.
zu, was erst das Endergebniss der Kämpfe Attalos' I. gegen
Antiochos und dessen keltische Söldner gewesen ist. Und
Attalos nennt Justin gar nicht. Also falsch ist seine Darstellung jedenfalls. Allein der Fehler ist nicht so leicht zurecht
zu stellen wie Urlichs glaubt, indem er mit Niebuhr an der
in Rede stehenden Stelle des Justin Eumenes einfach in Attalos
corrigirt. Damit wäre zwar der Widerspruch zwischen Justin
(der nur Eumenes nennt) und dem Prolog des Trogus (der
nur Attalos nennt) beseitigt, aber wir hätten damit keineswegs
die Darstellung des Trogus richtig hergestellt. Denn wie
v. Gutschmid mich aufmerksam macht, beweist Frontin,
Strat. I 11, 15, dass die durch mein Programm vertretene
Ansicht in der That der Darstellung des Trogus entspricht.
Der Fehler bei Justin ist diesem nicht persönlich zur Last zu
legen, denn während Polyaen Strat. IV 20 die in der Keltenschlacht unter Beihülfe des Chaldäers Sudinos angewandte
Kriegslist von Attalos berichtet, weist sie Frontin Eumenes
und dem haruspex Sudines zu. Da also Justin und Frontin
dasselbe Eumenes zuschreiben, was der Prolog zum Trogus
und Polyaen von Attalos melden, so muss Trogus in der Darstellung der feindlichen Beziehungen zwischen den Pergamenern
und Galatern auch Eumenes I. eine Rolle haben spielen lassen,
nur scheinen dabei die Thaten der beiden Herrscher nicht klar
genug auseinandergehalten worden zu sein. Bei solcher Sachlage ist nicht Justin oder Frontin, sondern Trogus selbst verantwortlich. Seine Darstellung lässt sich nicht wiederherstellen,
aber wir erkennen doch so viel, dass bei ihm auch schon
Eumenes I. irgendwie mit den Kelten in kriegerische Ver-
wickelung gebracht war. Das Zeugniss Justins lässt sich also
nicht so einfach über den Haufen werfen. Bestehen bleibt
neben ihm auch das Zeugniss Strabons (p. 566), dass die
Kelten, bevor sie in Galatien festen Wohnsitz fanden, d. h.
bevor sie von Attalos in der vielgefeierten Schlacht über-

Dagegen heisst es im Prol. Trog. XXVII: Seleuci bellum . . . in Asia
adversus fratrem suum Antiochum Hieracem, quo bello Ancurae victus
est a Gallis: utque Galli Pergamo victi ab Attalo Ziaelan Bithunum
occiderint.

wältigt wurden,[1]) oft das Gebiet der Attaliden durchzogen
hätten. Damit bleibt die Möglichkeit offen, dass schon Eumenes I.
sich brandschatzender Keltenhaufen glücklich erwehrt hat, nur
darf man nicht auf Justin hin seine Erfolge zu hoch anschlagen,
da der Epitomator ja seinem Eumenes beilegt, woran beide
Herrscher Theil haben und wovon der Löwenantheil jedenfalls
auf Attalos' Seite liegt. — Dass unter den 'Ατταλικοὶ βαcιλεῖc
Strabons der Dynast Eumenes nicht mitverstanden werden dürfe,
dafür ist Urlichs' Appell an den „genauen Schriftsteller" ohne
Gewicht, nicht darum, weil Strabons Genauigkeit bisweilen zu
wünschen übrig lässt, sondern weil die Thatsache feststeht, dass
im späteren Alterthum 'Ατταλικοὶ βαcιλεῖc in übertragener Bedeutung, wie heute Attaliden oder Attalen, gebraucht worden ist
(vgl. Meier, perg. Reich A. E. S. 351 und besonders Str. p. 623
u. 640, wo unter jener Bezeichnung Eumenes I. mitgedacht ist).

Ob die von Plinius XXXIV 84 erwähnten[2]) Darstellungen
von Galliersiegen auf Schlachten Attalos' I. und Eumenes' II.
oder, wie ich befürwortete, Eumenes' I. und Attalos' I. zu beziehen sind, bleibt auch angesichts der neuen pergamenischen
Inschriften eine offene Frage. Ein scheinbares Argument gegen
meine Auffassung liefert das auf einer delischen Marmorbasis
erhaltene Epigramm, welches Philetairos, den Bruder Eumenes' II.
als Galatersieger preist (publc. von Homolle in den Mon.
grecs 1879 p. 44 nr. 6 — Löwy, Inschr. gr. Bildh. nr. 147).
Als Verfertiger der auf dieser Basis aufgestellten Bronzefigur
des Philetairos (wenn nicht vielmehr Gruppe, vgl. Homolle a. a. O.)
wird ein Nikeratos genannt und ein gleichnamiger Künstler
erscheint auf einer zweiten delischen Inschrift neben einem
Phyromachos: Νικήρατος Φυρόμα⟨χος 'Αθηνα⟩ῖοι ἐπόηcαν (Mon.
gr. 1879 p. 48 nr. 7 == Löwy nr. 118, die Ergänzung von
Löschcke). Die beiden Nikeratos für dieselbe Person zu halten

---

[1]) Die Ueberlieferung fasst die Beschränkung der Galater auf Galatien
als einen Erfolg der Galaterschlacht des Attalos (Paus. I 4, 5 und 6;
I 8, 2). Strabo p. 566 weist dabei auch den Bithynern eine Rolle zu.
Liv. XXXVIII 16 (sedem sibi ipsi circa Halyn flumen ceperunt) ist damit
nicht unvereinbar. Vgl. mein Progr. S. 8 A. 30. Koepp entscheidet
sich für Livius (Rh. Mus. 40, 123).

[2]) Plures artifices fecere Attali et Eumenis adversus Gallos proelia,
Isigonus, Pyromachus, Stratonicus, Antigonus.

und Phyromachos mit jenem Phyromachos zu identificiren, welcher nach Plinius für Siege des Attalos und Eumenes thätig war, ist recht verführerisch und auch von Löwy, Unters. zur gr. Künstlergesch. S. 19 f., befürwortet worden. Damit wäre denn der Schlachtenbildner Phyromachos der Zeit Eumenes' II. zugewiesen und ein Argument zu Urlichs' Gunsten gewonnen. Allein das seither durch Löwy publicirte Facsimile der beiden delischen Inschriften (Inschr. gr. Bildh. nr. 147 und 118) zeigt im Schriftcharakter so bedeutende Differenzen zwischen ur. 147 und 118, dass an· die Identificirung der beiden Nikeratos jetzt nicht mehr zu denken, vielmehr das Künstlerpaar Nikeratos-Phyromachos (nr. 118) um den Anfang des 3. Jahrhunderts anzusetzen ist (vgl. Löwy, Bildhauerinschr. S. 93). Die Frage nach der Zeit des plinianischen Phyromachos (XXXIV 84) bleibt also durch die delischen Steine unberührt; derselbe kann sehr wohl im Auftrage Attalos' I. thätig gewesen sein, denn was Urlichs (perg. Inschr. S. 21 f.) dafür geltend macht, dass sein Asklepios erst nach 183 für das pergamenische Asklepieion verfertigt wurde, ist nicht durchschlagend.[1]) — Dagegen ist für jenen Nikeratos, welcher das Bild des Philetairos für Delos arbeitete (Löwy ur. 147), ein recht sicherer chronologischer Ansatz zu gewinnen, nur nicht durch die von Löwy gutgeheissene Datirung Homolles, welcher den in der Inschrift erwähnten Galatersieg des Philetairos ins Jahr 171 v. Chr. setzt, d. h. auf jenen Zeitpunkt, wo Philetairos als Statthalter in Pergamos zurückgeblieben war, während König Eumenes mit den beiden anderen Brüdern (Attalos und Athenaios) in Europa am zweiten makedonischen Kriege Theil nahm. Diese Vermuthung zerfällt gegenüber den Thatsachen. Denn

---

[1]) Der Umstand, dass der Asklepios des Phyromachos um 156 von Prusias weggeschleppt wurde, beweist keineswegs, dass Phyromachos jenes Bild für Eumenes II. gearbeitet hat. Urlichs findet aber in der unsicheren Zeitlage vor 183 sogar die genauere Zeitbestimmung, dass das Bild erst nach 183 entstanden sein kann. Wie aber, wenn der Asklepios schon unter Attalos I. im vorstädtischen Asklepieion Aufstellung gefunden? Die Verwüstung der Umgegend durch Philipp im Jahre 201 (Polyb. XVI 1) spricht nicht dagegen, denn Gegenstand derselben war nicht das Asklepieion, sondern das Nikephorion und Aphrodision gewesen (Polyb. XVII 2. Liv. XXXII 34).

die Galater sind, wie ich in meinem Programm S. 19 ff. nachgewiesen habe, von 183—168 Eumenes II. botmässig gewesen.
Im Beginn des pergamenisch-pontischen Krieges (182—179)
hatten sich zwar dem Pharnakes, als derselbe 181 in Galatien
eingefallen war, die beiden Keltenhäuptlinge Carsignatus und
Gaezotoris angeschlossen. Doch suchten sie, da Eumenes alsbald zur Stelle war, vom pergamenischen Könige für ihren
Treubruch Verzeihung zu erwirken. Zunächst freilich vergeblich; welche Strafe über sie verhängt wurde, meldet Polybios
nicht, wir sehen nur so viel, dass Eumenes sich während des
pontischen Krieges im Besitz Galatiens behauptete. Und nichts
berechtigt zu der Annahme, dass von 179 bis zum Galateraufstand des Jahres 168 die Oberherrlichkeit des Eumenes
über Galatien irgendwie in Frage gestellt worden ist. Im
Gegentheil, Eumenes muss während dieser Periode Galatiens
sehr sicher gewesen sein, denn während er 181 den abtrünnigen
Häuptlingen Carsignatus und Gaezotoris die nachgesuchte Verzeihung in der frischen Erbitterung versagte (d. h. also doch
wohl ihre Absetzung oder Verbannung plante), so ist er nicht
auf die Dauer unerbittlich geblieben. Denn als zehn Jahre
später die Galater mit bedeutenden Streitkräften dem König
gegen Makedonien Heeresfolge leisteten, kämpfte ebenderselbe
Häuptling Carsignatus an Eumenes' Seite, bis er in einem
Treffen am Peneios den Tod fand (171 v. Chr. Liv. XLII 57).
Bei solcher Sachlage ist aber ein Krieg zwischen Philetairos
und den Galatern im Jahre 171 v. Chr. undenkbar. Denn
warum sollte wohl Philetairos über Galatien, das damals seine
Treue gegen Eumenes auf den thessalischen Schlachtfeldern
bethätigte, plötzlich hergefallen sein? Oder soll man einen
Aufstand der Galater annehmen, zu welchem sie gerade jenen
Zeitpunkt wählten, als Eumenes in Europa durch den zweiten
makedonischen Krieg in Anspruch genommen war? Aber viele
ihrer Brüder und ihr Häuptling Carsignatus standen ja gerade
damals in Thessalien unter den Fahnen des Eumenes, da
hätten die Galater doch keinen ungünstigeren Zeitpunkt zur
Abschüttelung des pergamenischen Joches wählen können. Ich
kann die Ansetzung des in der delischen Inschrift erwähnten
Galaterkrieges aufs Jahr 171 nur für eine verfehlte halten. —

Sein Zeitpunkt bleibt also noch zu bestimmen. Wenn wir ausserhalb der Jahre 183 bis 168 Umschau halten, so kommt zunächst der Krieg gegen Solovettius, d. h. der Galateraufstand von 168 ff., während dessen grosser Wechselfälle eine siegreiche Episode unter Führung des Philetairos a priori ja denkbar wäre, darum in Wegfall, weil Philetairos diesen Aufstand schwerlich mehr erlebt hat. Denn zum letzten Mal geschieht des Philetairos im Jahre 171 Erwähnung. In den späteren Kriegen des Eumenes (namentlich im Galaterkrieg von 168 ff.) wird er nie genannt, ebensowenig in den zahlreichen Gesandschaftssendungen des Königs, stets verlautet nur von den Brüdern Attalos und Athenaios, also wird Philetairos sehr bald nach 171 gestorben sein und der Galaterkrieg von 168 ff. kommt für ihn nicht in Betracht. — Demnach haben wir die Veranlassung des delischen Weihgeschenks in einem vor 183 fallenden Ereigniss zu suchen. Am nächsten liegt es dann, jenen wichtigen Galaterkrieg der Pergamener heranzuziehen, welcher dem pergamenischen Reich die Unterwerfung Galatiens eintrug. Ich habe diesen „Krieg gegen Ortiagon" in meinem Programm S. 21 A. 70 mit dem Kriege des Eumenes gegen Prusias sowohl gleichzeitig als auch in einem inneren Zusammenhang gedacht. Den Krieg gegen Prusias hat Clinton f. h. III p. 404 und 416 innerhalb 188 und 183 eingeordnet und sich zu Gunsten speciell des Jahres 184 ausgesprochen, während Meier (perg. Reich S. 378) letzteres Datum für unerweislich erklärt. Ich glaubte in meinem Programm bei der allgemeinen Grenzbestimmung Clintons (zwischen 188 und 183) mich bescheiden zu müssen, jetzt scheint mir ein Zeugniss dafür beigebracht werden zu können, dass der Krieg zwischen Prusias und Eumenes in der That ins Jahr 184 fällt, oder doch in diesem Jahre sein Ende gefunden hat. Dies Zeugniss liefert eine Inschrift von Basch-Guélémbe C. I. G. 3568. Nach derselben veranstalten Soldaten von Nakoleia[1]) im 15. Jahr einer nicht angegebenen

---

[1]) So liest Böckh für den jedenfalls verderbten Namen „Pakaloin" in Sestinis Abschrift. Ich glaube, die im Anfang verstümmelte Inschrift hat vollständig so gelautet: ⟨Θεῷ Τυρίμ⟩νῳ οἱ ἐκ ⟨Νακολείας⟩ ϲτρατιῶται οἱ διαβάντες ἐν τῷ ιε̄ ἔτει εἰς τοὺς κατὰ Χερρόνησον καὶ Θράκην τόπους εὐχήν cf. o. S. 243, 2.

Aera eine Weihung wegen eines Feldzuges nach dem Chersonnes und Thrakien. Nakoleia liegt in Phrygia Epiktetos und dieses war durch den Sieg bei Magnesia an Eumenes II. gekommen. Wenn wir die Geschichte der Attaliden durchmustern, so kann man nur zwischen dem 15. Regierungsjahr Attalos' II. (145) und Eumenes' II. (183) wählen. Im ersteren Falle könnte man nur den Krieg Attalos' II. gegen den thrakischen König Diegylis heranziehen. Allein da dieser Krieg durch die von Diegylis dem Prusias gegen Attalos und Nikomedes geleistete Hülfe veranlasst worden ist, so scheint mir das Jahr 145 für ein durch den Krieg von 150/49 bedingtes Unternehmen zu weit abwärts zu liegen. Verstehen wir dagegen in der Inschrift das 15. Jahr Eumenes' II., also 183 v. Chr., so bietet sich für einen Feldzug nach dem Hellespont und Thrakien der beste Anknüpfungspunkt. Denn der Krieg zwischen Eumenes und Prusias, in welchen bekanntlich auch Hannibal eingriff, ist jedenfalls zwischen den Jahren 188 und 183 zu suchen. Da nun in diesem Kriege Philipp von Makedonien heimlich den Prusias unterstützte und zugleich verschiedene thrakische Küstenplätze Eumenes und den Römern zum Trotz besetzt hielt, so wäre eine kriegerische Unternehmung des pergamenischen Königs gegen Thrakien im engen Anschluss an den glücklich beendeten Krieg mit Prusias aufs beste motivirt. Damit würde sich aber auch der Ansatz Clintons für den Krieg zwischen Eumenes und Prusias als ein richtiger bestätigen. Wenn ich ferner in meinem Programm S. 21 auf Grund des sprachlichen Ausdrucks bei Polybios III 3, 6[1]) und ebenso im Hinblick auf die allgemeine politische Lage die Kriege gegen Ortiagon und Prusias in engsten Zusammenhang gebracht habe, so würde auch damit die oben vertretene Datirung der Inschrift von Basch-Guélémbe im Einklang stehen. Denn wenn Eumenes im Jahr 183 Truppen aus Nakoleia, das hart an der galatischen Grenze liegt, nach Europa werfen konnte, so musste der Krieg gegen Ortiagon bereits zum glücklichen Ende, d. h. bis zur Unterwerfung Galatiens gediehen

---

[1]) Μετὰ δὲ ταῦτα (Krieg des Manlius) ἐπιβαλοῦμεν τοὺς Εὐμένει ϲυϲτάντας πρός τε Προυϲίαν καὶ Γαλάτας πολέμους. ὁμοίως δὲ καὶ τὸν ... πρὸς Φαρνάκην.

sein. Demnach steht unsere Inschrift, dem Jahre 183 zugewiesen, der Ansetzung des Krieges gegen Ortiagon auf das Jahr 184 v. Chr. durchaus nicht im Wege. — Von beiden Kriegen war gewiss der bithynische für Eumenes der gefährlichere, da dem Prusias das Feldherrngenie Hannibals und die heimliche Unterstützung des makedonischen Königs zur Seite standen. Also wird man annehmen können, dass Eumenes den Krieg gegen Prusias persönlich leitete. Zu gleicher Zeit kämpften pergamenische Truppen gegen die Galater. Unter wessen Führung? Wenn die Schriftsteller verstummen, so reden vielleicht die Steine! Ich halte es für sehr wahrscheinlich, dass die delische Inschrift uns Philetairos als den glücklichen und schnellen Bezwinger des Ortiagon vorführt. Die hochinteressante Inschrift lautet:

Ὦ μάκαρ, ὦ Φιλέταιρε, cὺ καὶ θείοιciv ἀοιδοῖc
καὶ πλάcτηciv, ἄναΕ, εὐπαλάμοιci μέλειc,
οἱ τὸ cὸν ἐξενέπουci μέγα κράτοc, οἱ μὲν ἐν ὕμνοιc,
οἱ δὲ χερῶν τέχναc δεικνύμενοι cτφετέρων.
ὥc ποτε δυcπολέμοιc Γαλάταιc θοὸν Ἄρεα μείξαc
ἥλαcαc οἰκείων πολλὸν ὕπερθεν ὅρων·
ὧν ἕνεκεν τάδε coι Νικηράτου ἔκκριτα ἔργα
Cωcικράτηc Δήλῳ θῆκεν ἐν ἀμφιρύτῃ
μνῆμα καὶ ἐccομένοιciν ἀοίδιμον· οὐδέ κεν αὐτὸc
Ἥφαιcτοc τέχνην τῶνγε ὀνόcαιτ' ἐcιδών.

Ueber die Beweggründe, welche zu dem doppelten Kriege des Eumenes gegen Ortiagon und gegen Prusias geführt haben, besitzen wir keine Nachrichten und sind auf Erwägungen der allgemeinen Zeitlage angewiesen. Es sei gestattet hier einige Sätze meines Programms (S. 20) wiederzugeben. „So verliess Manlius mit seinem Heer Kleinasien (188 v. Chr.). An den Grenzen des pergamenischen Reiches aber stand Prusias von Bithynien, voll Eifersucht auf den mächtigen Aufschwung des Nachbarstaates blickend. Suchte jetzt Eumenes, und das darf vermuthet werden, seinen Absichten auf Galatien näher zu kommen, so gab solches Prusias erwünschte Gelegenheit jenem entgegenzutreten und etwa mit den Galatern ein Schutz- und Trutzbündniss zu schliessen. Von einem solchen Bunde berichten die Quellen zwar nichts, aber der Umstand, dass seit dem syrischen Kriege das mächtig erstarkte pergamenische Reich einem jeden der kleinen Nachbarstaaten mit gleicher Gefahr drohte, zusammengehalten mit der Thatsache, dass bald nach Manlius' Abzug sowohl Prusias wie die Galater mit Eumenes Krieg führen, legt nichts näher als die Annahme, dass die beiden Feinde des Pergameners nach gemeinsamem Plane, wenn auch nicht geradezu viribus unitis handelten." Seit dem syrischen Kriege waren Eumenes und die Galater unmittelbare Grenznachbarn. Ein Grund zu Feindseligkeiten war damit leicht zu finden und die That konnte dem guten Willen auf dem Fusse folgen. Nun rühmt das delische Epigramm den Philetairos, „wie er den Galatern den raschen Kriegsgott bringend weit oberhalb der heimischen Grenzen dahinzog". Stimmt das nicht vortrefflich zu dem Krieg gegen Ortiagon? Dass derselbe mit der Unterwerfung Galatiens unter das Scepter des Eumenes geendet hat (Progr. S. 21), verräth das Epigramm zwar nicht. Vielleicht genügte es dem Verfasser auf die erste, glänzendste Phase des Krieges hinzuweisen, an welche sich die spätere völlige Demüthigung Galatiens ohne sonderliche kriegerische Anstrengungen geschlossen hat, — vielleicht übernahm ein anderer General des Eumenes die Weiterführung des Krieges. Wer will bei so fragmentarischer Ueberlieferung ein Urtheil wagen. Nur so viel ist sicher, dass der für Eumenes glückliche Krieg gegen Ortiagon eine passende Anknüpfung für die Ruhmesthat des Philetairos bietet. Anstatt im Dunkel nach einem etwa noch früheren pergamenisch-galatischen Kriege umherzutasten, bleibe ich bei der Ueberwindung des Ortiagon stehen, als dem einzigen bekannten Ereigniss aus der Geschichte der feindlichen Beziehungen zwischen Eumenes und den Galatern, welcher dem durch das Epigramm gepriesenen Siege des Philetairos eine passende Stütze bietet. Damit bin ich auf die ältere Streitfrage, welche Galatersiege wohl Eumenes II. zu einer künstlerischen Verherrlichung die Anregung geliefert haben könnten, zurückgelangt. Wie Urlichs nach meinen Ausführungen über den Krieg gegen Solovettius, der durch römische Heimtücke so unrühmlich verlief, noch daran festhalten kann, dass gerade

dieser Galaterkrieg von 168 ff. Eumenes II. zu einer mit den
Weihungen Attalos' I. wetteifernden Kunstthätigkeit angeregt
habe, verstehe ich nicht. Wenn Eumenes wirklich eine solche
Thätigkeit entfaltet hat (was ja immerhin möglich ist), so kann
dieselbe nur durch den Krieg gegen Ortiagon, dessen grosse
politische Bedeutung mein Programm festzustellen sucht, veranlasst worden sein. Indessen sind die Bedenken, die ich
a. a. O. gegen eine Parallelisirung der Keltensiege Attalos' I.
und Eumenes' II. geltend gemacht habe, nicht entkräftet worden
und eine einheitliche Auffassung der plinianischen Stelle möchte
ich so lange festhalten, bis ein urkundliches Zeugniss zu ihrer
Umstossung zwingt. Aber wo sind nur die vorausgesetzten
Galaterdenkmale Eumenes' II. geblieben? Urlichs antwortet:
Sie sind mit dem vorstädtischen Nikephorion zu Grunde gegangen. Das ist ein Nothbehelf. Freilich kann auch ich für
Eumenes I. kein urkundliches Zeugniss beibringen. Aber Kämpfe
zwischen diesem Dynasten und den Kelten sind wenigstens
durch die allgemeine Zeitlage nahe gelegt und wie wir gesehen haben, zeugt Trogus für sie. Wer sich darauf hin doch
nicht entschliessen kann in der Stelle des Plinius Eumenes I.
zu verstehen, wird jedenfalls auf die Heranziehung des Galaterkrieges von 168 ff. verzichten müssen. Dann bleibt eben nur
der Krieg gegen Ortiagon übrig, denn derselbe war wenigstens in politischer Hinsicht bedeutsam genug; ob auch für
künstlerische Anregung ebenbürtig den attalischen Siegen, ist
eine andere Frage.

Excurs II.
Der grosse Keltensieg Attalos' I.

Den Versuch U. Köhlers (Sybels Zeitschr. 1882 S. 1 ff.),
unter Aufnahme einer Hypothese Niebuhrs[1]) die berühmte
Keltenschlacht Attalos' I. in die Geschichte der Fehden zwischen
Attalos und Antiochos Hierax wieder hineinzuziehen, unterstützt

---

[1]) Kleine Schriften I 286: „Der Sieg des Attalus über die Gallier
ist ohne Zweifel (vgl. Justin XXVII 3) über sie nicht als Nation, sondern als des Antiochus gedungene Hilfsvölker erfochten worden." Aehnlich auch Meier, Perg. Reich in der Allg. Enc. S. 358, Flathe, Gesch.
Macedoniens II 223 und C. Müller in den F. H. G. III 708.

das inschriftliche Material nicht, insofern die Weihinschrift des Schlachtcndenkmals, welche auf jenen Sieg bezogen werden muss, als Gegner des Attalos nur die Kelten und zwar den Stamm der Tolistoagier nennt.[1]) Nicht etwa dieser Umstand allein, sondern mehr noch innere Gründe nöthigen mich dazu an der von Droysen (Hellenismus[2] III 2, 9) und mir (in der oben S. 246 angeführten Schrift S. 5—12) vertretenen Auffassung festzuhalten. Nur wenn man die nationale Bedeutung dieses Sieges anerkennt, erklärt es sich, wie demselben von Mit- und Nachwelt eine andere Werthschätzung zu Theil geworden ist als den Siegen desselben Attalos über Antiochos Hierax und dessen galatische Söldner. Köhler schützt sich freilich gegen die Ueberlieferung durch den Satz, *dass nachmals die politische Seite der Kriege des Attalos vor der militärisch-nationalen zurückgetreten und in Vergessenheit gerathen sei.* Aber diese Geschichtsfälschung müsste schon in der ersten Regierungszeit des Nachfolgers vollständig zur Herrschaft gelangt sein, denn Polybios, der nur sieben Jahre nach Attalos' I. Tod den Galaterkrieg des Manlius mitmachte, betont aufs Bestimmteste die nationale Seite der That, indem er dem Attalos die Galater als Volk gegenüberstellt und des Antiochos dabei mit keinem Worte gedenkt.[2]) Zudem nennt Livius XXXVIII 16 (d. h. wieder Polybios) als Veranlassung zu dieser Galaterschlacht statt der von Köhlers und Niebuhrs Standpunkt durchaus zu erwartenden Feindseligkeiten zwischen Attalos und Antiochos vielmehr die Thatsache, dass Attalos als erster unter den asiatischen Herrschern es gewagt habe, den Galatern jenen Tribut zu verweigern, durch welchen man sich damals von dem gefürchteten Volke den Frieden zu erkaufen pflegte. Vgl. mein Progr.

---

[1]) Die Uebereinstimmung des Steins in Material und tektonischer Form mit jenen Bathren, auf welchen die Siege über Galater und Antiochos verzeichnet sind, erklärt sich durch das nahe Zusammenliegen der betreffenden Ereignisse in hinreichender Weise. Vgl. unten S. 259 f.

[2]) Polyb. XVIII 41 (Dind.): Ἄτταλος . . . νικήσας μάχῃ Γαλάτας, ὃ βαρύτατον καὶ μαχιμώτατον ἔθνος ἦν τότε κατὰ τὴν Ἀσίαν. Nach ihm Liv. XXXIII 21: *victis deinde proelio uno Gallis, quae tum gens recenti adventu terribilior Asiae erat.* Vgl. auch Strabo 624: Ἄτταλος διεβέξατο τὴν ἀρχὴν καὶ ἀνηγορεύθη βασιλεὺς πρῶτος νικήσας Γαλάτας μάχῃ μεγάλῃ.

S. 7 f. und Köpp im Rh. Mus. 1885 S. 117 f. Endlich ist die berühmte Galaterschlacht von Attalos in einem Vertheidigungskampf innerhalb des Kaikosthales geschlagen worden, in den Kriegen mit Antiochos dagegen ist Attalos der angreifende Theil gewesen. Darum wird man sich doch dafür entscheiden müssen, die in Frage stehende Galaterschlacht von den pergamenisch-syrischen Fehden ganz loszulösen und als ein selbständiges Ereigniss an den Anfang der Regierung Attalos' I. zu setzen. Und mit dieser Loslösung ist viel gewonnen. Man bedarf dann nicht der bedenklichen Annahme, dass die aus der ganzen Ueberlieferung so bestimmt hervortretende Eigenart jenes Ereignisses nur durch eine Verschiebung der Thatsachen und eine auffallend schnell um sich greifende Vergesslichkeit der Epigonen zu Stande gebracht worden sei; man findet dann ein Verständniss für die schöpferische Kraft, die nun einmal unläugbar gerade von der Schlacht im Kaikosthal ausgegangen ist, in der Einführung des Nikephoroskultes, in dem auf den Münzen des Attalos erscheinenden Bilde der Kranzspenderin Athena, der Anlegung des königlichen Diadems und vor Allem in den neugeschaffenen Barbarentypen der griechischen Kunst ihren Ausdruck gefunden hat. Dieses Ereigniss kann mit den Fehden zwischen Attalos und Antiochos nichts zu schaffen haben. Denn brachten die in demselben erfochtenen Siege auch dem pergamenischen Dynasten einen vorübergehenden politischen Gewinn, diese Siege waren doch nur Denksteine aus dem Selbstzerfleischungsprocesse des Hellenenthums. Es ist mir schlechterdings unbegreiflich, wie aus einem in dieser Richtung liegenden Ereignisse jene ganz neue Kunstrichtung, welche aus den pergamenischen Galliertypen so grossartig zu uns spricht, die Anregung habe schöpfen können. Diese neue That der Kunst muss auf einem Ereigniss fussen, „welches das griechische Volksbewusstsein in den Zeiten des Niedergangs noch einmal mächtig erregt hat. Und ein solches Ereigniss sollte man innerhalb jener Kämpfe der Seleuciden und Attaliden suchen, in welchen der Gewinn stets nur ein dynastischer, nie ein nationaler gewesen ist? Nein, wie die geschichtliche Ueberlieferung, so weist auch die monumentale auf einen anderen Boden: Auf dem Schlachtfeld am Kaikos stritten nicht Attalide und Seleucide, es kämpften gegen einander griechische Kultur und galatische Barbarei, und der aus diesem Ringen als Sieger hervorging, war nicht der Dynast von Pergamos, es war in Attalos das Volk der Hellenen" (Progr. S. 11 f.). Die Zeit der Schlacht. Das Ereigniss habe ich schon früher in der ersten Regierungszeit des Attalos, nicht allzuweit von seinem ersten Jahre entfernt, gesucht (Progr. S. 5, 27 A. 100, 28 A. 102), vornehmlich auf Grund der aus Justin abgeleiteten Annahme, dass bereits Eumenes für die Richtung der Politik seines Nachfolgers die Fäden angelegt habe. Dagegen scheint mir jetzt der Galatersieg des Attalos aus sich selbt heraus mit hinreichender Sicherheit auf das erste Regierungsjahr des Attalos, also, da Eumenes I. Ende 241 oder Anfang 240 gestorben ist (mein Progr. A. 100), in das Jahr 240 spätestens 239 v. Chr. zu weisen. Dafür spricht vor Allem die Beobachtung Imhoofs (oben S. 232), dass die Tetradrachmen Attalos' I. von vorn herein Athena als Spenderin des Siegeskranzes zeigen, dafür spricht ebenso die von Löwy (Inschr. d. Bildh. S. 119) mit Recht betonte Erwägung, dass das für den Krieg des Attalos gegen die Gallier angegebene Motiv (Tributverweigerung) sich am besten mit dem Regierungsantritt vereinigt.' Demnach habe ich denn auch oben S. 231 die mit dem Galatersiege in Zusammenhang stehende Einführung der Nikephorien in das Jahr 240 (resp. 239) gesetzt.

Der Ort der Schlacht ist nach Pausanias (I 25, 2) ganz allgemein [Klein]Mysien (τὴν ἐν Μυσίᾳ φθοράν). Sehr genau klingt die Ortsangabe im Prolog des Trogus: *Pergamo victi ab Attalo*, d. h. nach dem Sprachgebrauch der Prologe[1]) „bei Pergamos". Doch glaube ich nicht, dass man den Locativ im strengsten Wortsinne nehmen muss. Wenn man den Standpunkt des in Italien schreibenden Trogus in Betracht zieht, so konnte er die Schlacht sehr wohl „bei Pergamos" stattfinden lassen, auch wenn sie nicht dicht bei der Stadt, sondern überhaupt nur im Kaikosthale geschlagen worden war. Nun

---

[1]) VI. proelium navale factum Cnido; XV. Cypro Ptolomaeum vicit Demetrius.

nennt eine durch die Ausgrabungen allmälig fast vollständig zusammengebrachte Inschrift Attalos' I. eine Weihung

'Από τῆc περὶ πηγά⟨c⟩ Καῖκου ποταμοῦ
πρὸc Τολιcτοαγίουc Γαλάταc μάχηc.[1])

Von Antiochos Hierax ist in dieser Inschrift keine Rede, sondern allein von Galatern; die Oertlichkeit der Schlacht ist das „Quellgebiet“ des Kaikos,[2]) also die Galater waren (wohl von Nakrasa aus) in die Herrschaft des Attalos eingedrungen und letzterer schlug die Schlacht in der Defensive. Das fordert uns auf in dieser Inschrift das monumentale Zeugniss für jenen nach Pausanias in Mysien, nach Trogus bei Pergamos erfochtenen, von Polybios ohne Hereinziehung des Antiochos erwähnten grossen Galatersieg zu erblicken. Allerdings ist der Block nach Grösse, tektonischer Form und Charakter seiner Inschrift[3]) von den übrigen Blöcken, welche die Denkmale von Siegen über Antiochos und dessen galatische Söldner trugen, nicht verschieden, aber damit ist doch noch nicht gesagt, dass er mit denselben zu einer fortlaufenden Basis vereinigt gewesen sein muss (Bohn stellt Alt. v. Perg. II 83 f. diese Forderung

[1]) Inv. II 90, II 8 und I 96. Jahrb. d. K. pr. Kunstsamml. V, S. III. Löwy, Inschr. d. Bildh. nr. 154, S. 119 unter b).

[2]) Vgl. oben S. 195 A.

[3]) Conze wollte Ergebn. I 81 unserer Inschrift (facsimilirt bei Löwy nr. 154) ein etwas älteros Gepräge als den beiden vom Siege über Antiochos im hellespont. Phrygien und über Prusias handelnden zuschreiben, scheint indess von dieser Ansicht zurückgekommen zu sein (vgl. Mon. Ber. 1881 S. 873) und allerdings zeigt die Vergleichung der facsimilirten Inschriften a b c d e f bei Löwy einen einheitlichen Schriftcharakter. Die Inschrift i (erwähnt summarisch Schluchten gegen Galater und Antiochos, cf. o. S. 232) „steht in ihrem Uebergangscharakter der Schrift allein“ (Conze). Löwy bemerkt a. a. O. S. 120 zu i, dass das Alpha mit gekrümmtem Mittelstrich nur in der letzten Zeile (Künstlerinschrift) vorkomme. Das kann ich nicht zugeben, denn nach dem Facsimile Mon. Ber. 1881 taf. I B zeigt sich diese Tendenz des Alpha unverkennbar auch Zeile 1 im anlautenden A von 'Αττάλου und Zeile 4 in ΧΑΣ und ΧΑΡ. — Dieselbe jüngere Bildung des A bietet auch frg. h (PIAI), wenn die Nachbildung bei Löwy treu ist. Das festzustellen ist insofern von Interesse, als dieses Frgm., wie schon Koepp bemerkt hat, auf den Sieg über Antiochos („in Caria“ Euseb.) gehen wird, mit welchem die Kämpfe zwischen Attalos und Antiochos ihr Ende fanden.

17*

nicht auf). Dürfen wir verschiedene Einzelbathren annehmen,
dann lässt sich die Uebereinstimmung der tektonischen Form
ganz gut dadurch erklären, dass eine Weihung für die Schlacht
am Kaikos den Reigen eröffnete und dann die folgenden Siege
über Antiochos und Galater, über Prusias etc. ergänzend und
in der Form sich anschliessend hinzutraten. Ueber diese Frage
kann selbstverständlich das letzte Wort nur vor den Steinen
selbst gesprochen werden. — Sollte die Inschrift, welche vom
Sieg an den Kaikosquellen handelt, wirklich sammt den anderen
zu einer fortlaufenden Basis gehören, dann bleibt nur die Annahme übrig, dass sie nicht auf die in Frage stehende berühmte Galaterschlacht geht, m. a. W. dass unter den durch
Zufall dem Untergang entgangenen Resten der Schlachten-
denkmale eine auf den berühmten Sieg (Polybios, Trogus,
Strabo) bezügliche nicht auf uns gekommen ist. Aber es entsteht dann die grosse Schwierigkeit, in den Fehden zwischen
Attalos und Antiochos eine passende Stelle für eine im Kaikosthal erfolgte Schlacht ausfindig zu machen. Denn das Eine
ist doch sicher, dass Attalos in diesen Fehden der angreifende
und in zahlreichen Treffen in Lydien, am Hellespont und in
Karien der stets siegreiche Theil gewesen ist. Wie sollte es
da galatischen Söldnern des Antiochos gelungen sein, in das
Herz der Stellung des Attalos (denn das ist das Flussthal
nördlich von Nakrasa) einzudringen. Ferner: wenn die Tolistoagier im Dienst des Antiochos die Schlacht am Kaikos schlugen,
so bleibt es unverständlich, warum in der betreffenden Weihinschrift sie allein genannt sind, während doch sonst (Inschr.
d und i bei Löwy) Galater und Antiochos neben einander erscheinen. War Attalos angreifend gegen Antiochos vorgegangen,
dann musste er zuvor des Schlüssels zwischen Lydien und Teuthranien, des Passes von Nakrasa sicher sein. Wenn wir also
die Inschrift mit dem Siege an den Kaikosquellen in den Krieg
gegen Attalos hineinziehen, dann muss eine vorübergehende,
sehr unglückliche Wendung dieses Krieges ihn hinter den Pass
von Nakrasa zurückgeworfen haben und von solch einem Miss-
erfolg ist doch gar nichts bekannt. Nicht nur die Steine (was
ja selbstverständlich), sondern auch Justin und Eusebios melden
nur von Niederlagen des Antiochos. Ich halte also daran fest,

dass die Schlacht περὶ πηγὰς Καΐκου ποταμοῦ eiu von den
pergameuisch-syrischen Kriegen unabhäugiges Ereigniss gewesen ist, dass sie gegen die Kelten allein geschlagen wurde,
dass ihre Veranlassung die von dem juugen Dynasten muthig
verweigerte Tributforderung gewesen ist, dass Attalos, als die
Tolistoagier zur gewaltsamen Eintreibung ihrer Forderung
herunrückten, ihnen eine offene Schlacht im heimischen Flussthal anbot und aus derselben als von der Griechenwelt mit
Jubel begrüsster Sieger hervorging. In diesem glänzendeu Erfolge lernte der junge Dynast die eigene Kraft kennen und entnahm ihm die Anregung zu weiterschauenden Unternehmungen,
zum Ringen mit dem syrischen Nachbar.[1]) Er betrat deu-
selben Weg wie schon 22 Jahre früher sein Vorgäuger Eumenes
und rückte zum Angriff auf lydisches Gebiet vor. Etwa bei
Thyateira mag die erste Schlacht gegen Antiochos und dessen
galatische Soldtruppen geschlagen worden sein und zwar nicht
lange nach dem grossen Keltensiege, also um 239/8. Eine der
pergameuischen Inschriften (C. I. G. 3536, bei Löwy d) erwähnt
einen über Antiochos bei einem „Aphrodision" erfochtenen Sieg.
Wenn meine Vermuthung S. 199 A. 2 über den von Stephanos
in Thyateiras Nachbarschaft genannten Ort „Ἄφεϲον" das Richtige trifft, also in jener Gegend eine Ortschaft oder ein Heiligthum Aphrodision anzuerkennen ist, so hätten wir damit gerade
dort ein Aphrodision gefuudeu, wo aus inneren Gründen in
einem Angriffskriege des Attalos gegen Antiochos der erste
Zusammenstoss am wahrscheinlichsten zu suchen ist. Freilich
kann ich mir nicht verhehlen, dass die für das verderbte
Ἄφεϲον des Stephanos vorgeschlagene Verbesserung zu Ἀφροδίϲιον paläographisch nicht ganz glatt ist und durch Voraussetzung einer für Ἀφροδίϲιον von erster Hand gebrauchten
und von zweiter Hand missverstandenen Abkürzung gestützt
werden muss.

Neuerdings ist das Thema der pergamenischen Galaterkriege von Koepp wieder aufgenommen worden („Ueber die
Galatersiege der Attaliden." Rh. Mus. XL [1885] S. 114—132).

---

[1]) Auch durch einen Vertrag mit Seleukos mochte sich Attalos bei
der Aufnahme des Kampfes gegen Antiochos gestärkt habeu, wie Köhler
nicht unwahrscheinlich vermuthet.

Der Gedankengang dieser Abhandlung deckt sich mit dem meines Programms von 1877 in vielen Punkten, ohne dass Koepp irgendwo auf mich hinweist, offenbar weil ihm meine Arbeit nicht zugänglich gewesen ist. Da nun letztere wenig Verbreitung gefunden hat, das Rheinische Museum dagegen Jedermann zur Verfügung steht, so halte ich es für angezeigt, hier kurz auf die Punkte hinzuweisen, in welchen wir übereinstimmen, resp. von einander abweichen. 1) Den grossen Galatersieg Attalos' I. habe ich S. 5 ff. in seiner rein nationalen Bedeutung hervorgehoben; ebenso Koepp S. 115. Das Datum des Sieges habe ich in die erste Regierungszeit des Attalos gesetzt; ebenso Koepp S. 119. 2) Von diesem Ereigniss habe ich, was ja auch vor den pergamenischen Ausgrabungen möglich war, die Siege über Antiochos und Galater scharf gesondert und betont, dass in diesen Kämpfen Attalos der angreifende Theil gewesen ist (S. 6). Letzteren Umstand übergeht Koepp und kommt dadurch zur Aufstellung eines grossen Sieges des Attalos über Antiochos und Galater beim pergamenischen Aphrodision im Jahre 239. Die einzige Stütze dafür, die inschriftliche Erwähnung eines Aphrodisions ist, wie schon Conze Erg. I 82 bemerkt hat, nicht zwingend und Justin XXVII 3 zeigt, dass der Sieg nicht in solcher Nähe Pergamons gewonnen sein kann. Auch der Prolog zum Trogus (utque Galli Pergamo victi ab Attalo) soll nach Koepp den Sieg beim Aphrodision meinen, während darunter doch nichts anderes als der grosse Galatersieg an den Kaikosquellen zu verstehen ist. 3) Der Krieg gegen Ortiagon ist nicht, wie Koepp S. 125 meint, von Urlichs, sondern von mir nachgewiesen und als sein Erfolg die Unterwerfung Galatiens durch Eumenes festgestellt worden. 4) Den Galaterkrieg von 168 ff. hatte ich, gegen Urlichs' überschätzende Auffassung der Erfolge Eumenes' II., einer möglichst genauen Untersuchung unterzogen und als Ergebniss den Satz aufgestellt: „Galatien war und blieb dem Eumenes verloren" (S. 16). Ebenso schliesst Koepp die Besprechung dieses Krieges mit dem gegen Urlichs gerichteten Satz: „Galatien war und blieb dem pergamenischen Reiche verloren" (S. 132). — Der Versuch Koepps, das schwierige Excerpt aus Diodor (XXXI 14) im Sinne Meiers (Pergam. Reich.

Allg. Enc. S. 397) zu erledigen (S. 127) hilft durch ein Gewalt-
mittel; vielleicht reicht die in meinem Programm S. 18 versuchte Erklärung aus. — Die Behauptung auf S. 132, dass
wir über die Versuche des Königs, nach dem unglücklichen
Ausgang dieses Krieges den verlorenen Einfluss in Galatien
wiederzugewinnen, nichts zu sagen wissen, ist nach Programm
S. 15—17 (geheimer Briefwechsel zwischen Pergamos und
Pessinus) zu berichtigen. — Auf S. 132 stellt Koepp auch
eine Vermuthung über den historischen Anlass zur Erbauung
des Zeusaltars auf: „Eumenes errichtete, ohne Zweifel zur Erinnerung an grosse Siege, Siege über die Galater, den grossen
Altar des Zeus.“[1]) Ohne Zweifel nicht zur Erinnerung an
Galatersiege! Alles spricht doch dafür, dass das bedeutendste
Bauwerk des Eumenes durch das bedeutendste Ereigniss seiner
Regierung, ja überhaupt der Attalidengeschichte, veranlasst
worden ist, durch jenen grossen im Verein mit den Römern
erfochtenen Sieg, welcher den pergamenischen König zum anerkannten Herrn des diesseitigen Asiens gemacht hat. Leicht
wog dagegen die spätere Unterwerfung Galatiens (Ortiagon).
Im Zeusaltar sehe ich, wie Conze (Mon. Ber. 1881, 876), das
stolze Siegesdenkmal der Schlacht bei Magnesia.

Zweites Kapitel.
Die Stellung der Teuthranier unter den Völkern Kleinasiens.

§ 1.
Die pergamenischen Kabiren.

Eine Vorfrage ethnologischer Untersuchung knüpft sich
an den für Pergamos bezeugten Kabirenkult, da aus demselben

---

[1]) Dieselbe verfehlte Beziehung bietet auch Trendelenburg in
Baumeisters Denkm. S. 1252: „Welche Siege Eumenes hiermit feiern
wollte, sagte jedem der Hauptschmuck des Baues, die Gigantomachie.
Sie war schon für Attalos das mythische Abbild seiner Galliersiege gewesen und kein verständlicheres Symbol konnte Eumenes finden, wenn
er an dem Zeusaltar, welcher ein realistisches Abbild seiner Gallier-
kämpfe nicht geduldet hätte, diese folgenreichsten seiner Siege (!) ver-
ewigen wollte.“

wenn auch heute nicht mehr auf phönicische Niederlassungen
im Kaikosthal so doch auf tyrsenisch-pelasgische geschlossen
werden könnte. Denn die stetige Verbindung der Kabiren
mit den Tyrsenern, welche schon O. Müller nachgewiesen hatte,
ist neuerdings von O. Crusius in seinen trefflichen „Beiträgen
zur gr. Mythologie"[1]) wieder mit Nachdruck betont, von
neuen Gesichtspunkten beleuchtet und damit die versumpfte
Pelasgerfrage in neuen Fluss gebracht worden. Prüfen wir
die Zeugnisse für pergamenischen Kabirendienst.

Zunächst sind zwei Schriftsteller des 2. Jahrhunderts n. Chr.
zu verhören. Pausanias bemerkt I 4, 6, dass das Gebiet von
Pergamos (ἣν δὲ νέμονται οἱ Περγαμηνοί) vor Alters den
Kabiren heilig gewesen sei, und genauer Aristides in der
fragmentirten Lobrede auf „das Wasser in Pergamos" (II 709
Dind.), dass die Kabiren die ältesten, durch τελεταί und
μυστήρια verehrten Gottheiten der Stadt wären. Beide Zeugnisse klingen sehr bestimmt, indessen scheint in den pergamenischen Kabiren doch nur das Product späterer Theokrasie
vorzuliegen. Aristides berichtet, dass die in Frage stehenden
Kabirenmysterien τοcαύτην ἰcχὺν ἔχειν πεπίcτευται, ὥcτε χει-
μώνων ἐξαιcίων . . . . (damit bricht der Text ab). Die pergamenischen Kabiren galten also als Erretter aus Sturmesnoth.
Das sieht wie Import von Samothrake oder Lemnos aus, kann
freilich auch auf eine in Pergamos erfolgte Gleichsetzung
schon früher eingebürgter Dioskuren mit den Kabiren zurückgehen. Verehrung der Dioskuren in Pergamos ist durch
die cυμβίωcιc Διοcκουριτῶν (C. I. G. 3539) und eine Tetradrachme Eumenes' II. (Imhoof, Münzen der Dynastie von Pergamon S. 13 und taf. III 18) bezeugt, und ihnen gelten wohl
auch die pergamenischen Erzmünzen, deren Rückseite zwei
Sterne unterhalb einer Opferschale zeigen.[2]) Dass die Dioskuren

---

[1]) O. Crusius, Beitr. zur gr. Myth. und Religionsgesch. I. Die
Pelasger und ihre Kulte. Leipz. 1886. Vgl. auch desselben Artikel
„Kabiren" in der allg. Encyklopädie.

[2]) Vier Exemplare im Berliner Münzcab. A.: Pallaskopf n. r. R.:
Zwei Sterne, darüber eine Schale. ΠΕΡΓ. — Mionnet kennt diesen
Typus nicht, man. vgl. indess die pergamenische (?) Goldmünze Suppl.
V 417, 837. A.: Asklepioskopf, davor Schlange. R.: Brustbild der ge-
flügelten Nike; darunter zwei Sterne.

als Schifffahrtsgötter zwar schon früh durch die Vorstellungen
von den Kabiren beeinflusst, aber erst seit hellenistischer Zeit
mit ihnen gleichgesetzt worden sind, hat im Anschluss an
Lobeck Furtwängler dargethan (Mythol. Lexik. I 1163 ff., vgl.
auch O. Crusius in d. A. E. s. v. Kabiren und Beitr. zur Myth.
S. 22¹)). Da nun die eben erwähnte Tetradrachme Eumenes' II.
das Dioskurenpaar in auffallender Uebereinstimmung ihres Typus
auf einer Tetradrachme von Syros (Müller-Wieseler II 63, 821)
darstellt und die syrische Münze die Beischrift θεῶν Καβείρων
trägt, so liegt die Vermuthung nahe, dass die pergamenischen
Dioskuren wie den Kunsttypus so auch die religiöse Vorstellung
mit denen von Syros theilten, dass also für den pergamenischen
Kult zur Zeit Eumenes' II. die gleichzeitig an anderen Orten
nachweisbare Verschmelzung von Dioskuren und Kabiren anzunehmen ist. Allein eine solche Annahme würde für das
Auftreten der Kabiren in Pergamos als Erklärungsgrund nicht
ausreichen, da mit der Feststellung jener beiden Bestandtheile
die Bedeutung der pergamenischen „Kabiren" nicht erschöpft
ist. Denn ein drittes, ebenfalls ins 2. nachchristliche Jahrhundert fallendes Zeugniss, das [delphische] Orakel C. I. G.
3538 = Kaibel, epigr. gr. nr. 1035, belehrt uns, dass in den
pergamenischen Kabiren auch Elemente des Rhea-Kybelekultes
vorgelegen haben: οἵσι παρ' Οὐρανοῦ υἷες ἐθηήσαντο Κάβειροι
πρῶτοι Περγαμίης ὑπὲρ ἄκριος ἀστεροπητήν ‖ τικτόμενον Δία
μητρῴην ὅτε γαστέρα λῦσεν. Hier haben wir offenbar einen
älteren Kern der pergamenischen Kabiren als in den besprochenen

¹) Crusius ist geneigt „das auf den meisten Sitzen des (tyrsenischen) Stammes verehrte göttliche Zwillingspaar" nicht als die Dioskuren,
sondern in seinem Grunde als das von den Tyrsenern aus ihrer Heimath
Theben mitgenommene Brüderpaar Amphion und Zethos zu fassen, „welche
in den Kreis des Kadmos und Jason gehören". Oben S. 135, 3 habe ich
ein Bedenken gegen die Einfügung der Antiopesprösslinge in den Kadmos-
kreis ausgesprochen; doch liesse sich eine Uebereinstimmung mit Crusius
unschwer herstellen, indem man annimmt, dass die böotischen Brüder
Amphion und Zethos von den böotischen Tyrsenern in ihre Stammes-
religion attrahirt worden und den Kabirenkreis nach Samothrake etc.
begleitet hätten. — Warum gerade die Dioskuren von den Stätten
des Kabirenkultus sollten angezogen worden sein (Samothrake, Imbros),
ist nicht ersichtlich, dagegen findet man eine Brücke, wenn man mit
Crusius auf Amphion und Zethos zurückgeht.

Schützern der Meerfahrt, den Dioskurenkabiren des Aristides;
unter dem von auswärts entlehnten Namen bergen sich leicht
kenntlich die Kureten und diese wieder weisen in der Umgebung eines kleinasiatischen Berg- und Höhenkultes auf die
Begleiter der phrygischen Kybele, auf die Korybanten als
letzten Kern zurück. Doch hiervon später. Zunächst genügt
die Erkenntniss, dass die im 2. Jahrhundert n. Chr. als
„Urgötter" der Landschaft betrachteten Kabiren sich nach
Ausscheidung secundärer Bestandtheile als die Begleiter der
kleinasiatischen grossen Mutter ausweisen, welche mit dem
tyrsenischen Kabirendienst ursprünglich ausser Verbindung
steht. O. Crusius ist zwar geneigt (Beitr. S. 27 f.) einen eigenartigen lydisch-phrygischen Kabirendienst anzunehmen, der von
dem thebanisch-samothrakischen (der Tyrsener) nicht unmittelbar abhängig zu sein scheine. Aber die von ihm der Ueberlieferung entnommene Existenz eines „phrygischen" Kabiren-
dienstes in der Form des alteinheimischen Höhenkultes (Beitr. 28)
scheint mir keine hinreichende Stütze zu finden.[1] Indem man
den fraglichen Kabiren Phrygiens als charakteristisches Gebiet
die Bergeshöhen zuerkennt, ist ihre Beziehung zur Kabiren-
religion eigentlich schon aufgehoben, denn sie lassen sich
dann nicht mehr von den Korybanten, der Gefolgschaft der
phrygischen Bergmutter, unterscheiden. Zudem sind die Zeugnisse für altphrygischen Kabirendienst sehr zweifelhafter
Natur.[2] Stesimbrotos von Thasos hatte zur Stützung seiner
Hypothese von der phrygischen Herkunft der samothrakischen Kabiren sich auf ein Κάβειρον ὄρος in „Berekyntia" berufen (fr. 14 Müll.), aber dasselbe ist dringend als apokryph
verdächtig (vgl. Lobeck, Aglaophamus 1216 A.). Die Geschichte
von den „Phrygern" Tottes und Onnes, die in einer cista die
sacra der Kabiren nach Assessos bringen, mag Nicol. Damasc.
fr. 54 aus Ephor haben, damit ist aber noch nicht erwiesen,
dass diese Sacra wirklich echt kabirische waren und nicht

---

[1] Hesselmeyer, Urspr. d. St. Pergamos S. 17 ff. baut auf das
Vorliegen jener Zeugnisse für „phrygische" Kabiren den raschen Schluss,
dass der Kabirendienst überhaupt phrygischer Herkunft sei.

[2] Ich kann Ed. Meyer, der G. v. Troas S. 31 f. denselben geringe
Beweiskraft beimisst, nur beipflichten.

vielmehr dem Kybelekreis angehörige, die bloss auf Grund
späterer Religionsmischung kabirische genannt werden. (Man
vgl. die ὄργια Μητρός, welche der Phryger Attes nach Lydien
bringt: Hermesianax bei Paus. VII 17, 9, die Mysterien der
Korybanten Plato Euthyd. p. 277 D., Leg. VII p. 790 [Lobeck,
Agl. p. 116] und die Mysterien, welche Φρύγες τελίσκουσι
Ἄττιδι καὶ Κυβέλῃ καὶ Κορύβασιν Clem. Alex. protr. I 13 Syllb.).
Dass die Kabiren später mit den Korybanten für identisch
erklärt worden sind, erhellt aus Strabo p. 472 und 470 und
den Schol. Laur. zu Apoll. Rhod. I 917 allerdings zur Genüge.[1]
Von Hause aus aber haben die phrygischen Korybanten mit
den tyrsenischen Kabiren nichts zu thun und von phrygischen
Kabiren kann genau genommen keine Rede sein. Dass sie
nur dem Bestreben, zwischen Korybanten und Kabiren eine
Verbindung zu schaffen, ihr Dasein verdanken, beweist Pherekydes, der zwar dieser Tendenz bereits huldigt (fr. 6), indem
er auf Samothrake Korybanten localisirt, zugleich aber die
Kabiren von ihnen durchaus unterscheidet (vgl. Lobeck, Aglaoph.
p. 1141 und 1209 f.). Die samothrakischen Korybanten (Κύρ-
βαντες) des Pherekydes bilden einen Neunverein, seine Kabiren
dagegen[2] eine Trias. Die beiden Gruppen sind durch folgenden Stammbaum in genealogische Verbindung gebracht:

Die künstlich verknüpfte Genealogie und zugleich die aufrecht-
erhaltene Zweiheit der Gruppen beweist hier deutlich, dass in

---

[1] Nur lässt sich Athenikon nicht als Zeuge aufführen, da nach
dem Schol. Laur. zu A. Rh. I 917 die Herleitung der Kabiren vom
Kabeirongebirge Phrygiens gar nicht auf seine Rechnung kommt. Dafür
war Stesimbrotos Gewährsmann, wie aus Str. 472 hervorgeht. Schon
Lobeck hat die Ueberlieferung des pariser Scholions angezweifelt und
auf die abweichende Lesart Schol. 'vet.' hingewiesen (Aglaopham. p. 1220).
[2] Man ersieht aus Str. 472 nicht, wo er sie ansetzte, da die Worte
μάλιστα . . . ἐν Ἴμβρῳ καὶ Λήμνῳ τοὺς Καβείρους τιμᾶσθαι συμβέβηκεν die
directe Rede wieder aufnehmen, also nicht mehr zum Citat aus Pherekydes gehören.

Korybanten und Kabiren ursprünglich heterogene Gestalten
vorliegen. Wenn die Späteren die Unterscheidung fallen liessen
und die Identität der beiden Gruppen aussprachen, so ist das
für die Frage nach den origenes von keinem Belang. Demnach ist die Behauptung des Aristides, dass die pergamenischen Kabiren die ältesten Gottheiten der Landschaft seien,
höchstens dann aufrecht zu erhalten, wenn man für die Kabiren
zunächst die bei der Zeusgeburt betheiligten Kureten und für
diese wiederum in letzter Instanz die Korybanten einsetzt.
Letztere Gleichung hängt mit dem trotz der grundlegenden
Untersuchungen Lobecks (Aglaoph. Buch III Kap. 1 und 2)
noch recht dunklen Verhältniss zwischen Rhea und Kybele,
d. h. mit der Frage nach den alten Beziehungen zwischen
Kreta und Kleinasien zusammen. Welcker (Götterl. II 216 ff.)
und H. D. Müller (Myth. II 129 und 146) vertreten kretisch-
phrygische Herkunft Rheas, Plew dagegen (zu Preller I 528)
Identificirung der griechischen Rhea mit der phrygisch-
lydischen Kybele. Einen sehr glücklichen Versuch in dieses
Dunkel Licht zu bringen macht O. Crusius (Beitr. S. 26, 4)
mit der beiläufigen Frage: „Hat man es schon geltend gemacht, dass Ῥείη offenbar nichts andres ist als μήτηρ ὀρείη?
Entweder mit Wegfall des anlautenden Vocals, wie er in
späteren Namenbildungen oft genug nachweisbar ist, oder
(Baunack) direct aus der synkopirten Form der Wurzel var,
vgl. ῥίον * Ϝρίον (Curtius, Gdz.⁵ 348).“ — Demnach wäre Rhea
nur die nach Kreta verpflanzte phrygische Bergmutter und
daselbst von den Griechen mit dem Religionskreise des Zeus
in Verbindung gebracht worden. Phrygische Cultur auf Kreta
findet ihr Seitenstück in Makedonien.[1])

Sind die pergamenischen Kabiren das Ergebniss mannig-
facher Theokrasie, so wäre es für die Geschichte Teuthraniens
doch von Wichtigkeit festzustellen, wann die specifisch kabiri-
schen Elemente in den örtlichen Kulten Aufnahme gefunden
haben. Leider kommt man hier aber über unbestimmte Vermuthungen nicht hinaus. Preller erklärt (gr. M. I³ 540) das
Eindringen der Kabiren in den Rhea-Kybelekreis für einen

---

[1]) Vgl. unten S. 291 f.

„vorzüglich seit der alexandriuischen und römischen Zeit" stattfindenden Process. Was Pergamos betrifft, so ist diese Verquickung ausdrücklich erst durch das Orakel des 2. Jahrhunderts n. Chr. bezeugt, aber bereits 400 Jahre früher liess
uns eine Münze Eumenes' II. wenigstens die eingetretene Verschmelzung von Dioskuren und Kabiren vermuthen. Die durch
die Ausgrabungen gewonnenen Inschriften geben, so weit ich
sehe, für örtlichen Kabirendienst kein directes Zeugniss, doch
mag ein indirectes in dem Auftreten des Eigennamens Κάβειρος
liegen, den ein pergamenischer Prytane auf dem noch un-
publicirten Stein Jnv. II 27 und 174 (Ergebn. II 51) führt.
Auch wird man in dem Altarfries den in Kybeles Nachbarschaft erscheinenden Gott mit dem Hammer gewiss mit Conze
(M. Ber. 1881 S. 275 f., Beschr. der perg. Bildw. 1883 S. 20)
als einen Kabiren erklären müssen. Den daran geschlossenen
Satz, dass „*diese Dämonen der Kybele verwandt und gerade
in Pergamon ihr Kultus alteinheimisch*" war, kann ich freilich
nur mit den oben gemachten Einschränkungen gelten lassen,
ja, wenn die aus der Münze Eumenes' II. für die gleichzeitige
Auffassung der pergamenischen Kabiren sich ergebende Vermischung von Dioskuren und Kabiren zu Recht besteht, dann
wäre der hammerführende Gott des Frieses gar nicht aus dem
örtlichen Kult entlehnt, sondern ein Kabire ganz anderen
Schlages,[1] der nur von den pergamenischen Künstlern zur
Heeresfolge im Gigantenkampf entboten worden und ebenso
wenig für die pergamenischen Kultusalterthümer in Betracht
käme, wie etwa Amphitrite, Enyo, Okeanos, Erysichthon und
andere Gestalten der Gigantomachie, die offenbar nur dem Bestreben der Künstler, den gewaltigen Reliefstreifen auszufüllen,
ihre Anwesenheit auf pergamenischem Boden verdanken.

Demnach scheint die Sache so zu liegen, dass im attalischen Pergamos von dem Vorhandensein eines reinen Kabiren-
dienstes nicht gesprochen werden kann. Eine andere Frage
ist es, ob die Kabiren nicht an einem anderen Punkte des
Kaikosthales schon in vorhellenistischer Zeit Eingang gefunden

---

[1] Thrakischer Kabirenkreis (Thessalonike). Crusius bringt mit
diesem thrakisch-kabirischen Hammergott den Charon der Etrusker in
Verbindung.

haben. Es ist nämlich eine Thatsache, dass die chronologisch nicht genau zu bestimmende, aber wenigstens in historisch hellere Zeiten fallende Wanderung der tyrsenischen Pelasger von Griechenland nach dem Osten ihren Wellenschlag auch bis an die Küste Teuthraniens geworfen hat. Hierauf bezog das spätere Alterthum das von Alcäus (fr. 114 Bgk.) sprichwörtlich (von Wechselfällen des Geschicks) gebrauchte „Πιτάνη εἰμί", und dass die Tyrsener in der That Pitane besetzt haben und erst nach mannigfachen Kämpfen von den Erythräern wieder vertrieben worden sind, bezeugt Hellanikos (fr. 115 und dazu O. Crusius a. a. O. S. 7 A. 3). Damit ist wenigstens die Möglichkeit eröffnet, dass während dieser vorübergehenden tyrsenischen Herrschaft die Kabiren in Pitane festen Fuss gefasst haben; von dort mögen sie dann in dem nächstbenachbarten Teuthrania und durch dessen Vermittelung auch in Pergamos auf die schon früher eingebürgerten Dioskuren und den einheimischen Kybelekult jenen Einfluss gewonnen haben, dessen Ergebniss aus den Zeugnissen des 2. Jahrhunderts n. Chr. uns als ein Mischkult der Kureten-Dioskuren-Kabiren entgegentritt. — Mehr als die Möglichkeit solcher Annahme liegt freilich nicht vor. Auf keinen Fall aber gestattet die Existenz pergamenischer Kabiren einen Schluss auf die Nationalität der Teuthranier, denn ob früher oder später aufgetreten — der Kabirenname auf teuthrantischem Boden bedeutet nichts als die Aufpfropfung eines fremden Reises auf einen heimischen Stamm.

§ 2.
Sichtung der verschiedenen bei Strabo über die Zugehörigkeit der Teuthranier zum Ausdruck kommenden Ansichten.

Bereits in § 2 des vorhergehenden Kapitels wurde die seit Pindar übliche Zuweisung der Teuthranier an den mysischen Stamm besprochen. Ein älteres Zeugniss als das Pindars lässt sich nicht beibringen und die Möglichkeit ist durchaus nicht abzuweisen, dass die herrschende Ansicht vom Myserthum der Teuthranier nur eine Folgerung aus der für die historische Zeit geltenden Thatsache gewesen ist, dass das ganze Gebiet vom mysischen Olymp westwärts bis zum adramyttenischen

und südwärts bis zum elaitischen Meerbusen unter dem Namen
Mysia zusammengefasst wurde. Dass es jedoch im Alterthum
auch Stimmen gab, welche die mysische Nationalität der Teuthranier nicht vertraten, lässt sich noch aus Strabo erkennen.
Versuchen wir es, die von diesem Schriftsteller unvermittelt
überlieferten Combinationen seiner Vorgänger zu sichten.
1. Nach p. 584 ff. § 7 bestand die Herrschaft des Priamos
aus 9 Gebieten, die vom Aisepos (bei Parion) bis zum adramyttenischen Golfe reichten.[1]) Als südlichster dem Priamos
botmässiger Stamm ergiebt sich aus der Ilias der kilikische
in den beiden Herrschaften von Thebe (nebst Chrysa, Killa)
und von Lyrnessos. Nun nennt aber die Odyssee unter den
Hülfsmannschaften der Troer auch die Keteier des Eurypylos.
Die vorliegende Quelle Strabons fasst letztere als Unterthanen
des troischen Königs, sie werden also als Vertreter eines
neunten botmässigen Gebietes an die Leleger und Kilikier angeschlossen [p. 584 § 7 unter Citirung von λ 519, cf. p. 586
§ 7: ἐν αὐτῇ (im kilikischen Gebiet) δ᾽ ἂν λεχθείη ἡ ὑπὸ
Εὐρυπύλῳ ἐφεξῆς οὖσα τῇ Λυρνηςςίδι]. Man beachte, dass die
Mannen des Eurypylos hier mit den homerischen Mysern nicht
vermengt sind, vielmehr ihre Zugehörigkeit zu den homerischen
Kilikiern gemuthmasst wird. Vertreter dieser Ansicht ist
Demetrios von Skepsis, denn es unterliegt keinem Zweifel,
dass der p. 584 § 7 gegebenen umfassenden Uebersicht über .
die Herrschaftsgebiete des Priamos als Quelle der Τρωϊκὸς
διάκοςμος des Skepsiers zu Grunde liegt, auch ist auf das
weitschichtige Werk desselben gleich am Anfang des Paragraphen durch die Worte „οἱ φροντίσαντες περὶ τούτων πλέον τι"
deutlich genug angespielt. Demetrios fasste also die Keteioi
des Eurypylos nicht als ἐπίκουροι der Troer, sondern als in
ihrem eigenen Gebiet[2]) von den Achäern heimgesuchte Unter-

---

[1]) Die Gebiete 1. des Mynes (Lyrnessos), 2. des Eetion (Thebe),
3. des Altes (das lelegische Pedasos), 4. des Hektor (Troja), 5. des
Aeneas (Dardaner), 6. des Pandaros (Lykier v. Zeleia), 7. des Asios
(Perkote, Praktion, Abydos etc.), 8. der Meropiden (Adrasteia etc.),
9. des Eurypylos.

[2]) Der Paragraph über die Κήτειοι hat uns gezeigt, dass Demetrios
nicht Teuthrania, sondern Pergamos als Residenz des Eurypylos betrachtete.

thanen des Priamos. Durch die widersprechende Auffassung der kleinen Ilias, nach welcher Eurypylos von Neoptolemos nicht im eigenen Gebiet bekriegt, sondern als ἐπίκουρος vor den Mauern Trojas bezwungen wurde,[1]) glaubte sich Demetrios offenbar nicht gebunden, ohne zu bemerken, dass auch in der Odyssee Eurypylos als Kämpfer vor Troja gefasst werden muss, da λ 522 Eurypylos und Memnon zusammengestellt sind und 513 die Oertlichkeit ἐν πεδίῳ Τρώων liegt. Ersteres blieb unbeachtet, letzteres fasste Demetrios im erweiterten Sinne als „Gebiet des Priamos". So weit ist also die Sache einfach: Strabo überliefert hier die Ansicht des Skepsiers, nach welcher die Keteier ein kilikischer Stammestheil und Untergebene des Priamos sind. Unter dieser Voraussetzung versteht sich auch die Behauptung p. 611 § 60, dass die homerischen Kilikier die Gebiete von Adramyttion, Atarneus, Pitane bis zur Mündung des Kaikos bewohnt hätten.

2. Die von Demetrios aufgestellte Gleichsetzung von Keteiern und Kilikiern erfährt jedoch in den folgenden Erörterungen Strabons eine Erweiterung, indem die bekannte Vorstellung von der Zugehörigkeit der Teuthranier zum mysischen Stamm hereingezogen wird. So wird p. 615 § 69 Teuthras König der Kilikier und der Myser genannt und im folgenden Paragraphen heisst es: ἐν τοῖς περὶ τὸν Κάικον τόποις φαίνεται βεβασιλευκὼς καθ' Ὅμηρον ὁ Εὐρύπυλος, ὥστ' ἴσως καὶ τῶν Κιλίκων τι μέρος ἦν ὑπ' αὐτῷ καὶ οὐ δύο μόνον δυναστεῖαι (Thebaike, Lyrnessis) ἀλλὰ καὶ τρεῖς ὑπῆρξαν ἐν αὐτοῖς (den Kilikiern). Hiernach gebieten also Teuthras und Eurypylos nicht mehr schlechtweg über Kilikier, sondern „auch über einen Theil der Kilikier", während der andere Theil ihrer Unterthanen Myser sind. Die Hypothese des Skepsiers ist modificirt, die Herrschaft des Eurypylos (und Teuthras) zu einer Doppelherrschaft über Kilikier und Myser geworden. Insofern hier die Modification einer Ansicht des Demetrios vorliegt und insofern andererseits feststeht, dass Apollodor den Τρωϊκὸς διάκοσμος des Demetrios benutzt hat, läge es nahe, eben Apollodor für den Vertreter der Doppel-

---

[1]) Fr. 6 u. 7 Kink. u Proklos: Εὐρύπυλος δὲ ὁ Τηλέφου ἐπίκουρος τοῖς Τρωσὶ παραγίνεται καὶ ἀριστεύοντα αὐτὸν ἀποκτείνει Νεοπτόλεμος.

herrschaft des Eurypylos zu halten. Allein Apollodor verwies ja die Keteier unter die ἔθνη ἀγνῶτα Homers (Str. p. 680 § 28), also muss die eben vorgeführte Hypothese das Eigenthum eines anderen Gelehrten sein. Da Strabo das Werk des Skepsiers nicht nur durch Apollodor kannte, sondern später direct benutzt hat (oben S. 166, 2 und 173, 2), so wird Strabo selbst der Urheber dieser Hypothese sein.

3. Nun findet sich aber bei Strabo noch eine dritte Ansicht über die Teuthranier und ihr Verhältniss zu den homerischen Kilikiern. p. 612 § 61 wird vom Gebiet von Thebe und Lyrnessos bemerkt, dass es seiner Fruchtbarkeit wegen früher ein Kampfobject der Myser und Lyder, später der Hellenen von Aeolis und Lesbos gewesen sei. Aehnlich hatte Strabo, von dem homerischen Zeitalter auf die späteren politischen Veränderungen der Landschaft übergehend, schon p. 586 § 8 bemerkt: τὸ δὲ Θήβης πεδίον Λυδοὶ, οἱ τότε Μήονες, καὶ Μυςῶν οἱ περιγενόμενοι τῶν ὑπὸ Τηλέφῳ πρότερον καὶ Τεύθραντι (ἐπῴκηϲαν). Hier sind also die Unterthanen des Telephos und Teuthras ausschliesslich Myser und dieselben werden als die Erben des ehemals (zu Homers Zeit) kilikischen Gebietes im πεδίον Θήβης gedacht. Die homerischen Kilikier suchte man in der thebischen Ebene später vergeblich,[1) man fand an ihrer Stelle „mysisches" Gebiet und in demselben eine von den Lydern gegründete Stadt (Adramyttion). Daher mussten dorthin Myser („die Myser des Telephos", also die Bewohner des benachbarten Kaikosthales, vgl. unten S. 286, 1) eingewandert und denselben später die Lyder gefolgt sein. Den Umstand, dass die Kilikier aus der Gegend verschwunden waren, erklärte man theils durch die Verheerungszüge Achills, theils durch die Annahme einer Auswanderung der Kilikier, „so viele ihrer aus den Kriegen Achills noch übrig waren", und zwar sollte diese Auswanderung zum Theil nach Hamaxitos in Troas, zum Theil nach Pamphylién (Kallisthenes bei Str. p. 667 § 1) erfolgt sein.

Die bei Strabo zum Ausdruck kommenden Ansichten über die Teuthranier sind also folgende: a) Die allgemein herrschende

---

[1) Was ist von den Cilices Mandacandeni zu halten, die Plinius V 123 im Jurisdictionsbezirk von Adramyttion aufführt?

(Teuthranier = Myser); b) Die vereinzelte des Demetrios (Teuthranier = Kilikier); c) Eine zwischen a und b vermittelnde (die Teuthranier eine Mischbevölkerung kilikischer und mysischer Nationalität). Letztere Ansicht ist vermuthlich die persönliche des Strabo.

§ 3.

Das Dogma der mysischen Nationalität der Teuthranier.

In geschichtlicher Zeit umfasst Mysien bekanntlich: 1) Die Küstenlandschaft der Propontis um den mons Arganthonius, 2) das innere Hochland zwischen Olymp und Temnos [Olympene, Abrettene, Abaitis[1])], 3) das äolische Mysien[2]) d. h. die nach dem ägäischen Meer sich öffnenden Ebenen des Euenos und Kaikos (Thebes pedion und Teuthranien sammt dem dazwischenliegenden Bergland). Prüfen wir nun, wie weit sich mit diesem geographischen Begriff „Mysien" der ethnische Begriff „Myser" deckt.

Die Geschichte des mysischen Stammes ist eine der dunkelsten, zudem bietet die Ueberlieferung über seine Herkunft den schroffen Widerspruch zweier Vorstellungen. Auf der einen Seite steht die älteste poetische Quelle, auf der anderen die gewichtige Stimme der Geschichtsschreiber mit Herodot und Xanthos an der Spitze.

---

[1]) Letzteres mit gegen das innere Kleinasien verschwimmenden Grenzen. Wie weit die Myser hier allmälig vorgedrungen, ersieht man aus Str. p. 628 § 10 ff. Die cύγχυcιc vermehrten Roms Neuordnungen (§ 12 init.).

[2]) St. Byz. v. Ἀντανδροc· πόλιc ὑπὸ τὴν Ἴδην πρὸc τῇ Μυcίᾳ τῆc Αἰολίδοc. Strabo p. 671 § 1 braucht dafür ἡ περὶ τὸν Κάϊκον Μυcία. Dass dieser Ausdruck eine umfassendere Bedeutung hat, nämlich das Flussthal des Euenos mit einbegreift (also offenbar von der Vorstellung des Attalidenreiches vor der Schlacht bei Magnesia ausgeht), zeigt Steph. B. v. Ἀδραμύττειον· πόλιc τῆc κατὰ Κάϊκον Μυcίαc. — Eine ähnliche nur unter dem Gesichtspunkt des Attalidenreiches verständliche Erweiterung des Begriffs Teuthranien liegt bei Strabo p. 551 § 22 (Alizonenfrage) vor, wo nach Besprechung der Ansicht des Skepsiers, welcher die Halizonen (B 851) am Rhyndakos oder bei Myrlea suchte, von Strabo ablehnend bemerkt wird: „Wenn Homers τηλόθεν nicht dazu stimmt die Halizonen von Ephesos gekommen zu denken, wie viel weniger stimmt es zu Mysien und Teuthranien." Die Gegend nördlich vom mysischen Olymp (das Mysien der Propontis) als Teuthranien ausstaffirt — aulam sapit Attalicam!

Nehmen wir den Ausgangspunkt von den beiden letzteren, die als ortskundige und glaubwürdige Männer in der That besondere Beachtung verdienen, so waren die Myser ein den Lydern (Maconern) nahverwandter Stamm, ja nach Xanthos nur eine Abzweigung derselben. Was speciell die Bevölkerung des Kaikosthales betrifft, so bleiben beide Schriftsteller uns die Angabe ihrer ethnischen Zugehörigkeit schuldig, der erstere lehrt nur, dass Teuthranien zur Perserzeit politisch zur Landschaft Mysien gerechnet wurde, dagegen bestimmen beide die Wohnsitze des mysischen Stammes in einer Weise, dass Teuthranien von denselben ausgeschlossen bleibt.

Herodot bietet zunächst in I 171 die oft besprochene Angabe, dass Myser und Lyder als Bruderstämme der Karer am Kult des Zeus von Mylasa Antheil hatten[1]), während die Kaunier, obwohl karischer Zunge, von diesem Kult ausgeschlossen waren. An einer anderen Stelle, VII 74, bestimmt Herodot das Verhältniss der Myser zu den Lydern (die ihm nichts als umbenannte Mäoner sind) noch genauer: οὗτοι (die Myser) δέ εἰσι Λυδῶν ἄποικοι, ἀπ᾽ Οὐλύμπου δὲ οὔρεος καλέονται Οὐλυμπιηνοί. Dieser Satz stammt aus der nach Völkerschaften geordneten Uebersicht über das Heer des Xerxes; die Myser folgen unmittelbar auf die Lyder und sind mit ihnen unter dem Befehl des Artaphernes vereinigt. Dabei ist zu beachten, dass hier, wo es sich um ethnische Gesichtspunkte handelt, die „Myser" nur als Gebirgsvolk (Οὐλυμπιηνοί) gedacht sind, auch in einer ganz primitiven Bewaffnung auftreten, welche die Bewohner Teuthraniens mitzudenken verbietet.

Xanthos findet sich mit Herodot hinsichtlich der origenes sowie der Localisirung des mysischen Stammes in völliger Uebereinstimmung. Fr. 8 (Str. 572) erklärt er die Myser für die Nachkommen gezehnteter Lyder, welche einst an den Olymp verpflanzt worden und von der dort häufigen Buche (lydisch μυσός) ihren späteren Namen erhalten hätten. Das bestätige auch ihr Dialekt; μιξολύδιον γάρ πως εἶναι καὶ μιξοφρύγιον.[2]) Der Olymp ist also auch nach Xanthos das Gebiet der Myser,

---

[1]) Danach ohne Angabe der Quelle Strabo p. 669 § 23.

[2]) Vgl. Apollodor bei Str. p. 550 § 20 Μυσοί καὶ Μαίονες καὶ Μήονες οἱ αὐτοί.

doch fügt er die weitere Angabe hinzu, dass sie, in Folge
einer (nach den Τρωϊκά fallenden fr. 5) Einwanderung von
Phrygern aus Thrakien nach Troas, vom Olymp südwärts bis
in die Gegend oberhalb der Kaikosquellen[1]), d. h. bis in die
Abrettene vorgerückt und so Grenznachbarn der Lyder geworden wären.[2])
Demnach ergiebt sich aus Herodot und Xanthos für den
mysischen Stamm zunächst, dass er den Lydern (Mäonern)
nahe verwandt galt und in dem inneren Hochland zwischen
Olymp und Temnos hauste. Aus beiden Schriftstellern ergiebt
sich aber ferner, dass die Myser ausser diesen schwer zugänglichen Sitzen in einer frühen Zeit an zwei Stellen auch Küsten-
striche innehatten. So zunächst an der Propontis nördlich vom Olymp. Hier war nach Herodot V 122 Kios eine
mysische Stadt und damit stimmen die Späteren überein, so
Xenophon Hell. I 4, 7, und Aristot. fr. 187 (Müll. = fr. 471
Rose) bezeichnet die Myser als „die ältesten" Ansiedler von
Kios. Auch Ps. Skylax 93 nennt den Küstenstrich von Kios
bis Astakos mysisch. Vgl. auch Euphorion bei Str. 681 § 29:
Μυcοῖο παρ' ὕδαcιν 'Αcκανίοιο. Der mysische Askaniasee wird
uns im folgenden. Paragraphen vielfach beschäftigen. Später
befand sich bekanntlich gerade hier das Centrum der bithynischen Herrschaft, aber die Myser waren den Bithynern im
Besitz der Gegend vorangegangen. Ja mehrere Zeugnisse
sprechen dafür, dass in einer vor der bithynischen Invasion
liegenden Zeit die Myser an der Küste der Propontis einen
noch ausgedehnteren Besitz gehabt haben müssen. Dafür
spricht vor Allem der „mysische Bosporos", als älterer Name
der Meerenge von Byzanz,[3]) bezeugt durch Dionysius Chalcid.

---

[1]) Marquardt, Cyzicus S. 40 sagt irrthümlich: „in das Uferland
des Kaikos." C. Müller liest in ähnlicher Meinung Xanth. fr. 7 τοὺc
δὲ Μυcοὺc περὶ τὰc τοῦ Καΐκου πηγάc. Aber die Handschriften Strabons
geben ὑπέρ τὰc τ. Κ. πηγάc und an dieser Lesart ist durchaus nicht zu
rütteln (cf. Str. p. 625 § 4 τὰ δὲ προcάρκτια τῷ Περγάμῳ τὰ πλεῖcτα
ὑπὸ Μυcῶν ἔχεται τὰ ἐν δεξιᾷ τῶν 'Αβαειτῶν λεγομένων).
[2]) Später wurde sogar die Katakekaumene von Einigen Mysia genannt Str. 576, 12; 579, 18; 628, 11 (im vorhergehenden § heisst Phila-
delphia mysisch).
[3]) Ed. Meyers Einwendungen (Troas S. 99, 2) gegen den „mysischen"

fr. 7 (F. H. G. IV 395), Dion. Perieg. 140, Arrian fr. 35, Schol.
Ap. Rh. II 168. cf. I 1115 (κολῶναι Μυσίαι). Dann haben
wir Spuren mysischer Bevölkerung bei Daskylion (Nymphis
fr. 3 [F. H. G. III. 13]) und Kyzikos (Apollodor bei Str.
681), ja selbst in den Hypiabergen bei Herakleia wird mysische Bevölkerung erwähnt (Nymphis fr. 4). — Polybios braucht IV 50
und 53 den Namen Mysien im Hinblick auf Küstenpunkte
der Propontis und des Pontos [„Hieron"],[1]) und Apollodor
(Str. p. 566 § 8) sagt unter Berufung auf Skylax, Dionys.
Chalcid. und Euphorion geradezu: ἦν κατοικία Μυσῶν ἡ Βιθυνία.

Demnach unterliegt es keinem Zweifel, dass die Myser
einst im Besitz eines beträchtlichen Küstenstrichs der Propontis
und auch des Pontos (bis gegen Herakleia) gewesen sind. Die
Einwanderung der Bithyner hat sic dann in das Innere Hochland zurückgedrängt, und zwar, wie es scheint, vollständig
denn Ephor rechnet die Myser zu den binnenländischen Völkern
Kleinasiens (fr. 80). Die älteren Zustände sind jedoch in dem
Haftenbleiben des Landschaftsnamens Mysien an der gedachten
Küste deutlich genug erkennbar.[2])

Nun lässt sich noch an einer zweiten Stelle nach glaub-

Bosporos kann ich nur insoweit beipflichten, als dieser Name die Myser,
nicht als die Urbevölkerung der Gegend erweist. Ueber die ihnen vorhergehenden Bebryker etc. vgl. Meyer a. a. O. — Was den Hylas betrifft,
welchen die Anwohner der Propontis in einer besonderen Klageweise
feierten (Aesch. Pers. 1054 Hesych. v. ἐμβόα τὸ Μυσίον), so gilt derselbe
für mysisch. Aber wenn auch die Myser hier in alter Zeit ansässig
waren, so braucht doch der Hylaskult nicht ihr Stammeseigenthum gewesen zu sein. Sie können ihn auch bloss übernommen haben, wie ihn
später die Bithyner von den Mysern übernahmen. (Str. 564 § 3.) Hylas
ist mit Bormios und Lityerses verwandt (Mannhardt, myth. Forsch.
S. 16 ff., 55 f.), wird daher nicht mysischen, sondern phrygischen Ursprungs sein, d. h. auf die Mygdonen und Bebryker zurückgehen.

[1]) Polyb. IV 50 (Προυσίας) παρείλετο τὴν ἐπὶ τῆς Ἀσίας χώραν, ἥν
κατεῖχον Βυζάντιοι τῆς Μυσίας πολλοὺς ἤδη χρόνους. IV 53 ἐπαναγκάσαι
δὲ Προυσίαν καὶ ὅσα τινὲς τῶν Βιθυνῶν εἶχον ἐκ τῆς Μυσίας χώρας τῆς
ὑπὸ Βυζαντίους ταττομένης ἀποδοῦναι τοῖς γεωργοῖς.

[2]) Strabo zählt die Myser p. 129 § 31 unter den Küstenvölkern
(zwischen Bithynien und Phrygia ad Hellesp.) auf, damit zu Ephor fr. 80
(Str. 678) in Gegensatz tretend. Dass er sich dabei nicht auf eine gleichzeitige Thatsache stützt, sondern auf eine Hypothese homerischer Ethnographie, werden wir im folgenden § sehen.

würdigen Zeugnissen ein mysischer Küstenbesitz nachweisen, nämlich in der thebischen Ebene. Hier soll die Stadt Ardynia (ungewisser Lage) von dem mysischen König Arnossos, dem Schwiegervater des lydischen Sadyattes (Kandaules) gegründet worden sein, eine Notiz des Nicol. Damasc. (fr. 49 § 53 f.), die auf Xanthos (cf. fr. 17) zurückgeht. Doch war auch an dieser Küste die Herrschaft der Myser von keiner Dauer, da in der thebischen Ebene schon früh die Lyder festen Fuss fassten. Schon oben S. 273 war von Kämpfen der Lyder und Myser um die thebische Ebene die Rede. Dieselben werden, da der mysische König Arnossos mit dem letzten Herakliden in friedlicher Verbindung stand, in jene Zeit fallen, als Gyges seine Macht bis nach Troas hinein ausdehnte (Str. 590 § 22). Die in geschichtlicher Zeit wichtigste Stadt der thebischen Ebene, Adramyttion, war eine lydische Gründung, benannt nach Adramytos dem Sohn des Alyattes.[1]) Die Statthalterschaft des Prinzen Crösus in der thebischen Ebene (Nic. Dam. fr. 65 nach Xanthos) beweist, dass die Lyder hier eine feste Administration einführten.[2]) Dass die Myser in Folge der unglücklichen Kämpfe mit den Lydern gezwungen worden sind sich aus dieser Gegend wieder ganz in das innere Hochland zurück zu ziehen (vgl. unten Ps. Skylax), ist sehr wahrscheinlich. Dagegen beweist das sehr feste Haftenbleiben des mysischen Namens an dieser Gegend, dass die Lyder das neugewonnene Gebiet als „mysische Statthalterschaft" ihrem Reiche einverleibten. Abgesehen von der problematischen, unten zu besprechenden Stelle des Ps. Skylax lässt sich kein Zeugniss dafür beibringen, dass die Landschaft am adramyttenischen Meerbusen je eine lydische genannt worden sei. Man müsste denn ein solches Zeugniss in der Lesart mehrerer, aber nicht der besten Handschriften bei Xenophon anab. VII 8, 7 erblicken. Die Stelle lautet: ὑπερβάντες τὴν Ἴδην εἰς Ἀντανδρον ἀφικνοῦνται πρῶτον, εἶτα παρὰ θάλατταν πορευόμενοι τῆc

---

[1]) Aristot. fr. 191 (Müller). Nic. Dam. fr. 63 nennt Adramys den Nothos des Sadyattes.

[2]) Ueber die Ausdehnung der lyd. Herrschaft auch nordostwärts bis an die Propontis (Daskylion vermuthlich Gründung des Gyges) vgl. E. Meyer, Troas S. 78 ff.

'Aciac (so CBAENR, die übrigen codd. Λυδίας) εἰc Θήβης πεδίον. ἐντεῦθεν δι' 'Ατραμυττίου καὶ Κερτωνοῦ παρ' 'Αταρνέα εἰc Καΐκου πεδίον ἐλθόντεc Πέργαμον καταλαμβάνουcι τῆc Μυcίαc (so CBAE, die übrigen codd. Λυδίας). Wenn hier schon von paläographischem Gesichtspunkt aus die verderbte Lesart 'Aciac sich leichter zu Μυcίαc (wie Poppo und Diudorf lesen) als zu Λυδίαc herstellt, so sprechen ebenso sehr sachliche Gründe für die Verbesserung τῆc Μυcίαc[1]) εἰc Θήβης πεδίον. Denn dass die Gegend von Adramyttion kurz vor und nach Xenophon thatsächlich zu Mysien gerechnet worden ist, dafür bürgen hinreichende Zeugnisse. Zunächst wird Atarneus, das nach der minderguten Lesart bei Xenophon zu Lydien gerechnet werden müsste (vgl. z. B. E. Meyer, Troas S. 78) von Herodot ausdrücklich eine mysische Stadt genannt (I 160, VIII 106); ferner nennen die attischen Tributlisten von Ol. 83, 3 ff. das zwischen Adramyttion und Antandros gelegene Astyra eine mysische Stadt[2]) und auch Aristoteles tritt für die Zugehörigkeit der thebischen Ebene zu Mysien ein, wie aus frg. 238 (Rose) hervorgeht; daselbst heisst es von dem Winde Kaikias: οὗτος ἐν μὲν Λέcβῳ καλεῖται Θηβαῖος. πνεῖ γὰρ ἀπὸ Θήβης πεδίου τοῦ ὑπὲρ τὸν 'Ελαϊτικὸν κόλπον τῆc Μυcίαc.[3]) Gehen wir zu späteren Zeugen hinab, so ist das zwischen Adramyttion und Atarneus gelegene (Herod. VII 42) Karene nach St. Byz. s. v. eine πόλιc Μυcίαc, ja Adramyttion selbst wird von St. Byz. s. v. und von Strabo p. 613 § 65 (d. h. von Apollodor und Demetr. Sceps.) eine mysische Stadt genannt, obwohl sie seine Gründung auf die Lyder zurückführen und Strabo zum Beweise des Haftens dieser Erinnerung das sogen. „lydische Thor" von Adramyttion erwähnt. Es ist überflüssig noch weitere Beispiele zusammenzutragen, die beigebrachten und unter ihnen in erster Linie das urkundliche Zeugniss der atti-

---

[1]) Rehdantz und Breitenbach streichen τῆc 'Aciac einfach aus dem Text, was jedenfalls zu gewaltsam ist.

[2]) Ja der Elegiker Hermesianax (sec. IV) scheint sogar das Vorgebirge Lekton als mysisch zu bezeichnen: Μύcιον εἰcιδε Λέκτον (Athen. p. 598), wenn das handschriftliche μυρίον richtig verbessert ist.

[3]) τῆc Μυcίαc ist nicht von κόλπον abhängig, sondern an den Schluss gestellter chorographischer Genitiv.

schen Tributlisten sichern in der angeführten Stelle Xenophons
die Lesart τῆϲ Μυϲίαϲ εἰϲ Θήβηϲ πεδίον. Diejenigen, welche
sich für die mindergute Ueberlieferung (Λυδίαϲ) entscheiden,
werden dazu nur durch die sehr wunderliche Angabe des
Ps. Skylax bewogen, der § 98 bemerkt: (Λυδία). Ἀπὸ Ἀντάν-
δρου καὶ τῆϲ Αἰολικῆϲ τὸ κάτω ἦν πρότερον διὰ αὐτὴν[1]) ἡ χώρα
Μυϲία μέχρι Τευθρανίαϲ, νῦν δὲ Λυδία. Μυϲοὶ δ᾽ἐξανέϲτηϲαν
εἰϲ τὴν ἤπερον ἄνω. Dass hier μέχρι Τευθρανίαϲ „bis Teuthranien inclusive" bedeutet, beweist das Folgende, wo als lydisch
aufgezählt werden: Astyra, Adramyttion, der lesbische Küstenstrich, der chiische (Atarneus), Pitane, der Kaikos, Elaia etc.
— Diese Angabe steht jedoch im Widerspruch mit Allem,
was sonst über die betreffende Gegend bekannt ist, und muss
entschieden verworfen werden. Die bestimmte Behauptung,
*das Gebiet von Astyra bis Teuthranien sei früher selbständiges
mysisches Land gewesen, jetzt aber lydisch*, kann nur auf einem
Irrthum des Verfassers beruhen.[2]) Er redet von der Zurückdrängung der Myser durch die Lyder, wir haben gesehen, dass
diese Zurückdrängung 3½ Jahrhunderte vor der Zeit des
Periplus (c. 350 v. Chr.) stattgefunden hat. Da ist es völlig
schief bemerkt, wenn Ps. Skylax den Gegensatz „mysisch" und
„lydisch" mit den Zeitbegriffen „ehemals" und „jetzt" gleich-
stellt. Aber einen Anhaltspunkt muss der Irrthum des Skylax

---

[1]) „αὐτὴν" (per se, sui juris) liest C. Müller für das handschriftliche
„αὐτὴν". Auch dann bleibt der Ausdruck sehr seltsam. Müller: „sin
traditas literas minus curare liceret, proponerem: τὸ κάτω πρότερον μὲν
καὶ αὐτὸ ἦν Μυϲία χώρα" (mit Beziehung auf das von Skylax vorher-
besprochene hellespontische Mysien).

[2]) Bei Kiepert Handb. S. 109 finden wir folgenden Versuch die
Angaben des Periplus mit den entgegenstehenden Zeugnissen des Alterthums zu vereinbaren: „Das vom Südfusse des Idagebirges nach S. sich
erstreckende Küstenland wird zwar schon von Herodot geographisch zu
Mysien, doch noch ein Jahrh. später im Periplus des sog. Skylax zu
Lydien gerechnet, wohl in Folge der mit der lydischen Eroberung zusammenhängenden Niederlassungen dieses Volkes und der Zurückdrängung
der Myser in das innere Gebirgsland." Damit scheint mir der Widerspruch weniger erklärt als verdeckt zu werden. Unerklärt bleibt vor
allem, wie denn trotz der längst erfolgten Zurückdrängung der Myser
alle übrigen Quellen vor und neben Skylax diese Gegend doch als mysische betrachten.

doch haben: ich finde ihn in der schon oben (S. 278) vorausgesetzten Thatsache, dass die von den Lydern einst unterworfene Landschaft am adramyttenischen Meerbusen dem
lydischen Reiche als „mysische Provinz" einverleibt worden
war und unter diesem Namen bei den kleinasiatischen Griechen
bis in die Zeit der Perserherrschaft fortlebte, obschon nach
der officiellen Satrapienordnung der Perser das Gebiet am
adramyttenischen und elaitischen Golfe zur Satrapie Lydien
gehörte. Die einst stattgefundene Zurückdrängung der Myser
aus der Thebaike durch die Lyder und die in persischer Zeit
thatsächliche Zugehörigkeit einer „mysischen" Provinz zur ersten
Satrapie (Lydien), diese beiden Thatsachen müssen den Verfasser des Periplus zu dem Irrthum verleitet haben, dass hier
eine Umbenennung der Landschaft zwischen dem Ida und dem
elaitischen Golfe aus Mysien in Lydien erfolgt sei. Im wirklichen Sprachgebrauch hat dieselbe jedoch nie stattgefunden,
sondern das in Frage stehende Gebiet ist immer unter dem
Namen Mysien zusammengefasst worden.

Mit der thebischen Ebene theilt nun auch das benachbarte Teuthranien die Einbegreifung unter den Landschaftsnamen Mysien. Die seit Pindars Zeit dafür eintretenden
Zeugnisse sind oben S. 185 f. aufgeführt worden und, wie wir
eben gesehen haben, spricht Ps. Skylax sogar von einer älteren
mysischen, durch die Lyder verdrängten Bevölkerung nicht
nur in der thebischen Ebene, sondern auch im Kaikosthal.
Wenn aber diese Behauptung in Bezug auf Θήβης πεδίον durch
anderweitige gute Ueberlieferung (Xanthos) bestätigt wurde,
so liegt die Sache in Bezug auf Teuthranien anders. Denn
wenn Xanthos fr. 8 sagt, dass die Myser bei ihrem Vordringen
vom Olymp gegen Süden nur bis in die Gegend oberhalb
der Kaikosquellen (Mys. Abrettene) gelangten, so bleibt das
Kaikosthal selbst ausgeschlossen. Wenn letzteres trotzdem
von Pindar, den Tragikern, Herodot etc. zu Mysien gerechnet
wird, so braucht man darin keine Zeugnisse für die ethnische
Zugehörigkeit der Teuthranier zu erblicken, sondern nur eine
Folge der politischen Zutheilung Teuthraniens zu der „mysischen
Provinz" des Lyderreichs. So bleibt allein das Zeugniss des
Ps. Skylax, dessen problematischen Werth wir schon besprochen

haben. Denn in der That kenne ich kein einziges Zeugniss aus jenen Zeiten, welche noch eine lebendige Erinnerung an die Stammeszugehörigkeit der Teuthranier, dieses kleinen und gewiss bald hellenisirten Völkchens, bewahrt haben konnten, welches dieselben zu Mysern stempelte.

Hier könnte man mir freilich das alte Sprüchwort Mυϲῶν λείαν entgegenhalten, welches auf schwere den „Mysern" des Telephos beschiedene Brandschatzungen zurückgeführt wurde. Man vgl. Demon bei Harpocr. s. v. und in Schol. Dem. de cor. 72, sowie die betreffenden Stücke im Corp. paroemiogr.[1]) Hätten die antiken Erklärer des Sprüchworts, denen so viel ich sehe bisher Niemand widersprochen hat, Recht, so würde die Anwendung desselben bei Simonides (fr. 37 Bgk.) immerhin dafür angeführt werden können, dass in Teuthranien einst Myser sassen. Allein mir scheint die überlieferte Auffassung des Sprüchworts einmal an sich unrichtig zu sein, dann aber, wenn (wie nicht bezweifelt zu werden braucht) Brandschatzungen Teuthraniens die Veranlassung zu diesem Sprüchwort gegeben haben, die nothwendige Folgerung gerade die zu sein, dass die Teuthranier nicht Myser gewesen sind. Von Simonides ist nur die Thatsache der Anwendung unseres Sprüchworts überliefert, ebenso vom Komiker Strattis (Harpokrat.), aus der Zeit des lebendigen griechischen Sprachgebrauchs lassen sich nur zwei Zeugen prüfen, Demosthenes und Aristoteles.

Demosthenes sagt de cor. § 72: εἰ γὰρ μὴ ἐχρῆν (Philipps aggressive Politik zu hindern) ἀλλὰ τὴν Μυϲῶν λείαν καλουμένην τὴν Ἑλλάδα ὀφθῆναι ζώντων καὶ ὄντων Ἀθηναίων, περιείργαϲμαι μὲν ἐγὼ περὶ τούτων εἰπών κτλ. Dazu bemerkt ein aus Demon geflossenes Scholion: τάττεται δὲ ἐπὶ τῶν μάτην καὶ ἀναιτίως ἀπολλυμένων, λαβοῦϲα τὴν ἀρχὴν ἀπὸ τῶν ἀϲτυγειτόνων τε καὶ λῃϲτῶν τῆϲ Μυϲίαϲ[2]) κατὰ τὴν Τηλέφου ἀποδημίαν (gemeint ist, wie die mant. prov. 11 28 breit ausführen, des Telephos Abwesenheit, als er die Heilung seiner Wunde suchte). Demon fasste Μυϲῶν demnach als gen. objectivus:

---

[1]) I p. 122 (Zenob.) II 538 (Diogen.) II 762 (mant. proverb.) — mit den weiteren Nachweisungen Leutsch's.

[2]) Bei Demon fr. 19 FHG. I 382: ἀπὸ τῶν κατaδραμόντων ἀϲτυγειτόνων τε καὶ λῃϲτῶν τὴν Μυϲίαν.

„eine den Mysern abgenommene Beute". Unter diesem Gesichtspunkt wäre aber der Ausdruck des Demosthenes hinkend, durch den Vergleich nur der Beraubte (Hellas) nicht aber der Räuber (Philipp) gezeichnet. Das ist nicht wohl denkbar. Wie ganz anders, wenn man Μυcῶν als gen. subjectivus[1]) fasst. Dann ist Philipp in Μυcῶν, Hellas in λεία der Spiegel vorgehalten, Philipp ein Räuber nach Art der Myser, Hellas sein unglückliches Opfer. — Sehen wir uns nun die Stelle des Aristoteles an. Rhet. I, 12 heisst es bei der Aufzählung verschiedener Kategorien von Uebervortheilten (§ 20): „Ferner schädigt man καὶ τοὺς ὑπὸ πολλῶν ἀδικηθέντας καὶ μὴ ἐπεξελθόντας ὡς ὄντας κατὰ τὴν παροιμίαν τούτους Μυcῶν λείαν. Hier ist Μυcῶν offenbar gen. objectivus: „Wer Unrecht thun will, macht sich an solche, welche ohne Gegenwehr von vielen Unrecht erlitten haben, wie im Sprüchwort die von den Mysern ausgeplünderten." Bei Aristoteles wie bei Demosthenes ist also Μυcῶν λείαν im Sinne von „Räuberbeute" gebraucht. — Und gegen die Auffassung der Parömiographen, welche die Myser zu einem wehrlosen von seinen Nachbarn gerne gebrandschatzten Volke machen, spricht ja auch alles, was wir von dem Charakter dieses Volksstammes wissen. Sind die Myser doch das kleinasiatische Räubervolk κατ' ἐξοχήν. Xenophon bemerkt mem. III 5, 26 als allbekannte Thatsache: Μυcοὶ καὶ Πιcίδαι ἐν τῇ βαcιλέωc χώρᾳ κατέχοντες ἐρυμνὰ πάνυ χωρία καὶ κούφωc ὡπλιcμένοι δύνανται πολλὰ μὲν τὴν βαcιλέωc χώραν καταθέοντεc κακοποιεῖν αὐτοὶ δὲ ζῆν ἐλεύθεροι. Das sie der Perserherrschaft mit Erfolg trotzten, erfahren wir auch anab. III 2, 23 f., I 6, 7 und 9, 14. Ihren gewaltthätigen Sinn bewahrten sie bis in späte Zeiten. Strabo nennt die Waldhänge des mysischen Olymp den Brutplatz des Räuberwesens und hat uns die Erinnerung an einen zu seiner Zeit mächtigen Myser Kleon bewahrt, der die Pflege eines fröhlichen Räuberlebens mit dem Amte eines Priesters des abrettenischen Zeus zu vereinigen wusste (p. 574 § 8 f.) und 200 Jahre später, waren es wieder Myser, die den Landsitz des Aristides bei Hadriani (Lancion)

---

[1]) λεία mit gen. possessivus z. B. Soph. Aias 144 ἐπὶ δυcκλείᾳ cὲ .... ὀλέcαι Δαναῶν .. λείαν.

überfielen.[1]) Zu diesem durch alle Zeiten bewahrten Charakterzug
des mysischen Stammes stimmt die oben vertretene Erklärung
des Sprüchworts Μυϲῶν λείαν aufs beste. — Fällt somit die
Erklärung der Parömiographen, so ist doch ihre Angabe,
Teuthranien sei der Schauplatz der vom Sprüchwort gemeinten
Plünderungen gewesen, keineswegs zu beanstanden. Dieselbe
steht vielmehr mit den nachweislichen Sitzen der Myser in
vollem Einklang. Wir haben gesehen, dass den mysischen
Stamm ein starker Drang von seinen Hochlandsitzen am Olymp
gegen Westen trieb. Er nahm von dem ihm ursprünglich
fremden (nach Homer kilikischen) Gebiet der thebischen Ebene
Besitz und behauptete sich daselbst bis zum Erstarken des
lydischen Reiches. Dass die Myser von den Lydern aus der
thebischen Ebene wieder zurückgedrängt worden sind, dafür
spricht, abgesehen von Ps. Skylax, das Zeugniss Ephors fr. 80
(Str. 678), welcher die Myser ausdrücklich unter den Binnen-
völkern Kleinasiens aufzählt. Nun waren die Myser, wie
Xanthos meldet, vom Olymp auch nach Süden vorgedrungen
und in historischer Zeit sassen sie in Abrettene oberhalb der
Kaikosquellen als Grenznachbarn der Teuthranier. Vor ihren
Blicken lag die fruchtbare Ebene des Kaikos ausgebreitet.
Gewiss werden sie manches liebe Mal in dieselbe hinabgestiegen
und beutebeladen in ihre Berge zurückgekehrt sein. Aber von
einer festen mysischen Niederlassung in Teuthranien, von einem
Seitenstück zum mysischen Ardynia der thebischen Ebene, ist
nichts bekannt. Teuthranien ist eben nur ein vorzüglicher
Tummelplatz mysischer Raublust gewesen, der geeignete Boden,
aus welchem das Sprüchwort Μυϲῶν λείαν erwachsen konnte.
Die Localisirung des Sprüchworts bei den Parömiographen ist
also durchaus nicht zu beargwöhnen. Dass sie die gebrandschatzten Bewohner des Kaikosthales Unterthanen des Telephos
nennen ist nichts als eine Zurückdatirung an sich alter Zustände
in das mythische Zeitalter, dass sie die Bewohner des Kaikosthales zu Mysern machen ein mit vielen griechischen Schriftstellern getheilter Irrthum, der freilich gerade hier den Vorwurf der Gedankenlosigkeit verdient, da die ἀϲτυγείτονεϲ καὶ

---

[1]) Aristides I 532 Dind.

λῃσταὶ τῆc Μυcίαc (d. h. Teuthraniens) doch eben nur die Myser sein können.

Haben die vorstehenden Erörterungen uns das Recht gegeben, das Dogma von dem Myserthum der Teuthranier fallen zu lassen, so haben sie zugleich die Erklärung dafür, wie es entstehen konnte, an die Hand gegeben. Es ist gezeigt worden, dass der mysische Stamm in einer frühen Periode die kleine teuthrantische Ebene in einem Bogen umspannt hatte: vom Olymp südwestwärts strebend hatten sich die Myser der Abrettene bemächtigt und ihre Macht bis an den Südfuss des Ida ausgedehnt. Dann kam die Periode der Kämpfe zwischen den Lydern und Mysern, welche die Zurückdrängung der letzteren aus der thebischen Ebene zur Folge hatte und durch Einrichtung einer regelrechten lydischen Statthalterei mit der Residenz in Adramyttion besiegelt wurde. Dieselbe muss, wie das Haftenbleiben des Namens Mysien an dieser Gegend beweist, unter dem Namen der „mysischen Provinz" dem Lyderreich einverleibt worden sein. Es ist selbstverständlich, dass die Lyder, wenn in den festen Besitz der thebischen Ebene gelangt, schon vorher im Besitz der dorthin führenden Strasse, d. h. Herren des Kaikosthales sein mussten. Zudem wird auch noch ausdrücklich überliefert, dass Gyges, Alyattes und Crösus zwischen Pergamos und Atarneus Bergbau betrieben haben.[1] Die Lyder waren also gleichzeitig Herren Teuthraniens und der thebischen Ebene und wenn der Name Mysien auch an dem Kaikosthal haftet, so wird der Grund darin zu suchen sein, dass durch eine administrative Massregel das ganze Gebiet vom elaitischen bis zum adramyttenischen Meerbusen unter dem officiellen Namen der mysischen Statthalterei zusammengefasst worden ist. In Folge dessen ist dann bei den Griechen allmälig die falsche (so weit wir sehen, später allein von Demetrios von Skepsis nicht getheilte) Ansicht entstanden, dass die in dem südlichsten Theil dieses lydischen „Mysiens" sitzenden Teuthranier, eine vermuthlich früh hellenisirte und darum für die späteren Ethnographen nicht mehr greifbare Bevölkerung, dem mysischen Stamme angehörten. Von solcher Auffassung war es

---

[1] Kallisthenes bei Strabo p. 680 § 28 in einer leider lückenhaften und verdorbenen Stelle.

dann noch ein-Schritt weiter, wenn man diese Pseudo-Myser zu Repräsentanten der kleinasiatischen Bevölkerung mysischen Stammes machte. Das ist freilich erst in späterer Zeit[1]) und nicht ohne Einfluss der kurzen Glanzrolle geschehen, welche dieses Küstenmysien unter der Herrschaft der Attaliden gespielt hat. In römischer Zeit war Telephos geradezu der Vertreter des mysischen Stammes geworden und von diesem Gesichtspunkt aus ist es zu beurtheilen, wenn von Aelian h. a. XIV 25 den thrakischen Mysern (den Moesi) als asiatische Myser nicht etwa das Gebirgsvolk der Olympene, Abrettene (und Abaitis), sondern die Μυcoì οἱ τοῦ Τηλέφου τὸ Πέργαμον κατοικοῦντεc gegenübergestellt werden. Dem entsprechend ist der Satz des Plinius „Teuthrania quam Mysi antiquitus tenuere" bei Solin 40, 20 zu der Angabe gesteigert: „Teuthrania, quae prima fuit Moesorum patria."

§ 4.
Die Myser und Phryger Homers und die Stellung des gelehrten Alterthums zu denselben.
Ein Beitrag zur Geschichte antiker Homererklärung.

Der vorhergehende Paragraph hat uns zu dem Ergebniss geführt, dass eine mysische Bevölkerung im Kaikosthal nicht anzuerkennen ist, dass vielmehr eine in der Frühgeschichte der Halbinsel noch erkennbare Völkerschiebung die Myser nur zu nördlichen Nachbarn der Teuthranier gemacht hat. Bei dieser Erörterung wurde zunächst die älteste Quelle für kleinasiatische Ethnographie und Geographie bei Seite gelassen. Wenden wir uns nun zur Ilias, um an ihr die Gegenprobe der gewonnenen Ansicht zu machen und auf diesem Wege womöglich zu einem positiven Ergebniss rücksichtlich der Nationalität der Teuthranier vorzuschreiten.

---

[1]) Strabo unterscheidet p. 571 (XII 8, 1) in Kleinasien 2 Landschaften Mysia: a) Mysia Olympene, welche nach Artemidor von den (thrakischen) Mösern besiedelt worden sei; b) Mysia περὶ τὸν Κάικον. Artemidor wird also die Bevölkerung von a und b ethnologisch unterschieden haben. — Allein an einer anderen oben S. 273 besprochenen Stelle (p. 586 § 8) sehen wir die Besetzung der thebischen Ebene, welche doch den olympenischen Mysern zuzuschreiben ist, durch „die Myser des Telephos" ausgeführt.

Der Satz, dass die alte unter dem Namen der Teuthranier
überlieferte Bevölkerung des Kaikosthales mit den Mysern
ethnisch nichts zu schaffen hat, dieser Satz findet durch die
Ilias vollkommene Bestätigung. Ja wenn Xanthos die Myser
zunächst am Olymp wohnen und von dort später in die Abrettene und die thebische Ebene sich ausbreiten liess, so ergiebt
sich aus der Ilias, dass nach ihren Vorstellungen nicht einmal
das innere Hochland zwischen Olymp und Temnos als Sitz der
Myser gelten, ja überhaupt von kleinasiatischen Mysern keine
Rede sein kann. Damit ist freilich ein Widerspruch zwischen
der Ueberlieferung der Historiker (Herodot, Xanthos) und der
homerischen Geographie gegeben, der nicht überbrückbar
erscheint. Einstweilen mag es genügen diesen Widerspruch hervorgehoben zu haben. Zunächst gilt es zu untersuchen, wo nach homerischer Vorstellung die Heimath der
Myser liegt.

1. Die Sitze der homerischen Myser.

Als ἐπίκουροι des Priamos werden die Myser von der Ilias
oft genug erwähnt: K 431 ihr Lagerplatz bei Thymbre, Ξ 512
ihr Führer, der Gyrtiade Hyrtios, Ω 278 im Geschirr arbeitende
Maulthiere, „welche die Myser dem Priamos einst als herrliche
Gabe verehrt“, im Katalog endlich (B 858) die mysische Hülfs-
schaar unter dem Befehl des Chromis und Ennomos. An keiner
dieser Stellen ist aber von der Heimath der Myser die Rede.
Nun erscheinen noch an einer fünften Stelle Myser, im Anfang
des 13. Buches (N 5), hier jedoch nicht als troische Bundesgenossen, sondern als in der Ferne wohnendes Volk. Nachdem
Zeus, dessen Standpunkt seit Λ 183 der Ida ist, zu Gunsten
der Troer das Kriegsgeschick bis zur Erstürmung der achäischen
Schutzmauer durch Hektor gelenkt hat, da wendet der Götter-
vater seinen Blick von der troischen Ebene ab nach fernen
Gegenden:

πάλιν τρέπεν ὄσσε φαεινώ,
νόσφιν ἐφ' ἱπποπόλων Θρῃκῶν καθορώμενος αἶαν
Μυσῶν τ' ἀγχεμάχων καὶ ἀγαυῶν Ἱππημολγῶν
γλακτοφάγων Ἀβίων τε δικαιοτάτων ἀνθρώπων.
ἐς Τροίην δ' οὐ πάμπαν ἔτι τρέπεν ὄσσε φαεινώ.

Damit sind die Wohnsitze dieser Myser in Thrakien gegeben, ohne dass bei der Allgemeinheit der Angabe ein bestimmter Theil dieser grossen Landschaft als ihre Heimath
erkannt werden könnte. Nur so viel ist ersichtlich, dass sie
nördlich von den an erster Stelle genannten Thrakern wohn-
haft gedacht werden. Hinter den Mysern verdämmert dann
der Hintergrund in der endlosen Steppe, doch findet deren
Bevölkerung in dem Namen der „Stutenmelker" eine so treffende
Charakteristik, dass selbst für diese Ferne der Dichter ersichtlich nicht dem Spiel seiner Phantasie, sondern positiven Nachrichten folgt. Nur so viel zeigen die nach den Thrakern und
Mysern eintretenden appellativischen Volksbezeichnungen [1]),
dass über die Völkerschaften nördlich vom Hämus zum Dichter
des N keine bestimmte Kunde, sondern nur im allgemeinen die
richtige Vorstellung von ihrer nomadischen Lebensweise gedrungen war. — Mit vollem Recht hat Niebuhr (kl. Schr. I 370)
betont, das die Myser des N nur als ein in Thrakien wohnender
Stamm gedacht sein können. Grote meint (Gesch. Gr. II 164
Meissn.), Niebuhr drücke sich zuversichtlicher aus, als das
Zeugniss verbürge, und wagt nur die Behauptung: „*In* N 5
scheinen die Μυσοὶ ἀγχέμαχοι *vom Dichter als im europäischen
Thrakien wohnend aufgefasst zu sein; Apollodor scheint die Stelle
nicht so gedeutet zu haben.*" Dass die Auffassung eines Apollodor
in dieser Frage nicht mitzusprechen hat, werden die folgenden
Erörterungen hoffentlich klar genug machen. Was die Späteren
über die Einleitungsverse des N zum Besten geben, sind subjective und wie wir sehen werden, zum Theil unglaublich gewagte Combinationen. Homer muss aus sich selbst erklärt
werden und das hat Niebuhr in diesem Falle unzweifelhaft
richtig gethan. Dass die Myser des N als ein Stamm Thrakiens

---

[1]) In den Abiern, deren appellativische Deutungen bei H. Stefanus
s. v. zusammengestellt sind (habelos, unbeweibt, friedlich, frei, kraft-
voll etc.) steckt vielleicht doch mehr. Dafür will ich mich aber nicht
mit Niebuhr, kl. Schr. I 368, auf ihren Namen Gabier bei Aeschylus
berufen, der ja offenbar nur auf etymologischer Spielerei beruht („denen
die Erde ungepflügt Lebensunterhalt liefert"), wohl aber darauf, dass
zu Alexanders d. Gr. Zeit am Jaxartes ein Skythenstamm auftaucht, der
einen ähnlich klingenden Namen besessen haben muss, da man ihn mit
den Homerischen Abiern identificirte (cf. unten S. 314).

gedacht sind, ist einfach evident. — Von diesen thrakischen Mysern aber die an verschiedenen anderen Stellen der Ilias ohne weitere Heimathsangabe auftretenden Myser als einen ganz heterogenen Stamm zu trennen, wäre durchaus willkürlich. Die homerischen Myser gehören eben, daran lässt sich nichts umdeuteln, zu den europäischen Bundesgenossen der Troer, also in eine Reihe mit den Thrakern, Kikonen, Päonern.[1]) Der Erkenntniss, dass im N nur europäische Myser gemeint sein könnten, hat sich die Mehrzahl der Alten nicht verschlossen, aber gegen die Schlussfolgerung, dass Homer Myser in Kleinasien noch nicht kenne, haben sie sich gesträubt und um dem in geschichtlicher Zeit hier sitzenden Myserstamm gerecht zu werden, sich in künstliche Hypothesen verstrickt, an die wir uns nunmehr heranwagen müssen.

2. Die Stellung des gelehrten Alterthums zu Homers Mysern und Phrygern.

Χωρὶς τὰ Μυσῶν καὶ Φρυγῶν ὁρίϲματα.

An der Spitze steht **Hellanikos** mit einem sehr bestimmt klingenden Zeugniss (fr. 46 Müll.): Μακεδονία ἡ χώρα ὠνομάϲθη .... ἀπὸ Μακεδόνος τοῦ Αἰόλου, ὡς Ἑλλάνικος ἱερειῶν πρώτῃ τῶν ἐν Ἄργει· „Καὶ Μακεδόνος τοῦ Αἰόλου οὕτω νῦν Μακεδόνες καλοῦνται, μόνοι μετὰ Μυσῶν τότε οἰκοῦντες." Wie kommt Hellanikos zu dieser Kenntniss? Vielleicht nur durch eine Schlussfolgerung aus den Anfangsversen des N. In den Schol. V und bei Eust. zu N 5 lernen wir wenigstens eine Ansicht kennen, welche Myser in Makedonien ansetzte und Zeus vom Ida auf diese blicken liess, demnach für die Völkerreihe im N eine Reihenfolge in nordwestlicher Richtung annahm. Dieselbe wird in letzter Instanz auf Hellanikos zurückgehen. Doch kommen wir auf diesen Punkt besser zurück, wenn wir uns erst mit den übrigen Myserhypothesen vertraut gemacht haben.

Herodot stimmt, wie wir sahen, hinsichtlich der Abkunft der Myser von den Lydern und ihrer Ansetzung auf den Olymp

---

[1]) Ueber die vermittelnde Stellung, welche der Schiffskatalog in Bezug auf die Myser einnimmt vgl. den ff. § S. 334 ff..

mit der lydischen Auffassung überein. Er hat sich also durch
die thrakischen Myser Homers nicht bestimmen lassen jene
lydisch-mysische Stammesverwandtschaft zu bezweifeln. Nun
finden wir aber bei Herodot die Angabe, dass die Myser und
Teukrer vor dem trojanischen Kriege über den Bosporos[1]) nach Europa gezogen, alle Thraker sich unterworfen, und bis zum ionischen Meer und zum Peneios ihre
Macht ausgedehnt hätten (VII 20). Zur ersteren Stelle bemerkt
H. Stein unter dem Einfluss Abelscher Theorieen: *„Die von
Herodot zuerst und selbständig* (?) *überlieferte Wanderung der
Myser und Teukrer ist unter allen vortroischen Begebenheiten die
einzige völlig glaubwürdige* (!) *und scheint eins zu sein mit dem
Zuge der jenen stammverwandten Phrygen* (cf. Abel, Makedon. S.57)
und Lyder (einen Zug der letzteren nach Europa erwähnt
niemand!), *von dem eine weniger klare Kunde zu uns gekommen
ist.“* Mit diesen glaubensfreudigen Behauptungen lässt sich
nichts anfangen, man wird vielmehr der obigen Angabe Herodots
nur mit grossem Misstrauen begegnen können. Herodot behauptet eine teukrisch-mysische Wanderung von Asien nach
Europa. Was die Teukrer, d. h. die Bewohner von Troas[2])
betrifft, so war dem Historiker eine Anekdote bekannt, in
welcher sich Paeoner teukrische Abstammung beilegen (V 13),
und der Verdacht entsteht, dass ebendiese Anekdote die Grundlage für seinen teukrischen Zug nach Thrakien geliefert hat.
Was die angebliche Betheiligung der Myser an jenem Zuge
betrifft, so findet man bei Herodot einen ähnlichen Anhaltspunkt VII 75, ἐξαναϲτῆναι δέ φαϲι (Βιθυνοί) ἐξ ἠθέων ὑπὸ
Τευκρῶν τε καὶ Μυϲῶν. Die Wahrscheinlichkeit dieser Behauptungen werden wir unten prüfen. Von grösserer Wichtigkeit ist für uns zunächst die Datirung, welche Herodot seinem
mysisch-teukrischen Zuge giebt. Derselbe soll vor dem trojanischen Kriege stattgefunden haben. Diese Zeitbestimmung
hat nur im Hinblick auf Homer einen Sinn. Denn da Homer

---

[1]) Vgl. Plin. h. n. VII § 207: reperiuntur qni Mysos et Trojanos
priores excogitasse (rates) in Hellesponto putent, cum transirent adversus
Thraces.

[2]) „Troer“ kennt Herodot nur II 120, wo speciell von Ilion gehandelt wird.

in Thrakien Paeoner und Myser kennt, so mussten sie (folgert
Herodot) eben schon vor Homer nach Thrakien hinübergezogen
sein. Denn dass sowohl Teukrer wie Myser von Hause aus
in Kleinasien sassen, war für Herodot ausgemacht und an der
Angabe, dass die Paeoner teukrischen Stammes seien, hat er
nicht gezweifelt. Gerade aber Myser mit den Teukrern zu jenem
Zuge gemeinschaftlich aufbrechen zu lassen, konnte ihm sehr
annehmbar erscheinen, da die Myser Kleinasiens nach seinem
Wissen am Olymp und an der Propontis sassen, also die
nächsten kleinasiatischen Nachbarn der Teukrer waren. Der
vor den Troica stattgefundene teukrisch-mysische Zug Herodots
ist also eine Combination auf Grund von Homer und Angaben
paeonisch-bithynischer Herkunft, keineswegs eine „völlig beglaubigte Begebenheit."[1]) — Von der angeblichen Wanderung
der Myser nach Thrakien ist die andere Angabe Herodots von
einem Uebergang der Phryger aus Makedonien nach
Kleinasien (die Stein nach Vorgang Abels S. 57 f. mit dem
mysisch-teukrischen Zuge nach Thrakien unter Annahme einer
Umkehrung der Wanderrichtung zusammenmengt) ganz zu
sondern. Dieselbe stammt, wie Herodot selbst angiebt (VII 73,
VIII 138), aus makedonischer Ueberlieferung, welche von
der auffallenden Uebereinstimmung zwischen dem Namen der
einst in Makedonien sesshaften Βρίγες und dem der Φρύγες
und der noch merkwürdigeren Ueberlieferung von einem am
makedonischen Bermios localisirten König Midas[2]) ihren Ausgangspunkt genommen hat. Diese Angabe ist von aller Rück-
sichtnahme auf Homer frei, da letzterer in Europa keine Phryger
kennt oder wenigstens keine nennt. Ihr die geschichtliche
Grundlage abzusprechen, haben wir keinen Grund. Dass Ma-

---

[1]) Die Angabe Strabons VII fr. 38 τοὺς Παίονας οἱ μέν ἄποικους
Φρυγῶν... ἀποφαίνουσι, geht auf Herodot V 13 zurück, indem nur nach
verbreiteter Vorstellung für die Teukrer (d. h. die Troer) als das Gesammt-
volk die Phryger eingesetzt sind.

[2]) Zeugnisse bei Abel, Maked. S. 63. Zu denselben sind zu fügen
Konon narr. 1. Str. 295, 2; VII fr. 25; 550, 20. „Die Quelle der Silen"
(Theop. fr. 75) ist weiter nach NO (zwischen Maeder und Paeoner) gerückt bei Bion fr. 2 (FHG II 19). Ein Ortsname Φρυγία erscheint bei Eust.
zu Dion. Perieg. 809 περὶ τὴν Οἴτην, οὕτω κληθεῖσα παρὰ τὸ ἐκεῖ πεφρύχθαι
τὸν Ἡρακλέα καυθέντα.

kedonien die Heimath des phrygischen Stammes, die Phryger Kleinasiens aus Thrakien eingewandert seien, ist eine subjective Ansicht Herodots, der sich Strabo (VII fr. 25 cf. p. 300, 2 und 550, 20) angeschlossen hat. Wegen der Phryger Homers muss Herodot die phrygische Einwanderung nach Asien vor den Troica erfolgt gedacht haben.

Auch **Xanthos** müssen die Spuren phrygischen Volksthums im westlichen Thrakien und Makedonien bekannt gewesen sein, da er fr. 5 (Str. 680) einen Uebergang von Phrygern aus Europa nach Kleinasien erwähnt. Allein der Umstand, dass er diese Wanderung μετὰ τὰ Τρωϊκά setzt, beweist, dass es sich um eine Völkerverschiebung handelt, welche mit homerischer Ethnographie nichts zu thun hat.[1]) Ob die Erinnerung an eine solche Einwanderung im Gedächtniss haftete, ist fraglich, wahrscheinlicher liegt nur eine Hypothese vor, durch welche das Homer unbekannte Kleinphrygien, welches nach Skylax von Kios bis Abydos reichte also einen grossen Theil des homerischen Troas umfasste, seine Erklärung finden sollte.[2]) Nach Xanthos nehmen diese Phryger nur von Troja und dem benachbarten Gebiet (τῆς πλησίον γῆς) Besitz (fr. 8), also ist es Xanthos nicht in den Sinn gekommen,[3]) von dieser Wande-

---

[1]) Abel behauptet in Pauly's R. E. V 575, dass nach Konon narr. 1. die Phryger 90 Jahre vor Trojas Eroberung nach Asien ziehen und knüpft daran die unter jener Prämisse plausible Bemerkung, dass diese Zeitbestimmung wohl deshalb gegeben werde, um die schon bei Homer auftretenden Phryger erklären zu können. Aber die angebliche Datirung des Ereignisses bei Konon beruht auf einem Irrthum (Konon giebt gar keine Zeitbestimmung) und ich habe dieselbe überhaupt bei keinem antiken Schriftsteller ausfindig machen können. Dem gründlichen Abel scheint also diesmal ein lapsus widerfahren zu sein.

[2]) Etwas zusammengeschrumpft erscheint das Gebiet dieser Phryger bei Str. 586 § 8: Phryger von Kyzikos bis Praktion, um Abydos Thraker, beide als Nachfolger älterer bebrykischer und dryopischer Bevölkerung (hier ist Apollodor Quelle — Niese). An einer anderen Stelle (p. 563 § 1) wird das hellespontische Phrygien mit Phrygia Epiktetos zusammengemengt, an einer dritten (p. 571 § 1) richtig beides auseinandergehalten.

[3]) Wie bei Plin. V § 145, Eustath. zu Dion. Per. 809 geschieht und wie sonderbar genug auch Herodot VII 73 auf Grund der makedon. Ueberlieferung anzunehmen geneigt ist. Herodot musste die Wanderung dann natürlich vor die Τρωϊκά setzen.

ruug die Existenz des grossen, den Lydern östlich und nördlich benachbarten Phrygervolkes abzuleiten. Das beweist auch seine Datirung jener phrygischen Einwanderung nach den Troica, wodurch Homers Phryger am Sangarios und Askaniasee unangetastet bleiben. Endlich lässt sich auch indirect nachweisen, dass Xanthos an der Ueberlieferung Homers nicht gerüttelt hat. Denn um dessen askanische Phryger aus der Welt zu schaffen, hätte er an dem kianischen Askaniasee (wie Apollodor und in anderem Sinne Strabo thut, vgl. unten) Myser ansetzen müssen; das hat er aber nicht gethan, denn seine Myser sitzen am Olymp und breiten sich von da nach Süden aus. Was die Einwanderung europäischer Phryger nach dem hellespontischen Phrygien betrifft, so wird es sich nach Xanthos' Ueberzeugung dabei um die Rückwanderung eines nach Thrakien einst hinübergegangenen (cf. Nikand. bei Athen p. 683, Euphorion fr. 24, Lykophr. 1397 ff.) Bruchtheils des phrygischen Volkes gehandelt haben.[1]) Seine Angabe (fr. 5), dass diese (nach Asien zurückgekehrten) Phryger unter Führung eines Skamandrios ἐκ Βερεκύντων καὶ 'Ασκανίας gekommen seien, bereitet Schwierigkeit. Dass Xanthos Berekynter und ein Askania in Thrakien gemeint habe, verstand Apollodor (vgl. unten) und glaubte, dass Homer ebendieses Askania B 862 im Sinne habe (Strabo p. 680 f. § 29).[2]) Dass dies aber

---

[1]) Darum scheint mir fr. 5 der Artikel in τοὺς Φρύγας unerträglich und vom Standpunkt des Xanthos zu tilgen.

[2]) Das ist freilich mit Nieses Ansicht (Rh. Mus. 1877 S. 290 f.) unvereinbar, wonach bei Strabo p. 564 ff. Apollodor Quelle sein soll. Hier ist nämlich ausgeführt, dass die um den See Askania liegende gleichnamige Landschaft aus 2 Theilen bestanden habe, dem mysischen und dem von Troja entfernteren phrygischen Askania. Doch muss ich von Niese abweichend annehmen, dass Strabo p. 564 ff. seine persönliche Ansicht (allerdings ganz unter Benutzung apollodorischen Materials) entwickelt, dagegen p. 681 dasselbe Thema noch einmal aufnimmt, um Apollodors Ansicht zu widerlegen. Dafür spricht einmal, dass Strabo p. 681 mit dem Rückweis auf p. 564, wo er das nöthige bereits bemerkt habe, schliesst. Dazu stimmt auch, dass p. 566 § 8 (Ende) Euphorion und Alex. Aetol. zum Zeugniss angeführt werden, dass sich nirgends als nur bei Kios ein See Askania finde, dagegen p. 681 dieselben Schriftsteller dem Apollodor nur den Beweis liefern, dass der See von Kios ein mysischer sei. Dass in p. 564 ff. (§ 4—8), einer in sich zusammen-

auch Xanthos' eigene Meinung gewesen, wie C. Müller zu Nic.
Damasc. fr. 29 annimmt, ist mir durchaus unwahrscheinlich.
Fr. 5 lautet (mit der nothwendigen Ergänzung durch frg.

8): Ξάνθος ὁ Λυδὸς μετὰ τὰ Τρωϊκά φησιν ἐλθεῖν [τοὺς] Φρύγας
ἐκ τῆς Εὐρώπης καὶ τῶν ἀριστερῶν τοῦ Πόντου· ἀγαγεῖν δ' αὐτοὺς
Σκαμάνδριον ἐκ Βερεκύντων καὶ Ἀσκανίας (εἰς τὴν Τρωάδα).
Statt Müllers sehr künstlicher Hypothese[1]) scheint mir die
Annahme einfacher, dass die Phryger des Xanthos nicht aus
einem thrakischen Askania (!) sondern von Makedonien[2]) aus-
zogen, über den Bosporus gesetzt,[3]) dann durch Berekyntien
(d. h. Alt-Phrygien am Sangarios) und das (gleichfalls alt-
phrygische) Gebiet des Askaniasees nach Troas gezogen sind.
Ἐκ Βερεκύντων καὶ Ἀσκανίας fasse ich also nicht, wie Apollodor
und C. Müller, als den Ausgangspunkt sondern als eine Mittel-
station auf dieser von Europa nach Asien stattfindenden phrygischen Wanderung. Ob der Skamandrios des Xanthos von
Hause aus oder erst von Askania ab Führer des Zuges war,
bleibe dahingestellt. Man darf wohl ersterer Annahme zuneigen
auf Grund des in den Hauptmomenten merkwürdig überein-

hängenden Partie, in der That nicht Apollodors sondern des Strabo
eigene Ansicht vorliegt, lässt sich endlich auch aus den von Niese
gefundenen Merkmalen apollodorischen resp. strabonischen Eigenthums
nachweisen, denn p. 565 § 6 wird die Liste der territorialen Veränderungen
von Homer bis auf die römische Zeit hinabgeführt und der ἀρχαιολογία
ausdrücklich Strabons Interesse für die Jetztzeit entgegengesetzt, dagegen
p. 573 § 7, wo Niese (a. a. O. S. 291) mit viel Wahrscheinlichkeit Apollodors
Eigenthum nachweist, die Liste der territorialen Veränderungen schon
mit dem Kelteneinfall geschlossen.

[1]) C. Müller combinirt Nicol. fr. 29 als aus Xanthos geflossen mit
Xanthos fr. 5, 8 und 5ᵃ (Vol. IV 628) und Auaxicrates fr. 1 (IV 301)
dahin, dass der von Xanthos erwähnte Skamandrios, ein Sohn (Nothos)
des Hektor, nach Trojas Fall einen Volkshaufen aus dem asiatischen
Askania nach Thrakien und später wieder thrakische Phryger aus einem
thrakischen Askania („quam Scamandrium ad similitudinem relictae ab
ipso Ascaniae Asiaticae denominasse narratum fuerit"), nach Asien (Troas)
geführt habe.

[2]) cf. St. Byz. s. v. Βρίγες· Βριγία ἡ Τρωϊκή, τουτέστιν ἡ Φρυγία,
ἀπὸ Βρίγου τοῦ κατοικήσαντος ἐν Μακεδονίᾳ.

[3]) cf. Nymphis fr. 18 (Müll.): Νύμφις μὲν γάρ φησιν ἱστορεῖν (Ἀν-
δρώνα?) ὡς ἄρα Φρύγες διαπλεῦσαι βουλόμενοι τὸν πορθμὸν (den Bosporos)
κατεσκεύασαν ναῦν ἔχουσαν ἐγκεχαραγμένην προτομὴν ταύρου.

stimmenden Berichts bei Dion. Halicarn. ant. rom. I 47. Hier kommen nämlich „Skamandrios und die anderen Hektoriden", von Neoptolemos freigelassen, aus Hellas (Epirus) nach dem asiatischen Askania, dessen Herrscher der Aeneade Askanios sie dann nach Troja führt.[1]) Was die Myser betrifft, so wird Xanthos seine „Abkömmlinge der Lyder" jedenfalls an allen homerischen Stellen, welche mysische ἐπίκουροι erwähnen, verstanden haben. Wie er sich mit den thrakischen Mysern im N zurecht gefunden hat, ist nicht überliefert.

Die Stellung der Späteren bis auf Aristarch gegenüber den einschlägigen Fragen lässt sich leider nicht mehr erkennen. Von Ephor kann man wenigstens so viel sagen, dass, wenn er für die Realität der homerischen Glaktophagen und Abier eintrat (fr. 76 bei Str. 302) und die Hippemolgen in den Skythen der Maeotis wiederfand (Skymnos 350), dass er dann auch die Realität der Myser in N 5 nicht geläugnet haben kann. Ueber Kallisthenes (resp. Kleitarch) vgl. unten S. 315. — Von Menekrates erfahren wir durch Strabo, dass er in der Myserfrage sich Xanthos anschloss. — Eratosthenes bestritt (Str. 298 § 6) die Realität der homerischen Steppenstämme (πλάττειν δὲ [Ὅμηρον] ἀγαυούς τινας ἱππημολγοὺς καὶ γαλακτοφάγους ἀβίους τε), läugnete er auch die der Myser in N 5? Wie Zenodot und Aristophanes über das später so eifrig erörterte Myser- und Phrygerzetem dachten, bleibt ganz dunkel. Ueber die Ansicht der beiden Gelehrten in exegetischen Fragen lässt sich ja überhaupt nur dann etwas ermitteln, wenn zugleich eine textkritische Frage in Betracht kommt; das ist aber in unserem Falle bis auf Poseidonios nicht geschehen.

Festeren Boden gewinnen wir bei **Aristarch.** Das im Katalog genannte phrygische Contingent, welches Phorkys und Askanios τῆλ' ἐξ Ἀσκανίης nach Troja führen (B 862), nahm Aristarch unbeanstandet als asiatische ἐπίκουροι und

---

[1]) Nicol. Dam. fr. 29 (FHG III 29) und Anaxikrates fr. 1 (IV 301) stehen der Ueberlieferung bei Dion. Hal. offenbar sehr nahe. Das heillos verdorbene frg. des Anaxikr. (Schol. Eur. Andr. 224) giebt u. a.: Σκαμάνδριος δὲ ἀφίκετο εἰς Ταναΐδα, was unsinnig (Cod. M. τανεΐδα). Man erwartet εἰς τὰ Αἰνειαδῶν oder dergl.

warnte nur davor, mit den „Jüngeren" phrygisches und troisches
zu identificiren.[1]) Die in N 793 erscheinenden Mannen von
Askania erklärte er als Ersatz für diejenigen des Katalogs.[2])
Von der wüsten bei Apollodor auftretenden Hypothese wusste
er also nichts oder wollte er nichts wissen. Der Zusatz im
Schol. A zu B 862, dass diese „Phryger von Askania" nach
Kleinphrygien gehörten im Gegensatz zu Grossphrygien am
Sangarios, ist wie schon Lehrs bemerkt hat (Arist.[2] p. 232),
nicht mehr Eigenthum des Aristonikos, und er passt auch gar
nicht zu dem principiellen Standpunkt Aristarchs. Denn Kleinphrygien ist ein dem Homer fremder Begriff und nicht glücklich wird Askania dazugerechnet, das als dem unteren Sangarios
unmittelbar benachbart, doch zu Grossphrygien gerechnet
werden müsste.[3]) — Ueber die homerischen Myser zu
handeln, musste Aristarch die Stelle N 5 Anlass geben. Im
exegetischen Schol. A zu N 3 finden wir zu πάλιν τρέπεν ὄccε
verschiedene Erklärungen, unter denen die erste (τὸ πάλιν τὴν
ἀπὸ τοῦ εὐθέοc μεταcτροφὴν δηλοῖ) als die aristarchische genommen werden kann. Die dritte Erklärung von πάλιν = εἰc
τοὐπίcω ist ebenfalls aristarchisch (Lehrs Ar. p. 91), schliesst
aber die erste keineswegs aus. Aristarch wird zu N 3 die
verschiedenen Anwendungen des (localen) πάλιν bei Homer
angemerkt haben (abseits, zurück), dazwischen hat sich aber
im Scholion eine ganz fremde Erklärung (πάλιν = ἀνὰ μέρος,
ἐκ δευτέρου) eingedrängt, über die später zu handeln sein wird.
Für Aristarch lenkte also Zeus seinen Blick von Ilion weg
(μεταcτροφὴ ἀπὸ τοῦ εὐθέοc) und wandte ihn zu den Thrakern,
Mysern, Hippemolgen und Abiern hin. Nach seinem Grundsatz, Homer aus Homer zu erklären, konnte er die Myser dieser
Gruppe nur in Europa als Nachbarn der Thraker suchen. Dann

[1]) Schol. A zu B 862 (Aristonikos) Φρύγαc· ἡ διπλῆ, ὅτι οἱ νεώτεροι
τὴν Τροίαν καὶ τὴν Φρυγίαν τὴν αὐτὴν λέγουcιν, ὁ δὲ Ὅμηρος οὐχ οὕτωc·
Αἰσχύλος δὲ cυνέχεεν.

[2]) Schol. A zu N 793 (Aristonik.) ἡ διπλῆ, ὅτι ἀμοιβοὶ οἱ διαδε-
ξάμενοι τοὺc ἔμπροcθεν γενομένουc ἐπικούρουc κτλ.

[3]) Ueber die Ausdehnung Kleinphrygiens oben S. 260, 2. Vgl. auch
Kiepert Handb. S. 106, der die erweiterte Geltung Kleinphrygiens auf
die persische Satrapieneintheilung zurückführt.

war πάλιν τρέπεν nicht der Ausdruck eines wirklichen Sich-
umkehrens, sondern einer blossen Ablenkung des Blicks zur
Seite, wie das Schol. A an erster Stelle bemerkt. Durch die
notorischen Sitze der Myser in Kleinasien brauchte Aristarch
sich nicht beunruhigen zu lassen, da die sonst von Homer
genannten Myser ohne Heimathangabe auftreten. Sie waren
nach ihm jedenfalls von den Mysern in N 5 gekommen, also
thrakische ἐπίκουροι. Gegen Homer auf die Autorität eines
Xanthos zu achten und zu demselben einen Ausgleich zu versuchen, etwa in der Weise Herodots (oben S. 289 f.), konnte dem
Homererklärer nicht in den Sinn kommen. — Als Aristarchs
Ansicht ist also die zu betrachten: Homer kennt Phryger
in Asien, Myser in Europa.

Je kürzer sich Aristarch über die homerischen Myser und
Phryger fassen konnte, um so lebhafter haben dieselben offenbar
seinen jüngeren Zeitgenossen Demetrios von Skepsis beschäftigt,
der auf die homerischen Realien den Schwerpunkt verlegte
und in seinem weitschweifigen Τρωϊκὸς διάκοσμος zu der „ἀπορία",
welche aus der Heimath der homerischen Myser und ihren seit
dem Dämmern historischer Kunde sicher in Kleinasien nach-
weisbaren Sitzen erwächst, offenbar eingehend Stellung genommen hat. Trotzdem ist es nicht möglich seine Ansicht,
die sich vielleicht mit dem Standpunkt des Krates berührt
hat,[1]) genau festzustellen, da in Strabons Behandlung des
Myserproblems die Auffassung des Demetrios und die des
Apollodor sich nicht auseinander halten lassen. Daher beschränke ich mich darauf die Ansicht des letzteren Gelehrten
aus dem Werke des Strabo auszulösen.

Als **Apollodors** Stellung nun ergiebt sich etwa Folgendes:
Nach ihm kannte schon Homer Myser vom See Askania.
Die Art des dafür erbrachten Beweises zeigt keinen Hauch
aristarchischen Geistes, lässt vielmehr in die Willkürlichkeiten
der ἐνστατικοί und λυτικοί (Ludwich, Arist. hom. Textkr. I
S. 30 A. 40) tiefe Blicke thun. Dass die Landschaft um den
askanischen See irgend einmal in mysischem Besitz gewesen,

---

[1]) In der **Keteierfrage** wenigstens erscheint Demetrios von der pergamenischen Schule **abhängig** cf. oben S. 176.

liess sich wohl aus den Angaben späterer Autoren belegen:
aus Herodot und Aristoteles für Kios, aus Ps. Skylax für das
Küstengebiet zwischen Kios und Astakos, aus Dion. Chalcidensis
für die asiatische Seite des Bosporos (FHG IV 395 fr. 7 bei
Str. u. a. O.), ja neben dem·Chalcidenser hätte man als älteren
Zeugen Sophokles anrufen können, in dessen Aias 720 es heisst:

Τευκρὸϲ πάρεϲτιν ἄρτι Μυϲίων ἀπὸ | κρημνῶν.[1])

Was half das aber für Homer, der nur an einer Stelle, N 5,
Mysersitze bezeichnet und zwar in Europa, und dessen mysische
ἐπίκουροι, wenn man sie nicht von den thrakischen Mysern
gesandt denkt, heimathlose Kriegsleute sind. Die Versuchung
diesen mysischen Bundesgenossen dort eine Stätte zu geben,
wo in nachhomerischer Zeit thatsächlich Myser sassen oder
gesessen hatten (um den mysischen Olymp, an dem mons
Arganthonius, am Bosporos) lag nahe, wenn sich in der Ilias
nur der kleinste Anhalt dazu bot. Einen solchen Anhalt muss
ein spitzfindiger Kopf[2]) in N 789 ff. gefunden haben. Die Stelle
lautet nach dem Homertext so:

N 789 βὰν δ' ἴμεν ἔνθα μάλιϲτα μάχη καὶ φύλοπιϲ ἦεν
ἀμφί τε Κεβριόνην καὶ ἀμύμονα Πουλυδάμαντα
Φάλκην Ὀρθαῖόν τε καὶ ἀντίθεον Πολυφήτην
Πάλμυν τ' Ἀϲκάνιόν τε Μόρυν θ', υἷ' Ἱπποτίωνοϲ,[3])
οἵ ῥ ἐξ Ἀϲκανίηϲ ἐριβώλακοϲ ἦλθον ἀμοιβοὶ
ἠοῖ τῇ προτέρῃ· τότε δὲ Ζεὺϲ ὦρϲε μάχεϲθαι.

Apollodor nun stützte seine Behauptung, dass ein Askania der
Myser für Homer existirt habe, durch Citirung der Verse N 792.
793, zwischen welche jedoch ein der kritischen Tradition der

---

[1]) Unter den κρημνοί Μύϲιοι versteht Sophokles natürlich die östliche
Küste des thrakischen Bosporos, wofür Apoll. Rhod. I 1115 Κολῶναι
Μυϲίαι braucht. Wenn es bei Suidas zur Stelle des Soph. heisst: Μυϲίων·
Θρᾳκικῶν. μέρη γὰρ τῆϲ Θρᾴκηϲ πολλὰ περὶ τὴν Μυϲίαν —, so hat seine
Quelle das kleinasiatische Thrakien (Bithynien) gemeint.

[2]) Wir halten uns zunächst an Demetrios. Unten S. 316 wird eine
andere Gruppe von Lytikoi ihm die Priorität streitig machen.

[3]) Bei Ameis-Hentzen finde ich die Angabe, dass Naber, quaest.
Hom. p. 179 wegen Ξ 514 lesen will: Μόρυν τε καὶ Ἱπποτίωνα. Apollodor
hat den Vers jedenfalls ebenso gelesen, wie er uns überliefert ist.

Alexandriner völlig unbekannter Verstorso eingeschoben ist.[1]) Und dieser Verstorso giebt das gewünschte Zeugniss, ohne dass Strabo bei Wiedergabe desselben (p. 564, 5) von dem Falsificat eine Ahnung verräth! Das Citat lautet:

Πάλμυν τ' Ἀσκάνιόν τε Μόρυν θ', υἷ' Ἱπποτίωνος,
Μυсῶν ἀγχεμάχων ἡγήτορα[2]) — — —
οἵ ῥ ἐξ Ἀσκανίης ἐριβώλακος ἦλθον ἀμοιβοί.

Dass man in einer einfachen Verfälschung Homers ein Zeugniss für die zu beweisende Sache bieten zu können je versucht hätte, ist ganz undenkbar. Ein solcher Zusatz zu dem feststehenden Homertext konnte nur etwa das Siegel sein, welches man auf eine anderweitig gewonnene Ueberzeugung drückte, wie z. B. Kallisthenes (bei Str. p. 542, 5), um die in der Ilias heimathlosen Kaukonen (K 429 Y 329) unterzubringen, nach B 855 folgende Verse einschaltete: Καύκωνας δ' αὖτ' ἦγε Πολυκλέος υἱὸς ἀμύμων, | οἳ περὶ Παρθένιον ποταμὸν κλυτὰ δώματ' ἔναιον, offenbar weil er durch den Hinweis auf die in jener Gegend während geschichtlicher Zeit ansässigen Kaukoniten es als wahrscheinlich hingestellt hatte, dass zwei solche Verse einst im Homer gestanden. Aber man war noch gewaltsamer in derartigen „Besiegelungen", wie Ephor beweist, der fr. 87 (Str. 550, 22) in B 856 f. Ἀλιζώνων in Ἀμαζώνων, Ἀλύβης in Ἀλόπης und den Schluss von v. 856 in „ὅθ' Ἀμαζονίδων γένος ἐστί" veränderte, nicht um damit zu beweisen, dass Homer in B 856 nicht Alizonen, vielmehr Amazonen genannt habe, sondern als Ergebniss einer geschichtlich-antiquarischen Erörterung, die ihn zu dieser Textverbesserung in vermeintlich

---

[1]) Derselbe muss also aus einer von den Alexandrinern abseits stehenden Quelle stammen.

[2]) Die 4 Daktylen sind aus N 5 und Ξ 512 zusammengesetzt, Barness vervollständigte daher den Vers nach Ξ 512 zu:

Μυсῶν ἀγχεμάχων ἡγήτορα καρτερόθυμον.

Allein der Urheber des Verses scheint den accus. pluralis auf die Mehrzahl der vorhergehenden Subjecte bezogen zu haben. Eustathios wenigstens citirt zu B 863 aus Strabo die fragliche Stelle in verkürzter Form so: Πάλμυν Ἀσκάνιόν τε Μόρυν τε Μυсῶν ἡγήτορας. Der Schluss des Verses lässt sich also nicht feststellen.

homerischem Sinne zu nöthigen schien.[1]) Aehnlich auch in
unserem Falle. Der nach N 792 eingelegte, von Strabo unvollständig überlieferte Vers war das Siegel auf eine in der
Myserfrage gewonnene Ueberzeugung. Es ist also nothwendig
den Gründen nachzugehen, welche den betreffenden Ethnographen
den Muth gaben diesen Zusatz zur Stelle des N zu machen.
Und mir scheint dieser Muth aus einer Combination von
N 789 ff. mit Ξ 511 ff. geschöpft worden zu sein. Letztere
Stelle lautet:

  Ξ 511 Αἴας ῥα πρῶτος Τελαμώνιος Ὕρτιον οὖτα
      Γυρτιάδην, Μυςῶν ἡγήτορα καρτεροθύμων·
      Φάλκην δ' Ἀντίλοχος καὶ Μέρμερον ἐξενάριξε·
      Μηριόνης δὲ Μόρυν τε καὶ Ἱπποτίωνα κατέκτα,
      Τεῦκρος δὲ Προθόωνά τ' ἐνήρατο καὶ Περιφήτην·
      Ἀτρείδης δ' ἄρ' ἔπειθ' Ὑπερήνορα, ποιμένα λαῶν.

Man beging offenbar die Willkürlichkeit die Namen, welche
hier auf den als „Führer der Myser" ausgezeichneten Hyrtios
folgen, als seine mysische Gefolgschaft zu nehmen. Nun
wird, wie wir eben sahen, N 792 f. ein Tags zuvor unter
Führung von Palmys, Askanios und Morys, dem Sohn des
Hippotion von Askania her gekommenes Ersatzheer genannt.
Dass diese askanischen Mannen naturgemäss nur als Ersatz
für jenes phrygische Contingent in B 862 gelten können,
welches „fern aus Askania" gekommen (vgl. Aristarch in den
Schol. A zu N 793 und B 862 etc.), wurde nicht anerkannt.
Waren doch jene Phryger des Katalogs (B 862) fern von
Askania herbeigezogen, die Mannen in N 792 dagegen schlecht-
hin aus Askania. Damit deute Homer an, dass an beiden
Stellen verschiedene Askanien zu verstehen seien und zwar in
N 792 f. ein näher bei Troia liegendes. Apollodors Argument
bei Str. 564, 5 lautet: ὡς οὔςης ἐγγυτέρω ἄλλης Ἀσκανίας
Μυσιακῆς τῆς πρὸς τῇ νῦν Νικαίᾳ. Man ist erstaunt, woher
Apollodor die Einsicht gekommen, dass das unweit des unteren
Sangarios gelegene Askania eben das gesuchte Askania der
Myser sei. Den Beweis hat Ξ 511 ff. geliefert. Die an letzterer

---

[1]) Diese Dreistigkeit Ephors wird von Strabo p. 550, 22 stark ge-
tadelt, zu unserem Versfragment aber sagt er kein Wort, hat es also
auf Treu und Glauben als homerisch von Apollodor übernommen.

Stelle erwähnten Gefallenen hatte man durch einen Gewalt-
streich insgesammt[1]) zu Mysern gemacht. Unter ihnen sind
Phalkes[2]), Morys und Hippotion genannt. Dieselben drei Namen
erscheinen aber in· N 791 ff., also ist das an letzterer Stelle
genannnte Askania das mysische. Da aber der bekannte See
Askania allerdings nicht weit von Troia entfernt liegt und für
die Phryger, wie wir sehen werden, ein viel weiter abliegendes
Askania ausfindig gemacht worden war, so waren die mysischen
ἐπίκουροι der Ilias glücklich an dem See von Nicaea untergebracht und man fand eine Bestätigung des Resultates sogar
in einem Alexander Aetolus und Euphoriou, welche die Gegend
dieses Sees als eine mysische bezeichnen. Wahrlich, eine
bodenlose Art der Beweisführung, aber sie ist ganz ohne
Zweifel zur Anwendung gekommen. — Apollodor ging aber
noch weiter und gab das Gebiet seiner „homerischen" Myser
Kleinasiens aufs genauste an; er wusste nicht nur, dass sie
am Askaniasee der Propontis ansässig waren, sondern auch
(und hier ist seine Abhängigkeit von Demetrios unverkennbar),
dass sich ihr Gebiet nach Westen bis an den Aisepos erstreckte.
Das bezeugte ihm Homer selbst (Str. 565, 6), denn der Dichter
nenne in der Aufzählung der Priamos untergebenen Gebiete
B 819 Dardania (Aineias), dann 824 zunächst gegen Norden
das Gebiet von Zeleia (Pandareos), und auf dem linken Ufer des
Aisepos 828 Adresteia (Meropiden). Von hier wende sich Homer
dann nach den westlichen[3]) Gebieten der Herrschaft des Priamos,

---

[1]) Hypereuor (Ξ 516) war nach Aristarchs Vermuthung identisch mit
dem Dardaner dieses Namens (Ariston. zu P 24). Das Schol. Vict. zu P 24
weist die Identität ab (vgl. Römer, die exeget. Schol. im Cod. B S. 97).
Die Vertreter der uns beschäftigenden Ansicht dachten wie Schol. Vict.

[2]) Bei Strabo 564 beginnt das „mysische" Contingent erst mit Palmys
N 792, bei Eustathios zur St. aber schon mit Phalkes N 791; letztere Rechnung
entspricht offenbar genauer dem Standpunkt dieser ganzen Argumentation,
da Phalkes unter den in Ξ 511 ff. bineininterpretirten Mysern sich befindet.

[3]) In Strabos Text 565, 6 steht unsinnig ἐπὶ τὰ πρὸς ἕω μέρη, dafür
muss gelesen werden τὰ πρὸς δύϲιν (oder ist etwa eine Abkürzung für
ἑϲπέραν in ἕω verlesen worden?). Homer nämlich lässt auf Adrastea die
westlichen Gruppen Perkote, Abydos etc. folgen und Apollodor hat
hier eben den Troerkatalog im Auge, an dessen Reihenfolge auch Str. 584
die Uebersicht über die 9 Gebiete der troischen Herrschaft, offenbar nach
Demetrios, anknüpft Vgl. auch Schol. Ap. Rh. I 1115.

womit er andeute, dass diese Herrschaft im Norden und Osten am Aisepos ihr Ende habe. Apollodor (Demetrios) hat also argumentirt: Weil bei Homer das Gebiet des Priamos nur bis zum Aisepos reicht, Askania aber im Besitz der Myser ist, so muss das (sonst herrenlos bleibende) Gebiet zwischen Aisep und Askania den Mysern von Askania zugesprochen werden. Da durch die Entdeckung von askanischen Mysern im Homer die Phryger von Askania (B 860 ff.) gleichsam an die Luft gesetzt waren, musste man für dieselben eine Unterkunft finden. Dieselbe fand man in dem (wie oben S. 293 angenommen wurde) missverstandenen Satze des Xanthos, dass nach den Troica Phryger von Europa nach der nordwestlichen Ecke Asiens eingewandert und dort auf troischem Gebiet eine phrygische Herrschaft (das sog. Kleinphrygien am Hellespont) gegründet hätten. Die Worte ἀγαγεῖν δ' αὐτοὺς Σκαμάνδριον ἐκ Βερεκύντων καὶ 'Ασκανίας wurden auf ein europäisches Berekynterland und ein thrakisches Askania bezogen. Demnach mussten bei Homer zwei Gruppen von Phrygern angenommen werden: 1) die altbekannten vom Sangarios (Γ 185 ff. Π 719 etc.) 2) die aus Xanthos erschlossenen von einem Askania in Thrakien (B 862).

Dass dies wirklich die von Apollodor vertretene Ansicht gewesen ist, bestätigt die Heranziehung von Strabo p. 681 § 29. Hier polemisirt Strabo gegen Apollodors Standpunkt in der homerischen Myser- und Phrygerfrage. Gleich im Beginn des Paragraphen macht Strabon Apollodor den Vorwurf, dass er seinem gewohnten Widerspruch gegen „die Jüngeren, welche sich viele Neuerungen den Angaben Homers zum Trotz erlaubten", in Bezug auf die homerischen Phryger nicht nur untreu geworden, sondern auch „Entgegengesetztes und in verschiedenem Sinne Gesagtes in Eins zusammenziehe". Der folgende Beleg zeigt, dass unter diesen verschieden gemeinten Angaben die xanthischen Phryger aus Askania und die homerischen Phryger aus Askania verstanden sind. Denn, fährt Strabo fort, Xanthos berichte, dass nach den Troica (die) Phryger aus Europa gekommen wären und dass sie Skamandrios von den Berekyntern und aus Askania geführt habe. (Die sehr wichtige Angabe wohin?, nämlich nach Troas, lässt

hier Strabo fort, doch ist das aus p. 572¹) sicher zu ergänzen.)
Apollodor aber füge dieser Nachricht hinzu, dass eben dieses
Askania Homer im Katalog (B 860) erwähnt habe. Daraus
lässt sich doch nur abnehmen, dass Apollodor die homerischen
Phryger Askaniens (B 860) ebendorther kommen liess, wo
Xanthos sein Askania nannte, d. h. (wie Apollodor den Xanthos
verstand) aus Europa. Das sagt ja auch Strabo in der darangeknüpften Schlussfolgerung, durch welche er Apollodor ad
absurdum führt: εἰ οὕτως ἔχει, ἡ μὲν μετανάστασις ὕστερον
ἂν εἴη τῶν Τρωικῶν γεγονυῖα (Xanthos) ἐν δὲ τοῖς Τρωικοῖς
τὸ λεγόμενον ὑπὸ τοῦ ποιητοῦ ἐπικουρικὸν ἧκεν ἐκ τῆς περαίας
(Apollodor) ἐκ Βερεκύντων καὶ τῆς Ἀσκανίας. Dasselbe beweist
Strabons weiterer Vorwurf, dass bei Apollodors Auffassung
die Ungereimtheit für Homer herauskomme, dass Priamos von
einem entfernten, zu ihm ausser Beziehung stehenden Phrygerstamm sich Hülfsmannschaften erbeten, dagegen seine phrygischen Grenznachbarn und alten Bundesgenossen vom Sangarios
(Γ 184 ff.) ausser Acht gelassen habe. Demnach ist Strabons
Tadel begründet, dass Apollodor gegen Homers Zeugniss im
Anschluss an einen νεώτερος (Xanthos) europäische Phryger in
den Homer hineininterpretirt hat. — Nun wendet sich Strabo
zur Myserhypothese Apollodors. Derselbe, sagt er, giebt an,
dass ein mysischer Flecken (κώμη) Askania an einem gleichnamigen See genannt werde, aus welchem auch der Fluss
Askanios sich ergiesse (unter Berufung auf Euphorion und
Alex. Aetol.)²), ferner dass die Gegend um Kyzikos gegen
Miletopolis (am See Aphnitis) Dolionis und Mysia genannt
werde. [Es wird damit diesem Küstenmysien dieselbe Aus-

---

¹) Xanthos und Menokrates Ansicht: τέως μὲν γὰρ οἰκεῖν αὐτοὺς (die
Myser) περὶ τὸν Ὄλυμπον, τῶν δὲ Φρυγῶν ἐκ τῆς Θράκης περαιωθέντων
ἀνελόντων τε τῆς Τροίας ἄρχοντα καὶ τῆς πλησίον γῆς, ἐκείνους μὲν ἐνταῦθα
οἰκῆσαι τοὺς δὲ Μυσοὺς ὑπὲρ τὰς τοῦ Καΐκου πηγὰς πλησίον Λυδῶν.

²) p. 566 § 8 hatte Strabo diese beiden Schriftsteller zum Zeugniss
dafür beigebracht, dass es nur einen einzigen See Askania gebe, also
dieselben Schriftsteller, welche Apollodor citirt, gegen Apollodor ver-
wendet. — Dagegen vermisst man an unserer Stelle (p. 681) das zu
Gunsten des mysischen Askania erfundene Homercitat, welches Strabo
p. 564 § 5 aus Apollodors Commentar entnommen hatte, auch dort wieder
um Apollodors Beweismaterial eine ganz andere Verwendung zu geben.

dehnung gegeben, wie p. 565 § 6 (von Askania bis zum Aisepos).] Damit ist doch klar gesagt, dass für Apollodor die κώμη und λίμνη τῆς Μυсίας, welche den Namen Askania führten, eben die Heimath der homerischen Myser in B 858 f. und der in N 791 ff. Ξ 512 ff. hineininterpretirten Myser gewesen ist. — Der polemische Schlusssatz von p. 681 stellt, allerdings in etwas unklarer Form, dem Standpunkt Apollodors den eigenen Strabons gegenüber: „Wenn sich das (mit dem mysischen Askania) so verhält und durch das jetzt sich zeigende und durch die Dichter bestätigt wird, was hätte denn Homer hindern sollen, eben dieses Askania zu nennen anstatt des von Xanthos aufgestellten?" Das soll heissen: „Wenn Homer Myser vom See Askania kommen lässt, so hindert ihn nichts, von eben demselben See auch Phryger kommen zu lassen."

Die an Strabo p. 681 gemachte Gegenprobe giebt mir die Sicherheit, dass ich Apollodor nicht etwa Absurditäten in die Schuhe geschoben habe, sondern dass derselbe wirklich unter Berufung auf die Autorität eines Xanthos sich eine künstliche Interpretation des Homer erlaubt hat, welche 1) Myser am bekannten Askaniasee (bei Kios)[1], 2) Phryger an einem problematischen Askaniasee in Thrakien, 3) alteingesessene kleinasiatische Phryger als Verschwägerte und einstmalige Waffenbrüder des Priamos (Γ 185, Π 719) aufstellt.

Die „Myser von Askania" verstand Apollodor in N 792 ff., Ξ 511 ff., B 858 und wo sonst in der Ilias mysische Bundesgenossen erscheinen. Wie aber stellte er sich zu den Mysern in N 5? Hier macht die in polemischen Partieen leicht unklare Ausdrucksweise Strabons Schwierigkeiten. p. 303 § 10 wirft er dem Apollodor vor, dass er Auskunft darüber schuldig sei, ob er die Μυсοί ἀγχέμαχοι in N 5 für dichterische Erfindung halte[2], oder ob er in denselben die asiatischen Myser erblicke; im letzteren Falle werde er Homer falsch erklären (wegen der unmöglichen Zumuthung an Zeus mit Einer Blick-

---

[1] Die Keteier des Eurypylos und Telephos fasste Demetrios als Kilikier (o. S. 272), Apollodor als ἔθνος ἄγνωστον (o. S. 273), beide also vermieden ihre Verquickung mit den Mysern.

[2] Nach p. 298 § 6 hatte Apollodor die „Stutenmelker, Milchesser und Habelosen" im Anschluss an Eratosthenes für erdichtet erklärt.

richtung Myser in Asien und Thraker in Europa zu umfassen),
im ersteren Falle werde er gegen die Wahrheit verstossen
(wegen der für Strabo feststehenden Existenz homerischer
Myser am Istros; vgl. unten S. 310). Was hat denn Apollodor
positiv behauptet? Aus der doppelten Protasis der eben wieder-
gegebenen hypothetischen Periode lässt sich nichts sicheres
herauslesen. Ich glaube Apollodor hat die Sünde begangen
die Existenz thrakischer Myser für Homer ganz zu
läugnen, d. h. also — auch in N 5 die asiatischen Myser
zu verstehen. Das bestätigt jener hinter N 792 eingeschaltete
von Strabo aus Apollodor übernommene Verstorso Μυcῶν ἀγχεμάχων ἡγήτορα(c), denn derselbe ist ja zum Theil aus N 5 entlehnt, beweist also, dass sein Uebermittler die in N 792 und
und Ξ 511 entdeckten Myser von Askania mit den Μυcοὶ
ἀγχέμαχοι in N 5 als identisch betrachtet wissen wollte. Das
war denn, wie wir Strabo gerne zugeben wollen, ein παρ-
ερμήνευμα. Aber liess sich für jenen Standpunkt der Erklärung
nicht doch eine Scheinbegründung beibringen? Ich finde die
Spur einer solchen in den Scholien AD zu N 3. Daselbst steht
zu den Worten der Ilias „πάλιν τρέπεν ὄccε . . . ἐφ᾽ ἱπποπόλων
Θρῃκῶν καθορώμενος αἶαν Μυcῶν τ᾽ ἀγχεμάχων" inmitten aristarchischen Gutes die Erklärung: οἱ δέ· ἀνὰ μέροc Μυcίαν
καὶ Θρᾴκην ὁρῶν. Das heisst nach gewöhnlichem Sprachgebrauch: „er blickte abwechselnd auf Mysien und Thrakien,"
oder — wenn man zugiebt, dass ἀνὰ μέροc hier einmal = κατὰ
μέροc, ἐπὶ μέρουc gebraucht worden ist —: „er blickte auf einen
Theil Mysiens und Thrakiens," d. h. Zeus' Blicke richteten sich
auf den Bosporos, wobei ihm sowohl Theile Mysiens als Theile
Thrakiens zu Gesicht kamen und hinter beiden in weiter Ferne
das Land der Nomaden. Dieser ganz vereinzelte Erklärungsversuch stimmt vollständig zu dem im Vorhergehenden für
Apollodor festgestellten Standpunkt gegenüber N 5, wir dürfen
daher unter den im Scholion für die Erklärung ἀνὰ μέροc Ein-
stehenden οἱ δὲ eben Apollodor (und Demetrios) verstehen,
welche sich die Situation also folgendermassen gedacht haben:
Zeus, auf dem Ida sitzend, wendet seine Augen von
Troja gegen Norden ab und blickt nun abwechselnd
(resp. zum Theil) auf Thraker und auf Myser und hinter

diesen beiden dem Bosporos von rechts und links an-
wohnenden Völkern fällt sein Blick zugleich auf die am
Nordgestade des Pontos hausenden Stutenmelker etc.
Diese letzteren aber nahm Apollodor, wie wir sicher wissen,
im Anschluss an Eratosthenes für eine dichterische Fiction
Homers.

War es für einen Eratosthenes, Demetrios, Apollodor etwas
selbstverständliches eine Bekanntschaft Homers mit den Völker-
stämmen des höheren Nordens zu läugnen, so griff die spätere
Gelehrsamkeit gerade in diese Nordstämme hinein, um der
Aporie in N 5 abzuhelfen. Es geschah dies durch Heranziehung der Möser.

Der erste Gelehrte, welcher der Möser gedenkt, ist Artemidor.
Strabo sagt p. 571 § 1 nach der vorausgeschickten Angabe,
dass sowohl Phryger wie Myser ein ἔθνος διττόν seien, speciell
von den Mysern: Μυσία τε ὁμοίως ἥ τε Ὀλυμπηνὴ cυνεχὴς οὖσα
τῇ Βιθυνίᾳ καὶ τῇ Ἐπικτήτῳ, ἥν ἔφη Ἀρτεμίδωρος ἀπὸ τῶν
πέραν Ἴcτρου Μυcῶν ἀπῳκίcθαι, καὶ ἡ περὶ τὸν Κάικον
καὶ τὴν Περγαμηνὴν μέχρι Τευθρανίας καὶ τῶν ἐκβολῶν τοῦ
ποταμοῦ. Wenn Artemidor ausdrücklich nur die Myser des
inneren Hochlandes (Olympene) für ἄποικοι der thrakischen
Möser erklärte,[1] so dürfen wir annehmen, dass er von den
Mysern des Hochlandes die Pseudomyser Teuthraniens als eine
heterogene Bevölkerung unterschieden hat. Wenn er ferner
zum Homerzetem, was nicht überliefert aber doch wahrscheinlich ist, Stellung genommen hat, so wird er in N 5 natürlich
die Möser am Istros verstanden haben. Ob er die im Homer
daneben erscheinenden mysischen ἐπίκουροι vom Ister gekommen oder etwa schon vor den Troica nach Kleinasien
hinübergewandert dachte, mag dahingestellt bleiben.

Deutlicher erkennen wir die Stellung des Poseidonios
(fr. 91 — Str. p. 295 ff.; cf. Str. p. 300). Dieser Gelehrte

---

[1] Demnach ist auch bei Str. p. 572 § 3 (τοὺς Μυcοὺς οἱ μὲν Θρᾷκας ...
εἰρήκαcι) und p. 542 § 3 (εἴρηται δ' ὅτι καὶ αὐτοὶ οἱ Μυcοὶ Θρᾳκῶν ἄποι-
κοί εἰcι τῶν νῦν λεγομένων Μοιcῶν) Artemidor als Gewährsmann (neben
Poseidonios cf. unten) zu denken. Ebenso geht auf Artemidor Plinius V
§ 145 sunt auctores transiisse ex Europa Moesos (et Brygos et Thynos),
a quibus appellantur Mysi (Phrygia, Bithyni).

fühlte richtig, dass die Myser in N 5 nur als thrakisches Volk
gedacht sein könnten. Da denselben beim Dichter die Thraker
vorangehen, andererseits offenbar als Nomaden charakterisirte
Stämme nachfolgen, so konnte er das fragliche Volk nur im
nördlichen Thrakien suchen, und da zu seiner Zeit am Istros
Möser wohnten, erklärte er die „des Nahkampfs kundigen Myser"
Homers eben mit jenem nordthrakischen Volke für identisch.
Ja er leistete sich auch eine homerische Textcorrectur und las
N 5 Μοιcŵν ἀγχεμάχων. Wie sich Poseidonios zu den sonst
bei Homer genannten Mysern (K 430, Ξ 512, Ω 278, B 858)
stellte, ist nicht ausdrücklich überliefert. Doch muss er auf
jeden Fall bei Homer auch schon kleinasiatische Myser anerkannt haben, da Strabo p. 295 § 2 (hier offenbar mit Argu-
menten des Poseidonios operirend) die Beziehung von N 5 auf
die asiatischen Myser ablehnt als οὐ νόcφιν ὄντων ἀλλ' ὁμόρων
τῇ Τρωάδι καὶ ὄπιcθεν αὐτῆc ἱδρυμένων καὶ ἑκατέρωθεν. Ist das
ein schon von Poseidonios vorgebrachtes Argument, so hat
dieser Gelehrte neben den Mösern des N zugleich homerische
Myser am Olymp (ὄπιcθεν), am Aesep und in Teuthranien
(ἑκατέρωθεν) angenommen, also im Wesentlichen Apollodors
Ansicht über die Ausbreitung des mysischen Stammes in Asien
getheilt. Auch aus einer anderen Beobachtung glaube ich
schliessen zu müssen, dass Poseidonios bei Homer europäische
und asiatische Myser unterschieden hat. Strabo nämlich giebt
p. 296 § 3 in oratio obliqua den schon erwähnten Satz des
Poseidonios: δεῖν δὲ ἐν τῷ ιδ' (codd. ι') γράφειν ἀντὶ τοῦ „Μυcŵν
τ' ἀγχεμάχων" — „Μοιcŵν τ' ἀγχεμάχων". Bernardakis (Symb.
crit. in Strab. p. 41) hält hier das fehlerhafte ἐν τῷ ι' der
Handschriften für verderbt aus οὕτωc, da ein Homercitat mit
Angabe des Gesanges bei Strabo sonst unerhört sei. Ich meine,
dass Bernardakis auf falscher Führte ist und an dieser Stelle in
der That ein genaues Homercitat vorliegt und zwar darum so
genau, weil Poseidonios nur an dieser Einen Stelle die Textänderung in Μοιcοί eintreten lassen wollte. Habe ich Recht,
so ist ein weiteres Anzeichen dafür gewonnen, dass Poseidonios
an allen homerischen Stellen ausser in N 5 die Μυcοί unangetastet liess, also in denselben asiatische Myser anerkannte.
Dieselben könnten ihm ja immerhin vor den Troica nach Asien

hinübergegangene ἄποικοι der Moesi gewesen sein, doch scheint
er sich auf diese Frage nicht eingelassen zu haben, da sich
sonst Strabo p. 571 § 1 doch wohl nicht bloss auf Artemidor
sondern zugleich auch auf Poseidonios berufen haben würde.
Strabo entwickelt seine eigene Ansicht (vgl. o. S. 293
A. 2) XII, p. 564 § 4 ff. in einer zwar grösstentheils auf die
Argumente des Apollodor und Demetrios gestützten aber doch
in mehreren Punkten abweichenden Weise. Die im Nordwesten
Kleinasiens durcheinandergeschobenen Volksstämme (Bithyner,
Phryger, Myser, Dolionen, Mygdonen, Troer) scheinen ihm insgesammt thrakischer Herkunft zu sein: Θρᾳκιά τις εἰκάζοι ἂν
διὰ τὸ τὴν περαίαν (das europäische Thrakien) νέμεςθαι τούτουc[1]) καὶ διὰ τὸ μὴ πολὺ ἐξαλλάττειν ἀλλήλων ἑκατέρουc. (Auf
thrakische Festbräuche der Phryger wird p. 471 verwiesen;
nach p. 541 § 3 sind auch die Bebryker Thraker ὡς εἰκάζω
ἐγώ; nach p. 295 § 2 selbst die Mariandynen, hier wieder als
persönliche Ansicht: δοκῶ δὲ καὶ τοὺc Μαριανδυνούc.) Von diesen
Stämmen thrakischer Herkunft sassen, ἐφ᾿ ὅcον εἰκάζειν οἷόν
τε, die **Myser am Meer** vom Aisepos bis zum askanischen
See und landeinwärts bis zum Olymp fast in dessen ganzer
Ausdehnung. Vom östlichen Theil des askanischen Sees an
begann [phrygisches Gebiet][2]), die Epiktetos, welche sich
im Bogen um Mysien lagerte und nirgends das Meer berührte.
Strabo denkt sich also die ehemalige Ausbreitung der Phryger
in dieser Gegend derart, dass ihr Gebiet vom unteren Lauf
des Sangarios, da wo er nahe an die Ostseite des askanischen
Sees herantritt, beginnend und die Mysia Olympene im Süden
umspannend bis in das Makestosthal (Abaitis) reichte. Die
Abaitis ist an unserer Stelle zwar nicht ausdrücklich als
phrygisches Gebiet einbegriffen, allein etliche Paragraphen
weiter (p. 567 § 2) heisst Ankyra am oberen Makestos phrygisch. In die Landschaft des askanischen Sees, die
gleichfalls Askania hiess, theilten sich Myser und
Phryger: den näher gegen Troja gelegenen Theil besassen die Myser, den von Troja entfernteren (B 862
τῆλ᾿ ἐξ Ἀσκανίης) die Phryger. Den etwaigen Zweifel, dass

---

[1]) Bezogen auf ein aus Θρᾴκια ἔθνη zu entnehmendes Θρᾷκας.
[2]) Vgl. p. 571 § 1, wo die Epiktetos zu Kleinphrygien gerechnet ist.

Homer wirklich von ein und demselben See Askania einen
Phryger Askanios (B 862) und einen Myser Askanios (N 792)
nach Troja entsandt haben sollte, beschwichtigt Strabo durch
Anwendung der Homonymieentheorie: οὐ θαυμαστὸν δέ ....
πολλὴ γὰρ ἡ ὁμωνυμία παρ' αὐτῷ (Homer) καὶ ἡ ἀπὸ ποταμῶν
καὶ λιμνῶν καὶ χωρίων ἐπίκληcιc. Zur Stützung seiner Hypothese bringt Strabo dann p. 566 noch mehrere Zeugnisse bei.
Für phrygische Ansiedlungen im östlichen Askania zeugt ihm
die Stadt Otroia μικρὸν ὑπὲρ τῆc 'Αcκανίαc λίμνηc, πρὸc τοῖc
ὅροιc ἤδη τῆc Βιθυνίαc πρὸc ἔω, welche als eine Gründung des
Phrygerkönigs Otreus (Γ 186) gelte. Für mysische Ansiedlungen im westlichen Askanien werden angerufen: Dionysios
v. Chalkedon, nach welchem der Bosporos früher Μύcιοc Βόc-
ποροc geheissen habe, und Skylax von Karyanda φήcαc περιοι-
κεῖν τὴν 'Αcκανίαν λίμνην Φρύγαc καὶ Μυcούc. Letzterer Zeuge
ist wenig glücklich gewählt, denn Skylax (§ 93) lässt wohl
bei Kios Myser und Phryger sich berühren, giebt aber die
Wohnsitze beider Stämme gerade umgekehrt an: die Myser
von Astakos bis Kios, die Phryger von Kios bis Abydos,
während Strabo (mit Apollodor) das mysische Gebiet von
Askania (Kios) bis zum Aesep reichen und die Phryger ihre
östlichen Grenznachbarn am Askaniasee sein lässt. Der Schlusssatz des Paragraphen, in welchem Euphorion und Alexander
Aetolus als Beweis dafür angezogen werden, dass nirgends als
hier ein See Askania existire, richtet seine Spitze gegen Apollodor, der wie wir sahen zwei Seeen Askania annahm.[1])

---

[1]) Bei Steph. Byz. s. v. 'Αcκανία werden ausdrücklich zwei askanische
Socen unterschieden (οὐ μόνον δὲ ἡ λίμνη ἀλλὰ καὶ ἡ χώρα διccὴ καὶ
ὁμώνυμοc), was auf Apollodor zurückgeht, gleich darauf freilich ist der
verderbte Text (καὶ τῆc μὲν Φρύγιον τῆc δὲ Μύcιον) kaum anders als mit
Meineke nach Strabo p. 561 (καὶ ἦν αὐτῆc τὸ μὲν Φρύγιον τὸ δὲ Μύcιον)
zu berichtigen, woraus wieder nur ein See sich ergiebt. Demnach lassen
sich Steph. s. v. 'Αcκανία und Strabo p. 564 § 5 doch nicht so ohne
weiteres auf die gemeinsame Quelle Apollodor zurückführen, wie Niese
Rh. M. 32 S. 290 befürwortet. Ich glaube vielmehr, dass Stephanos in
diesem Artikel die Ansichten des Apollodor und Strabo durcheinander
gemengt hat. Auch Eustathios zu B 863 hat Strabo missverstanden,
indem er ihn nicht nur zwei homerische Helden Askanios sondern auch
zwei Seeen Askania unterscheiden lässt.

Die Myser in N 5 hält Strabo im Anschluss an Poseidonios für die thrakischen Möser (p. 295 § 2) und kommt darauf oft zurück (p. 6 § 10, 553 § 26, 303 § 10), doch verwirft er die Textänderung des Poseidonios in Moιcoί, meint vielmehr, dass die in N 5 genannten Mυcoί den ursprünglichen Namen des Volkes überliefern und erst später in Moιcoί umbenannt worden seien (p. 296 § 4). Die kleinasiatischen Myser erklärt Strabo unter Berufung auf Artemidor (nicht auf Poseidonios) für ἄποικοι der Möser (p. 571 § 1). — Strabo hat also im Homer 2 Gruppen stammverwandter Myser angenommen, nordthrakische und nordkleinasiatische.[1]) Dagegen beschränkte er, wie seine Polemik gegen Apollodor zeigt, die Phryger des homerischen Zeitalters auf Kleinasien. Doch waren ihm ja auch die Phryger aus Thrakien nach Kleinasien eingewandert (p. 564 § 4). Unter solchen Voraussetzungen mussten dann freilich sowohl die Myser als auch die Phryger bereits in vorhomerischer Zeit von Europa nach Asien hinübergegangen sein. Unter diesem Gesichtspunkt lese man den Satz p. 572 § 4: τά τε περὶ τῶν Φρυγῶν καὶ τῶν Μυcῶν λεγόμενα πρεcβύτερα τῶν Τρωϊκῶν ἐcτιν, einen Satz in einer Umgebung, die sich als apollodorisches Gut ankündigt (Niese), der aber zu Apollodors Stellung in der Myserfrage nicht stimmt, während er sich aus dem persönlichen Standpunkt Strabons leicht erklärt. Die Hippemolgen und Abier waren für Strabo Skythen oder (europäische) Sarmaten (p. 296 § 2), welche Homer nicht mit ihrem Namen sondern nach ihren Lebensgewohnheiten bezeichne (p. 553 § 26). Da er dem Blick des Zeus eine streng nördliche Richtung zusprach[2]), so sassen die Hippemolgen und

---

[1]) Die Keteier des Telephos und Eurypylos sind für Strabo eine Mischbevölkerung aus eben diesen Mysern und den homerischen Kilikiern. cf. o. S. 272.

[2]) Dem Text am Schluss von p. 295 (von τὸ γὰρ „πάλιν τρέπεν" μάλιστα μέν ἐcτιν εἰc τοὐπίcω bis εἰc τοὐπίcω οὐ πάνυ) vermag ich keinen zu Strabons Standpunkt passenden Sinn abzugewinnen. Da Strabo den auf dem Ida sitzenden Zeus seinen Blick von Troja seitwärts gegen Norden abwenden lässt, so kann er unter dem homerischen πάλιν τρέπεν unmöglich verstanden haben „er warf den Blick hinter sich", denn dann würde Zeus ja gerade die asiatischen, von Strabo abgelehnten Myser

Aber hinter den Mysern vom Ister nordwärts und zwar der
unter den Abiern genannte Stamm als der von Homer an
letzter Stelle genannte im äussersten Norden.[1])
Am Ende unseres Weges tritt uns Porphyrios mit einer
neuen Lösung der durch N 4 ff. hervorgerufenen Aporie entgegen. Dieselbe ist natürlich das Eigenthum eines viel älteren
Homererklärers, offenbar eines λυτικὸς vom reinsten Wasser.
Zur Lösung sind die Bithyner herangezogen. Porphyrios
geht von der Voraussetzung aus, dass in N 5 die asiatischen
Myser gemeint sind und betont die Unmöglichkeit, dass Zeus
vom Ida auf diese, also nordostwärts blickend zugleich die
europäischen Thraker sehen könne. Alle Schwierigkeit sei
jedoch beseitigt, wenn man den Ausdruck Homers richtig verstehe (λύεται ἐκ τῆς λέξεως), denn Homer sage nicht, dass
Zeus auf Thrakien blicke, sondern auf das Land der Thraker
und damit meine er Bithynien, das Land der aus Thrakien
stammenden Bithyner und Thyner (Schol. B zu N 3). Bithynien
wurde von den Griechen ja oft genug als Θρᾴκη bezeichnet
(Thuk. IV, 75 Xen. an. VI 4, 1 etc.), da man den aus Thrakien
erfolgten Uebergang der Bithyner und Thyner noch im Gedächtniss hatte. — Wenn durch die eben besprochene Erklärung in den Homer die Vorstellungen nachhomerischer
Ethnographie eingeschwärzt wurden, so war das nach den Grund-
sätzen eines Aristarch zwar durchaus unzulässig, aber für einen
Lytikos doch eine verlockende Gelegenheit seinen Scharfsinn
glänzen zu lassen. Wir haben gesehen, dass selbst ein Aristar-
cheer (Apollodor) dieser Versuchung- zum Opfer gefallen ist.
Bevor wir jedoch jenem Lytikos auf die Spur zu kommen

---

erblickt haben. Von Strabons Standpunkt sollte man für πάλιν nicht
die Umschreibung εἰς τοὐπίcω sondern jene erste des Aristonikos zu N 3
(τὸ πάλιν τὴν ἀπὸ εὐθέως μεταστροφὴν δηλοῖ) erwarten, d. h. Zeus warf
den Blick seitwärts gegen Norden! cf. Eustath. zu N 5: Σημείωcαι δὲ
ὡς, εἰ μέν τιc τὰ βορειότερα τῆς Εὐρωπαίαc Θρᾴκηc ἐν τοῖc εἰρημένοιc
νοήcει καὶ τοὺc βαθυτέρουc ἐν Εὐρώπῃ Μυcούc, ἐξ ὧν δύναται ὄψιc καὶ
εἰc τὰ Σκυθικὰ μεταβῆναι, ὧν μέροc οἱ Ἱππημολγοί, εὐοδοῦται τὸ νόημα.
Vgl. unten S. 327.

[1]) Alex. Polyhistor fr. 33 (St. B. s. v. Ἄβιοι) hatte in seiner Schrift
über den Pontos Euxeinos die Abier an einem Flusse Abianos angesetzt,
den sonst niemand erwähnt.

suchen, müssen wir uns noch einmal zu den Thrakern wenden.
Porphyrios unterschied (Schol. BL zu B 844) im Homer drei
Gruppen: a) Die Thraker unter Akamas B 844, b) die Thraker
unter Iphidamas Λ 221, c) die Thraker des Rhesos K 434.
Das Gebiet des Akamas war von Homer angegeben mit ὅϲουϲ
Ἑλλήϲποντοϲ ἀγάρροοϲ ἐντὸϲ ἐέργει und wird bis Maroneia
reichend gedacht. Die Heimath des Iphidamas bleibt im
Scholion unbestimmt; das thrakische Reich des Rhesos wird
unsinnig bezeichnet durch τῶν περὶ Λυδίαν. Schrader, Porph.
rel. p. 50 conjicirt τῶν περὶ ⟨τὸν⟩ Λυδίαν. Ist das ebenso
richtig wie es ansprechend ist, so waren nach Porphyrios die
europäischen Thraker durch die Kikonen und Paeonen in zwei
Gruppen getrennt.

Allein Schraders Conjectur ist mir doch zweifelhaft. Einmal
ist es nicht recht glaublich, dass ein antiker Homererklärer den
Rhesos an den makedonischen Lydias gesetzt hätte, da Homer
ihn ja einen Sohn des Eïoneus nennt und an der Mündung
des Strymon eine Stadt Eïon lag, daher denn auch bei Euripides (Rhes. 279 Dind.) der Rhesos der Ilias Sohn des Strymon
heisst. Noch stärker aber wiegt ein zweiter Grund. Hatte
unser Lytikos einmal asiatische Thraker in den Homer hinein-
erklärt und zwar in so grosser Nähe der troischen Herrschaft,
so musste sich auch das Bedürfniss herausstellen unter den troischen ἐπίκουροι ein Contingent dieser asiatischen (bithynischen)
Thraker zu ermitteln. Und wenn man von Homer selbst einen
Fluss mit Namen Rhesos in Asien (in Troas M 20) erwähnt fand,
so lag es am nächsten gerade den ἐπίκουροϲ Rhesos für einen
Asiaten (d. h. für einen schon vor den Troica nach Asien hinüber-
gewanderten Thraker) zu erklären. Auf dieselbe Fährte musste
andererseits die für die Bithyner überlieferte Herkunft vom
Strymon (Herod. VII 75) weisen. Dazu stimmte der homerische
Sohn des Eïoneus doch gar zu schön. In der That scheint
denn auch den Thrakern des Rhesos von irgend einem
alten Gelehrten die Gegend des späteren Bithyniens als Heimath
zugewiesen worden zu sein, denn nur unter dieser Voraussetzung ist die an sich seltsame Geschichte bei Parthenios
erot. 36 erklärlich, dass Rhesos vor dem Zug nach Troja auf
seinen vielen Wanderungen endlich nach Kios gekommen

sei und die schöne Jägerin Arganthone zum Weibe genommen habe. Man vgl. auch Steph. B. v. Ἀργανθών· ὄροc Μυcίαc ἐπὶ τῇ Κίῳ, ἀπὸ Ἀργανθώνηc Ῥήcου γυναικόc. Daraus erklärt sich ferner Plinius VI 4: „a faucibus Bospori est amnis Rhebas, quem aliqui Rhesum dixerunt". Darin liegt keine Verwechselung mit dem Rhesosfluss Homers (M 20) vor, wie Forbiger annimmt, sondern unter den *aliqui* des Plinius birgt sich wohl unser Lytikos sammt seinen Anhängern. Vor allem nun wird man von Porphyrios, dem Vertreter asiatischer Thraker in N 4, es erwarten, dass er die Thraker des Rhesos als bithynische in Anspruch genommen habe. Demnach möchte ich wenigstens die Möglichkeit offen halten, dass im Porphyriosscholion zu B 844 τῶν περὶ Λυδίαν aus τῶν περὶ Θυνίαν verschrieben ist.[1] Nun bietet uns Arrian Bithyn. fr. 40 (Eustath. zu Dion. Per. 809) die Angabe, dass Mysos und Bithynos die Söhne der Arganthone seien. Das sieht an sich wie eine unabhängige bithynische Genealogie aus, in welcher eine angenommene enge Verwandtschaft zwischen Bithynern und Mysern Ausdruck findet. Allein bei der Mutter Arganthone wird man doch unwillkürlich an den oben aus Parthenios und Stephanos v. Byzanz beigebrachten Gemahl Rhesos erinnert und sieht sich damit in die Sphäre unseres Lytikos gewiesen. Zudem finden wir Arrian an einer anderen Stelle in offenbarer Abhängigkeit von der uns beschäftigenden Lysis, denn unab. IV 1 bemerkt derselbe von den am Jaxartes mit Alexander dem Grossen zusammentreffenden skythischen Abiern, dass dieselben von eben jenen Abiern gekommen seien, οὓc καὶ Ὅμηροc δικαιοτάτουc ἀνθρώπων εἰπὼν ἐν τῇ ποιήcει ἐπήνεcεν.[2] Die gleiche Heranziehung der Abier Alexanders zur Erklärung der Abier Homers findet in Schol. ABL zu N 6 statt, und entsprechend werden in einem Schol. V zu N 5 die Hippemolgen für Sarmaten erklärt.[3]

Ich glaube keine Gewaltsamkeit zu begehen, wenn ich

---

[1] Porphyrios würde demnach die Ansicht vertreten haben, dass Rhesos bereits vor den Troica vom Strymon nach Thynien (dem nordwestlichen Bithynien) ausgewandert sei.

[2] Nach Arrian auch Eustath. zu N 6.

[3] Λακτῖνεc ἔθνοc οἱ γαλακτοποί. τινὲc τούτουc Σαλμάταc φαcίν.

behaupte, dass Porphyrios, Arrian und die Scholien A B L V sich
als Glieder einer und derselben Lysis zusammenschliessen. Verstehen wir unter den Σαλμάται des Schol. Vict. die Sarmaten des
Steppenlandes zwischen der Maeotis und dem Caspischen Meer,
dann sind alle in N 4—6 aufgezählten Völkerschaften
glücklich in Asien untergebracht und der Blick des
Göttervaters schweift vom Ida ostnordostwärts über die Myser
an der Propontis, die Bithyner-Thraker des Pontosgestades,
die Hippemolgen-Sarmaten zwischen Tanais und Rha[1]) bis zur
fernen Skythia cis Imaum, dem Tummelplatz der Abier dahin!

Den Anstoss zu dieser auf rein asiatischem Boden sich
haltenden Lösung hat der Zug Alexanders des Grossen
an den Jaxartes (329 v. Chr.) gegeben. Daselbst empfing
der König die Gesandtschaft eines skythischenStammes, dessen
Name offenbar Aehnlichkeit mit dem der homerischen Abier
gehabt haben muss, denn in allen Erwähnungen dieser Gesandtschaft[2]) heisst der Skythenstamm Abier. Wer aber in

---

[1]) Eine Brücke von der nördlichen Richtung der Völkerreihe zur
nordöstlichen war übrigens schon von Ephor geschlagen worden. Thraker
und Myser muss er in streng nördlicher Richtung gedacht haben, allein
bei den nördlich vom Istros hausenden Skythenstämmen schwenkt er in
östlicher Richtung ab. Dieselben zählt er nämlich folgendermassen auf
(fr. 78): Karpiden, Aroteren, Neuren (zwischen Istros und Borysthenes
gegen Norden bis zum ewigen Winter); von den Neuren östlich
Skythen, Georger, Androphagen, Limnäer und andere Völker unbekannten
Namens, νομαδικὰ δ' ἐπικαλούμεν' εὐςεβῆ πάνυ | ὧν οὐδὲ εἰς ἔμψυχον
ἀδικῆςαι ποτ' ἄν (cf. Poseidonios bei Str.) οἰκοφόρα δ', ὡς εἴρηκε, καὶ
ςιτούμενα | γάλακτι ταῖς Σκυθικαῖςι θ' ἱππομολγίαις. Auch der
weise Anacharsis stammte nach Ephor von diesen (homerischen) Skythen
frommen Sinnes (ebenso Str. p. 302 und Schol. A V zu N 6, wo Anacharsis
für einen Abier erklärt wird). Schliesslich bemerkt Ephor (Skymn.
860 ff.), dass ein Theil dieser frommen Nomaden nach Asien gewandert sei und dort unter dem Namen Saken wohne (offenbar um
Homer mit dem thatsächlich weit nach Osten reichenden Gebiet der
Nomaden auszugleichen). In Asien folgen dann die Sauromaten etc. —
Die Lysis des Demetrios und Apollodor, welche Zeus in die Richtung
des Bosporos blicken liess, hat auch die Schwenkung nach Osten, aber
die Lysis des Porphyrios giebt dem Blick des Zeus eine noch ent-
schiedenere Richtung gegen Osten.

[2]) Arrian, anab. IV 1, 1. Curt. VII 26 (Zumpt). Itin. Alex. 81.
Schol. A B L zu N 6.

diesem Skythenstamm des centralen Asiens die homerischen
Abier wiedergefunden zu haben glaubte, für den war damit
die Stellung zu den Völkerschaften im N von selbst gegeben.
Die Aufeinanderfolge derselben in nördlicher Richtung musste
er aufgeben; die beiden Endpunkte der Linie bildeten ihm der
Ida und die Steppe nördlich vom Jaxartes. Innerhalb derselben
galt es die Zwischenglieder, Homers Thraker, Myser und Hippemolgen einzuordnen und die Linie durchschnitt ja das Mysien
um den Arganthonios, das Land der thrakischen Bithyner und
das der zwischen Maeotis und Rha hausenden nomadischen
Sarmaten. So war der Aporie in N 4 — 6 schön abgeholfen.
Eine kleine Gewaltsamkeit war dabei freilich mit untergelaufen,
denn Homer nennt zuerst die Thraker und dann die Myser,
die neue Lysis dagegen musste die Myser zuerst und nach
ihnen die Bithyner setzen. Allein wenn es eine homerische
Lysis galt, so schreckte die hellenistische Gelehrsamkeit, wie
wir in diesem Abschnitt oft und schon oben bei den Keteiern
gesehen haben, vor Gewaltsamkeiten nicht zurück. — Nun
kennen wir im Gefolge des Makedonierkönigs einen eifrigen
Homerexegeten. Derselbe fand erst 2 Jahre nach dem Zuge
an den Jaxartes sein Ende, und scheint in seiner Darstellung
der Thaten Alexanders jenes Ereigniss noch behandelt zu haben
(A. Schäfer, Quellenkunde I³ S. 67). Demnach ist es möglich,
dass Kallisthenes der Urheber der durch Porphyrios etc.
überlieferten Lysis gewesen ist. Wenn nicht Kallisthenes, so
so wird man wenigstens Kleitarch für denjenigen zu halten
haben, der die homerischen Abier in die Alexandergeschichte
hinein gebracht hat. Denn bei Curtius, der Kleitarch folgt,
finden wir ebenfalls die Gleichsetzung der Skythen Alexanders
mit den Abiern Homers, wenn er VII § 26 (Zumpt) sagt:
*Legati deinde Abiorum Scytharum superveniunt ... Justissimos
barbarorum constabat.[1]* Auch anderweitig lässt sich erkennen, dass Kleitarch die Neigung gehabt hat die griechische
Sagenüberlieferung an Alexanders Vordringen in eine bis dahin
unbekannte Welt anzuknüpfen.[2] Ein sicheres Urtheil lässt

[1] Ebenso auch im Itiner. Alex. 81. Abii Scythae ab Homero
justitiae laudati legatione se dedant.
[2] Plutarch berichtet Alex. 46, dass Alexander nach Ueberschreitung

sich hier nicht gewinnen, und wir müssen uns damit begnügen auf Kallisthenes oder Kleitarch als den muthmasslichen Anreger der bei Porphyrios vorliegenden Lysis hingewiesen zu haben. — Nun konnte derjenige, welcher in einem centralasiatischen, an Alexander Gesandte schickenden Skythenstamm die homerischen Abier wiedergefunden zu haben glaubte, diese Ansicht ja zum Ausdruck bringen, ohne zugleich die Consequenzen für die Erklärung von N 4 ff. zu ziehen. So viel ist aber sicher, dass — sobald einmal die Ansetzung der Abier nördlich vom Juxartes von der Homererklärung anerkannt worden war — jene Consequenzen früher oder später gezogen werden mussten. Zunächst galt es die von Homer zwischen dem Ida und den Abiern erwähnten Mittelglieder passend unterzubringen. Dadurch wurde man zur Heranziehung der Bithyner genöthigt, zugleich aber auch zur Ansetzung der homerischen Myser am Propontisgestade nördlich vom mysischen Olymp. Demnach kann es zweifelhaft erscheinen, ob der oben S. 298 ff. vorgeführte Nachweis „askanischer Myser" wirklich das geistige Eigenthum des Demetrios gewesen und nicht vielmehr schon von einem Lytikos der auf Kleitarch (resp. Kallisthenes) fussenden Gruppe ausgeheckt worden ist. — Aber auch die homerischen Phryger, welche wir durch den Erklärungsversuch des Demetrios und Apollodor in Mitleidenschaft gezogen sahen, mussten den Vertretern der porphyrianischen Lysis zu einem Stein des Anstosses werden. Denn sobald man das nordwestliche Küstengebiet Kleinasiens an „homerische" Myser und Bithyner vergeben hatte, waren Homers Phryger an zwei Stellen um ihren alten Besitz gebracht. Was die „Phryger vom Sangarios" betrifft, so bereitete ihre Erklärung unseren Lytikoi nicht viel Schwierigkeit, denn auch nach der

des Jaxartes die Skythen an 100 Stadien weit verfolgt, und deren König ihm seine Tochter zur Frau angeboten habe. Von der Gesandtschaft der Abier schweigt er. Doch bemerkt er, dass Kleitarch und Andere bei dieser Gelegenheit von einem Besuch der Amazonenkönigin bei Alexander berichteten, während die besseren Zeugnisse den Amazonenbesuch als Fabel erwiesen. Daraus ergiebt sich wenigstens Kleitarchs Neigung zur Heranziehung der alten Sagen und zu den „Amazonen" liefern die „gerechten Abier Homers" doch ein sehr passendes Seitenstück.

bithynischen Einwanderung war den Phrygern der obere Lauf
des Sangarios verblieben. Verloren aber war ihnen der See
Askania. Da blieb nichts anderes übrig als jenen See, von
welchem einst Phryger dem Priamos zu Hilfe gekommen waren,
an irgend einem Punkte Grossphrygiens ausfindig zu machen.
Und dass man einen solchen in der That „entdeckt" hat, glaube
ich aus Arrian schliessen zu müssen, der Anab. I 29, 1 berichtet, dass Alexander auf seinem Zuge von Pisidien nach
dem phrygischen Kelainai unweit des letzteren den Salzsee
Askania berührt habe. In derselben Gegend (zwischen Kelainai
und Kolossai) erwähnt aber Herodot VII 30 den Salzsee von
Anaua und an der Identität beider Seeen wird kaum zu
zweifeln sein.[1]) Schon das macht gegen Arrians Askaniasee
stutzig. Erinnern wir uns nun der bestimmten Erklärung
Strabons (o. S. 309), dass es nur einen einzigen See
Askania gebe, so schöpfen wir Verdacht und derselbe steigert
sich im Hinblick darauf, dass gerade Arrian — der einzige
Zeuge für den Askaniasee bei Kelainai — uns bereits als ein
Schriftsteller entgegengetreten ist, der aus Quellen schöpft, die
mit der porphyrianischen Lysis in Zusammenhang stehen. So
darf man mit Fug dem Argwohn Ausdruck geben, dass der
Askaniasee von Kelainai nur jener Gruppe von Lytikoi, welche
die Bithyner in N 4 auf dem Gewissen haben und um einen
phrygischen Askaniasee sehr verlegen sein mussten, seine Taufe
verdankt. Ein weiteres in diese Richtung weisendes Moment
tritt hinzu. Bei den Paradoxographen nämlich taucht ebenfalls ein Salzsee Askania auf, aber in sehr unklarer Weise
und, was sehr bezeichnend ist, wir sehen dabei den altbekannten
Askaniasee von Kios seine Attractionskraft ausüben. Der See
von Kios ist ein Süsswassersee. Dafür kann ich zwar kein
directes Zeugniss beibringen, doch spricht dafür neben dem
Umstand, dass kein neuerer Reisender bei der Beschreibung
dieses Sees von Salzgehalt redet[2]), das begeisterte Lob seines
Karpfenreichthums bei Paul Lucas[3]) mit hinlänglicher Sicherheit.

---

[1]) Vgl. Hamilton, Reise durch Kleinasien etc. Deutsch von
Schomburgk 1 459 f.

[2]) Vgl. z. B. Leake, Journ. of a tour in Asia minor S. 7 f.

[3]) Voyage fait dans la Greece, l'Asie mineure etc. Amsterd. 1714 I, 69.

Allein bei Ps. Aristoteles mir. ausc. 54 heisst es: Ἐν τῇ Ἀσκανίᾳ λίμνῃ οὕτω νιτρῶδές ἐστι τὸ ὕδωρ ὥστε τὰ ἱμάτια οὐδενὸς ἑτέρου ῥύμματος προσδεῖσθαι. Das würde auf den Salzsee bei Kelainai passen, aber der Verfasser hat offenbar den See von Kios gemeint, denn in dem unmittelbar folgenden Abschnitt (55) ist von der Ἀσκανία λίμνη bei Kios die Rede. Wäre in 54 ein anderer See verstanden, so hätte ihm eine unterscheidende Bezeichnung beigegeben werden müssen. Wir werden also annehmen, dass dem Verfasser von einem Salzsee Askania etwas zu Ohren gekommen ist und dass er denselben für den bekannten See von Kios hält. Nun berichtet Antigonos parad. 172 fast mit denselben Worten wie Ps. Aristoteles vom Laugegehalt des Askaniasees, doch erklärt er sonderbarer Weise zu gleicher Zeit sein Wasser für trinkbar! Plinius endlich, der V 144 und 148 den Ascanius lacus „bei Cios" erwähnt, sagt XXXI 110 ohne weitere Ortsbestimmung: „Mirum in lacu Ascanio . . . summas aquas dulces esse potarique (vgl. Antigonos), inferiores nitrosas". In der That ein recht wunderbarer See! Wir sehen, dass es sich bei Antigonos und Plinius eben um nichts weiter handelt als um den Ausgleich der Thatsache, dass der See von Kios ein Süsswassersee ist, mit der Nachricht vom Salzsee Askania. Dass der letztere dem wirklichen Sachverhalt zum Trotz bei Kios untergebracht wird, ist doch ein Beweis dafür, dass der See von Kelainai im wirklichen Brauch des Lebens den Namen Askania nicht geführt haben kann. In der Phantasie etlicher Gelehrter fristete sich sein Dasein und von dorther spiegelt ihn die paradoxographische Literatur wieder. Auf keinen Fall kann er sich im Alterthum irgend einer weiteren Anerkennung erfreut haben, denn sonst würden sich ein Demetrios, Apollodor und Strabo nicht so bittere Mühe gegeben haben für die homerischen Phryger vom Askaniasee ein Unterkommen zu finden. Demnach wird es für den Askaniasee Arrians wohl dabei bleiben, dass seine Benennung auf Rechnung jener Lytikoi kommt, welche den Blick des Zeus vom Ida über Myser, Bithyner, Sarmaten und Abier dahinschweifen liessen.

Sehr auffällig ist in dieser Lysis der starke Anachronismus, welcher Homer eine Bekanntschaft mit asiatischen Bithynern zumuthet. Hier ist wieder auf eine Angabe Arrians zu verweisen. Bithyn. fr. 37 bemerkt derselbe, dass die Bithyner zur Zeit der Kimmerier[1]) nach Asien eingewandert wären und den Kimmeriern die spätere Landschaft Bithynien entrungen hätten. Wenn wir diese Angabe (wozu die bisherigen Auseinandersetzungen · über Arrians Standpunkt das Recht geben), mit jener Hypothese in Zusammenhang denken, welche den Blick des Zeus auf die Bithyner fallen lässt, so ist damit Homer zu einem Zeitgenossen des Kimmeriereinfalls herabgedrückt. Ueber diese „wunderlichste aller Zeitbestimmungen für Homer" hat von anderen Gesichtspunkten aus schon Rohde in seinen grundlegenden „Studien zur Chronologie der gr. Literaturgeschichte" Rh. Mus. 36, 555 ff. gehandelt. Auf dieselbe fällt jetzt von der porphyrianischen Lysis her ein neues Licht. Und umgekehrt: Wenn Theopomp Homer zu einem Zeitgenossen des Archilochos machte (Rohde a. a. O.), so liefert das wieder eine Stütze für unsere Vermuthung, dass die Keime der von Porphyrios etc. vertretenen Lysis bereits im Zeitalter Alexanders des Grossen gelegt worden sind.

Wir sind zum Ende gelangt. Zur leichteren Uebersicht schliesse ich eine tabellarische Zusammenstellung der verschiedenen Standpunkte an, welche die Alten gegenüber den Mysern und Phrygern Homers eingenommen haben. Was nicht ausdrücklich überliefert ist, aber als selbstverständlich ergänzt werden kann, ist in eckige Klammern eingeschlossen. Eine Tabelle für die Völkerreihe des N folgt am Schlusse dieses Paragraphen S. 328.

	Myser	Phryger
Homer:	in Europa	in Asien.
Xanthos (Menekrates) }:	in Olympene	1. [am Sangarios und Askaniasee] 2. in Thrakien (ohne Verbindung mit homerischer Ethnogr.).
Hellanikos:	1. in Makedonien 2. [in Kleinasien?]	[in Kleinasien].

---

[1]) Zur Erklärung dieses Synchronismus vgl. unten S. 331 A. 3.

	Myser	Phryger
Herodot:	1. am Olymp nnd Argan-thonios 2. in Thrakien, Make-donien etc. ἄποικοι von 1.	1. in Makedonien (ohne Ver-bindung mit homeri-scher Ethnogr.) 2. in Asien (ἄποικοι von 1.)
Aristarch:	in Europa	in Asien (Askania, San-garios).
Demetrios } Apollodor } :	in Asien (Aisep bis As-kania, Olymp)	1. in Asien (Sangarios) 2. in Thrakien (Askania).
(Artemidor) } Poseidonios } :	1. am Istros (N 5) Möser 2. [in Asien (K 480 etc.) Myser]	?
Strabo:	1. am Istros (N 5) Möser 2. Myser vom Aisepos bis Askania, vom Bosporos bis Olymp.	1. vorhomerisch in Thrakien 2. homerisch: a. östl. Gestade des As-kaniasees, Epiktetos, Abaitis b. am Sangarios.

⌈Kallisthenes⌉
⌊ Kleitarch ⌋
Porphyrios
Arrian
Curtius
Schol. A B L V } :
	Myser — Thraker — Phryger
	  │ │ │
	Mysien Bithynien [oberer San-
	bis zur garios, „As-
	Propontis kania"see bei
	                    Kelainai].

Gleichsam als Epilog zu unseren Untersuchungen über das Myserproblem mag hier eine Leistung der zweiten Sophistik erwähnt werden, die als wahres Sammelsurium keinen selb-ständigen Werth hat, jedoch nach den voranstehenden Er-örterungen wenigstens verständlich wird. Ich meine die breite, von Welcker überschätzte[1] Darstellung des teuthrantischen Krieges im Heroikos des Philostratos (II p. 156—161 Kayser). Dieselbe zeigt überall die Absicht, die Dichter, welche diesen Stoff behandelt hatten, zu übertrumpfen und erhebt sich fast nirgends über die Benutzung erborgter Motive. Die Achäer sind an der Küste Teuthraniens gelandet, nicht in Folge eines Irrthums (Kyprien) sondern mit voller Absicht,

---

[1] Ep. Cycl. II, 139: „Auch die lange Erzählung des Philostratos, so sehr dieser auch sonst sich in troischen Dingen von der herrschenden Sage entfernt, enthült wahrscheinlich manchen Zug aus der epischen Poesie, vermischt mit andern der heroischen Localsage."

um die Macht des Telephos, des Grenznachbarn der Troer, vor dem Angriff auf Ilion zu vernichten. Wir haben oben S. 162 aus Skylax einen ähnlichen Zug der Sage vom teuthrantischen Kriege kennen gelernt, und in demselben einen Rest alter Localüberlieferung erkannt, welche die Einbeziehung teuthrantischer Sage in den troischen Kreis nicht im Auge hatte. Damit hat aber Philostratos keine Verbindung, denn seine ganze Begründung ist aus der epischen Ueberlieferung des troischen Kreises hergeholt, ein sophistischer Nachweis, dass die Achäer unmöglich aus Unkunde, im Gegentheil aus schlauer Vorausberechnung an der teuthrantischen Küste gelandet seien. Was die Einzelheiten der philostratischen Erzählung betrifft, so ist zunächst Protesilaos in den Vordergrund gedrängt. Er springt zugleich mit Achill als erster ans Land, eine von der Landung in Troas erborgte Heldenthat, zu welcher der Beruf schon in seinem Namen ausgedrückt ist (Welcker). Auch weiterhin spielt Protesilaos neben Achill die Hauptrolle: zwischen beiden kommt es zu einem Streit um den erbeuteten Schild des Telephos und zu einem Schiedsgericht der Achäer, ein Abklatsch des bekannten Streits zwischen Aias und Odysseus um die Waffen Achills. Die Rolle des Protesilaos ist ein Machwerk des Philostratos, in den Kyprien war Achill Protagonist, in der Localüberlieferung aber müssten wir Thersandros als solchen vermuthen. Dann kämpft bei Philostratos an der Seite des Telephos sein Weib Hiera, die als Amazone gedacht ist und an Tapferkeit Penthesileia, an Schönheit Helena übertrifft. Sie scheint aus dem Arsenal alexandrinischer Gelehrsamkeit erborgt zu sein, Lykophron wenigstens nennt v. 1249 die Etrusker Tarchon und Tyrsenos Söhne des Telephos und Tzetzes merkt dazu die Mutter Hiera an. Man halte dieselbe nicht etwa für eine aus teuthrantischer Localüberlieferung stammende Figur, denn für diese haben wir als Frau des Telephos allen Grund Argiope anzunehmen (o. S. 186 und u. Kap. III). Von Interesse ist an der ganzen Darstellung des Philostratos eigentlich nur der seltsam verwirrte ethnographische Hintergrund. Natürlich herrscht ihm Telephos über Myser: ἦρχε δὲ, οἶμαι, πάσης ὁπόση ἐπὶ θαλάττῃ (Μυσίας), also das spätere Küstenmysien zwischen Adramyttion

und Elaia (vgl. o. S. 274). Um hinter Priamos nicht zurückzubleiben, muss natürlich auch Telephos seine ἐπίκουροι haben.
Allein Philostratos nährt sich von Brocken Homers: die Bundesgenossen des Telephos werden aus der Völkerreihe des N erborgt. Es treten nämlich auf: Mitstreiter ἐκ τῶν ἄνω Μυϲῶν
(man denkt an die Mysia Abrettene und Olympene), aber
Philostratos führt fort: οὓϲ Ἀβίουϲ τε οἱ ποιηταὶ καλοῦϲι
καὶ ἵππων ποιμέναϲ καὶ γάλα αὐτῶν πίνονταϲ (also Hippemolgen) . . . . πᾶϲα ἡ μεϲογεία ἐϲ ϲυμμαχίαν καταβεβήκει καὶ
τῷ πεδίῳ ἐπεκύμαινε τὰ Μύϲιά τε καὶ Σκυθικὰ ἔθνη!! Wir
sehen, in Philostratos' Kopf spukt jene Hypothese, nach welcher
die von Homer im N genannten Myser, Hippemolgen, Abier
sämmtlich ostwärts von Troja in Asien zu suchen sind. Aber
es kommt noch besser: die ganze asiatische μεϲογεία eilt auf
Telephos' Waffengebot zur Abwehr der Achäer herbei, namhaft
werden aber nur drei Helden gemacht — Haimos der Sohn
des Ares, also ein richtiger europäischer Thraker, und die
Skythen Heloros und Aktaios, die Söhne des Istros!! Hier
hat sich Philostratos wieder auf den Standpunkt jener Lysis
gestellt, welche die Völkerreihe des N in Europa von Thrakien
nordwärts dachte. So setzt uns der Sophist in den Stand die
dornenvollen Untersuchungen über das ethnographische Problem
des N mit einem erheiternden Gruppenbild abzuschliessen.[1])

3. Ergebniss.

Die Prüfung der Angaben des gelehrten Alterthums über
die einschlägigen Fragen ältester Ethnographie führt leider zu
einem sehr negativen Ergebniss. Die Mehrzahl derselben leidet
an der Heranziehung späterer Zustände zur Erklärung Homers
und ist damit von vorne herein ohne allen Werth. Am auf-

---

[1]) Die jüngst erschienene, erst nach dem Druck dieses Bogens mir
bekannt gewordene Untersuchung Roberts über den pergamenischen
Telephosfries (Jahrb. des deut. arch. Inst. II S. 244—59) rückt die Darstellung des Philostratos unter einen neuen Gesichtspunkt. An jenes
Stelle hat jetzt in mehreren Punkten das attalische Pergamon einzutreten
und die ἐπίκουροι des Tel. werden trotz Istros und Haimos als Asiaten
zu fassen sein. Ich verweise hierfür den Leser auf einen in Kap. III
an geeigneter Stelle einzufügenden „Excurs über den Telephosfries".

fälligsten ist das bei der Einschmuggelung der Bithyner in
den homerischen Vorstellungskreis, da dieser Stamm notorisch
erst nach dem homerischen Zeitalter in Kleinasien eingewandert
ist. — Die Möserhypothese hat auf den ersten Blick etwas
Bestechendes, denn gerade nördlich von den Thrakern, wo man
Homers Myser sucht, findet sich in späterer Zeit das Volk
der Möser. Auch in neuerer Zeit ist man nicht abgeneigt
gewesen, diese Möser zur Erklärung von N 5 heranzuziehen,
so z. B. Kiepert.[1]) Aber genau besehen ist es mit den homerischen Mösern ebenso schlimm bestellt wie mit den homerischen Bithynern. Für den Stamm, der zu Strabons Zeit auf
beiden Seiten des Istros wohnte, giebt es kein älteres Zeugniss
als das Artemidors. Und das argumentum ex silentio wiegt
in diesem Fall gewaltig schwer, denn die zusammengestellten
Ansichten der älteren Gelehrten zeigen, wie sehr man sich um
die Myser im N bemühte. Herodot, Ps.-Skylax, Ephor geben
uns von den zu ihrer Zeit nördlich vom Hämus hausenden
Völkern genaue Kunde und speciell Herodot, der doch von
einem einstmaligen Zug der Teukrer und Myser nach Thrakien
zu berichten weiss, nennt bei der Aufzählung der realen Stämme
Thrakiens die Myser oder Möser nicht. Die Geten waren
damals (und bis zur Zeit des Menander Str. 296 f.) in Nord-
thrakien der vornehmste Stamm. Noch zu Strabons Zeit wurden

---

[1]) Lehrb. S. 105 „das nordwestlich vom gross-phrygischen Hochlande gegen Propontis und Hellespont sich abdachende Stufenland verdankt (den Namen Mysia) . . . den ältesten in der Geschichte bekannten
Bewohnern, den Mysern, deren Name sich auch auf der europäischen
Gegenseite an der unteren Donau hin (von den Römern Moesi gesprochen) findet, woraus schon die Alten auf einen gemeinsamen Ursprung und eine Wanderung aus Europa nach Asien (Strabo) oder umgekehrt (Herodot) geschlossen haben.“ Auch S. 331, 1 nimmt Kiepert
an, dass Herodot bereits die Möser im Auge gehabt habe. — Dass
Herodot in seinen Angaben irgendwie durch den Stamm der Moeser
beeinflusst worden, wäre erst zu beweisen. Die Behandlung der realen
Ethnographie Thrakiens durch Herodot zeigt im Gegentheil, dass er vom
„unbedeutenden Bergvolk der Myser (Möser)“ keine Ahnung hat. Und da
sich sein teukrisch-mysischer Zug durch Thrakien in westlicher Richtung
bis ans ionische Meer ausdehnt, so werden wir eher annehmen können,
dass er sich die Myser des N in der gleichen Gegend wie Hellanikos gedacht
hat. Cf. u. S. 326 f. (Wie Kiepert urtheilt auch Helbig, hom. Epos S. 7.)

21*

durch Aelius Cato wieder 50 000 Geten diesseit des Istros angesiedelt, die in sehr unklarer Weise als Zeugniss für Strabons Möserhypothese herhalten müssen.[1]) Woher die Möser gekommen, aus dem Norden oder dem Westen, ist durchaus unklar. In ihren geschichtlichen Sitzen am unteren Lauf des Istros haben sie auf jeden Fall spät Fuss gefasst. Dass Apollodor sie nicht heranzieht, ist zwar kein Beweis dafür, dass er sie noch nicht gekannt hat, aber doch beachtenswerth. Ihre Einwanderung mag gerade während seiner Lebenszeit stattgefunden haben und er würde demnach ihre Heranziehung zur Homerexegese abgelehnt haben. Mit den Mösern können wir schlechterdings nichts anfangen. Selbst wenn sie schon beträchtlich früher am Istros gesessen hätten (was nicht der Fall), so würden sie nicht herangezogen werden dürfen, denn sie heissen eben nicht Myser sondern Möser. Gegen Kiepert (Lehrb. S. 330 ff.) muss ich bemerken, dass von den Griechen die Möser erst dann mit dem Mysernamen bezeichnet worden sind, nachdem die Ansicht zur Geltung gekommen war, dass die Myser des N und die Möser der Donau gleichen Stammes seien. Aber selbst dann gelangte die Schreibung Μυσοί für Μοισοί noch nicht zu sofortiger Anwendung. Poseidonios war, wie wir gesehen haben, weit davon entfernt, Artemidor und ebenso Strabo halfen sich durch Annahme einer Metonomasie. Alle mit der Möserhypothese zusammenhängenden Angaben der alten Schriftsteller sind werthlos. — Nun bleiben jene Zeugnisse übrig, welche in Thrakien richtige Myser d. h. mit den kleinasiatischen stammverwandte Myser erwähnen. Dafür tritt zunächst Herodot mit einer sehr bestimmt klingenden Angabe ein (VII 20). Er setzt seine Wanderung der Teukrer und Myser aus Kleinasien nach Thrakien u. s. w. als die älteste aller bekannten vor die Troica. Von einer auf Herodot gekommenen Ueberlieferung kann dabei keine Rede sein, denn in die Zeit vor den Troica ging keine Ueberlieferung zurück. So ist es also nur eine Combination zwischen den Angaben Homers und zwei aus historischer Zeit stammenden Aussagen über thrakische Teukrer und thrakische Myser. Zu beiden

[1]) VII p. 303 § 10. cf. Serv. zu Aen. III 35 Getae populi sunt Mysiae.

kann ich kein rechtes Vertrauen fassen. Die erste entstammt einer Anekdote aus der Zeit des Darius: zwei Paeoner, die mit ihrer Schwester nach Sardes gekommen sind und des Königs Aufmerksamkeit erregt haben, erwidern auf seine Frage nach ihrer Herkunft, dass sie Paeoner vom Strymon seien, die Paeoner aber Τευκρῶν τῶν ἐκ Τροίης ἄποικοι. Das ist kein geschichtliches Zeugniss und vielleicht nur renommistische Beanspruchung möglichst edler Abstammung, eine Steigerung der von Homer bezeugten Waffenbrüderschaft zwischen Priamos und den Paeonern zu wirklicher Blutsverwandtschaft. Das zweite Zeugniss liefert dem Herodot die Behauptung der Bithyner aus ihrer thrakischen Heimath durch Teukrer und Myser vertrieben worden zu sein. Die Verbindung der Myser mit den Teukrern ist in diese Angabe (VII 75) wohl erst von Herodot hineingebracht worden, der seinen gemeinsamen Zug von Teukrern und Mysern nach Thrakien ja schon VII 20 aufgestellt hat; die Bithyner werden eben nur behauptet haben, von Mysern aus ihrer Heimath vertrieben worden zu sein, und solcher Behauptung wäre ein Sinn abzugewinnen. Denn die Bithyner hatten in Kleinasien von mysischem Gebiet Besitz genommen, konnten also zur Beschönigung ihrer Occupation immerhin auf eine angebliche Vergewaltigung durch die Myser verfallen. So viel wird man zugeben, dass die päonisch-bithynischen Angaben nicht den Werth authentischer Zeugnisse besitzen, auf Grund welcher der von Herodot erwähnte teukrisch-mysische Zug nach Thrakien als eine beglaubigte Thatsache betrachtet werden könnte. Herodot selbst hat durch die Datirung dieses Zuges (πρὸ τῶν Τρωικῶν γενόμενον) uns die Sicherheit an die Hand gegeben, dass es sich bei demselben nur um eine Construction des Geschichtsschreibers handeln kann. Homer kannte in Thrakien Paeoner und Myser, nun, so waren sie eben schon vor den Troica hinübergezogen, und wenn Paeoner und Bithyner in geschichtlicher Zeit (Gott weiss mit welchem Recht) Aussagen machten, die zu Homer so gut stimmten, so konnten dieselben einem griechischen Historiker nur willkommen sein.[1]) Dem-

---

[1]) Ein scheinbar selbständiges Zeugniss für thrakische Myser liefert Nic. Dam. fr. 71 („nicht nach Xanthos" C. Müller) in der Erzählung

nach kann ich die Angaben Herodots über thrakische Myser
als selbständige, Homer stützende Zeugnisse nicht anerkennen.

Uebrig ist noch ein Zeugniss, das des Hellanikos,
welcher, wir erkennen nicht mehr in welchem Zusammenhang,
in Makedonien als einzige Mitbewohner neben den Makedonern
Myser nannte. Irgend ein Band zwischen dieser Angabe und
derjenigen Herodots, dass die Teukrer-Myser ihren thrakischen
Eroberungszug bis nach Thessalien und an das ionische Meer
ausgedehnt, wird wohl bestehen, d. h. bei Hellanikos wie bei
Herodot eine Construction auf Grund Homers vorliegen; nur
hat letzterer sich von dem Anachronismus des Hellanikos frei-
gehalten, welcher Myser und Makedoner gleichzeitig im selben
Lande zusammenwohnen lässt. Abel freilich schafft die Myser
des Hellanikos mit der Behauptung aus der Welt: „Diese
Myser sind zweifellos die Phryger vom Bermios“. Das ist
keineswegs zweifellos, denn wir werden doch einem Lesbier
nicht zutrauen, dass er zwischen Phrygern und Mysern keinen
Unterschied zu machen wusste. Hätte Hellanikos Phryger gemeint, so hätte er auch Phryger genannt. Die Myser in
Makedonien sind also für das zu nehmen, wofür sie sich geben.
Aber auch dann sind wir, fürchte ich, von einem geschicht-
lichen Zeugniss weit entfernt, denn auch hier scheinen die
Myser des N im Spiele zu sein. Bei Eustathios nämlich zu
N 1 und im Schol. V zu N 5 findet sich die Spur einer ver-
schollenen homerischen Lysis, welche Zeus seinen Blick über
Troja weg auf Thraker und makedonische Myser richten
liess. Schol. Vict.: Μυσῶν· τινὲς τῶν ἐν Μακεδονίᾳ. Eu-
stathios mengt istrische und makedonische Myser zusammen:
Μυσῶν ἀγχεμάχων τῶν ἐν Μακεδονίᾳ τε καὶ Ἴστρῳ. Dieser
Lysis hätte man entgegenhalten können, 1) dass dann Zeus
nicht zur Seite sondern weiter vorwärts blicke, wogegen
der homerische Ausdruck πάλιν τρέπεν streite, 2) dass dann
Zeus den von Samothrake den Achäern zu Hülfe eilenden
Poseidon (N 17 ff.) hätte bemerken müssen, und merkwürdig,

vom lydischen König Alyattes und der thrakischen Myserin. Diese
Geschichte ist aber eine vollständige Parallele zu der Anekdote von
Darius und der Paeonerin und nur Herodot nachgebildet.

jedes dieser Argumente findet sich denn auch wirklich: Bei
Eustathios zu N 5 heisst es: οὐδ' ἂν διέλαθεν αὐτὸν ὁ Ποσει-
δῶν ἐκ τῆς Θρηικίης Σάμου βοήθειαν ἐξαρτύσας τοῖς Ἀχαιοῖς,
freilich in einem Zusammenhang, wo es keine Berechtigung
hat. Und bei Strabo p. 295 (Ende) steht ein Satz, den ich
schon oben S. 310, 2 als mit dem Standpunkt der Strabonischen
Polemik unvereinbar erklären musste. ὁ δ' ἀπὸ τῶν Τρώων
μεταφέρων τὴν ὄψιν ἐπὶ τοὺς μὴ ὄπιθεν αὐτῶν ἢ ἐκ πλαγίων ὄντας
(d. h. nicht auf die asiatischen Myser) προσωτέρω μὲν μετα-
φέρει, εἰς τοὐπίσω δ' οὐ πάνυ. Es ist verwunderlich, dass
dieser Satz verständlich wird, wenn man ihn als Polemik gegen
jene Lysis fasst, welche Zeus' Blick über Ilion weg weiter
vorwärts (προσωτέρω) auf das westliche Thrakien und Makedonien fallen liess. Das ist ein Räthsel, vor dessen Lösung
zu Strabons Ungunsten ich zurückschrecke. Möge ein Anderer
die Erklärung finden. Ich bescheide mich dabei auf das Vorliegen einer Lysis, welche makedonische Myser aufstellte,
hingewiesen zu haben. Für dieselbe mussten die nach den
Mysern genannten Hippemolgen und Abier, wenn sie überhaupt
als concrete Volksstämme gedacht wurden, in Illyrien u. s. w.
angenommen werden. Dass Hellanikos mit seinen makedonischen Mysern eben dieser Richtung angehört, ist wahrscheinlich. Auch Herodot dürfte derselben wegen der seinem
teukrisch-mysischen Zuge gegebenen Richtung nicht fern
stehen.

Das Resultat bei der langen Reihe von Schriftstellern,
die nach Homer von thrakischen Mysern gehandelt haben, ist
also dieses, dass dieselben theils sicher, theils aller Wahrscheinlichkeit nach in ihren Angaben durch die Thatsache,
dass Homer im N thrakische Myser nennt, beeinflusst sind,
demnach als selbständige, Homer stützende Zeugen nicht gelten
dürfen.

Den Beschluss des Paragraphen mag eine tabellarische
Uebersicht der verschiedenen die Völkerreihe des N betreffenden
Erklärungen bilden, wobei nicht die chronologische Aufeinander-
folge der Vertreter sondern die Richtung nach der Windrose
zu Grunde gelegt ist. Man wolle dabei die o. S. 319 f. gegebene
Zusammenstellung (Myser und Phryger) vergleichen.

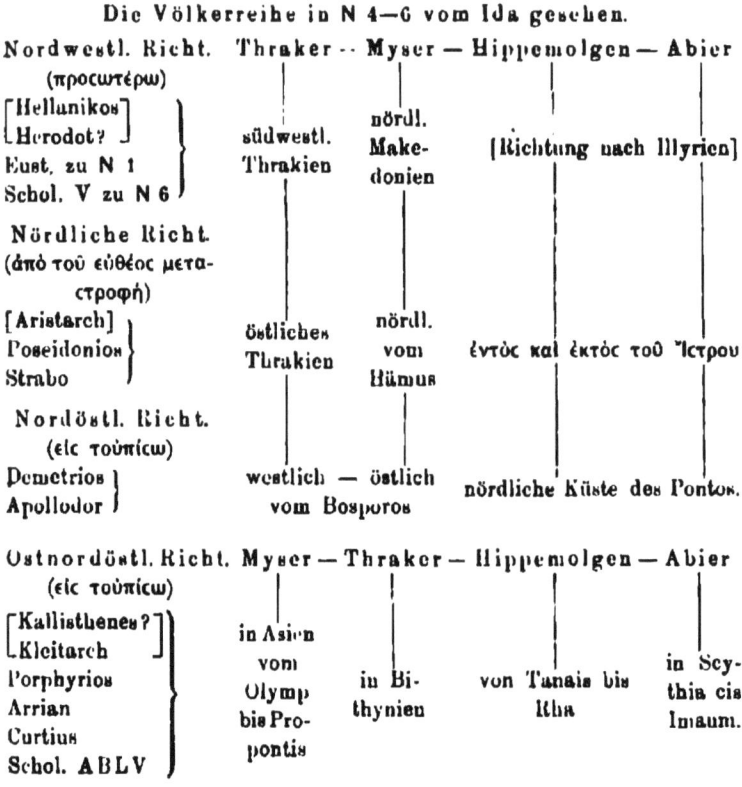

Die Völkerreihe in N 4—G vom Ida gesehen.

Nordwestl. Richt.	Thraker	-- Myser	— Hippemolgen	— Abier
(προcωτέρω) [Hellanikos] [Herodot?] Eust. zu N 1 Schol. V zu N 6	südwestl. Thrakien	nördl. Make- donien	[Richtung nach Illyrien]	
Nördliche Richt. (ἀπὸ τοῦ εὐθέος μετα- cτροφή) [Aristarch] Poseidonion Strabo	östliches Thrakien	nördl. vom Hämus	ἐντὸς καὶ ἐκτὸς τοῦ Ἴcτρου	
Nordöstl. Richt. (εἰc τοὐπίcω) Demetrios Apollodor	westlich — östlich vom Bosporos		nördliche Küste des Pontos.	
Ostnordöstl. Richt.	Myser	— Thraker	— Hippemolgen	— Abier
(εἰc τοὐπίcω) [Kallisthenes?] Kleitarch Porphyrios Arrian Curtius Schol. ABLV	in Asien vom Olymp bis Pro- pontis	in Bi- thynien	von Tanais bis Itha	in Scy- thia cis Imaum.

§ 5.

Homer gegen Xanthos.

So bleibt denn der einzige Homer übrig und gegen ihn steht die lydische Tradition, die Herodot bekannt ist, ihren reinsten Ausdruck aber bei Xanthos findet, welcher die Myser als lydische ἄποικοι in Anspruch nimmt und ihre Geschichte ausschliesslich in Kleinasien sich abspielen lässt. Der einzig mögliche Ausgleich dieses Widerspruchs liegt in der Annahme, dass ein Theil der von Lydien ausgegangenen Myser schon vor den Troica nach Thrakien hinübergewandert ist. Diesen Ausgleich hat Herodot unternommen, aber der Widerspruch wird dadurch nur verdeckt, nicht beseitigt. Schliesslich sehen wir uns doch vor die Frage gestellt: sollen wir Homer glauben oder Xanthos? Für Homer gab es in Europa den Thrakern benachbart ein Myservolk und die in der Ilias auftretenden mysischen ἐπίκουροι können wir vom Standpunkt der Ilias eben nur von jenem Volk hergekommen denken. Denn Homer kennt keine Mysersitze in Asien und thatsächlich ist in der homerischen Ethnographie des westlichen Kleinasiens für Myser auch gar kein Platz übrig (vgl. unten S. 364). An sich betrachtet hätte der Gedanke nichts unglaubliches, dass die Myser erst nach den Troica, d. h. in einer Zeit die jünger ist als die von der Ilias festgehaltenen geographisch-ethnographischen Vorstellungen, aus Europa nach Asien eingewandert sind. Dass von diesem Ereigniss so gar keine Kunde auf uns gekommen, wäre nicht so verwunderlich. Was wissen wir denn von der Einwanderung der Bithyner und Thyner, die in älteren mysischen Besitzstand eingedrungen sind? Nur die Thatsache ihrer Einwanderung liegt vor, alles übrige hat problematischen Werth.[1]) Was wissen wir von den tyrsenischen

---

[1]) Die angebliche Vertreibung der Bithyner vom Strymon durch Myser (Herod. VII 75) wurde oben S. 325 besprochen. Die Zeit der bithyn. Einwanderung in Kleinasien war ganz unklar. Die scheinbar sehr widersprechenden Ansätze (nach Eusebios Abr. 1045 = 969 v. Chr., dagegen nach Arrian Bith. fr. 37, ὅτε οἱ Κιμμέριοι τὴν Ἀσίαν κατέτρεχον, οὓς ἐκβαλόντες ἐκ Βιθυνίας οἱ Θρᾷκες ᾤκησαν αὐτοί) beruhen übrigens nur auf zwei verschiedenen Datirungen des Kimmeriereinfalls. Denn wie Rohde im Rh. M. XXXVI S. 559 ff. festgestellt hat, wurde Homers Zeit von den einen nach dem Kimmeriereinfall bestimmt, also bis ins 7. Jahrhundert hinabgerückt, von anderen jedoch der Kimmeriereinfall nach der anderweitig bestimmten Zeit Homers datirt, d. h. auf Abr. 940 angesetzt (Rohde a. a. O. S. 563). Zu letzterem Ansatz muss jener von Eusebios für die Einwanderung der Bithyner angemerkte (Abr. 1045) in Beziehung stehen. Denn aus Arrian fr. 37 ersehen wir, dass die bithynische Invasion als die Nachfolgerin der kimmerischen betrachtet wurde (vgl. u. S. 331 A. 3). Nun wurden auf die Dauer der kimmerischen Herrschaft in Kleinasien, wie aus Aristoteles fr. 190 (Müll.) erhellt, rund 100 Jahre gerechnet. Demnach ist bei Eusebios das Datum der bithyn. Einwanderung nur auf Grund seines Kimmerieransatzes gefunden. Denn waren die Kimmerier Abr. 940 nach Kleinasien gekommen und die Bithyner ihre Verdränger, so musste diese Verdrängung 100 Jahre nach dem Kimmeriereinfall (cf. Aristoteles) stattgefunden haben; das giebt bei genauer Rechnung Abr. 1040, dagegen unter Berücksichtigung der von Gutschmid festgestellten Tendenz (vgl. z. B. „mak. Anagrapho" Symb. phil. Bonn. S. 100), durch Zufügung oder Abzug von Einern die ganz genaue Rechnung zu vermeiden, folgenden Ansatz: Die Bithyner

Pelasgern, welche etwa im 8. Jahrhundert plötzlich an der kleinasiatischen Küste auftauchen (Antandros, Pitane etc.), was von
den thrakischen Edonern, die im Besitz von Antandros den
Kimmeriern vorausgegangen waren[1]), was von der Geschichte
des Flussnamens Odryses (Nebenfluss des Rhyndakos), der doch
nur unter Heranziehung der thrakischen Odrysen (Kiepert,
Lehrb. S. 106, 2) seine Erklärung findet? Wer giebt uns
über die Thraker Aufschluss, die als Nachfolger dryopischer
Bevölkerung (Str. 586, 8) um Abydos sitzen? Wie viel wissen
wir selbst vom Einbruch der Kimmerier und Treren, der doch
das letzte Glied in jener Kette von Völkereinwanderungen
nach Kleinasien ist! Nur einzelne Thatsachen treten aus dem
Dunkel etwas deutlicher hervor: die Zerstörung von Sardes
durch die Kimmerier und die glückliche Vertheidigung von
Ephesos (Kallinos), die Zerstörung Magnesias durch die Treren
(Archilochos), der Selbstmord des König Midas durch Stier-
blut (Str. p. 61), die Besetzung der späteren Stelle Sinopes
durch Kimmerier (Herod. IV 12), ihre 100jährige Herrschaft
über Antandros (Aristoteles); daneben verkünden zwei Orts-

sind 100 + 5 Jahre nach den Kimmeriern eingewandert, also Abr. 1045.
So sind also Eusebios und Arrian in der relativen Zeitbestimmung der
bithyn. Einwanderung einig. Dagegen wird letzterer für den Kimmeriereinfall schwerlich den frühen Ansatz des Eusebios im Auge gehabt
haben. — Nun haben wir aber gesehen, dass derselbe Arrian, der fr. 37
die Bithyner unter Pataras in kimmerischen Besitz einwandern lässt, an
einer anderen Stelle (fr. 40) dieselben mit den Mysern in engste Verbindung bringt, indem er Bithynos und Mysos zu Söhnen der Arganthone
machte, also hier (wie oben S. 313 wahrscheinlich gemacht wurde) die
Bithyner mit den homerischen Thrakern gleichsetzt. Das sieht wie ein
Widerspruch zu der Verbindung mit den Kimmeriern aus, doch vergesse
man nicht, dass Arrian ja zu den Vertretern der Bithynerhypothese in
N 4 gehört, also Homer für jünger als die Zeit des Kimmeriereinbruchs
halten musste, demnach konnten für ihn beide Versionen neben einander
bestehen: Die Bithyner des Pataras als die geschichtliche Grundlage,
die Thraker des Rhesos als die poetischen Repräsentanten der bithynisch-
thynischen Einwanderung. Wurde dann Rhesos zum Vater des Bithynos
und Mysos gemacht, so sollte damit offenbar nur dem grenznachbar-
lichen Verhältniss der beiden Stämme ein mythischer Ausdruck gegeben
werden. Verquickung der Bithyner mit den Thrakern des Rhesos auch
bei Appian Mithr. 1.
[1]) Aristot. fr. 433 Rose = 190 Müll.

namen Trarion[1]) die Stätte ehemaliger trerischer Zwingburgen.
Hier und da zuckt ein Lichtstrahl auf, aber das Ganze der Bewegung bleibt in Dunkel gehüllt. Wie wenig sichere Kunde
den Griechen selbst über die Geschichte dieses Einfalls zu
Gebote stand, beweist die Unklarheit über den Weg, welchen
die Kimmerier genommen haben sollen und die ebenso grosse
Unklarheit über das Verhältniss zwischen Kimmeriern und
Trerern, die doch sicher zu gleicher Zeit (Kallin. fr. 3 und 4)
in Kleinasien gehaust haben.[2]) Gegenüber dieser unsicheren
Kunde von einem bereits in geschichtlich hellere Zeiten fallenden, die asiatischen Griechen so tief berührenden Ereigniss
ist das Dunkel, welches über der früher fallenden Einwanderung der Bithyner[3]) liegt, sehr erklärlich und vollends von
einer mysischen Einwanderung (wenn man auf Grund Homers
eine solche annimmt) konnte später alle Kunde verschollen
sein, dieses Ereigniss aber doch in einer Zeit stattgefunden
haben, welche entweder jünger ist als die des Dichters des N
oder doch nur so wenig älter, dass jener Dichter den früheren
Zustand, welcher noch keine asiatischen Myser kannte, festhalten konnte.[4])

---

[1]) Vgl. o. S. 204, 1, doch muss ich jetzt hinsichtlich des Perperene
benachbarten Trarion auf die Nachträge verweisen; in dem Namen liegt
möglicherweise nur eine Textverderbniss aus „Tiare" vor.

[2]) Ueber den Kimmeriereinfall Rohde im Rh. Mus. XXXVI S. 558 ff.
E. Meyer, G. d. A. I § 452, Busolt gr. G. I 328 ff.

[3]) E. Meyer G. d. A. I § 452 scheint geneigt das Erscheinen der
Edoner und Bithyner in Kleinasien mit dem Kimmerierzug in Ver-
bindung zu bringen. Ich glaube, dass sowohl Edoner wie Bithyner vor
den Kimmeriern nach Asien gekommen sind. Die Edoner sind bei
Aristoteles doch allem Anschein nach vor den Kimmeriern Bewohner von
Antandros. Die Bithyner werden freilich von Arrian (und indirect von
Eusebios) mit den Kimmeriern in Verbindung gebracht, aber das kann
doch nicht als geschichtliches Zeugniss gelten, wird vielmehr nach Rohde,
Rh. Mus. XXXVI S. 355 zu beurtheilen sein, d. h. auf eine Verquickung
der historischen Kimmerier mit dem fabelhaften Todtenvolke gleichen
Namens zurückgehen, dessen Stätte bei dem bithynischen Heraklein angenommen wurde (Herakleides, Kallistratos). Herodot hat sich die Einwanderung der Bithyner offenbar lange vor dem Kimmeriereinfall stattgefunden gedacht, als eine Folge seines teukrisch-mysischen Uebergangs
nach Thrakien.

[4]) Analog dem Verhalten der Ilias gegen die Griechen, deren Colonien

— 332 —

Die wechselvollen Zeiten von Völkerwanderungen lassen
es zu keiner sicheren Ueberlieferung kommen und der Kimmerier-
Trereneinfall nach Kleinasien ist gewiss kein isolirtes Ereigniss
sondern nur die letzte Zuckung einer durch Jahrhunderte fort-
gegangenen Völkerwanderung, welche die ethnographischen
Verhältnisse Thrakiens sowie des nordwestlichen Kleinasiens
mehrmals verändert hat. Ein kühner griechischer Reisender
des 7. Jahrhunderts hat für einen Augenblick jenen Schleier
gelüftet, hinter welchem das Völkerdrängen der Nordländer
sich abgespielt hat. Wenn Aristeas von Prokonnesos[1]) während
der durch Kimmerier und Treren in Asien hervorgebrachten
Verwirrung zu den Skythen wanderte und die Erklärung des
Kimmeriereinfalls in den Beziehungen der Nordvölker fand,
so waren dieselben keineswegs einmalige oder vorübergehende
sondern ein chronischer Zustand unter den Steppenvölkern:
τούτουc ὧν πάντας πλὴν Ὑπερβορέων, ἀρξάντων Ἀριμασπῶν,
ἀεὶ τοῖcι πλησιοχώροιcι ἐπιτίθεcθαι (das folgende handelt
speciell von dem Anstoss zur Auswanderung der Kimmerier)
Herodot IV 13. Es liegt durchaus kein Grund vor diesen
Völkerschub für einen einmaligen zu nehmen. Im Gegentheil:
wir sehen eine ganze Reihe von Wanderungen und Verschiebungen im südöstlichen Europa vor sich gehen und nach
Kleinasien hinübergreifen; wir erfahren von Edonern, die plötzlich in Antandros sitzen, von Bithynern, die über den Bosporos
gehen, von Phrygern, die nach den Troica denselben Weg
eingeschlagen, von Troas Besitz ergriffen und die Myser südwärts gedrängt haben (Xanthos). Offenbar sind das von nördlich andrängenden Stämmen erzwungene Auswanderungen gewesen, die einen ziemlich langen Zeitraum ausgefüllt haben,
bis mit dem Kimmeriereinfall diese Bewegungen endlich zur
Ruhe kamen[2]). Dass von einer solchen Welle auch die Myser
nach Kleinasien hinübergeworfen worden, ist an sich doch gar

an der kleinasiatischen Küste geflissentlich ignorirt werden (Tlepolemos
v. Rhodos ist interpolirt. cf. o. S. 119 f.).

[1]) Um 650 v. Chr. vgl. Gutschmid bei Niese Schiffskatalog S. 49.

[2]) Genau genommen stimmt nicht einmal das, denn wir erfuhren
von einem Skytheneinbruch in Thrakien zur Zeit Miltiades' II. 493 v. Chr.
(Herod. VI 40).

nicht so undenkbar. Man würde diese Folgerung aus dem
Zeugniss Homers gewiss unbedenklich ziehen, wenn dem nicht
das Zeugniss aus lydischer Quelle entgegenstände. In diesem
Widerstreit zweier sich ausschliessender Auffassungen bleibt
nichts übrig, als beide ihrer inneren Wahrscheinlichkeit nach
gegen einander abzuwägen. Lässt man den Standpunkt der homerischen Poesie gelten,
nach welchem die Myser in Europa und zwar anscheinend
nördlich von den am Hellespont anhebenden Thrakern wohnen,
dagegen in Kleinasien noch nicht bezeugt sind, so muss angenommen werden, dass der mysische Stamm, wohl unter dem
Druck von Völkerwanderungen, entweder erst nach dem Entstehen der Ilias aus Thrakien nach Kleinasien hinübergegangen
ist, oder doch nicht so viel früher, dass die Ilias den älteren
Zustand nicht hätte festhalten können. Demnach müsste das
Vorrücken der Myser in Asien eine Richtung von Norden
(Bosporos) gegen Süden (histor. Sitze der Myser an der Grenze
Lydiens) eingeschlagen haben. Dazu stimmt sehr gut die
Ueberlieferung, dass der Bosporos, bevor er den Namen des
thrakischen erhielt (bithynische Einwanderung), der mysische
genannt worden sei. Wir besitzen dafür einen guten Gewährsmann an einem Landeskinde, Dionysios von Chalkedon. Strabo
ruft denselben zu Gunsten seiner Myserhypothese an, es scheint
indess die Angabe des Chalkedoniers eine ohne Seitenblicke
auf gelehrte Theorien gemachte und darum ein sehr unver-
dächtiges Zeugniss zu sein. Auf Spuren von Mysern in den
Hypiabergen bei Herakleia (Nymphis fr. 6) haben wir schon
oben hingewiesen. Zu den nördlichen Sitzen der Myser gehört
auch das Gebiet des mons Arganthonius. Herodots isolirte,
also sehr unverdächtige Angabe, dass Kios einst mysisch war,
bestätigt Aristoteles. Eine erste Station gegen Süden bezeichnet
der Olymp (Herodot, Xanthos), eine zweite die Abrettene
(Xanthos); von hier haben sich die Myser denn noch weiter,
theils ostwärts (Abaitis)[1], theils südwärts bis in die lydische
Katakekaumene hinein ausgebreitet. Eine vorübergehende Besetzung auch der Westküste ist verbürgt (Thebes pedion),

---

[1] Selbst der mons Dindymus heisst mysisch Str. 626 § 5.

nach Klearch (fr. 25 Müll.) sollen sich Myser auch an der Gründung von Gergitha am nördlichen Fuss des Ida betheiligt haben. Die kleinasiatischen Myser fügen sich gut zur Vorstellung, dass dieser Stamm zunächst am nordwestlichen Eingangsthor Kleinasiens hausend von nachrückenden Stämmen allmählich immer weiter südwärts gedrängt worden ist. Xanthos schreibt diese Rolle ausdrücklich Phrygern aus Thrakien zu, ohne dass wir uns der Stichhaltigkeit dieser phrygischen Einwanderung vergewissern können. Sicher sind die Myser einstmals im Besitz des asiatischen Bosporosgestades gewesen, von hier aber wohl durch die einwandernden Bithyner verdrängt worden. Westlich vom Askaniasee scheinen sich Bruchstücke derselben lange noch gehalten zu haben, die Hauptmasse der Myser aber verräth eine strahlenförmig gegen Süden vordringende Bewegung: sie erscheinen als Verdränger der homerischen Kilikier und Bedränger der Teuthranier, als Verdränger der Phryger und schliesslich auch der Lyder. Mit solcher Wahrnehmung stimmt die aus Homer gewonnene Ansicht, dass die Myser zu den aus Europa eingewanderten Völkern Kleinasiens gehören, aufs beste.

Ja in einem verhältnissmässig jungen Bestandtheile der Ilias selbst, in dem Verzeichniss der troischen Streitkräfte B 816—77, glaube ich bereits die Spur dieser Wanderung ausgeprägt zu finden. Der vielgeschmähte Τρωϊκὸς διάκοσμος ist in seiner nüchternen, den rein sachlichen Standpunkt eines Katalogs gut innehaltenden Weise eine nicht unwichtige Urkunde. Dieses Verzeichniss zeigt in zwei Gruppen der aufgezählten Bundesgenossen, in den Versen 844—50 und 862—77, die ganz unläugbare Absicht geographischer Anordnung:

1. Die thrakischen ἐπίκουροι (v. 844—50) sind in der Richtung von Osten nach Westen aufgezählt: hellespontische Thraker-Kikonen-Paeoner.

2. Die Gruppe Phryger-Mäoner-Karer-Lykier (v. 862—77) in der Richtung von Norden nach Süden.

Zwischen beiden Gruppen erscheint eine dritte, bestehend aus den drei Gliedern Paphlagoner-Alizonen-Myser. Die voranstehenden Paphlagoner sind durch die Verse 853—55

in dem historischen Paphlagonien localisirt, die Alizonen und
Myser ohne Angabe ihrer Sitze eingereiht. Nach Massgabe
der umgebenden Gruppen müssen wir natürlich auch für diese
drei Volksstämme eine Anordnung nach ihren geographischen
Sitzen annehmen. Geht nun die Reihenfolge der thrakischen
Bundesgenossen von der Propontis nach Westen, andererseits
die auf die Myser folgende Gruppe (Phryger, Mäoner etc.) von
der Propontis[1]) nach Süden, so werden wir für die Reihe
Paphlagoner-Alizonen-Myser, deren festen Ausgangspunkt die
Landschaft Paphlagonien bietet, eine Richtung von Osten her
auf die Propontis anzunehmen haben. Die Alizonen wären
demnach westlich von den Paphlagonern anzusetzen und die
Myser als die an letzter Stelle genannten, kämen dem Bosporos und der Propontis am nächsten, also genau dorthin zu
stehen, wo man, wie wir gesehen haben[2]), unabhängig von
Homer Spuren mysischer Bevölkerung nachweisen kann. Die
„fern von Alybe, der Quelle des Silbers, gekommenen Alizonen"
waren für das nachhomerische Zeitalter völlig verschollen. Aus
keinem anderen Grunde als Localpatriotismus hat sie Strabo
(p. 549 ff. § 19—24) in den Chalybern wiedergefunden, welche
in geschichtlicher Zeit in Pontos auf den Bergen südlich von
Kerasus (Pharnakeia) hausten. Die Alizonenstadt Alybe mit
den Chalybern in Zusammenhang zu bringen, lag nahe genug,
und wenn sich das Gebiet der Chalyber zu Strabons Zeit auch
nicht durch Silber auszeichnete, sondern durch Eisenerz und
Stahl (χάλυψ), so konnte daselbst in früheren Zeiten immerhin
auch Silber gewonnen worden sein: ἐκ δὲ τῆς γῆς (ἔχουσι) τὰ
μέταλλα νῦν μὲν σιδήρου πρότερον δὲ καὶ ἀργύρου (§ 19). Das
klingt sehr bestimmt und ist doch nur eine Hypothese, wie
Strabo § 23 selbst durch den Satz verräth: εἰ καὶ μὴ ἔστι νῦν
ἐν τοῖς Χάλυψι τὰ ἀργυρεῖα, ὑπάρξαι γε ἐνεδέχετο. Strabo
kannte also kein Zeugniss für Silberbau bei den Chalybern
und musste sich mit der Annahme begnügen, dass ehemals

---

[1]) Die Phryger kommen vom See Askania, doch hat sich der Verfasser des Katalogs ihre Sitze im Hinblick auf die Ilias jedenfalls durch
das Gebiet des Sangarios südwärts bis zu den Mäonern ausgedehnt
gedacht.

[2]) Oben S. 276 f. und 298.

Silber gewonnen sein könne, wo jetzt Eisenerz gefunden
werde. Diese Thatsache ist sehr beachtenswerth gegenüber
der Angabe Arrians, peripl. 16, 4 (cf. Anonymi peripl.
13), dass 20 Stadien von Tripolis in Pontos, (also gerade in der
Gegend, wo Strabo die Chalyber ansetzt,) ein Ort· Argyria
existire. Strabo würde sich dieses Argument zu seinen Gunsten
nicht haben entgehen lassen, wenn ihm das pontische Argyria
bekannt gewesen wäre, und dem Amasener werden wir eine
mangelhafte Orientirtheit in der eigenen Heimath nicht vorwerfen können. Also muss die Gewinnung von Silber in der
Gegend von Pharnakeia und somit der Ort Argyria späteren
Datums sein als das Zeitalter Strabons. Unter solchen Um-
ständen bin ich ausser Stande, mich Hamilton (Reisen in
Kleinasien, deutsch von Schomburgk I 244), Ed. Meyer (G. d.
Kgr. Pontos S. 12, G. d. Alterth. I § 245) und O. Schrader
(Sprachvergl. und Urgesch. S. 259) anzuschliessen, welche kein
Bedenken tragen mit Strabo das Silberland der Alizonen in
dem Gebiet der Chalyber anzusetzen. Ja selbst wenn der
Silberbergbau der Landschaft Pontos sich bis vor Strabons
Zeit zurückverfolgen liesse (was nicht der Fall ist), so wäre
damit durchaus nicht ein Argument für die Annahme gewonnen,
dass der Verfasser des troischen Katalogs mit seinen Alizonen
von Alybe die Chalyber gemeint habe, denn auch im westlichen Kleinasien wurde im Alterthum Silber gewonnen und
von den alten Gelehrten daraufhin die Alizonenfrage zu lösen
gesucht. Und ich sehe keinen Grund dem Anspruch Strabons
ein grösseres Gewicht beizulegen als dem ähnlichen Anspruch
des Demetrios die Alizonen Homers an die seiner Vaterstadt
Skepsis benachbarten Ortschaften Alazonia und Argyria zu
knüpfen (Str. 552, 23). Der patriotische Eifer mag beiden als
Entschuldigungsgrund angerechnet werden, die Willkür aber
ist bei dem einen dieselbe wie bei dem anderen, wenn auch
bei beiden nicht ganz so rücksichtslos wie bei Ephor, der um
den in B 855/6 genannten Stamm für seine Heimath zu erobern, Alizonen in Amazonen, Alybe in Alope verbesserte und
das unbequeme „Silberland" durch die Lesart „ὅθ' Ἀμαζονίδων
γένος ἐστί" aus der Welt schaffte (Str. 550, 22).

Lassen wir diese Versuche der alten Homererklärer bei

Seite, wie sie es verdienen, und halten wir uns an Homer, der uns Rede stehen will, wenn wir ihn nur richtig befragen. Da der Verfasser des Τρωϊκὸς διάκοσμος bei sieben Stämmen die Aufzählung nach ihren geographischen Sitzen giebt, so müssen wir für den Rest von drei Stämmen dasselbe Princip voraussetzen. Hätte also der Katalogist die Alizonen östlich von den Paphlagonern gedacht, so hätte er die Reihenfolge Alizonen-Paphlagoner-Myser gewählt; da er die Reihe Paphlagoner-Alizonen-Myser giebt, so sind ihm die Alizonen westliche Nachbarn der Paphlagoner, die Myser westliche Nachbarn der Alizonen. Und da andererseits nach den Mysern mit den Phrygern eine Richtung vom Askaniasee gegen Süden eintritt, so bleibt nur übrig die Myser des Katalogs in der nordwestlichen Ecke Kleinasiens als nördliche Grenznachbarn der Phryger anzusetzen.

Die Gruppirung der troischen Bundesgenossen um die Propontis als Centrum springt bei graphischer Darstellung noch mehr ins Auge:

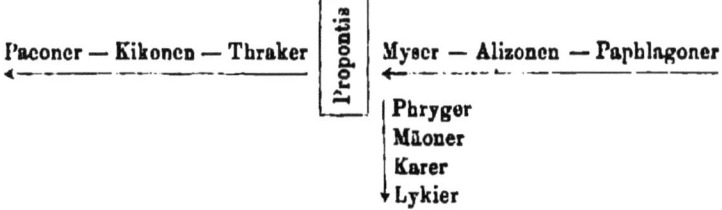

Paeoner — Kikonen — Thraker | Propontis | Myser — Alizonen — Paphlagoner
Phryger
Mäoner
Karer
Lykier

Die Anordnung der Bundesgenossen im Katalog nach der Aufeinanderfolge ihrer Sitze ergiebt, dass die Myser nördlich von den am Askaniasee angesetzten Phrygern gedacht sind, m. a. W. der Verfasser des Katalogs hat bereits zwei Gruppen von Mysern angenommen: 1) die europäischen Myser in N 5, 2) kleinasiatische Myser als ἐπίκουροι des Priamos. Die letztere Gruppe hat er augenscheinlich in der nordwestlichen Ecke Kleinasiens angesetzt, wo ja auch nach anderweitiger und zwar guter Ueberlieferung aus vorbithynischer Zeit Spuren mysischer Bevölkerung nachweisbar sind. Demnach besitzen wir in einem späteren Stück der Ilias selbst die älteste, freilich versteckte Lysis des von der Ilias gestellten Myserproblems.

Wie steht es nun mit der lydischen, durch Xanthos
und Herodot vertretenen Ueberlieferung, welche die
Myser ihren Ausgangspunkt von Lydien nehmen und in Kleinasien sesshaft bleiben (Xanthos) oder theilweise nach Thrakien
(Herodot) hinübergehen lässt? Letztere Angabe haben wir
als eine aus Homer abgeleitete Hypothese fassen zu müssen
geglaubt, übrig bleibt aber der von Xanthos wie von Herodot
vertretene Satz, dass die Myser ἄποικοι der Lyder seien. —
Hier ist es nun doch gleich eine sehr auffallende Wahrnehmung, dass Xanthos seine lydischen Gezehnteten an den
Olymp, also mitten in ein ursprünglich phrygisches und den
Phrygern nie ganz verloren gegangenes Gebiet abgesetzt werden
lässt. Von hier sollen sie nach Xanthos dann erst im Lauf
der Zeiten (in Folge einer phrygischen Einwanderung nach
Troas) südwärts in der Richtung auf ihr Mutterland Lydien
vorgerückt sein. Also nicht die zu erwartende Ausbreitung
der Myser von ihrer angeblichen Heimath gegen Norden zu,
sondern statt dessen eine sprunghafte Versetzung an den
Olymp und von dort dann eine Schiebung nach Süden gegen
die lydische Grenze, ja schliesslich weit ins obere Lydien
(Katakekaumene, Mäonien) hinein. Zudem bleibt bei der Angabe des Xanthos der nördlichste Theil Kleinasiens (mons
Arganthonius, Bosporos) ganz aus dem Spiele, während sich
daselbst doch alte Spuren der Myser bis nach Herakleia nachweisen lassen. — Wenn man sich nun erinnert, dass die Lyder
in einer frühen Zeit mit den Mysern kämpfen und ihnen
Theile ihres Besitzes entreissen (Θήβης πεδίον, auch die Gründung von Daskylion hat wohl auf Kosten der Myser stattgefunden), so wird man im Hinblick auf Homers Zeugniss an
der Zuverlässigkeit der lydischen Ueberlieferung doch irre und
der Argwohn entsteht, dass diese Ueberlieferung am Ende
nichts weiter ist als eine lydische Fiction, durch welche der
gewaltsamen Aneignung mysischen Besitzes ein Rechtstitel
verliehen, die Eroberung zu einer Besitznahme lydischen Eigenthums gestempelt werden sollte. Im Widerstreit zwischen
Xanthos und Homer sinkt die Wagschale zu Gunsten
Homers.

Die Unterstützung, welche Xanthos seinem Anspruch

durch den Hinweis auf die lydischen Elemente der mysischen Sprache giebt, ist keine gewichtige. Er sagt nur, dass das Mysische eine Mischung mit lydischen und phrygischen Elementen zeige, nicht aber, dass es Lydisch mit phrygischem Zusatz sei. Das nahe Zusammenwohnen sowohl mit Lydern als mit Phrygern konnte in die Sprache der Myser viele Lehnworte der beiden Nachbarsprachen gebracht haben und doch konnte sie in ihrem Kern ein drittes, eine mysische Sondersprache sein, etwa ähnlich wie das Estnische eine finnische Sprache ist, und zugleich sehr viel deutsche und nicht wenig russische Lehnwörter enthält. Derlei linguistische Angaben der Alten sind doch ohne Beweiskraft, da die Sprachbeobachtung sich von der auffälligen Uebereinstimmung einzelner Worte bestimmen liess, ohne von den Kriterien wirklicher Sprachverwandtschaft eine Ahnung zu haben.

Die Gemeinsamkeit des Kultus, welche zu Mylasa Karer, Lyder und Myser im Heiligthum des Zeus Karios „als Brüder" vereinte, während die Kaunier trotz ihrer karischen Sprache ausgeschlossen blieben (Herod. I 171, cf. Str. 659, 23), ist freilich eine schwerwiegende Thatsache. Derselben gegenüber ist es unmöglich eine Stammverwandtschaft der drei genannten Völker in Abrede zu stellen. Giebt man aber diese Verwandtschaft auch zu, so ist damit noch nicht ausgemacht, wie nahe dieselbe war. Sie konnte mitten unter Völkern fremden Stammes fühlbar genug sein und dennoch das Myservolk zu einer anderen Zeit und auf einem anderen Wege in das westliche Kleinasien gekommen sein als die ihm stammverwandten Lyder und Karer.

§ 6.
Zur Ethnographie Kleinasiens.

Wir betreten ein Labyrinth und eine Ariadne mit dem hülfreichen Faden ist nicht zur Stelle. So reich die Literatur über die kleinasiatische Ethnographie ist, so widersprechend sind auch die Meinungen. Am weitesten von der Wahrheit dürften sich jene Hypothesen entfernen, welche die beim Dämmern der Geschichte uns entgegentretenden Volksstämme der Halbinsel für eine im Ganzen gleichartige Bevölkerung sei es semitischer sei es indogermanischer Herkunft nehmen. Die exponirte Lage Kleinasiens macht es a priori wahrscheinlich, dass gerade hier sehr bunte Völkerschichtungen vorliegen.

Sehr verdienstlich erscheint es demnach, dass Kiepert ausser semitischen und arischen Einwanderern noch ein drittes Bevölkerungselement aufgestellt hat, eine durch ganz Kleinasien verbreitete Race, „welche möglicherweise mit den kaukasischen und subkaukasischen Stämmen zu einer Gruppe zusammengehört" und als Trägerin jener eigenthümlichen Ortsnamen auf -nd und -ss zu betrachten ist, die ganz Kleinasien umfassen und theilweise sogar nach Südosteuropa hinüberreichen (Lehrbuch der alten Geogr. § 74 und 90).[1]) Wir haben dieses Thema schon oben S. 180 ff. berührt und ebendaselbst den ähnlichen Standpunkt v. Gutschmids vorgeführt, welcher aus mehrfachen anderweitigen Uebereinstimmungen auf das Vorliegen einer gleichartigen Urbevölkerung von Troas bis Kypros und den gegenüberliegenden Küsten geschlossen hat.[2]) Solchem differenzirenden Verfahren gegenüber bezeichnen neuere Versuche einen Rückschritt, wenn man (besonders von linguistischer Seite) die Stämme der Halbinsel in ihrer grossen Masse wieder Einer Völkerfamilie und zwar der indogermanischen zuweisen will. Auch für die Spuren semitischer Kultur und Bevölkerung, an denen die Halbinsel so vielerlei aufweist, ist heute ein Universalmittel der Erklärung gefunden in der Aufstellung einer vorgeschichtlichen über ganz Kleinasien er-

---

[1]) Zu den Semiten rechnet Kiepert besonders die Lyder, Karer Kilikier, zu den Ariern die Phryger, Kappadoker, Lykier (Tremilen), zur Urrace die Leleger (§ 114. 115 cf. § 215), Pisider (§ 121), die Grundbevölkerung Lykiens (§ 118 A. 1) etc.

[2]) Die Karer hielt v. Gutschmid früher (wie Movers, Lassen, Duncker) für Semiten (Jahns JB. 1864 S. 670 ff.) und erscheint demnach als Vertreter dieser Ansicht bei Busolt, Gr. Gesch. I 32, 3. Aber Gutschmid ist von dieser Ansicht später zurückgekommen, weist übrigens im Hinblick auf Namen wie Maussollos auch die indogermanische Herkunft der Karer ab. In seiner Vorlesung über griech. Gesch. von 1885 erklärte er: „Wir wissen nicht, wer die Karer waren" und verwies als Analogon auf die Albanesen, „deren Sprache doch noch erhalten, aber keineswegs sicher unter den indogermanischen untergebracht sei". Dass er die Karer der Urbevölkerung zuzählte, ist aus meiner Nachschrift der genannten Vorlesung nicht ersichtlich.

gossenen Invasion der (syrischen) Cheta (A. Sayce, Ed. Meyer, G. Perrot u. A.). Allein die Hittiterhypothese lässt an sicheren Grundlagen doch sehr viel zu wünschen übrig. Darauf mit Entschiedenheit hingewiesen zu haben, ist ein Verdienst der trefflichen Abhandlung von G. Hirschfeld,[1]) „die kleinasiatischen Felsenreliefs und das Volk der Hittiter" (Abh. d. Berl. Akad. 1886), welche aus den Denkmälern, dem einzigen in Betracht kommenden Material, den überzeugenden Nachweis erbringt, dass hittitische Kunst auf kleinasiatischem Boden keine Stätte hat, dass vielmehr für die „anatolische Kunst", die sich in einen nördlichen und einen südlichen Kunststrom spaltet, Quelle und Anregung direct vom Mittelstromlande (Babylon und Assur) stammen. Dadurch wird der Blick wieder nach jener Seite gelenkt, woher uralte Einflüsse auf Kleinasien wirksam zu denken man längst gewohnt war. Für die Ethnographie Kleinasiens ist damit freilich noch kein positiver Factor gewonnen, denn babylonisch-assyrischer Einfluss auf die anatolische Kunst ist auch ohne directe Einwanderungen aus dem Mittelstromlande denkbar. Aber wo solcher Einfluss vorliegt, da ist die Annahme uralter semitischer Vorstösse in die Halbinsel wenigstens nicht ausgeschlossen. Mag der Semitismus in Kilikien am natürlichsten auf das aramäische Nachbarland zurückgeführt werden, in anderen Gegenden der Halbinsel kann er ganz anderen Ursprungs sein. Noth thut auf diesem Gebiet, dass man sich vor Generalisiren hütet und Volksschiebungen und Versprengungen, deren Schauplatz Kleinasien in historischen Zeiten gewesen ist (z. B. die Galater!), auch für die vorgeschichtliche Periode offen hält. Vielleicht stellt es sich noch heraus, dass auch Kieperts Dreitheilung der älteren Völker Kleinasiens in Urrace, Semiten und Arier nicht ausreicht, sondern daneben noch ein viertes, wenn nicht ein fünftes Element anzuerkennen ist, das sich keiner jener drei Kategorien einordnet.

Damit kommen wir zu der am Schluss des vorhergehenden Paragraphen berührten Trias der Myser-Lyder-Karer, welche

---

[1]) Bedenken äusserte auch Ramsay in der Archäol. Zeitung 1885, S. 208.

sich, wenn ich nicht irre, von jenen drei Kategorien in der
That als eine vierte Gruppe selbstündig abhebt.

Aus dem gemeinsamen Kult in Mylasa ergiebt sich
zunächst der Schluss, dass seine Theilnehmer (Myser-Lyder-
Karer) mit dem grossen in ihrem Rücken sitzenden Phryger-
volke in keinem verwandtschaftlichen Zusammenhange stehen,
oder doch wenigstens in keinem so nahen, dass ihnen eine
Verwandtschaft irgendwie fühlbar gewesen wäre. Das ist bei
der so schwierigen Frage nach der ethnischen Stellung
der Lyder von Wichtigkeit. Sehr unklar ist gleich innerhalb
Lydiens selbst das Verhältniss der Müoner zu den Lydern.
Homer kennt im Hermosthal nur Müoner, keine Lyder. Herodot hält beide für dasselbe Volk und hilft sich mit der Annahme einer Metonomasie I 7 und 94; übrigens nennt er
VII 77 in Kabalis einen „müonischen" Stamm Lasonier, von
dem er III 90 die Kabaleer unterscheidet. In den Fragmenten des Xanthos erscheinen nie Müoner, immer nur Lyder,
einmal (Fr. 1) als besonderer Stamm derselben mit etwas
abweichender Sprache die Torrheber; diese hat auch Herodot
I 94 im Auge, nennt sie aber Tyrsener.[1]) Bei Strabo schwanken
die Angaben je nach den Quellen. Auf Apollodor hin heisst
es p. 586, dass Λυδοὶ οἱ τότε Μήονες die thebische Ebene be-
setzten; p. 620 (ebenfalls aus Apollodor, Niese Rh. M. XXXII
S. 296): Ἐφέσιοι . . . πολλὴν τῆς τῶν Μηόνων, οὓς νῦν Λυδούς
φαμεν, ἀπετέμοντο; dagegen sind p. 576 § 13, wo nicht Apollodor
Quelle ist (Niese S. 300), Mäoner und Lyder auseinandergehalten: ἐν δεξιᾷ δὲ Μαίονας καὶ Λυδοὺς καὶ Κᾶρας; p. 625
endlich sagt Strabo im eigenen Namen: τῶν Λυδῶν, οὓς

---

[1]) Herodot lässt Tyrsenos (Bruder des Lydos, Sohn des Atys) nach
Etrurien auswandern. Vgl. Timäus fr. 19 Lydos ex Asia transvenus
in Hetruria consedisse, ut Timaeus refert, duce Tyrrheno, qui fratri suo
cesserat regni contentione (Tert.). Xanthos wusste nach der ausdrücklichen Versicherung des Dion. Halic. von Tyrsenos und der Auswanderung nach Etrurien nichts. Sein dem Tyrsenos Herodots ent-
sprechender Torrhebos (Bruder des Lydos, Sohn des Atys) ist eben nur
Eponym der lydischen Torrheber. Von grossem Interesse ist des Xanthos
Bemerkung über das Verhältniss zwischen der lydischen und der torr-
hebischen Sprache: τούτων ἡ γλῶσσα ὀλίγον παραφέρει καὶ νῦν ἔτι
ευλοῦσιν ἀλλήλους ῥήματα οὐκ ὀλίγα, ὥσπερ Ἴωνες καὶ Δωριεῖς.

ὁ ποιητὴς καλεῖ Μήϊονας οἱ δ᾽ ὕςτερον Μαίονας, οἱ μὲν τοὺς αὐτοὺς τοῖς Λυδοῖς οἱ δ᾽ ἑτέρους ἀποφαίνοντες· τοὺς δ᾽αὐτοὺς ἄμεινόν ἐςτιν λέγειν. Strabo stellt sich also auch auf den Standpunkt Apollodors und Herodots. Allein gegen die Gleichsetzung von Mäonern und Lydern füllt die Thatsache schwer ins Gewicht, dass der Name Mäonien am östlichen Theil Lydiens haften geblieben ist. — Die neueren Gelehrten sind meist der Ansicht, dass unter den Mäonern und den Lydern verschiedene Stämme zu verstehen sind. Abel (Makedonien S. 53) hält die Mäoner für die ältere, den Phrygern nahe verwandte Bevölkerung Lydiens; nach den Troica (Str. 573 § 7) hätten sich dann die semitischen Lyder des Landes bemächtigt, mit den Mermnaden aber sei 717 v. Chr. der mäonische Stamm wieder zur Herrschaft gelangt (S. 48). Aehnlich Deimling, die Leleger S. 16, 23 ff., 80. Gleichzeitig mit Abel war auch Lagarde für die Unterscheidung der „eranischen" Mäoner von den semitischen Lydern eingetreten (Ges. Abh. I S. 270 ff. und 291). Kiepert sieht (Lehrbuch S. 112) in den Mermnaden eine Dynastie der wiedererstarkten semitischen Lyder, welche um 1200 v. Chr. aus Mesopotamien in das Hermosthal eingewandert, aber Jahrhunderte lang von den Mäonern, „vielleicht einem Theil des phrygischen Volkes", unterdrückt worden waren. Ueber neuerliche Versuche in den Lydern Indogermanen nachzuweisen vgl. Deecke zur 2. Auflage von O. Müllers Etruskern I 76 Anm. 27ᵃ. Auch Ed. Meyer hält die Lyder mit der Masse der von ihm sogenannten „Westkleinasiaten" für Indogermanen und sucht die semitischen Spuren in Lydien mit der schon erwähnten Hittiter-Hypothese zu erklären (G. d. A. I § 250. 256).

Ein semitisches Element innerhalb der Bevölkerung Lydiens ist nicht abzuweisen, vielleicht schon um des Umstandes willen nicht, dass Genesis 10 Lud in die semitische Reihe einbezogen ist.[1]) Nur haben wir keine Vorstellung, wie stark dasselbe

---

[1]) Ich gehe von der Voraussetzung aus, dass Gen. 10 Lud die Lyder (Lydien) meint. Prof. Socin bestreitet mir freilich, dass der Gesichtspunkt der Völkertafel für einen ethnographischen genommen werden dürfe und erklärt die Anordnung für eine geographische. Dann müsste entweder die Gleichung Lud-Lydien fallen oder angenommen

gewesen sein mag. Für die Völkertafel könnte auch schon eine semitische Dynastie Lydiens mit der Gefolgschaft eines nicht zahlreichen Herrenstandes hingereicht haben, um Lud unter die Söhne Sems zu stellen und vielleicht beschränkt sich der Antheil des Semitismus an der Entwickelung Lydiens wirklich auf quantitativ nicht erhebliche Niederschläge aus frühzeitigen Eroberungszügen. Jedenfalls haben sich seine Spuren bemerkbar genug eingegraben und zwar weisen dieselben merkwürdiger Weise nach Mesopotamien. An der Spitze der lydischen Heraklidendynastie steht Ninos, der Sohn des Bel (Herod. I 7); dieselbe Vorstellung, etwas anders gewendet, kehrt wieder, wenn Ktesias (Diod. II 2) eine Eroberung ganz Vorderasiens bis ans ägäische Meer durch Ninos, den König von Ninive, behauptet oder wenn Plato leg. 685 C den Uebermuth der Troer aus ihrer Zuversicht auf die Hilfe eben dieses Ninos herleitet. Im nördlichen Karien tritt uns eine Stadt „Ninoë" entgegen, das spätere Aphrodisias (Steph. Byz.). Das vielbesprochene Kriegerrelief von Nymphi (zwischen Smyrna und Sardes)[1] schreibt Herodot II 106 zwar Sesostris zu, verschweigt aber nicht die abweichende Ansicht jener, welche dasselbe für ein Bild des Memnon hielten; nach diesem hiess die Königsburg von Susa die memnonische (Herod. V 53) und ihn lässt die jüngere Erweiterung der troischen Sage (ò 188, λ 522) als Sohn des Eos d. h. also von Osten her dem Priamos zu Hülfe ziehen. In ganz Phrygien zeigte man die Stationen seines Weges (Paus. X 31, 7). Ist die Hereinziehung Memnons in die trojanische Sage auch relativ jung, so bedeutet sie doch die Benutzung alter kleinasiatischer

werden, dass die Lyder nach der Vorstellung der Völkertafel noch nicht im hist. Lydien sondern irgendwo nordöstlich oder nördlich von den Aramäern gedacht sind. In letzterem Fall hätte aber die Einwanderung nach Lydien ziemlich spät stattgefunden und man versteht nicht, wie jede Erinnerung an dieses Ereigniss verloren gegangen ist. Da würde ich lieber jede Beziehung zwischen Lud und Lydien ablehnen. Geht das aber wirklich? — Prof. Nöldeke will für die Völkertafel wenigstens historische Gesichtspunkte gelten lassen (u. S. 346).

[1] Ueber ein zweites ganz nahe dabei unlängst gefundenes vgl. Hirschfeld, die kleinas. Felsenreliefs S. 11 („Herodots Angaben passen nur auf das 2. Bild").

Vorstellungen und dieselben knüpften eben an den fernen
Osten an. Das thut wohl auch der troische Assarakos (Υ 232),
dessen Name, wenn auch nicht mit dem des assyrischen
Kriegsgottes identisch (Ed. Meyer, Troas S. 62), immerhin auf
Assyrien hinweisen kann. Im ersten Kapitel dieses Buches
(o. S. 17 ff.) haben wir eine lydische Version der Niobesage
behandelt, in welcher Philottos, der Gemahl der lydischen
Niobe, ganz ausdrücklich als „Assyrer vom Sipylos" eingeführt wird. Sollen in derartig gehäuften Zeugnissen wirklich,
wie Ed. Meyer (G. d. A. I § 256) annimmt, überall die Assyrer
nur an die Stelle der Cheta getreten sein? Kiepert, der für
den Zusammenhang mit Assur eintritt, vermisst „bis jetzt in
der inschriftlichen Literatur Assyriens Nachrichten über Eroberungen in diesem fernen Westen (Lehrb. § 109, 3) und
Ed. Meyer (Troas S. 62) folgert aus einer Inschrift des
7. Jahrhunderts, in welcher Assurbanipal Lydien ein Land
nennt, „dessen Namen die Könige meiner Väter nicht gehört
hatten", dass die Assyrer erst im 7. Jahrhundert mit - den
Lydern in Verbindung gekommen sind. Aber dass so spät
erst die Kunde von einem lydischen Reiche zu den Assyrern
gedrungen, erscheint doch wenig glaublich. Denn bedeutet in
der Völkertafel Lud — Lydien (o. S. 343, 1), so steht Lydien
im semitischen Gesichtskreis, und auch der Umstand, dass Gyges
gegen die Kimmerier bei Assurbanipal Hülfe sucht, beweist,
dass er von der Bedeutung Assurs bereits gut unterrichtet war.
Die Phrase mit dem „nicht gehörten Namen" kann also
schwerlich buchstäblich zu nehmen sein.[1] Wenn wirklich erst
unter Assurbanipal der Westen Kleinasiens zu Assyrien in
Beziehung trat und zwar in eine so lockere, wie jene gelegentliche Huldigung des Gyges zur Zeit der Kimmerierinvasion,
so versteht man nicht, woher denn die assyrischen Hinweise
in der kleinasiatischen Sage stammen, wie man umgekehrt
nicht versteht, warum jene angenommene grosse Eroberung
der Cheta, wenn sie thatsächlich einst stattgefunden hat, in
der Ueberlieferung so vollständig verschollen ist. — Dass die
assyrischen Inschriften über alte Kriegszüge nach Kleinasien

---

[1] Vgl. Dr. Jenson's Vermuthung unten in den „Nachträgen".

nichts melden, könnte doch aus denselben Gründen erklärt
werden, die überhaupt von der 1. Blüthe des assyrischen Reiches
so spärliche Kunde haben zu uns gelangen lassen. Und vielleicht
besitzen wir doch ein Zeugniss, das wenn auch nur andeutungs-
weise solche Züge nach dem fernen Westen durchblicken lässt.
Ich meine die Quellinschrift Tiglath-Pilesers I. (etwa
1120—1100 v. Chr.), in welcher dieser König sich bezeichnet
als „*Eroberer vom grossen Meere des Westlandes an bis zum
Meere des Landes Nairi*" [Armenien][1]). Und die Inschrift
vom Obelisken Assurnasirpals erzählt von demselben Tiglath-
Pileser[2]), dass er „*in Schiffen des Arvaders fuhr*". Wenn nun
anderweitige Zeugnisse für sehr alte Beziehungen Assyriens
zum Westen sprechen, wenn die „anatolische Kunst" unverkennbare Spuren einer directen Beeinflussung durch das
Mittelstromland an sich trägt, dann möchte man doch in jenem
Assyrerkönig des 2. Jahrtausends, der auf phönicischen Schiffen
bereits das Mittelmeer befahren hat[3]) und von demselben bis
zum Pontos seine Macht ausdehnte, einen der gesuchten
Factoren sehen, durch welche altassyrischer Einfluss bis ins
westliche Kleinasien hineingetragen worden ist. — An dieser
Stelle freue ich mich eine interessante Vermuthung Professor
Nöldekes einfügen zu können. Derselbe schreibt mir in An-
knüpfung an das 1. Kapitel dieses Buches[4]) über den Gemahl
der lydischen Niobe: „Darf man nicht in dem Philottos des
Xanthos geradezu den Namen (Tiglath-)Pilesar sehen? Xanthos
mag Φίλοccoc geschrieben und daraus ein weiser Mann „attisch"
Φίλοττοc gemacht haben. Der assyrische König des zweiten
Jahrtausends würde allerdings ausgezeichnet zum Bel und
Ninos Herodots stimmen, wie auch dazu, dass Genes. 10 Lud
Bruder des Assur ist, was natürlich historisch nicht ethno-
logisch zu verstehen ist." Will Nöldeke die Gleichung Philottos-
Pilesar auch nur als Vermuthung hingeworfen haben, so ist

---

[1]) W. Lotz, die Inschriften Tiglath-Pilesers I (1880) S. 191.
[2]) Lotz a. a. O. S. 197 u. 202 macht die Beziehung plausibel.
[3]) Die Sage berichtet auch schon vom halbmythischen Sargon
v. Akkad, dass er das mittelländische Meer befahren habe. E. Meyer
G. d. A. I § 183. Das mag freilich nur vom histor. Sargon übertragen sein.
[4]) Unter dem Titel „die Tantaliden" Ende 1887 separat erschienen.

mir doch die Thatsache, dass ein solcher Kenner des Orients
einen Wiederhall des Namens Tiglath-Pilesers I. in altlydischer
Sage für möglich hält, eine Gewähr, dass frühe assyrische
Vorstösse bis in den Westen Kleinasiens zu den discutablen
Dingen gehören müssen. — Auf diesem mir ferne liegenden
Gebiete masse ich mir ein eigenes Urtheil nicht an und wende
mich wieder der lydischen Ueberlieferung zu, welche, wie wir
gesehen haben, eine ganze Reihe specifisch semitischer Zeugnisse
aufbewahrt. Ob zu denselben auch die lydischen Eigennamen
Sadyattes, Alyattes, Adyattes, Myattes gerechnet werden müssen,
wie Lagarde (Ges. Abh. S. 270) fordert und Pauli (Inschr.
v. Lemnos S. 67) von neuem zu stützen sucht, ist doch nicht
so sicher[1]). Composita mit dem Namen Attes werden in
ihnen jedenfalls anzuerkennen sein, wie derselbe umgekehrt
als erster Compositionstheil in dem lydischen Stadtnamen Ἀττάλυδα[2]) und im Eigennamen Ἀττύαvac (Adramyttener, Phlegon
fr. 12) wiederkehrt (man vgl. auch den lydischen Prinzen
Ἀττάλης Hipponax fr. 15 Bgk.). Aber Attes (Ates, Atys, Attys,
Attis) selbst für eine semitische Gottheit zu halten, scheint
mir sehr bedenklich. Später ist er ja unbestreitbar mit dem
phönicisch-syrischen Adonis (E. Meyer G. d. A. I § 208) gleichgesetzt, aber von Hause aus scheint er ein rein phrygischer
Gott gewesen zu sein.[3])

---

[1]) Prof. Socin bestreitet es und stellt mir folgende Anmerkung zur
Verfügung: „Was die Behauptung betrifft, dass die Namen Alyattes etc.
nach specif.-semitischer Weise componirt seien (Natan-êl gegenüber Θεόδωροc), so sind semitische Eigennamen wie Jo-natan zu beachten [auch im
Griechischen steht dem Compositum Θεόδωροc das umgekehrte Δωρό-
θεοc gegenüber]. Die Etymologien, welche Pauli den Ausführungen
de Lagarde's beifügt, können vom Standpunkt der semitischen Philologie
aus nicht gebilligt werden. Dass Alyattes mit êl, Sadyattes mit dem
Verbalstamm sd zusammenhängt, ist nicht zwingend, Myattes aus einem
mit m gebildeten Particip von hawa herzuleiten sogar sprachwidrig."

[2]) St. Byz. Ἀττάλυδα ... κτιcθεῖcα ὑπό Ἄττυοc.

[3]) Atos wird phrygische Herkunft zugeschrieben von Hermesianax
(Paus. VII 17, 9); Attes heisst Sohn des Phrygers Kalaos Demosth.
XVIII 260; Atys Sohn des phryg. Urmenschen Manes Herod. I 7, 94 etc.
Nach Psellus περ. ὀνομ. p. 109 bedeutet Attis auf phrygisch Zeus
(cf. Rapp in Roschers Lexik. I 723). Mittelpunkt des Attiskultes scheint
Pessinus gewesen zu sein. Phrygische Städte nach ihm benannt:

Wie dem auch sei, das Vorhandensein eines wenn auch
nicht zahlreichen so doch wichtigen semitischen Elements
innerhalb der lydischen Bevölkerung lässt sich schwerlich in
Abrede stellen. Gerade aber dieses semitische Element mit
Mysern und Karern im Kult von Mylasa brüderlich vereint zu
denken, wäre mehr als bedenklich, denn wir haben doch gar
keinen Grund die aus dem nördlichen Thrakien eingewanderten
Myser (cf. die vorhergehenden Paragraphen) für Semiten zu
halten und ebensowenig spricht für die Zugehörigkeit der
Karer zur semitischen Völkerfamilie.[1]) Die Kultgemeinschaft
von Mylasa vereinigte gewiss keine Semiten. — Aber ebenso-
wenig scheint dieselbe von indogermanischen Stämmen ge-
bildet worden zu sein. Denn die als karisch überlieferten
Orts- und Personennamen fügen sich keineswegs gut dem Indogermanismus (o. S. 182, 4 und Pauli, Inschr. v. Lemnos S. 53 ff).
Nun kann man ja die karischen Ortsnamen mit Kiepert (Lehrb.
S. 119) auf die von den Karern unterworfene Urbevölkerung
(Leleger) zurückführen und annehmen, dass die zugewanderten
Karer die Sprache der lelegischen Urbevölkerung im Laufe der
Zeiten angenommen haben (m. vgl. d. Langobarden, Bulgaren
u. dergl.). Zu solcher Annahme würde es gut stimmen, dass
die Kaunier (im südöstl. Karien) obschon „karisch" redend,
doch an der Kultgemeinschaft in Mylasa keinen Antheil hatten.
Damit wären dann die Karer sammt ihren Brüdern in Lydien
und Mysien von der kleinasiatischen Urrace ausgeschlossen,
als Indogermanen aber noch keineswegs sicher gestellt. Im
Gegentheil, da die den Karern und Lydern östlich benachbarten
Phryger, die sicher zur indogermanischen Familie gehören, am
Kult von Mylasa keinen Theil hatten, so stellt sich damit die
Kultgenossenschaft von Mylasa auch zu dem phrygischen
Hinterlande in einen Gegensatz. Ziehen wir daraus den Schluss

---

A t u d a Franz, fünf Inschr. S. 14 (Ἄττουδα bei Hierokl.); Ἀτταειτῶν
Mionn. Descr. IV 239. cf. die phrygische Ἄτταια λίμνη (St. Byz. v. Βοτιδέιον).

[1]) Der Name des Gebirges „Kadmos" braucht nicht den Karern zu
entstammen. Dass der Volksname „Leleger" von Semiten gegeben sein
muss (= balbutientes Kiepert M. B. der Berl. Ak. 1861 S. 107) scheint
mir nicht zwingend, jedenfalls brauchen nicht gerade Karer die Tauf-
väter gewesen zu sein.

für Lydien, so ist das Element seiner Bevölkerung, welches in
Karern und Mysern seine Brüder erblickte, als ein nicht indo-
germanisches oder wenigstens als ein mit den indogerm.
Phrygern sich nicht stammverwandt fühlendes gekennzeichnet.
Wie dieses den Karern und Mysern sich anschliessende Ele-
ment zu benennen (die Ueberlieferung bietet zur Auswahl die
Ethnika Lyder, Torrheber, Lasonier, Mäoner), lässt sich nicht
ausmachen.

Nun ist aber die Ansicht jener Gelehrten, welche in den
Lydern (man hat dabei die „Mäoner" im Auge) ein den Phrygern
nahe verwandtes Volk erblicken, doch nicht bloss aus der Luft
gegriffen, vielmehr durch zahlreiche Spuren phrygischer Kultur
in Lydien zu stützen: a) der mythische Mäon wird König von
Phrygien und Lydien genannt und durch seine Verknüpfung
mit Kybele deutlich als Phryger gekennzeichnet (Diod. III 58);
b) die mythische 1. Dynastie der Lyder, die Atyaden werden
vom phrygischen Urmenschen Manes abgeleitet (Herod. I 7, 94);
der Stammvater Atys selbst, Vater des Lydos und Torrhebos
(Xanth. fr. 1), ist mit dem phrygischen Gott Atys (Attes, Attis)
identisch und der Name spielt in dem lydischen Onomastikon
eine hervorragende Rolle (Sadyattes, Alyattes etc., Attyanas,
Attales, Attalyda vgl. o. S. 347); c) nach Strabo p. 571 § 2
wurde auf Grund alter Localüberlieferung[1]) die Gegend um
den Sipylos als „Phrygien" bezeichnet; d) auf dem Sipylos
hatte die urphrygische Kybele als Σιπυληνή einen alten Kultus
(vgl. das Kybelebild ἐπὶ Κοδδίνου πέτρᾳ bei Magnesia o. S. 21)
und ebenso auf dem Tmolos; d) ihr lydischer Name Κυβήβη
(ἱρὸν ἐπιχωρίης θεοῦ Κυβήβης in Sardes Herod. V 102) wird
doch nichts weiter als eine dialektische Nebenform zum
phrygischen Κυβέλη sein; e) in diesen Zusammenhang lässt sich
wohl auch der Ascanius portus bei Cyme (Plin. V 121) stellen,
denn Askanios ist ein altphrygischer Name (N 792 B 862);

---

[1]) τὴν περὶ Σίπυλον Φρυγίαν οἱ παλαιοί καλοῦσι. Die παλαιοί sind
hier in ganz anderem Sinne gemeint, als in dem von Niese für Apollodor
festgestellten (Homer und allenfalls noch Hesiod). Homer nennt im
Hermosthal stets nur Mäoner, also sind p. 571, 2 unter den παλαιοί alte
Localüberlieferungen gemeint. Man vgl. 571, 3 die Heranziehung der
xanthischen Angabe über die Myser κατ' αἰτίαν παλαιάν.

f) die lydische Stadt Gordus weist auf phrygische Gründer;
g) sehr bemerkenswerth ist die Notiz bei Steph. Byz. s. v.
'Αδραμύττιον, dass der Gründer dieser Stadt der lydische König
Hermon sei, τὸν γὰρ Ἕρμωνα Λυδοὶ Ἀδραμυν καλοῦσι Φρυ-
γιϲτί; h) Aelian endlich bemerkt v. h. VIII 5, dass die ionischen
Colonisten nicht nur mit Karern und Lelegern[1]) sondern auch
mit Mygdonen zu kämpfen hatten, mygdonisch ist aber nichts
anderes als phrygisch (Ilias Γ 186 Paus. X 27, 1 Apollod.
II 5, 9).[2]) — Aus solchen immerhin beträchtlichen Zeugnissen
phrygischer Herkunft[3]) scheint sich zwingend der Schluss zu
ergeben, dass in Lydien einst auch ein phrygischer Stamm
gesessen haben muss. Denselben gerade in den „Mäonern"
zu erkennen, legt der als Phryger charakterisirte Eponym
Mäon wenigstens nahe. — Fassen wir das bisher bemerkte
zusammen, so erkennt man an Bevölkerungselementen der
Landschaft Lydien: Die kleinasiatische Urrace (Leleger), ein
phrygisches Element (Mäoner?), ein semitisches, endlich eine
den Karern und Mysern verwandte Schicht, — in der That
ein buntes Gemisch, eine Zusammenfassung richtiger μιγάδες.

Und jetzt fassen wir doch einmal Ephors Stellung zur
kleinasiatischen Ethnographie ins Auge. Nach fr. 80
(Str. 678, 23) zählte dieser Gelehrte in Kleinasien (d. h. in
dem westlich von einer Sinope mit Issos verbindenden Linie
fallenden Theil der Halbinsel) χωρὶς τῶν μιγάδων 16 Volksstämme auf[4]): 3 hellenische (Aeolier, Ionier, Dorier) und
13 barbarische und zwar 8 Küstenvölker (Kilikier, Pamphyler,

---

[1]) Nach Pherekyd. fr. 111 sassen Leleger vor den Ioniern von
Ephesos bis Phokaia, nach Ephor fr. 32 Leleger um Ephesos.
[2]) Nach Plin. V 126 gehörten zur jurisdictio Pergamena auch
Mygdonen. Ihre Zusammenstellung mit den Thyatirenern und Mossyni
weist darauf hin, dass diese Mygdonen in den südlichen Theil des
pergamen. Sprengels gehören.
[3]) M. vgl. auch die von Lagarde Ges. Abh. I 271 ff. nachgewiesenen
cranischen Wörter unter den lydischen Glossen (Einschränkungen dazu
bei Pauli S. 68).
[4]) Von dem ähnlichen Verzeichniss bei Skymnos v. 931 ff. hält
C. Müller es kaum zweifelhaft, dass dasselbe ebenfalls aus Ephor geflossen
ist. Das ist gewiss nicht der Fall, denn einmal zählt Skymnos im
Ganzen 15, Ephor aber 16 Völker, dann aber fehlen bei Skymnos die

Lykier, Bithyner, Paphlagoner, Mariandyner, Troer, Karer) und
5 Binnenvölker (Pisider, Myser, Chalyber, Phryger, Milyer).
In dieser Reihe fehlen — die Lyder! Auf den ersten Blick eine
unbegreifliche Unterlassungssünde, die nicht gerügt zu haben
Strabo dem Apollodor zum schweren Vorwurf macht. Mit
dem oben für die Bevölkerungsverhältnisse Lydiens gewonnenen
Bilde ist aber der Schlüssel des Räthsels gegeben: Ephor
verwies neben seinen 16 Völkerschaften auf eine 2. Kategorie,
die von ihm sogenannten μιγάδες (Str. 679, 25 γένος μικτόν),
deren Vertreter von ihm nicht namentlich aufgezählt wurden.
Unter diese μιγάδες muss er die lydische Bevölkerung
gerechnet haben, denn nur dann konnte er in dem ethnographischen Ueberblick (Buch V) die politisch bedeutendste
Landschaft Kleinasiens übergehen, wenn die Bevölkerung keinen
reinen Stammescharakter besass, so dass ihm ihre Zusammenfassung unter ein vorherrschendes Volkselement (etwa Lyder
oder Mäoner) nicht statthaft erschien. Und dem Kymäer werden
wir in dieser Frage Urtheilsfähigkeit nicht absprechen dürfen.

Hier schliesse ich einige Bemerkungen an über die oben
schon mehrfach citirte Abhandlung v. W. Pauli „eine vorgriechische Inschrift auf Lemnos" 1886. Dieselbe beschäftigt
sich in dem Bestreben, eine grosse „pelasgische Volkseinheit"
in Vorderasien und dem südwestlichen Europa festzustellen,
vielfach mit der kleinasiatischen Ethnographie. S. 71 wird aus
den lydischen Sprachresten und ihrem Vergleich mit karischen
und lykischen Wörtern das Vorliegen einer Völkerschicht Vorderasiens gefolgert, „die weder semitisch noch indogermanisch
war und zu der eben Lykier, Karer und Lyder gehörten." Da
bietet uns auch Pauli ein Beispiel jenes generalisirenden Verfahrens, vor dem ich oben warnen zu müssen glaubte. Die
Grundlage liefern ihm eben jene eigenthümlichen Orts- und
Eigennamen auf -nd und -ss, welche Kiepert zur Aufstellung
einer gleichartigen Grundbevölkerung Kleinasiens veranlasst

Bithyner, Troer und Milyer Ephors, hingegen finden sich bei ihm die
Kappadoker und Lyder aufgezählt, die Ephor nicht nennt. Skymnos
hat hier also aus Ephor nur die Zweitheilung in μιγάδες und namentlich
aufgeführte Völker entnommen, in den Einzelheiten aber folgt er einer
anderen Quelle.

haben. Allein während Kiepert die Karer (als Semiten) und die Lykier (als Indogermanen) von dieser Grundbevölkerung unterscheidet, gehen bei Pauli Karer, Lyder und Lykier im „pelasgischen" Volksthum (das ist nach ihm die Grundbevölkerung) unter. Aber übereinstimmende Ortsnamen haben doch keine Beweiskraft in ethnologischer Hinsicht, sie sind das Beharrende im Wechsel. Kommen also in Lykien, Karien, Lydien, Mysien etc. Ortsnamen gleichen Bildungsgesetzes vor, so ist damit über das ethnologische Verhältniss unter den Lykiern, Karern, Lydern, Mysern etc. noch nichts ausgemacht. Aber auch das Material selbst, welches Pauli mit den landschaftlichen Marken phrygisch, kappadokisch, mysisch etc. versieht, lässt zuverlässige Gruppirung und Vollständigkeit vermissen, so dass der auf S. 46 gegebenen „Statistik" der Namen auf -(n)d- und -(s)s- kein positiver Werth beizumessen ist, demnach der auf diese „Statistik" gebaute Satz, dass „das Volk, welches diese wunderlich klingenden Namen schuf, im Süden (Kleinasiens) sesshaft war und sich von da allmälig nach Norden ausbreitete," ein etwas voreiliger genannt werden muss.

Ich greife aus Pauli's statistischer Zusammenstellung beliebig zwei Gruppen zur Nachprüfung heraus, die paphlagonische und die mysische. Paphlagonien soll nach Pauli (S. 44) weder Namen auf -nd- noch auf -s- aufweisen. In Wirklichkeit ergeben sich für diese Landschaft, ohne dass man lange zu suchen braucht, 3 Ortsnamen mit dem Suffix -ss- (-s-): der paphl. Berg Ὄλγασσυς Str. 562 (man vgl. die damit zusammenhängenden paphlagonischen Eigennamen Ὀλίγασυς und Γάσυς Str. 535, ferner Βιάσας ibid.), die Städte Κόλουσα (Skyl. 90) und Κάρουσα (Skyl. 89) oder Κάρουσσα (Arrian peripl. 21). — Wenden wir uns zu Mysien, für welches Pauli 11 Formen auf -s- und eine Form auf -d- beibringt. Was hier als „mysisch" figurirt, gehört meist nur in die römische Provinz Mysien, deren Umfang sich mit dem Gebiet der Myser ganz und gar nicht und auch mit dem hellenistischen Mysien sich nicht deckt. Es kommen in Wegfall Myrmissos (Troas), Marpessos (Troas), Peirossos (Troas),[1] Karesos (am Aesep),

---

[1] Peirossos zwischen Kyzikos und Zeleia, es gehört also nicht einmal nach Apollodors (Demetrios') Hypothese (o. S. 301) zu Mysien.

Larisa[1]), Korybissa (Troas, bei Skepsis). Lyrnessos liegt zwar
in der thebischen Ebene, also in vorübergehend mysischem
Gebiet, doch ist es älter als die mysische Invasion (o. S. 271
und 279. cf. T 60 Υ 92. 191). Das benachbarte Sardessos
mag ungewiss bleiben, dagegen kann das teuthrantische Gebirge Pindasos nur auf Grund der o. S. 281 ff. besprochenen
missbräuchlichen Anwendung des Begriffs Mysien als mysischer
Ortsname in Anspruch genommen werden. Von Paulis 11 mysischen Namen auf -(s)s- sind also mindestens 8 zu streichen.
An Ortsnamen auf -(n)d- giebt er das einzige Mandakada;
dasselbe ist nach Hierokles „mysisch", aber die Zusammenstellung der Cilices Mandacandeni mit den Pionitae bei Plinius V
§ 123 scheint nach Troas zu weisen.[2]) Mit mehr Grund hätte
Πάccανδα (Ephor) bei Adramyttion genannt werden können[3]),
auch Blaudos in Abaitis liess sich allenfalls unter Mysien auf-
zählen, besser freilich noch unter Phrygien, da es nach Menekrates bereits eine phrygische Stadt war (St. Byz. s. v.), ehe
die Abaitis von den Mysern besetzt wurde. — Die mysische
Liste bei Pauli (11 + 1 Namen) ist also dahin zu modificiren,
dass höchstens 4 Namen auf -(s)s- übrig bleiben (Lyrnessos,
Sardessos, Prepenissos, Argiza, die Namen auf -(n)d- (wenn
man Mandakada gelten lässt) von 1 auf 3 zu vermehren sind
(Mandakada, Passanda, Blaudos). Aber von keinem dieser
Namen ist mysischer Ursprung gesichert, bei zweien (Lyrnessos,
Blaudos) die Herkunft aus vormysischer Zeit bezeugt. Die
einzige sicher mysische Gründung, die Stadt Ardynia, zeigt

---

[1]) Ein mysisches Larisa hat es nicht gegeben, nur ein troisches
(bei Hamaxitos), ein lydisches (zwischen Kyme und Temnos) und ein
karisches (bei Ephesos. cf. Strabo).

[2]) Auch ist die Möglichkeit offen zu halten, dass -kand in den
kleinas. Ortsnamen compositiv ist (cf. Marakanda [Samarkand] in
Sogdiana und den Ort Κανδάκ in Aria, Κάδοι in Mäonien, Κάδηνα in
Lykaon.), also vielleicht Manda-ka(n)da, Mok-kada (Phryg.), Ary-kanda
(Lykien). — Ueber die gleiche Möglichkeit bei — αccόc gegenüber Assos
cf. G. Meyer in Bezzenb. Beitr. X 137.

[3]) Die Anlautsgruppe kehrt im thrakischen Πάccα (St. Byz.) wieder,
freilich auch im karischen Πάccαλα (St. B.) [mit letzterm stellt Treuber,
Gesch. der Lykier S. 42, 2 die karische Insel Πάταλοc und das lykische
Πάταρα zusammen].

eine Namensform ganz anderer Art, dagegen hätte Pauli in
Arnossos einen mysischen Eigennamen der hier in Betracht
kommenden Form anführen können. — Andererseits kommt
bei Pauli die Landschaft Troas durchaus zu kurz, denn zu
den beiden allein genannten Namen Mermessos[1]) und Tragasai
sind die fälschlich unter Mysien eingeordneten Marpessos,
Peirossos, Karesos, Larisa, Korybissa, ferner das aus der Ilias
bekannte lelegische (Φ 86) Pedasos zu fügen. Das giebt für
Troas nicht weniger als 8 Namen auf -(s)s- und zu ihnen
tritt vielleicht auch ein Name auf -(n)d- (vgl. o. Mandakada).
Diese auf keine Vollständigkeit Anspruch machende Nachprüfung beweist, dass Pauli's Listen von der Verbreitung der
Namen auf -(s)s- und -(n)d- kein richtiges Bild bieten, aber
selbst wenn einmal eine vollständige und richtig gruppirte
Zusammenstellung dieser Namen geliefert sein sollte, so würde
durch dieselbe doch nur ein Mittel gewonnen sein, die Ausbreitung respective die grössere oder geringere Dichtigkeit
der von Kiepert erschlossenen Grundbevölkerung Kleinasiens und der angrenzenden Länder[2]) zu erkennen, nimmer-

[1]) Dasselbe ist übrigens mit dem von Pauli unter Mysien genannten
Myrmissos identisch.

[2]) Wie weit mit dieser Grundbevölkerung die von Gutschmid
(o. S. 181 ff.) festgestellte gleichartige Bevölkerung von Troas bis Kypros
und Syrien identisch ist, und ob hier etwa zwei uralte Volksströme sich
schneiden und mischen, ist noch sicherzustellen. Für Identität spricht
der Umstand, dass sich auf Cypern Ortsnamen wie Tamassos, Amamassos,
Tegessos, Gerandos finden (Kiepert, Lehrb. § 127, .1), in Syrien Myrian-
dos, Barbalissos, Emesa (Emisa), in Colesyrien Jabruda (Kieperts Atlas verzeichnet auch Zabeda und Geroda), am S. Genezareth Gergesa, in Peräa
Gerasa. Uebrigens liefert für Gutschmids Aufstellung eine schöne Bestätigung die überraschende Uebereinstimmung zwischen den
Fundobjecten von Hissarlik und Cypern. Vgl. hierüber Dümmler
in den Mitth. d. Inst. XI 212 und 249 ff., der aus solcher Uebereinstimmung auf die ethnische Identität der ältesten Troer und Kyprier
schliesst und auch die Gerginer-Gergithier (wie Gutschmid) dafür heranzieht (a. a. O. S. 251, 1). Wenn er zugleich geneigt ist, diese Grundbevölkerung für eine semitische zu halten, so kann ich diese Vermuthung
freilich nicht für „genügend gestützt" halten. Erst nach Abschluss des
Manuscripts bin ich auf Dümmlers einschlägige Arbeiten aufmerksam
geworden. Dieselben mögen wegen ihrer Wichtigkeit für die ethnographische Frage hier wenigstens noch namhaft gemacht werden: I. Reste

mebr aber würde sie uns über das ethnologische Verhültniss
der in geschichtlichen Zeiten in den Besitz Kleinasiens sich
theilenden Stämme unter einander Auskunft geben. Hier verspricht nur die gründlichste Durchforschung der geschichtlichen Ueberlieferung weitere Aufklärungen. Reste der Grundbevölkerung in politischer Selbständigkeit werden wir in
späterer Zeit höchstens noch in schwerzugänglichen Hoch-
gebirgen zu finden erwarten, was uns an den Küsten, in den
wichtigen Flussthälern an selbständigen Stämmen entgegentritt,
ist schwerlich irgendwo die Grundbevölkerung sondern aus der
Ferne sei es über das Meer, sei es auf dem Landwege zu-
gewandertes Eroberervolk. Erweist sich demnach die ethnische
Uebereinstimmung karischer und lykischer Ortsnamen als kein
hinreichender Grund zur Annahme einer engen Verwandtschaft
zwischen Karern und Lykiern,[1] so spricht die Ueberlieferung
geradezu gegen eine solche. Denn wenn die Lykier, obschon
sie unmittelbare Grenznachbarn der Karer waren, dennoch an
der Kultgemeinschaft von Mylasa keinen Theil hatten, so
können sie eben zu den Karern nicht in einem so nahen Verhältniss stehen wie die Myser und das besprochene Element
der Bevölkerung Lydiens, geschweige denn in einem noch
näheren, wie die Linguisten wollen. Für die auffallenden
Uebereinstimmungen zwischen Lykien und Karien bietet sich
eine befriedigende Erklärung in der schon von Kiepert vertretenen Annahme, dass die Grundbevölkerung beider Landschaften d. h. in Karien die Leleger und wohl auch die
Kaunier, in Lykien die Milyer, ein- und demselben Volksthum
angehören. Diesen Standpunkt vertritt auch O. Treuber in
seiner „Geschichte der Lykier" (Stuttg. 1887), deren ein-
schlägiger Abschnitt (die ethnolog. Stellung der Lykier S.13—46)
ein Beispiel vorsichtiger Prüfung bietet, die auf diesem Boden

vorgriech. Bevölkerung auf den Cycladen Mitth. XI 16 ff. II. Archaische
Gemmen v. Melos ibid. S. 170 ff. III. Aelteste Nekropolen auf Cypern
ibid. S. 209 ff. IV. Zur Herkunft der myken. Cultur (mit Beitrag von
Studniczka) Mitth. XII, 1 ff.); sie wird mit Köhler für karisch erklärt.
[1] Auch die Vertreter indogermanischer Zugehörigkeit der Karer
und der Lykier (G. Meyer in Bezzenb. Beitr. X, 147 ff., W. Deecke
ibid. XII, 124 ff.) nehmen auf Grund des sprachl. Materials der Ortsnamen
eine sehr enge Verwandtschaft zwischen Karern und Lykiern an.

nicht genug empfohlen werden kann. Indess hätte Treuber
die dem „Grundstock der kleinasiatischen Bevölkerung" zugewiesenen Solymer, Milyer, Pisider und Leleger (S.
27 und 43) von der indogermanischen Familie ganz loslösen können[1]), wie
er andererseits die Lykier (d. h. die Tremilen) mit Recht als
ein Volk betrachtet, das, im wesentlichen sui generis, mitten
zwischen andersartigen Stämmen sass und in Anbetracht der
schwierigen Landwege, die Lykien mit Karien und Pamphylien
verbinden, wohl vom Meere aus zugewandert sein wird (S. 44 ff.).[2])
Während den Tremilen gegenüber die Grundbevölkerung
Lykiens sich im inneren Hochlande selbständig behauptete,
scheinen in Karien die zugewanderten Karer die vorgefundenen
älteren Bewohner (die Leleger) völlig unterjocht zu haben, so
dass die Spuren selbständigen lelegischen Volksthums hier
früh verschwanden.[3]) Philippos von Suangela sagt fr. 1
(FHG IV 475), dass die Karer sich „ehemals und jetzt"
lelegischer Sklaven bedienten und Plutarch, quaest. gr. 46, dass
im karischen Tralles die Tödtung eines Lelegers[4]) durch
Zahlung eines Scheffels Kichererbsen an die Angehörigen ge-
sühnt werden könne. Beiden Zeugnissen möchte ich doch
mehr Gewicht als Ed. Meyer (Allg. Enc. Karien S. 55) beilegen
und in der verachteten Stellung dieser Leleger das Loos der
unterworfenen Grundbevölkerung gegenüber den karischen
Herren erblicken. Die Karer erklärten sich freilich für autochthon (Herod. 1 171), aber wie viele Volksstämme des Alterthums wollten nicht dem Boden, dessen Herren sie waren, entsprossen sein! Und wenn man auch der Ansicht der Kreter,
dass die Karer von den Inseln des ägäischen Meeres nach

---

[1]) Er erklärt diese Gruppe für wahrscheinlich indogermanisch oder
„einem von dem Unterschied zwischen Indogermanen oder Ariern nicht
berührten" Volksthum angehörig (S. 26).

[2]) Auch Ed. Meyer, der wie Mor. Schmidt und Deecke in den
Lykiern Indogermanen sieht, will ihnen doch (G. d. A. I § 252) gegenüber den „Westkleinasiaten" durchaus eine Sonderstellung gewahrt wissen.

[3]) Ueber die bewahrte Sonderstellung von Kaunos vgl. Treuber
a. a. O. S. 43, 4. Pedasa's Gründung muss auf die Leleger zurückgehn.

[4]) Bei Plutarch heisst es eines Lelegers oder „Minyers". Dass in
letzterem ein „Milyer" stecke, macht Treuber wahrscheinlich G. der
Lyk. S. 42 f.

Karien eingewandert seien[1]) nicht den Werth eines geschichtlichen Zeugnisses zusprechen kann, so scheint dieselbe doch
auf richtiger Fährte zu sein, denn Karer haben in der That
einst auf Delos gesessen (Thuk. I 8), ja nach Aristoteles
(fr. 97 Müll.) in Epidauros und Hermione und dazu fügt sich
wieder gut die Angabe, dass die Akropolis von Megara Καρία
hiess (ἀπὸ Καρὸς τοῦ Φορωνέως sagt Stephanos v. Καρία, cf.
Paus. I 40, 6) und bei Megara ein Grabmal des Kar gezeigt
wurde (Paus. I 44, 6 nach Dieuchidas, wie Kalkmann, Pausanias S. 152 und 269 vermuthet). Ferner lässt sich in Karien
die Unterscheidung karischer Herren und lelegischer Sklaven
doch am natürlichsten durch erobernde Zuwanderung der Karer
erklären, endlich haben wir von den Mysern, in welchen die Karer
einen verwandten Stamm erkannten, nachweisen können, dass
sie in einer frühen, wenn auch nicht allzufrühen Periode aus
Thrakien nach Kleinasien eingewandert sind.

Demnach dürfen wir in der ganzen durch den Kult von
Mylasa eng verbundenen Gruppe, den Karern, den Mysern und
deren „Brüdern" in Lydien, Stämme europäischer Herkunft anerkennen und wenn für die Myser eine Einwanderung von
Thrakien her über den Bosporos nachgewiesen werden konnte,
so scheint der südliche Zweig von Griechenland über die Inseln
den Weg nach seiner späteren Heimath im südwestlichen Kleinasien gefunden zu haben. Ueber die ethnologische Stellung
dieser Gruppe lässt sich nichts ausmachen. Die gemeinsamen
Sitze derselben vor der Wanderbewegung gegen Süden und
Osten mögen im nördlichen Thrakien gesucht werden. Am
frühesten augenscheinlich haben sich die Karer abgelöst und
den Weg über Griechenland und das Meer nach Kleinasien
gefunden[2]), beträchtlich später sind die Myser über den

---

[1]) Herodot identificirt dabei I 171 Karer und Leleger, wogegen schon
K 428/9 spricht.

[2]) Dümmler vermuthet (Mitth. d. Instit. XI, 45), dass die Karer
von Osten her an das ägäische Meer gekommen und die lelegische
Bevölkerung auf beiden Seiten desselben sowie auf den Inseln unterworfen
haben. Dann seien die karischen Herrscher sammt ihren lelegischen
Unterthanen durch die Griechen auf die asiatische Küste zurückgeworfen
worden und deshalb Karer und Leleger daselbst schwer auseinanderzuhalten.
Leleger als Grundbevölkerung auf den Küsten und Inseln des ägäischen

Bosporos nach Kleinasien gelangt und haben sich dann in
einer noch erkennbaren Bewegung allmälig von Norden gegen
Süden bis nach dem oberen Lydien hinein ausgebreitet. Ueberall
in dem Bereich dieser europäischen Zuwanderer finden sich
Beispiele jener gleichartig gebildeten Ortsnamen auf -nd und
-ss, aber dieselben sind älteren Ursprungs als die karisch-
mysischen Einwanderungen.

Den Letzteren ist es nicht gelungen auch in das Innere
der Halbinsel tief einzudringen, Karer „Lyder" und Myser
bilden vielmehr gleichsam einen Vorhang längs der Küste.
Hinter ihnen aber im Binnenlande, ebenfalls auf einem Gebiet,
dem die Ortsnamen auf nd- und -ss nicht fremd sind, breitet
sich über weiten Raum ein ebenfalls zugewanderter und zwar
ein der indogermanischen Familie angehörender Stamm aus,
das grosse phrygische Volk. Dasselbe ist nach Herodot
(und Strabo) nahe verwandt mit den Armeniern[1]), welche in
seinem Rücken den Uebergang aus der kleinasiatischen Halb-

Meeres kann man Dümmler gerne zugestehen, aber die Zuwanderung der
Karer aus dem Osten ist durch nichts zu stützen. — Andererseits die
Tantaliden als Zeugen alter Einflüsse Westkleinasiens auf den Peloponnes zu betrachten (Dümmler Mitth. XI 175, Studniczka ib. XII 21),
wird nach den Ausführungen unseres 1. Kapitels wohl nicht mehr befürwortet werden. Die älteste Kultur Mykenes mag karisch, vielleicht noch
besser lelegisch (Pedasos in Messen. II. IX 152; Lok. Leleger Hes. fr. 136 K;
Lelegia moenia — Megara Ov. Met. VII 443 Λελέγεια ἐρύματα Str. 611)
heissen, aber gewiss sind die Achäer früher zugewandert als Dümmler
(a. a. O. XII 3) glaubt und in Mykenai haben sie Jahrhunderte lang das Centrum ihrer Macht besessen (vgl. o. Buch I Kap. I § 2, bes. S. 34 ff., 51 ff., 69,
74, 79 A. 2). Was für eine Perspectivo nach rückwärts eröffnet die älteste
Form der Pelopssage (o. S. 56 ff.). Die achäische Einwanderung in den
Peloponnes muss ja tief ins 2. Jahrtausend zurückgehen. Und gar die
argivische Niobe! Wenn die vor den Achäern im Peloponnes sitzenden
Argiver (Danaer) und Arkader von Hause aus der griechischen Familie angehören, was doch kaum bezweifelt werden kann, so gab es schon vor den
Achäern im Peloponnes eine griechische Bevölkerung. Das Fehlen der
Fibulae in Mykenai und Tiryns (Studniczka) ist eine merkwürdige Thatsache, welche einem Antheil der Griechen an den „Schachtgräbern" allerdings zu widersprechen scheint. Wir blicken in die unergründliche Tiefe
der Vergangenheit und „in solcher Ferne flimmern die Sterne".
[1]) Herodot betrachtete Makedonien als die Wiege der Phryger
und die Armenier als ἄποικοι der Phryger.

insel in das centrale Asien vermitteln. Woher sind die Phryger nach Kleinasien eingewandert? „Aus Centralasien auf dem Umwege um das kaspische Meer und durch Thrakien" antwortet de Lagarde — „direct über Armenien unter theilweisem Vorstoss nach Europa (Thrakien) hinüber" befürworten Abel und Kiepert. Eine jede dieser beiden Wanderungsrichtungen ist möglich, eine sichere Entscheidung jedoch nicht zu treffen. Höchstens so viel lässt sich sagen, dass, je engere Verwandtschaft zwischen den Phrygern und den Armeniern anzunehmen ist, umsomehr zu Gunsten des Einwanderungsweges über Armenien spricht. Das Eine jedoch kann mit Sicherheit behauptet werden, dass die Phryger nicht zu allen Zeiten auf das kleinasiatische Binnenland beschränkt gewesen sind. Nach homerischer Vorstellung sassen Phryger um den See Askania, also an der Propontis und da nach der Ilias der Sangarios ein specifisch-phrygischer Strom ist, so werden wir die homerischen Phryger auch an dem untersten Lauf dieses Flusses bis an die Küste des Pontos denken dürfen. Von dieser Küste wurden sie zunächst durch die Einwanderung der Myser zurückgedrängt (erste Spur dieser Bewegung im Schiffskatalog o. S. 334 ff.), später als der Nachschub der Bithyner die Myser von dem nordöstlichen Gestade des Pontos weiter gegen Süden drängte (o. S. 276. 333), auch um den Besitz Askanias und der westlichen Olympene gebracht.

Nun muss es in einer frühen Zeit der kleinasiatischen Geschichte jedenfalls ein bedeutendes Phrygerreich gegeben haben[1]), wenn von demselben auch ausser den sagenhaften Vorstellungen über den Reichthum seiner Könige nur wenig positive Nachrichten auf uns gekommen sind. Aber wir erfahren doch soviel, dass ein phrygischer König Midas die Tochter eines Königs Agamemnon von Kyme, mit Namen

[1]) Grote bezweifelt dies (Gesch. Griechenlands II 171 Meissn.), aber entschieden mit Unrecht. v. Gutschmid behandelt in seiner Vorlesung über griech. Gesch. die Phryger nur ganz im Vorbeigehen, aber eine gelegentliche Bemerkung zeigt, dass er Grotes Skepsis nicht getheilt hat. Zum Kimmeriereinfall bemerkt er: „Es scheint einen festen Punkt in der wirren Tradition über die Kimmerier gegeben zu haben, den von den Chronographen auf 695 gesetzten Tod des Midas. Derselbe beherrschte ein mächtiges Phrygerreich."

Hermodike zur Gemahlin hatte (der sogen. Heraklides Pont. XI 3, Pollux IX 83), eine sehr unverdächtige Notiz, in welcher verschollene Beziehungen zwischen Phrygern und Aeoliern nachklingen. Wir hören ferner, dass ein Midas vor Gyges' Zeit ein Weihgeschenk nach Delphi gestiftet hat (Herod. I 14). Wir wissen endlich von jenem Midas, den der Kimmeriereinbruch zum Selbstmord trieb (695 v. Chr. Euseb. cf. Str. p. 61 § 21), ein Ereigniss, das den Zerfall des phrygischen Reiches zu bezeichnen scheint.[1]) Aus der Blüthezeit dieses Reiches müssen jene phrygischen Einflüsse auf die griechische Cultur stammen, die uns in Religion und Musik entgegentreten. Grote kann sich nicht recht denken, wo (mit Ausnahme der Propontis) die Griechen mit den Phrygern in so nahe Berührung kamen, wie jene Einflüsse anzunehmen zwingen (I 167 Meissn.). Einen aufleuchtenden Schein im Dunkel bietet jene von Grote übersehene Verschwägerung zwischen dem phrygischen Midas und einem König von Kyme. Auch die merkwürdige Thatsache, dass ein phrygischer Prinz am Hof des Crösus (Herod. I 35) den gut achäischen Namen Adrast führt, wird im Hinblick auf jene Frühzeit erklärt werden können, wo äolische und phrygische Könige im connubium standen. Beim Beginn hellerer Zeiten hat die phrygische Geschichte bereits ausgespielt und das erstarkende Lyderreich geht wie gegen die griechischen Kolonien der Küste ebenso auf Kosten der Phryger gegen das Binnenland vor. Erscheinen aber die Phryger gegen Myser und „Lyder" als das zurückweichende Volk, hat andererseits die Ueberlieferung Spuren alter Beziehungen zwischen den Aeoliern und Phrygern aufbewahrt, muss man da nicht annehmen, dass die Phryger einstmals weiter gegen die Küsten reichten und während ihrer Blüthe vor allem in den wichtigen Flussthälern des Hermos und Mäander mit der Küste directe Fühlung gehabt haben? Noch in geschichtlicher Zeit ist das obere Mäanderthal und der

---

[1]) Bei Euseb. erschienen zwei Angaben über Midas: Ol. XXI, 2 Mindas rex Phrygum sanguinem tauri bibit et mortuus est. Ol. X, 3 Phrygibus imperavit Midam. v. Gutschmid nimmt beide Daten als Grenzpunkte der Regierung eines und desselben Königs (Vorles. üb. gr. Gesch.).

oberste Theil des Hermosthales phrygisch, beide Thäler aber
gewähren bequeme Zugänge vom Hochland zum Meer (Kiepert,
Lehrb. § 89). Wenn also der phrygische Volksstrom sich bis
zum oberen Hermos und Mäander ergossen hatte, so versteht
man nicht, was seinem weiteren Vordringen gegen die Meeresküste sollte Halt geboten haben. Nun sehen wir denn auch
Lydien bis zum Sipylos von Spuren phrygischer Herkunft
geradezu durchsetzt.[1]) Aehnlich verräth sich in Nordkarien
(im Mäanderthal) die ehemalige Anwesenheit phrygischer Bevölkerung in dem Stadtnamen Gordiuteichos[2]) und ebenso
im Bereccyntius tractus bei Tralles[3]). Somit sind wir zu dem
Schlusse berechtigt, dass das phrygische Volk, wie es im
Norden einst die Propontis und den Pontos berührte, so auch
im Westen einst in den Flussthälern des Hermos und Mäander
mit dem Meer Fühlung gehabt hat. Und wenn Meon König
von Phrygien und Lydien heisst, wenn der Name Mäonien
(bei Homer offenbar soviel wie das spätere Lydien) in späterer
Zeit noch den inneren an Phrygien grenzenden Theil des
Landes umfasst, so ist die Vermuthung in der That sehr nahe
gelegt, dass die homerischen Mäoner eben ein phrygischer
Stamm sind. Die Karer kennt Homer bereits an der kleinasiatischen Küste.[4]) Ihre Zuwanderung muss es gewesen
sein, welche das phrygische Element zurückgedrängt hat, am
frühesten offenbar im Thal des Mäander, dann aber auch in
Lydien, wo die „Brüder" der Karer (d. i. wohl nichts anderes
als die in die Thäler des Kaystros und Hermos eingedrungenen
karischen Zuwanderer) die hier früher herrschende phrygische
Bevölkerung (sagen wir die Mäoner) unterwarfen und mit
ihnen sowie der Urbevölkerung und den semitischen Elementen

---

[1]) o. S. 340.
[2]) Südlich von Antiochia am Mäander. Der Name schon beweist,
dass eine Gründung der Phryger vorliegt, ausdrücklich wird es zudem
angegeben bei Steph. Byz. s. v. Γορδίου τείχος.
[3]) Plin. V 108.
[4]) Bestimmt daselbst (Milet und Φθειρῶν ὅρος) localisirt sie allerdings nur der Schiffskatalog (B 867), während sie K 428 einfach nur als
ἐπίκουροι der Troer genannt sind. Aber Δ 141 f. erscheinen als Ver-
treterinnen der Kunst Elfenbein mit Purpur zu färben Μῃονὶς ἠὲ Κάειρα,
doch gewiss keine willkürliche Zusammenstellung.

(o. S. 343 ff.) zu jenem Ganzen verschmolzen, welchem Ephor, wie wir gesehen haben, eine ausgesprochene ethnische Physiognomie nicht zuerkennen konnte. Ob der Name Lydien und Lyder erst jetzt aufkam, ob er aus vormäonischer Zeit wieder auflebte, bleibe dahingestellt. Dagegen wird man aus dem Umstand, dass der Landschaftsname Mäonien an dem oberen Lydien (Katakekaumene) haften geblieben ist, den Schluss ziehen dürfen, dass sich hier der mäonische Stamm noch durch längere Zeit selbständig behauptet hat.

Ich schliesse die Erörterungen dieses Paragraphen mit dem wenig befriedigenden Gefühl im Suchen nach festem Grunde nur schwankenden Boden gefunden zu haben. Die Lösung der Räthsel kleinasiatischer Ethnologie kann erst die Zukunft bringen. Es wird zuvor noch einer langen Reihe sorgfältiger Einzeluntersuchungen auf dem Gebiet der geschichtlichen Ueberlieferung, der Religion, der Sprachen, der Kunst bedürfen. Sehr wichtig verspricht hier besonders das Studium der Kunst und des Kunsthandwerks zu werden, aber auch der geschichtlichen Ueberlieferung lassen sich noch mancherlei neue und fruchtbare Gesichtspunkte abgewinnen. So kann gegenüber der kleinasiatischen Ethnologie für jetzt nur von Pionierarbeit die Rede sein, wie wir solche oben § 3—5 für die Specialgeschichte der Myser zu liefern suchten. Aber drei Resultate glaube ich doch schon jetzt für den folgenden Schlussparagraphen mitzubringen:

1) Die Ueberzeugung, dass die ethnologischen Verhältnisse in Kleinasien von äusserst complicirter Art sind, dass also bei ethnographischen Untersuchungen Differenzirung nicht Generalisirung gefordert werden muss.

2) Die Ueberzeugung, dass an der Westküste die jüngste Schicht[1]) durch jene karisch-lydisch-mysische Gruppe bezeichnet wird, welche sich als von Westen zugewandert zu erkennen giebt, in ihrer ethnologischen Geltung aber ganz unklar bleibt. (Die Termilen sind von dieser Gruppe unabhängig.)

---

[1]) Von der griechischen Colonisation sehen wir hier ab. Dieselbe ist in ihren Anfängen jünger als die karische, aber älter als die mysische Einwanderung.

3) Die Ueberzeugung, dass das phrygische Volk einst (vor der karisch-mysischen Epoche) an mehreren der wichtigsten Stellen bis an das Meer reichte. Ob in die Zeiten der phrygischen Vorherrschaft jene vorauszusetzenden semitischen (assyrischen) Vorstösse, die oben S. 344 besprochen wurden, hineinfallen, ob sie ihnen vorangehen, ist noch festzustellen.

4) Hinter all diesen Zuwanderern und Eroberern setzen wir eine kleinasiatische Grundbevölkerung voraus, die in geschichtlicher Zeit fast überall verschwunden ist, aber in den unvertilgten Denkmalen uralter Ortsnamen weithin die Zeugen ihres Lebens zurückgelassen hat.

Auf Grund solcher Ueberzeugungen wenden wir uns nun schliesslich der Frage zu, welchem grösseren Volksganzen wohl der im Kaikosthal sesshafte Stamm der „Teuthranier" zuzurechnen ist.

§ 7.
Die ethnische Zugehörigkeit der Teuthranier.

Die Untersuchungen über den mysischen Stamm waren in § 3 zu dem sicheren Ergebniss ausgemündet, dass die Teuthranier, trotz der griechischen Vorstellungen seit Pindar und Aeschylus[1], keine Myser gewesen sind. Auf Grund von Homer konnten wir in § 4 noch einen Schritt weiter gehen und fest-

[1] Hier mag noch ein an sich geringfügiges Argument seine Stelle finden, welches die auf anderem Wege gewonnene Ueberzeugung von der nothwendigen Unterscheidung mysischen und teuthrantischen Volksthums bestätigt. Ein in den oberen Kaikos einmündender Nebenfluss wurde κατ' ἐξοχήν der „mysische" genannt: Apollod. bei Str. 616 § 70 ῥεῖ δ' ἐκ τοῦ Τήμνου ποταμὸς Μύcιοc ἐμβάλλων εἰc τὸν Κάϊκον ὑπὸ ταῖc πηγαῖc αὐτοῦ. Wenn Strabo fortfährt, dass einige im Prolog der Aeschyl. Myrmidonen die Worte ἰὼ Κάϊκε Μύciαί τ' ἐπιρροαί als eine Erwähnung dieser beiden Flüsse betrachteten, so hat das freilich kein Gewicht, denn Aeschylus hat in der genannten Stelle jedenfalls nur den Einen Kaikos im Sinne gehabt. Dass er ihn einen „mysischen Erguss" nennt, beruht auf jener seit Pindar erscheinenden Vorstellung, als gehöre Teuthranien zu Mysien (cf. o. S. 281). Daneben bleibt aber Apollodors Zeugniss für das Vorhandensein eines Nebenflusses Mysios bestehen und in demselben spricht sich die Unterscheidung von Mysern und Teuthraniern deutlich genug aus, denn wie hätten die Teuthranier einen Bach ihres Landes Mysios nennen können, wenn sie selbst Myser waren. Man hat den Mysios mit Kiepert in dem gleich unterhalb Germe mündenden rechten

stellen, dass im Zeitalter der homerischen Poesie d. h. in jenem Zeitalter, dessen Zustände die homerische Poesie festzuhalten sucht, nicht einmal von einer Nachbarschaft zwischen Mysern und Teuthraniern die Rede sein kann. Es erübrigt jetzt sich kurz zu vergegenwärtigen, was für Stämme nach homerischer Ethnographie als Nachbarn des Kaikosthales zu betrachten sind: Nördlich vom Kaikosthal, in der thebischen Ebene sitzen nach Homer Kilikier[1]), südlich in der Hermosebene Mäoner[2]). Im Nordosten und Osten können als Nachbarn der „Keteioi" nur die Phryger betrachtet werden. Denn wir haben bereits mehrfach die Thatsache besprochen, dass im späteren Mysien (von der Propontis bis nach der Abaitis) vor der mysischen Einwanderung Phryger gesessen haben. Als östliche Nachbarn der Troas und des Küstengebiets im Süden des Ida lässt ja auch die Ilias selbst den phrygischen Stamm erkennen, wenn Ω 545 das Reich des Priamos von der Landseite durch Phrygien begrenzt wird. Zudem erstrecken sich nach den Vorstellungen der Ilias die Sitze der Phryger gegen Süden offenbar bis zu den Mäonern, denn der unweit des Hermos entspringende Sangarios ist ein phrygischer Strom (Γ 184 ff.), die Phryger und Mäoner werden stets in engster Verbindung genannt (Γ 301, K 431, Σ 291) und im Verzeichniss der troischen ἐπίκουροι folgen bei der Aufzählung von Norden nach Süden auf die Phryger die Mäoner (B 862. 864). So erscheinen nach homerischer Geographie die Phryger vom askanischen See bis zu den Mäonern hinab ausgebreitet, und da letztere selbst nicht ohne Wahrscheinlichkeit als phrygischer Sonderstamm anzuerkennen sind, so haben wir die Teuthranier im homerischen Zeitalter nicht nur im N und NO sondern auch im S von phrygischem Volksthum begrenzt zu denken. Es gilt nun zu untersuchen, wohin die Teuthranier selbst zu stellen sind, ob

---

Nebenflass zu sehen. Derselbe entspringt an den Abhängen der mysischen Abrettene und hat daher seinen Namen.

[1]) Ueber dieselben vgl. man v. Gutschmid o. S. 181.

[2]) An der Küste zudem in Vereinzelung die Pelasger von Larissa (P 301). Wenigstens ist es am natürlichsten P 301 an Larissa bei Kyme zu denken. Der Katalog (B 840) hat das pelasgische Larissa bei Hamaxiton (in Troas) im Auge.

mit ihren nördlichen Nachbarn, den Kilikiern, zur Grundbevölkerung oder ob mit ihren östlichen und südlichen Nachbarn zu dem phrygischen Stamme, denn der dritte Fall, dass
auf dem engen und leicht zugänglichen Raume des Kaikosthales eine Bevölkerung sui generis vorliegen sollte, hat an
sich nicht die geringste Wahrscheinlichkeit.

Verhören wir zunächst die teuthrantischen Ortsnamen. Hier sondert sich nun gleich eine eigenthümliche
Gruppe bestimmt ab: vor allem der Flussname Keteios, der
ältere Name des Kaikos, wie oben S. 165—80 nachgewiesen
wurde. Er gehört mit Κητίς und Κιτιεῖς zusammen und weist
auf jene gleichartige von Gutschmid (o. S. 180 f.) erschlossene
Bevölkerung vom Ida bis nach Kypros.[1]) Wir haben S. 271
gesehen, dass Demetrios v. Skepsis die Keteier für Kilikier
nahm. Ihn hat nur die Nachbarschaft der homerischen Kilikier
in der thebischen Ebene sowie die Schwierigkeit, die Κήτειοι
anders unterzubringen, zu dieser Gleichung veranlasst. Ohne
dass er es ahnte, kam er der Wahrheit nahe, denn das Volk,
welches dem Fluss Keteios seinen Namen gab, muss mit den
Taufvätern der Landschaft Κητίς in Kilikien gleichen Stammes
gewesen sein. Aber auch die andere, von Kiepert für die
kleinasiatische Urrace in Anspruch genommene Kategorie von
Ortsnamen ist in Teuthranien vertreten, einmal durch den
Namen des Gebirges Pindasos, dann durch die das Thal nach
Südosten abschliessende Stadt Nakrasa. Dazu kommt wohl
auch noch Kidainis, der alte Name Elaias (o. S. 191). Der
Wortstamm kehrt nämlich mit dem charakteristischen Suffix -ss
in Κιδυσσός, dem Namen einer phrygischen Stadt, wieder und
giebt sich damit als Eigenthum der Grundbevölkerung zu erkennen. Die aufgeführten Zeugen sind zwar nicht zahlreiche,
aber sie reichen völlig aus um Teuthranien unter jene Landschaften Kleinasiens einzureihen, in denen sich Spuren der
Urrace erhalten haben. Allein damit ist die vorhellenische
Bevölkerung des Thales noch keineswegs erschöpft. Neben
dem Keteios steht der Kaikos, neben den „Mannen vom Keteios"
das Ethnikon Teuthranier.

[1]) Gergitha im oberen Kaikosthal kommt nicht in Betracht, da es
erst eine Gründung Attalos' I ist (o. S. 199).

Der Flussname Κάικοc ist indogermanischen Gepräges, aber wohl nicht griechisch, da sich in Griechenland keine Parallele dazu findet. Man wird den Namen also nicht von καίω, sondern mit diesem zugleich von der idg. Wurzel ku „leuchten, glänzen" (G. Curtius Grundzüge[b], S. 145) herzuleiten haben.[1]) Unter den Städtenamen mögen Sarna-ka und Halisarna (o. S. 198. 214) als unklar aus dem Spiele bleiben. Das dem Kaikosthal nächstbenachbarte Atarneus (Atarne)[2]) klingt an die homerische Mäonerstadt Tarne an. Von den der Urrace eigenthümlichen Wortbildungen liegen diese Ortsnamen jedenfalls weit ab. Das am oberen Kaikos gelegene Germe bedeutet nach Ramsays ansprechender Vermuthung (Hell. Stud. 1882 p. 202), dem vulkanischen Charakter der Gegend entsprechend „die heissen Quellen", ist also idg. (cf. scr. gharma). (Auch in Olympene, auf ehemals phrygischem Gebiet, lag ein Germe.) Gambreion ist wohl kaum griechisch sondern gehört zu den indogerm. bes. in Thrakien häufigen Zusammensetzungen mit βρία („Stadt" Str. 319 cf. Βρίανα in Phrygien). Tiare (o. S. 203 ff.) könnte aus der Zeit der Perserherrschaft stammen, doch war es auch ein bei den Phrygern gebräuchliches Wort (o. S. 205). Was Pergamos betrifft, so ist der Name wohl nicht griechischen Ursprungs. Curtius, Grundz. nr. 413 bemerkt zum Stamm φρακ: „Wenn πύργο-c, Πέργ-αμα verwandt sein sollten, so könnten sie, wie Diefenbach richtig bemerkt, nur einem ungriechischen Zweige des indog. Stammes angehören, wären also Fremdwörter". Als Ortsname erscheint Pergamos stets nur auf ungriechischem Boden[3]), aber die Dichter haben es als Lehnwort in der Bedeutung „Höhenfeste" ihrem Sprachschatz einverleibt, wie z. B. des Aeschylus Prometheus (v. 255 f.) den Olympiern zuruft: νέον νέοι κρατεῖτε καὶ δοκεῖτε δὴ ναίειν

---

[1]) Für Virchow (Abh. d. Berl. Akad. 1884 S. 35, 2) hat der Name Kaikos eine verführerische Aehnlichkeit mit Haik (Haig), dem Nationalnamen der Armenier. Man lasse sich nicht verführen.

[2]) Strabo p. 614 unterscheidet von demselben einen gleichnamigen Ort (τόποc) im Gebiet von Pitane ἐπὶ θαλάττῃ κατὰ τὴν .. νῆcον Ἐλαιοῦccαν.

[3]) Pergamis in Epirus, Pergamos in Picrien, Troas, Teuthranien, auf Kreta und Kypros, Perge in Pamphylien (Diefenbach or. Eur. S. 66 zieht auch Πέρκη, den alten Namen Thrakiens hierher).

ἀπενθῆ πέργαμα. Das Wort wird der thrakisch-phrygischen Gruppe der idg. Völkerfamilie zuzuschreiben sein. Endlich Teuthranien[1]), der Name der Landschaft und ihrer alten Hauptstadt. Sein Gepräge ist allem Anschein nach ein indogermanisches. De Lagarde (ges. Abh. S. 257) stellt die sehr gewagte Gleichung Teuthrania-Togharma auf (Teuthramos-Teukramos). Eine sehr ansprechende Vermuthung hat mir vor Jahren bei einer Correspondenz über den Namen mein verehrter alter Lehrer Leo Meyer ausgesprochen; derselbe meint, dass Τευθ- in Τευθρανία, Τευθέα, Τευθίς u. dergl. möglicher Weise mit goth. thiuda, mhd. diet (Volk) zusammenhängt. So wird man den Namen auf das idg. Element Kleinasiens (die Phryger) zurückführen dürfen, oder noch besser als einen später abgestorbenen griechischen Wortstamm auf die ältesten griechischen Colonisten. — Die zweite Reihe teuthrantischer Ortsnamen zeigt also Bildungen, die dem Idg. angehören und, soweit nicht griechisch, auf die phrygisch-thrakische Gruppe hinweisen.

Prüfen wir schliesslich auch noch die bei ethnologischen Untersuchungen so wichtigen Spuren, die Cultur und Cultus zurücklassen. Hier weisen die wenigen aus der vorgriechischen Periode erhaltenen Reste nach derselben Seite, wohin die Besprechung der Ortsnamen unseren Blick bereits gerichtet hat. Zunächst muss ich auf die schon S. 219 besprochenen in Pergamos am Südfuss der Burg und am rechten Ufer des Selinus sich findenden Felswohnungen zurückkommen, in welchen Curtius und Adler älteste Ansiedelungen sahen, während Bohn sie „nicht ohne weiteres für besonders hochalt" gelten lässt. Dieselben erwecken denn doch unsere besondere Aufmerksamkeit, insofern sie uns an die phrygische Sitte gemahnen „natürliche Hügel auszuhöhlen, darin Gänge zu graben und die Räume zu Wohnungen zu erweitern" (Vitruv II 1, 5). Sollten die pergamenischen Felswohnungen nicht etwa doch phrygischen Ursprungs sein? Der Tempel der Kybele Aspordene auf dem Berge Aspordenon bei Pergamos (Str. 619) ist

---

[1]) Ortsnamen dieser oder verwandter Form nicht selten: der Doppelname Thymaina-Teuthrania in Paphlagonien (Ptol. V 4, 2), Teuthrone in Lakonien (Paus. III 21, 7), Teuthis in Arkad. (St. Byz.). — Ein Trojaner Teuthras Z 13, ein Achäer E 705, ein böotischer Heros St. B. v. Οἰχτεια.

sicherlich ein uraltes Heiligthum der phrygischen Göttermutter.
Und da ihr Cultus auch in Pergamos blühte (C. I. G. 6835,
Dütschke, ant. Bildw. in Oberitel. V nr. 806, Mionn. Suppl. V
nr. 1013[1])), so wird man unter Heranziehung von Hesych. s. v.
Κύβελα· ὄρη Φρυγίας καὶ ἄντρα καὶ θάλαμοι geneigt sein im
Felsheiligthum am Selinus (Curtius, Beiträge S. 55) ein
alterthümliches Hieron der Kybele zu erblicken. Auch muss
in diesem Zusammenhang die auf der pergamenischen Akropolis
localisirte Geburtssage des Zeus erwähnt werden, mit
welcher in einer späten Inschrift die Kabiren verknüpft sind;
in letzteren haben wir o. S. 266 ff. im letzten Grunde Korybanten erkannt, mit welchen importirte Kabiren verschmolzen
worden sind. Hierher gehört auch der pergamenische Kult
des Silen Paus. VI 24, 8. Und wenn Dionysos zu den
4 Hauptgottheiten Pergamons gehört (C. I. G. 3538)[2]), so dürfen
wir seinen Kult daselbst gewiss für uralt halten, d. h. für den
des phrygischen Sabazios, mit welchem die Griechen ihren
Dionysos identificirt haben. Ein specifisch kleinasiatisches
Attribut des Bacchuskultus, die Schlangencista, trug auch der
pergamenische an sich, da Pergamon bekanntlich zu den kleinasiatischen Städten mit Cistophorenprägung gehört.[3])

So bietet das Kaikosthal in der That sehr beträchtliche
Elemente phrygischer Kultur. Nehmen wir hinzu die unter
den Ortsnamen auf phrygische Herkunft weisende Gruppe, beachten wir endlich, dass im Zeitalter der homerischen Poesie
Teuthranien von drei Seiten durch phrygische Bevölkerung
umgeben ist, während die karisch-mysische Gruppe ihm in
dieser Epoche noch nirgends benachbart gelten kann, so darf
an dem Schluss unserer Untersuchungen mit Wahrscheinlichkeit
der Satz aufgestellt werden:

---

[1] Wenn des Aristides Rede auf Herakles in Pergamos gehalten
worden ist, so tritt sie zu den Zeugnissen hinzu. I p. 62 Dind. φωνὴ
θεία ἐκ μητρῴου.

[2] Am frühesten erwähnt in einer Inschrift der Diadochenzeit C. I.
G. 3537. Sein Tempel mit Adyton ist genannt Caesar bell. civ. III 105
Dio Cass. 41, 61, und durch die preuss. Ausgrabungen an der Agora
festgestellt (Bohn in den Abh. d. Berl. Ak. 1884).

[3] Pinder, die Cistophoren Abh. d. Berl. Ak. 1856 S. 535.

Die Teuthranier waren ein phrygischer Stamm
und zwar sassen sie im Kaikosthal als Zuwanderer
über der Grundbevölkerung, die ihrerseits in den
Namen des Hauptflusses und Hauptgebirges, Keteios
und Pindasos, sowie in den Namen der beiden südlichen Zugänge zur Landschaft, Nakrasa und Kidainis,
ein Denkmal ihrer einstigen Anwesenheit zurückgelassen hat. Myser sind im Kaikosthal nicht nachweisbar sondern nur im Lauf der Zeiten seine nördlichen Nachbarn geworden. Dagegen haben die
lydischen Könige etwa um das Ende des 8. Jahrhunderts von der Landschaft Besitz genommen und
dieselbe sammt dem mysischen Nachbargebiet als
„mysische Provinz" ihrem Reiche einverleibt.

Drittes Kapitel.

Die überlieferte Besiedelung Teuthraniens durch Arkader.
Auge und Telephos.

Der Schlussparagraph des ersten Buches und das erste
Kapitel des zweiten Buches haben den Boden soweit frei
gemacht, dass wir hier an die Besprechung der Sagen von
Auge und Telephos unmittelbar herantreten können. Es sei
vorher nur kurz daran erinnert, dass Astyoche, die Frau des
Telephos und Schwester des Priamos[1]) und vermuthungsweise
auch Eurypylos als jüngere, erst mit der Hereinziehung der
teuthrantischen Sage in die Troica entstandene Gestalten aus
dem Bestande altteuthrantischer Sage ausgeschieden worden
sind (o. S. 160 ff. 186). Der „teuthrantische Krieg" trat uns
in der überlieferten Form als ein integrirender Bestandtheil
des troischen Sagenkreises entgegen, wir glaubten jedoch
Reste einer älteren, selbständigen Sage zu erkennen, in welcher
nicht das grosse troische Drama den Hintergrund bildete,
vielmehr thatsächliche Kämpfe zwischen der älteren Be-

---

[1]) Statt ihrer nennt Hygin f. 101 Laodicen Priami filiam (cf.
fab 90).

völkerung Teuthraniens und den äolischen Colonisten unter
dem mythischen Bilde eines Kampfes zwischen Telephos, dem
Sohn der Auge, und Thersandros, dem Enkel des Oedipus,
sich wiederspiegelten. Der Umstand, dass in diesem Kampfe
um das Kaikosthal der Kadmeione unterlag, lässt darauf
schliessen, dass die älteste Form dieser Sage von den teuthrantischen Trägern des Telephoskultes geschaffen worden
ist. — Der Heros Pergamos ist als eine pseudomythische Figur
makedonischer Erfindung gefallen, mit ihm der angebliche
Landeskönig Grynos (resp. Areios) vgl. o. S. 241 ff.

So sind wir an heimischen Gestalten des Kaikosthales
arm geworden, aber der verbleibende Rest, Auge und Telephos
einerseits, auf der anderen Seite Teuthras[1]), dem übrigens
noch Argiope zur Seite tritt (cf. unten), sie verdienen unser
Interesse in um so höherem Masse, je überraschender die
Rolle ist, welche die Ueberlieferung ihnen zuweist. Wollen
sie doch als Ausdruck einer unvordenklichen Zuwanderung
von Arkadern zu dem phrygischen Stamm der Teuthranier
verstanden sein. Ehe wir uns dieser Ueberlieferung zuwenden,
rufen wir uns die wichtige, in früherer Untersuchung (S. 207 ff.)
festgestellte Thatsache ins Gedächtniss, dass die Sage von
Teuthras, Auge und Telephos gar nicht an Pergamos
sondern an die lange verschollene Stadt Teuthrania
am unteren Kaikos anknüpft. Die Geschichte des Keteierproblems (o. S. 165—80) hat uns andererseits gelehrt, dass
zuerst Elaia[2]), später das attalische Pergamon bemüht gewesen sind den alten Sagenstoff Teuthraniens an sich zu
ziehen. Die makedonisirende Sage hat den Telephiden Eurypylos
entschieden noch in Teuthrania residirend gedacht, denn nach
Euphorion gründet ja erst Grynos, des Eurypylos Sohn, zu
Ehren des Aiakiden Pergamos die Stadt Pergamon. Doch

---

[1]) Beiläufig mag hier ein Irrthum berichtigt werden. Pauly und
Pape-Benseler vermengen mit dem mysischen (phrygischen) Teuthras
einen böotischen Teuthras, den Grossvater des Thespios (Steph. Byz.
v. Θεσπίειον), nach welchem die Thespiaden bei Ovid Her. IX 49 Teuthrantia turba heissen.

[2]) Es liegt nahe hierher auch die Münze v. Elaia Imhoof, monn. gr.
p. 274 (Auge in der Larnax) zu ziehen, man vgl. indessen unten S. 399, 1.

lassen wir die späteren Machenschaften bei Seite und wenden
wir uns dem alten Kern der Telephossage zu. Hier verfügen
wir über zwei sehr werthvolle Quellen, die Localüberlieferung
der Stadt Tegea und die Darstellung des Hekataios.

§ 1.
Die tegeatische Sage.

Durch Pausanias lernen wir zwei in einem Punkte von
einander abweichende Formen der tegeatischen Sage kennen:
A. Nach der einen, an das Heiligthum der Eileithyia
geknüpften Ueberlieferung (Paus. VIII 48, 7) ward Auge,
von Herakles mit Telephos schwanger gehend, durch ihren
Vater Aleos, König von Tegea[1]) dem Nauplios zur Ertränkung im Meer übergeben. Auf dem Wege nach Nauplia
gebar Auge ihren Knaben an der Stelle des Marktes von
Tegea, wo der Tempel der Eileithyia stand. Das weitere
Schicksal der Heroine (ihre Ueberführung nach Teuthranien)
ist durch die Art der verhängten Strafe wenigstens angedeutet.
Da ferner Pausanias ausdrücklich betont, dass diese Sagenform hinsichtlich der Umstände und des Ortes der
Geburt von der zweiten tegeatischen Version abweiche, so
können wir annehmen, dass im Uebrigen beide übereinstimmten.
Nicht zu viel Gewicht möchte ich auf die Notiz des Pausanias
legen, die im Tempel befindliche Statue der Eileithyia werde
Αὔγη ἐν γόναςιν genannt. Aber der Schlüssel zum Verständniss
unserer Version wird damit gegeben sein. O. Jahn hält es
(Telephos und Troilos S. 49) für unzweifelhaft, „dass Auge nur
die Verwandlung der Licht- und Geburtsgöttin selbst sei"
Mich dünkt es wahrscheinlicher, dass die Verbindung Auges
mit dem Eileithyiaheiligthum etwas secundäres ist. In späterer
Zeit glaubte man in dem Bilde der knieenden Geburtsgöttin
die kreissende Heroine zu erkennen und so wurde zur Stätte der
Geburt der Eileithyiatempel. Entschieden älter ist Auges Stelle
im tegeatischen Athenakultus. Das erhellt aus der ganzen
Haltung der Version B, welche ohne Frage die tegeatische
Hauptsage darstellt.

[1]) In der später zurechtgemachten arkadischen Genealogie vierter
arkadischer König nach Arkas.

24*

B. Die zweite Version der Tegeaten (Paus. VIII 48, 7 und
47, 4) setzt Auge in enge Verbindung mit dem Athenakult. König Aleos gründet das Heiligthum der Athena Alea
zu Tegea (Paus. VIII 4, 8). Seiner Tochter Auge wird bei
einer Quelle dieses Heiligthums von Herakles Gewalt an-
gethan (Paus. VIII 47, 4).[1]) Der unvollständige Bericht des Pausanias verschweigt, dass Auge Priesterin der jungfräulichen
Göttin war, doch ist das jedenfalls zu ergänzen nach Apollodor III 9, 12 (ἧc εἶχε τὴν ἱερωcύνην)[2]). Auge verbirgt ihren
Zustand vor dem Vater und setzt Telephos auf dem Berge
Parthenion aus, wo ihn eine Hirschkuh nährt (Paus. VIII 48, 7)
und wo ein an die Kindheitssage anknüpfendes τέμενοc Τηλέφου noch zur Zeit der von Pausanias benutzten Localperiegese[3])
bestand (ib. 54, 6). Auch autonome Münzen der Tegeaten
stellen den von der Hirschkuh gesäugten Telephos dar[4]).
Ueber die weiteren Schicksale von Mutter und Kind bleibt
uns Pausanias die Antwort schuldig, indem er nur noch bemerkt, dass die tegeatische Sage von derjenigen des Hekataios
abweiche. Doch lässt sich jedenfalls annehmen, dass wie bei
der an den Eileithyiatempel geknüpften Version so auch hier
zunächst die Entdeckung des Vorfalls durch Aleos und die
Uebergabe Auges an Nauplios folgten. Den weiteren Hergang
können wir aus den Fragmenten von Aeschylus' Mysern,
Sophokles' Aleaden und Mysern[5]) und aus den Mythographen
noch genügend erkennen. Denn diese Zeugnisse weichen insgesammt von Hekataios ab, stimmen aber gleichzeitig mit

---

[1]) Brunn vermuthet in einer Wörl. Gruppe die Darstellung dieses
Vorgangs Dess. Phil.-Vers. 1885, 189 ff.

[2]) Ebenso Schol. Callim. h. in Del. 70. cf. auch Christod. Ekphr. 139
(Παλλάδοc ἀρήτειρα). Dass in Pergamos der Athenakult als eine Ein-
richtung der Auge betrachtet wurde, ersehe ich aus einer Notiz von
Fabricius bei Robert im Jahrb. des arch. Inst. III 46.

[3]) Dieselbe war offenbar vorzüglich orientirt. Am nächsten läge der
Tegeate Ariaithos, vgl. indess Kalkmann, Pausanias S. 126 f. u. 175.

[4]) Mionn., II 255, 69 Suppl. IV 293, 117 R: „louve allaitant un enfant".

[5]) Nach Welcker, gr. Tr. I 414 identisch mit Sophokles' Telephos.
Man vgl. jetzt indess die rhodische Inschrift, veröffentlicht von Kaibel,
Hermes XXIII 273, welche die überraschende Kunde bringt, dass der
Telephos des Sophokles ein Satyrdrama war.

den überlieferten Zügen der tegeatischen Legende überein, gehen also auf die örtliche Ueberlieferung von Tegea zurück. Nach den genannten Zeugnissen ist nun der Fortgang folgender: Nauplios führt den Auftrag des Aleos nicht aus, sondern bringt Auge nach „Mysien" zu König Teuthras, der sie zum Weibe[1]) nimmt. Telephos, auf dem Parthenion seinem Schicksal überlassen, wird durch eine Hirschkuh wunderbar erhalten und von Hirten des Korythos auferzogen[2]). Nach Apollodor III 9, 1 ziehen diese, nach Diodor IV 33 Korythos selbst das Kind auf[3]). Nachdem Telephos herangewachsen, folgt er seiner Mutter nach Teuthranien. Das Motiv zu dieser Auswanderung erkennt man aus den beiden genannten Tragikern: Aeschylus' Myser weisen auf eine Verschuldung (fr. 144 Dind. tritt Telephos zur Stummheit verurtheilt auf, vgl. Welcker, gr. Tr. I 53 f.), die Aleaden des Sophokles, deren Argument Vater[4]) und Welcker[5]) in den Hauptzügen festgestellt haben, belehren uns, dass diese Verschuldung in der Tödtung der Oheime des

---

[1]) In diesem Punkte sind alle Zeugnisse einig mit einziger Ausnahme von Hygin f. 99 u. 100. Hierüber unten S. 375 ff.

[2]) Die Hereinziehung des Korythos ist ein gut localer Zug, denn derselbe ist offenbar Eponym des tegeatischen Gaus Korytheis, der am Fuss des Parthenion lag (Paus. VIII 45, 1 u. 54, 5). — Von grossem Interesse wäre eine angebliche Münze von Tegea, mit Darstellung der Auffindung durch einen Hirten, angeführt bei C. Pilling, quom. Tel. fab. veter. tract. p. 85. Allein die Münze ist von Münter (in Heerens Bibl. d. a. Lit. IX 50) fälschlich Tegea zugewiesen. Es ist offenbar ein Exemplar der epidaurischen Münze mit der Kindheitssage des Asklepios (cf. Panofka Askl. und Asklepiaden 1845 Tafel I, 1).

[3]) Auch in anderen Einzelheiten weichen beide von einander etwas ab. Bei Diodor erkennt Aleos am Zustand Auges das Geschehene, überträgt Nauplios ihre Ertränkung, sie gebiert und setzt unterwegs den Telephos auf dem Parthenion aus und gelangt durch Vermittelung von Karern zu Teuthras, bei Apollodor dagegen verbirgt Auge ihr Kind im Athenaheiligthum. Misswachs und Orakel machen Aleos aufmerksam, er entdeckt das Geschehene, übergiebt Auge dem Nauplios zur Tödtung und lässt selbst den Telephos auf dem Parthenion aussetzen etc. — Wieder abweichend sind zwei Züge bei Apollodor II 7, 4, wo Aleos seine Tochter in Weben findet und dem Nauplios zum Verkauf in die Fremde übergiebt (das übrige wie III 9, 1).

[4]) Vater, die Aleaden des Sophokl. 1835.

[5]) Welcker, gr. Tr. I 406 ff.

Telephos bestand. (Auch bei Hygin fab. 254 ist Telephos unter den Verwandtenmördern aufgezählt u. in der Append. proverb. II 86 wird er wegen Tödtung der Aleaden landesflüchtig). Wir hören dann von einer Befragung des delphischen Orakels und der Weisung die Mutter in „Mysien" zu suchen (Diodor, Apollodor, Schol. Eur. Rhes. 248, Append. prov. II 86). Telephos geht nun nach Teuthrania (Aesch. fr. 141. 142 Soph. fr. 360), findet die Mutter, wird von Teuthras [gesühnt und] adoptirt. Nach Diodor erhält er dann die Hand von Teuthras' Tochter Argiope, nach Diodor sowohl wie nach Apollodor folgt er Teuthras in der Herrschaft über „Mysien". — In dieser Darstellung mag einiges dichterische Zuthat sein (die Befragung des delphischen Orakels), anderes aus der teuthrantischen Sage entlehnt worden sein (die Vermählung mit Argiope). Mit Wahrscheinlichkeit aber dürfen wir 'für die tegeatische Version folgende Züge in Anspruch nehmen: Auges Vergewaltigung durch Herakles, ihre Ausstossung und Rettung nach Teuthranien, andererseits des Telephos Aussetzung auf dem Parthenion und die Hirschkuh[1]), das Aufwachsen bei Korythos, die Tödtung der Oheime, die Auswanderung nach Teuthranien und die Nachfolge in der Herrschaft des Teuthras. Für die tegeatische Sage ist der charakteristische Zug, dass zunächst nur Auge über das Meer geht und Telephos ihr erwachsen nachfolgt. Ueber den Grund der Doppelung des Uebergangs werden wir später handeln, hier sei nur noch darauf hingewiesen, dass in Tegea wirklich die Auswanderung auch des Telephos anerkannt war, denn die Tegeaten haben den teuthrantischen Heldenthaten des Heros durch die Giebelgruppe des Skopas am Tempel der Athena Alea (Paus. VIII 45, 7) ihre Sanction ertheilt.

Ich bin im Obigen von der stillschweigenden Voraussetzung ausgegangen, dass Sophokles in seinen Aleaden und

[1]) Nach Robert Jahrb. II 246 gehört die Hirschkuh der „attischen" Version. Ich kenne eine solche nicht, wohl attische Dichter, welche ihren Stoff der „tegeatischen" Version entlehnen. Die Hindin ist sagenecht tegeatisch, selbst noch in der Verunstaltung der Telephossage bei Euripides (Auge) ist sie bewahrt.

Mysern den Sagenstoff im Ganzen so behandelt hat, wie wir ihn bei Diodor und Apollodor überliefert finden. Welcker freilich hat es (gr. Tr. I 414 ff.) für nicht unwahrscheinlich gehalten, dass das Argument bei Hygin f. 100 auf Sophokles' Myser zurückgehe; Ribbeck, röm. Trag. S. 311 vermisste in den Fragmenten des Sophokles die Bestätigung dafür und ihm schliesst sich Pilling an[1]). Kürzlich aber hat Robert in seinen sehr verdienstlichen Untersuchungen über den pergamenischen Telephosfries[2]) die Erzählung Hygins wieder aufs bestimmteste für die Myser des Sophokles in Anspruch genommen. Ich kann mich indessen durch seine Argumentation nicht für überzeugt erklären. Hygin f. 100 ergiebt eine höchst sonderbare Tragödie: *Auf Orakelspruch, der ihm die Mutter in Mysien zu suchen befohlen, kommt Telephos mit seinem Genossen Parthenopaios (!) zu Teuthras, der gerade vom Aphariden Idas (!) hart bedrängt wird. Teuthras verspricht dem Telephos für seine Hülfe das Reich und die Hand seiner Adoptivtochter (!) Auge.[3]) Telephos besiegt und tödtet Idas und wird mit Auge vermählt. Im Brautgemach ist Auge, die sich nach der Verbindung mit Herakles von keinem Sterblichen berühren lassen will, entschlossen Telephos mit einem Schwerte zu tödten. Ein durch göttliches Eingreifen erscheinender Drache hindert nicht nur dieses Vorhaben, sondern versetzt Auge zugleich in solchen Schrecken, dass sie das Schwert von sich wirft und Telephos ihre mörderische Absicht gesteht. Telephos nun will die geständige und wehrlose Frau tödten (!), Auge aber ruft die Hülfe des Herakles an; das giebt die Veranlassung zur gegenseitigen Wiedererkennung und beide kehren nach Arkadien zurück (!).* Mir ist dieser Stoff, als Vorwurf einer Tragödie gedacht, stets so monströs erschienen, dass ich einen Sophokles aus dem Spiele lassen und irgend einen Tragiker geringeren Schlages, deren ja mehrere (z. B. Agathon und Iophon) den Telephoskreis behandelt haben, dafür ver-

---

[1]) C. Pilling, Quomodo Telephi fabulam . . . veteres tractaverint. Halle 1886, p. 62.

[2]) C. Robert, Beitr. zur Erklärung des perg. Telephosfrieses. Jahrb. des deut. arch. Inst. II (1887) S. 244—59, III (1888) S. 45—66.

[3]) Adoptivtochter des Teuthras ist Auge auch Hygin fab. 99, deren Argument aufs engste mit dem von f. 100 zusammenhängt.

antwortlich machen zu müssen glaubte. Und nun sollen wir doch hinter der Fabel Hygins Sophokles anerkennen. Das Schlimmste freilich, die Hereinziehung des Aphariden Idas als feindlichen Nachbars des Teuthras will Robert (Jahrb. III S. 53) durch die Doppelannahme beseitigen, dass entweder der fragliche Asiate wirklich Idas hiess und die Worte *„Apharei filius"* vom Interpolator des Fabelbuches aus fab. 14. 80. 173 unrichtig eingesetzt worden sind, oder dass beide Namen unrichtig sind und, wie bei Hygin mehrmals, seltene Namen durch allgemein bekannte ersetzt wurden.[1]) — Man könnte nun freilich in dem anstössigen „Idas" einen „Idaios" vermuthen (ein im troischen Sagenkreis häufiger Name) und der Beseitigung des Aphariden Idas Beifall zollen, wenn nur durch diese Conjectur das Uebrigbleibende Hand und Fuss bekäme. Aber das ist doch nicht der Fall. Zunächst gehört Parthenopaios, bei Hygin des Telephos Begleiter, in einen ganz anderen Sagenkreis, und wenn es auch „nahe lag" die beiden Findlinge des Parthenionberges in Zusammenhang zu bringen, so fragt es sich doch, ob einem Sophokles ein derartiges Contaminiren der überlieferten Sagen zuzutrauen ist. Aber lassen wir Parthenopaios als Eindringling in den Telephoskreis passiren, so bleibt die sehr absonderliche Handlung des Stückes übrig: Telephos kommt, um seine Mutter zu suchen (ex responso quaerens matrem) nach Teuthranien. Allein im ganzen Verlauf des Stückes scheint er zur Erreichung dieses Zieles nicht das mindeste unternommen zu haben; wir verstehen, warum. Hätte Telephos bei seiner Ankunft in Teuthrania ein Wort von dem Zweck seiner Wanderung und von seiner Herkunft verlauten lassen, die Erkennung zwischen Mutter und Sohn hätte alsbald erfolgen müssen. Das konnte der Tragöde nicht brauchen, da er erst nach einer Reihe dramatischer Effecte zum Ziele gelangen wollte. Also Telephos ist zwar nach Teuthranien gelangt, lässt aber zunächst die Aufgabe seiner Hinkunft aus den Augen. Ehrgeizig stürzt er sich in einen Kampf mit dem schlimmen Nachbar Idas oder

---

[1]) Wie fab. 99 Meleager für Milanion (vgl. übrigens, was Ribbeck röm. Tr. 314 zu Meleagers Gunsten anführt), fab. 14 Aeetes für Aretos, Ariadne Minois filia für Araethyrea Minyae filia.

Idaios, tödtet ihn und empfängt als verheissenen Lohn die
Hand der Auge. Nachdem beide das Brautgemach betreten
haben, muss der Zuschauer 1) einen ahnungslosen Frevel im Stile
des thebanischen befürchten. Aber Auges Stolz verhindert
denselben. Nur zum Schein hat sie sich der Verbindung gefügt, im Brautgemach soll Telephos seine Vermessenheit mit
dem Tode büssen. Die Furcht vor dem Incest ist beseitigt,
aber es droht nun 2) ein ahnungsloser Kindesmord. Allein
die Götter lassen einen Drachen dazwischen fahren und man
athmet erleichtert auf, da Auge, durch das göttliche Zeichen
erschreckt, das Schwert von sich wirft und ihr Vorhaben ein-
gesteht. Jetzt aber will Telephos (ein echter Held!) die wehrlose und geständige Frau umbringen, dem Zuschauer wird
damit also 3) die Gefahr eines ahnungslosen Muttermordes
vorgeführt. In ihrer Noth ruft Auge die Hülfe des Herakles
an et ex eo Telephus matrem agnovit[1]). Diese ungeheuerliche
Häufung der dramatischen Effecte einem Sophokles zuzutrauen
bin ich ausser Stande. Es kommt aber noch ein letzter Grund,
der gegen Sophokles' Urheberschaft spricht, hinzu. Bei Hygin
ist Auge Adoptivtochter des Teuthras, ein der Telephossage sonst völlig unbekannter Zug[2]) und es kehren nach er-
folgter Erkennung Mutter und Kind nach Arkadien zurück,
ein der gesammten sonstigen Ueberlieferung ebenfalls wider-
sprechender Zug[3]). Beide Züge sind subjective Neuerungen,
welche der Sage geradezu ins Gesicht schlagen und dergleichen

[1]) Man erfährt von Hygin nicht, wie die Erkennung erfolgte, doch
ist wohl zu vermuthen, dass Telephos, über die Umstände seiner Geburt
bereits in der Heimath belehrt, durch den Appell an Herakles aufmerksam
wird und mit einigen Fragen zur Erkenntniss kommt seine Mutter vor
sich zu sehen. Robert schiebt ein persönliches Erscheinen des Herakles,
welches die Erkennung zwischen Mutter und Kind vermittelt, ein
(Jahrb. II 246). Hygin bietet dazu keinen Anhalt und es scheint mir
doch fraglich, ob unser Tragiker sich in einer und derselben Scene ein
zweimaliges Eingreifen der Götter erlaubt hat.

[2]) Den Ehebund zwischen Teuthras und Auge geben sonst alle
Quellen (Diod. IV 33, Apollod. III 9, 1 und II 7, 4; Hekat. fr. 345, Ps.-
Alkid. Od. 16; Steph. Byz. v. Τευθρανία; Eurip. Tel. bei Str. 615).

[3]) Die Rückkehr nach Arkadien findet sich allerdings noch einmal,
im 2. Epigramm der kyziken. Stylopinakia, dasselbe geht aber auf dieselbe Quelle zurück wie Hyg. f. 100.

ist nicht die Art eines Sophokles, des pietätvollen Vertreters
der volksthümlichen Ueberlieferung. Robert meint (Jahrb. III 61),
dass man die Version bei Diodor IV 33 und Apollodor III 9, 1.4
(Heranwachsen des Telephos unter Obhut des Korythos) mit
Recht für Sophokles in Anspruch genommen habe. Ganz
gewiss. Aber auch der weitere Fortgang der Erzählung bei
Diodor und Apollodor ist nach meiner Meinung für Sophokles
vorauszusetzen. Die Aleaden des Sophokles, in deren Re-
construction ich mich Robert durchaus anschliesse, folgten
treu der volksthümlichen Ueberlieferung, welche uns Pausanias, Diodor und Apollodor vorführen. Das gleiche lässt
sich doch auch für Sophokles' Myser voraussetzen. Endlich
wissen wir jetzt durch Kaibel, dass Sophokles auch noch ein
Satyrspiel Telephos geschrieben hat[1]). Dasselbe kann nur
die Heilung des Telephos zum Gegenstand gehabt haben,
dachte ihn also als den Helden des teuthrantischen Krieges
und als König von Teuthranien. Auch das spricht dagegen,
dass Sophokles in den Mysern auf die absonderliche Idee
verfallen sein sollte Telephos und Auge aus Teuthrania nach
Tegea heimkehren zu lassen, wie es in der bei Hygin fab. 100
überlieferten Tragödie geschah. Subjective Willkür gegenüber der Sage ist nicht die Sache des Sophokles. Hat er in
seinen Aleaden die Sagenüberlieferung treu festgehalten, so ist
ein ähnlicher Standpunkt auch in seinen Mysern vorauszusetzen.
Zunächst hat er hier den charakteristischen Zug der tegeatischen
Version, dass Auge nach Teuthrania vorausgeht, Telephos ihr
herangewachsen nachfolgt, seiner Tragödie zu Grunde gelegt.
Was das Schicksal beider nach dem Betreten des Kaikosthales
betrifft, so ist die Annahme sehr natürlich, dass Sophokles
sich hier der teuthrantischen Localüberlieferung angeschlossen
hat, so weit die von ihm gewählte Doppelung der Auswanderung es nur irgend gestattete, dass also seine Auge als Gattin
des Teuthras, sein Telephos als Adoptivsohn und Nachfolger
desselben vorgeführt waren. Und wenn bei Diodor die sehr
beachtenswerthe, weil die troische Astyoche ausschliessende
Angabe erscheint, dass Telephos Eidam `des Teuthras wurde

---

[1]) Vgl. o. S. 372 A. 6.

(Argiope), so bin ich überzeugt, dass dieser Zug sich aus der teuthrantischen Localüberlieferung in den Diodor gerettet hat. Damit wird es mir aber ferner wahrscheinlich, dass auch Sophokles in seinen Mysern Telephos mit Argiope vermählte und dass die Festfeier, von welcher fr. 361 und 362 sprechen, eben dieser Vermählung gilt. Die Quelle, aus welcher solche Züge entnommen werden konnten, war Hekataios, dem wir uns nunmehr zuwenden.

§ 2.
Die teuthrantische Version (Hekataios).

Der tegeatischen Sage steht mit eigenthümlicher, von Pausanias betonter Abweichung die Erzählung des Hekataios gegenüber. Dieselbe muss, da sie nicht direct aus Tegea ableitbar ist und ebensowenig auf die Epen des troischen Kreises zurückgeführt werden kann [1]), ihren Ursprung in der

---

[1]) Es ist durchaus unglaublich, dass der ganze Sagenkreis des teuthrantischen Telephos, wie Welcker es will, einer leisen Andeutung der Odyssee seinen Ursprung verdanke und erst durch die an Homer anknüpfenden Epiker seine weitere Ausbildung erhalten hat. Es ist das eben jene verhängnissvolle Ueberschätzung der poetischen Literatur bei sagengeschichtlichen Untersuchungen, von der man auch heute sich noch nicht freigemacht hat. In die Literatur ist der Telephoskreis allerdings erst durch das nachhomerische Epos eingebürgert. Die Kyprien nahmen in ihren Rahmen die Landung der Achäer am Kaikos auf, die kleine Ilias erzählte von des Eurypylos Heldenthaten vor Troja. So weit liess sich eine durch das Epos gemachte Sage zugeben, nur muss, wenn gerade das Kaikosthal und Telephos behandelt wurden, ein teuthrantischer Telephos bereits Sagenexistenz besessen haben. Und selbst den teuthrantischen Krieg haben wir geglaubt nicht für eine Erfindung der Kyprien sondern für eine zu troischen Zwecken umgemodelte Localüberlieferung erklären zu müssen. Und vollends die ganze Vorgeschichte des Telephos, für sie war in jenen Heldengedichten, die sich ganz im troischen Interessenkreise bewegten, gar kein Platz. Dass ihre Wurzel einestheils in der volksthümlichen Ueberlieferung von Tegea zu suchen ist, haben wir gesehen. Was sich dieser Ueberlieferung eigenartig gegenüberstellt oder dazu die nothwendige Ergänzung liefert, kann seinen Ursprung nur in jener Landschaft haben, nach welcher der Telephosmythos thatsächlich hinübergewandert und in welcher er zweifellos weiter ausgestaltet worden ist. Aus dieser Quelle hat Hekataios geschöpft.

örtlichen Tradition der Stadt Teuthrania huben, welche, wie
man aus Stephanos v. Byzanz ersieht, bei Hekataios den
Schauplatz der Erzählung bildete. Hekataios aber berichtete
(fr. 345 M.)[1]), dass Auge mit Telephos Umgang hatte, so oft
er nach Tegea kam (ὁπότε ἀφίκοιτο; man vgl. dagegen die
tegeatische Sage). Die Folgen dieses Liebesverhältnisses traten
an den Tag. Auge summt ihrem Knaben wurde von Aleos
in einer Larnax ins Meer gesetzt, die Ausgestossene aber gelangte in derselben über das Meer ἐς Τεύθραντα δυνάςτην
ἄνδρα ἐν Καΐκου πεδίῳ καὶ cυνῴκηcεν ἐραcθέντι τῷ Τεύθραντι.
Den weiteren Fortgang verschweigt Pausanias (offenbar weil
seine Vorlage nicht mehr aus Hekataios ausgezogen hatte),
doch lässt sich das Weitere aus dem Telephos des Euripides[2]),
aus Pseudo-Alkidamas[3]), Strabo, Stephanos (mit denen der
Schluss auch bei Diodor und Apollodor übereinstimmt) wieder
herstellen und zugleich einiges Detail zum Bericht des Pau-

---

[1]) Stammt der Bericht des Pausanias aus den Genealogien des
Hekataios? Steph. Byz. s. v. Τευθρανία geht auf Hekat. zurück und
eine Sage von specifisch teuthrantischem Gepräge wird man am un-
gezwungensten in der Periegese des Kaikosthales annehmen.

[2]) Dass Strabo p. 615 § 69 nicht auf die „Auge" sondern auf den
„Telephos" des Euripides geht, hat schon O. Jahn (Teleph. und Troil.
S. 20 und 53) vermuthet, dann Wilamowitz durch glückliche Re-
construirung der „Auge" sichergestellt Anal. Eurip. S. 187. Ebendas.
A. 2 bemerkt Wilam. zur Uebereinstimmung zwischen Euripides und Hekataios: „quod num fortuitum sit nescimus". Zufällige Uebereinstimmung ist ausgeschlossen, Euripides hat im „Telephos" aus Hekataios geschöpft.

[3]) Für die Aechtheit des „Odysseus" tritt Maass ein (Greifsw. Ind.
Schol. 1886/7 S. 3 f.) und glaubt, dass die Verbindung des Telephos mit
Troja vom Elaiten Alkidamas aus der teuthrant. Localüberlieferung ent-
nommen sei, wie schon früher das Epos aus dieser Ueberlieferung
Astyoches und Eurypylos' Rolle entlehnt habe. Nach meiner Ansicht
liegt die Sache gerade umgekehrt. Was speciell die Werthschätzung
der Declam. „Odysseus" betrifft, so schliesse ich mich dem Urtheil
Vahlens an (S. B. d. Wiener Ak. 1863, 522 ff.). In Bezug auf den
Sagenstoff liegt eine Coûtamination der tegeatischen Version mit der
teuthrantischen vor. Das erkennt richtig Pilling in seiner tüchtigen
Dissert. „Quo modo Telephi fabulam . . veteres tract." p. 70 und schliesst
die ebenso richtige Bemerkung an, dass das Orakel nur zu jener Version
passt, in welcher Telephos zunächst in Arkadien zurückbleibt.

sanias hinzugewinnen. Aus Eurip. fr. 697 Dind. sehen wir
zunächst, dass die Vorgeschichte bis zur Geburt des Telephos
mit der tegeatischen Version übereinstimmte: Auge ist (vermuthlich von Nauplios geführt) auf dem Parthenionberge angelangt und gebiert hier den Sohn, dann (Eurip. bei Str. 615)
wird sie sammt Telephos in die Larnax gesetzt und schwimmt
unter Athenas Fürsorge über das Meer nach Teuthranien.
Teuthras ehelicht Auge und nimmt Telephos an Kindesstatt
an (Eurip. und St. Byz. v. Τευθρανία). In der Stadt Teuthrania wuchs Telephos heran (ἡ Τευθρανία, ἐν ᾗ Τεύθρας καὶ
ἡ τοῦ Τηλέφου ἐκτροφή Strabo p. 571, 2)[1]). Für die weitere
Geschichte des Telephos bis zur Uebernahme der teuthrantischen Herrschaft versagen sich jene Autoren, welche unmittelbar auf die teuthrantische Version (Hekataios) zurückgehen. Aber es ist selbstverständlich, dass die Schicksale des
Heros bis zur Erlangung des teuthrantischen Königthums bei
Hekataios erzählt waren. Hier müssen wir nun auf jene
Schriftsteller zurückgreifen, welche die tegeatische Version
überliefern, zugleich aber auch über die späteren Schicksale
des Telephos in Teuthranien Auskunft geben. Letzteren Stoff
auszugestalten, war jedenfalls Sache Teuthraniens und kein
Grund ist erfindlich, warum man von-dem teuthrantischen
Telephos in Tegea anderes erzählt haben sollte als in Teu-
thrania selbst. Demnach dürfen wir die Angaben über diesen
Stoff in letzter Instanz auf die teuthrantische Version zurückführen, also für den fehlenden Schluss der teuthrantischen
Version den Schluss der Erzählung bei einem Apollodor und
Diodor zu Rathe ziehen. Apollodor nun berichtet, dass Tele-
phos, nachdem er Teuthranien erreicht und in der Landes-

---

[1]) p. 572 § 4 entwickelt Strabo seine persönliche Ansicht (ἀφῖχθαι
νομίζοιτ' ἄν), dass Telephos wohl mit seiner Mutter nach Teuthranien
gekommen und durch Verheirathung derselben an Teuthras des letzteren
Gunst gewonnen; also der bereits erwachsene Telephos wäre nebst der
Mutter nach Teuthranien gegangen. Diese jedenfalls subjective Auffassung liegt vielleicht auch bei Aristides I 772 Dind. vor, wo dem
Uebergang des Asklepioskultes von Epidauros nach Pergamos als erste
ἀποικία ἐκ τῆς Ἑλλάδος die Einwanderung ἐξ Ἀρκαδίας τῶν ἅμα Τηλέφῳ
gegenübergestellt ist. Doch verbietet es sich hier nicht geradezu, das
Vorausgehen Auges stillschweigend mitzudenken.

königin die Mutter wiedergefunden hat, von Teuthras adoptirt
wird (genau wie bei Hekataios). Dann springt Apollodor unvermittelt auf die Thronfolge des Telephos über. Da ist eine
Lücke. Dieselbe füllt Diodor mit der Angabe aus, dass Teuthras, der keine männlichen Nachkommen hat, Telephos mit
seiner Tochter Argiope vermählt καὶ διάδαχον ἀπέδειξε
τῆς βαcιλείαc. Ob hiermit die Erzählung des Hekataios schloss,
ob er auch noch von Thaten des Herrschers Telephos zu berichten wusste und dabei etwa die Hereinziehung Teuthraniens
in den troischen Sagenkreis oder vielmehr eine alterthümlichere
Localüberlieferung[1]) zu Grunde legte, darüber lässt sich bei
dem Stande der Ueberlieferung kein Urtheil gewinnen. Sicher
ist soviel, dass der localen Sagenform, seit sich das nationale
Epos des Stoffes bemächtigt hatte, der Verfall drohte. Und
Astyoche bedeutet doch die Anknüpfung an den troischen
Kreis. Wie hätte wohl, nachdem sie einmal mit Telephos
verbunden war, noch Jemand auf den Einfall kommen können
die Gattin aus dardanischem Königsblut durch eine Tochter
des Teuthras zu ersetzen. Vortrefflich dagegen stimmt letztere
zur alten, schlichten Localsage, welche den ausgestossenen
Arkadern am Ufer des Kaikos eine neue Heimath gewährte.
Dass wir diese Localsage überhaupt noch in ihrem eigenartigen Gepräge erkennen können, das verdanken wir dem rast-
losen Logographen, der von Land zu Land gewandert ist, um
die Sage von den Heroen des griechischen Volkes aus erster
Quelle zu erkunden.

Excurs.

Der kleine Fries des pergamenischen Zeusaltars.

Ich hatte von vorne herein nicht die Absicht auf die
Frage, welche Umgestaltung mit der teuthrantischen Telephossage etwa im attalischen Zeitalter zu Pergamos vollzogen
worden, in diesem Buche einzugehen, da hierzu das Studium
des kleinen Frieses des pergamenischen Zeusaltars erforderlich

---

[1]) Oben S. 162 wurde auf Spuren localer Färbung beim „teuthran
tischen Kriege" hingewiesen.

gewesen wäre, eine Vorbedingung, der ich nicht nachkommen
konnte. Dass dieser Fries in längst erkannter Darstellung
Telephos am Euter eines Waldthieres (Ergebn. I 67) oder den
Drachen im Brautgemach (Erg. I 69) darstellte, also den gesonderten Uebergang von Auge und Telephos aus Arkadien
nach Teuthranien zu Grunde legte, diese Wahrnehmung hatte
meine Ueberzeugung, dass trotzdem als Vertreter der teuthrantischen Version Hekataios zu gelten habe, nicht erschüttert und ich suchte die Erklärung der von Hekataios
abweichenden Darstellung des pergamenischen Frieses in den
eklektischen Neigungen des hellenistischen Zeitalters, hätte
mich also mit einem Hinweis auf Robért, Bild und Lied S. 47 f.
begnügt, wo als Grundlage der Friesdarstellung die griechischen
Tragiker aufgestellt werden. Seit mir jedoch Roberts neuste
Untersuchungen über den „Telephosfries"[1] mit ihren überraschenden Entdeckungen bekannt geworden sind, muss ich
auf das Thema hier eingehen. Mein oben S. 321 f. über Philostratos gefülltes Urtheil bedarf jetzt in mehreren Punkten der
Einschränkung, andererseits scheint mir, so grosse Anerkennung
ich Roberts fruchtreicher Arbeit zolle, doch die von ihm vertretene Erklärung nicht überall einwandfrei zu sein.

Was die Wahl der Gegenstände betrifft, so tritt jetzt
aus den vielen neu veröffentlichten Scenen des kleinen Frieses
der eklektische Charakter der Darstellungen mit voller Deutlichkeit hervor. Er bietet eine Aneinanderreihung aus der poetischen Literatur zusammengesuchter Scenen, die „wohl oder
übel zu einer einheitlichen Geschichte zusammengearbeitet
sind".[2] Den Anfang macht eine Combination von Sophokles'
Aleaden[3] und Euripides' Auge[4]. Den Schluss der letzteren

---

[1] Vgl. o. S. 375 A. 2.
[2] Robert, Bild und Lied S. 47.
[3] Das Orakel an Aleos frg. P (Jahrbuch III 59).
[4] Herakles und Auge fr. O (Jahrb. III 58), Geburt des Telephos
fr. N, seine Aussetzung auf dem Parthenion und Auffindung durch
Herakles fr. N* und A (Jahrb. III 55 II 244). In fr. B, das im übrigen
von Euripides abhängig ist, sehen wir Telephos am Euter einer Panther-
katze oder Löwin. Gott weiss, was diese attalische Neuerung bedeutet.
Trendelenburg in Baumeisters Denkm. I 1270 vermuthet eine Wort-
spielerei (λέοντος σκύμνος), nicht gerade unwahrscheinlich.

konnte man in Pergamos natürlich nicht brauchen, hat ihn
also unterdrückt und statt dessen nach Sophokles (resp.
Aeschylus) die Ueberführung Auges (ohne Kind) dargestellt[1]).
Für die Nachfolge des Telephos erscheinen dann Illustrationen
zu der durch Hygin f. 100 vertretenen Tragödie[2]), deren
Zurückführung auf Sophokles o. S. 374 ff. abgelehnt wurde. Auf
die Erkennungsscene im Brautgemach[3]), womit die Benutzung
der Tragödie abbricht, muss eine zweite Vermählung des
Telephos gefolgt sein und zwar mit der durch Philostratos überlieferten Iliera (vgl. unten). Hierfür ist keine Darstellung erhalten, da man das Bruchstück J mit Robert wohl nur auf die
Vermählung von Telephos und Auge wird beziehen können.
Auch für die weitere Geschichte des Telephos versagt sich der
erhaltene Teil des Frieses. Erst zum teuthrantischen Krieg
finden sich wieder Fragmente (EGH), hier zunächst eine von
Welcker (Ep. C.[2] II 139) schon für die Kyprien beanspruchte
Scene, nämlich das Eingreifen des Dionysos (frg. E Jahrb. II 249),
im Uebrigen aber Seitenstücke zu der seltsamen Darstellung
des Philostratos, für welche man den Sophisten also nicht
mehr allein verantwortlich machen darf. Dass Philostratos
mehrere Züge aus dem Stegreif erfunden, lässt zwar auch
Robert gelten (so die Hereinziehung des Protesilaos und, was
damit zusammenhängt, die Schildgeschichte)[4]), aber den Tod
der Istrossöhne und das Eingreifen der Hiera hat Robert im
Friese erkannt. Wenn nun auch die Beziehung von Fragment G
(Jahrb. II 254) auf Hiera Zweifeln Raum lässt (vgl. unten),
in Fragment H (Jahrb. II 256) muss man mit Robert den

---

[1]) Frg. B (Jahrb. II 245), Frg. M (Jahrb. III 54).
[2]) Frg. L, K[1]K[2]K[3], J (Jahrb. III 45 ff.)
[3]) Frg. C (Jahrb. II 245).
[4]) Hier eine beiläufige Bemerkung. Robert rechnet (Jahrb. II 257)
die Behauptung Philostrats, dass die Achäer nicht aus Irrthum sondern
mit Vorbedacht in Mysien gelandet seien, zu den „späten aber gesunden
Sprossen echter localer Sage". Ist dieser Zug attalisch-pergamenisch,
dann wollen wir hoffen, dass er besser motivirt wurde als durch jenen
sophistischen Gegenbeweis gegen das Epos, den Philostratos auftischt.
Eine rationelle Opposition gegen das Epos musste vom Achäerhafen
bei Myrina (o. S. 162) ausgehen. Ob die Pergamener das gethan
haben? Die pergam. gefärbten Angaben bei Paus. 14, 0 sprechen dagegen.

Tod der beiden Söhne des Istros anerkennen und damit sind
die sonderbaren Bundesgenossen des Telephos als Sprösslinge
des attalisch-pergamenischen Vorstellungskreises erwiesen!
Robert meint (Jahrb. II 258), die bei Philostratos zur Unterstützung des Telephos erscheinende Heeresmacht vereine „*die
vornehmsten Theile Kleinasiens und der gegenüberliegenden Thraker
und Skythen als das mythische Spiegelbild des pergamenischen
Reiches, wie es die dankbare Grossmuth der Römer nach der
Schlacht bei Magnesia gestaltet hatte*". Dagegen streitet aber
die Geschichte. An europäischem (thrakischem) Besitz erhielt
Eumenes II. nach der Schlacht bei Magnesia nur die thrakische
Chersonnes mit Lysimachia zugewiesen. Das mythische Spiegelbild dieses bescheidenen Besitzes durch Bundesgenossen vom
Balkan und der Donau auszudrücken, das wäre doch stark
gewesen und könnte nur als Spiegelbild frommer Wünsche
gelten. Die Sache liegt anders. Es galt für den teuthrantischen Krieg ein Seitenstück zu den ἐπίκουροι des Priamos
zu beschaffen. Man entnahm die Hülfe aus dem Arsenal der
homerischen, das heisst der durch pergamenische Gelehrsamkeit festgestellten homerischen Ethnographie. Philostratos
setzt asiatische Myser, Hippemolgen, Abier und Skythen
in Bewegung. Ausdrücklich macht er drei Helden namhaft,
Haimos den Sohn des Ares (also einen Thraker) und die beiden
Söhne des Istros. Wenn ich diese bunte Gesellschaft, wo es
sich allein um Philostratos handelte, durch ein unbekümmertes
Herumspringen in verschiedenen homerischen λύσεις erklären
zu dürfen glaubte, so gewinnt die Frage eine andere Gestalt,
wenn die pergamenische Gelehrtenschule neben ihn tritt. Ich
glaube zwar, dass auch sie bei der Auswahl der ἐπίκουροι von
dem ethnologischen Problem des N beeinflusst worden ist,
aber ein völlig unmotivirtes Hereinziehen nordthrakischer
Stämme in einen Kampf am Kaikos scheint mir von pergamenischem Standpunkt undenkbar. Nun haben wir o. S. 311 ff.
eine Lösung des Problems von N 4 ff. behandelt, welche bereits
für vorhomerische Zeit Thraker in Asien annahm (Kallisthenes etc.). Wir haben ferner gesehen (S. 306 ff.), dass
Artemidor und Strabo die kleinasiatischen Myser als ἄποικοι
der Möser am Istros fassten und dass Strabo die Einwanderung

derselben vor die Troica setzte. Wir nahmen zugleich an
(S. 324), dass auch Apollodor die Möser gekannt, aber ihre
Heranziehung zur homerischen Ethnographie abgelehnt hat.
Jetzt ist es mir wahrscheinlich, dass schon vor Artemidor
die pergamenische Schule die Herkunft der kleinasiatischen Myser von den Mösern des Istros aufgestellt hat, also die Ergänzung zur λύσις des Kallisthenes
und Kleitarch bildet. Letztere verstanden in N 4 vor den Troica
nach Kleinasien eingewanderte Thraker (die Bithyner) und
in N 5 asiatische Myser, aber diese allem Anschein nach
als ἄποικοι der Lyder (Xanthos). Die Pergamener gingen
einen Schritt weiter[1]) und machten auch die Myser zu europäischen Zuwanderern, die bereits vor den Troica den Weg
nach Kleinasien gefunden. Unter dieser Voraussetzung finden
wir für die fraglichen Bundesgenossen des Telephos die ratio.
Als Kleinasiaten sind sie gedacht, Heloros und Aktaios
deuten durch ihren Vater Istros auf die angenommene Herkunft der Myser, Haimos durch den eigenen Namen auf die
Herkunft der Bithyner. Ebenso vertrat in der kallisthenisch-
kleitarchischen Lysis des besprochenen Homerzetems der Rhesos
der Ilias zwar die kleinasiatischen Bithyner, liess aber zugleich
im Namen seines Vaters (Eïoneus) noch die Herkunft vom
Strymon durchblicken. Die vom attalischen Pergamos dem
Telephos angedichteten Bundesgenossen sind also ein Reflex
der Stellung der pergamenischen Gelehrtenschule zu dem
Völkerproblem im Anfang des N. Dass die ganze Völkerreihe
zur Unterstützung des Telephos aufgeboten wurde, wie bei
Philostratos, ist mir nicht glaublich. Die Pergamener werden
sich wohl mit der Heranziehung der beiden ersten Glieder,
der Myser (nach pergamenischer Ansicht mit den Κήτειοι des
Telephos gleichen Stammes, o. S. 273) und der Thraker, begnügt haben; vielleicht war daran in poetischer Steigerung
die Angabe geschlossen, dass πᾶσα ἡ μεσογεία (Heroic. 14)
dem Rufe des Telephos Folge geleistet habe, und das hat
dann Philostratos veranlasst Abier, Hippemolgen und Skythen

---

[1]) Vermuthlich veranlasst durch die Wahrnehmung, dass der mysische Stamm vom Bosporos allmälig gegen Süden vorgerückt sei und
dass am Jster Möser hausten.

hinzuzufügen. Heloros und Aktaios sind bei ihm als Skythen
gedacht. Wenn jedoch der von den Pergamenern in dem
Myserproblem eingenommene Standpunkt von uns richtig erkannt wurde, so müssen für sie die beiden Istrossöhne vielmehr Führer τῶν ἄνω Μυσῶν gewesen sein und als Myser
erscheinen sie denn auch wirklich bei Tzetzes, welcher, wo es
sich um die Wiederherstellung der attalischen Version der
Kaikosschlacht handelt, mir von grösserer Bedeutung zu sein
scheint als Philostratos (vgl. unten S. 388 f.). Ich nehme also
an, dass nach der pergamenischen Darstellung des teuthrantischen Krieges als ἐπίκουροι des Telephos auftraten: 1) kleinasiatische Myser (οἱ ἄνω Μυσοί) unter Führung der Istrossöhne Heloros und Aktaios 2) kleinasiatische Thraker unter
dem Befehl des Aressohnes Haimos. Das giebt aber einen
auffallenden und gewiss beabsichtigten Parallelismus zu Homer,
d. h. zu dem durch pergamenische Exegese erleuchteten Homer:
Die bithynischen ἐπίκουροι des Priamos stehen unter einem
Führer (Rhesos), sein Doppelgänger für den teuthrantischen
Krieg ist Haimos; das mysische Contingent des Priamos führen
Chromis und Ennomos, ihr Seitenstück für die Kaikosschlacht
ist das Brüderpaar Heloros und Aktaios. — Die pergamenische
Schule spielt mit der Nachwelt Versteckens. Im Keteierproblem glückte es ihr beizukommen, — ich denke im pergamenischen Friese hat uns der Proteus zum zweiten Mal Rede
gestanden.

Wir wenden uns jetzt zu der zweiten dem teuthrantischen
Kriege zugewiesenen Darstellung des pergamenischen Frieses
(Frgm. G). Dieselbe wird auf den Tod der Hiera, der
tapferen Frau des Telephos bezogen (Jahrb. II 254). Bei
Philostratos kämpft Hiera wie eine Amazone vom Pferde
herab, eine Reiterin im Amazonentypus bietet auch der pergamenische Fries, also ist die Reiterin des Frieses Hiera. Das
klingt sehr überzeugend und ist doch ein sehr anfechtbarer
Schluss. Robert selbst gesteht, dass er früher in Frgm. G
eine wirkliche Amazone gesehen und daraus den Schluss gezogen habe, dass der Fries auch die Thaten des Eurypylos
und dessen Kämpfe vor Troja umfasst haben müsse. Jetzt ist
es ihm zweifellos Hiera, denn Eurypylos und was mit ihm

zusammenhänge, sei für pergamenische Kunstthätigkeit ein
sich verbietender Gegenstand. Der Mörder des Asklepiaden
Machaon, er, dessen Name im pergamenischen Asklepieion
verfehmt war (Paus. III 26, 9), könne an so heiliger Stätte
wie dem Altar des Zeus Soter nicht verherrlicht worden sein,
und überhaupt sei anzunehmen, dass Eurypylos in der officiell
recipirten Sage des Attalidenhauses zurücktrat und einen
heroischen Kult nicht genoss. Diese Argumentation kann ich
nicht gelten lassen. Dass Eurypylos in den Hymnen des
pergamenischen Asklepieions (das übrigens zu Eumenes' II.
Zeit weit ausserhalb der Thore Pergamons lag) nicht erwähnt
wurde, ist eine sehr natürliche Consequenz des Asklepioskultes,
darum aber noch nicht für die Stadt Pergamos bindend. Und
dass sich in der That die Attalen sehr eifrig bemühten, den
Ruhm des Eurypylos und seiner Κήτειοι nach Pergamos zu
ziehen, hat uns oben die Geschichte des Keteierproblems gelehrt. Auch eine autonome Münze Pergamons trägt Bild und
Namen des Heros[1]) und Niemand wird behaupten wollen, dass
sein Kult erst von den Pergamenern der römischen Epoche
gestiftet worden ist. Die negative Seite von Roberts Argumentation fällt also. Uebrig bleibt als positive Stütze seiner
Erklärung das Zeugniss des Philostratos. Und doch meine ich,
dass wer hier Philostratos traut, auf Sand baut. Denn Philostratos ist nicht die einzige schriftliche Quelle für die pergamenisch ausstaffirte Version des teuthrantischen Krieges. Neben
Philostratos steht die von Robert bei Seite gelassene Darstellung des Tzetzes. Letzterer stimmt zwar im Ganzen
mit dem Sophisten überein, aber in einigen keineswegs be-
deutungslosen Einzelheiten weicht er von ihm ab. Tzetzes
behandelt den in Rede stehenden Stoff in den Antehomerica
v. 268—85, in den Prolegomena zu den Allegorien der Ilias
v. 999—1025 und in den Chiliaden XII 949—52. Nun hat
Jacobs (zu Antehom. v. 269) angenommen, dass die Darstellung des Tzetzes aus Philostratos geschöpft sei und dagegen scheint von keiner Seite Einspruch erhoben worden zu
sein. Nichts destoweniger glaube ich für die Unabhängigkeit

---

[1]) Mionn. D. II 589, 494. A: ΗΡΩC ΕΥΡΥΠΤΥΛΟC jugendl. Kopf.
R: ΕΠΙ CΤΡ. Ι. ΠΩΛΛΙΩΝΟC ΠΕΡΓΑΜΗΝΩΝ Tempel der Aphrodite Paphia.

des Tzetzes von Philostratos, soweit der teuthrantische Krieg in Betracht kommt, entschieden eintreten zu müssen. Einmal ist die Einordnung des Stoffes bei ihm eine ganz andere als bei Philostratos. Denn letzterer lässt die Landung der Achäer in Uebereinstimmung mit den Kyklikern vor dem trojanischen Kriege stattfinden, bei Tzetzes dagegen [1]) ist das Abenteuer von seiner altüberlieferten Stelle abgerückt und in den 10jährigen Verlauf der troischen Ereignisse hineingezogen. Diese in ihrer Art einzig dastehende Einordnung des teuthrantischen Krieges [2]) für eine subjective Neuerung des Tzetzes zu halten, wäre schon bedenklich. Ebenso bedenklich erscheint es, wo Philostratos Thersander ganz unterdrückt und Protesilaos in den Vordergrund gestellt hat, Tzetzes dagegen den Tod Thersanders giebt (prol. alleg. 1003) und Protesiluos bereits vor Troja umgekommen sein lässt (Antch. 247), zwischen beiden Schriftstellern das von Jacobs behauptete Verhältniss anzuerkennen. Und weiter: Bei Philostratos sind Heloros und Aktaios Skythen, bei Tzetzes dagegen Myser. In den Antehomerica und den Allegorien ist dies zwar nicht ausdrücklich gesagt, aber die Posthomerica v. 554 nennen Heloros' Sohn Melanippos Μυσῶν ἡγεμονῆα und sowohl dieser wie sein Vetter Alkidamas, der Sohn des Aktaios [3]), werden hier als Gefolgsleute des Eurypylos sammt diesem selbst von Neoptolemos erschlagen. Wird man behaupten, dass das alles aus dem erfindungsarmen Kopfe des Tzetzes geflossen ist, und nicht vielmehr eine verlorene Quelle annehmen, aus welcher Tzetzes seine Angaben sowohl über den teuthrantischen Krieg als über die späteren Thaten des Eurypylos geschöpft hat? Wir kommen endlich zu Hiera. Bei Tzetzes kämpft sie nicht etwa wie bei Philostratos als amazonenhafte Reiterin sondern an der Spitze der mysischen

---

[1]) D. h. in den Antehom. und Prol. Alleg. (zu Lykophr. 206 dagegen folgt er der gewöhnlichen Chronologie).

[2]) Nur noch die verballhornte Darstellung bei Dares 16, wo Achill und Telephos gemeinschaftlich von Tenedos aus einen Angriff auf Teuthras machen und dann Telephos als Herrscher in Teuthranien bleibt um die Achäer vor Troja mit Fourage zu versorgen, lässt sich neben Tzetzes als eine verdunkelte Spur dieser Einordnung des teuthrantischen Abenteuers anführen.

[3]) Einen Troer Alkidamas tödtet Neoptolemos nach Q. Smyrn. VIII 77.

Weiber vom — Sichelwagen aus! Das ist erst recht keine
Erfindung des Byzantiners — giebt uns aber die gesuchte
Directive. Die Sichelwagen sind bekanntlich eine Erfindung
des älteren Cyrus (Xenoph. Cyrop. VI 1, 30), kamen in der
Schlacht bei Kunaxa auf beiden Seiten zur Anwendung[1]), halfen
Darius gegen Alexander nichts, wurden dann zwar von den
hellenistischen Herrschern in ihren gegenseitigen Kriegen häufig
angewendet[2]), aber die sehr zweischneidige Natur dieser Waffe
mussten ihre Besitzer nicht selten zum eigenen Schaden kennen
lernen. Die Römer haben den Sichelwagen unter das Rüst-
zeug ihrer Kriege nicht aufgenommen. So sind sie ein Kriegs-
material, das verhältnissmässig jungen Ursprungs bereits um
das Ende des hellenistischen Zeitalters zum alten Eisen geworfen worden ist.[3]) Völlig unbegreiflich wäre es, wie Tzetzes,
wenn er aus Philostratos schöpfte, darauf verfallen sein soll
dessen Reiterin durch die Kämpferin auf dem Sichelwagen zu
ersetzen. Wir müssen annehmen, dass er einer Quelle folgte,
welche Hiera in der That vom Sichelwagen gegen die Achäer
kämpfen liess. Dieser kleine Nebenzug führt uns nun überraschender Weise gerade auf die Schlacht bei Magnesia. In
derselben standen dem Contingent des pergamenischen Königs
auf syrischer Seite quadrigae falcatae gegenüber und durch
eine gegen diese Streitwagen ergriffene Massregel gelang es
Eumenes den Sieg auf die römische Seite zu lenken[4]). Nun
ist aber der Altarbau, dessen innere Seite unser Fries schmückte,
jedenfalls zur Erinnerung an die Schlacht bei Magnesia er-
richtet worden (o. S. 263) und so wird sich denn der Sichelwagen des Tzetzes ungezwungen als ein unter dem Eindruck
des syrischen Krieges in die locale Heroensage hineingetragener
Zug erklären lassen. Als directe Uebermittlerin der attalischen
Version kann freilich die Darstellung des Tzetzes nicht in

---

[1]) Xenoph. anab. I 7, 10 und 8, 10.
[2]) In der Schlacht bei Ipsos z. B. standen Antigonos 120 Sichelwagen gegenüber (Plut. Demetr. 28).
[3]) Vegetius, de re mil. III 24 Quadrigas falcatas in bello rex Antiochus et Mithridates habuerunt. Quae ut primo magnum intulere
terrorem ita postmodum fuere derisui.
[4]) Liv. 37, 41. Appian Syr. 33.

Anspruch genommen werden, denn die auf dem Fries dargestellte Heilung des Telephos (Frgm. D und F, Jahrb. II 245 und 251) lässt vermuthen, dass die Pergamener an der überlieferten chronologischen Einordnung des teuthrantischen Krieges nicht gerüttelt haben. Also wird Tzetzes aus einer abgeleiteten Quelle schöpfen, die ihrerseits das teuthrantische Abenteuer zwischen der Kyknosepisode und dem Tod des Palamedes eingeschoben hat. Wir besitzen also für die attalische Version des teuthrantischen Krieges drei Quellen: 1) die unmittelbare des Frieses 2) die abgeleitete und nachweislich in mehreren Zügen willkürlich umgestaltete Version des Philostratos 3) die Version des Tzetzes, welche durch eine verschollene Mittelinstanz auf die Pergamener zurückgeht. Diese Mittelinstanz weist zwei Eigenthümlichkeiten auf: a) die singuläre Einordnung des teuthrantischen Krieges in den troischen Sagenkreis, wahrscheinlich eine subjective Neuerung eben dieser Quelle, b) die Ausstattung des mysischen Frauenheeres und ihrer Führerin Hiera mit Sichelwagen, ein Zug, der mit grösster Wahrscheinlichkeit auf die pergamenische Quelle zurückzuführen ist. Unter solchen Umständen verliert aber die Deutung jener Reiterin des Frieses auf Hiera den Boden und so lange die Sichelwagen nicht als eine subjective Neuerung der von Tzetzes benutzten Mittelquelle nachgewiesen sind, sehen wir im Friesfragment G nicht Hiera sondern eine richtige Amazone, die mit der Kaikosschlacht ja möglicherweise auch mit Telephos nichts zu schaffen hat.[1])

---

[1]) Amazonenkämpfe des Telephos sind nicht undenkbar, da die Nachbarstädte des Kaikosthales Gryneion und Myrina als Gründungen von Amazonen galten. Stellte aber der kleine Fries auch Thaten des Eurypylos dar, so kann unsere Amazone in seinen Kreis (Troja) gehören. Eurypylos lässt sich jedenfalls nicht a priori vom Friese ausschliessen, ja nach der Stellung des attalischen Pergamons zum Keteierproblem sowie auf Grund der Trias Eurypylos, Melanippos, Alkidamas bei Tzetzes, sollte man geradezu erwarten, dass der Fries neben der Mutter und dem Sohn auch den Enkel berücksichtigte. Beiläufig sei bemerkt, dass schon vor den Pergamenern die griechische Tragödie das Interesse für Eurypylos aufgefrischt hat (Aristot. poet. 23). Auf sie wohl geht der Zug bei Dictys IV 14 und Jornandes IX 60 zurück, dass das treibende Motiv der Hülfeleistung für Eurypylos die Liebe zu Kassandra war.

Ebenso dunkel wie die vermittelnde Quelle des Tzetzes[1])
bleibt der hinter ihr und Philostratos stehende Urheber der
attalischen Version. Eine schriftliche Darstellung ist entschieden vorauszusetzen. Robert zieht (Jahrb. II 258) die im
Asklepieion gesungenen Hymnen heran. Ich denke, man wird
den Blick nach einer anderen Seite richten müssen. Von jenen
Hymnen sagt Pausanias nur, dass die Erwähnung des Telephos in ihrem Anfang statthabe[2]), nicht aber, dass sein Lob
den ganzen Hymnus ausfülle, und wir werden bei Hymnen
des Asklepioskultes doch dem Gott und seinem Kreise die
vornehmste Rolle zuzuweisen haben.[3]) Für eine so ausführ-

(Etwas anders gewendet ist die Sache bei Eustath. zu λ 520: ὑπόσχεσιν
ἔθετο Πρίαμος Εὐρυπύλῳ μίαν τῶν θυγατέρων δώσειν ἐπικουρήσαντι — das
beruht auf der Erklärung der „γύναια δῶρα" als δῶρον [δόσις] γυναικός.)
Die Tödtung des Nireus durch Eurypylos ist, wie Q. Smyrn. V 372 fl.
beweist, keine von den Pergamenern erfundene Heldenthat, aber gewiss
werden diese den Stoff in den Vordergrund gestellt haben (als Entgelt
für die Tödtung Hiems). Vielleicht stellt es sich doch noch heraus,
dass im kleinen Friese auch Eurypylos seine Stelle hatte. — Aber über
den Sagenkreis Auge-Telephos-Eurypylos ist derselbe gewiss nicht
hinausgegangen. Den Heros Pergamos, der allein noch in Betracht
kommen könnte, halte ich für ausgeschlossen (cf. o. S. 245, 2). Ramsay
(Berl. phil. Wochenschrift 1884 S. 286) hat zwar in Smyrna ein pergam.
Relief entdeckt mit der Inschrift ⟨ὁ δεῖνα Ἀπολλ⟩ωνίου νεωκόρος Ἀθη-
⟨νᾶς Νικηφόρ⟩ου ἥρωι Περγάμῳ und dasselbe dem 3. Jahrhundert
v. Ch. zugewiesen (nach meinen Ausführungen über den Nikephoroskult
o. S. 228—32, cf. 258 wäre der terminus post quem das Jahr 240). Daraus ergiebt sich freilich so viel, dass der Kult dieses Heros auch unter
den Attalen seine Verehrer gehabt hat, aber das officielle Pergamon der
Attalen hat, so weit ich sehe, zu denselben nicht gehört.

[1]) Für die Schicksale des Eurypylos vor Troja hat Tzetzes neben
Q. Smyrnäus auch ein orphisches Gedicht vor Augen gehabt.
Posth. 522 schliesst er ὁ δ' ἄρ' Ὀρφεὺς ἀλλ' ἐπαείδει. Jacobs meint,
das gehe auf Lithik. 343. Unmöglich! Dass Tzetzes für uns verlorene
Orphica (z. B. Ephemerides, Dodekaeterides) kannte, steht fest.

[2]) III 26, 10 τάδε . . οἶδα περὶ τὸ Ἀσκληπιεῖον τὸ ἐν Περγάμῳ γινό-
μενα. ἄρχονται μὲν ἀπὸ Τηλέφου τῶν ὑμνῶν, προσάδουσι δὲ οὐδὲν ἐς
τὸν Εὐρύπυλον.

[3]) Telephos wird in diesen Hymnen wohl einleitungsweise als Führer
der ersten, dann Asklepios als Patron der zweiten hellenischen Colonie
gepriesen worden sein, in ähnlichem Gedankengang, wie man in des
Aristides zu Pergamon gehaltener Rede περὶ ὁμονοίας liest: Ἐπεὶ γὰρ
ἔδει καὶ εἰς τήνδε τὴν ἤπειρον διαβῆναι τὸν θεὸν (Asklepios), διαβαίνει

liche Darstellung des teuthrantischen Krieges, wie sie nach
den besprochenen Zeugnissen anzunehmen ist, wird man wohl
eine profane, epische Behandlung des Stoffes vorauszusetzen
haben. Für einen Epiker der aula Attalica musste dieses
Thema sehr viel Verlockendes haben, konnte er doch des
königlichen Dankes gewiss sein (vgl. o. S. 216). Freilich
lässt sich, so weit ich sehe, in diesem Punkt über vage Vermuthungen[1]) nicht hinauskommen.

Recapituliren wir, was sich bis jetzt als die attalische
Redaction der Telephossage ergeben hat. Die Schicksale der
Auge und die Jugendgeschichte des Telephos sind auf Grund
verschiedener älterer Tragödien dargestellt worden, auch die
„Heilung des Telephos" scheint sich treu an das Drama angeschlossen zu haben. Im teuthrantischen Kriege sind die
Pergamener im Ganzen der Version der Kyprien gefolgt,[2])
doch treten hier einige selbständige Zuthaten zu Tage: um
hinter Priamos nicht zurückzubleiben, erhielt auch Telephos
seine ἐπίκουροι. (Das hat dann auch auf den Kreis des
Eurypylos gewirkt, insofern mit diesem die Enkel des Istros,
Melanippos und Alkidamas nach Troja ziehen.) Die Bundesgenossen des Telephos erscheinen als Doppelgänger dreier
homerischer ἐπίκουροι (Rhesos, Chromis und Ennomos). Einen

πρῶτον ἐνταυθοῖ ... καὶ γίγνεται τοῖς μὲν χρόνοις αὕτη δευτέρα τις
ἀποικία δεῦρο ἐκ τῆς Ἑλλάδος μετὰ τὴν ἐξ Ἀρκαδίας τῶν ἅμα Τηλέφῳ,
τῇ δὲ ἀξίᾳ πολὺ πρεσβυτάτη πασῶν ἀποικιῶν (I 772).

[1]) Loschides begleitete Eumenes II. auf dessen Feldzügen, jedenfalls weil er die Aufgabe hatte des Königs Thaten episch zu ver-
herrlichen. Ein solcher Mann konnte auch die Thaten des Telephos in
Angriff nehmen und die poetische Verwendung der Sichelwagen lässt
auf einen Augenzeugen der Schlacht bei Magnesia schliessen. — Ein
anderer Epiker des pergamenischen Kreises, Musaus v. Ephesos, behandelte neben historischen Stoffen (τὰ εἰς Εὐμένη καὶ Ἄτταλον) auch
mythische (Περσηΐς).

[2]) Dass Thorsandros bei Philostratos unterdrückt ist, beweist für
die pergamenische Version nichts. Tzetzes giebt seinen Tod und wie
sollte wohl des Telephos altberühmte That in Pergamos übergangen
worden sein. Pausanias, der mehrfach den attalischen Standpunkt wiederspiegelt (o. S. 206), sagt IX 5, 14: τὸν Θέρσανδρον κατέλαβεν (ἀποθανεῖν)
ὑπὸ Τηλέφου, μάλιστα Ἑλλήνων ἀγαθὸν γενόμενον ἐν τῇ μάχῃ (es folgt
ein Bericht über die dem Thersander zu Elaia erwiesenen Ehren).

originaleren Eindruck macht das streitbare Heer der mysischen
Weiber, sofern dieselben nicht als Copien der homerischen
Amazonen, sondern, wie wir zu zeigen suchten, als Kämpfe-
rinnen vom Sichelwagen gedacht waren. Ist aber die Führerin
der Myserinnen, ist Hiera eine attalische Erfindung? Ich
glaube wir dürfen es annehmen. Denn wenngleich schon
Lykophrons Alexandra v. 1245 ff. Tarchon und Tyrsenos als
Telephiden kennt[1]) und Tzetzes dazu Hiera als Mutter angiebt,
so wird man darum noch nicht folgern müssen, dass Hiera
bereits vor der attalischen Periode an die Stelle Astyoches
getreten war. Die Hereinziehung des Telephoskreises in die
italische Sage ist noch unaufgeklärt. Timäus hat daran keinen
Theil, da er (fr. 19) wie Herodot den Tyrsenos vom Lyder
Atys herleitet. Zugleich aber kennt doch schon Lykophron
die Vaterschaft des Telephos. Dieselbe ist also spätestens im
Anfang des dritten Jahrhunderts ausgeheckt worden; aber wer
hatte damals ein Interesse daran? Ueber des Telephos Beziehungen zu Italien ist das klärende Wort noch zu sprechen[2]).

---

[1]) Dass die angezweifelten Abschnitte der Alexandra (1226—80,
1446—50) Lykophrons Eigenthum sind, ist von Wilamowitz überzeugend nachgewiesen (de Lycophr. Alexandra 1883), und durch Spiro
(Hermes XXIII 194 ff.) mit weiteren Gründen gestützt worden.

[2]) Nach der wüsten Ueberlieferung bei Suidas v. Λατῖνοι, in den
excerp. lat. barbari (Schönes Euseb. I App. p. 198), bei Malalas, chron.
p. 162 (Nieb.) und Cedrenus I 245 (Scal.) ist sogar Telephos selbst
sammt seinen Keteiern nach Italien (Latium) versetzt. [cf. Plut. Rom. 2
Rome Tochter des Telephos und Frau des Aeneas]. Den Ausgangspunkt
für den italischen Telephos bildet wohl Campanien. Münzen v. Capua
(Friedländer, osk. Münzen S. 13) bieten die Kindheitssage, zugleich aber
auch den jugendlichen Heros in phrygischer Mütze, haben also den
teuthrantischen Telephos im Auge. [Cavedoni will auch den Kopf der
Auge auf capuan. Münzen erkennen Bullet. 1853 S. 124]. Was O. Müller
für die Aeneassage geltend macht, die Vermittlung von Kyme und
Cumae, lässt sich mit gleicher Wahrscheinlichkeit auf Telephos an-
wenden. — Wirklich erheiternd ist Telephos als Gothenkönig bei
Jornandes IX 59 ff. Es sind hier vermengt 1) die Teuthranier mit den
Mysern 2) die Myser mit den Mösern 3) die Möser mit den Geten 4) die
Geten mit den Gothen! — Uebrigens hat Jornandes (Cassiodor) die Ge-
schichte des teuthr. Krieges aus ganz guter Quelle, denn bei ihm erscheinen
Astyoche und Thersandros. Dass er Telephos als Reiter kämpfen lässt,
findet sich, wie schon Mommsen angemerkt hat, auch bei Eustath. zu A 59.

Wir wenden uns wieder zu Hiera. Dass sie noch nicht existirte, als in Folge versteckter Strebungen die Fäden vom Kaikosthal nach Etrurien gesponnen wurden, lässt sich zwar nicht strict beweisen, aber doch wahrscheinlich machen. In derselben Zeit, als neben Eurypylos die Brüder Tyrsenos und Tarchon gestellt wurden, suchte man für einen anderen Punkt Italiens die Anknüpfung an Troja (Aeneas). Da musste eine Fürstin aus troischem Blut als Mutter des Tyrsenos doch ganz genehm sein, es bliebe also ganz unverständlich, wenn gerade jetzt die längst anerkannte Telephosgattin Astyoche durch eine mythologisch indifferente Hiera ersetzt worden sein sollte. Wohl dagegen finden wir im attalischen Pergamon das Erdreich, aus welchem die neue Genossin des Telephos erwachsen konnte. Unter attalischer Beleuchtung ist Telephos zu einem Seitenstück des Priamos, der teuthrantische Krieg zu einem Seitenstück des trojanischen gesteigert worden. Nun war Telephos zwar auch nach attalischem Glauben ein Heros hellenischer Herkunft, aber er herrschte über Barbaren. Auf seinen Waffenruf erscheint πᾶca ἡ μεcοτεία, Myser und Thraker, ein wildes Kriegervolk. Auch die mysischen Weiber greifen in den Kampf ein. Die Königin aus dem alten Epos war dabei nicht wohl verwendbar, denn die weiblichen Glieder des troischen Königshauses mieden den Kampf der Männer, und Astyoche zumal war nach der Darstellung der kleinen Ilias ein eitles Weib, das um goldenen Kleinods willen den Sohn ins Verderben trieb. Nun, so wurde sie beseitigt. An ihre Stelle trat in orientalischer Ausrüstung eine Wundergestalt. An der Spitze eines Geschwaders von Sichelwagen warf sich den Achäern „Hiera" entgegen, „die Gewaltige", das „Heldenweib".[1]) — In diesem

---

[1]) Dass zur Benennung der neuen Frau des Telephos gerade das in der Homerexegese so viel umstrittene Wort ἱερός verwandt worden ist, scheint mir im Bereich gelehrter Poesie, um die es sich hier doch handelt, sehr beachtenswerth. cf. die Scholien zu Π 407. Eustath. bemerkt zu dieser Stelle unter anderem: „ἱερὸν μένος Ἀλκινόοιο" διὰ τὸ φιλόξενον δηλαδὴ καὶ βαcιλικόν καὶ πολυτρόπως μέγα. Die Pergamener werden Hiera im Sinne von Μεγάλη gefasst haben. Dafür spricht Schol. V zu Π 407, wo die Erklärung von ἱερὸς ἰχθύς durch μέγας ἰχθύς als ἄμεινον bezeichnet wird. Schon oben S. 177 A. 3 sahen wir in einem Schol. Victor. den specifisch pergamenischen Standpunkt der

Zusammenhang ist die Genesis Hieras verständlich, einen anderen, für den es in gleichem Masse gilt, kenne ich nicht. Drei Telephosgattinnen bietet die Ueberlieferung: Astyoche, Argiope, Hiera. Nach einem sehr äusserlichen Gesichtspunkt hat man unter ihnen Astyoche den Vortritt gegeben. Hiera musste natürlich die letzte Stelle erhalten, als unklarer Schatten schwebt zwischen beiden Argiope. Die historische Reihenfolge der drei Heroinen war entschieden diese: Argiope, Astyoche, Hiera. In der alten schlichten Localsage stand neben Telephos die teuthrantische Gaufürstin. Als dann das nationale Epos Teuthranien in das Bereich der troischen Sage hereinzog, ward die Gaufürstin durch die dardanische Königstochter verdrängt. Astyoche hat Jahrhunderte lang ihre Stellung behauptet. Im Zeitalter Alexanders d. Gr. trat Teuthrania vor Pergamos entschieden in den Hintergrund, doch die Pergamoslegende zeigte uns, dass vorab eine örtliche Verschiebung der alten Sage nicht stattfand, also wird auch Astyoche jetzt unbehelligt geblieben sein. Im Zeitalter der Attaliden aber sehen wir mit einem Mal ein aggressives Verhalten gegen die teuthrantische Sage Platz greifen: Die Keteier des Eurypylos sucht man speciell in Pergamos festzulegen, es vollzieht sich die Fiction, dass Telephos Pergamos gegründet und hier geherrscht habe[1]). Wenn irgendwo, so ist in diesen neuen Strebungen der Boden für die neue Gestalt Hiera zu suchen. Durch die Schlacht bei Magnesia ward Pergamos zur Hauptstadt eines bedeutenden asiatischen Königreiches, und unter Eumenes' Scepter eine grosse Zahl barbarischer Stämme vereinigt. Sah sich der König in Telephos, dem tapferen und

Homerexegese zum Ausdruck gebracht. (cf. Philostr. her. 18 τὴν Ἱερὰν Πρωτεσίλεως μεγίστην ὧν εἶδε γυναικῶν γενέσθαι λέγει καλλίστην τε ἁπασῶν.

[1]) Vgl o. S. 206 u. 216 ff. Pausanias und Aristides stehen ganz unter dem Einfluss der attalischen Fictionen. Zu den S. 217 gegebenen Beispielen sei hier noch gefügt Arist. I 772 Dind., wo der Gründung des pergamenischen Asklepieions die Zuwanderung des Telephos nach Pergamos vorangestellt ist. Ebenso heisst Pergamos I 491 πόλισμα Τηλέφου κλυτόν. Bei Zonaras p. 1728 lesen wir Τήλεφις. πόλις, wozu Tittmann bemerkt: urbem ignoro. Es wird wohl eine poetische aus der Attalidenzeit stammende Bezeichnung Pergamons sein.

unbesiegten Arkader, vorbildlich verherrlicht, so konnten seine asiatischen Unterthanen in dem mysischen Heldenweibe sich geschmeichelt fühlen. Zwar unterlag Hiera dem Danaer Nireus, aber sie unterlag in rühmlichem Kampfe. Mit Selbstgefühl konnten die Asiaten sprechen: καὶ ἐπὶ Μυσοῖς θάμβος[1]). So hätten wir denn in der attalischen Redaction der Telephossage doch e i n e n Zug gefunden, der uns original anmuthet. Im Uebrigen ist, was die gelehrten Höflinge des Eumenes auf diesem Gebiet zu Stande gebracht, nicht schön, vor allem ist es für die Wiederherstellung der localen Sage bedeutungslos. Wenden wir uns vom Eklekticismus und den Fictionen der Spätgeborenen noch einmal dem frischen Quell volksthümlicher Ueberlieferung zu, um aus den beiden Sagenformen von Tegea und Teuthrania das Facit zu ziehen.

§ 3.
Ergebniss.

Sowohl in Teuthrania wie in Tegea glaubte man an den Uebergang der arkadischen Heroen, aber in einem nicht unwesentlichen Punkte widersprach sich die Ueberlieferung beider Orte. Preller hat angenommen[2]), dass unabhängig von einander eine altarkadische und eine altmysische Telephossage existirt habe und dass die Identität der beiden zuerst in den Kyprien ausgesprochen worden sei (Gr. Myth.[3] II 241). Das führt keinen Schritt weiter. Nehmen wir an, dass durch die Kyprien zwei gesonderte Heroen identificirt worden sind (es lässt sich durch nichts beweisen, aber nehmen wir es einmal mit Preller an), so müsste doch gleich anerkannt werden, dass die beiden Besitzer einheimischer Telephossage (Tegea und Teuthrania) jenen Versuch des Dichters der Kyprien zwar gutgeheissen, trotzdem aber für die Art des Ueberganges der Heroen abweichende Versionen aufgestellt haben. Warum? War es sowohl in Teuthrania wie in Tegea genehm die dichterische Fiction der Kyprien anzuerkennen, so würde eine einheitliche

---

[1]) Tzetzes, Chiliad. XII 949, Παροιμία ἡ λέγουσα· καὶ ἐπὶ Μυσοῖς θάμβος, ἡ Ἱερὰ μαχομένη.
[2]) Ueber E. Curtius' Standpunkt o. S. 164.

Ueberlieferung des Ueberganges vorliegen, eben die hypothetische Version der Kyprien. Statt dessen weisen die beiden Localsagen einen unvereinbaren Widerspruch auf. Von einer den Kyprien zugewiesenen Formulirung der Telephossage ausgehend finden wir für die Genesis der beiden localen Versionen den Schüssel nicht. Wenden wir jetzt den Blick auf die Ueberlieferung. In derselben erscheint ein in der Tegeatis und ein in Teuthranien verehrtes Heroenpaar Telephos und Auge. Aber nach dem Glauben sind es in beiden Fällen dieselben Heroen, nach dem Kaikosthal eingewanderte Tegeaten. Die ganze Ueberlieferung ist darin einig. Nur was die Art des Uebergangs betrifft, herrscht ein Zwiespalt, der alle Zeugnisse in die beiden oben gesonderten Gruppen der teuthrantischen und der tegeatischen Version auseinander treten lässt. Wenn man nun im Sinne Prellers an einem ursprünglich gesonderten teuthrantischen Telephos festhalten wollte, so müsste man das Recht dazu durch den Nachweis wenn auch noch so schwacher Spuren eines specifisch teuthrantischen Heros erwerben, etwa von Spuren, wie sie uns in der Niobesage das Recht gaben von einer „lydischen" mit Niobe gleichgesetzten Heroine zu sprechen. Allein solche Spuren sind in Teuthranien nicht zu entdecken[1]): stets ist Telephos der zugewanderte Fremdling, nach allen Zeugnissen hebt mit ihm eine neue genealogische Reihe an und man beachte, dass seine arkadische Herkunft durch eine so ortskundige Autorität wie Hekataios bezeugt wird. — Von einer Fiction kann keine Rede sein. Hätten die Bewohner von Teuthrania sich nur durch mythische Erfindungen zu griechischer Herkunft verhelfen wollen, so würden sie gewiss nicht auf die sonderbare Anknüpfung an Tegea verfallen sein, sondern hätten dann den Anschluss an irgend eine Achäersage der benachbarten äolischen Colonien gesucht. Und selbst wenn wir es hinnehmen wollten, dass man in Teuthranien aus irgend einem unverständlichen Grunde sich arkadische Abstammung in den Kopf gesetzt hätte,

---

[1]) Preller meint, weil aus der Odyssee nur so viel zu erkennen ist, dass Eurypylos und Telephos im Kaikosthal gebieten, so seien sie als specifisch mysische Heroen gedacht. Aus den Kyprien ersieht man auch nichts weiter, trotzdem sollen sie Telephos zum Arkader gemacht haben. Das sind Vermuthungen ins Blaue.

so bliebe ein zweites Räthsel übrig. Denn wollten die Teuthranier als Tegeaten anerkannt werden, so musste es ihnen doch vor allem darauf aukommen, eine Sagenform zu finden, welche von dem zur Mutterstadt erhobeuen Tegea anerkannt werden konnte. Aber die teuthrantische Version ist so geartet, dass sie in Tegea keine Zustimmung finden konnte. — Andererseits hat die tegeatische Version eigenthümliche Züge, die gewiss nicht erst, um einer Fiction der Teuthranier möglichst entgegenzukommen, ausgeklügelt worden sind: Auge wird verstossen; ihr Sohn wächst heran und muss nach einer Blutthat ebenfalls die Heimath meiden. Das sind Züge, die der tegeatischen Sage ursprünglich gehören. Wurden aber Mutter und Sohn verstossen, so musste doch die Sage auch ein Ziel ihrer Fahrt kennen. Wohin schwamm denn die Larnax Auges? Es ist müssig darüber zu grübeln, da die zweifache Ueberlieferung übereinstimmend das Kaikosthal als Ziel nennt. Wenn trotz dieser Uebereinstimmung die beiden Localversionen in Einzelheiten einen unvereinbaren Widerspruch aufweisen, so folgere ich daraus: diese Sagen sind nicht künstlich gemacht, sondern erwachsen; sie sind ein unwillkürliches Erzeugniss des mythenbildenden Zeitalters, echte Wandersagen.

Von diesem Gesichtspunkt aus verstehen wir das Nebeneinanderstehen der beiden Versionen. Das Motiv ist, wie bei dieser Sagenklasse meist, durch eine Verschuldung in der Heimath gegeben. Nach der teuthrantischen Sage war es eine Schuld der Auge, welche Mutter und Kind über das Meer führte, nach tegeatischer Sage ist die Schuld gedoppelt, zuerst muss Auge, später auch ihr Sohn den heimischen Boden verlassen[1]. Man könnte diese Abweichungen darauf zurückführen

[1] Die Münze von Elaia (Imhoof monn. gr. p. 274 m. 236), von Marx richtig erklärt, wenn auch unter falschen Voraussetzungen für die Localsage (Mittheil. X 21 ff.), ist auch von Robert dafür herangezogen worden, dass in der Localüberlieferung des Kaikosthales genau wie in Tegea der doppelte Uebergang der Heroen galt. Aber wie späten Datums (M. Aurel) ist die Münze! Sie beweist nichts. Oder sollen wir aus dem Umstand, dass ebenso späte Münzen von Germe den von Herakles aufgefuodenen Telephos darstellen, den Schluss ziehen, dass diese Scene nicht aus der Auge des Euripides, sondern aus teuthrantischer Localsage stammt? Doch gewiss nicht.

wollen, dass die Loslösung vom Mutterboden unter schwererer
Erschütterung der Volksseele vor sich geht als die Aufnahme
einer Nachzüglerschaar in der neuen Heimath. Allein damit
geriethen wir in eine falsche Richtung. Sollte eine Wanderbewegung von Arkadern, welche Auge und Telephos als
Stammheroen verehrten, in der Sprache des Mythus Ausdruck
finden, so musste sich dieselbe als eine Wanderung der beiden
Heroen darstellen. In Teuthrania wählte man einen anderen
Ausdruck als in Tegea. Damit sind wir vor kein unlösbares
Räthsel gestellt. Auswanderer, welche den heroischen Kult
von Auge und Telephos mit sich über das Meer genommen
hatten, denen des Telephos Jugendstätte, das Parthenion, nicht
mehr vor Augen stand, konnten leicht auf den mythischen
Ausdruck verfallen: *Auge ist mit ihrem Sohn über das Meer
geschwommen.* Die im Mutterland zurückgebliebenen konnten
auf eine solche Version nie verfallen, denn sie besassen ja
nicht nur die Geburtsstätte und das Heiligthum des Telephos
auf dem Parthenion[1]), sondern sie erzählten auch von Telephos' Auferziehung durch Korythos, von der Tödtung der
Oheime, ja sie erzählten von ihm zweifellos noch mancherlei,
was für uns verschollen ist oder nur leise nachklingt, wie
im „Τήλεφος ἀργειφόντης" des Parthenios[2]), im Telephiden
Kyparissos, dem Geliebten des Pan[3]), eine offenbar auf dem
Parthenion heimische Sage[4]). Die Tegeaten konnten, wenn
sie den Uebergang von Auge und Telephos nach Teuthrania
auszudrücken hatten, dies auf zweierlei Weise thun: entweder
sie liesen den erwachsenen Telephos mit seiner Mutter in die
Fremde ziehen (so hat sich Strabo die Sache zurechtgelegt
o. S. 381 A. 1) oder sie doppelten den Uebergang. Sie haben
das letztere gethan, wohl darum, weil Auges Schuld eine
sofortige Sühne forderte, und sagten: *Wir haben Auge verstossen, und später ist Telephos desselben Weges gezogen.* Man

---

[1]) Paus.VIII 54, 6. Daneben erscheint bei Apollodor I 8,6 Τηλέφου ἑστία
τῆς Ἀρκαδίας, offenbar ist eben das τέμενος auf dem Parthenion gemeint.

[2]) Fr. 35 bei Meineke, Anal. Alexandr. p. 286.

[3]) Serv. zu Aen. III 680.

[4]) Hier befand sich neben dem τέμενος Τηλέφου ein ἱερὸν Πανός
Paus. VIII 54, 6.

wird zugeben, dass von diesem Gesichtspunkt aus die Genesis
der beiden Versionen eine natürliche Erklärung findet. Beide
sind in räumlicher Sonderung selbständig erwachsen, ihre Abweichungen bürgen für ihre Sagenechtheit.

Hier muss ich eine weitere Frage im Vorübergehn wenigstens kurz streifen. Als Auge und Telephos zu Trägern der
besprochenen Colonistensage gemacht wurden, konnten sie nur
als Stammesheroen gedacht worden sein. Ursprünglich aber
sind beide **arkadische Gottheiten** gewesen und zwar, wie
gleich hinzugefügt werden kann, Gottheiten der Lichtsphäre.
Das beweisen schon die Namen: „die Strahlende", „der Fernhin-
leuchtende". Preller hat Auge für den Mond, Telephos für
den Morgenstern erklärt (Gr. M. II 240 f.). Man vermisst
eine dem Verhältniss von Mutter und Sohn auch nur entfernt
entsprechende Beziehung zwischen diesen beiden Himmels-
lichtern.[1] Nach E. Rückert ist Auge die Morgenröthe, ihr
Sohn der Morgenstern.[2] So wenig im Allgemeinen Rückerts
Ideen Beifall finden können, in diesem Punkte giebt er einen
ansprechenden Gedanken. Für denselben lassen sich empfehlende
Analogien beibringen, so aus der Theogonie v. 381, wo Eos
dem Astraios den Heosphoros gebiert, oder das Münchener
Vasenbild, auf welchem dem Wagen der Eos ein geflügelter
Knabe voraufliegt.[3] Mit Umkehrung des genealogischen Ver-
hältnisses erscheint Schol. K 267 als Tochter des Heosphoros
eine Telauge. Man kann nicht läugnen, dass es verführerisch
ist in Auge und Telephos arkadische Benennungen der Eos
und des Phosphoros zu denken. Gut stimmt dazu auch das
Partheniou als ὄρος ἱερὸν Αὔγης,[4] denn für Tegea erschien

---

[1] Bei O. Jahn, Telephos und Troilos S. 49 sind die beiden Kult-
kreise, zu welchen Auge in Beziehung steht, nicht klar auseinander-
gehalten („die Licht- und Entbindungsgöttin" zur Auge geworden).
Welcker scheint zwei verschiedene Gestalten unterscheiden zu wollen:
Auge die mit Athena Alea verwandte Lichtgöttin (Götterl. I 310) und
Auge ἐν γόνασιν, die mit Eileithyia identische Mondgöttin (III 128).
Ich habe oben S. 371 die Vermuthung ausgesprochen, dass Auges Ver-
knüpfung mit Eileithyia etwas Secundäres sein dürfte.

[2] E. Rückert, Trojas Ursprung S. 61 f. Ebenso Gerhard G. M. § 486.

[3] Gerhard, ges. Abb. t. VII, 1.

[4] Kallimach. h. in Del. 70.

die Morgenröthe über dem Parthenion. Und doch erheben
sich, näher zugesehen, gegen Rückerts Hypothese starke Bedenken. Dieselbe wird der überlieferten Gestalt des Telephos
nicht gerecht. Als arkadischer Phosphoros gedacht fügt er
sich zwar gut zu Auge, der Göttin des Frühroths, und erscheint auch als ein berechtigter Träger des Beinamens Ἀργεϊ-
φόντης „hellleuchtend".[1]) Allein der Morgenstern war kein
Gegenstand des griechischen Cultus; dagegen zeugt das τέμενος
auf dem Parthenion, die Τελέφου ἑςτία τῆς Ἀρκαδίας für eine
hervorragende Verehrung des Telephos. Auch die Rolle, welche
er in der Heroensage spielt, lässt auf einen vornehmeren Platz
in der Götterschaar schliessen. Hinter Telephos muss sich
eine altarkadische Hauptgottheit verbergen. Ist es zu kühn,
wenn wir die Vermuthung wagen: In altarkadischer
Religion war Telephos der Sonnengott, seine Mutter
die Morgenröthe. Das Verhältniss der beiden Himmels-
erscheinungen in ein genealogisches Gewand zu kleiden lag
nahe. In älteren römischen Gedichten ist Aurora als Tochter
des Sol gedacht[2]) d. h. die physisch untergeordnete Erscheinung tritt in das Verhältniss der genealogischen Unterordnung.
Aber auch der umgekehrte Fall ist denkbar, die zeitlich frühere
Erscheinung in dem Bilde genealogischer Ueberordnung zu
fassen und so scheinen denn in der That Rigveda I 113
Ushas und Savitar im Verhältniss von Mutter und Kind gedacht.[3]) — Unklar ist noch das Verhältniss von Auge zu Athena
Alea. Sollte sie sich im letzten Grunde nicht von derselben

---

[1]) ἀργής (ἀργέτι Λ 818) — φαίνω. Hesych. Ἀργειφόντης .. λευκο-
φόντης. Vgl. Welcker, Götterl. I 336, 7.

[2]) Preller, röm. Myth.[3] I 327.

[3]) Rigv. I 113 v. 1:.....citraḥ praketo (sc. Ushas) ajaniṣṭa ribhvū,
yathā prasūtā savituḥ savāya, evā rātry ushase yonim araik.
Sayana übersetzt: „als geboren für Savitars Schöpfung" und erklärt:
„wie Ushas geboren Savitar zu bringen, so hat die Nacht der Ushas die
Stätte geräumt". Im Anschluss an die Nirukta bezieht Ludwig prasūtā
nicht auf Ushas sondern auf die Nacht. Ebenso Grassmann. Sollte aber
S. nicht doch Recht haben? So viel lehrt die vedische Mythologie auf
jeden Fall, dass Morgenröthe und Sonne in sehr mannigfaltige Beziehung
zu einander gesetzt worden sind (Ushas Geliebte, Frau, Tochter des
Sonnengottes).

selbständig ablösen? Denn schwerlich hat Athena Alea irgend
etwas mit Eos zu thun.[1]) Und losgelöst vom Heiligthum der
Alea erscheint Auge in der That, wenn Kallimachos das Parthenion als ὄρος ἱερὸν Αὔγης bezeichnet. Und durch alle Zeiten
hat sich das τέμενος Τηλέφου auf dem Parthenion als Zeugniss
für die ursprüngliche Stätte der Auge erhalten. Als Auge und Telephos längst zu Heroen herabgesunken waren und die Tegeaten
in Telephos nicht mehr das Licht der Welt erblickten, vielmehr
ihn selbst sei es im Heiligthum der Athena sei es im Tempel
der Eileithyia das Licht der Welt erblicken liessen, behauptete
seine ursprüngliche Geburtsstätte, das Παρθένιον ὄρος, doch
ihr Recht, denn die heroische Sage konnte nicht umhin, von
des neugeborenen Knaben Aussetzung auf dem Parthenion zu
erzählen, ja in der Darstellung bei Diodor und Ps.-Alkidamas
ist sogar die alte Geburtsstätte noch festgehalten. Das Parthenion aber fügt sich vortrefflich zur angenommenen Grund-
bedeutung des göttlichen Paares Auge und Telephos. Denn
über die Höhe dieses Gebirgsstockes führte das glänzende
Frühroth allmorgendlich den fernhin-leuchtenden Gott, das
Gestirn des jungen Tages empor.[2])
     Wir wenden uns wieder dem Heroenpaar zu. Mit dem-
selben ist in der Ueberlieferung Herakles verknüpft, jedoch
nur lose. Er hat lediglich die Aufgabe Telephos das Leben
zu geben und greift in die späteren Abschnitte der Sage nicht
weiter ein.[3]) Nun haben wir o. S. 113 ff. nachzuweisen gesucht, dass Herakles als dorischer (resp. böotischer) Heros

---

[1]) Welcker, Götterl. I 309 fasst Alea als „die Wärmespenderin“,
Roscher im Lexik. d. Mythol. I 679 als „die Schützerin“ (cf. 'Αθ.
'Αλαλκομένη). Athena wurde ausser in Tegea auch in Alea bei Stymphalos, in Mantinea und bei Sparta als Alea verehrt. Max Müller
tritt für die Gleichung Athena-Eos ein (Vorl. über die Wiss. der Spr.
II 253 ff. der franz. Ausg.), aber was alles wird unter Müllers Händen
nicht zu Aurora!

[2]) Die Hirschkuh des Telephos, jedenfalls ein Attribut des Gottes,
stimmt gut zur angenommenen Grundbedeutung beider Gestalten. Man
vgl. den Sonnenhirsch der germanischen Mythologie, die Hindin der
Morgenröthe (Psalm 22) u. dergl.

[3]) Die Rolle, welche Herakles in der Auge des Euripides und in
der Tragödie Hygins (f. 100) spielt, ist subjective Erfindung der Dichter,
hat also bei Betrachtung der Sage nicht mitzusprechen.

26*

erst spät in der griechischen Sage auftritt. Ist er in die Ilias
und Odyssee nur eingeschwärzt, so ist er in altarkadischer
Sage erst recht eine unmögliche Figur, und die Rolle, welche
er in der Telephossage spielt, lässt denn auch den Eindringling noch deutlich genug erkennen. Welche Gestalt er ver-
drängte, wir wissen es nicht. Beachtenswerth ist in der tegeatischen Version des Herakles gewaltsames Eingreifen. Die
teuthrantische spricht dagegen von einem fortgesetzten Liebes-
verhältniss, von der sich wiederholenden Verbindung zwischen
Auge und Herakles: τῇ Αὔγῃ cυνεγένετο Ἡρακλῆc, ὁπότε ἀφίκοιτο ἐc Τεγέαν (Hekat. fr. 345). Möglicherweise hat sich in
letzterer Auffassung ein alterthümlicher, aus dem Augemythos
der vordorischen Epoche stammender Zug bewahrt.

Von ungleich grösserer Bedeutung als Herakles scheint
in der Augesage die Gestalt des Nauplios zu sein. Ihm
übergiebt Aleos die Tochter, Er vermittelt ihren Uebergang
nach Teuthranien. Bei Diodor greifen nun neben Nauplios
auch noch die Karer ein. Das ist des Guten zu viel. In
beiden Fällen kommt derselbe Gedanke zum Ausdruck: die
Vorstellung eigener Untüchtigkeit und fremder Meisterschaft
auf den Pfaden des Meeres. Sollten nicht in der Darstellung
Diodors zwei Versionen contaminirt sein, von denen die eine
den Uebergang Auges durch Nauplios, die andere durch karische
Schiffer bewerkstelligte? Die ursprüngliche Form der tegeatischen Colonisationssage mochte schlechthin die Vermittlung durch fremde Schiffsleute bieten und dieselben sind
dann später individualisirt worden, von den Einen als der
meereskundige Eponym Nauplias, von Anderen als Karer.
Ob Nauplios von den Griechen einst als Repräsentant des
sidonischen Handelsvolkes gedacht worden ist,[1]) ob er an der
Küste des Peloponnes siedelnde Karer bedeutete, bleibe dahin-

[1]) E. Curtius tritt dafür ein Rh. Mus. 1850 S. 455 ff. Felsgräber
bei Nauplia, deren Construction auffällig an phönikische erinnert, be-
spricht Lolling in d. Mittheil. V 134 ff. — Wenn Melikertes, was
selbst ein so entschiedener Gegner der Phönikerhypothese wie Gutschmid gelten lassen wollte, phönicischer Herkunft ist, so muss die
Anwesenheit der Sidonier an den griechischen Küsten doch über ge-
legentliches Landen zum Zweck des Handels und der Purpurfischerei
hinausgegangen sein.

gestellt. Der Rolle, welche „der Schiffsmann" und die Karer
in unserer Sage spielen, entnehmen wir so viel, dass damit
das Eingreifen eines fremden Schiffervolkes zum Ausdruck gebracht werden soll und erkennen demnach in Auges Uebergang nach Teuthranien ein Denkmal allerältester griechischer
Wandersage.

Ich bin des Urtheils gewärtig, dass ich vergeblich in ein
Zeitalter einzudringen suche, zu welchem keine Brücke mehr
zurückführt. Die Fahrt Auges über das Meer ein Zeugniss
aus jenen dunklen Jahrhunderten, welche das Meer in den
Händen fremder Seevölker sahen und im Peloponnes eine
griechische Bevölkerung, die keine achäische war und vielleicht
gerade von der achäischen Einwanderung bedrängt wurde;
des Telephos feindlicher Zusammenstoss mit den Achäern an
den Ufern des Kaikos ein Nachklang wirklicher Vorgänge
aus dem Zeitalter achäischer Wanderungen — eitle Hirn-
gespinnste! Dagegen habe ich zu erwidern: Sind jene Griechen,
welche im fernen Osten auf Kypros einst landeten und in
ihrer Sprache so auffallende Uebereinstimmung mit dem arkadischen Dialect zeigen, sind sie ein Hirngespinnst? Ist es
ein Hirngespinnst, dass diese Griechen sich einer Silbenschrift
bedienten? Weist dieselbe nicht darauf hin, dass die kyprischen
Griechen in einem Zeitalter eingewandert sein müssen, zu
welchem die Chronologie nicht hinanreicht? — Den Stammnamen „Arkader" braucht man bei dieser Frage nicht zu
urgiren, sagen wir dafür: „Die vorachäischen Griechen des
Peloponnes",[1]) die griechische Grundbevölkerung desselben,
welche sich in den schwerzugänglichen Gebirgen des Binnen-
landes auch noch in geschichtlicher Zeit trotz der achäischen
und der dorischen Invasion als „Berner" des Peloponnes[2])
selbständig behauptet hat. Die Colonisationssagen von Kypros
tragen ein junges Gepräge, da sie an die Nosten anknüpfen,
dafür reden sein Dialect und seine Schrift vernehmlich genug.
Teuthranien redet (wenigstens bis jetzt) nur durch seine Sage,
aber diese Sprache ist nicht weniger alterthümlich als die der
kyprischen Denkmäler.

---

[1]) Vgl. o. S. 84 über die Altargiver und die Phoronis Niobe.
[2]) Bursian, Geogr. v. Griechenland II 181, 2.

Die Auswanderungsbewegung der Griechen nach den Küsten Kleinasiens hat sehr viel früher begonnen als die traditionelle Colonialgeschichte erkennen lässt. Letztere weiss (um von den jüngsten dorischen Siedelungen abzusehen) nur von zwei in sich einheitlichen Auswanderungszügen, dem „äolischen" und dem um weniges jüngeren „ionischen". Diese Tradition ist gemacht und werthlos. Doch wir wollen nicht ein weiteres Problem aufrollen. Der Weg, der uns bis hierher geführt hat, war kein leichter, jetzt gelte es rasten. Wenn sich die durchmessene Strecke vor der Kritik als kein Irrpfad erweist, dann mag das Thema der nach Osten gerichteten griechischen Wanderungen einmal im eigenen Rahmen aufgenommen werden.

Nachträge.

Zu S. 6. Ich habe λαοὺc λίθουc ποίηcε Κρονίων (Ω 611) in Uebereinstimmung mit den Scholien in übertragener Bedeutung gefasst.
Max. Mayer, Giganten und Titanen S. 87 redet einer wirklichen Versteinerung allen Volks das Wort. Dass Homer nicht Lydien (Mayer)
sondern Alalkomenai als Schauplatz der Niobesage im Auge hat, denke
ich nachgewiesen zu haben. Die Versteinerung der Niobe hat die
lydische Version hineingebracht, aber eine Versteinerung des Volkes
wird weder durch die altböotische noch durch die lydische Sage nahegelegt. Daher halte ich an der übertragenen Bedeutung von λίθουc
ποιεῖν fest. Dass dieselbe dem griechischen Sprachgefühl nicht wider-
strebt, zeigt Plato conviv. 198 C ἐφοβούμην, μή . . . . αὐτόν με λίθον τῇ
ἀφωνίᾳ ποιήcειε.

Zu S. 21 und 90 ff. A. Die Niobe des Sipylos. In Tübingen,
wo das Kapitel über die Tantaliden verfasst wurde, von Benutzung der
Hellenic Studies abgeschnitten, habe ich von Ramsay's Abh. „Sipylos
and Cybele" (Hell. Stud. III 33—68) keine Kenntniss erhalten. Auch
einen Aufsatz Humann's in Westermann's Monatsh. lerne ich erst
durch dessen Wiederholung in den Mittheil. d. ath. Inst. 1888 „die
Tantalosburg im Sipylos" (S. 22—41) kennen. H. hat schon vor R. den
Nordabhang des Sipylos auf die Stätten der Tantalidensage hin unter-
sucht, beide erklären das bekannte „Felsbild" für die Kybele der Κοδδίνου πέτρα. In Bezug auf Schweisthals Entdeckung des „Niobebildes"
in einer Felswand des Jarik-kaja bemerkt Humann a. a. O. S. 30:
„Weder ich noch sonst Jemand hat darin eine Frauengestalt erkennen
können". — B. Den Tantalossee, d. h. den See Saloe glauben Humann
und Ramsay in einem stehenden Gewässer unterhalb des Kybelebildes
ansetzen zu sollen, Reste von Wohnungen auf dem über dem Kybelebild
emporsteigenden Gebirge erklären sie für die Akropolis der Tantalosstadt, Humann eine noch höher auf einer Kuppe gefundene Felsaus-
meisselung für den Thron des Pelops, Ramsay ein 2 Kilometer östlich
am Bergfuss gelegenes Felsengrab für das Grab des Tantalos. Ich
zweifle nicht, dass damit eine der Stätten, an welche die Tantalidensage geknüpft war, festgestellt ist. Aber daneben bleiben die Zeugnisse
der Alten bestehen, welche die Stätte des Tantalos irgendwo bei
Altsmyrna ansetzen. Auf Grund von Pausanias glaubte ich für die

Tantalosstadt noch eine dritte Stelle im Sipylos annehmen zu müssen.
Ramsay meint zwar auch, dass der von Pausanias erwähnte „See des
Tantalos" mit ebendesselben „See Saloe" nicht identisch sei, aber er
nimmt an, dass jener die Stadt des Tantalos in der Saloe versunken
denke. Sollte dem wirklich so sein? Beim Saloesee spricht Pausanias
nur ganz unbestimmt von „einer versunkenen Stadt" (VII 24, 13), dagegen
führt er V 13, 7 als σημεῖα der Tantalidenherrschaft neben Pelopsthron
und Tantalosgrab auch den „Tantalossee" an und ich kann mir einen
solchen auf dem Sipylos ohne eine Sage von der darin versunkenen
Tantalosstadt nicht recht denken. Dann aber hätten wir doch 3 Stätten
der Tantalosstadt auf dem Sipylos anzunehmen. Unter ihnen hat die
Magnesia benachbarte jedenfalls auf rel. grösste Alterthümlichkeit Anspruch. — Von hohem Interesse sind die Angaben über die „Akropolis"
hoch über dem Yarik-kaja (Abbildung bei Humann S. 33). Aber ist
mit „Akropolis" nicht etwas zu viel gesagt? Die 20 kleinen aus dem
Fels gemeisselten, über einander hinaufkletternden Anlagen machen auf
mich weniger den Eindruck dauernder Ansiedlungen als zeitweiliger
Schlupfwinkel. — Sowohl bei Humann als bei Ramsay vermisse ich eine
Stellungnahme zur Angabe des Plinius über die Gegend der Tantalis.
Er setzt sie wohl ins Gebiet Magnesias, zugleich aber giebt er ihre
Entfernung von Smyrna nur auf 12 röm. Meilen an. Das stimmt nicht
zum See unter der Κοδδίνου πέτρα. Entweder also ist bei Plinius die
Zahl verderbt oder eine Verquickung der Ortsangabe zweier Tantalos-
städte anzunehmen.

Zu S. 37. Ueber die Interpolation Ξ 317—27 vgl. den Nachtrag
zu S. 128.

Zu S. 57 Anm. Die Zerstörung Ilions im 18. Jahr Agamemnons
geht auf Hellanikos (fr. 143) zurück.

Zu S. 87, 1. Während ich im Schol. Eur. Or. 981 lediglich eine
irrthümliche Vermengung von Tantalos und Atlas sehe, will M. Mayer
(Gig. und Tit. S. 89) auf dies Scholion hin annehmen, dass „Tantalos
und Atlas von Hause aus durchaus verwandte Erscheinungen" seien.
Seinen Ausführungen über Tantalos „den Titanen" bin ich ausser Stande
beizupflichten.

Zu S. 111 Anm. Vgl. die Berichtigung auf S. 154, 2.

Zu S. 120, 1. O. Gruppe (die griech. Culte und Mythen I 1887
S. 612 ff.) rechnet die Rolle der Nyx in Ξ 259—61 zu den Elementen,
welche der „travestirende" Verfasser der Διὸς ἀπάτη aus der altorphischen
Theogonie entlehnt hat. Wenn meine Ausführungen über Perseus und
Herakles das Richtige getroffen haben, so fällt aber die Erwähnung der
Nyx gerade in eine dorisirende Interpolation, verliert also die Ver-
wendbarkeit im Sinne Gruppe's.

Zu S. 128. Während ich die Verse Ξ 317—27 in Uebereinstimmung
mit der herrschenden Ansicht als Interpolation ausmerze, erklärt
O. Gruppe (d. griech. Culte I 613 und 623) die Verse Ξ 317—25 für
Eigenthum der altorphischen Theogonie, zu welcher die Verse 326. 327

entweder vom „travestirenden" Dichter der ἀπάτη oder auch von einem
späteren Interpolator hinzugefügt worden seien. Die Aufzählung der
Liebesverhältnisse an dem so anstössigen Ort rechtfertigt er durch das
Wesen parodischer Dichtung. Ich meine, dass hier zu zuversichtlich
mit unbekannten Grössen gerechnet wird. Sicher ist so viel, dass wir
in der Διὸс ἀπάτη eine sehr geschickte Dichtung besitzen. Die Einfügung der Verse 317—27 dagegen ist, gelinde gesagt, höchst ungeschickt.
So scheint es mir unmöglich den Dichter der ἀπάτη für diese Verse
verantwortlich zu machen. Auch der Umstand, dass in der Liste die
Heroinen Danae und Alkmene mit ihren Söhnen erscheinen, spricht für
einen Vorstellungskreis, der jünger ist als derjenige der echten ἀπάτη.
Aber auch abgesehen von diesem historischen Gesichtspunkt, bleibt es
unwahrscheinlich, dass in einer altorphischen Theogonie die heroische
Nachkommenschaft des Zeus aufgezählt wurde. Wenn diese Theogonie
„in der fünften γενεά" mit den Zeuskindern schloss, so wird man unter
letzteren doch wohl die göttlichen Sprösslinge des Zeus von Demeter
Leto Hera etc. zu verstehen haben (cf. Iles. Theog. 886—926).

Zu S. 149. Die Angabe, dass das teuthrantische Abenteuer stets
seine Stelle im ersten der 10 Kriegsjahre behauptet hat, ist einzuschränken
durch Tzetzes antehom. 268 ff., wozu man o. S. 389 ff. vgl.

Zu S. 160. Schon vor F. Curtius haben E. Rückert und Völcker
den trojanischen Krieg für das mythische Spiegelbild der äolischen
Colonisation erklärt. Vgl. Rückert, Trojas Urspr. S. VII.

Zu S. 182. „Lateinische Bildungen auf -nd." M. vgl. auch die
Göttin Larunda (= Lara).

Zu S. 198. Schuchardt (Mittheil. d. ath. Inst. XIII 1 ff.) sucht aus-
zuführen, dass Nakrasa erst in Folge der Schlacht bei Magnesia an
das pergamenische Reich gefallen sei. Aber er selbst bietet ein starkes
Argument gegen seine Ansicht. Denn wenn die Stadt Attaleia, deren
Reste Schuchardt südöstlich von Nakrasa unweit Gurduk Kalesi (cf. die
Kartenskizze von Radet im Bull. de corr. hell. XI, pl. 14) festgestellt
hat, bereits unter Eumenes I. existirte und in derselben eine pergamenische
Besatzung, so ist es doch keine Frage, dass damals auch Nakrasa im
Besitz des pergamenischen Dynasten gewesen sein muss. Und Attalos I.
hat denn auch um 240 seine βαcίλεια zu Nakrasa gefeiert. Dass die
beiden Kriege Eumenes' I. gegen Antiochos I. und Attalos' I. gegen
Antiochos Hierax von den Pergamenern als Vertheidigungskriege
geführt wurden, behauptet Schuchardt, bleibt aber den Beweis schuldig. —
Zur Lage von Nakrasa bemerkt Schuchardt a. a. O. S. 2, dass es
unmittelbar bei Bakir keine Stadtruine giebt, die nächste 1½ Stunden
östlich von Bakir bei dem Dorf Eljesler liegt und hier aller Wahrscheinlichkeit nach Nakrasa's Stätte war. — Auf S. 198, 4 habe ich die
Tyrimnosinschriften, welche E. Curtius Beitr. S. 65 erwähnt, Nakrasa
zugewiesen. Die von Curtius ebenfalls publicirte Ephebenliste fand sich
in einem Trümmerfeld beim Dorf Siledik nordöstlich von Kirkagatsch.
Eben dort hat Radet die Hadrianische Gründung Stratonicea festgestellt

(Bull. de corr. hell. XI pl. 14). Aber die onomatologischen Kennzeichen
der erwähnten Ephebenliste weisen auf ein älteres Gemeinwesen (vgl.
Curtius). Sollte diese Inschrift etwa aus Nakrasa nordwärts verschleppt
sein? Was die Tyrimnosinschriften anbelangt, so bemerkt Curtius, dass
sie „in der Nachbarschaft" von Siledik gefunden worden sind. In
Tyrimnos mit Foucart (Bull. de c. h. XI 103) eine lydische Gottheit
zu erkennen, bin ich ausser Stande gegenüber der Thatsache, dass in
der makedonischen Heroensage ein Tyrimmas existirt und sowohl Thyatira
wie Nakrasa makedon. Colonisten beherbergten.

Zu S. 200, 1 (Schluss). Kieperts Ansetzung von Apollonis beruht
auf topograph. Untersuchungen Humanns (vgl. Mittheil. XIII, 2). Allein
die Eintragung der Stadt auf dem Atl. ant.⁵ tab. V scheint ihre Stätte
doch etwas zu weit nach Norden zu rücken, denn auf der Specialkarte
im Bull. d. c. h. XI pl. 14 ist Apollonis südwestlich von Thyateira angegeben, bei Kiepert aber nordwestlich.

Zu S. 208 f. Ich habe Perperene vermuthungsweise an die nördliche der beiden vom Kosak nach Adramyttion führenden Gabelstrassen
gesetzt. Bei Suidas s. v. Ἑλλάνικος findet sich folgende Angabe: Περ-
περήνη τῇ κατ᾽ ἀντικρὺ Λέσβου. Ist damit die angenommene Lage der
Stadt auch nicht geradezu unvereinbar, so wird man sie doch besser
an der westlichen Gabelstrasse, am südwestlichen Abhang des Yailadschik,
also in noch grösserer Nähe von Tiare ansetzen. Vgl. d. ff. Nachtrag.

Zu S. 204, 1. Die Existenz eines Ortes Trarion bei Perperene
kann ich nicht mehr befürworten, glaube vielmehr, dass in dem Strabonischen Τράριον nur eine Corruptel vorliegt aus Τιάριον, dem
bisher zwar unbelegten aber regelrechten Deminutiv zu τιάρα. Plinius
nennt V § 126 Perperener und Tiarener unmittelbar neben einander.
Da ist es doch sehr wahrscheinlich, dass wir bei Strabo 607, 61 zu
lesen haben: ὑπὲρ αὐτῆς (Kisthene) ἐν τῇ μεσογαίᾳ ... Περπερήνα καὶ
Τιάριον κτλ. '— Schuchardt bemerkt S. B. d. Berl. Ak. 1887 S. 1207:
„Das von Plinius hier genannte Coryphas kann [für die Benennung der
„perg. Landstadt"] schon seines Namens wegen nicht in Betracht kommen,
denn die Landstadt liegt auf einem ganz flachen Hügel am Fuss eines
hohen Bergzuges". Coryphas kommt überhaupt nicht in Betracht, denn
nach Strabo lag es am Meere. Wollte man nun gegen Tiare denselben
Einwand machen, wie Sch. gegen Coryphas, so liesse sich dagegen bemerken, dass die tiara von zweierlei Form war, ὀρθή oder κεκλιμένη
(cf. Etym. magn.).

Zu S. 211, 2. Die Lage der Stadt Teuthrania. Mit grosser
Freude habe ich einen inzwischen in den Mittheil. XII, 149 ff. erschienenen
Aufsatz von Conze begrüsst, da derselbe Teuthrania eben dort ansetzt,
wo ich es gesucht habe. M. vgl. die Landschaftskizze bei Conze auf
S. 150. Der Eliasberg von Kalerga, eine isolirte Erhebung auf dem
rechten Ufer des unteren Kaikos (Mitth. XII Taf. IV und V), ist jedenfalls identisch mit der „Ruinenstätte" auf Kieperts Karte von Kleinasien,
welche (neben der Ortsbestimmung Strabons) für die Einzeichnung Teu-

thranias in meine Kartenskizze den Anhaltapunkt geliefert hat. Thatsächlich liegt der Ort, wie aus Conzes Skizze erhellt, etwas mehr gegen
Pergamos zu, an jener Stelle, wo in Kieperts Atl. ant. von 1885 Halisarna
verzeichnet ist. Ich füge hier zwei Bemerkungen zu Conzes Aufsatz an:
A) Strabons Angabe, dass Teuthrania ἐντὸς τοῦ Καΐκου liege, fassen
Conze und Kiepert folgendermassen: „Diesseits des Kaikos, also auf
dem rechten Ufer". Allein die Heranziehung pergamenischer Gesichtspunkte ist hierbei nicht statthaft. Die Periegese, welche Strabo in
dieser ganzen Partie benutzt, schreitet der Küste entlang von Norden
nach Süden: Lekton, Assos, Adramyttion, Kisthene, Koryphantis, Atarneus, Pitane, Kaikosmündung, ἐν δὲ τῷ πέραν τοῦ Καΐκου Ἐλαία. Hier hat
nun Strabo völlig unrichtig, aber als Consequenz eines schon behandelten
Grundirrthums (o. S. 176) die Beschreibung der Kane (p. 615 § 68) angeschlossen. Die von ihm benutzte Periegese hingegen (die Zusammenfassung der Τρωϊκή und Αἰολικὴ παραλία (XIII c. 1) weist auf den Verfasser des Τρωϊκὸς διάκοσμος vgl. o. S. 271 f.) macht bei Elaia Halt, um
die Lage Teuthranias zu bestimmen. Für die Periegese lag Elaia ἐν τῷ
πέραν τοῦ Καΐκου, also kann die zu Teuthrania gegebene Bestimmung
ἐντὸς τ. Κ. nur bedeuten „auf dem rechten Ufer". Bei einer um-
gekehrten Richtung der Periegese würde es geheissen haben: Elaia
ἐντὸς, Teuthrania ἐν τῷ πέραν τοῦ Καΐκου. Der an die Bestimmung des
geographischen Punktes von Teuthrania angeschlossene mythisch-anti-
quarische Excurs lässt erkennen, dass Demetrios diesen Theil des Τρωϊκὸς
διάκοσμος d. h. das Reich des Priamos und seiner Vasallen mit einer
genauen Erörterung über die alte Hauptstadt des Kaikosthales ab-
geschlossen hat. In Bezug auf die Telephossage schloss sich Demetrios
an Euripides d. h. an Hekataios an (o. S. 380). Was das Keteierproblem
betrifft, so glaubte ich o. S. 167 ff. aus der verworrenen Darstellung des
Strabo zu erkennen, dass Demetrios hierin der pergamenischen Lysis
beigetreten ist, und wies daher auf S. 171 den Gedanken, dass Demetrios
Zeuge für einen dritten Keteiosbach sein möchte, zurück. Wohl
mit Unrecht, denn im Uebrigen erkennt man in ihm nicht eben einen
Satelliten der Attalen. Daher sei hier wenigstens kurz auf die Wahrscheinlichkeit hingewiesen, dass auch die Bewohner der Stadt Teu-
thrania den Anspruch erhoben haben, in einem Bach ihres Gebietes den
gesuchten Keteios zu besitzen. Die Beschreibung des problematischen
Baches bei Strabo (o. S. 170 f.) wäre damit nicht unvereinbar, denn beim
Eliasberg von Kalerga münden zwei kleine Bäche in vereintem Lauf in
den Kaikos. (Vgl. Kieperts nouv. cart. gén. und danach meine Skizze.
Bei Conze freilich ist nur ein Bach ohne weiteren Zufluss angegeben.) —
B) Conze findet in den Bauresten auf der Höhe des Eliasberges „einen
Städtekeim, der zu keinem Wachsthum gelangte, eine Feste, in der zu
Xenophons Zeit lakonische Adlige hausten und wo im 4. Jahrhundert
wenigstens einige Kupfermünzen geprägt wurden". Bedeutendere Reste
am Fusse des Eliasberges erklärt er für „eine offene Niederlassung (vermuthlich von Ackerbauern), die in späteren, sicher in den Zeiten der röm.

Herrschaft in gutem Wohlstand sich dort unten angesiedelt hat". Eine
römische Ansiedlung am Bergfuss kann mit der alten Teuthrania nichts
gemein haben, nicht einmal den Namen, denn wir haben gesehen, dass
Pausanias und Aristides Teuthrania mit Pergamos identificiren. Teuthrania aber analog einer mittelalterlichen Ritterburg zu denken, dazu
kann ich mich schwer verstehen. Der Ort beherbergte einen Tempel
des Apoll, ein Heiligthum der Auge und des Telephos, fraglos auch
einen Athenatempel, dazu kommt auf Grund von Aeschylus doch wohl
auch ein Hieron des Kaikos und Teuthras selbst konnte hier nicht leer
ausgehen. Und die ἄρχοντες Τευθρανίας, die eigenes Geld münzten, Kyros
dem Jüngeren Heeresfolge leisteten, Xenophon in der Gefahr Hülfe
brachten, mit Thimbron gegen den Perserkönig gemeinsame Sache
machten, ihre Residenz muss gewesen sein, was Xenophon sie nennt,
eine πόλις. Möchten doch recht bald Ausgrabungen über diesen merk-
würdigen, im ganzen Kaikosthal allein durch alte Ueberlieferung ausgezeichneten Ort, genaueren Aufschluss bringen.

Zu S. 218, 2. Eine weitere officielle Publication ist jetzt nachzutragen: Die Ergebnisse der Ausgrab. zu Pergamos 1883—86
vorläuf. Ber. III, Jahrb. d. pr. Kunstsamml. IX, 1888 S. 40—93.
1. Arbeitsbericht, 2. Architektur (Hochburg, Markt, Theaterterrasse),
3. Inschriften.

Zu S. 222. Eine sehr überraschende, nur leider sehr dunkle Kunde
aus Pergamons Stadtgeschichte um 360 v. Chr. bietet die Inschrift Jahrb. IX S. 86 (Juv. P. 72). Wir erfahren, dass Orontes, der
von Artax. Mnemon abgefallene Satrap Mysiens, ἐκράτηςεν τῶν Περγα-
⟨μηνῶν καὶ μ⟩ετψκιςεν αὐτοὺς πάλιν ἐπὶ τὸν κο⟨λωνὸν εἰς⟩ τὴν πα⟨λαι⟩ὰν
πόλιν. εἶτα Ὀρόντης ⟨τὴν πόλιν ἐ⟩πι⟨τρέψας Ἀρταξ⟩έρξῃ ἀπέθανεν. Was
hatte die Pergameuer von ihrem Burgbügel vertrieben? Vielleicht eine
Zwangsmassregel. In den schlimmen Zeiten nach der endlichen Be-
zwingung des Euagoras, als die persischen Satrapen in den hellenischen
Städten des Westens übel hausten, mochte auch Pergamos dem Perser-
zorn zum Opfer gefallen sein. Die Pergamener hatten mancherlei auf
dem Kerbholz: die Aufnahme und Unterstützung Xenophons, den Abfall
zu Thimbron, wohl noch anderes für uns Verschollene. Sollte nicht die
seit dem Frieden des Antalkidas wieder erstarkte Persermacht einen
μετοικιςμός über die Pergamener verhängt haben?

Zu S. 245, 2. Vgl. S. 391, 1 über den Heros Pergamos in attal. Zeit.

Zu S. 246. Endlich bringen die Ausgrabungen auch von Eumenes I.
Kunde. Jahrb. IX S. 82 Inv. 103 (vgl. Mittheil. XIII, 13) wird eine Inschrift aus seinem Regierungsanfang publicirt. Sie zeigt, dass bereits
damals die pergamenische Herrschaft von Philetairia am Fuss des Ida
bis nach Attaleia (südöstlich von Nakrasa cf. Nachtr. zu S. 198) reichte.

Zu S. 267. Proteus als Vater nicht nur der Kabeiro sondern
auch der Rhytia figurirt im Stemma als pherekydeisch. Ein directes
Zeugniss dafür fehlt, aber Schol. Ap. Rh. I 929 und Tzetzes zu Lyk. 585
lassen sich mit Wahrscheinlichkeit auf Pherekydes zurückführen.

Zu S. 278. Bei Steph. Byz. ist Assos πόλιc Λυκίαc. Holstenius
und mit ihm Meineke corrigiren Λυδίαc. Das gäbe denn freilich zu
l'a. Skylax § 98 ein stützendes Zeugniss. Aber derselbe Stephanos giebt
ja Adramyttion als πόλιc τῆc κατά Κάικον Μυcίαc, Antandros als πόλιc
πρὸc τῇ Μυcίᾳ τῆc Αἰολίδοc, also wird wohl s. v. Ἀccόc nicht Λυδίαc
sondern Μυcίαc zu corrigiren sein. Dazu wäre das „mysische“ Lekton
bei Hermesiauax (o. S. 279, 2) zu vergleichen.

Zu S. 295, 1. Anaxicrat. fr. 1 hat O. Jahn durch Umstellung zu heilen
gesucht (Hermes II 248 f.). Das unmögliche Ταναίδα liest er unbeanstandet.

Zu S. 317, 1. See Askania bei Kelainai. Auch Kiepert
identificirt ihn auf der Karte von Kleinasien (1843) und im Atl. ant.
mit dem See von Anaua. Dagegen hat ebenderselbe auf der Special-
karte von Phrygien (bei Franz, fünf Städte) und den Karten zu Droysens
Hellenismus (und zwar in Widerspruch zu Droysens Text) den süd-
östlich von Kelainai gelegenen Burdur Göl als Askania bezeichnet.
Und das dürfte wohl das Richtige sein. Denn Alexanders Weg von
Sagalassos nach Kelainai führte naturgemäss am rechten Ufer des
Burdur Göl entlang. Für den bedeutenden Umweg am Hadschi Göl
(See von Anaua) vorbei bleibt der Beweggrund unverständlich. — Den
Anhaltspunkt zur Taufe des fraglichen Sees wird den Lytikoi ein bei
demselben befindliches Heiligthum des Μὴν Ἀcκαηνόc geliefert haben.
Ein förmlicher Herd solcher Heiligthümer ist gerade dieser Theil
Phrygiens: Apollonia (Mordiaeum) Hell. Stud. IV 417; Eumenia ibid.;
Antiochia ibid. und Strabo 557. 577.

Zu S. 344. Ninoë-Aphrodisias. Sollte nicht Aphrodisias bloss
die griechische Uebersetzung des alten Namens Ninoë sein? Dr. Jensen
macht mich darauf aufmerksam, dass Nin (Nina) der akkadische Name
der Istar ist. Istar-Nanai, ursprünglich Venusstern, ist sowohl Kriegs-
als Liebesgöttin.

Zu S. 849. Ein weiteres Zeugniss für phrygische Elemente in
Lydien ist der Kult des Μὴν Ἀcκαηνόc zu Sardes (Head, histor. nummor.
p. 533). Derselbe phrygische Gott wurde auch in Aphrodisias verehrt
(Hell. Stud. IV 417), ist also auf S. 361 zu den Zeugnissen phrygischer
Cultur im nördlichen Karien hinzuzufügen.

Zu S. 345, 1. Dr. Jensen bemerkt zur Inschrift Assurbanipals:
Die betreffende Stelle lautet wörtlich übersetzt: „Gu-ug-gu, der König
von Lu-ud-di, einem Gebiet jenseits des Meeres einem fernen Lande,
dessen Namen die Könige meiner Väter nicht gehört hatten, meinen
Namen im Traume offenbarte ihm Aššur mein Erzeuger.“ Sprachlich
kann „dessen Namen“ sowohl auf Gyges als auch auf Lydien bezogen
werden. Bis jetzt ist allgemein das letztere geschehen. Aber der Umstand, dass im Originaltext „meinen Namen“ unmittelbar auf „dessen
Namen“ folgt, legt es äusserst nahe, „dessen Namen“ auf Gyges zu beziehen. Damit fällt dann die an sich so unwahrscheinliche Annahme
fort, dass die Assyrer bis zu Gyges' Gesandtschaft nichts von Lydien
gewusst haben sollten.

Sachregister.

Erklärung der Abkürzungen: V. = Vater; M. = Mutter; G. = Gemahl;
F. = Frau; S. = Sohn; T. = Tochter; K. = König; St. = Stadt; Lft. = Landschaft;
Vgb. = Vorgebirge; Fl. = Fluss.

27*

W.

Wagen des Pelops 60. s. Sichelwagen, Tethrippon, Zweigespann.
Wettfahrt des Pelops 44 ff. 60. 73.
76, L

X.

Xanthos Fl. 179, 2.
Xeuophon im Kaikosthal 201 ff. 208.
221.

Z.

Zethos Z. 10. 135. 186. 265, L
Zeus Agamemnon 81, Alalkomeneus 28, G. d. Niobe 30 ff., V. d.
Tantal. 93. 97, lykäischer 94,
pergamenischer 223 ff. 363, Altar
zu Perg. 263, in Mylasa 275.
342 ff. 355, phrygischer 347, 3.
Zweigespann 76.

Stellenregister.

Verbesserte Stellen.

Diodor XX 9
Justin XV 3, 2 } (238, 1).
Hesiod fr. 27 Kink. (137, 1).
Pausanias II 18, 4 (38, 2).
Schol. Eur. Or. 5 (128, 1). 990 (46, 1).

Schol. BL zu B 844 (313). BV zu
Ω 602 (12, 2).
Steph. Byz. v. 'Αccóc (413).
Strabo 565, 6 (301, 3). 607, 51 (410).
615, 6Ω (211). 616, 70 (171).

Steph. Byz. v. Ἕλλα (194, 1).
Strabo 264, 15 (69, 5).
Xanthos fr. 23 (87, 2).
} von Gutschmid verbessert.

Inschriften.

Inschr. Assurbanipals (345. 413).
  „   Assurnasirpals (346).
  „   Tiglat Pilesers L (346).
C. I. Gr. 1569ᵈ (10, 2). 3521 (231). 3535 + Inv. 151ᵃ (232, 1). 3536 (261.
  cf. 199, 2). 3538 (217. 265). 3568 (251, 1).
Le Bas 1720ᵃ (226).
Metrisinschr. Ergebn. I 76 (228 ff.).
Inschr. vom Hallenarchitrav des dor. Temp. in Pergam. (223 f.).
Perg. Inschr. in Smyrna (391, 1).
Löwy, Inschr. gr. Bildh. nr. 147 (248. 253).
— Inschr. gr. Bildh. nr. 154 b [= Jahrb. V S. III] (259 ff.).
Andere „Schlachteninschriften" (259, 3. 261).
Inschr. Eumenes' L Jahrb. IX S. 82 Inv. 103 (412).
Perg. Inschr. Inv. P 72 (Orontes) Jahrb. IX 86 (412).